本报告属复旦大学国外马克思主义与
国外思潮研究国家创新基地能力建设项目
暨上海市重点学科项目（B103）

国外马克思主义研究报告

2011

复旦大学国外马克思主义与国外思潮研究
国家创新基地（985 国家级重点研究基地）
复旦大学当代国外马克思主义研究中心
（教育部重点研究基地）
复旦大学哲学学院

人民出版社

Annual Report on the Studies of Marxism Abroad (2011)

The State Innovative Center for the Studies of Marxism and ideology Trends Abroad at Fudan University

Center for Contemporary Marxism in Foreign Countries at Fudan University

School of Philosophy , Fudan University

Editor in Chief: Yu Wu-jin

Vice Editor in Chief: Chen-Xue-ming Wu Xiao-ming Zhang Qing-xiong

Executive Editor in Chief: Wang Xing-Fu

Member of Editorial Board: Wang Feng-cai Lin Hui Wu Meng Lu Shao-chen

主　编：俞吾金

副主编：陈学明　吴晓明　张庆熊

本辑执行主编：汪行福

本辑执行编委：王凤才　邹诗鹏　林　晖　吴　猛　鲁绍臣

目 录

2

Report on Studies of Marxism Abroad(2011)
Contents

主编的话

——重思马克思主义与现实的关系

俞吾金

如果说，当代马克思主义者有着一些共同关注的问题，那么，马克思主义与现实的关系问题肯定是其中的一个。[①] 历史和事实都表明，自从马克思主义诞生以来，每当周围世界发生重大变化时，马克思主义与现实的关系问题就会一而再、再而三地被提出来。正是通过对这个问题的不懈的追问，马克思主义在理论上和实践上不断地得到丰富和发展，对现实的理解和把握也越益深入。

然而，如果我们指出，研究者们从未真正地理解并准确地阐释过马克思主义与现实的关系问题，那么这个见解尽管听起来有点耸人听闻，却是一个不争的事实。一方面，研究者们从未认真地追问过什么是"马克思主义"和什么是"现实"这样的问题；另一方面，他们也从未深入地反思过马克思主义与现实之间的关系以及应该以何种方式进行追问，才能使这一关系的全幅内容完整地显现出来。本文试图从概念分析和提问方式的转换出发，对这一关系作出新的阐释。

何谓"马克思主义"？

当人们使用"马克思主义"（Marxismus）这个概念时，它通常具有以下三种不同的含义：一是指马克思、恩格斯本人的思想；二是指马克思、恩格斯的追随者们的思想；三是指马克思、恩格斯本人的思想和他们的追随者们的思想的总和。那么，我们应该从哪种含义上去理解"马克思主义"这个概念呢？

如果从上面提到的第三个含义上去理解马克思主义，研究者们显然会接受许多相互矛盾的见解，因为马克思、恩格斯思想的追随者们在理解并阐释他们的思想时，附加了不少片面的，甚至是错误的成分。关于这一点，马克思在

---

① 有趣的是，中央编译局出版的刊物的名称就叫《马克思主义与现实》。

世时就已感受到了，并对恩格斯说出了自己的感受。在 1890 年 8 月 27 日致保·拉法格的信中，恩格斯提到，近年来一些年轻的资产者涌入德国党内，"所有这些先生们都在搞马克思主义，然而他们属于 10 年前你在法国就很熟悉的那一种马克思主义者，关于这种马克思主义者，马克思曾经说过：'我只知道我自己不是马克思主义者。'马克思大概会把海涅对自己的模仿者说的话转送给这些先生们：'我播下的是龙种，而收获的却是跳蚤。'"①毋庸置疑，当马克思说，"我只知道我自己不是马克思主义者"时，他实际上已表明了自己对"马克思主义"这一概念的保留态度：或者是人们继续含混地使用这个概念，那么马克思就不希望自己的思想被涵盖在这个概念之下；或者是人们撇开这个含混的概念，直接去面对马克思、恩格斯本人的思想。

假如人们继续使用"马克思主义"这个概念，但从上面提到的第三种含义退回到第一种含义上，即把马克思主义理解并阐释为马克思、恩格斯本人的思想，是否算准确地理解了这个概念呢？我们的回答同样是否定的。尽管马克思本人没有阐明自己的思想与恩格斯之间的差异，尽管马克思和恩格斯在政治思想上是比较一致的，但他们各自留下的文本及在通信中表达出来的不同理论见解表明，他们之间存在着不同的，甚至是重大的理论差异。美国学者汤姆·洛克摩尔指出："简要地描述这种差异就是，虽然马克思和恩格斯的政治观点是吻合的，但他们的哲学观点（这是我们在这里感兴趣的东西）很不相同，而且可以证明是明显对立的。不论是就其天性还是就其训练来说，马克思都属于伟大的德国观念论传统，他只能是出于政治考虑而把自己与那个传统区分开来。恩格斯现在被理解为属于实证主义者的阵营。"②尽管我们并不完全同意洛克摩尔的观点，但深入的研究表明，在某些基础理论上，马克思与恩格斯的看法确实存在着重要的差异。③

于是，我们发现，无论是从上面提到的第一、第二或第三种含义上去理解并阐释"马克思主义"这个概念，都是不确切的。必须另辟蹊径。假如研究者们只把马克思本人的思想理解并阐释为马克思主义，这样做是否合理呢？我们认为，仍然存在着不合理的地方，因为马克思并不是从出生的第一天起就是

---

① 《马克思恩格斯选集》第 4 卷，人民出版社 1995 年版，第 695 页。

② 汤姆·洛克摩尔：《在康德的唤醒下》，徐向东译，北京大学出版社 2010 年版，第 67 页。

③ 参阅拙文《论恩格斯与马克思哲学思想之差异》，《江苏社会科学》2003 年第 4 期。

一个马克思主义者。在青年时期，马克思的思想深受黑格尔的影响，他可以说是一个青年黑格尔主义者。众所周知，马克思是通过对现实斗争的参与、对国民经济学的研究和对传统观念的批判，才创立历史唯物主义这种新理论的。只有当这种新理论诞生时，马克思才从青年黑格尔主义者转变为马克思主义者。换言之，要准确地理解马克思，就必须把他的思想划分为"青年时期"与"成熟时期"这两个不同的发展时期。也就是说，只有当人们用"马克思主义"这个概念去指称其成熟时期的思想时，这个概念才是合理的。

这样，我们通过分析而对"马克思主义"这个概念的含义作出了严格的定位：马克思主义就是指马克思成熟时期的全部思想。

何谓"现实"？

无数事实表明，研究者们通常是以十分随意的方式去使用"现实"（Wirklichkeit）这个概念的，即把它理解为他们直观到的一切存在者的总和。我们下面的论述将会表明，这种理解方式完全是从属于传统哲学的，因而根本不符合马克思的现实观。

在青年时期的著作中，马克思总是把两个形容词——"现实的"（wirklich）与"抽象的"（abstrakt）鲜明地区分开来。在马克思看来，凡是从人的实践活动的角度出发而观察到的一切都是"现实的"，即可能存在的；反之，凡是撇开人的实践活动而观察到的一切则是"抽象的"，即不可能存在的。比如，在观察自然界时，传统的哲学家们总是习惯于把自然界理解为与人的实践活动相分离的、独立的存在物，因而在他们的视野里，自然界就成了一个抽象的、孤立的存在物。为此，马克思批评道："被抽象地（abstrakt）理解的、自为的、被确定为与人分隔开来的自然界，对人来说也是无。"[1] 也就是说，人们周围的自然界早已被打上了人的实践活动的印记，试图去还原或直观一个从未受到过人的实践活动"污染"的自然界是不可能的。换言之，这种抽象的、孤立的自然界是不存在的。

与那种对自然界采取抽象直观的态度相反，马克思强调，只有通过人的实践活动的媒介，现实的自然界才可能真正地呈现在我们的面前："在人类历史中即在人类社会的形成过程中生成的自然界，是人的现实的（wirkliche）自

---

[1] 《马克思恩格斯文集》第 1 卷，人民出版社 2009 年版，第 220 页，"（abstrakt）"为笔者所加。

然界;因此,通过工业——尽管以异化的形式——形成的自然界,是真正的、人本学的自然界。"① 要言之,在马克思看来,传统哲学家们热衷于谈论的、与人的实践活动分离开来的自然界及其自身运动,实际上都是抽象的,因而是子虚乌有的。

如前所述,由于与人的活动相分离的自然界实际上是不存在的,因而建基于这种抽象的自然观基础上的所谓"自然辩证法"也是不存在的。有鉴于此,马克思后来对杜林出版的《自然辩证法》(1865)采取了尖锐的批判态度。在1868 年 3 月 6 日致路德维希·库格曼的信中,马克思这样写道:"我现在能够理解杜林先生的评论中的那种异常困窘的语调了。一般说来,这是一个极为傲慢无礼的家伙,他俨然以政治经济学中的革命者自居。他做了一件具有两重性的事情。首先,他出版过一本(以凯里的观点为出发点)**《国民经济学说批判基础》**(约五百页)和一本新**《自然辩证法》**(反对黑格尔辩证法的)。我的书(《资本论》第一卷,编者注)在这两方面都把他埋葬了。"② 马克思的《资本论》之所以埋葬了杜林的《自然辩证法》,因为自然辩证法正是以与人的实践活动相分离的抽象自然界作为自己的载体的,而《资本论》则处处从人的生产劳动出发去考察自然界,因而始终站在现实的自然界或人化自然界的基础上来探索人与自然的辩证关系。③

正是在严格区分"抽象的"和"现实的"这两个形容词的基础上,马克思在《关于费尔巴哈的提纲》(1845,以下简称《提纲》)中阐述了自己的"现实"观。在《提纲》第一条中,马克思开宗明义地指出:"从前的一切唯物主义(包括费尔巴哈的唯物主义)的主要缺点是:对对象、现实(die Wirklichkeit)、感性,只是从客体的或者直观的形式去理解,而不是把它们当做感性的人的活动,当做实践去理解,不是从主体方面去理解。"④ 在这段重要的论述中,马克思把"现实"看作与"对象"、"感性"类似的概念,他启发我们,只有从"实践"(Praxis),而不是从"直观"(Anschauung)出发,才可能真正把握现实。

---

① 《马克思恩格斯文集》第 1 卷,人民出版社 2009 年版,第 193 页,"(wirkliche)"为笔者所加。
② 《马克思恩格斯全集》第 32 卷,人民出版社 1975 年版,第 525—526 页。
③ 参阅拙文《论马克思的人化自然辩证法》,《学术月刊》1992 年第 12 期。
④ 《马克思恩格斯文集》第 1 卷,人民出版社 2009 年版,第 499 页,"(die Wirklichkeit)"为笔者所加。

为什么？正如马克思在《提纲》第八条中所指出的："全部社会生活在本质上是实践的。凡是把理论引向神秘主义的神秘东西，都能在人的实践中以及对这种实践的理解中得到合理的解决。"① 这就表明，只要研究者们仍然采用传统哲学家们的直观的方式去看待现实，现实就永远不可能真正地进入他们的眼帘。只有当他们像马克思那样，始终通过人的实践活动的媒介去认识现实时，现实的全幅内涵才会向他们展现出来。

　　如何表述两者的关系？

　　由于分析意识的普遍匮乏，热衷于探讨"马克思主义与现实"关系的人几乎从未反思过，"马克思主义与现实"这一提法是否具有合法性。在我们看来，这一提法本身就是不合法的，因为它已把准确理解这一关系的道路封闭起来了。何以见得？因为一提"马克思主义与现实"，这两者就被分离开来，成了相互外在的东西。换言之，这种提法把"马克思主义"与"现实"打成了互不相关的两截，似乎马克思主义永远在现实之外或现实永远在马克思主义之外。

　　如果人们把"马克思主义与现实"这一主题转变为"哲学与现实"，就会发现，马克思早已指出，哲学本身就是现实的组成部分。在《〈黑格尔法哲学批判〉导言》（1844）中，马克思在批判天真的"实践政治派"时明确指出："该派眼界的狭隘性就表现在没有把哲学归入德国的现实范围。"② 因为该派把当时的斗争理解为哲学对德国现实世界的批判，"它没有想到迄今为止的哲学本身就属于这个世界，而且是这个世界的补充，虽然只是观念的补充。"③ 在马克思看来，当"实践政治派"把"哲学与现实"对立起来，并试图从哲学上去批判当时的德国现实时，他们根本没有意识到，他们赖以作为批判的出发点的"哲学"正是被批判的对象——德国现实的一个不可或缺的组成部分。也就是说，哲学与现实的关系不是相互外在的、对立的关系，而是内在的、部分与整体的关系。

　　有鉴于此，马克思告诫我们：如果人们只满足于从哲学出发去批判现实，而没有把哲学本身也理解为现实的一个组成部分，从而对它采取批判和反思的态度，那么他们对现实的反思根本就不可能深入下去。他这样写道："德国的法哲学和国家哲学是唯一与正式的当代现实保持在同等水平上 [al pari] 的德国

---

① 《马克思恩格斯文集》第 1 卷，人民出版社 2009 年版，第 501 页。
② 《马克思恩格斯文集》第 1 卷，人民出版社 2009 年版，第 10 页。
③ 《马克思恩格斯文集》第 1 卷，人民出版社 2009 年版，第 10 页。

历史。因此，德国人民必须把自己这种梦想的历史一并归入自己的现存制度，不仅批判这种现存制度，而且同时还要批判这种制度的抽象继续。"① 在马克思看来，如果不同时批判作为当时德国现实的组成部分的德国法哲学和国家哲学，对德国现实的批判根本无法深入下去。

下面，让我们沿着马克思昭示的哲学与现实关系的思路，重新认识马克思主义与现实的关系问题。每一个不存偏见的人都会发现，在当今世界，尤其是在当代中国的语境中，马克思主义本身非但是现实的有机组成部分，而且是现实中占主导地位的组成部分。因此，当人们从马克思主义出发去考察现实时，决不能忘记，马克思主义本身就是现实的一部分。易言之，人们必须同时对马克思主义作出相应的反思，否则，他们根本不可能完整地、准确地考察并把握整个现实。

那么，究竟如何对马克思主义本身作出反思呢？我们认为，关键在于，必须把马克思本人的思想与人们借着"马克思主义"的名头附加到马克思身上的错误的思想成分严格地区分开来。要言之，唯有同时对作为现实的组成部分的马克思主义进行反思，对现实的完整的反思才是可能的。

综上所述，"马克思主义与现实的关系"这一提法本身就是有语病的，隐藏着可能导致的种种误解。在我们看来，准确的提法应该是："作为现实之组成部分的马克思主义与受马克思主义引导的现实的关系"。总之，只有把马克思主义与现实的关系理解为内在的、部分与整体之间的关系，才能对现实作出完整的、准确的考察，同时通过对马克思主义的自我反省，不断地推进马克思主义的发展。

(作者：复旦大学当代国外马克思主义研究
中心复旦大学哲学学院)

---

① 《马克思恩格斯文集》第 1 卷，人民出版社 2009 年版，第 9 页。

国外马克思主义研究总报告
（2011）

总报告

汪行福

2008 年西方经济危机爆发时，著名马克思主义历史学家埃里克·霍布斯鲍姆说："马克思对资本主义的分析触及到全球化、周期性危机和不稳定。过去几十年，人们相信市场可以摆平一切，对我来说，似乎是神学的论断而不是现实。"① 这一观点今天看来仍然是有效的。一年来，出版了大量著作和论文，举办了许多有影响的学术和政治活动。在这里，笔者从哲学、政治经济学、政治学、社会主义、生态主义、女性主义、非欧洲中心主义、宗教、美学等方面介绍和分析国外马克思主义的丰富内容。在介绍中，笔者尽量避开本书的分报告和文章中阐述的内容，从笔者自己的阅读和收集的信息的基础，提供更多的信息。

一、全球重大学术和政治活动

第六届巴黎国际马克思大会于 2010 年 9 月 22—25 日在巴黎第八大学召开。会议的主题是"危机、反抗与乌托邦"，参会者来自世界各地，中央编译局、上海社会科学院、复旦大学、中国青年教育学院等机构也派出了 20 多位

---

① Eric Hobsbawm, *Sunday Times*, 11/21/2008.

代表参加，复旦大学哲学学院还作为本次会议的协办单位，组织了复旦 – 法国马克思主义哲学专场，张双利副教授应邀在全体大会上做主旨发言。本次会议有 4 次全体会议，200 场左右的专题，近千名学者参加。

第七届《历史唯物主义》年会 2010 年 11 月 11—14 日在伦敦召开，主题是"危机与批判"（Crisis and Critique），设置了近 100 个专题，内容涉及政治、经济、哲学、艺术等现实领域以及对马克思主义经典作家和西方马克思主义思想家的研究。会议主要有以下两方面的任务：一方面对危机的根源、性质、影响、形式和前景进行马克思主义的分析，另一方面是推动政治经济学的、意识形态批判的、政治的、美学的、哲学的批判形式之间的对话。"危机与批判"这一主题来自 30 年代本雅明等人计划编辑的杂志的名称，准确地把握了我们时代的特征和任务。

美国马克思主义的最有影响的学术活动是每年在纽约召开的左翼论坛，2010 年的活动于 3 月 19—21 日在佩斯大学召开，本次论坛的会标是"中心无法把持：重燃激进想象"，意在表明，一方面资本主义世界的中心已经动摇，另一方面左派还没有足够的力量改变世界。因此，我们需要重新燃起激进的想象。和以往各届一样，论坛有 200 场左右的专题会议和 3000 人参加，表明马克思主义对美国的学术和公共政治仍有一定的影响。

为纪念列宁诞辰 140 周年，2010 年 4 月 22—24 日，"罗莎·卢森堡基金会"、莫斯科大学哲学系等机构在莫斯科联合举办了"列宁在线"国际学术会议 ①。这次会议旨在从多个视角评价列宁的思想贡献和当代意义。会议内容丰富，涵盖了列宁思想研究的所有方面：1. 列宁理论遗产评价；2. 列宁的方法论理论；3. 列宁的社会创造性理念；4. 列宁的社会主义决策；5. 列宁理论遗产与俄罗斯；6. 列宁思想的继承人等。这是苏东剧变以来俄罗斯召开的规模最大的列宁思想讨论会。2010 年 4 月 20—21 日，莫斯科大学举办了"在全球化背景下俄罗斯超越危机的潜力：教育，科学和文化"国际理论研讨会，会议涉及的主题有：现代经济危机的性质和原因；与马克思时代古典经济危机的比较；社会和生态危机；对全球化进程的批判性分析；国际和俄罗斯应对危机的设计方案和实施经验；地缘政治危机的影响；反对民族主义；社会科学方法论：辩证法，实证主义和后现代主义的比较研究；政治经济学和经济学：经典理论和社会经济发展

---

① 《ЛЕНИН ON-LINE》, http://www.alternativy.ru/ru/node/1276.

的新理论，从这些主题的设计可以看出，在俄罗斯，马克思主义的理论与现实是紧密结合的。

2010年拉美学术界和左翼政党也举办了一系列重要研讨会，代表性的有：2010年4月1—3日，秘鲁左翼政党在首都利马组织举办了"马克思主义经济学与世界资本主义危机"研讨会；2010年5月，在古巴首都哈瓦那召开了第5届"马克思著作与21世纪的挑战"国际研讨会；2010年6月12—16日，在厄瓜多尔举行的第14届"拉美革命问题"国际研讨会；2010年8月，第四届"批评理论和西方马克思主义国际论坛"在阿根廷首都布宜诺斯艾利斯举行，会议的主题是"卢卡奇的晚期思想"；2010年8月，题为"21世纪马克思主义的适用性"研讨会在委内瑞拉召开，主要讨论马克思主义的资本主义危机理论以及当前全球化的趋势；2010年10月，哥伦比亚国立大学召开第7届"马克思依然活着"的国际研讨会，主要讨论了拉美左派提出的反对资本主义，特别是反对新自由主义的替代方案。

二、哲学与批判

在当代思想和文化领域，进步概念不仅受到后现代主义的批判，也受到现代主义的批判。丹尼斯·麦德尔的《马克思的进步观念》是一本有趣而重要的著作。进步概念意味着社会向好的方向的重大变化，甚至包括革命。但在批评者看来，启蒙以来的进步概念，不仅具有欺骗性，而且早已走向反面，成了野蛮和毁灭的同义词。对一些人来说，今天只能谈论"私有化"意义上的进步，如个人的物质生活、知识和道德的改善等等，再也无法谈论人类或社会的进步了。麦德尔试图拯救马克思所倡导的进步概念。在麦德尔看来，把握进步概念需要区分两个不同的理论框架。在一个理论框架中，进步被概念化为来源于冲突并反映着冲突，这一概念他称之为"作为对立的进步"（Fortschritt-als-Gegen-satz），但马克思的独特理论框架是"对立中的进步"（Fortschritt-im-Gegensatz）。表面上看，似乎只是一字之差，其实大不相同。前者把进步理解为模棱两可的过程，既是光明又是黑暗，既是善又是恶，为了获得进步，就必须付出代价。但是，马克思把进步理解为清楚明白、无可置疑的善的发展，而负面的现象只能理解为非进步（non-progressive）或退步。这样，进步概念就摆脱了它的批判者赋予它的模棱两可性和自我否定性。作者谈到这一观点的意义："如果不能从理论上区分进步和退步，就有可能把每一次退步都归罪于进步……退步似乎消失了，而进步却饱受谴责。"① 笔者认为，虽然上述观点有助于使进步概念避免陷入自我否定的困境，但如果只是在概念上做文章，而不是回答人类在进步中面临的真实难题，是无法消除后现代主义对进步的怀疑的。

与进步概念相关，辩证法也是马克思主义者讨论较多的问题。约翰·霍洛威的著作《敲打资本主义》代表着从后现代主义方向对辩证法的重新阐发。霍洛威是英国马克思主义社会学家和哲学家，在理论上属于开放的马克思主义派（Open Marxism），这一派把资本与劳动阶级的冲突作为马克思主义的核心，反对国家垄断资本主义理论，包括普兰查斯等人的国家资本主义理论和当代法国的调节学派。霍洛威的思想具有无政府主义倾向，他于 2002 年出版的《改变世界但不要权力》一书为新社会运动提供了响亮的口号。

在《敲打资本主义》中，他强调，为了超越资本主义，就需要在它的体制上打开裂缝。如何打开这一裂缝？作者求助于辩证法的"否定"概念。在他看来，否定是人类的基本特征，它既不由金钱决定，也不是由权力的统治所塑造的。我们的在世之在本身就包含着否定的根源。人的存在就是存在，不能把它当作物，然而，这一基本事实在资本主义社会却被掩盖了。资本只承认价值的再生产，只知道抽取利润，人的存在只是价值实现的工具。在哲学上，霍洛威与阿多诺一样，强调辩证法不是正反合的运动，而是否定辩证法，是不配合的辩证法（dialectic of misfitting）。不仅人的存在概念，而且道德概念也应这样理解："尊严就是'不'的力量的展现。"② 霍洛威的理论正是建立在这样的否定本体论之上的。虽然人的在世之在不是现成的给予，而是社会的特殊物质秩序造成的，但是，人的存在与生俱来的否定性，意味着任何时候敲打资本主义都是可能的。在日常生活中，每一种不同的做事情的方式都可成为对现行秩序的质疑，不论它是否具有明确的政治形式。阿多诺一句"我们还活着"就包含着对反抗可能性的本体论理解。与阿多诺一样，霍洛威承认，以不同的活法来表达否定的力量总是困难的和不完全的。否定性，作为对资本主义及一切剥削、统治和压迫的反抗，这一切只能是无休止的否定运动，它体现的只是矛盾、断裂、对抗和拒绝，反对虚假的和解意识。在这里，不存在肯定的同一

---

① Denis Mäder, *Fortschritt Bei Marx*, Akademie Verlag, Berlin, 2010, p.108. 引自 http://marxandphilosophy.org.uk/reviewofbooks/reviews/2011/302。

② John Holloway, *Crack Capitalism*, London: Pluto Press, 2010, p.3.

性思维和综合的总体性。加兰指出："《敲打资本主义》的最有力度的观点之一是，以详细的形式批判地探索了'做'是反对抽象劳动和劳动纪律的斗争。"①在这里，"正如无数次试验所表明的，没有正确的答案（Right Answer）。"霍洛威认为，在现实生活中有许许多多敲打资本主义的方式，但是既没有预言家，也没有救星，只有我们自己。然而，今天敲打资本主义，就是明天朝向共产主义。霍洛威把后马克思主义的理论修辞与无政府主义的日常斗争策略结合起来，虽然解释了否定的根源和可能性，然而他的理论也存在着致命的缺陷，因为他不能回答这样的问题：如果资本主义就是靠经常的敲打而保持其活力的，那又如何？

与霍洛威的否定辩证法立场不同，凯文·安德森在"当前对辩证法的某些挑战的克服"一文维护了从黑格尔到马克思的辩证法传统。他指出，自20世纪80年代以来，革命的辩证法在左派中经常被拒绝，这一拒绝来自两个方向：一是民主和市民社会传统，与哈贝马斯等人的思想相联系；二是来自自治社会主义和后现代主义的传统，与萨义德、奈格里等人的思想相联系。这两个传统都拒绝马克思的革命辩证法。前者是"自我设限的革命"，对这些人来说，拒绝辩证法意味着拒绝革命辩证法中的"绝对自由"概念。安德森指出，"如果对马克思的哈贝马斯式批判是因为他过于激进，普罗米修斯式人道主义飞得太高了，而今天许多激进思想家对马克思的攻击则来自另一个不同的方向。在这些人中，据说马克思的问题不是他太激进，而是他激进得还不够。"以奈格里、哈特的非物质生产／共和模式，拒绝以辩证的方式把握现实本身的激进超越力量，敌视以辩证方式把握非资本主义的社会概念。在哈贝马斯式的思想中，对马克思的辩证法的拒绝表现为把革命辩证法指责为危险的乌托邦，并接受自由民主资本主义是改良的唯一合理基础。哈特、奈格里对马克思的辩证法的拒绝表现为拒绝启蒙和现代性观念，主张回到前启蒙的、前黑格尔的人和社会的概念，以古代的共和理想来拯救资本主义全球化。② 作者总结了当前左派三种倾向的困境：哈贝马斯主义面对资本主义日益集权化和种族主义化，已经

---

① Christian Garland, Review on *Crack Capitalism*, http://marxandphilosophy.org.uk/reviewofbooks/reviews/2011/291.

② Kevin Anderson, Overcoming Some Current Challenges to Dialectical Thought, http://www.usmarxisthumanists.org/articles/overcoming-some-current-challenges-to-dialectical-thought/.

陷入悲观失望；后殖民主义把亚洲和中东问题归结为殖民主义，在理论上达到其极限；哈特、奈格里的解决办法，即依靠多众机器前进实现共产主义，只是一个有趣的尝试。

雷尼·穆里尧的论文《辩证法：从赫拉克利特到马克思》[①] 强调，在经济危机的今天，对马克思的辩证法的重新关注尤其重要。"辩证法"一词有多重含义：作为一种论证方式、形式逻辑本身以及运动中的思想。把辩证法理解为运动本身的思想是柏拉图、黑格尔和马克思的共同特征。作者认为，辩证法是推理行为（概念、判断和推论）的明晰性以及将运动中的思想形式化。对于马克思而言，辩证法在于社会、经济、政治和意识形态运动以及对于它们的认识之中，要求对过程、连续性和断裂进行阐明。

齐泽克在"第六届巴黎马克思大会"上的发言 [②] 既是哲学性的，也是政治性的。他认为，当代的核心特征是"经济（市场和竞争的逻辑）把自身作为霸权意识形态强加于自身。"在教育上，我们见证了教育的市场化，那种自命为启蒙价值承担者的传统，越来越趋向市场的低成本、高效率的逻辑；在权力的合法化和组织上，选举系统越来越按市场竞争原则来组织，选举类似于商业交换；甚至在情感关系领域，也越来越按市场关系来组织。整个资本主义成了一架阿尔都塞意义上的意识形态国家机器，"就自命为非意识形态的经济领域而言，这一勇敢的全球商品化的新世界认为自己是后意识形态的。"在这里，"统治的意识形态努力让我们接受彻底变革、粉碎资本主义和建立不受议会制约束的民主的不可能性。"他认为，今天最为迫切的工作是把共产主义视为康德所说的"公共理性"。按照拉康的理论，实在界的不可能性处于一切可能性的核心，它瓦解意识形态建构的现实，并回溯地创造自己的可能性。资本主义系统自我封闭的不可能性恰恰意味着革命的可能性。"这就是为什么共产主义也与实在界有关的原因：成为一个共产主义者意味着介入到瓦解今天全球资本主义的基本对抗的现实之中。"关于新时代人类的任务，齐泽克说：20 世纪我们知道该做什么，困难在于等待正当的时机；今天我们不知道我们该做什么，但知道不做什么将意味着什么。他的观点是，我们必须重新发明正义。

英国苏塞克斯大学荣休教授梅扎罗斯是当代著名的马克思主义哲学家，

① René Mouriaux, *La dialectique d'Héraclite à Marx*, Editions Syllepse (17 juin 2010).

② Slavoj Zizek, Welcome to the Interesting Times, Actuelmarx-u-paris10.fr/com/MI6 Plenum Zizek.doc.

他的两卷本的《意识的社会结构和形式》①从思想史出发，对资本主义意识形态做了系统的批判。作者认为，资本主义社会结构是靠特殊的社会意识或意识形态支撑的，这一社会意识是由卢梭、斯密、康德和黑格尔等人建立起来的。具体来说，它包含以下方面：第一，资本主义的社会关系具有优越性，它的矛盾和问题是可以缓和的，一切问题都可以通过技术、科学和理性的方法来解决；第二，把价值视为抽象的和理想的，其道德话语是形式主义的。权利、正义和平等都可以以量化的形式衡量。在这一方法论中，任何对社会实质性的不平等问题都无法提出来；第三，社会冲突被认为是由自利的个体之间的竞争引起的，因而可以由国家或理念来调和；第四，历史的运动是被否定之否定支配的，因而不存在任何追求非资本主义选择的可能性；第五，抽象的主体与客体二元论在认识论领域起支配作用，主体是向内的、自我中心主义的，与外在领域的客观性没有联系，因而人类的冲突只能是空洞的应当之间的冲突；最后，对抗性的个人主义是由有机体的或人类学的模式提供的抽象的纯粹形式的统一克服的。在梅扎罗斯看来，不论近代资产阶级思想内部存在什么样的差别，它们都是服务于资本主义体制的社会意识。这一社会意识掩盖了观念和思想的历史起源，剥夺了社会参与者的历史能动性。梅扎罗斯的思想资源是马克思的《1844年经济学哲学手稿》和《德意志意识形态》。按他的理解，马克思的基本方法论原则是：人类在世界中的创造性活动涉及人类存在与自然世界之间的新陈代谢，参与社会生活的个人总是社会化了的个人。资本主义用它的对抗性和毁灭性的"第二秩序"为中介取代作为人与自然的"第一次序"的劳动中介作用，并产生出支持这种第二次序的意识形态，即生产工具与劳动者的分离，交换价值和商品形式的物化。基于这一批判立场，梅扎罗斯强调，人类的解放需要重建一种不同于资本主义的实质性的社会结构，零星的改革，包括市场社会主义，最终都不能触动资本主义的根基，因为受资本主义威胁的不是人类的特殊方面，而是人类－自然新陈代谢本身。因此，就这一制度来说，除了消灭它没有其他解决办法。

荷兰鹿特丹大学的乔蒂·迪恩在《博克理论》②中，试图提供一个关于传

---

① Istvan Meszaros, *Social Structure and Forms of Consciousness I: The Social Determination of Method*, Monthly Review Press, 2010; *Social Structure and Forms of Consciousness II: The Dialectic of Structure and History*, Monthly Review Press, 2011.

② Jodi Dean, *Blog Theory, Feedback and Capture in the Circuits of Drive*, Polity Press, 2010.

播资本主义（communicative capitalism）的批判理论。当代资本主义不仅是金融资本主义，而且是媒体资本主义，金融和电子传播媒体是资本主义全球化的重要工具。新的媒体实现了如下的目的，即把使用者纳入到享受、生产和监控的严密网络之中。借助阿甘本、鲍德里亚、德波、齐泽克和拉康等后现代理论，作者主张，对网络资本主义的反思性的把握最好是根据精神分析的冲动概念。《博克理论》一书代表着媒体理论的新发展，它从关注大众文化主题转向更为根本的主体性和政治问题。他认为，日常传媒的交流不仅瓦解了民主的能力，而且使我们陷入到统治的循环网络之中。

法国哲学家斯蒂格勒的新著《为了新的政治经济学批判》[1] 表面上是经济学的，但实质上是一本哲学著作。他认为，新的政治经济学批判需要新的无产阶级概念。无产阶级是一个理智和记忆都被机器囚禁的经济主体，这一概念可理解为柏拉图意义上的"外在化的记忆"。通过把柏拉图与马克思结合，作者认为当今普遍的无产阶级化，不仅包括马克思所说的体力劳动者的肌肉系统，也包括那些在信息工业中从事创造性工作的人的神经系统。在当代资本主义中，不仅劳动者的理智和记忆能力被机器所囚禁，而且使人能够过真正生活的艺术能力也被囚禁在技术之中。然而，这并非是纯粹消极的现象，它既使人进一步异化，也为颠倒这一过程提供了条件。人类的解放意味着恢复起源于闲暇的生命活动对营利性职业的优先性，由此将带来一个新的经济概念，创造出一种新的政治经济学。

法国巴黎第十大学荣休教授雅克·比岱近年来一直致力于马克思主义哲学基础的建构。他按照法国当代马克思主义的传统，试图发掘马克思理论的斯宾诺莎根源。在这里，他讨论了三个问题：第一，马克思为什么从契约论政治哲学的概念出发，而不是从被不公正地剥削的个人的经验出发，构建其资本主义批判理论？第二，马克思为什么以生命政治学的方式提出这些概念？第三，为什么马克思在《资本论》中才提出生命政治概念？作者认为，马克思在《资本论》中以"价值－劳动"为基础阐述的"劳动日"和"劳动生活"，使生命政治概念具有了明确的"社会"意义，马克思的社会理论是关于人类生活的"社会事物"的存在与不存在的辩证法。[2] 与比岱的论文相似，荷兰艾文斯大学

---

[1] Bernard Stiegler, *For a New Critique of Political Economy*, Polity Press, 2010.

[2] Jacques Bidet, J.bidet@wanadoo.fr, professeur émérite à l'Université Paris Ouest Nanterre La Défense.

米西昂·范·赫杨教授的论文《卡尔·马克思：斯宾诺莎的另类解读》[1] 也涉及到马克思与斯宾诺莎之间关系。马克思在获得博士学位之后，曾在三个笔记本上做了 170 段关于斯宾诺莎《神学政治论》的摘录笔记。马克思对斯宾诺莎理论的细节不感兴趣，对马克思来说，斯宾诺莎的意义在于包含着一种真正的民主国家理想，这正是马克思早期解放理论的核心。

与上述问题有关，G. 柯米奈尔从历史学和文本学视角探讨了马克思早期著作的解放概念，并分析了异化与解放、解放与革命等问题。他认为，在马克思那里，为人类解放而斗争实际上就是为终结劳动异化而斗争。但是，劳动异化并非异化的唯一形式，马克思所追求的解放是人类全部自由的实现，即取消任何外在于我们的力量的强制。这一任务不可能一蹴而就，我们必须认识到人类解放的过程性和辩证性，认识到权力结构的复杂性。人类的解放不仅要取消劳动的异化，而且要消灭国家异化、宗教异化、性别关系异化，要消灭"所有把一个人还原为另一个人的工具的人的自律的客观化形式。"[2]

我们知道，在马克思的批判理论中，异化与剥削是两个相对独立的概念，它们分别指向资本主义的不同方面。前者要求取消一切外在于人的自主行动的关系，实现人的自律和全面发展；后者要求取消一切社会的不平等，实现真正的平等。穆斯托的《重思马克思的异化概念》[3] 在一个相对宽泛的语境下探讨了马克思的异化概念。他指出，这一概念在过去的几个世纪中含义发生过重要变化。在神学话语中，它指上帝与人的分离；在卢梭式的社会契约论中，意味着个体原初自由的丧失；在黑格尔那里，异化是绝对精神自我实现的必须中介和过渡；在社会学话语中，异化意味着失调和价值失序。作者以文本学方法，探讨了异化在马克思思想中的流变和复杂含义。他的核心观点是，从《1844年经济学哲学手稿》到《资本论》，马克思不仅阐述了异化概念的经济、文化和政治的复杂内涵，而且提出了克服异化的手段。在《手稿》中马克思主张，通过消灭私有财产和劳动分工消除异化，在《资本论》及其手稿中，马克思把

---

[1] Miriam Van Reyen: *Karl Marx, anomalous reader of Spinoza*, http://actuelmarx.u-paris10.fr/cm6/m6philo.htm#13.

[2] George Cominnel, Emancipation in Marx's Early Work, *Socialism and Democracy*, Vol.24, Vol.3, 2010, p.78.

[3] Marcello Musto, Revisiting Marx's Concept of Alienation, *Socialism and Democracy*, Vol.24, Vol.3, 2010.

资本主义理解为劳动从属于资本的异化体系，主张通过重新占有资本主义创造的共同财富和人的能力来消灭异化。

三、经济危机与马克思政治经济学

资本主义的经济危机仍然是马克思主义关注的现实课题。虽然危机最严重的时期已经过去，但后遗症影响深远，具体来说，世界经济的未来仍然不确定，南欧银猪5国陷入债务危机，美国等西方国家复苏乏力。经济危机必然带来社会危机，为降低赤字和债务，西方国家纷纷采取"反社会的"政策，降低劳动工资、削减社会福利，这必然导致阶级矛盾的激化。经济危机不仅唤醒了人们对马克思主义的普遍兴趣，对马克思主义政治经济学的研究有直接推动作用。

（一）对危机的诊断和批判

英国伦敦大学国王学院的卡利尼柯斯2010年出版了《幻想的篝火：自由世界的双重危机》①。作者指出，不论是对危机发生的原因还是后果的分析，都需要超出纯经济学解释的范围，因为我们生活在一个经济和地缘政治密切联系的世界中。近年来，通过对新帝国主义、战争、危机等问题的研究，卡利尼柯斯越来越强调经济理论与地缘政治理论的结合。正如该书的评论人丹尼·威托尔所指出："卡利尼柯斯的论述的核心是坚持经济和地缘政治领域的联系。"② 具体来说，卡利尼柯斯认为，2008年俄罗斯对格鲁吉亚的战争与雷曼公司的垮台是同一个历史过程。2008年的"划时代事件"标志着"后冷战时代的终结"和美国霸权的明显衰落。该书的一个重要贡献是区分了金融化的三重含义：金融构成了经济的支配力量；金融脱离经济其他领域而自主化；金融化意味着"更大范围的行动者在金融市场中的结合"。这种区分是有意义的，它有助于对金融危机的不同层面进行分析。作者认为，金融在经济中的分量越重，整体经济越不稳定。借助马克思和哈耶克的理论证明，作者指出，当前的

---

① Alex Callinicos, *Bonfire of Illusions: The Twin Crises of the Liberal World*, Polity Press, Cambridge, 2010.

② Daniel Whittall, Review on Alex Callinicos' *Bonfire of Illusions: The Twin Crises of the Liberal World, Marxism & Philosophy: Review of Books, http://marxandphilosophy.org.uk/reviewofbooks/reviews/2010/139.*

危机对资本主义来说并不是什么了不起的事件，不过是内在于资本主义体系深处的矛盾的周期性爆发而已。作者认为，当前的危机是三个方向力量作用的结果：积累过剩和利润率下降；长期的不稳定的金融体系；不断地依赖信用泡沫刺激经济扩展。这一分析比起那种只强调某一因素的观点有更多的合理性。关于经济危机与地缘政治之间的联系，作者强调，经济危机和随后的政府援助瓦解了自由主义标榜的国家中立性，俄罗斯－格鲁吉亚战争标志着"国家回来了"。危机必定导致权力在资本与国家之间的重新分配，前者将被迫承认自己对后者的依赖，这意味着自由资本主义与帝国主义的联系将更加紧密。

除上述著作外，加拿大布鲁克大学社会学教授墨里·E.G.斯密在其新著《危机中的全球资本主义：卡尔·马克思和利润体系的衰落》[1]中认为，当前的危机是生产过剩、信贷和金融危机的组合危机（a composite crisis），是深层次的系统危机。梅扎罗斯在《资本的结构危机》[2]中认为，资本主义体系对脆弱的社会和生态有着极大的破坏作用，除非采取决定性的措施遏制资本盲目追求利润的趋势，否则人的潜能的全面发展不可能实现，甚至人的最基本的需要也无法满足。作者肯定危机影响的多重性，强调只有工人阶级进入历史的中心舞台，建立起以满足人的需要为目的的全新的生产和分配体系，才能克服危机。

戴维·麦克纳利是加拿大约克政治学系教授，在《全球滑坡：危机和抵抗的政治学和经济学》[3]中，他反对把当前危机理解为金融非管制化的结果，强调危机的本质是新自由主义全球秩序的危机。本次危机源于20世纪70年代末和80年代初为克服经济衰退而进行的结构重组。在这个过程中，出现了新的全球不平等模式和新的资本积累中心，由此导致世界经济系统的深层次上的不稳定。危机的后果具有双重性：一方面，它必然给穷人和劳工阶级的生活带来灾难性后果，使南方国家处境更为艰难，导致种族主义和排外意识的强化。另一方面，危机也将引发新的反抗形式，并渗透到社会生活的各个方面，包括住房运动、教育斗争，群众罢工和抗议等等。他强调，左派应该建立一个与新自

---

[1] Murray E.G. Smith, *Global Capitalism: Karl Marx and Decay of the Profit System,* 2010. Halifax and Winnipeg: Fernwood Publishing, 2010.

[2] Istvan Meszaros, *The Structural Crisis of Capital*, Monthly Review Press, 2010.

[3] David McNally, *Global Slump: The Economics and Politics of Crisis and Resistance,* PM Press, 2010.

由主义秩序进行对抗的反抗联盟。该书受到许多学者的赞扬，伯托尔·奥尔曼认为，该书再次证明作者是资本主义批判的世界级马克思主义者。

大卫·哈维一直处于左派话语的中心，他最新出版的《资本之谜及资本主义的危机》试图恢复资本主义的系统逻辑和周期性危机的批判性理论。在他看来，资本的本质在于流动性，资本不是物，而是不断流动的动态过程，是"创造性的破坏"过程。对这一历史过程，除了马克思主义外，没有其他的什么理论可以提供充分合理的解释。他认为，当前的危机不是经济系统的暂时紊乱和失调，危机的爆发有多方面的原因，如经济的、政治和地缘因素等，但其最终根源仍然是"过剩资本的消化问题"。资本的逻辑是永恒积累，它必须为过剩资本寻找新的投资和赢利机会，而周期性危机正是资本自我更新的条件。在这个意义上，危机是"非理性系统的非理性的理性者"（irrational rationalists of an irrational system）①。哈维的逻辑有其优势，它很好地解释了资本积累的矛盾性和危机的周期性。但是，他的学说也受不少学者的批评，主要因为在他的理论中马克思经济学的核心命题，即利润率下降规律，已经边缘化了。

美国哥伦比亚大学社会学系教授索斯卡雅·札森是近年来"蹿红"的学者。2010 年 9 月她在巴黎马克思大会上做主旨发言："当复杂性产生野蛮的时候"②，既涉及当前的危机，也针对当代资本主义的野蛮性进行了尖锐的批判。她关注的问题是，资本主义发明的各种金融工具是如何把自己推向危机的。在当代资本主义中，高度金融化与对领土国家的野蛮掠夺之间存在着隐秘的联系。一般来说，人们都认同，地球资源的价值应该根据人类生活的需要来衡量。但在许多发展中国家，人们突然发现自己世世代代依赖的资源，包括土地、矿产、水源等等，成了杠杆收购的对象。今天，南方国家不仅出卖自己的矿产，而且出卖自己的土地。与此同时，发达国家资本主义对人们世代居住的住房进行金融化，次贷危机正是新的金融工具制造的新的野蛮。这种新的野蛮，她称为"驱逐逻辑"（logic of expulsions），即把人们逐出原来生产和生活的空间，使他们成为多余人口。正如马克思在 19 世纪批判资本主义不断地创造自己的剩余劳动者一样，今天的资本主义正在不断地创造"多余的人"。

---

① David Harvey, *The Enigma of Capital: and the Crisis of Capitalism*, Profile Books, 2010, p.215.

② Saskia Sassen, When complexity produces brutality, http: //www.sen-public.org/spip. php?article 721.

俄罗斯布兹加林 2010 年出版了《危机：未来的抉择（全球化与俄罗斯的特异性）》[1]，也对现代世界危机在政治、经济、社会、文化等各层面的表现进行了分析。他在著作中揭示了新自由主义资本主义模式的内在矛盾，澄清了危机产生的根源，并对旨在从世界格局的整体眼光寻求危机后发展的可替代模式进行了探讨。

（二）政治经济学的新发展

资本主义危机不仅暴露了这一体系的野蛮性和破坏性，也暴露了它的限制和内在矛盾，并推动了政治经济学的发展。希腊克里特技术大学的里奥塔克斯的《集权资本主义及其超越》[2] 试图在经典马克思主义框架中重建当代资本主义的政治经济学批判理论。在他看来，由于全球化、技术的作用和环境的恶化，资本主义已经进入到一个新的阶段。与马克思一样，他相信资本主义这一新的发展阶段既是压迫和统治的新形式，也包含着改变社会的新的潜能。英国著名马克思主义经济学家科斯塔拉·拉帕维查斯认为，该书不仅对技术和自然提供了新的见解，而且从马克思主义的立场出发，为资本主义的超越提供了乐观的看法。

英属哥伦比亚大学教授杰米·佩克的新著《新自由主义理性的建构》[3] 是一本特殊的著作，它考察了新自由主义意识形态的空间转移和历史演变。新自由主义始于撒切尔时代的紧缩政策，但作为一种意识形态，它从哈耶克和米塞斯的维也纳出发，经列昂·罗宾斯的伦敦经济学院，最后到达了弗里德曼的芝加哥。这一地理空间的移动既是资产阶级应对世界问题的方式，也是经济学家之间意识形态斗争的结果。芝加哥大学之所以是新自由主义观念的温床，除了受外部世界变化的影响外，很大程度上是为了对抗凯恩斯主义大本营的东部常青藤大学的经济学霸权。这一知识社会学的揭秘是非常有意义的，它表明新自由主义理性的建构不过是意识形态传播和扩展的历史，新自由主义以及新古典主义经济学并非所谓无时间性的真理。

印度经济家帕特莱克的《价值理论》[4] 以马克思的价值理论批判货币主义，

---

① Кризис: альтернативы будущего (глобальный контекст и российская специфика). Под *ред. Бузгалина А.В., Линке П.М.* – М.: Культурная революция, 2010.

② George Liodakis, *Totalitarian Capitalism and Beyond*, Ashgate Publishing, Ltd, 2010.

③ Jamie Peck, *Constructions of Neoliberal Reason*, Oxford University Press. January 2011.

④ Prabhat Patnaik, *The Value of Money*, Columbia University Press, 2009.

并揭示货币主义与帝国主义之间的联系。在货币主义理论中，货币价值取决于它的需求与供给关系，而货币的需求与供给又由流通货币的总价值决定。作者认为，这种观点是有缺陷的，货币不是价值的衡量手段，而是财富的贮藏手段。即使在非交换经济中，也存在着货币。与货币主义相对的是马克思、凯恩斯、罗莎·卢森堡代表的"财产主义"（propertyist）理论。这一传统正确地指出了货币价值是由外在于需求与供给因素决定的，但它也有弱点，即无法解释货币的价值为什么从长时间看是相对稳定的。作者认为，货币的价值既不在于供求因素，也不在于它是价值的贮藏手段，而在于它与国际政治之间的特殊联系。从本质上说，货币理论也是帝国主义理论，当代国际货币体系的价值是根据"石油－美元"确定的，也是就说，它是由美国的霸权体系决定的。

2010 年德国出版了一本书《〈资本论〉：为民请命》。该书的作者不仅与马克思同姓，而且是他的故乡特利尔市的主教。该书不仅成为畅销书，而且它的出版也成了一个新闻事件。莱因哈特·马克思对资本主义的批判与卡尔·马克思相当接近。他认为，资本主义在打败了它的历史之敌，即苏联式的共产主义之后，已经陷入了更加困难的境地：财富没有依据贡献原则和公平原则进行分配，而是越来越集中在少数人手中，不仅如此，资本主义的全球化也带来了它的剥削和不平等模式的全球化。莱因哈特模拟与马克思进行对话："观察今天全球经济的发展，似乎你是对的；似乎资本极力繁殖——充满激情不畏界限——在这个词的最本真的意义上；在看到资本家总是在这个过程中获利，在口袋中积累越来越多的资本，就这一点来说，你也是对的。"[1] 但是，此马克思非彼马克思。莱因哈特主教与罗马教皇一样，要求对资本主义经济进行道德化，而不是革命。在这里，他求助于国家。国家的出现是为了贯彻团结和公平原则，保护每个人的利益；国家要保护的个人不是经济人，而是有道德的个体，必须尊重共同体的团结原则；最后，市场本身也必须道德化，由消费者民主地决定与谁做生意、以什么样的价格做生意。莱因哈特主教认为，阿玛蒂亚·森的著作为天主教的社会学说提供了理论的参照系。社会正义应该根据人们能够过自由选择的生活的现实可能性来衡量，由人的能力的实现来衡量。莱因哈特的结论是，马克思应该安息了，但我们不得不与之打交道，因为马克

① Reinhard Marx, *Das Kapital: ein Plädoyer für den Menschen,* München: Pattloch Verlag,2010. p.21.

思批判的现象并没有消失。《〈资本论〉：为民请命》一书有特殊意义，它表明，今天神学家面对资本主义的问题，也不得不从马克思那里寻找思想资源。

西班牙社会学家马斯特罗的《资本，资本化，资本主义：关于资本之多重面相的理论探讨》① 也是一篇有价值的论文。一般认为，资本是一种组织和构建压迫和剥削关系的社会机制。问题是，资本的形态是什么？它如何表现自身？根据马克思的观点，资本是在特殊的社会关系中，即当价值固化在货币、生产力和最终产品等形式之中时，价值所采取的特定形式。从这一点出发，传统马克思主义把资本主义的条件理解为劳动力与生产资料的分离和资本家对工人的剥削。然而，这就是资本奴役和剥削关系的全部条件或表现形态吗？作者试图从当代剥削条件和形态中提供答案。他认为，当代资本主义的剥削者不仅有资本家，而且有高级技术工人、体育精英、演艺明星等所谓"昂贵的受雇者"。由于他们的职业要求非常高的特殊能力，因而在与雇主谈判中有着远比传统雇佣工人强得多的力量，这就意味着，他们将自己的劳动力作为工具和他人一同建立起资本主义社会关系。作者主张，应当扩大"资本"和"资本主义"的概念内涵。但即便如此，他也承认，资本对劳动的剥削仍是资本主义的根本特征。

四、工人运动与左派政治学

佩里·安德森在 2000 年曾指出，21 世纪是以悲观主义论调开局的，再也没有能与资本力量相匹敌的集体行动者了，与此同时，德塞（Meghnad Desai）也称资本主义已经成了城里唯一的游戏了。然而，对资本主义的集体反抗仍然存在，只是它们在新的时代面临着很多困难。

世界社会论坛（World Social Forum）自 2000 年开始到现在已经十周年了，它取得了很大的成就，但也面临着许多问题。艾斯特·维瓦斯对此做了分析。② 到现在为止，WSF 还是全球左翼最有影响的活动。虽然近年参与者数量有所下降，但 2009 年在巴西贝伦港举行的论坛仍有 13 万人参加。另外，为

---

① Juan Ignacio Castien Maestro, *Capitaux, capitalisation, capitalisme. Une exploration théorique des multiples visages du capital.*

② Esther Vivas, world justice forum, ten years on. www.internationalviewpoint.org/spip. php?article1813.

了与地方性经验和斗争更好地结合，论坛已经多样化了，有欧洲社会论坛、美洲社会论坛、非洲社会论坛；地中海社会论坛、亚马逊社会论坛；马德里社会论坛、加泰罗尼亚社会论坛等等。在这里，"WSF是社会运动的首屈一指的有用空间和近年来激发各种行动的刺激因素。"但是，它也面临着各种困境。一是政治环境的变化使社会论坛偏离了原来的目标。首先，WSF是以反全球化为旗帜的，但随着美国入侵阿富汗和伊拉克，反战运动已成为社会论坛的重要内容；其次，随着查韦斯、莫拉里斯和科亚雷在委内瑞拉、波利维亚和厄瓜多尔上台执政，WSF偏离了原有的斗争模式。"最初'反全球化'运动是由托尼·奈格里和约翰·霍洛威的命题'改变世界但不夺取政权'支配的，但这些事件的出现实际上已改变了政治和策略辩论的场景。"未来WSF面临的问题是维持原有的模式还是回到政党政治，这不仅是WSF面临的问题，也是其他左派面临的问题。

　　除社会论坛外，工人运动一直是反资本主义斗争的重要力量，一些左翼学者非常关注如何通过历史展现它的力量和作用。2010年赖布朗克编辑出版了《工作与斗争：美国劳工激进主义的声音》①，该书回顾了从19世纪中期到20世纪末美国劳工激进主义斗争的历史，展现了劳工斗争各种派别的声音。该书作者认为，我们仍然生活在激进时代，虽然激进派在任何时代都是少数，但通过对劳工运动的影响，它们在历史上仍然起着重要的作用。阿姆斯特丹大学的社会历史研究所主任林登教授出版了《世界的工人们：全球劳工史文集》②，该书摆脱了欧洲中心主义和民族国家主义的研究方法，运用不同地域、学科和时代的资料，对全球劳工运动发展的差异性和复杂联系做了系统的考察。不仅如此，该书还对世界劳动阶级的性质，阶级构成和区分的标准，集体行动的可能性和形式等理论问题做了探讨。伦敦大学东非学院荣休教授、中国农业大学兼职教授伯恩斯坦的著作《农业变迁的阶级动力学》③注意到农业领域的阶级斗争。该书以马克思的资本主义理论为基础，提出阶级的动力学应该是解释农业变迁的出发点，它关注的关键问题是全球化时代阶级的动力学和农

① Paul LeBlanc, *Work and Struggle: Voices of U.S. Labor Radicalism*, New York/London: Routledge, 2010.
② Marcel van der Linden, *Workers of the World: Essays toward a Global Labor History*, Brill Academic Publishers, 2010.
③ Henry Bernstein, *Class Dynamics of Agrarian Change*, Publisher: Kumarian Press, 2010.

业变迁的后果。

在马克思主义理论中，阶级和阶级斗争无疑是核心问题。虽然近年来，阶级理论受到后现代主义和后马克思主义的攻击，但随着社会矛盾的激化和不平等的加剧，阶级问题又引起人们广泛的兴趣。2010年，德国学界围绕着这些问题展开了多方面讨论，这些讨论主要围绕着三个问题。

首先，阶级概念是否仍然有效？社会学家彼得认为，这一概念已经失效。阶级是经济状况、生活方式和象征意义三者共同构成的集体自我形象。但是，"社会原子主义、去团结化、道德分化继续存在，阻碍了阶级重新形成的前提。"[1] 既然如此，今天阶级概念还能做什么？彼得的答案是："应该废除它！"显然，彼得的观点受到后马克思主义的影响。彼得的观点受到鲍里斯的质疑。[2] 他认为，阶级理论与阶级分析是批判的社会结构分析的必要因素，两者是不可还原的。彼得的许多经验分析是中肯的，但不能从中得出阶级消解论，因为只要资本主义存在社会矛盾，阶级因素就有可能再度结构化。关于阶级概念在当代的意义，卡斯托的观点是明智的："人们普遍承认，作为社会现实描述的阶级概念不再有的放矢……可是我认为，阶级概念保留了反对这个尝试（在社会中只想看到个体与个体生活道路）的根本价值。它让人们回忆起，仍然有不能还原为个体之间的交换关系的集体性统治关系。"[3]

其次，工人阶级的斗争是否仍然有意义？历史学家诺伊贝尔特（Harald Neubert）从理论史的视角讨论了这个问题。（1）作为马克思的核心范畴，工人阶级的历史使命是从作为经济形态的资本主义发展逻辑及其阶级关系和阶级斗争动力学中推出来的。但是，资本主义并没有像马克思预言的日益走向阶级的两极化。（2）其次，关于列宁的帝国主义论，作者指出："从今天视角看，回到列宁的（帝国主义）定义是非常困难的……帝国主义不能被理解为资本主义的最高阶段，而只能被理解为一系列资本主义国家的进攻性的扩张的帝国主

① Lothar Peter, Was machen wir mit dem Klassenbegriff? in: *Zeitschrift Marxistische Erneuerung*, Nr.81, Maerz 2010, S.146.

② Dieter Boris, Was machen wir mit dem Klassenbegriff? Replik auf Lothar Peter, in: *Zeitschrift Marxistische Erneuerung*, Nr.82, Juni 2010, S.148.

③ Robert Castel, Das Verschwimmen der sozialen Klassen. in: Joachim Bischoff ua, *Klassen und soziale Bewegungen*, Haburg 2003, S.16.

义政策。"① 在这个问题上，葛兰西的观点比列宁的观点更可取。"尽管葛兰西也谈到危机，但他对政治行动做了极为不同的评价：在发达资本主义国家，统治阶级掌握着政治组织资源……这就意味着，即使最严重的经济危机，也不能直接对政治领域发生作用。"② 在他看来，工人阶级的斗争仍然有效，但在这里起决定作用的不只是经济过程本身，也包括了意识形态霸权和政治组织形式。

最后，工人阶级应该采取什么样的立场？大体上说，西方左派有如下选择：(1)强调必须战胜资本主义，积极地为这一目标做准备；(2)不再企求战胜资本主义，而是捍卫资本主义福利国家。伊贝尔特认为，从经验事实看，工人运动更多地表现为后一种立场。他承认，虽然今天的劳资矛盾仍然是资本主义社会的核心矛盾，不过，对资本主义的超越并不能还原为劳资矛盾的消灭。诚然，生态问题是资本主义利润经济的结果，但生态问题在社会主义国家也会出现。因此，"为社会主义而斗争"必须考虑到作为潜在主体的其他力量，即新公民运动，例如，生态运动、女性主义运动、全球化批判运动、和平运动、宗教抗议运动。这并不意味着对工人阶级作用的否定，而是要求扩大反资本主义、亲社会主义的力量。"今天的实际情况是，'为进步而斗争'与'为社会主义而斗争'不能还原为阶级斗争。就是说，指向矛盾和问题的克服与目标的实现，不仅涉及特殊阶级，也涉及普遍阶级。"③

马克思的阶级理论被法国经济学家杜梅尼尔运用于对当前经济危机的分析。在他看来，当前的经济危机本质上是新自由主义的危机。新自由主义社会已经产生了一个由资本家阶级与管理者上层，特别是金融管理层构成的上层阶级，他们在资本主义金融化中不受限制地追求自己的收入和利润，从而导致了当前这场危机。在这个意义上，新自由主义"应该被视为资本主义演化的一个

---

① Harald Neubert, Die „Historische Mission der Arbeiterklasse" bei Marx undEngels und die historische Realitaet, in: *Zeitschrift Marxistische Erneuerung*, Nr.80, Dezember 2009, S.104-105.

② Harald Neubert, Die „Historische Mission der Arbeiterklasse" bei Marx undEngels und die historische Realitaet, in: *Zeitschrift Marxistische Erneuerung*, Nr.80, Dezember 2009, S.107.

③ Harald Neubert, Die „Historische Mission der Arbeiterklasse" bei Marx undEngels und die historische Realitaet, in: *Zeitschrift Marxistische Erneuerung*, Nr.80, Dezember 2009, S.116-117.

新阶段"，经济危机应该被视为阶级现象（a class phenomenon）。①

今年是托洛茨基逝世 70 周年（1940 年 8 月在墨西哥被暗杀），拉美托派研究出现了一个小高潮，一些学术刊物和网站，如阿根廷的《工具杂志》网络版、"拉美社会主义"网站等相继发表文章，对托洛茨基的主要思想、理论贡献等进行研究。实际上，西方国家左翼学者一直对托洛茨基的思想情有独钟。

托洛茨基有两个核心思想，即非均衡发展理论和不断革命论。英国斯特莱斯克莱德大学的戴维森认为，托洛茨基重要的理论创新是提出非均衡复合发展理论，这一理论不能等同于后来的非均衡发展理论。非均衡发展是一个描述概念，而托洛茨基的概念是一个政治概念。在托洛茨基看来，一个国家的历史落后性的优势在于提供了跨越了线性发展序列的条件，这不仅是说，落后国家可以利用先进国家的技术优势发展自己，而是说在复合发展结构中包含着革命的根源。作者说："复合发展不是世界革命的催化剂，它是革命得以发生的客观条件。如果催化剂没有出现，那很大程度上是由缺乏主观条件，这正是托洛茨基 1917 年意识到的。……劳动反抗组织可以唤醒不均衡和复合发展过程带来的内爆。"② 托洛茨基另一重要观点是不断革命论，这一理论很大程度上影响着他的命运。齐泽克说："托洛茨基是这样的人，他在 1990 年现实存在的社会主义没有地位，在 1990 年后的现实存在的资本主义中也没有地位，甚至对那些眷恋共产主义的人来说，也不知道如何对待他的永恒革命理论。"③ 但是，在麦克·洛威那里，非均衡发展与永恒革命问题联系在一起的，这体现在他 2010 年再版了的《复合和非均衡发展的政治学：永恒革命》④ 一书。他认为，现代经济的发展具有明显的非均衡特征，先进和落后因素相互杂交、冲突和对立，由这些对立所产生的断裂为被压迫和被剥削阶级改造世界提供了可能。

随着全球化和民族国家的危机，非政党的社会运动在左派中受到欢迎，与此相关，无政府主义也开始受到人们的关注。2002 年约翰·霍洛威著作的书名《改造世界但不夺取权力》就带有明显的无政府主义色彩。近年来，无政

---

① G. Duménil, D.Lévy, *The Crisis of Neoliberalism*, Harvard University Press, 2009. p.5.

② 引自 Neil Davidson: From deflected permanent revolution to the law of uneven and combined development, *International Socialism*, 128 Issue, 2010。

③ 引自 Neil Davidson: From deflected permanent revolution to the law of uneven and combined development, *International Socialism*, 128 Issue, 2010。

④ Michael Löwy, *The Politics of Combined and Uneven Development: The Theory of Permanent Revolution*, Haymarket Books, 2010.

府主义的研究已经积累了大量文献，如大卫·贝里的《法国无政府主义运动史，1917—1945》、《无政府主义、劳动和工团主义研究新视角》[①]、卢德·吉娜的《无政府主义：初学者指南》、《无政府主义与乌托邦》[②]、《乔姆斯基论无政府主义》[③]、《当代无政府主义研究》[④]。《当代无政府主义研究》这本文集集中了一批当代知名学者的文章，并具有明显的无政府主义特征。编者不仅认为，大学校园中另一种全球化的思想运动很多是由无政府主义塑造的，也是以它为基础的，而且认为，"根本上说，《当代无政府主义研究》支持面向明天的批判思想家的意识形态。"[⑤] 无政府主义研究者在英国的拉夫堡大学建立了"无政府主义研究网络"[⑥]、电子杂志和博士项目。

近年来，在无政府主义研究上，影响最大的是瓦尔特和施米德合著的《黑色的火焰：无政府主义和工团主义的革命的阶级政治学》[⑦]。在作者看来，无政府主义是一项旨在通过斗争创造一个建立在合作和相互帮助基础上的自由的无国家的社会主义社会。巴枯宁和克鲁泡特金都强调，新的社会秩序应该透过劳动群众的力量和组织从下而上地建立，人民群众必须自己承担起建设社会的任务。就马克思主义与无政府主义关系来说，作者认为，虽然"在马克思主义–列宁主义那里看到的是意在夺取政权的高度集中、非常军事化的政党组织，而无政府主义传统，包括工团主义强调参与——以参与为基础，以思想的解放为基础，以训练人们此时此地为将来以民主的参与的方式运行社会为基础。"[⑧]从这里可以看出，作者明显偏爱无政府主义。

---

① David Berry（ed），*History of the French Anarchist Movement,* 1917-1945, AK edition 2009; David Berry and Constance Bantman, *New Perspectives on Anarchism, Labour and Syndicalism*, CSP, 2010.

② Ruth Kenna, *Anarchism: A Beginner's Guide*, Oneworld, 2009, *Anarchism and Utopianism,* Manchester UP, 2009.

③ Norman Chomsky, *Chomsky on Anarchism*, AK Press, 2005.

④ Amster, Randall（ed），*Contemporary Anarchist Studies,* Routledge, 2009.

⑤ Sarat Colling, Contemporary Anarchist Studies: An Introductory Anthology of Anarchy in the Academy http://www.politicalmediareview.org/2009/03/contemporary-anarchist-studies-an-introductory-anthology-of-anarchy-in-the-academy/.

⑥ http://www.anarchist-studies-network.org.uk/SGSA.

⑦ Lucien van der Walt and Michael Schmidt, *Black Flame: The Revolutionary Class Politics of Anarchism and Syndicalism,* AK Press, 2009.

⑧ Interview with co-author of "Black Flame: The Revolutionary Class Politics of Anarchism and Syndicalism" http://anarchistnews.org/?q=node/10452.

无论是在理论上，还是在历史上，社会主义与无政府主义都有复杂的联系。法国的丹尼·盖兰（Daniel Guérin）曾认为，无政府主义是社会主义的同义词。乔姆斯基认为，首尾一贯的无政府主义者总是社会主义者，无政府主义是一种特殊的社会主义，自由派社会主义。著名的《卡尔·马克思革命理论》系列著作的作者哈尔·德拉帕（Hal Draper）认为，无政府主义是自下而上的社会主义，区别于自上而下的国家资本主义。然而，马克思主义与无政府主义者之间往往相互批判。马克思主义批评无政府主义是资产阶级和小资产阶级的思潮，无政府主义批判马克思主义迷恋权力、压制群众的自发性。巴枯宁 1868 年在和平自由同盟大会上说："我讨厌共产主义，因为它反对自由。我不能接受没有自由的人类。我不是共产主义者，因为共产主义把所有社会权力集中和吸收到国家，它一定会最终把财产集中到国家手中。相反，我要废除国家，要激进地消灭权威的原则和国家的监护。"[①] 无政府主义反对政党和国家，也反对无产阶级专政这个概念。在它看来，革命和解放只能依赖下层工人的直接行动。

　　保罗·布莱克杰的《马克思主义和无政府主义》一文，试图辨析无政府主义和经典马克思主义之异同，以超越两者之间漫画式的相互攻击。作者认为，无政府主义的优势在于它看到了自由与权威关系的不一致性，弱点是它对人性的看法。马克思主义超越了无政府主义的理论局限性，走出了一条正确的实践道路。列宁创造性地运用了马克思的思想，系统地阐述了自下而上的社会主义版本，而葛兰西则证明，民主和政党是可以结合的。马克思主义确实超越了无政府主义，无政府主义追求的是超越国家的自然的和非历史的和谐。而社会主义则通过阶级和政党建立新的生产关系基础上的社会民主化，无政府主义试图通过直接的行动实现自由，相对而言，马克思主义比无政府主义理论要合理。作者明确地对《黑色的火焰》一书的结论持批评态度。

　　但是，伯查尔则明确地为《黑色的火焰》的观点辩护。在《无政府主义的另一面》[②] 中，他认为，广义的无政府主义自 19 世纪以来就是国际激进左派的主要因素，是全球反对工业资本主义、集权统治、大地主和帝国主义的主要工具。马克思主义与无政府主义之间关系是复杂的。就马克思、列宁、托洛

---

① 转引自赵京：《马克思与巴枯宁冲突的症结》。http://www.chinavalue.net/Article/Archive/2008/8/20/131105.html。

② Ian Birchall, Another side of anarchism, *International Socialism,* Issue127, 2010.

茨基强调工人阶级的自我解放，反对把无产阶级专政理解为新的集权主义国家，而是理解为委员会、工会和公社等工人阶级政治上的民主自我组织形式而言，他们与巴枯宁、克鲁泡特金等人强调的工人阶级自我解放是一致的。另一方面，无政府主义对马克思主义又有许多批判，这些批评在许多方面是合理的。无政府主义的核心理念是参与式民主，任何手段的运用都必须服从于革命的目的，即集体的自我管理和自我解放，工人运动本质上只能是大众阶级的反权力的运动。作为自由至上的共产主义（libertarian communism），无政府主义不承认策略与原则、手段与目的的不一致。无政府主义和工团主义虽然拒绝无产阶级专政，但并非拒绝革命，而是反对"无产阶级的专政"变成对无产阶级的专政。引用《黑色火焰》的作者的话来说："重申社会主义，我们必须重申被列宁式马克思主义压制的参与式民主和革命传统，这就要求马克思主义者严肃地介入到无政府主义和工团主义的黑火焰以及它的自由至上共产主义的版本、革命过程和激进民主之中，而不是盛气凌人地对待它。"[①] 显然，作者明显同情无政府主义。

五、马克思主义与社会主义

马克思主义与社会主义之间的关系似乎是自明的：并非所有的社会主义者都是马克思主义者，但马克思主义者总是社会主义者。然而，今天这一关系却成了问题。齐泽克、奈格里等激进左派认为，社会主义已经被自由主义同化，今天需要告别社会主义，迎接共产主义。[②] 在这里，我们不想介绍社会主义派与共产主义派之间的争论，主要介绍一些学者对社会主义的思考。

众所周知，在《哥达纲领批判》中，马克思区分了共产主义与作为它的低级阶段的社会主义，这一区分构成20世纪社会主义实践的理论依据。然而，查托帕迪亚雅把它称为"20世纪社会主义的神话"。他指出，不论是右派还是左派，都把社会主义理解为由独一无二的政党统治的社会。然而，这一观念是

---

① Lucien van der Walt, Counterpower, participatory democracy, revolutionary defence: debating Black Flame, revolutionary anarchism and historical Marxism, International Socialism, Issue: 130, April, 2011.

② 关于他们对共产主义与社会主义关系的理解，见《国外马克思主义研究报告2009》相关内容，人民出版社，2010年版。

对马克思的误解。"对马克思来说，社会主义既不是向共产主义的转变，也不是共产主义的初级阶段。"社会主义就是共产主义，它们不过是用来表述同一事物的不同名称而已。马克思在自己的著作中用了许多概念表达后资本主义的时代：社会主义、共产主义、劳动者的共和国、自由人的联合体、合作社会等等，其共同含义都是个人的全面发展和自由联合。但是，20世纪对社会主义的理解却带有"反解放"的含义，以列宁的十月革命为代表的俄国经验，并没有体现上述要求，很大程度上成了少数人以多数人名义进行的革命，是"国家社会主义"道路。对《哥达纲领批判》的反解放解读必然使人误解社会主义的特征，似乎国家统治与工资劳动是共产主义低级阶段的必然特征。然而，除《哥达纲领批判》外，马克思从来没有把共产主义和社会主义作为两个阶段，他总是强调个人的自由发展和社会生活的民主组织是未来社会的根本特征。作者认为，今天的社会主义者必须回到马克思的原初含义，"不同于资本主义的非人道奴役的唯一的人道选择是社会主义——'自由人的联合体'——正如马克思所预想的。"[1] 显然，上述观点并非只是对马克思的文本学研究，而是要求对20世纪社会主义的经验进行反思。

自从进入新世纪后，"21世纪的社会主义"成了共同思考的问题。加拿大著名学者迈克·罗伯维茨认为，马克思的《大纲》和《资本论》已为"21世纪社会主义愿景"提供了基础，这一愿景就是"自由个体性的社会，建立在个人全面发展和他们共同的、社会的生产能力成为从属于他们的社会财富这一基础上的自由个性。"[2] 与查托帕迪亚雅一样，罗伯维茨也认为，20世纪社会主义的支配性观念是生产力的发展，而不是人的潜能的全面发展，似乎社会主义要创造绝对的富裕，让每个人都能各取所需地消费。但是，这一社会主义观念忘记了人的自由和发展才是核心问题。作者也质疑把社会主义视为共产主义的低级阶段，质疑它对计划经济和国家直接管理的偏爱。他认为，社会主义的幽灵是这样的社会愿景，它既不以生产工具的发展，也不以国家的计划为特征，相反，必须把人类的发展作为核心，这就意味着必须回到马克思的社会主义概念。具体来说，作者认为，21世纪的社会主义应包括三个方面：生产资料的社会所有、由工人来组织社会生产和以共同需要的满足为目标的共同发展，上述

---

① Paresh Chattopadhyay, The Myth of Twentith-Socialism and the Continuing Relevance of Karl Marx, *Socialism and Democracy*, Vol.24, No.3, November 2010, p.24.

② 《马克思恩格斯全集》第三十卷，人民出版社，1995年版，第107页。

方面称为他所谓的社会主义的铁三角（triangle）。在《资本论》中，马克思展望了一个社会有机体：每一社会关系都预设着每一个他人的存在，并把每一个事物作为前提。[①] 这不仅意味着人的全面发展，也意味着人与自然关系的全面协调。如何使社会主义愿景成为现实？作者认为，需要以"劳动的"应当（ought）对抗"资本的"应当。为此罗伯维茨在《社会主义的选择：现实的人类发展》中引入了一个"人类发展宪章"（Charter for Human Development）概念：

A. 每个人都有权分享人类的社会遗产，有权使用和受益于社会大脑和社会肢体的产品，以便能够发展其全面的潜能；

B. 每个人都有权在工作和社会场所通过民主、参与和反抗活动发展其潜能和能力——在这一过程中，活动的主体必须被赋予健康和教育条件，以便使他们能够充分地运用这一机会；

C. 每个人都有权活动在一个人类和自然都能栖息的社会中——在这一社会中，人们能够在以合作与团结为基础的共同体中充分发展其潜能。[②]

从以上论述可以看出，罗伯维茨的社会主义概念有两个重心：它的核心任务是人的潜能的全面发展和自由人联合体关系的建立，而这一目标只能通过民主加以实现。

"21 世纪的社会主义"也是俄罗斯左翼政党和学者关心的主要问题。近年来，左翼政党围绕这个问题展开许多讨论。大体来说，目前存在两种认识：第一，俄罗斯左翼政党将社会主义作为一种社会经济制度；第二，俄罗斯马克思主义创新学派将其理解为特殊的人道主义和文明形态。俄罗斯学者认为，关于社会主义和共产主义的人道性，即关于社会共同体中人的本质和存在的至上性问题，是一个未被充分发掘的马克思的哲学命题。社会主义是一个社会共同体，其中"每个人的自由发展是一切人自由发展的条件。"因此，21 世纪社会主义必须以人的自我实现及创造性的充分发挥为核心。А.И.科尔加诺夫在《现代社会主义：马克思的视阈》[③] 中指出，社会主义意味着从必然王国到自由王

---

① Michael A. Lebowitz, Change the System, Not Its Barriers, *Socialism and Democracy*, Vol.24, No.3, November 2010, p.47.

② Michael Lebowitz, *The Socialist Alternative: Real Human Development*, New York: Monthly Review Press, 2010, p.131.

③ СОВРЕМЕННЫЙ СОЦИАЛИЗМ. МАРКСИСТСКАЯ ВЕРСИЯ. 《Альтернативы》, 2010 г.№ 1 Колганов А. И.

国，意味着彻底终结异化劳动，建立工业生产资料与员工的自由联合机制。"在社会主义制度下……劳动的社会经济形式不再是雇佣劳动，或者工资奴隶，不平等的生产资料消失了，所有的员工都不再带着资本的枷锁。"① 他认为，生产力发展的意义不在于自身，而在于为人性的全面自由发展创造条件，使工人拥有更多的发展自身创造力的自由和闲暇时间，为个体自我的实现提供文化空间。关于社会主义制度的特征，科尔加诺夫也做了探索。社会主义应该以全民所有制为主，与其他所有制一起为整个社会服务。经济生产应受国家财政和法律的严格监督，以满足社会成员的精神、物质方面的高质量需求。与此同时，应该恢复和继续发展苏联时期的工人权益和社会保障制度。最后，必须维持生态平衡，以保证人类活动和周围自然环境的协调一致，实现可持续发展。"21世纪的社会主义"在南美左翼政党执政的国家是现实的政治纲领，他们在这个方面探索得更多，我们的报告有持续系统的跟踪，在此不再专门介绍。

在新自由主义意识形态的主导下，任何试图重新思考社会经济关系，挑战现有秩序的理论都被贬斥为乌托邦。然而，美国威斯康星大学社会学系教授欧林·赖特却反其道而行之，出版了《展望现实的乌托邦》。该著一方面批判当代社会理论的政治寂静主义，另一方面阐述了社会主义的核心价值和可行的目标。作者指出，20世纪末资本主义自鸣得意，陶醉于胜利气氛之中，但21世纪初，"资本主义未来的不确定性的新时代已经开始。"当前的危机对许多人来说是灾难性的，"但是，苦难和非理性从来都不足以产生基本的社会变革。"这本书试图把另一种选择置于议事日程上，"对作为经济结构的资本主义进行诊断和批判，为解放的选择提供理论框架，确定社会革命理论的核心要素。"② 作者把自己的观点概括为以下7个方面：1. 资本主义阻碍了社会正义与政治正义；2. 任何经济结构都是杂交的，资本主义、国家主义和社会主义只是主导权力结构的区分，而不是具体经济系统；3. 社会主义也具有混合性，社会正义和政治正义必须通过广泛和深刻的赋权（empower）行动使市场和国家受到市民社会的民主监督和控制；4. 赋权具有多种途径，这意味着社会主义制度具有多元性和异质性。"社会主义不能理解为经济应当如何组织的统一的制度模式，而应该理解为以不同的、有差异的制度路径实现一个共同的深层

---

① СОВРЕМЕННЫЙ СОЦИАЛИЗМ. МАРКСИСТСКАЯ ВЕРСИЯ. 《Альтернативы》, 2010 г.№ 1 Колганов А. И.

② Eric Olin Wright, *Envisioning Real Utopias,* Verso, 2010, p.366.

原则的多元模式"；①5．社会主义是争取社会正义和政治正义斗争的领域，但是，不存在实现这些理想的绝对保证；6．现实乌托邦的战略是不确定性，不存在唯一的道路；7．乌托邦的可能性具有非透明性，我们并不能事先知道社会赋权道路有多远。除上述对现实乌托邦的理论基础和特征的一般思考外，赖特还赋予它以具体的内容：通过无条件的基本收入计划，保障人们的经济参与权；通过共享的工资基金和团结基金，提升工会对企业和投资的控制；通过新的信息技术恢复工人的合作组织，给市场施加压力等等。总之，赖特的理论代表着当代社会主义的重要一极，它强调，通过民主的赋权行动加强工人对自身生活条件的控制能力。这种理论是乌托邦的，但却是一种有节制的、现实可能的乌托邦。

六、马克思主义与生态主义

西方许多学者认为，马克思是"普罗米修斯式"（promethean）的唯生产力论思想家。"马克思、恩格斯在充分认识到资本主义的'生态'代价并感到痛心的同时，却又接受了启蒙运动通过对自然的控制取得进步的神话。"② 然而，该观点受到保罗·伯克特和福斯特的质疑。他们在《马克思与自然》和《马克思生态学》中证明了马克思主义不仅不是反生态的，而且为生态问题的解决提供了正确的思想。

福斯特在一次访谈中指出，③ 马克思主义与生态主义不是两个互不相干的阵营，它们的结论是一致的：创造一个人与自然的新陈代谢关系受到联合起来的劳动者合理控制的社会。在《马克思的生态学》中，福斯特强调两者的互补性，批判的马克思主义方法需要生态学的世界观，而批判的生态学必须取向于马克思主义与社会主义，二者共享的基础是"社会正义和环境的可持续性：拯救人类和拯救自然"。齐泽克曾把生态和坏境危机理解为人类的普遍无产阶级化的重要表现，福斯特也提出"环境无产阶级"概念。他认为，资本主义的全

① Eric Olin Wright, *Envisioning Real Utopias,* Verso, 2010, p.368.
② 卡罗林·穆钱特：《生态学》，引自埃伦梅克辛斯伍德、约翰贝拉米福斯特主编：《保卫历史——马克思主义与后现代主义》，社会科学文献出版社，2009年版，第173页。
③ John Bellamy Foster Interviewed by Aleix Bombila http://mrzine.monthlyreview.org/2010/foster240210.html.

球分工和对第三世界的生态掠夺，创造了大量的环境无产阶级，而"当出现以系统的经济和环境的失败代表的双重矛盾时，只有社会主义才能有效地解决这些问题。"关于马克思生态学的核心思想，福斯特把它概括为"生态基本三元体"（elementary triangle of ecology）：1. 自然的社会使用，而非私人占有；2. 人类与自然之间新陈代谢关系的合理调节；3. 满足共同体的需要，包括现在和未来各代人的需要。总之，对福斯特之类的生态马克思主义或生态社会主义者来说，人类面临的生态灾难是不能用"绿色资本主义"或零星的改良工程解决的，由于资本主义与生态危机之间存在着必然联系，解决生态问题与实现社会主义是同一事物的不同方面。

除生态社会主义立场外，西方国家还出现了生态共产主义理论。齐泽克在《活在末日》中指出，生态和环境危机已经使人类接近于无法生存的零度状态。然而，面临这种变化，左派却自陷于视而不见（will to ignorance）的意识形态："在受威胁的人类社会中，一种普遍性的行为模式是，人们更愿意蒙住自己的眼睛，而不是专注于危机……"①。齐泽克认为，生态危机正把人类拖入新的冷战，最近各国对北冰洋海底资源的争夺就是典型的表现。生态和环境危机是每个人都无法逃避的灾难，但是，这种灾难并非完全消极的，普遍的威胁也创造了人类新的普遍意识。如何面对这一灾难？作者认为，我们不能用所谓的"现实的态度"去评价灾难的可能性，而是在黑格尔主义意义上把它作为命运接受下来，并以我们的行动把新的可能性插入到过去之中，在过去与未来之间形成新的闭合线圈。"当我们直面一个灾难（譬如，一个生态灾难），相同的循环型的完美未来之战略，也是唯一真正有效的战略将是：代之以嚷嚷'未来是开放的，我们仍有时间去行动和预防最糟糕的事情发生'，我们应该将灾难作为无可避免之事接受下来，然后回溯地行动，瞄准那些'写入星相'里的东西，瞄准我们的命运。"② 这就是齐泽克对灾难末世学的反向运用战略。生态危机暴露了资本主义的界限，也暴露了人的自由和权力的界限。灾难启示了人的新的开端的可能性，这也许是把我们从资本主义这一"城里唯一的游戏"中解放出来的机会。生态灾难要求把共产主义作为康德意义上的"公共理性"，

① 齐泽克：《生于末世》（节选），吴冠军译，《复旦政治哲学评论》2010年第2辑，上海人民出版社，2010年版，第167页。
② 齐泽克：《生于末世》（节选），吴冠军译，《复旦政治哲学评论》2010年第2辑，上海人民出版社，2010年版，第186页。译文有改动。

意识到不消灭对人的剥削就不能消灭对自然的剥削，不拯救人类就不能拯救自然。

七、马克思主义与女权主义

1979年海蒂·哈特曼曾发表一篇著名文章《马克思主义与女权主义之间不幸的婚姻》[①]，自此以后，两者的关系就成了争论不休的问题。今年是费尔斯通的女权主义宣言《性的辩证法》出版四十周年。她曾宣布："女权主义革命的最终目标……不仅仅是要取消男性特权，而且要取消性别区分本身，生殖器的区别将不再有文化上的意义。"为纪念该书出版40周年，学术界出版了《性的辩证法的进一步冒险：费尔斯通批评文集》[②]，讨论女权主义的当代命运。与此同时，马克思主义者也对马克思主义与女权主义之间的关系作出了新的思考。

关于女权主义及其与马克思主义之间的关系，2009年詹妮特·塞尔斯等人再版了他们编辑的《恩格斯再考察：女权主义文集》[③]。这本书第一版曾在1987年恩格斯《家庭、私有制和国家起源》发表100周年时出版。《国际社会主义》杂志也发表大量文章，讨论这个问题。[④]

朱迪丝·厄尔在《今天的马克思主义与女权主义》一文[⑤]中对两者关系的演变和今天的现实做了全面的分析。按照学界通行的看法，女权主义的历史可以分为三波。第一波女权主义始于19世纪与20世纪之交，它针对的是妇女

---

① Hardi Hardman, The Unhappy Marriage of Marxism and Feminism: Towards a more Progressive Union, *Capital and Class*, Summer 1979:3.

② Mandy Merck and Stella Sandford, *Further Adventures of the Dialectic of Sex: Critical Essays on Shulamith Firestone,* Palgrave Macmillan, 2010.

③ Janet Sayers, Mary Evans and Nanneke Rediclift（eds）*Engels Revisited: Feminist Essays,* Routledge Revivals, Abingdon, 2009.

④ Pritchard, Jane, 2010, "The Sex Work Debate", *International Socialism 125*. Judith Orr, 2010, "Marxism and Feminism Today", *International Socialism 127;* Dale, Gareth, and Xanthe Whittaker, 2010, "A Response to the Sex Work Debate", *International Socialism 127*; Edwards, Jess, 2010, "Sexism and Sex Work: A Response to Dale and Whittaker", *International Socialism 128*; Dale, Gareth, and Xanthe Whittaker, 2011, "Sex Work: a Rejoinder", *International Socialism 129*.

⑤ Judith Orr, Marxism and feminism today, *International Socialism*, Issue: 127, 2010. http://www.isj.org.uk/?id=656.

被否定的基本权利，特别是选举权和被选举权。这一波女权主义除了争取经济平等之外，也为自己的政治权利而斗争，其主要组织是"妇女社会和政治联盟"。第二波女权主义开始于 20 世纪 60 和 70 年代，它关心的不是妇女解放的法律和政治障碍，而是女性解放的文化和社会条件，其主要组织是"妇女解放运动"（WLM）。第三波出现于 20 世纪 90 年代，区别于后女权主义和第二波女权主义，它挑战的是中产阶级和西方白人的女权主义。厄尔认为，每一次反对妇女压迫的斗争都会引起马克思主义与女权主义之间关系的争论，实际上，今天的女权主义面临的问题在马克思主义传统中都曾出现过。德国革命的社会主义者蔡特金（Clara Zetkin）在 19 世纪就曾卷入到与中产阶级女权主义的激烈辩论。她明确指出，中产阶级妇女追求的平等与工人妇女追求的改变社会的要求之间是有区别的。在 1896 年的一篇演讲中，蔡特金说："无产阶级妇女的解放斗争与资产阶级妇女发动的反对其本阶级男性的斗争是不一样的。……她的最终目标不是与男性的自由竞争，而是实现无产阶级的政治统治。无产阶级妇女与她本阶级的男人反对资本主义社会的斗争是并肩而立的。"因此，对马克思主义者来说，女性解放与社会主义是联系在一起的。但是，苏联时代妇女的悲惨处境使一些人相信，社会主义并不能保证妇女的解放。因此，一些人开始把社会主义与女权主义理解为两条平行的斗争路线：一条路线反对剥削，另一条路线反对男性压迫和父权，在政治上形成既竞争又合作的复杂关系。然而，一些受马克思主义影响的女权主义者试图把唯物主义同反对父权主义整合起来，用马克思主义来解释妇女解放与阶级解放的一致性。社会主义维护的是被压迫者组织和选择自己生活方式的权利，其中也包含着妇女的社会和文化权利。从政治策略上说，妇女不可能仅仅靠本身的力量实现解放，因此，把妇女解放与更广泛的反资本主义斗争对立起来，就会削弱自己的能力。如果把妇女理解为工人阶级的心脏，而工人阶级的解放将导向人类的解放，这样，妇女解放就被赋予了特殊的政治内涵。

女权主义与马克思主义的关系还涉及到经典作家对两性关系的看法。马克思在这个问题上着墨不多，大多数女权主义者都从恩格斯的思想中寻找理论资源。恩格斯在《家庭、私有制和国家起源》中阐述了两个关键的思想。其一，在父权制时代之前存在着一个母系时代，女性曾经拥有特殊的文化和社会地位；其二，女性压迫的根源是私有制和一夫一妻制家庭。从这两个前提出发，厄尔强调，妇女压迫的根源不是自然因素，而是社会因素。恩格斯指出，随着阶级分工的出现，妇女遭受到"历史性失败"，成了传宗接代的工具和承担抚育子女的职能。这意味着，对妇女的压迫除了社会和阶级根源之外，还有家庭根源。因此，马克思主义女权主义在理论上必然是双轨制的：一方面反对剥削，另一方面反对男性压迫和父权制。厄尔的观点是，阶级解放与妇女解放可以联合，但不能合而为一："我们必须反对各种形式的压迫，但相信社会主义革命是实现妇女解放的唯一途径，只能是帮倒忙。"①

希拉·麦克雷格文章的主题是性、异化和资本主义之间的关系。② 它涉及三个方面内容：马克思对性异化的理解；新自由主义秩序如何塑造性的商品化和产业化；如何构想性解放的未来。作者认为，马克思主义对人类社会的理解是建立在两种生产概念之上的，男人与女人不同生存方式也塑造了他们的行为模式，包括性行为。但在私有制和阶级出现之前，两性分工不意味着男性对女性的压迫，妇女受压迫是与私有制和家庭的出现联系在一起的。关于新自由主义与性商品之间的关系，作者强调，新自由主义通过把女性身体的性欲化同化了女权主义的反叛力量，助长了"低俗文化"（Raunch Culture）。关于妇女解放与人类解放的关系，作者指出，马克思主义首先要坚持以爱和共识为基础的两性关系。第一，两性的差别是真实的，性是人的真实本性的一部分，出卖性是出卖自身，"性工作是真正的性活动的反面，它所扮演的角色是把性工作与自己的人格关系分开。"因而，是一种异化。第二，爱欲与把妇女的身体色情地还原为性对象是有区别的。第三，工人阶级团结具有特殊的重要性，这不仅因为工人在生产中的特殊地位，更重要的是，团结对意欲改造社会的工人阶级来说是必须的，而男性接纳女性作为平等的伙伴，本身就是团结的一部分。

珍妮·普瑞恰德的文章专门讨论性工作问题。③ 她认为，卖淫和性工作在资本主义社会的盛行，可以运用历史唯物主义和政治经济学来分析。卖淫是以贫困和社会的两极分化等为条件的。按照恩格斯的观点，对资产阶级来说，卖淫是婚姻的另一面，是资本主义社会的必要补充。在家庭中，妇女成为传宗

---

① Judith Orr, Marxism and feminism today, *International Socialism*, Issue: 127, 2010. http://www.isj.org.uk/?id=656.

② Sheila McGregor, Sexuality, alienation and capitalism, *International Socialism*, Issue:130, 2010.

③ Jane Pritchard, The sex work debate, *International Socialism*, Issue:125, 2010.

接代的工具，在卖淫中，妇女成为取乐的工具，它们都是资本主义所需要的，因而需要恢复对卖淫和性工作的马克思主义解释。传统女权主义挑战妇女在经济上受到的剥削与歧视，新的女权主义挑战传统文化赋予女性的劣等形象并对性自由采取二重标准。马克思主义则把对资本主义社会人的异化和物化的分析运用于卖淫和性的商品化之中。性的产业化根源于资本主义本身，市场竞争对人的关系的统治创造了人的欲望被改造为商品的条件。马克思说："私有制使我们变得如此愚蠢而片面，以致一个对象，只有当它为我们拥有的时候，就是说，当它对我们来说作为资本而存在，或者它被我们直接占有，被我们吃、喝、穿、住等等的时候，简言之，在它被我们使用的时候，才是我们的。"[1]这一批判也适合对性的占有和商品化。商品交换与性交易在社会根源上是同一的，受压迫和受剥削者必须通过自己的集体行动改变自己的处境，实现人类对自身生活条件的自主控制，包括对自己的身体和性关系的自我控制。从以上讨论可以看出，马克思主义与女权主义理论上有许多共识，政治上可以结成同盟，而并非总是同床异梦的关系。

八、马克思主义与欧洲中心主义

像马克思主义与女权主义之间的关系一样，它与后殖民理论之间的关系也处于暧昧状态。受萨伊德的《东方主义》对马克思批评的影响，后现代主义和后殖民理论经常把马克思视为欧洲中心主义或沙文主义者。欧洲中心主义把欧洲历史和文化普遍化、绝对化，在这一话语中，欧洲代表着发达，非西方社会代表愚昧和落后。非西方国家只有在欧洲资本主义的冲击下，才能摆脱僵化的、死气沉沉状态，进入现代社会，即使要革命也必须先达到资本主义的发展水平。除此之外，他们还认为，马克思辩护的解放政治也是欧洲中心主义的，因为它以欧洲的工业无产阶级为中心，忽视了非西方社会内生的思想资源和特殊的革命道路。

究竟马克思是否欧洲中心主义者？林德纳在《马克思的欧洲中心主义》[2]一文中指出，马克思主义与欧洲中心主义之间关系涉及许多问题，如马克思的

---

[1] 《马克思恩格斯全集》第三卷，人民出版社，2002 年版，第 303 页。

[2] Kolja Lindner, Marx's Eurocentrism: Postcolonial studies and Marx scholarship, *Radical Philosophy*, May/June 2010.

社会形态理论、亚细亚理论、进步的历史观以及后殖民问题等等。作者认为，马克思主义与后殖民理论是可以相互补充的：一方面，后者对前者的批评并非都是无的放矢，后者可以从前者那里学到一些东西；另一方面，马克思并非教条式的欧洲中心主义者，他终其一生都在研究非西方社会，大致来说，马克思的思想发展是从欧洲中心主义到非欧洲中心主义的过程。在这个意义上，后殖民理论对马克思的简单粗暴的拒绝态度是错误的。

与林德纳的调和论立场不同，凯文·安德森对马克思做了明确的辩护。2010 年他不仅出版了《马克思在边缘》①，还写了《不仅仅是资本与阶级：马克思论非西方社会》一文。作者指出，虽然自经济危机爆发以来，世界范围内出现了对马克思兴趣的复兴，但由于一些意识形态和思想的障碍，他的思想的批判和政治潜能并没有充分地得到发挥，其中包括对马克思的欧洲中心主义指责。关于马克思的欧洲中心主义，"这里涉及到围绕马克思 1853 年论印度的文章和《共产党宣言》中有关中国的章节的辩论，在更一般的层面上，我们被那些进步人士告之，马克思告诉我们的是阶级和经济结构，而他的理论模型完全没有纳入种族、族性、性别或民族主义，或者说，即使有也是不多的。"② 通过自己对马克思思想的历史学和文本学研究，作者得出的结论是："马克思分出相当多的时间和精力用于分析非西方社会以及欧洲和北美的种族、族性和民族主义问题。虽然有些著作中存在一些成问题的线性观点和种族中心主义的痕迹，但是，马克思的整体轨迹是面向民族、族性和殖民压迫的，面向这些领域中的抵抗运动的。"③ 马克思、恩格斯在 19 世纪 50 年代讨论欧洲殖民统治对印度、印度尼西亚和中国的影响时，带有明显的欧洲中心论色彩。但从 60 年代开始，马克思的反殖民主义观点得到越来越多的表达，其中包括他为《论坛报》写的文章和《大纲》。在《大纲》中，马克思阐述了多线条的历史理论，其中最突出的是亚细亚生产方式概念的提出，为历史的非欧洲中心主义解释打开了理论空间。在马克思的后期思想中，民族问题、族性问题、非西方社会问

---

① Kevin Aderson: *Marx at the Margins: Nationalism, Ethnicity and Non-Western Societies*, Chicago: University of Chicago Press, 2010.

② Kevin B. Anderson, Not Just Capital and Class: Marx on Non-Western Societies, Nationalism and Ethnicity, *Socialism and Democracy*, Vol.24, No.3, November 2010.p.7.

③ Kevin Anderson, *Marx at the margins: On nationalism, ethnicity, and non-Western societies*. Chicago: University of Chicago Press, 2010.

题受到越来越多的重视，其中包括对美国内战期间的阶级与族性关系的讨论、对波兰 1863 年起义的支持，对印度尼西亚爪哇岛、俄国、阿尔及利亚、拉丁美洲以及前资本主义社会的关注等等。作者说："在这一研究中，我主张马克思已经提出了社会改变的辩证理论，这一理论既不是单线条的，也不是排他性地以阶级为基础的。正如他的社会发展理论涉及到多个方向，他的革命理论也开始更多地关注族性、种族、民族和阶级之间的交叉关系。"马克思并非只关心阶级和国家，在民族主义、族群、妇女、宗教等所谓的边缘化领域，也有许多思考。在这个意义上，马克思不仅在中心，也在边缘。这正是该书的书名的寓意所在。

在马克思主义与欧洲中心主义关系问题上，萨米尔·阿明的著作《欧洲中心主义》① 也值得一提。阿明没有与后现代殖民理论进行直接争论，而是试图表明，马克思主义不仅不是欧洲中心主义者，而且对它的起源能够提供更好的解释。与萨伊德的立场不同，阿明认为，欧洲中心主义不是通过东方与西方、自我与他者的二元论建构起来的，而是在殖民统治时代形成起来的。欧洲文明作为一种意识形态出现于 1492 年，即现代殖民主义初期。自从欧洲大陆的民族国家成为殖民地宗主国后，欧洲才开始想象自己是高人一等的统一文明，欧洲一些学者开始发掘过去，重构一个从起源开始就是高人一等的文明。如欧洲继承了希腊罗马文明，具有统一的宗教。阿明认为，萨伊德对欧洲中心主义的批判走得不够远，未能认识到它产生的历史和物质根源。欧洲中心主义是伪装成普遍主义的文化特殊主义。正因为如此，它的现代性筹划一开始就存在着问题，它把西方文化视为完整统一的，并相信自己为现代性提供了唯一的基础，由此，把帝国主义的侵犯视为文明的传播。阿明认为，只有对欧洲中心主义的马克思主义进行批判，才能建立一个"通向历史的非欧洲中心主义观点和非欧洲社会理论。"

九、马克思主义与宗教

澳大利亚新卡斯托大学罗兰·鲍尔教授在《今日马克思主义与宗教概述》②

---

① Samir Amin, *Eurocentrism*, Monthly Review Press, 2009.
② 该文章系作者专门为本报告提供。

中指出，所有线索都表明，对马克思主义与宗教之间关系的学术兴趣正在复兴，其原因是多方面的：一是9·11后宗教作为重要的地缘政治力量开始回归；二是在反资本主义的群众抗议运动中，出现了由宗教传统激发的抗议运动；三是在所谓的"现实的社会主义"政治失败后，一些左翼思想家开始从宗教中寻找资源，以重建激进政治的革命学说。马克思主义与宗教的关系比起它与女权主义、欧洲中心主义之间的关系来，显得更加复杂。经典作家的宗教观是复杂的，马克思认为宗教是人民的鸦片，同时也承认它是被告压迫者的不满和叹息。恩格斯区分了原始基督教和作为统治工具的宗教。原始基督教是反抗者的宗教，它反对压迫、追求平等的要求带有原始共产主义的因素，不仅如此，宗教在政治上也起过积极的作用，如闵采尔领导的德国农民战争。但总的来说，马克思主义传统对宗教是不信任的。近年来，两者的关系发生了一些改变，一些马克思主义者走向宗教，宗教界也开始积极地讨论马克思主义。

在2010年纽约左翼论坛上，美国马塞诸塞大学艾默斯特分校荣休教授、马克思主义经济学家沃尔夫以资本主义的批判和超越为核心，在基督教与马克思主义之间进行了对话。他认为，不论在对资本主义社会的批判上，还是在对后资本主义社会的展望上，它们之间都有许多共同的话题。把马克思主义与宗教联合起来的努力建立在共同的批判对象上，如财富和收入不平等、商品拜物教、物质主义和经济至上等等。更为根本的是，资本主义本身也是一种宗教，这是本雅明在20世纪20年代提出的命题，今天已被许多左派思想家所接受。亚当·斯密把市场作为一只万能的看不见的手，包含着为资本主义辩护的世俗宗教（secular religion）的核心。虽然古典主义、新古典主义和凯恩斯主义之间存在着差别，但它们不过是同一宗教的不同教派。马克思主义对它们的批判，同时也是对世俗宗教的批判。作者认为，马克思主义与宗教除了在批判上拥有共同话题外，对超越资本主义的规范上也有共同的价值，这就是取消私有制、剥削、压迫和不平等，反对把劳动作为剥削的工具或谋生的手段，同时，在斗争策略上，"马克思主义与其他社会主义所共同分享的对资本主义生产组织的批判是可以与主张社会基本工作场所的变革的宗教社团之间建议强有力的联盟的。……这一联盟可以极大地提升21世纪社会主义成功的前景。"[1]

---

[1] Richard Wolf, Capitalism, Economy, and Religion: A Christian-Marxist Dialogue, http://www.rdwolf.com/content/capitalism-economy-and-religion-christian-Marxist-dialogue.

马克思主义与宗教的关系也是德国学者关注的问题。2010 年 5 月 29 日，马克思恩格斯基金会、明斯特基督教神学与政治研究所联合召开"错误的上帝：作为资本主义批判的宗教批判"的国际会议。这一讨论的背景是德裔拉美解放神学家辛克拉梅尔特（Franz Hinkelammert）在《政治经济学批判、宗教批判与实践人道主义》一文中对两者关系的理解。

德国作家和社会学家维勒·泽普曼认为，辛克拉梅尔特将宗教批判与资本主义批判等量齐观是可疑的。在《1844 经济学哲学手稿》中，马克思已经揭示了货币与宗教的相关性。他断言，随着阶级社会克服，即进入发达社会主义，宗教就失去了基础。[①] 德国心理学家布伦纳也持类似的观点。他认为，"错误的上帝"的提法是容易引人误解的，因为它暗示还有一个"正确的上帝"。虽然他承认，欧洲的所有重要宗教都有共同根源，犹太教、基督教、伊斯兰教都是"亲亚伯拉罕宗教"（verwandte Abrahamitische Religion）。如果有一个"解放的上帝"，其意义也只是把"他的"民族从古老的"法老"（Pharao）中"解放"出来。在宗教观上，布伦纳倾向于列宁的观点。列宁接受宗教是人民的精神鸦片的观点，但他强调要避免与"鸦片说"进行抽象的纯理论论争，因为宗教产生的原因不在于其本身，而在于社会的政治经济条件，因此，对宗教的批判必然引向对现实的政治经济学的批判。[②]

但是，来自宗教界的学者认为，宗教批判与资本主义批判是可以融合的。这可以从神学家菲塞尔的论文《宗教不仅仅是鸦片和抗议》[③] 和拉姆敏格尔的论文《拜物教 – 宗教 – 意识形态》[④] 中看出来。菲塞尔认为，对宗教不能作非此即彼的区分，或者是人民的鸦片，或者是抗议。宗教是社会基础的一部分，"当代资本主义不可能保证世界上所有人的尊严，并陷入了合法性危机。这样，它就关心宗教的潜能并使之工具化。因此，在当代，宗教思潮将起着重要的作用。"由于宗教可以被资本主义利用和意识形态化，对宗教的批判与对资本主义的批判是不能完全分开的。拉姆敏格尔同情地评论了辛克拉梅尔特的观点。

---

① Vgl. Werner Seppmann, Religion als Utopie, in: *Marxistische Blaetter*, 05/2010, S.29.

② Vgl. Hans-Peter Brenner, Zur Aktualitaet marxistisch-leninistischer Religions-und kapitalismuskritik. Der Beitrag Lenins, in: *Marxistische Blaetter*, 05/2010, S.50.

③ Vgl. Kuno Fuessel, Religion ist mehr als Opium und Protest, sie gehoert auch zur gesellschaftlichen Basis. in: *Marxistische Blaetter*, 05/2010, S.41.

④ Vgl. Michael Ramminger, Fetisch-Religion-Ideologie, sie gehoert auch zur gesellschaftlichen Basis, in: *Marxistische Blaetter*, 05/2010, S.50.

后者认为，青年"人道主义的"马克思与后期"科学主义的"马克思之间具有连续性。马克思在《黑格尔法哲学批判导言》中所说的人是人的最高本质这样一个学说，必须推翻那些使人成为被侮辱、被奴役、被遗弃和被蔑视的东西的一切关系。① 这一奠基于宗教批判的绝对命令范畴是马克思主义者与左翼基督徒共有的，在这个意义上，他们能够结成战略合作关系。但是，拉姆敏格尔认为，马克思的绝对命令范畴是理性的，并不产生于资本分析；毋宁说，它是一种意识形态立场，由此才产生出对资本分析的努力。作者认为，对超越性、忠诚、信仰的追求，是我们改造世界工具的一部分。"关键问题是，我们如何阻止这个系统成为统治。出于好的原因，我们不应将宗教作为幻想废除掉，只能说：这是最后的信仰和希望。"②

罗兰·波尔是近年来研究马克思主义与宗教之间关系的重要学者。自2007年开始，他出版了《天国和人间批判》系列：《天国的批判》(2007)、《宗教的批判》(2009)、《神学的批判》(2010) 以及正在付印的《大地的批判》和《泪之谷》。在他看来，西方马克思主义的大家，如卢卡奇、葛兰西、布洛赫、阿尔都塞、阿多诺、列菲伏尔的思想都有或明或暗的宗教背景，不理解他们背后的宗教，就无法真正理解他们的许多思想。不仅如此，他也关注当代激进左派的宗教思想，如齐泽克、巴迪欧、奈格里、阿甘本、伊格尔顿等人的著作，在当代激进思想家中存在着一个明显的"宗教转向"。

大体上说，当代西方马克思主义者可以分为保罗派、约伯派、耶稣派。保罗派的代表是巴迪欧和阿甘本，前者出版了《圣·保罗：普遍主义的基础》(2003)，后者出版了《剩余的时间：保罗书信评注》(2005)。巴迪欧把圣·保罗的宗教遗产理解为战斗的普遍主义，一种不分种族、语言、文化，只忠诚于纯粹平等的战斗共同体概念。阿甘本则借助本雅明的弥赛亚概念，从法律上解释弥赛亚时间概念。在他看来，这种时间包含着对法律的彻底重构并预示着一个新时代的到来。

约伯派的代表人物是奈格里，他的《约伯的劳作：作为人类劳动的经文》2009年被翻译成英文。该书的核心思想迈克尔·哈特在"前言"中有很好的

---

① Vgl. Michael Ramminger, Fetisch-Religion-Ideologie, sie gehoert auch zur gesellschaftlichen Basis, in: *Marxistische Blaetter*, 05/2010, S.50.

② Vgl. Michael Ramminger, Fetisch-Religion-Ideologie, sie gehoert auch zur gesellschaftlichen Basis, in: *Marxistische Blaetter*, 05/2010, S.55.

解释。奈格里对《约伯记》的解读立足的是法律上的正义概念和经济价值概念的类比。约伯最初设想的正义是以恢复的逻辑（logic of retribution）为基础的，在这里，正义等同于罪与罚、德性与价值之间的相等。按照这种逻辑，经历磨难的约伯向上帝吼道：自己的苦难是非正义的，上帝的神圣秩序是可疑的。这一立场可用于批判资本主义的经济秩序，在这里，正义概念与经济价值概念一样，都是把公平建立在量的相等基础上。按照恢复的逻辑，社会主义的正义无非是把财富还给劳动者，消灭剩余价值。但是，奈格里并不满足于这样的解读。他认为，按照恢复的逻辑建立的社会主义社会，不过是合理的资本主义，正义的资本主义社会、没有资本家的资本主义社会。约伯的苦难及其对上帝的抱怨的真正意义在于，正义的标准及其恢复是不可能的。从自治主义立场出发，奈格里强调，唯一合理的价值秩序不是基于等同的交换原则，而是恢复劳动作为主体的创造性和独特性的意义。"这一构成人类劳动特征的超越标准（measure）的创造性就是神（divine）的真正形象。"[1] 齐泽克也关注《约伯记》的意识形态批判意义。他认为，约伯是耶稣的先驱，正如耶稣在被钉在十字架时抱怨上帝遗弃他一样，约伯对上帝的抱怨表明，上帝已经死了，不再存在，因为它不能阻止灾难降临在无辜者身上。在这里，齐泽克受到布洛赫的《基督教中的无神论》一书的影响。在布洛赫的著作中，约伯是《圣经》中一系列反叛人物的顶峰，他是基督教中的无神论者，引导人们离开耶和华、统治者和任何作为压迫者的上帝。齐泽克认为，约伯对当代的意义在于，他不是通过把非正义的苦难理解为最后救赎的条件，而是赤裸裸地质疑上帝秩序的正义性，就如我们不能把资本主义的灾难理解为人类明天解放的条件一样。

　　除了保罗派和约伯派外，还存在着马克思主义神学。荷兰神学家笛克·鲍尔认为，《圣经》不是像布洛赫所说的包含着反抗的潜流，而且其本身就是一部革命的著作。他对《圣经》做马克思主义式的解读，把它理解为反抗和斗争的历史记录。如：《创世记》讲述的是从混乱和压迫中获得解放的叙事，《出埃及记》是以色列人从法老的奴役中解放出来的事迹，《保罗书》提供了人类集体生活的典范等等。在他看来，对宗教的批判应该重新思考，马克思主义不应反对宗教本身，而是反对它异化为统治模式。[2]

---

① Antonio Negri, *The Labor of Job: The Biblical Text as a Parable of Human Labor*, Duke University Press, 2009, p.xv.

② Roland Beor, Marxism and Religion Today——A Survey.

十、马克思主义与美学

艺术和美学自始至终是西方马克思主义的热门话题，近年来在这个问题上也有许多探讨，正如雅克·朗西埃所说："在世纪之交，人们越来越多地谈论艺术'回归政治'。很多展览和会议在重申艺术对经济、政治和意识形态统治的抵抗能力。"[①] 正如宗教是激进左派重建反抗主体的思想资源一样，许多人试图通过艺术回归政治，来重建政治的逻辑。

法国激进左派思想家阿兰·巴迪欧把艺术作为真理的重要领域。在他看来，科学、艺术、政治与爱是真理发生的四个重要领域。在《当代艺术的十五个命题》中，巴迪欧指出："艺术是真理的过程，这一真理总是一种可感觉的或感性的真理，即作为感性的感性。这意味着：感性被转变成理念的发生。"[②] 在这里，艺术已经被本体论化为无主体的真理的发生过程，是超越现实的力量。朗西埃是审美政治学的代表。他认为，共产主义是对启蒙的理性主义传统和资本主义合理化的批判，它的源头是席勒审美教育理想中体现的人的感性的丰富性和全面发展，共产主义是感性的人的自由共同体。[③] 在《异议：论政治和美学》中，作者对"美学的政治"作了系统的阐述。真正的政治和艺术具有共同性，它们都是异议（dissensus）活动的形式，艺术的真正意义在于捕捉人类活动的创新潜能，破除现行秩序的统治。朗西埃把艺术分为三种类型：第一种是作为伦理体制的艺术，在这里艺术形式还没有获得自主性；第二种是作为表象体制的艺术，它把艺术形式的自主性作为核心，但在价值上依赖于非艺术的存在；第三种是审美体制的艺术，艺术才真正体现一个作为异议的创造性，因为追求与主体相关的风格的绝对化，从而包含着共产主义追求的感性的人的解放。

德国学者对艺术与政治之间的关系也有许多思考。在德国共产党文化论坛上，马克思主义美学家迈彻尔做了"艺术、艺术过程与社会：艺术本体论观点（草案）"的长篇发言，提出自己的艺术本体论构想。他从公理性命题、艺

---

① Jacques Ranciere, *Dissensus: on Politics and Aesthetics*, Continuum, 2010, p.134.

② Alan Badiou, Fifteen theses on contemporary art, http:/kit.kein.org/node/87.

③ 雅克·朗西埃：《共产主义：从现实性到非现实性》，林晖译，《当代国外马克思主义评论》第8辑，人民出版社，2010年版。

术表现形式、艺术特征和"美"的辩证法四个方面阐述了自己的观点。① 马克思主义艺术观的第一个公理是：感性对象的存在是通过人的行为建构的现实性，即社会世界的总体，艺术是与其发生关系的特殊形式；艺术表现形式可区分为：作为文化形态的艺术；作为对象性活动的艺术；作为社会意识形式和意识形态的艺术；作为意识形态权力的艺术。在这一广义的艺术概念中，艺术渗透到社会生活的各个方面，它不仅是意义的来源，也是政治霸权争夺的对象。关于艺术的特点，作者认为，它具有自我表现性，典型地体现在音乐创作之中；艺术与世界具有相关性；艺术也具有历史性。在"美"的辩证法概念中，迈彻尔认为，"美"的审美观念与美、丑对立观点被确定为唯物主义辩证法，作为主体力量综合的美的可能性规定了创造性内容。借助这个综合，人的自我实现的美的模式和艺术才能成为社会整合的实践与权力。迈彻尔的美学思想已经构成一个体系，它不仅是"审美现代性批判理论"，而且是"艺术的政治伦理学"。在这一理论中，审美现代性问题归根到底是"社会主义或野蛮"的选择问题。艺术的目标最终不取决于纯粹审美立场，而是取决于艺术为人类解放所做的贡献。与朗西埃对表象体制的艺术与审美体制的艺术所做的区分相似，迈彻尔强调，通过复杂含义刻画的艺术是"本真艺术"，但最高环节是"解放艺术"。

俄罗斯哲学界对美学也有不少讨论。在《音乐与马克思主义》② 中作者认为，"马克思思想的灵魂在于历史和辩证的思维方法。只有当人们有能力驾驭这种思维方式时，马克思主义中的'人的向度'才被真正开启。"③ 就此而言，现代美学还没有发展成为一门真正的科学。作者力图从历史唯物主义立场出发，在人的全面自由发展这一更高层面上来讨论的"马克思主义美学"，或"马克思列宁主义美学"。作者认为，政治和音乐之间存在着政治功能关系，音乐作为意识形态的器物层面，表达了特定时期人们的思想、价值观念和内心情感。虽然"大众媒体"在音乐制作、传播和表现中起到了关键性的作用，但金钱、权力和娱乐使它成为一个技术"仪器"。强大的公共机构或经济政治的权力机构正在改变着聆听音乐的耳朵，使艺术发生异化。作者并不完全接受对大

---

① Thomas Metscher, Kunst, Kunstprozess und Gesellschaft.Gesichtspunkte einer Ontologie der Kuenste. Entwurf in: *Marxistische Blaetter*, 03/2010, S.76—86.

② Музыка и марксово мышление. «Альтернативы», 2010 г., № 2 Булавка Л. А.

③ Музыка и марксово мышление. «Альтернативы», 2010 г., № 2 Булавка Л. А.

众文化的精英主义的批判立场。在他看来，业余时间的娱乐节目作为大众文化的延伸，是对人民群众生活的丰富和拓展。但是，只有真正的艺术才是存在的"人的向度"的敞开形式。

（作者：复旦大学当代国外马克思主义研究中心　复旦大学哲学学院）

世界各主要国家和地区发展报告
（2011）

美　国

林　晖

美国著名的马克思主义经济学家保罗·巴兰（Paul Baran, 1910—1964）和保罗·斯威齐（Paul Sweezy, 1910—2004）在 20 世纪 60 年代初曾有过关于马克思和凯恩斯的书信讨论。第一封信是由巴兰所写，主题是"经济剩余"概念。在巴兰看来，为了解释垄断资本主义中出现的与以往不同的实际情况，必须在"超越马克思"的意义上使用上述概念。第二封信由斯威齐所写，主题是凯恩斯。斯威齐认为，凯恩斯无法对经济停滞现象和金融化的关系提出有效的解释，原因就在于凯恩斯忽视了垄断（寡头垄断）。在这封信的最后一段，斯威齐写道："……同样要遭受经济停滞、经济缓慢发展或是经济飞跃式发展带来的损害，在我看来，这些是垄断资本所特有的。而这也正是凯恩斯没有看到的……"①2008 年爆发的全球性经济危机，将美国左翼学者和马克思主义学者的注意力集中到了经济问题上，如何超越性地反思马克思，并对当前凯恩斯主义的经济政策做出回应，成为他们探讨的核心议题。

当然，除了经济议题，生态和环境危机、气候变化、社会主义运动、马克思的思想资源、工人组织和工人运动、第三世界国家的处境、民族问题、性

---

① Paul A. Baran, Paul M. Sweezy, *Two Letters on Monopoly Capital Theory* Monthly Review Vol.62, No.3, December 2010, pp.41-48.

别问题等等，也是美国左翼思想界重点关注的问题。

一、左翼论坛：中心无法把持：重燃激进想象

对美国的马克思主义者和左翼而言，每年在纽约召开的左翼论坛是最重要的学术活动。本次论坛的主题是："中心无法把持：重燃激进想象"。会议于2010年3月19日至21日在美国纽约佩斯大学举办，来自全球的不同国家、地区的与会学者和社会活动家近3000人，共举行了200多场专题讨论会。正如会议主办方所介绍的，对于美国和全世界而言，左翼的复兴要求从未像今天这样的迫切，而左翼论坛希望在这一过程中扮演促进交流和批判的角色。论坛将对新自由主义的批判和对资本主义制度的反抗联系在一起，促进以激进方式建立新社会秩序的可能性。

本次论坛举办的背景是：全球性的资本主义危机给美国和世界其他地区的左翼政党和社会运动恢复活力提供了可能性，然而，左翼却仍旧处于破碎和混乱的境况之中，并渐渐脱离了其原有的劳工基础。与此同时，右翼却似乎以更为强大的面目出现了，至少是以一种更为咄咄逼人的面目出现了。这种趋势是否能被扭转？由这场资本主义危机所产生的困境和带来的机会，仍旧能够成为具有改造能力的左翼在此复兴的动因吗？针对上述背景，论坛组织方把本次论坛的主题定为："中心无法把持：重燃激进想象"。开幕式是由左翼论坛组委会主任、美国巴纳德学院的洛伦·明尼特（Lorraine Minnite）教授主持的。著名国际劳工运动活动家、国际劳工权利论坛委员会主席比尔·弗莱切（Bill Fletcher）对本次会议的主题进行了介绍。来自美国的著名民权活动家杰西·杰克逊（Jesse Jackson）牧师、来自美国的新学院大学经济系的马克斯·弗拉德·沃尔夫（Max Fraad Wolff）教授分别作了主题发言。

从本次论坛的200多个主题报告会、圆桌讨论会以及相关的活动来看，其内容涉及当前资本主义危机、气候和生态危机、石油和能源问题、经济策略和经济萧条、马克思主义理论、21世纪的社会主义运动、拉美的经验教训、第三世界的困境、新帝国主义理论、共产主义、新自由主义批判、民主问题、国家角色问题、工人运动和工会策略、民族问题、种族问题、新技术问题、奥巴马政府的经济、政治和外交、宗教团体和宗教对话、激进政治运动、激进政党的建立、欧洲和美国的左翼、公共教育、公民权利、性别问题、食品安全问

题、中国发展经验问题、文化战略、阿富汗战争、革命的可能性，等等。总体而言，主要的热点问题比较集中在以下几个方面：

1．资本主义的危机和出路。自 2008 年金融危机引发一系列严重威胁人类整体生存状况的危机以来，对于全球资本主义的整体性或结构性危机的讨论，便成为这些年左翼争夺公共话语权和重振自身组织的重要工具。本次论坛中的代表性专题有："资本主义，危机和可能的选择"、"以经济民主替代资本主义"、"带给资产阶级噩梦的危机"、"美国的大萧条：经济大萧条和心理大萧条"、"错选资本主义的后果：蒲鲁东主义及其后果"、"世界资本主义的未来"、"资本主义的大众心理学"、"当前危机的政治学和经济学：危机的原因和对未来的预测"、"反资本主义的转型性组织"、"资本积累的危机：国家的角色改变了吗？"、"国家的财政危机"、"釜底抽薪的资本主义"、"美国贸易联盟和全球经济危机"，等等。

2．气候问题和环境危机。全球气候的异常变化和环境危机是全人类所面临的最为棘手也最为迫切的问题，左翼当然试图把对这一问题的讨论同时转化为向资本主义制度开战的利器，下面这些专题体现了这一政治意图："资本主义的逻辑：对于水、食品和环境危机的理解"、"资本主义与有毒物质排放：为了公共健康而战"、"核能的复兴"、"为什么绿色资本主义无法解决气候危机？"、"为了气候正义而组织起来"、"气候变化与南半球：玻利维亚的世界气候大会"、"绿色运动和左翼"、"影响和责任：关于气候变化的讨论"、"废气、石油和煤炭：矿物燃料的问题和解决方案"、"气候变化的后哥本哈根政治"、"城市工业综合征和环保主义的新形式"、"向清洁能源的转型"，等等。

3．左翼运动和激进政治。面对上述经济、政治、社会、环境等严重问题，对于身处资本主义核心地带的左翼而言，如何在这看似机遇的历史性境遇面前，重新激发创造性想象，并采取组织性行动，进而推动并把这种想象转化为真实的历史进程，是最为关键的任务。论坛围绕左翼运动和激进政治展开了多场研讨活动，比如"核心资本主义国家的左翼策略"、"新激进政党和政党建立的经验"、"对于危机的理解和回应：欧洲左翼和美国左翼"、"置身于危机内外：全球金融崩溃和左翼的选择"、"处于后激进时代的美国左翼"、"世界社会政治论坛：左翼还是后左翼？"、"事物停滞不前时是如何变化的：关于 21 世纪的激进范畴、激进政治和激进组织"、"气候变化是否还不足以点燃左翼的想象力？"、"后认同政治"、"争取激进权利的组织性策略"、"黑人政治危机和左翼的乐观主义"、"美国左翼与黑人问题"、"当代美国学生左翼的政治"、"从左翼的立场阅读《圣经·启示录》"、"来自左翼的对于反恐战争的批判"、"新激进右翼的面目",等等。

4．马克思与马克思主义理论。马克思的著作和相关理论始终构成了左翼最为重要的思想资源。对于它们的讨论也是本次论坛的重点,举办的相关专题讨论包括"对于马克思的危机理论和当前经济危机的不同看法"、"对于马克思的社会主义概念的新考察"、"革命与21世纪的马克思主义人道主义"、"马克思主义与无政府主义:当前激进传统的意义"、"马克思著作的 MEGA 版计划"、"资本主义,经济和宗教:一种来自基督教马克思主义的对话"、"阿兰·巴迪欧的'政治解放':关于体系和共产主义计划的未来的争论"、"对于社会的再想象:任务的性质"、"关于阶级问题的讨论"、"对于历史唯物主义的再思考"、"批判理论和社会运动"、"合作社、阶级和价值理论",等等。

5．工会组织和工人运动。本次论坛对于危机处境下的工人状况、工人组织和工人运动尤其关注,这大概是左翼试图回归其劳工阶级基础的一种努力,同时也是其实施新政治策略的主要资源。代表性专题有:"可能的劳工组织:工人委员会"、"国际性劳工运动"、"关于工人阶级的生活、工作和组织"、"美国劳工的未来"、"工会策略,穷人运动和危机"、"比较劳工运动策略与阶级斗争策略"、"经济危机如何影响了非洲裔美国人和工人"、"如何与失业和低薪作斗争:低薪资本主义时代的劳工运动策略"、"一个独立的激进联盟的斗争:纽约出租车工人联合会的案例"、"来自底层的工会改革:美国、加拿大和波多黎各"、"建立纽约快餐业中移民工人的权利"、"跨国的劳工运动"、"工人做主:资本主义的终结或资本主义的唯一出路",等等。

6．第三世界的社会主义运动。这同样是左翼的传统话题,但是本次论坛的相关讨论更多地突出了这一运动的经验和教训,比如"委内瑞拉的经验:成功和失败"、"拉美社会运动带给危机中的美国的经验教训"、"洪都拉斯的争辩及其后续"、"波多黎各不能仅仅等待自由的到来"、"拉丁美洲:超越新自由主义"、"尼泊尔的革命"、"社会主义的命运"、"非洲的私有经济"、"建立社会主义的第五国际的规划"、"美国在拉美的干预主义政策及其稳定性"、"拉美的团结:巴西、古巴、玻利维亚和委内瑞拉的团结经济和玻利瓦尔主义的社会主义"、"安第斯地区国家的原住民流动和留守"、"加沙的自由运动"、"左翼和伊拉克民主的展望",等等。

当然，还有多个专场涉及中国主题，比如："中国的无产阶级和国家"、"对于毛主义下中国妇女解放的讨论"、"近年来中国的马克思主义研究"、"恢复'中国模式'神话，是一种激进的选择吗？"、"中国摆脱当前危机的原因"、"当前危机对中国的影响以及中国的主要对策"，等等。论坛闭幕式以"重燃激进想象"为主题，美国最著名持不同政见者诺曼·乔姆斯基教授发言。

本次全球左翼论坛以"激进想象"为主题，表明左翼在当下的历史情境中有所作为的愿望，但是，不论是对美国还是其他国家，左派政治的最大问题是它或多或少被打上了"依附性"标识，即左翼在策略、行动、理论，甚至在对历史进程的基本判断上，难以独立于它所批判的对象，这就使得它的意图与结果之间存在着较大的差距。当代左派如想真正有所作为，真正重燃激进想象，还有很多路要走。

二、2010 年度代表性著作

1.《马克思〈资本论〉指南》（Verso Press, March 2010）。大卫·哈维是当代最著名的马克思主义思想家之一，在他的思想中《资本论》起到至关重要的作用。《马克思〈资本论〉指南》是一部通俗性著作，在这部作品中，他带着读者通过密集的、复杂的、艰涩的文本，把握马克思的原创性思想和当代意义。哈维指出，《资本论》的写作是为了回应 19 世纪的工业化引发的政治经济问题，但对分析当代资本主义的危机也具有重要的意义。理查德·塞内特评论道："哈维是一名激进的学者，他的写作不同于新闻套话，而是建立在事实和慎思的基础之上的，其中渗透着他本人的思想。"而著名左翼学者弗里德里克·詹姆逊则这样说："一部权威性的著作。"

2.《马克思在边缘：论民族主义、种族和非西方社会》（University of Chicago Press, May 2010）。该书作者为凯文·B. 安德森（Kevin B. Anderson）是美国加利福尼亚大学圣巴巴拉分校的社会学系、政治学系和女权主义研究中心教授。著名马克思主义学者伯特尔·奥尔曼（Bertell Ollman）评论道："《马克思在边缘》揭示了马克思的很少为人所知并为人所理解的一个方面。安德森提供了强有力的证据，证明了马克思对于非西方社会、民族主义、种族问题的思考的重要性。"本报告翻译了一篇书评，不再专门介绍。

3.《黑格尔的变奏：论精神的现象学》（Verso, 2010）。本书是作者弗里德里克·詹姆逊对西方现代辩证法的基础文本，即黑格尔的《精神现象学》的全新解读。不少人把《精神现象学》看作是一个结束于绝对精神的封闭体系，与之不同，詹姆逊的解读则向我们呈现了一个开放性的工作，在其中，黑格尔并没有按照体系哲学（黑格尔主义）来再造自己，辩证法的动力及其不同层面并没有被程式化。黑格尔的文本，呈现出一种令人眼花缭乱的概念关系的各种变化，在纯粹的哲学性概念中，它们从未被允许凝固化或具体化。按照詹姆逊的解读，法国革命的后果，并不像福山所说的是所谓"历史的终结"，而只是政治与社会之间的暂时性的僵持，由此也可以启发我们对自己时代的理解。特里·伊格尔顿是这样评论此书的："弗里德里克·詹姆逊是美国的领军式的马克思主义批评家。他的这部作品呈现出宏伟庄严的气势。"

4.《社会主义者的选择：真正的人类发展》（Monthly Review Press, July 2010）。本书作者迈克尔·罗伯维兹（Michael Lebowitz）是加拿大西蒙弗雷泽大学经济系的荣退教授，曾出版《超越资本：马克思的工人阶级的政治经济学》，并获得 2004 年度的伊萨克·多伊彻纪念奖。在这部著作中，罗伯维兹提出："一个好的社会，就是一个允许人类的潜能充分发展的社会。"在这部简明却充满洞识的作品中，他令人信服地论证了这样一个社会是完全可能的。而资本主义却没能成为这样的一个社会，只需要大致查看一下其主要特征就能得出这样的结论。在资本主义社会中，第一位的并非人类的发展，而是极少数人的私人财富的积累。在私人利益和人类发展之间一旦出现冲突，那么私人利益必会居先。不是资本主义社会，那个好的社会又是什么社会？罗伯维兹同样批评了某些自我宣称的社会主义。在他看来，一个好的社会必然具有以下三个特征：生产资料的社会占有；社会生产由工人控制；社会需求和社会目的的满足。他认为，这三个要素之间是相互影响和相互加强的，同时，他也提出了这些要素如何发展并具有自主性的问题。在书中，罗伯维兹也对下列事物提出了独特的看法：财富的性质、利润的非法性、工人控制企业的缺乏、劳工的划分等等。

5.《美国的共产主义经验：政治史和社会史》（Transaction Publishers, 2010）。作者哈维·克莱尔（Harvey Klehr）为埃默里大学政治与历史教授，曾出版过《冷战早期的间谍：塑造美国政治的间谍活动》等著作。该书从政治史和社会史的角度阐述了美国共产党自 20 世纪初成立直至最近的发展状况。作者指出，美国共产党曾经是美国的第一大激进组织，但是现在却成了一个边缘化的政治组织，很多人都把美国共产党的处境看作美国左翼激进组织的一个缩影。克莱尔认为，造成这种被边缘化状况的原因是多样性的，但美国社会文化和政治经济结构的独特性是主要的原因。当然，也存在着另一种观点，即美国左翼组合化运动的弱势地位与美国政府的政策、个人主义价值观都有关系。此外，作者还就美国的特殊国情如何孕育左翼激进运动和激进组织做了大量实例分析。

6.《无情的革命：一部资本主义的历史》（W.W.Norton & Company, 2010）。本书的作者是美国加州大学洛杉矶分校荣誉历史教授阿普尔比（Joyce Oldham Appleby）。在书中，阿普尔比教授指出，经过数个世纪的发展演变，资本主义制度已经发展成熟并且渗透到我们日常生活的方方面面。这个制度是一个不断变化的框架，这种变有时是可以预测，有时又无法预测；有时可以控制，有时却会完全失控。如果回顾这个框架的诞生史，我们便可以看到它在早期现代的英国农业、制造业和贸易中的生成变化，并且最终导致了一种催生财富、新的权力行使以及新的意识形态制度的形成。作者认为，资本主义制度的演变史，其实也是资本主义文化的诞生和演变史，研究其思想史和价值观的演变史，与研究其社会经济创造力和社会政治系统同样重要。

7.《资本主义的胜利》（Transaction Publishers, 2010）。本书作者罗伯特·A. 德根（Robert A.Degen）为美国西沃恩南方大学经济学名誉教授。1989年，福山提出著名的"历史终结说"、经济学家罗伯特·L. 海尔布龙纳（Robert L.Heilbroner）从经济学上对之进行附和，宣布"资本主义的胜利"。2004年，C.弗雷德·贝格斯滕（C. Fred Bergsten）教授再次强调了这一观点："美国的资本主义和全球化模式主导思想遍及世界各地。"本书作者则从资本主义的发生和发展史入手，通过对其在各个历史时期的具体发展演变的分析，得出了相同的结论。该书详尽回顾了资本主义制度在充满矛盾和冲突中的孕育产生过程，描述了这一制度在18世纪的兴盛发展，在19世纪对工业革命的积极促进，以及在20世纪的曲折演变。尤其在20世纪，两次世界大战和随后的凯恩斯主义经济干预政策，给主要资本主义国家带来了前所未有的严峻挑战；但是，另一方面，也正是战后经济政策的失败，造成了政府必须应对经济增长放缓和通货膨胀的双重压力，这使得政府不得不重新寻找并依靠资本主义的原初活力，从而使得这种制度取得了复兴和发展。在德根教授看来，对于资本主义制度的历史性考察，有助于我们进一步理解今天面临的挑战和危机。

8.《工作与斗争：来自美国劳工激进主义的呼声》（Routledge, 2010）。本书作者是保罗·勒布朗（Paul Le Blanc），美国匹兹堡拉罗歇学院的历史系教授。勒布朗教授曾经出版过多种有关劳工和社会运动的著作，包括《马克思、列宁和革命的经验：共产主义研究》、《全球化时代的激进主义》等。《工作与斗争》一书讨论的主题是美国劳工的历史以及与之相关的激进思潮。在勒布朗教授看来，从19世纪中叶至20世纪末，这种激进思潮已经成为了工人阶级运动之中的本质性因素。在书中，勒布朗教授引用了大量劳工运动的重要领导者的言论，包括各个历史时期的运动口号、留下的演讲、回忆录等资料，再现美国劳工激进斗争的呼声。关于本书的意义，迈克尔·赫内（Michael Honey）评论道："对于当前劳工的令人悲观的处境，本书提供了一种挽救性策略。就像本书作者勒布朗教授所阐明的，尽管在各个历史阶段，激进主义运动只是处于其他各种主流思潮包围之中的非强势思潮，但是它所塑造的劳工运动却真实地改变了世界。"

9.《全球性暴跌：危机和抵抗的经济学与政治学》（PM Press, 2010）。本书作者大卫·麦克内利（David McNally）是加拿大约克大学政治科学系教授，曾经出版过《反对市场，另一个世界是可能的》和《政治经济学与资本主义的兴起》等著作。《全球性暴跌》考察了全球性金融崩溃，并且把这种崩溃看作是资本主义在新自由主义阶段的第一次体系性危机。麦克内利认为，这一危机远未结束，并且极有可能引致世界性范围的严重的经济政治动荡。我们可以在资本主义的那些基本特征之中发现这一危机产生的根源，但是却不能认为资本主义的源泉仅仅在于无管制的金融体系。为此，麦克内利详细描述了新出现的不平等模式和资本积累模式，尤其是在第三世界国家中出现的模式。在他看来，对于这一历史阶段的世界经济的"金融化"的阐明，可以揭示出国际金融市场与债务及掠夺之间的复杂关系。通过对世界各国央行的大规模干预以期阻挡另一次大萧条的举措的分析，作者指出，在避免全面崩溃的同时，这些干预措施却使得穷人和工人阶级民众承担了危机的大量后果：失业、贫困和不平等状况的持续增长、社会公益计划的削减，等等。最后，麦克内利还讨论了新出现的社会和政治抗争模式，包括为教育和住房的斗争，在马提尼克、瓜德罗普岛、波多黎各和法国出现的大规模罢工，并把这些行动看作是对新自由主义的资本主义到来的威胁的直接抵抗，以及全球性反资本主义到来的某种标志。

10.《激进学习：为了一个公正世界的成人教育》（Jossey-Bass Press,

2010）。在西方左翼思想中，教育问题近年来越来越成为一个关注点。《激进学习》一书是从学习的角度来讨论成人教育，并且把这种讨论放在现实社会政治层面之中展开。本书作者是斯台芬·D.布鲁克菲尔德（Stephen D.Brookfield）和约翰·D.霍尔斯特（John D.Holst），两人都是美国圣托马斯大学的教授。他们所提出的激进学习，其实是要对成人教育领域代表了什么，以及成人教育者如何评判这种教育的效果，进行全面的反思。他们认为，社会状况包括制度性因素和局部机制的改善，进而创建一个更加公正的社会，这是成人教育走向成功的保障。但这种变化是激进的。因此，关键在于教育者如何能够帮助学习者去主动设想和制定这样一种激进化的转变。北伊利诺伊大学教授菲利斯·M.坎宁安（Phyllis M.Cunningham）认为："这部书充满了新观点和新材料，在阅读过程中，你原有的思想模式会在不知不觉中被劫持。这是一部从社会主义的视角并以社会正义为核心的成人学习作品。"加拿大多伦多大学成人教育与心理咨询系的萨哈扎德·莫贾比教授评论道："本书对于激进的成人教育和学习的理论、政策以及实践进行了一种全新的解读，并且把人们的生活理解为一种复杂相关的事物。布鲁克菲尔德和霍尔斯特的诗性化写作看似有些离经叛道，但他们处理的问题确实真实而严肃，这就是成人教育领域中的主要的激进倾向，包括批判理论、转型学习和大众教育。"

11．《真实乌托邦的设想》（Verso，2010）。本书作者埃里克·欧琳·赖特（Eric Olin Wright）是美国分析的马克思主义的著名学者、威斯康星大学麦迪逊分校的社会学教授。经济不平等和权力不平等的日益增长，以及最近在金融领域发生的动荡，使得选择一个不同于放纵型资本主义的社会的任务变得非常紧迫。然而，这种尝试并没有真正发生，因为大多数分析者还是认为，任何对于我们现有经济和社会关系的重新思考进而更新都是一个乌托邦。赖特的《真实乌托邦的设想》，就是对于当代社会理论中的寂静主义进行全方位分析性批判的作品。在书中，赖特主张要对左翼理论家和政治家的核心价值以及基本目标进行一种系统性的重建，为选择一种不同于资本主义体制的并且是具体的、解放性的制度奠定基础。赖特在书中具体分析了"为何资本主义如此糟糕"、"社会主义的指南"、"社会授权与国家"、"社会授权与经济"、"转型理论"等问题。在书的最后，赖特指出，哲学家和政治实践者们分享了这样一个幻象：如果我们能够设计出一个完美的制度，我们便大功告成了；经济学家们则为能够自我生产的市场所着迷；而一些社会主义者也抱着类似的幻想：如果资本主义的力量瓦解了，而由工人们操控的经济体制可以被完美地设计出来，那么社会主义便可以不断实现自我强化。但是，在他看来，尽管设想真实乌托邦并思考制度设计与解放理想之间的关系，确实可以促进变化并实现某些相关价值，但是这些理想的最终实现，还是要依靠人类主体，依靠创造性的主体对于实现更加美好世界的参与。因此，我们无法松懈。

12.《生态裂口：资本主义对地球的战争》（Monthly Review Press, 2010）。人类在 21 世纪所面临的最为严重的问题之一常常被描绘为一场最终的环境灾难：滋养了人类文明并且为我们所知的地球生命的气候遭到了毁灭，这个行星上所有的生态系统都行将崩溃。生物圈的精密组织已经出现了巨大裂口，如果我们不采取措施来改变这种趋势，地球文明将走到尽头。针对这些问题，《生态裂口》一书提出了一种激进的观点和解决方案。该书是生态马克思主义代表、《每月评论》主编贝拉米·福斯特、美国北卡罗来纳大学社会学系教授布莱特·克拉克（Brett Clark）和俄勒冈大学社会学系教授理查德·约克（Richard York）合著的一本新书。三位作者在书中指出，我们所面临的生态危机的根源，在于资本主义社会的财富悖论，即个人财富的获得是以公共财富，包括自然财富为代价的。在这种追求财富的过程中，在人类和自然之间出现了巨大的生态裂口，进而破坏了持存的条件；或者说，在人类和自然之间的新陈代谢关系中出现了裂口，在资本主义社会中，这个裂口是无法被修补的。在他们看来，如果想要克服我们目前所面临的生态的／社会的问题，就必须改变社会关系，我们还必须在这个由资本统治的社会中看到革命的希望，即走向一种可持存的人类社会的希望。

三、资本主义与 21 世纪的危机

经济危机及其演变依旧是美国左翼和马克思主义学者讨论的热点。《科学与社会》2010 年 7 月号，出版了"资本主义与 21 世纪的危机"专题，刊登了系列论文。《重思马克思主义》2010 年 4 月号，也刊登了主题为"资本主义危机"的系列专题论文。此外，《批判》、《新社会主义者》、《社会主义和民主》、《每月评论》、《新政治科学》等刊物，也刊登了相关文章。

（一）对经济危机要素的思考

在对于本次经济危机的各类反思中，新自由主义无疑是众矢之的。美国巴克内尔大学经济系的埃尔多安·巴基尔教授和美国犹他大学经济系的阿尔·坎贝尔教授合作撰写了题为《新自由主义、利率和积累率》[①] 的文章，具体分析了新自由主义与经济运行中的利率要素和积累率要素之间的关系。他们指出，近几十年来，资本主义经济运行体系中的利润率和积累率之间的差距不断扩大，而这与新自由主义政策有着紧密关系。几乎普遍被经济学家们接受的一个观点是，资本主义当下的新自由主义经济结构的投资获利的增长，要低于资本主义之前的二战后的经济结构。这与新自由主义背景下的相关政策取向有关，即不断引导利润从非金融部门向金融部门转移有关，这就导致了用于积累的利润不断减少。而在马克思的体系中，增长与投资是辩证相关的，它们互为因果。另一方面，投资也与利率辩证地相关。马克思主义者们以及其他经济学家们认为，利率既是一种资本主义经济健康的关键的决定性因素，同时也是其健康的指示器。该文分别具体论述了：新自由主义之下利润率与资本积累率之间的差异；流入金融体系的利润流；对于当前处境和不久的将来的处境的思考。

纽约大学经济系的爱德华·N. 沃尔夫教授也撰文讨论数十年来经济运行中的利润问题，但他的讨论把利润变化与中产阶级处境的变化联系了一起。在《利润上升与中产阶级的困境》[②] 一文中，沃尔夫认为，在 21 世纪的最初几年，尽管美国经济中普遍出现了强劲增长，但是，中产阶级却处在艰苦的挣扎状态。在乔治·布什总统任期内的最初 6 年，尽管遭遇了经济衰退，但实际GDP 还是增长了 16.4%；劳动生产率实现年增长 2.2%。所有的数据都接近了二战后高速增长期的数据。然而，与此相对应的是，收入所得的停滞不升，贫困人群处境未能得到改善；不平等状况急剧上升；税率发生重大变化；中产阶级普遍背负债务；利润仍旧在提高。据此，沃尔夫认为，在 20 世纪的最后 25 年和 21 世纪的最初几年中，中产阶级的收入增长缓慢，而人口中的贫困率却没有改变。沃尔夫认为，联邦政府应该削减其庞大的开支以增加工资，但伯南克是否能承担起这个重任，需要我们拭目以待。

来自英国格拉斯哥大学计算机科学系的保罗·考克肖特和戴夫·扎卡利亚，就与此次经济危机直接相关的信贷问题撰写了论文《信贷紧缩：起源和趋

---

① Ergodan Bakir, Al Campbell, *Neoliberalism, the Rate of Profit and the Rate of Accumulation*, SCIENCE & SOCIETY, July 2010, Vol.74, No.3, pp.323-342.

② Edward N. Wolff, *Rising Profitability and the Middle-Class Squeeze*, SCIENCE & SOCIETY, July 2010, Vol.74, No.3, pp.429-449.

向》。① 两位作者指出，资本主义的周期性模式被严重的危机周期性地打断，这导致了政治经济体系的重建。在他们看来，构成当前危机的基本因素，是一种由金融领域的前所未有的畸形增长所引发的真正意义上的经济失调。此外，他们还指出，发达资本主义国家想要再返回到那种资本积累的扩张阶段，是不可能的。当然，每一种结构性危机总是给工人阶级的发展前进带来机会。但这种前进要求一种社会主义运动，并且伴以组织化和规划性能力，以此来推进革新政策并使之清晰化。如果仅仅是某种缺乏工人阶级参与的政治经济学，不可能形成一种具有一贯性的工人阶级的政治方案。

美国德瑞大学历史系教授杰瑞·哈里斯则讨论了"世界经济危机与跨国公司"。② 哈里斯细致分析了资本的全球化累积现象、跨国的紧急融资计划，特别是通用汽车的相关计划。通过上述分析作者提出了这样的问题：全球范围的经济危机是否意味着全球化的终结？当然仍旧会存在着贸易、国外直接投资、跨境收购以及其他国际间的标志性经济活动，但是，真正的问题却在于：当全球经济收缩之际，国民经济是否更强劲地增长了？跨国资本家们是不是把他们原先的投资带回家了，就像移民劳工在失去了他们在国外的工作之后回家一样？哈里斯认为，检验这些问题的一个方法，就是分析奥巴马上台后的新凯恩斯主义政策的实施情况。

纽约大学艺术与公共政策系的兰迪·马丁撰文《我们从中学到了什么？对于金融危机的再思考》③，试图从对于经济学知识的反思入手，探讨金融危机。马丁指出，在金融崩溃造成的后果中，人们的注意力更多地被吸引到了资本的危机上。但对于劳工而言，这场危机所预示的，不仅仅是失去住所，失去工作，甚至是社会基础的进一步恶化。在危机面前，金融学知识的失败是显而易见的，对于被称作知识社会的那些职业管理阶层来说，这种失败有着更广泛而深刻的意义。知识产品已经附属于资本。马丁还指出，相互负债成了危机的一个特征，这指示出了风险的某种潜在的社会化，并且这也从另一方面构成

---

① Paul Cockshott, Dave Zachariah, *Credit Crunch: Origins and Orientation* SCIENCE & SOCIETY, July 2010, Vol.74, No.3, pp.343-361.

② Jerry Harris, *The World Economic Crisis and Transnational Corporation,* SCIENCE & SO-CIETY, July 2010, Vol.74, No.3, pp.394-408.

③ Randy Martin, *What's in it for us? Rethinking the Financial Crisis,* RETHINKING MARX-ISM, Volume 22, Number 2, April 2010, pp.187-194.

了社会主义重新恢复魅力的基础。

（二）危机中的资本主义、帝国主义与美国的处境

在左翼和马克思主义学者对此次危机的分析和判断中，有充分理由将危机的根源追溯到资本主义制度本身。美国犹他大学经济系教授李明启撰写的论文《"历史的终结"的终结：资本主义的结构性危机与人类的命运》[①]，较为全面地论证了此次危机实际上是结构性危机。按照李明启的说法，自大萧条以来，全球资本主义正处于最大的危机之中，甚至连世界的统治精英们也不再怀疑一个重要的历史性转折已经到来。新自由主义的资本主义发展阶段走到了终点。这将证明所谓"历史终结说"本身的终结，并预示着全球性的反革命时代的终结。最后，李明启指出，在未来十年中的全球性的阶级斗争，会决定世界资本主义当下的结构性危机将如何最终解决。他指明了三种可能的结构：首先，随着另一个资本主义体系的成功再造，危机将被消解；其次，全球性的阶级斗争将彻底颠覆资本主义世界体系；最后，全球性的阶级斗争还将为一种新的全球性体系的兴起铺平道路，这种体系是建立在生态可承受性和满足一般人口基本需求的基础之上的，是一种高层次的经济、社会和政治民主。

接着李明启教授的论述，美国马萨诸塞大学经济系教授大卫·M. 科茨的论文《最后的冲突：什么能够引起资本主义的具有体系性威胁性质的危机?》[②]，同样把讨论重点放在危机的结构性和体系性及其根源问题上。科茨认为，长期以来，经济危机理论在马克思主义理论中占有一个重要的位置。原因之一是相信严重的经济危机会在资本主义的灭亡和向社会主义的转变中起到关键性作用。早期的马克思主义者曾发展出了一套经济危机的崩溃理论，这种理论认为资本主义的再生产有着绝对的障碍。但在科茨看来，我们不应该简单地追随这种机械的方法，看似合理的情况在于，一种严重的并且是长期积聚的危机，将会创造出某种条件，这种条件对于向社会主义的转变是潜在地有利的，尽管一种危机并不能够保证转变的必然性。科茨指出，当前各主要资本主义国家虽然企图复苏，但困难重重。危机也为左翼提供了一个机会，这个机会将会持续许多年，重要的在于把各种力量组织起来，以实现对于资本主义的真正的替换。

---

① Minqi Li, *The End of the " End of History": The Structural Crisis of Capitalism and the Fate of Humanity*, SCIENCE & SOCIETY, July 2010, Vol.74, No.3, pp.290-304.

② David M.Kotz, *The Final Conflict: What Can Cause a System-Threatening Crisis of Capitalism?* SCIENCE & SOCIETY, July 2010, Vol.74, No.3, pp.362-379.

美国纽约市立大学布鲁克林学院经济系教授大卫·莱伯曼讨论的主题是《资本主义、危机、复苏：一些观念性的考察》[1]。这篇文章的主要目的在于驳斥某些进步学者的观点，即认为如果过去40年不施行新自由主义，劳工阶级将会有稳定和较好的生活，莱伯曼通过对凯恩斯主义黄金时代和新自由主义转向的分析，根据大量资料和数据证明得出结论：这种想象和希望与资本的控制欲是相冲突的。最后，莱伯曼提出，实际上，危机将会进入恢复阶段，这就要求左翼去慎重地思考他们在一种真正长时期的结构性道路中的任务，而不只是一系列应急性的回应。

　　关于新帝国主义的讨论在左翼流行了多年，下面两篇论文从当前这场经济危机和全球化的角度考察了这一主题。安东尼奥·考拉里是美国富兰克林与马歇尔学院经济系教授，他的文章题为《2008：美国帝国主义的新篇章》[2]。考拉里认为，当前的经济危机，使得累积盈余型的美国帝国主义结构的转型变得正常化了。旧有帝国主义的先天结构总是努力创造出在美国生产剩余价值的条件，而新帝国主义则力图引导世界性的生产剩余流回美国。在美国，帝国主义的先天形式的特征，是相对而言较高的劳动力价值，而新帝国主义的先天形式，则是某种较低的劳动力价值。当前的经济危机正在使这种劳动力价值的降低在美国变得正常化。正是这种劳动力价值的降低，决定了在可见未来的阶级斗争的前提条件，并因此也决定了我们理解马克思的理论著作和政治著作的前提条件。

　　奥地利萨尔兹堡大学的克里斯蒂安·芬奇斯教授的文章标题是《批判性的全球化研究：对于新帝国主义的一种经验的和理论的分析》[3]。芬奇斯教授认为，肯定性的全球化研究强调的是全球资本主义的积极方面，而批判性的全球化研究，则使用类似"帝国"和"新帝国主义"等概念来分析全球经济的消极方面。然而，批判性的全球化研究，总是缺少某种关于帝国主义的精确概念。他提出，将一种"新帝国主义"概念与列宁在其经典性著作中阐述的经典帝国

①　David Laibman, *Capitalism, Crisis, Renewal: Some Conceptual Excavations*, SCIENCE & SOCIETY, July 2010, Vol.74, No.3, pp.380-393.
②　Antonio Callari, *2008: A New Chapter for U.S. Imperialism*, RETHINKING MARXISM, Volume 22, Number 2, April 2010, pp.210-218.
③　Christian Fuchs, *Critical Globalization Studies: An Empirical and Theoretical Analysis of the New Imperialism*, SCIENCE & SOCIETY, April 2010, Vol.74, No.2, pp.215-247.

主义理论联系在一起，可以弥补上述缺失。近十年来，对于帝国主义进行分析的相关文献显示出，列宁的方法仍然具有广泛的正确性，把列宁的方法应用在新的现实之中，可以加强近年来讨论全球资本主义的著作的理论基础。

美国是这场危机的原发地，对于美国国内参与促成这场危机的原因、美国本身在这场危机中的处境，尤其是普通民众的现实处境，以及美国所采取的某种特殊取向的应对方略，下面几位学者发表了自己的看法。

美国的知名女权主义者、精神治疗师哈丽雅特·法拉德撰写了《危机的合谋者》① 一文，专门分析了在这次洗劫美国普通人生活的经济危机中美国反应迟钝的根源。在她看来，这场危机中有四个合谋者。首先就是近年来资本主义经济的衰落趋势；其次是传统的性别和婚姻的终结；第三个是几乎所有的集体参与型社会活动的下降；最后是精神治疗用药品使美国人身体和精神麻木。当然，法拉德最后也探讨了如何使美国恢复活力的问题。

安妮特·巴利道夫，是奥地利的社会学家，她的论文题为《赌房》② 。该文指出，自 2008 年春开始，一场前所未有的住房危机使得很多美国独户住房的前院充满了"待售"的广告、被收回的通告，以及枯萎的花园。在佛罗里达、加利福尼亚、亚利桑那和内华达，这场危机造成了大量邻居搬迁，大量社区建筑被空置。巴利道夫问道：美国到底发生了什么？少数民族和妇女们是怎样被剥夺去微薄的储蓄的？为什么会发生这种大规模的盗窃行为？如果这么多的美国人被夺走了财产，被迫搬入了贫民区，或者更糟，被迫流落街头，那么为什么他们不去华尔街游行？最后，马克思主义理论家们是不是能够理解这种悲剧？

美国富兰克林与马歇尔学院经济系教授大卫·布兰纳则提供了题为《最后的手段：美国经济是如何利用民族主义的》③ 的论文。布兰纳教授认为，美国政府在 2008 年对于公司产权的戏剧性购买，标志着在处理危机上的一个显著的变化。一部分人担心这代表着向社会主义的靠近，另一部分人则寄希望于

---

① Harriet Fraad, *Collaborators in Crisis*, RETHINKING MARXISM, Volume 22, Number 2, April 2010, pp.253-264.

② Anette Baldauf, *Betting the House*, RETHINKING MARXISM, Volume 22, Number 2, April 2010, pp.219-230.

③ David Brennan, *The Bull-of-Last-Resort: How the U.S.Economy Capitalizes on Nationalism,* RETHINKING MARXISM, Volume 22, Number 2, April 2010, pp.195-202.

进步的可能性。布兰纳认为，大规模购买股票是在没有别的办法的时候试图支撑产权价值的办法。这种政策的应用，是因为高份额价值为今天的资本主义剥削的存在提供了重要的阶级性条件。布兰纳把"国家化"看作是试图保护资本主义的现状，就此而言，政府当前采取的政策与过去的干预政策并无二致。

（三）马克思主义的危机解读

在马克思主义学者和左翼看来，这场危机给人们重新阅读并思考马克思带来了一个机会。俄国莫斯科国家大学经济系教授亚历克山德·布兹加林和安德鲁·科尔加诺夫在题为《经济危机：后危机发展的情节》[1] 的文章中指出，在最近的危机中，有两件事相互连接，并具有某种重要的象征性：一场真正意义深远的危机；以及伴随着这场危机急剧增长的对于马克思著作的兴趣，尤其是对《资本论》的兴趣。通过对于马克思的阅读和再思考，我们可以诊断危机的基本维度，构想我们摆脱危机的方略，并且把后危机的资本主义发展看作一个社会和政治斗争的战场。

威廉·K.塔布在《马克思主义、危机理论与21世纪初的危机》[2] 一文中指出，在卡尔·马克思的著作中，我们可以发现对资本主义动机的基本法则的最具穿透力的理论建构，以及对于他的那个时代的重大事件及其更广泛的意义的敏锐观察。但是，马克思从来没有给出过一个简单的危机理论。塔布在文中分别讨论了马克思对于危机的论述以及当前马克思主义者对危机的思考。罗伯特·布伦纳主张，今天危机的根源是自1973年以来经济发展中活力的不断衰落，尤其是自2000年以来的急剧衰落。麦格道夫和斯威齐也主张持续性的经济停滞导致了资本主义危机。同时，塔布也认为，资本主义的增长，总是伴随着对于共同体、劳动人民以及环境的忽视。

美国马萨诸塞阿默斯特大学经济系教授斯蒂芬·雷斯尼克和理查德·沃尔夫共同撰写了《经济危机：一种马克思主义的解释》[3] 一文。在这篇论文中，他们试图通过对劳动生产率、所得工资、个人债务等问题的分析，解释这场危

---

[1] Aleksandr Buzgalin, Andrey Kolganov, *Economic Crisis: Scenarios of Post-Crisis Development* SCIENCE & SOCIETY, October 2010, Vol.74, No.2, pp.538-545.

[2] William K. Tabb, *Marxism, Crisis Theory and the Crisis of the Early 21st Century,* SCIENCE & SOCIETY, July 2010, Vol.74, No.3, pp.305-322.

[3] Stephen Resnick, Richard Wolff, *The Economic Crisis: A Marxian Interpretation*, RETHINKING MARXISM, Volume 22, Number 2, April 2010, pp.170-187.

机背后的资本主义社会的结构性病因。作者同时指出，当前采取的凯恩斯主义经济政策，归根到底只是在资本主义体系内部涉及方案，寻求调解。如果无法改变社会阶级结构，就无法真正解决危机。

美国马里斯特学院的安·E.戴维斯，则从马克思的角度讨论了国家在经济运作中的作用，他的文章是《马克思与混合经济：货币、储蓄和国家的角色》①。戴维斯既阐述了关于货币的各种异端观点，也讨论了马克思的货币理论的方面，如作为一般等价物的货币；储蓄和金融循环；国家在宏观稳定中的作用；公共财政；商品拜物教；国际性的维度等问题。他得出的结论是：国家货币可以成为资本主义积累的工具，成为国家权力的投影。尽管有着"自由市场"的修辞和公私区分的规则，但国家的作用在当前的危机日益突出。

旧金山城市学院的阿萨塔尔·贝尔发表了《第二次大萧条中的悲剧和闹剧：对于 2008 年的惊慌及其余波的马克思主义的考察》②一文。贝尔在文章中详细列举了 2007 年股市达到顶峰和房产泡沫破灭时，那些针对美国经济前景所说的令人可笑的言论。此外，贝尔还讨论了 2008 年大恐慌的原因，考察了经济中生产性劳工和非生产性劳工之间的关系。并且深入分析了把大恐慌和随后的第二次大萧条归咎于新自由主义意识形态的说法。最后，贝尔批判性地考察了对于政府管制和刺激经济的某种凯恩斯主义方案的诉求，并将这种方案与一种马克思式的阶级转变策略作了比照。

四、马克思的再解读：其他维度

在哲学和社会理论中，时间问题是重要的问题，人的生命是通过时间衡量的，人的自由时间及其创造性活动的可能性条件是批判资本主义和构想未来社会的重要前提。幸运的是，近年来一些学者看到这个问题的重要性，并做了深入的研究。

俄罗斯圣彼得堡欧洲大学的阿泰米·马根教授发表了题为《马克思的时

---

① Ann Davis, *Marx and the Mixed Economy: Money, Accumulation, and the Role of the State*, SCIENCE & SOCIETY, July 2010, Vol.74, No.3, pp.409-428.

② Asatar Bair, *Tragedy and Farce in the Second Great Depression: A Marxian Look at the Panic of 2008 and Its Aftermath*, RETHINKING MARXISM, Volume 22, Number 2, April 2010, pp.265-271.

间理论与当前的历史时刻》^①的文章，讨论了马克思对于时间问题的理解。马根教授认为，马克思的时间理论体现在他早期有关建立在休闲基础之上的社会乌托邦理想中，并且最明显地体现在他的经济学批判著作之中。在那些经济学批判作品中，时间的悖论与看似非理性的资本的自我生产密切相关。在马克思所讨论的所有与时间相关的主题中，都把时间看作是一种有限的、末世论模式中的时间。正因如此，在时间中，就总是存在着对于一个补充性的完成时刻的需要，用以控制奴隶式的工人，使他们干他们所应完成工作以外的额外工作。在马根看来，这对于当代人而言，同样是一个没有尽头的任务。因此，马克思对于暂时性的分析与吉奥乔·阿甘本的实践理论非常接近，阿甘本曾把这种时间理论归于圣·保罗和古斯塔夫·纪尧姆。马根认为，马克思或阿甘本的这种分析在我们这个时代是非常适用的，这个时代充斥着意识形态的疲惫，这与对于休闲的神化是一致的。两者都不仅仅是某种衰落的符号，而且也是救世工作的象征。

希腊色雷斯大学社会管理系教授阿历克斯·约安尼德斯教授和马其顿大学经济系教授斯塔夫罗斯·马夫鲁达斯教授在他们合作的《工作得更多或更强？马克思的〈资本论〉中工作的持续时间和强度》^②一文中指出，在经济理论中，持续工作（工作时间）和工作强度之间的关系是一个容易被忽视的主题，不论是在新古典经济学中，还是在非正统经济学中都是如此。马克思对于这个问题的分析依旧具有高度的创造性和准确性。两位作者同时认为，少数持反对意见的新古典主义经济学家也是有意识或无意识地追随着马克思的理论。马克思对此问题的分析的要点在于：（1）在工作时间和劳动强度之间存在着某种反比关系；（2）对于劳动强度层次的决定性因素以及因此带来的其社会性规范构成的长时间段的视角。就当代人类工程学的角度来看，这些观点都被证明是极具分析性。马克思主义的客观唯物主义方法论要优于具有个人主义倾向的新古典经济学的主观主义，也要优于唯意志论倾向的某些新马克思主义观点，后者把阶级斗争视为几乎是不受制约的。

① Artemy Magun, *Marx's Theory of Time and the Present Historical Moment*, RETHINKING MARXISM, Volume 22, Number 1, January 2010, pp.90-109.
② Alexis Ioannides, Stavros Mavroudeas, *Work More or Work Harder? The Duration and Intensity of Work in Marx's Capital,* SCIENCE & SOCIETY, Volume 74, No.1, Junuary 2010, pp.85-102.

美国巴德学院文学教授保罗·斯蒂芬斯教授、罗伯特·哈德维克·维斯顿教授则发表了《市场年代（市场时间的沉思）》[1] 一文，探索了出没于市场交换中的时间幽灵。两位作者通过把马克思引入到与一系列当代学术研究的关联之中，对当代的资本投机活动进行了一种经由本雅明激发的意识形态批判。他们认为，这种研究不同于直接的学术探究，而是使用了蒙太奇原则来阐明市场关系的幽灵性特征。这项研究计划发展出了一种由克拉考尔、本雅明和阿多诺引入的经验型的散文体裁，比如思想肖像（阿多诺用来描述本雅明的散文性片段的术语）、论题、回旋以及建构文本等等。两位作者尽管试图通过这些片段创造出文化批判的新形式，进而挑战传统的学院式写作模式，但在文章中仍旧沿用了传统学术的引文程序。

家庭生产问题是马克思主义研究中长期被忽视的问题，圣·弗朗斯学院经济系的派第·奎克针对此问题撰写了题为《封建主义和家庭生产》[2] 的论文。奎克指出，主流马克思主义对于资本主义的分析在忽视家庭生产这一点上惊人的一致；与之相应的，不仅是对于封建主义的非农业生产的忽视，也包括没能认识到封建领主家庭中的剩余劳动力。而对于这些问题的重新认识，会导致某种有关从封建主义向资本主义转变的新视角，同时也会导致有关性别关系的结构性转变的新视角，而性别关系的转变则同时也必然伴随着阶级关系的转变。奎克认为，在资本主义关系中，以资本家和个体的拿工资的劳动者之间的契约性关系替代了领主与家庭所属成员之间的封建性关系。但与此同时，还有一点也不能被忽视，那就是统治阶级家庭内部的仆人们所生产的剩余产品，一旦这种剩余有助于统治阶级内部封建关系的再生产，它们就可以被视为就是某种出于资金的产物，亦即可以被用于资本的积累。

加拿大马尼托巴大学历史系的亨利·海勒则接着奎克对于封建关系向资本关系转型的论述，着重论述了马克思对于法国革命的判断。他写的论文是《马克思，法国革命和资产阶级的幽灵》。[3] 海勒指出，修正主义的学者们，

---

① Paul Stephens, Robert Hardwick Weston, *Agorachronotistics* (*Speculations on Market Time*), RETHINKING MARXISM, Volume 22, Number 1, January 2010, pp.66-89.

② Paddy Quick, *Feudalism and Household Production,* SCIENCE & SOCIETY, Volume 74, No.2, April 2010, pp.157-183.

③ Henry Heller, *Marx, the French Revolution and the Spectre of the Bourgeoisie,* SCIENCE & SOCIETY, Volume 74, No.2, April 2010, pp.184-214.

试图否定法国大革命的资产阶级性质和资本主义性质，他们主张，资产阶级并没有作为一种自在的和自为的阶级而存在。但在海勒看来，所谓的作为一种阶级本身而存在的资产阶级，是随着近来的研究而被逐渐确立起来的。对于在法国大革命中发展出来的资产阶级是否是作为一个为了自身利益的阶级的理解，要求一种更加复杂的答案。在《路易·波拿巴的雾月十八日》中，马克思断定，革命者的意识因为古典共和主义的修辞而变得模糊不清。只是在大革命之后，法国的资产阶级才发展成为一个意识到自己是自为阶级的阶级，并且把大革命视作资产阶级的革命。事实上，大革命的剧变创造出了资产阶级作为一个阶级的自我意识，其力量根源于其不断增长的经济力量。但是，由于其潜在的社会分裂倾向，这种意识被革命的主导力量边缘化了。

《资本论》始终构成了当代左翼重新理解马克思的至关重要路径，斯洛伐克的夸美纽斯大学逻辑与哲学系的伊戈尔·亨策尔教授撰写了《"Schein"和"Erscheinung"的误译：〈资本论〉第一卷第一章的结构》[①] 一文，集中分析了《资本论》首章的结构。亨策尔教授认为，《资本论》第一卷第一章的论点有着一个复杂的结构，对此，最好的理解是区分三个维度：认识的、社会学的以及政治经济学的。有关认识的维度，马克思的观点常常被误解，这要归咎于对于现象范畴和表现范畴之间的区别的忽视，这一点可以在 C.J. 阿瑟和 P. 默里·本福克斯的《资本论》英译版中看到。作者指出，如果我们将这个版本与 MEGA² 做比较，就可以发现其间的重要差异。亨策尔进一步指出，对这些混淆的消除，可以揭示出马克思的价值理论具有深刻的科学性和不容忽视的重要性，尤其是我们发现马克思在关键性的方向上超越了出现在黑格尔那里的范畴结构。马克思的理论要求在价值的辩证发展之中，对质的方面和量的方面，以及社会学的方面和政治学的方面都做出清晰的区别和再整合。

伦敦经济学院的大卫·M. 波拉特发表了题为《超越平等》[②] 的论文，考察了马克思对于把平等作为一种理念和卓越之物的批判，并考察了这种批判在今天的发展。波拉特主张一种对于马克思的特殊阅读，这种阅读区别于标准化的把马克思对于自由主义的批判视为某种解放，而是揭露出一整套理念，这些

---

① Igor Hanzel, *Mistranslations of "Schein" and "Erscheinung": The Structure of Chapter 1 of Capital, Volume 1,* SCIENCE & SOCIETY, Volume 74, No.4, October 2010, pp.509-537.

② David M. Bholat, *Beyond Equality,* RETHINKING MARXISM, Volume 22, Number 2, April 2010, pp.272-284.

理念在资本主义社会的首要功能就在于隐藏其不平等的和非自由的前提条件。进而，波拉特还指出，马克思早已指明了自由理念的局限性，并且揭示出了为什么这些理念与资本在逻辑上是相容的。这就意味着，进步的任务是超越，而不仅仅是适应这些理念，比如自由和平等的理念。

五、对西方马克思主义的再认识

对西方马克思主义的思考，始终构成美国马克思主义学者和左翼学者的理论研究的重点。2010 年 1 月出版的《科学与社会》刊登了加拿大学者约翰·格兰特（John Grant）写的《马尔库塞的翻拍？哈特和奈格里的理论与阐释》[1] 一文。格兰特提出，某种意想不到的冲突关联到拉克劳、哈特、奈格里以及马尔库塞，这种冲突现在已经成为了某种试验场，涉及政治理论的最为基础的任务之一：决定那些使得政治理论化的概念。内在性概念是从葛兰西到奈格里用来解释历史的唯物主义性质的核心概念，但是，拉克劳宣称，哈特和内格里无法通过内在性概念解释政治的相对性。格兰特则认为，通过倒转哈特和奈格里的作品来为他们辩护，这揭示了它们与马尔库塞的批判理论之间的未被公认的、也不是有意为之的亲和性。对于这种亲和性的揭示，把某种对于内在性的生产性理解从拉克劳的批判中解救了出来。此外，格兰特还认为，曾被马尔库塞使用的辩证逻辑，在理解帝国与多众的政治并使之清晰化方面非常有用。哈特和奈格里的著作中重要的辩证性源自马尔库塞，这是一种通往当代政治路径的辩证方法，其意义远远超出对劳动和劳工运动的解释。

同一期的《科学与社会》还刊登了来自纽约市立工业学院社会科学系的劳伦·帕克（Laureen Park）对阿尔都塞的《偶然相遇的哲学：后期著作，1978—1987》（Verso 出版社 2006 年出版）一书的评论。帕克指出，阿尔都塞的后期著作在近 20 年来没有得到翻译出版，大概与 1980 年发生的阿尔都塞杀妻事件有关。而《偶然相遇的哲学》一书，为我们评价阿尔都塞的成熟思想提供了坚实的基础。通过这部作品，我们同样能够看到他早期思想的成熟化形态，这尤其难得。帕克认为，尽管此书包括了一些书信和由费尔南达·纳瓦罗

---

[1] John Grant, *Marcuse Remade? Theory and Explanation in Hardt and Negri,* SCIENCE & SOCIETY, Vol.74, No.1, January 2010, pp.37-62.

（Fernanda Navarro）在 1984 年到 1987 年之间对阿尔都塞进行的采访，但是最核心的文本还是 1978 年的《马克思及其局限》和 1982 年的《偶然相遇的唯物主义的潜流》这两篇论文。这两篇文章表明，偶然相遇的唯物主义概念是阿尔都塞与人道主义马克思主义的意识形态进行抗辩中生发出来的。对于人道主义马克思主义的批判是阿尔都塞要处理唯物主义概念的最直接动机。帕克还认为，在《马克思及其局限》一文中，阿尔都塞对于安东尼奥·葛兰西表示出特别的敌意，比如，葛兰西认为，国家的目的就是霸权，而马克思主义者则应该以一种或多或少人道的方式来完成这一目的，比如通过教育。阿尔都塞归纳了葛兰西的这一公式：霸权＝力量＋共识。阿尔都塞明确反对葛兰西的这一公式，认为这个公式本身就是一种伪装了的意识形态，这种意识形态会把力量本身消解为意识形态的某种真正的功能。

2010 年 10 月出版的《重思马克思主义》刊登了俄亥俄州立大学地理学系的乔尔·维恩赖特的《葛兰西是马克思主义者吗?》[1] 一文。维恩赖特认为，安东尼奥·葛兰西的霸权理论是根植于马克思的价值理论之中的，尽管价值理论以及马克思的更一般的经济学著作，并不是《狱中札记》的主题，它们在基本的方面也从未塑造葛兰西的理论倾向和政治分析。因此，葛兰西对于经济主义的批判，应该被看作是一种对于马克思的政治经济学批判的扩展。维恩赖特还指出，葛兰西曾把布尔什维克的革命称作一场"反对《资本论》的革命"，因为这场革命并不是因为资本主义本身的矛盾发展而导致的，俄国通过列宁的在落后国家获胜的理论赢得了革命的胜利。如果我们认为葛兰西的解释是正确的，那么随后的斯大林主义的兴起则代表了一种对于《资本论》的反革命。马克思在《资本论》中对于资本主义的展开批判，对于斯大林没有任何意义，但对于葛兰西却意义非凡。因此，我们必须回到《资本论》，进而回到马克思的价值理论，才能真正阅读葛兰西。

同一期的《重思马克思主义》还刊登了英国谢菲尔德哈雷姆大学的克里斯多夫·鲍林的论文《重思海德格尔式的马克思主义》[2]。鲍林指出，近来在哲学和批判理论的相关争论中，出现了对于马丁·海德格尔工作的重新关注。

---

[1] Joel Wainwright, *Was Gramsci a Marxist*? RETHINKING MARXISM Volume 22, Number 4, October 2010, pp.617-626.

[2] Christopher Pawling, *Rethinking Heideggerian Marxism*, RETHINKING MARXISM, Volume 22, Number 4, October 2010, pp.581-589.

阿兰·巴迪欧、斯拉沃热·齐泽克以及弗里德里克·詹姆逊都讨论了海德格尔遗产的性质。鲍林的文章从考察下述命题开始，即对于海德格尔的工作，至少存在两种可能的解释。一种是来自于早期海德格尔的存在主义现象学，最近出版的赫伯特·马尔库塞的文集也以海德格尔马克思主义为标题，就是例证。另一种，则展示了一个"后人本主义的"海德格尔，并且认为这种理论在他之后的"后马克思主义者"路易·阿尔都塞的"偶然相遇的唯物主义"理论中，达到了高峰，这可以从阿尔都塞在《相遇的唯物主义》中对海德格尔的大量赞赏中看出。

2010 年 1 月的《重思马克思主义》，刊登了英国布莱顿大学的斯提夫·瑞德海德教授的文章《从马克思到贝卢斯科尼：卢奇奥·科莱蒂与科学马克思主义的奋斗》①。针对卢奇奥·科莱蒂（1924—2001）这位意大利马克思主义哲学家被人们所遗忘，瑞德海德认为，科莱蒂所发展出的价值理论、美学理论、法学理论以及政治理论仍然十分重要，遗憾的是，它们却奇怪地退出了人们的视野，即便在马克思主义讨论内部也是如此。20 世纪 70 年代还被描述成甚至使安东尼奥·葛兰西和德拉·沃尔佩都相形失色的在世的哲学家。但到了 20 世纪 90 年代，他成为了贝卢斯科尼借用的武器：不要老是讲什么从卢梭到列宁，而要讲从马克思到贝卢斯科尼。该文通过将科莱蒂的生平和著作做语境化处理，对其右倾的政治轨迹做出了解释，并且对他的著作和阿尔都塞的著作做了比较。科莱蒂和阿尔都塞在他们生前进行了对话和交锋，但是他们的共同之处在于：为了实现马克思主义的科学唯物主义化而进行斗争。作者认为，这份遗产作为某种消极的呼唤仍旧存活于今天的激进文化之中。

同一期杂志还刊登了谢拉·昆科勒（Sheila Kunkle）对齐亚丽娜·考德拉（Kiarina Kordela）的《过剩：斯宾诺莎，拉康》（纽约州立大学阿尔伯尼，2007）一书的评论。首先，昆科勒追述了考德拉的原创性论点：我们可以在当代的拉康主义心理分析之中找到"斯宾诺莎 - 马克思"的思想发展线索的恰当位置。其次，她阐明了考德拉的相关分析中的相互连接和逻辑支撑问题，包括她对于斯宾诺莎一元论的独特复杂的解读，这种解读产生出了对于信仰、真理和因果性的悖论的批判性洞察。接着，她还阐明了她对于巴迪欧、齐泽克、德

---

① Steve Redhead, *From Marx to Berlusconi: Lucio Colletti and the Struggle for Scientific Marxism*, RETHINKING MARXISM, Volume 22, Number 1, January 2010, pp.148-156.

勒兹以及哈特和奈格里的缜密的反论证；阐明了她对于柄谷行人论述马克思的著作的扩展，这种扩展是通过拉康的凝视概念和女性主义伦理完成的；阐明了她对于把康德的悖论与全球资本主义相联系的批判。最终，昆科勒强调，考德拉的主张不论就哲学（过时的柏拉图主义）而言，还是就某种新路径而言，都会导致一种作为语言、存在和伦理学理论的马克思主义的修正主义概念。

六、共有、公社和共产主义

哈特和奈格里曾经说过："在今天，至关重要的共有概念到底是什么……事实上，与我们在资本主义的历史中所经验到的相比，今天的我们已经参与到了一种更加彻底和深刻的共有性之中了。这个事实就是，我们参与到了一个生产性的世界之中，这个世界是由相互交流的社会性网络、互动性服务以及公共语言所组成的。我们的经济现实和社会现实，更多地是被合作生产性服务和关系所界定的，而只是在较低程度上被物质对象的生产和消费所界定。不断增长的生产性意味着对于相互协作和相互交流的共有性的建构。"① 围绕"共有和公社的形式"的主题，《重思马克思主义》2010 年第 3 期刊登了系列专题讨论，刊物为此邀请了意大利密西纳大学政治科学系的安娜·柯西奥（Anna Curcio）教授和土耳其伯格兹奇大学社会学系的塞伦·乌赛尔库克（Ceren Özselçuk）教授作为特邀编辑。讨论共分五组，分别是："共有和公社的形式"、"共有及其生产"、"商品拜物教和共有"、"共同体的模式"和"公共中的差异"。二位特邀编辑在为系列专题撰写的导论中指出，该专题涉及的共有、公社、共同体以及共产主义概念等，也是批判的马克思主义所要处理的问题。这些讨论包括：对于财产和商品拜物教的批判，生产方式与主体性模式之间的关系，被公私关系限定的资产阶级政治想象的破灭，阶级作为一个过程或组织的抗争性本性，在意大利工人主义与阿尔都塞的马克思主义的遭遇中，所表现出的一种有组织的渴望，等等。

第一组专题的主题是："共有和公社的形式"。柯西奥和乌赛尔库克提交了《论公共、普遍性以及共产主义：艾蒂安·巴里巴尔与安东尼奥·奈格里的对话》的论文。他们认为，在对话中，巴里巴尔和奈格里提出了下述问题：在

---

① *Rethinking Marxism,* Volume 22, Number 2 (July 2010), p.296.

这样一个对我们而言的紧要关头，尤其是在当前的全球经济危机的时候，如何理解以及如何实践共产主义？以这个问题作为切入点，奈格里和巴里巴尔阐述了他们各自研究框架中的一系列重要的哲学上的和政治上的汇集点和分歧点。这些极富创造性的交汇和张力，向对马克思和马克思主义的多元化阅读保持开放。与此同时，他们之间的对话还标示出了一个领域，这个领域包括：社会本体论及其与政治和伦理的关系问题；劳工和生产的状况以及马克思主义中的人类学差异的位置；自由平等的政治，这种政治与公共及其新体制的关系。

美国莫瑞麦克学院经济系的杰克·阿玛里格里奥（Jack Amariglio）教授撰写的文章是《主体性、阶级以及马克思的"公社的形式"》。他在文章中指出，在马克思的经典理论中，主体性的形式是由"直接生产者"和"剩余劳动的盗用者"等概念所表达的。马克思的《政治经济学批判大纲》讨论"前资本主义生产方式"的那个部分，详尽阐明了一种"公社形式"类型。原始的、亚细亚的及日耳曼的公社形式，共同经历了一种基础性的公社阶级的形成过程。这些公社形式，在"原始的"公社（建立在血缘／氏族的规则上）或是"个人的"（他只是作为血缘／氏族／公社中的一员来动用或侵占剩余劳动）的各种形式中，在它们究竟是如何呈现为直接的生产者或侵占者上，是存在着差异的。甚至在侵占者——比如日耳曼的家族头人或亚洲的"暴君"——把剩余劳动拿来作为氏族／公社的"统一性"的"代表"之时，公社侵占行为仍旧会发生。作者还认为，在马克思的晚期著作中，马克思所说的所有关于个体性和集体性／公社性的概念的表达方式，都是为了确定和描述不同的阶级进程。

第二组专题的主题是"共有及其生产"。来自美国杜克大学的迈克尔·哈特的论文标题是《共产主义之中的共有》。哈特反思了同时作为自然之物和人类产品的共有概念。换言之，所谓共有，是指土地、河流、空气，同样也指语言、知识、观念、形象以及作用。首要的问题在于，资本主义生产越来越离不开共有性生产，并且越来越趋向于共有性生产；然而，共有却在转变为私有财产或是公有财产之时被破坏了。我们的任务就在于建立起通往共有的通道，并且建立起使共有得以流通的制度。

来自意大利博洛尼亚大学的吉基·洛格罗（Gigi Roggero）为本专题贡献的论文是《关于共有的五个命题》。洛格罗提出了在资本主义社会关系发生转变的背景之下以及当前所面临的全球性危机的背景之下的关于共有的五个命题。这些命题涉及认知的资本主义、阶级组成的新进展、生活知识的生产和主体性，等等。洛格罗认为，在今天，对于共有物的探讨，常常涉及"共有之物"的私有化和商品化。这就暗示了某种关于共有的自然的和保守的看法，这种看法是与生产关系相脱离的。针对这种观点，洛格罗区分了共有物与共有：前者与卡尔·波兰尼有关，后者则与卡尔·马克思有关。他认为，共有假定了某种抗争性的双重性状态：它既是搭载自觉的、有生命力的劳工的梦想的航天器，同时也屈从于资本主义的"捕获"。因此，至关重要的不是对于"共有物"的保护，而是在新的体制中对于共有及其组织的生产，这能够使我们超越公有和私有之间乏味的对话。他所提出的五个命题分别是：1．共有具有一种双重状态；2．共有并非自然之物；3．共有并非普遍的概念，而是阶级性的概念；4．共有并非一个乌托邦；5．共有制度是共产主义的新理论和实践。

本专题的最后一篇文章题为《一整个共有的世界》，是由来自纽约的社会研究新学院的社会学家和传媒艺术家阿拉斯·乌兹根（Aras Özgün）提供的。该文是对于迈克尔·哈特和吉基·洛格罗的有关"共有"概念和现代的"公共"概念的讨论的回应。此外，乌兹根还评论了他们的政治经济学解释中的意识形态的、语言学的以及与之相关的社会性含义。

第三组专题是"商品拜物教和共有"。本专题的主题文章是由来自富兰克林和马歇尔学院的经济学教授安东尼奥·卡拉里（Antonio Callari）和来自圣母大学的经济学教授大卫·F．鲁奇奥(David F. Ruccio)合作的《重思社会主义：公共、民主和社会主体》。两位作者在文中论述了马克思主义理论是如何仍然能够有助于对于"共同体"和"民主"概念的再思考，尤其是在与"社会主体"问题的关联之中。该文对于马克思的商品概念进行了一种特殊的解读，并且扩大了"社会"和"经济"的概念，使之超越了单向度的概念。单向度的"社会"和"经济"概念强化了某种正统思想，卡拉里和鲁奇奥则把这些概念转化进了一个既是多向度的（即多元主体的构成）又是多形态的（即构成主体的多元形式）空间之中。论文处理的主题包括：处于现代主义、马克思主义和社会存在一维空间之中的商品拜物教、某种多维社会空间的主体、关于社会主义的不同概念、社会主义与民主以及马克思主义、共有、批判社会理论的未来，等等。

来自杜克大学的德波拉·詹森（Deborah Jenson）教授撰写了《没有副本的共有，没有世界大同主义的国际性：马克思对于相似性的浪漫主义的批判》一文。詹森把马克思作品中的风格特征———一种对于模仿和复制的反感———与他对于法国浪漫主义的社会主义乌托邦思想中的"相似性"或"和谐"的认识论拒斥联系在一起。詹森认为，一种共有的空间不仅仅是没有表象和模仿，没有竞争性的侵占，没有建立在相似性之上的平等，没有社会性的一致，没有文化上的相像，等等，表面上看，上述论断似乎是矛盾的。但是，马克思通过对原子的讨论，坚持把共有视为某种冲突，预示了阿尔都塞的偶然相遇的唯物主义概念。马克思从抽象个体性无神论的伊壁鸠鲁模式出发，反对虚假的普遍性；相比不同的理想之间的碰撞，马克思更反对现实性的霸权。詹森还认为，马克思对于商品拜物教范式中的社会镜像过程有着敏锐的意识，他把卢克莱修关于原子的"喧嚣竞争"和"敌对紧张"的观念置于共有的非浪漫主义的社会性的核心。

针对上面卡拉里、鲁奇奥以及詹森的两篇文章，来自北卡罗来纳大学意大利研究和比较文学系的费德里克·卢塞迪（Federico Luisetti）教授发表了题为《共有的性质》的文章作为回应。在卢塞迪看来，上述两篇论文的观点，是某种"自然主义的"关于共有的政治本体论。该文详尽论述了这种对于马克思主义的拓扑学式的置换：一种关于自然和技术的非人本主义的概念，一种超越经济主义和无神论的对峙关系的构建主义。

第四组专题是"共同体的模式"。内华达大学妇女研究教授、《重思马克思主义》编辑 S. 恰路西拉（S. Charusheela）撰写的文章题目为《封建主义的产生：再谈生产模式》。恰路西拉提出的问题是：我们如何在资本主义的工资关系之外来理解经济行为？以资本为中心的分析把这种行为认定为地方性的或文化性的。这是对于以前研究路径的重复，即把上述行为看作是"封建的"。恰路西拉主张重新关注封建的主体性问题，并且通过对于与之相关问题的研究来建立一种公社政治。

杜克大学的肯尼斯·苏琳（Kenneth Surin）则发表了《论团结（的概念）的生产》一文。苏琳提出，在北半球／西方，对于共同体及与之相关的团结，存在着两种主要的理解模式。一种是前工业社会的理解模式，借助了村庄的观念，涉及其有机的邻里纽带等。另一种是工业社会的理解，是根据共同的受剥削状况来理解共同体的，这种状况是建立在从事工业化工作的阶级组织上的。但在今天，在北半球／西方，上述两种理解模式都已经无法应用了：村庄中的大部分地方，已经成为了聚居性的郊区，工业化生产也已经越来越变得不具有无产阶级性质了。为此，苏琳提出了另外一种关于社会团结的概念。在他看来，构成共同体的不可或缺的要素，在于作为其成员的价值中心的功能；问题就在于我们的新的生产形式，如何能够允许这些价值中心发展壮大。论文还考察了这种关于共同体的新概念的两种模式。一种来自雷蒙德·威廉姆斯，把"经验"作为其组织性范畴；另一种来自吉尔·德鲁兹和费列克斯·加塔利，将"欲望"作为其关键性范畴。

最后一组专题的主题是"共有中的差异"。安娜·柯西奥为专题提供了《对于差异和共有的翻译》一文，探讨了种族化和性别化的主体性如何可能产生出一个社会协作的公共空间，而这种社会协作可以打破资本主义的社会等级性。论文还分析了资本主义对于差异性和抵抗性及军事性主体的产生的应对举措，后者会颠覆资本主义的分割和掠夺。此外，柯西奥还考察了通过实践和组织化模式产生的共有的生产，揭示了为了阻碍资本主义语言价值的同质性而进行的不同语言的翻译的必要性。柯西奥认为，这里的目的是双重的：一方面，必须更好地理解当前时代和这个时代中的暴力冲突；另一方面，有必要引入一种性别差异性，这是为了更有效地挑战和改变当前的社会秩序。

来自格底斯堡学院的政治经济学和经济史教授雅亚·M．马德拉（Yahya M. Madra）和来自伯格兹奇大学的社会学系教授塞伦·乌赛尔库克（Ceren Özselçuk）共同发表的论文，题为《公社形式中的享乐与对抗：对于生命政治主体性的批判》。两位作者指出，近些年来，与生命政治的治理性功用相关的论文日益获得其影响力，这是由米歇尔·福柯的工作所促成的，这种思想把主体表述为一种决定性场所，不论是对于新自由主义资本主义的规则而言，或是对于共有的生产而言都是如此。根据上述关于主体性的观点，该文还关注了这类论文和写作遗漏了什么：主体性的投入和"快乐"（享乐）在资本主义的危机构成中——以及在向共产主义的建设性转向中——所扮演的本质角色。在作者看来，上述观点的前提在于：享乐中不存在平衡关系，阶级对抗不可消除。根据这种观点，马德拉和乌赛尔库克按照两种不同的"公社形式"展开了对资本主义和共产主义主体性的研究，也就是说，这是两种不同的主体性方向，而它们指向的却是那种试图一劳永逸地创立公社的不可能性。

七、环保主义与绿色经济

环境问题，尤其是对于所谓绿色经济的分析，也构成了2010年美国左翼学者的主要话题之一。法国马克思主义社会学家迈克尔·洛威（Michael

Löwy）教授发表了题为《广告是环境的"严重的健康威胁"》①的论文，分析了广告对环境带来的巨大冲击。在他看来，在中央计划经济中并不存在商业广告，但在资本主义的生产和消费体系之中，商业广告却是其本质的组成部分。广告既是对于人类本来就有限的资源的大肆浪费，也是某种强迫消费的形式，是导致生态危机的各种人类活动模式之一。论文还分析了福特主义资本主义、商品拜物教、托宾税（指詹姆斯·托宾所提出的对现货外汇交易课征全球统一的交易税，以减少纯粹投机性交易的主张）、新自由主义的资本主义，以及现代物质社会中加速膨胀的物欲等主题。

著名生态学马克思主义学者、佛蒙特大学的弗雷德·麦格道夫教授和俄勒冈大学的约翰·贝拉米·福斯特教授，在《每月评论》2010 年第 3 期上发表了题为《每个环保主义者都需要对资本主义了解些什么》②的论文。他们指出，资本主义体系从根本上已经无法应付由气候变动给地球上的生命所带来的威胁，因为这些问题是由一种建立在经济扩张基础之上的经济体系的活动所导致的。他们特别指明，这种经济上的扩张，必然要求向外寻找原材料、廉价劳动力和新的市场。当然，有限的自然资源最终会被找到，但是绝大多数的商业行为都是目光短浅，其制定的计划不会超过 10 年。在他们看来，所谓的绿色资本主义也必须接受严格的审视，这种模式或理念包括更好的技术、更干净的动力、更广泛的能源措施以及排污权交易安排等等。然而，绿色资本主义并不是上述危机的可行的最终解决方案，只要在资本主义经济运作体系中，上述方案在应对日益加重的环境问题上最终还是无能为力的，解决问题的唯一方案仍旧是社会主义。

美国伯克利音乐学院的维克多·沃利斯撰文讨论了绿色经济问题，论文的标题为《超越"绿色资本主义"》③。沃利斯指出，在 20 世纪 30 年代的大萧条中，环境问题作为一个极其复杂的因素还没有被提出来，然而，今天则不然。按照他的看法，我们必须深入分析被称作绿色资本主义这个东西的背后的

---

① Michael Löwy, *Advertising is a "Serious Health Threat"-to the Environment*, Monthly Review, Vol.62, No.3, January 2010, pp.19-25.

② Fred Magdoff, John Bellamy Foster, *Why Every Environmentalist Needs to Know About Capitalism*, Monthly Review, Vol.62, No.3, March 2010, pp.1-29.

③ Victor Wallis, *Beyond "Green Capitalism"*, Monthly Review, Vol.62, No.3, February 2010, pp.32-47.

潜在前提。做到绿色化，就意味着在资本主义要求增长和积累，并且把劳动力和环境都看作投入的时候，区分出环境健康的优先次序。在绿色资本主义那里，我们可以发现某种有限的公共基础，这种基础之所以能够得以生长，是因为商业团体或是统治阶级经历了原材料上涨和能源的大量花费，并且因为灾难性气候频发、大规模民众迁移以及最终导致的社会动乱而受到巨大损失。但是，这种有限的公共性并不能为克服生态和气候危机提供足够的动力和有效的集体行动条件。

《重思马克思主义》2010年第2期上，刊登了美国马萨诸塞阿默斯特大学伯纳·谢尔的论文，标题为《绿色经济：一种新的革命幻象的根据?》[1]。谢尔叙述了在马萨诸塞州的绿色经济运动中的一些社会角色的构成、目标以及实践。她关心的问题是：从绿色经济的想象中浮现出来的是什么？在与绿色社会形象的关联中，被产生出来的是什么样的新主体？什么是非资本主义欲望能够被创造的条件？一种新的左翼历史性团体又具有何种可能性？谢尔认为，绿色经济在一种进步的和激进的计划之中把不同的政治利益连接在一起，可能会使我们的注意力指向并鼓励干涉阶级进展，也可能会潜在地预设某种基本的实验性需求，这种需求与新兴经济实践以及对全新经济主体的培养有关。在此基础上，谢尔具体分析了社会运动、霸权和绿色经济、阶级意识的到来等问题，并指出所谓"绿色"，其实只是一个记号，是被用来销售快餐食品的记号，是被石油公司、农业综合企业以及金融资本等类似资本发明出来的。与绿色经济相关的政策的制定，大都是以支撑资本主义关系为首要前提的。如果要让非资本主义的关系和欲望得以增生，如果要使一种新的左翼历史性团体得到充分的实现，仍旧有很多工作要做。

八、社会主义和工人运动

2010年10月的《科学与社会》的编者寄语的标题是：《再度改革，革命与社会主义》。社会主义运动和第三世界国家在21世纪的命运就像充满智慧的古老灵歌所唱的："每个人都在谈论天堂，却都不去那儿。"[2] 这表达了当今社

---

① Boone Shear, *The Green Economy: Grounds for a New Revolutionary Imaginary*? RE-THINKING MARXISM, Volume 22, Number 2, April 2010, pp.203-209.

② SCIENCE & SOCIETY, Vol.74, No.4, October 2010, p.458.

会主义的真实困境。《每月评论》, 2010 年 7 月 /8 月号, 刊登标题为"拉丁美洲与 21 世纪的社会主义"的专辑。该刊物的主编贝拉米·福斯特撰写了长篇的前言。①

在前言中, 福斯特指出, 在很多人看来, 1989 年的历史剧变标志着 20 世纪的社会主义运动的最后失败。但对于其他一些人, 特别是对于讲西班牙语的国家中的人来说, 1989 年却是与一场新的社会主义革命联系在一起的。这场新革命运动, 起始于拉美对于新自由主义的休克疗法的反抗, 其结果则是"为了 21 世纪的社会主义"运动的出现。具体而言, 拉美的反抗开始于委内瑞拉的"加拉加索大起义", 但同类运动同时也在拉美的广大地区展开。古巴的内部改革开始出现, 这些改革举措包括后来所谓的"绿色古巴", 即从大规模农业向有机农业的转型。1998 年, 查韦斯当选为委内瑞拉总统。2005 年, 埃沃·莫拉雷斯当选为玻利维亚首位原住民总统。2006 年, 拉斐尔·科雷亚当选为厄瓜多尔总统, 成为又一位"为了 21 世纪的社会主义"运动的倡导者。今天, "美洲的另一种选择: 玻利瓦尔主义"(即 ALBA)的成员国已经包括了委内瑞拉、古巴、玻利维亚、厄瓜多尔、尼加拉瓜, 以及加勒比小国安提瓜和巴布达、多米尼加、圣文森特和格林纳丁斯。

许多人对近年来拉美的社会主义运动所取得的发展迷惑不解, 它们的成功经验何在? 福斯特认为, 拉美社会主义成功的重要原因是人们反思不同的革命状况, 进而思考一种非同寻常的社会主义的理论和实践。毫无疑问, 马克思主义在 19 世纪的出现为分析资产阶级社会中出现的革命提供了一整套有力的分析工具, 然而, 这些工具却常常被转换成为一种机械的"革命科学", 并被强加在差异性的情境中。对其最为粗糙的运用, 就是把历史视为直线发展的, 在其中, 所有人民都注定要经过同样的道路, 经过同样的发展阶段。这是对于马克思主义的纯粹教条式的歪曲。事实上, 马克思在他论述俄国革命或玻利瓦尔的文章中, 却从未像上面那样看待自己的批判性分析。马克思晚年在面对俄国革命运动发展之时, 并没有试图给它强加上一个已有模式, 而是深入探索特殊的历史条件。因此, 所有的人民都应该拥有自己的本土的革命传统。

同年第 2 期的《每月评论》, 还发表了约翰·贝拉米·福斯特的另一篇文

---

① John Bellamy Foster, *Foreword*, Monthly Review, Vol.62, No.3, July-August 2010.

章，题为《伊斯特万·梅扎罗斯：社会主义道路的发现者》①，介绍了匈牙利裔英国苏塞克斯大学荣休教授伊斯特万·梅扎罗斯（Istvàn Mészáros）在社会主义道路的探索上的杰出贡献。梅扎罗斯是《超越资本》（1995）和《资本的结构性危机》（2009）的作者，也是当代黑格尔主义马克思主义的主要代表。"社会主义道路的发现者"这一说法，是委内瑞拉总统查韦斯对他的评价。福斯特认为，梅扎罗斯的探索提供了一种关于社会主义建设的战略性设想，而在过往的数十年中，这种战略性设想的缺位一直是世界范围内反资本主义运动的根本薄弱点。在梅扎罗斯看来，所谓"资本的结构性危机"的说法，其理由不仅来自这样的事实，即现有的整个资本主义体系第一次直面自身的"绝对界限"，而且还来自另一种现实，即一种基于群众的、以社会主义为主导方向的选择的必要条件正在出现，这种条件提供了在全球范围内的一场新的革命的基础。梅扎罗斯基于对于资本主义批判的深度和广度，对社会主义的历史必然性提供了强有力的论证，而这反过来又强化了他的资本主义批判。福斯特同样认为，今天所发生的资本的结构性危机，为一场争取社会解放的新的革命运动提供了历史契机，但是，这种必然性力量，这种生死攸关的变化，仍然依赖于人民自己，并且依赖于人类将自己塑造成历史主体的意志，即通过集体性斗争来创造一个公正和可持存的世界。而这正是梅扎罗斯所坚持的，即承担起我们所处的这个历史时刻的挑战和责任。

同一期《每月评论》还刊登了迈克尔·罗伯维兹的《探寻玻利瓦尔革命中的辩证法》②一文。该文是对于伊恩·布鲁斯（Iain Bruce）的《真实的委内瑞拉：在21世纪建设社会主义》（伦敦冥王星出版社，2008年出版）一书的评论。这部书缘起于布鲁斯2004年作为一名BBC的记者在委内瑞拉的访问，在整整一年内他探访了众多的乡村和工厂。布鲁斯认为，查韦斯代表了与民众具有深刻呼应关系一方，这种呼应也被称作"革命的化学"。罗伯维兹的评论是：正在委内瑞拉所发生的事情中存在着某种辩证法，查韦斯和民众之间的辩证关系将这场运动推向前方，当然这场运动的继续还是要依赖于双方的积极投入。

《科学与社会》2010年1月，发表了来自委内瑞拉的斯蒂夫·埃尔纳的题

① John Bellamy Foster, *Istvàn Mészáros, Pathfinder of Socialism*, Monthly Review, Vol.62, No.3, February 2010, pp.49-51.

② Michael Lebowitz, *Exploring the Dialecticof the Bolivarian Revolution*, Monthly Review, Vol.62, No.3, Feburary 2010, pp.56-61.

为《委内瑞拉对于耗尽的社会主义目标的永久争论》^①的文章。埃尔纳指出，两种不同马克思主义传统在委内瑞拉的争论："现实主义者"偏好的实用性政策不断增长，而"文化乐观主义者"关涉到与资本主义价值的斗争。对于种植业工人和合作社工人之间工资差距的讨论，让人想起了马克思主义有关"按劳分配"（现实主义者更倾向于此）和"按需分配"（文化乐观主义者更倾向于此）的区别。查韦斯鼓励合作社和社区委员会放弃"利润动机"（这是文化乐观主义者的方式），而现实主义者们则强调有效的国家控制，以避免资金的滥用。社会正义的文化乐观主义旗帜，最适合于保证对于非特权经济的积极支持。现实主义者最有可能要面对的是这样一个严酷的事实：社会主义并没有贫困的替罪羊，用以激励工人提高生产率，因此就需要某种可供选择的机制。尽管托派和其他人把现实主义视为对特权阶级利益的维护，但是这两种立场之间的某种综合是必须的，也是可能的。

萨罗吉·吉里来自印度德里大学的政治系，他的文章标题为《霸权性的世俗主义、主导性的地方自治主义：印度的社会改造》。^②吉里指出，在印度，对于"世俗化"的最为反现代的批判，是通过对处于抽象的世俗主义的普遍主义之下的某种隐藏的、排他主义的多数主义（公社主义）的揭露而展开的；然而，这却使得公社主义外在化为"西方现代性"或世俗化的结果。另一方面，世俗主义左翼同样把公社主义外在化为封建的、前现代的关系或是右翼权力，或是外在化为左翼民族霸权的缺失，或是"一种伦理中立的国家"。吉里认为，把世俗主义分为"抽象的"和"强迫的"，这掩盖了某种持续性，这种持续性能够提供这种结构性植入的公社主义。主要的公社主义与霸权性的世俗主义是共存的，否则它就是反公有的，并且是与公社主义为敌的，而上述共存就排除了把反公社主义作为更大范围的革命性社会改造的一个部分的可能性。最后，吉里提出，我们从法农那里学到了这样一些东西：不能使文化战争与人民争取自由的战争相分离。

《重思马克思主义》2010年10月号上刊出了一组专题"工人权利是人权吗？"由罗德岛大学经济系教授理查德·麦金泰尔（Richard McIntyre）主持，本专

---

① Steve Ellner, *The Perennial Debate over Socialist Goals Played Out in Venezuela*, SCI-ENCE & SOCIETY, Vol.74, No.1, January 2010, pp.63-84.

② Saroj Giri, *Hegemonic Secularism, Dominant Communalism: Imagining Social Transformation in India*, RETHINK MARXISM, Volume 22 Number 1, January 2010, pp.130-147.

题是对于麦金泰尔教授的同名著作《工人权利是人权吗?》(密西根大学出版社,2008 年出版)的讨论。在麦金泰尔看来,在现代全球化经济中,马克思那个著名口号:"全世界无产者,联合起来!"仍旧是一种承诺赢得人权的有效手段。通常,人权运动坚持的是个人的生命权、自由权和物质需要权。而在民主制的工业化国家中,比如在美国,这种运动更加关注于公民权和平等权。然而,自二战以来人权运动的胜利已经付出了相应的代价。麦金泰尔特别考察了那些把工人权益仅仅当作个体权利的思想的局限性,在他看来,我们应该审查的是权利是如何通过传统思想以及阶级利益而被界定的。对于个人权利的强调侵蚀了集体权利,而这对于工人而言尤其严重。通过再度引入马克思主义的和制度性的分析,麦金泰尔揭示了在全球化经济中决定工人状况的具体的阶级关系和权力结构。他在书中最后得出的结论是:赢得工人权益的最大希望,就在于主张联合性和集体谈判的草根性劳工组织。麦金泰尔的著作受到关注,华盛顿工人权利协会执行主席斯科特·诺瓦(Scott Nova)评论道:"麦金泰尔的著作彻底改变了有关全球化和劳工权利的争论,并且使我们迅即进入了问题的核心:跨国公司与劳工活动家之间的战争,前者根本不顾及所应承担的涉及工人命运的责任,而后者则寻求重建义务和道义责任。麦金泰尔对此提出了极具建设性的洞见。"

第一篇评论文章是美国丹尼森大学经济系西奥多·布尔扎克的《工人们需要何种权利以消灭剥削?》[1]。布尔扎克认为,麦金泰尔主张集团性权利,主张联合以及集体谈判的自由,并试图以此作为工具来与全球性剥削体系的恶疾进行战斗。基于这一立场,麦金泰尔怀疑"个人权利说",此种权利一般总是与合同自由相关,无法作为提供提升劳工谈判力量的有效机制。但在布尔扎克看来,这种怀疑主义本身是根据不足的,与利用集体权利来加强劳工谈判力相比,利用个人权利来挑战雇佣关系更加切实可能。他承认,争取工人的集体性权利进行组织联合以及集体谈判,确实可以推动劳工运动发展并提升工人的生活标准,但是,开创出一种对于不可剥夺的个人在政治和经济领域中的自治权利的最广泛观念,或新的社会习俗,这将会导致一种对全球资本主义的意义深远的挑战。

---

[1] Theodore Burczak, *What Kind of Rights Do Workers Need to Eliminate Exploitation?* RE-THINKING MARXISM, Volume 22, Number 4, October 2010, pp.518-523.

丹佛大学约瑟夫 – 科贝尔国际研究学院的乔治·德马蒂诺教授参与讨论的文章是《论马克思主义、制度主义以及劳动剥削问题》[1]。他在综合考察了麦金泰尔的《工人权利是人权吗?》所考察的问题,如当前权利讨论中出现的偏差和它在当今全球经济中对劳工的授权的阻碍、麦金泰尔对制度主义和马克思主义的综合提供的批判性洞察之后,提出了下述问题:一种理论化的解释尊重各种传统做出的贡献,那么在此种解释的发展中,我们所获得的是什么,所失去的又是什么。针对上述问题,德马蒂诺重点考察了两个问题:首先是权利的基础问题。尽管麦金泰尔对于权利讨论的一些批判极具启发,但是这种批判却并不适用于当前涉及人权讨论的所有阵营。比如说,这种讨论确实适用于罗伯特·诺齐克,但却并不适用于约翰·罗尔斯、阿玛蒂亚·森以及玛莎·纳斯鲍姆。后面这些学者的著作提供了连接权利讨论和劳工剥削问题的桥梁。其次,关于马克思主义与激进制度主义的整合,麦金泰尔的著作有独特之处,它提供了一个从制度主义角度重建马克思主义传统以及通过重建制度主义来为马克思开辟新空间的计划。

马萨诸塞大学经济系的凯南·埃尔塞则提供了《集体性的工人权利充分吗?》[2] 一文。他指出,《工人权利是人权吗?》借助了马克思主义和制度主义经济学,强有力地论证并描述了"权利说"如何经常地与在反奴隶制运动或反血汗工厂的背景下产生的集体性工人权利产生了冲突。问题是,麦金泰尔所说的集体性工人权利,与马克思主义所说的反对剥削的斗争,它们之间在目标上是否矛盾,如果矛盾,又该如何调和它们之间的关系?

在专题最后,麦金泰尔教授对上述讨论和批评做了回应[3]。麦金泰尔指出,上面提及的三人的评论提供了一种可信的论证,即自由联合的权利和集体性谈判的权利所取得的成就,仍旧是"不够的"。作者承认他的著作中,应该用更加有效的例证,来说明提倡这种权利所能取得的成果,即更有价值、更具实践性,可以直接提高工人的物质生活标准。同时,麦金泰尔再次肯定了自己

---

① George DeMartino, *On Marxism, Institutionalism, and the Problem of Labor Exploitation*, RETHINKING MARXISM, Volume 22, Number 4, October 2010, pp.524-530.

② Kenan Erçel, *Are Collective Worker Rights Enough?* RETHINKING MARXISM, Volume 22, Number 4, October 2010, pp.531-538.

③ Richard McIntyre, *Response to Theodore Burczak, George DeMartino, and Kenan Erçel*, RETHINKING MARXISM, Volume 22, Number 4, October 2010, pp.539-543.

在书中对于当前的权利理论的批判，尤其是对于流行的个人主义理论的批判；并且再次强调指出，历史上对于工厂实际状况的考察和当代工人权利的国家化组织的发展，都显示出在创造一个良好社会的过程中，联合与集体性谈判的自由的重要性。

除《重思马克思主义》杂志围绕着《工人权利是人权吗?》展开讨论外，《科学与社会》2010 年 10 月刊登了美国伊利诺伊州立大学的维克多·德维纳兹教授撰写的《工会团结、集体性抗争和卡特彼勒工人的纠纷，1991—1998》[①]。这篇论文其实是对菲尔·麦克考（Phil McCall）于 2008 年发表在同一刊物的一篇论文的回应。麦克考那篇文章题为《我们必须团结一致：个人行动、集体斗争以及社会意识的形成》。卡特彼勒（Caterpillar）公司是世界大型机械制造巨头，1991 年至 1998 年期间，该公司的业务出现了滑坡，公司试图通过调整工资结构来降低成本，引发了企业与工会工人之间关系的急剧恶化。1991 年，工会工人连续 5 个月罢工，到了 1994 年，又开始了连续 17 个月的罢工。甚至连汽车工人联合会（United Auto Workers）的官员也将这场罢工运动称为"工会史上最惨烈的一次斗争。"麦克考用分析的马克思主义的模式研究了这个罢工运动的工人和企业的行为，并得出结论：按照马克思主义的理论，经验教导了工人们，只有通过他们的联合他们才能够进一步争取他们自己的利益。通过对从 1991 年到 1998 卡特彼勒工人斗争的分析，德维纳兹认为，工会最后所取得的成果并不足以表明这场工人联合的胜利，21 世纪初的劳工运动必须从中汲取深刻的经验教训。

（作者单位：复旦大学当代国外马克思主义研究中心　复旦大学哲学学院）

---

① Victor G. Devinatz, *Union Solidarity, Collective Struggle and the Caterpillar Labor Dispute, 1991-1998*, SCIENCE & SOCIETY, Vol.74, No 4, October 2010, pp.546-552.

德 国

王凤才

目前，德国马克思主义研究大致有四路人马：一是马克思学家，如豪克、诺伊豪斯、福尔格拉夫、黑克尔等人，主要从事以下工作：(1)编辑出版研究MEGA²；(2)编辑出版经典著作：《马克思恩格斯著作》(再版)、《马克思恩格斯研究文献：新系列》、《马克思恩格斯研究通讯》；(3)编辑出版《马克思恩格斯年鉴》、《马克思主义历史批评辞典》；(4)开办"马克思—秋季学校"、设立"梁赞诺夫奖"，奖励、培养青年马克思学者。二是马克思主义正统派，如施泰格瓦尔德、霍尔茨、迈彻尔、比朔夫、鲍里斯、泽普曼等人，他们团结在《马克思主义杂志》、《社会主义》杂志周围，捍卫传统马克思主义立场、观点和方法。三是马克思主义创新派，如胡弗施密德、诺伊贝尔特、德佩、莱比格尔等人，以《马克思主义创新杂志》为阵地，对马克思主义进行反思、批判、创新，发出"德国左派马克思主义声音"。四是马克思主义重建派，如霍耐特、维尔默、奥菲等人，以《西方的终结：社会研究新杂志》为阵地，借助马克思的思想资源批判当代资本主义悖谬，但侧重点是推进法兰克福学派批判理论的"政治伦理转向"。具体地说，2010 年德国马克思主义研究，主要体现在以下六个方面：

一、MEGA² 编辑与研究：不断拓展和深入

第一，"MEGA² 中的恩格斯"

20 世纪 60 年代，苏共与德国统一社会党决定共同编辑出版 MEGA²。原计划 100 卷，后计划扩至 133 卷 142 册，外加批注书目 30 卷，共 163 卷 172 册。1972 年试编，1975—1990 年出版 36 卷。1990 年 5 月，MEGA² 转由国际马克思恩格斯基金会（IMES）组织出版；1995 年调整为 114 卷 123 册。其中，Ⅰ：著作、文章、草稿，共 32 卷；Ⅱ：《资本论》及其准备稿，共 15 卷 23 册；Ⅲ：通信，共 35 卷；Ⅳ：摘录、笔记、旁注，共 32 卷。目前，已经出版 58 卷。

2010 年，MEGA² Ⅰ /Bd 32 由柏林勃兰登堡科学院出版社出版。该卷包括马克思恩格斯的著作、文章、草稿 ①。其中，正文（528 页）包括马克思撰写的 16 个导言、前言、后记；29 篇以世界历史为主题的论文(其中，3 篇访谈)；4 篇合写的或下面画线的解释；7 篇传记文献；32 个关于工人运动组织或团体的书面文件；2 个谈话记录；10 篇由恩格斯编审的马克思或恩格斯作品的译稿，其中，原来用法语首发的 3 个手稿，这里第一次用德语出版。此外，还有 2 篇关于古代历史与早期历史的英文文章：《一个共同体形成情况的新发现者》与《论早期基督教历史》。参考资料（1040 页）包括原始文本、形成流变、变化修正、阐释翻译偏离等。此外，还包括大量索引和目录。

该卷收录了许多重要文献。例如：(1)《法兰西内战》（马克思，1891）德文第 3 版，恩格斯撰写了导言。其中，恩格斯阐发的核心命题是，对社会民主党最终目标来说，巴黎公社是一个典范，其核心意义体现在工人阶级运用权力的"最终领导形式中"。(2)《欧洲能够裁军吗?》（恩格斯，1893）指出，当俄

---

① 据霍尔兹介绍，该卷有较长的编辑前史：一是席勒大学编辑组前期准备工作（1986—1993）；二是中断几年后，由柏林勃兰登堡科学院接手。其中，柯斯林克（Peer Koesling）对符合修正了的编辑路线的前期准备工作进行加工，并做了根本补充；通过关注最新研究成果扩充了内容，并对全部参考资料做了注释。三是诺伊豪斯（Manfred Neuhaus）、莱歇尔（Claudia Reichel）、施特劳斯（Hanno Strauss）等人的鉴定、加工、校正、修订、终审工作。另外，胡普曼（Gerald Hubmann）、维克威尔特（Christine Weckwerth）等人的工作，使得该卷变得更加优秀。(Vgl. Rainer Holze, Friedrich Engels 1891—1895 in der MEGA, in: *Zeitschrift Marxistische Erneuerung*, Nr.83, September 2010, S.170—173.)

国的犯罪与饥饿流行并向法国市场进行国家贷款、沙皇帝国的战争野心减弱时，欧洲在裁军与战争威胁之间不断徘徊。(3)《法国与德国的农民革命》(恩格斯，1884—1895)试图阐明，对于小土地占有者(和小手工业者)来说，生存保障与社会民主党纲领、基本原则并不一致。(4)《1848—1850年法兰西阶级斗争》，恩格斯自己在撰写的导言(1895)中指出，革命的根本问题在于，无产阶级解放运动的历史使命是什么？如何能够实现它？

　　该卷是恩格斯与国际工人运动不同出版组织多方面合作的产物，而恩格斯是拥有良好教养和丰富知识的政治作家，其语言不是远离现实的和形式化的。因而，霍尔兹(Rainer Holze)指出，该卷对于所有熟悉恩格斯的人和对恩格斯感兴趣的人来说，是一个不尽的宝藏：它确证了迄今为止对恩格斯的评价——代表着第二国际成立后真正国际性的欧洲工人运动；丰富了人们关于恩格斯思想财富的知识。在该卷"导论"中，勃兰登堡(Till-Schelz Branden-burg)说，恩格斯不把马克思教条化，晚年通信触及到历史唯物主义进一步发展；但他从来不想将这个"总体性理论"(die oberkommendierende Theorie)视为"普遍的"(General)。①

　　此外，为纪念恩格斯诞辰190周年、逝世115周年，柏林MEGA²编辑出版资助协会②于2010年8月4日召开年会，讨论有关恩格斯生平著述的新知识。本届年会由该协会现任主席黑克尔(Rolf Hecker)与马克思学家莫里斯(Francois Melis)主持，该协会第一任主席沃尔格拉夫(Carl-Erich Vollgraf)等人发言，讨论了"关于迄今尚未出版的《资本论》第2卷、第3卷手稿"、"社会主义世界观基础：恩格斯的不来梅时代(1838—1841)"、"没有马克思的恩格斯：关于MEGA² I /Bd 30的编辑出版"、"青年马克思与马克思主义生态学形成"等。

---

① Vgl. Rainer Holze, Friedrich Engels 1891—1895 in der MEGA, in: *Zeitschrift Marxistische Erneuerung*, Nr.83, September 2010, S.172.

② 前身是MEGA-Stiftung Berlin e.V. (1990.4.9)；后改为Berliner Verein zur Förderung der MEGA-Edition e.V.(1991.6.13)。该协会最初具有公益性质，直到2007年9月4日，才通过柏林财政局资助最终被确认为社团。该协会目的：参与保护、揭示作为欧洲人道主义文化遗产的马克思恩格斯遗稿，及其历史效果的研究；尤其是资助MEGA²，借此为马克思恩格斯遗稿的科学史研究、社会史研究，以及这个领域的教育做出贡献。Dr. Carl-Erich Vollgraf为第一任主席(1990.4—1995.1)；Marianne Jentsch为第二任主席(1995.1—1997.4)；Prof. Dr. Rolf Hecker为现任主席(1997.4.—)。

第二，"讨论中的马克思"

令人欣慰的是，通常不太发表马克思研究文章的《德国哲学杂志》（2010年第2期）在"讨论中的马克思"标题下发表了一组文章。作为栏目主持人，霍耐特指出，如果认为与马克思著作进行创新性论争是富有成效的，那无需过多辩护。世界经济危机已经动摇了人们对资本主义经济体系膨胀的信任，以至于理所当然地看到，马克思勾勒的资本主义批判的所有论据又一次成为有效的。已经从各个方面被驱走的马克思突然回归，尽管表现出匆忙性，但为了提供对资本主义关系的根本批判，只引证这几个名字就足够了。"在整个60年代，当卡斯托里亚迪斯、哈贝马斯等批判性研究马克思遗产时，似乎忘记了：马克思的全部著作都被视为同样好的，并论证它应用于今天的社会现实是无问题的。"① 当然，马克思思想中也有一些需要重新思考的问题，如，对马克思早期著作中异化理论的重新把握必须被视为成问题的，因为在那里出现了本质主义人类学；对后期著作中政治经济学批判的再现实化似乎要严格限制，因为经济关系由于全球重心转移、福利国家的干预主义而发生了根本变化。所以，"谁试图概述马克思的接受状况，那就必须说，很多人拥有其著作一再追求的善意洞见，但几乎不能正确地知道如何适当地实现它。"②

在马克思著作中"死东西"与"活东西"标准不清楚的情况下，最好是退而求其次，阐释、检验马克思阐发的资本主义批判的细节。本组文章作者大多是未受到20世纪60—70年代关于马克思遗产激烈论争影响的青年学者。为了讨论马克思的资本主义批判的当代适应性，他们试图重构资本主义批判的某些要素。"这个讨论标志着马克思接受的一个新阶段，从马克思早期著作到后期三卷本的《资本论》。"③ 这体现在埃尔贝等人的研究成果中。

在《社会形式与历史：从马克思新读物看〈资本论〉的对象》一文中，埃尔贝（Ingo Elbe）指出，如果说《资本论》的对象是资本，而资本描述社会关系，那这似乎是空洞的陈述。一百多年来，对马克思理论讨论做出最重要贡献

---

① Vgl. Axel Honneth, Marx in der Disskusion（II）, in: *Deutsche Zeitschrift fuer Philosophie*, 2010.2. S. 193.

② Vgl. Axel Honneth, Marx in der Disskusion（II）, in: *Deutsche Zeitschrift fuer Philosophie*, 2010.2. S. 193.

③ Vgl. Axel Honneth, Marx in der Disskusion（II）, in: *Deutsche Zeitschrift fuer Philosophie*, 2010.2. S. 193.

的，是马克思新读物，即学院派马克思主义思潮。自 20 世纪 60 年代中期以来，学院派马克思主义削弱了官方马克思主义对马克思的理解，同时拒绝反共产主义，但一般情况下，他们与他们指责的马克思列宁主义拥有共同的价值理论、国家理论前提。"马克思新读物使政治经济学批判的方法论与对象理论问题，以及国家理论与革命理论内涵成为论争对象。这个论争很快接受了马克思理论的重构形态。这对马克思研究来说是重要成果，但为主流哲学社会科学所否定。"①

该文在讨论"体系与历史"、"辩证法与实在论"、"劳动与价值形式"、"通过劳动实现劳动社会化"、"价值形式与商品语言"、"价值与自主"等问题后，得出的结论是：在对经济对象的理解中，马克思深入研究了高度复杂的社会本体论问题；但作者认为，"马克思许诺的社会实践对经济对象的自主与作为'在行动中体现观念'的价值构想，几乎不能够被理解。因为在这个构想中，财富形式被追溯到两个完全不同的关系（人—物／人—人）。这种理解否定了马克思的下述洞见：在资本主义社会中，生产者的经济交往，原本是以劳动产品关系为中介的，并不存在生产者之间的直接关系。"②

除埃尔贝的论文外，《作为补充的共同体》（布鲁德尼）详细考察了社会共同体概念，讨论了青年马克思那里的理论与实践关系；《拜物教与神秘：对马克思的资本主义批判的批判》（伊里奥）研究了马克思的政治经济学批判要素；《自然与技术之间的自决》（施泰德拉）试图从马克思著作出发，获得批判性的技术概念；《马克思那里的形而上学批判》（瓦莱特）则仔细分析了马克思的形而上学批判，该文断定草率地"回到马克思"是不可能的，认为马克思哲学核心是批判的唯物主义。从上述研究中可以看出，对马克思的研究和重新理解已经全面展开。

第三，"马克思—秋季学校"第三期

"马克思—秋季学校"（Die Marx-Herbstschule）是"阅读《资本论》活动"③

---

① Ingo Elbe, Sozial Form und Geschichte, in: *Deutsche Zeitschrift fuer Philosophie,* 2010.2. S. 238—239.

② Ingo Elbe, Sozial Form und Geschichte, in: *Deutsche Zeitschrift fuer Philosophie*, 2010.2. S. 238—239.

③ "阅读《资本论》活动"始于 2008 年，该年度主要讨论了《资本论》第 1 卷第 6 章，即"直接生产过程的结果"。

的延伸和补充；它是由卢森堡基金会、马克思协会、柏林 MEGA² 编辑出版资助协会等联合主办的全德范围内研读马克思著作的松散组织；它向所有对马克思有兴趣的、几乎还不了解马克思的人开放，同时各小组也有熟悉马克思的人参与；他们分组讨论《资本论》手稿，其中，周六晚上有专家论坛和晚会。①

意大利左翼理论家奈格里在"马克思—秋季学校"第二期（2009 年 11 月 20—22 日）作了专题报告。首先，他将自治主义描述为彻底更新意大利工人运动的尝试，目的在于为占有生产找到合适的政治组织形式。这样，资产阶级国家就应当为自我管理所取代。其次，他谈到了现实的经济危机，并要求"银行的苏维埃化"，目的是控制金融资本或在创造财富时获得社会的共同话语权。最后，他谈到柏林出现了"马克思复兴"，并表示有兴趣将"转向马克思"输入意大利和法国。事实上，早在 20 世纪 60 年代，奈格里就与意大利、法国传统的资本主义批判理论决裂，转到一种另类的、批判的、未完成的马克思主义。

黑克尔报告了 MEGA² 编辑出版工作情况，并强调"马克思—秋季学校"第二期讨论的核心文本就是《资本论》第 2 卷，即"资本循环过程"。施蒂策勒（Ingo Stützle）研究了第 2 卷第 3 段，所谓"社会再生产"与卢森堡的阐释。他指出，马克思已经将社会再生产图式当作研究主题：在无政府的、无序的市场中，生产部门（AⅠ）与消费部门（AⅡ）如何能够均衡设置？应该说，这个讨论澄清了许多细节，并对其意义做了阐发。例如，在第Ⅷ草稿中，马克思重新区分了社会生产的两大部门：生产部门（AⅠ）与消费部门（AⅡ）；但在第Ⅳ稿中，马克思将消费资料生产视为第一部门，生产资料工业视为第二部门。"这两个部门，没有哪个部门占有特殊地位。"② 然而，卢森堡的阐释表明，资本主义不仅是危机的，而且必须是扩张的。因此，资本主义总是帝国主义。卢森堡不仅将分工结果视为等级制度，而且认为第一部分决定部门间的交换关系（在社会主义中，第一部门决定部门间的支配关系）。这样说来，恩格斯追随第Ⅷ草稿的规定，至少助长了卢森堡的阐释。现在，应该讨论这个问题：如果卢森堡仔细了解了马克思的原始草稿的话，她是否还如此描述自己的帝国主义理论？在有关《资本论》第 2 卷的讨论中，所有讨论者一致认为，原来被认

---

① http://www.das-kapital-lesen.de/

② Vgl. Sabine Nuss/ Ingo Stützle, Party mit Marx, in: *Zeitschrift Marxistische Erneuerung,* Nr.81, Maerz 2010, S.168.

为是《资本论》三卷中最无聊的第 2 卷，恰恰是在资本再生产功能方式方面提供了重要的见解，并揭示了资本主义危机的要素。

第三期（2010 年 10 月 29—31 日）讨论了《资本论》第 3 卷及其现实意义。在为期 3 天的研讨中，有三个主题发言：《资本论》第 3 卷简介（施蒂策勒）；金融危机爆发两年后的专家论坛；金融危机与马克思的信贷理论（费拉）。此外，还涉及《资本论》第 3 卷的编辑出版传播史、《资本论》第 3 卷留下的问题、蒲鲁东的货币理论与信贷理论批判、阶级与危机等问题。

在与会者看来，所谓"金融资本主义"，从历史上看，不过是资本主义一个特殊阶段。它或许包含在资本概念中，即在资本范畴的功能方式与作用方式中，特别是在银行体系、信贷体系、利息、股份资本与虚拟资本中，而马克思在《资本论》第 3 卷中刚好研究了资本主义时代应该有完全不同的动力。可以这样说，《资本论》第 1 卷阐发了资本主义生产方式的基本范畴；第 2 卷阐释了资本循环过程；而第 3 卷则考察了资本总体运动过程。基于现实的金融危机，《资本论》第 3 卷中关于金融体系、信贷体系、银行体系、利息、股份资本与虚拟资本的论述，将对于资本主义危机分析具有重大价值。

第四，第七届"梁赞诺夫奖"即将出炉

这个奖项是为纪念梁赞诺夫（David Ryazanov）[①] 设立的。梁赞诺夫在担任苏联马克思恩格斯研究院院长期间，与格律贝格（Karl Grünberg）共同组织了该研究院与法兰克福社会研究所的研究生交流项目，从而使德国青年学者能够到莫斯科参与到 MEGA 的编辑工作。1928 年，联共（布）中央决定，推举梁赞诺夫、布哈林等 10 人为院士候选人。1930 年，苏共中央执委会决定设立梁赞诺夫奖，以鼓励对马克思恩格斯研究有突出贡献者。但由于众所周知的原因，此奖项并未实际设立。

70 多年后，柏林 MEGA² 编辑出版资助协会主席团决定，自 2002 年起设立梁赞诺夫奖，以奖掖在马克思恩格斯编辑与研究领域做出杰出贡献的 35 岁以下的青年学者。该奖倡导马克思恩格斯著作创新性研究、与马克思恩格斯理论进行批判性论争，并对 MEGA² 编辑出版做出贡献。另外，它对（原苏联、原民主德国，世界范围内）马克思恩格斯编辑史与研究史的研究，也同样感兴

[①] 梁赞诺夫（David Ryazanov, 1870—1938），苏联马克思恩格斯研究院第一任院长（1921—1931），MEGA 第一任主编。熟读马克思恩格斯著作，精通德英法三种外语，在翻译出版马克思恩格斯著作、收集马克思恩格斯传记材料方面做出了卓越贡献。

趣。最好的研究成果将纳入"马克思恩格斯研究新成果"出版。"梁赞诺夫奖"自 2002 年开始，迄今已颁发如下六届，下面将历届获奖者及成果列举如下：

第一届（2002）：《再论价值形式、货币形式与交换过程的关系》（意：Roberto Fineschi）；第二届（2003）：《早期马克思的感性范畴》（德：Jana Swiderski, 女）；第三届（2004）：《日本马克思主义文献对二战前马克思主义效果史的意义》（日：Seijiro Kubo）；第四届（2005）《对马克思拜物教概念接受的批判》、《"费尔巴哈提纲"与"德意志意识形态"中费尔巴哈批判的新读物》（德：Falko Schmieder）；第五届（2006）：《马克思的"1844 年政治经济学手稿"：哲学逻辑、理论批判、相关研究与出版》（意：Marcello Musto）；第六届（2008）：《作为政治经济学批判范畴的国家债务》（德：Ingo Stützle）；第七届（2010）正在征集获奖论文过程中，最终奖项由评奖委员会确定。

二、马克思主义理论形象：一再被重构

第一，马克思主义与批判理论

在马克思主义研究领域，马克思主义是科学的还是批判的？是一个长期未能解决的问题。为纪念马尔卡特（Morus Markard）诞辰 60 周年，胡克（L.Huck）、肯德勒（Ch.Kaindl）、卢克斯（V.Lux）出版了《否定抽象是不彻底的理解：马克思主义主体科学文集》（2008），收集了 25 位批判心理学家理解"马克思主义主体科学"（marxistische Subjektwissenschaft）的文章。如豪克（Wolfgang Fritz Haug）在马克思唯物主义基础上对遗传心理学提问方式，即什么是经济学范畴的"拟人化"进行了规定，并推进了决定论与意志自由之间关系的批判心理学论争。

《下层市民生活：关于哲学与哲学家》文集也值得关注，它涉及许多重要的争论。（乌帕塔尔）马克思恩格斯基金会名誉主席施泰格瓦尔德（Robert Steigerwald）主要讨论了以下问题：

1. 马克思哲学与黑格尔哲学以及当代哲学的关系。"马克思对黑格尔进行从头到脚的颠倒"，这是哲学界流行的观点，然而，它究竟意味着什么？施泰格瓦尔德指出，实际上，黑格尔已经谈到市民社会的结构和矛盾，也谈到非市民阶层的日益贫困化问题。因而，应当承认黑格尔与其他思想家的价值。在这里，施泰格瓦尔德正确地将他们视为资产阶级思想家，但他们的主题已经通

过马克思跳出了资产阶级哲学而具体化，即借助物质生产进行分析。不过，马克思主义与资产阶级理论之间仍然存在着核心差别，这种区别被作者概括为"双向度性"（Zweidimensionalitaet）。从"双向度性"出发，施泰格瓦尔德与当代哲学（如深受尼采影响的法国后现代主义）进行了论争。在他看来，洛苏尔多 ① 的马克思主义取向的尼采著作，"不仅仅是一部著作，而且是资产阶级神秘化思想启蒙与政治取向的行动指南"②。

2. 历史唯物主义与批判理论的关系。施泰格瓦尔德强调，历史唯物主义表明，社会不是任意行动着单个人意志的随意相遇，而是隶属于"规律性"。这样，"社会规律性"（soziale Gesetzmaessigkeit）就成为他与弗洛伊德主义理论家达默尔（Helmut Dahmer）强烈论争的概念。在阿多诺传统中，达默尔将资本主义解释为"伪自然"（Pseudonatur）、"重复强制"（Wiederholungszwang），认为即使规律性起作用，也是假象。"对能够使马克思主义得到完善的自我批判的拒绝，使施泰格瓦尔德与批判的社会理论相论争。"③

也许施泰格瓦尔德将社会发展规律性物化并使之类似于"自然规律"（Naturgesetzen）。这样，他所理解的马克思主义总是陷入使概念凝固化、教条化，使实践走向错误的危险。如果"跳出意识形态"，立足于"非同一性"，那概念就会继续发展。这样，人们就可以把阿多诺的否定辩证法视为富有成效的。然而，施泰格瓦尔德却严厉批评否定辩证法，认为其中内含着哲学虚无主义。关于施泰格瓦尔德与阿多诺主义的争论，法宾格尔说，"就此而言，施泰格瓦尔德是正确的；但如果这样问：经典马克思主义应该从批判理论中学习什么？这样会更好些。"④ 与此同时，这一争论也涉及对马尔库塞的本能结构

---

① 洛苏尔多（Domenico Losurdo, 1941— ），意大利乌尔比诺大学教授，左派马克思主义历史哲学家，国际黑格尔—马克思辩证法协会主席。主要著作：《黑格尔与德国的遗产》（1989）、《共同体、死亡与黄昏：海德格尔与战争意识形成》（1995）、《黑格尔与现代自由》（2000）、《葛兰西的马克思主义：从乌托邦到"批判的共产主义"》（2000）《从历史中逃离？自我批判与自我憎恨中的共产主义运动》（2000）、《自由主义反对史》（2006）、《为历史而斗争：历史修正主义及其神话》（2007）等。

② Vgl. Tobias Fabinger, Unten, wo das buergerliche Leben konkrekt ist, in: *Zeitschrift Marxistische Erneuerung*, Nr.82, June 2010, S.202.

③ Vgl. Tobias Fabinger, Unten, wo das buergerliche Leben konkrekt ist, in: *Zeitschrift Marxistische Erneuerung,* Nr.82, June 2010, S.203.

④ Vgl. Tobias Fabinger, Unten, wo das buergerliche Leben konkrekt ist, in: *Zeitschrift Marxistische Erneuerung,* Nr.82, June 2010, S.203.

的修正主义与哈贝马斯的生产方式属于"系统"的概念的评价。施泰格瓦尔德拒绝上述学说，他成功地赋予马克思主义哲学的功能主义取向以活力，但也跳出了资本主义社会的历史视阈，试图阐明普遍性的可理解性。但在法宾格尔看来，迄今为止，普遍性的可理解性是缺乏的，只有很少左派能够理解。

3．辩证唯物主义与"进化论人道主义"的关系。政治学家法宾格尔(Tobias Fabinger) 说，当施泰格瓦尔德与作为资产阶级实证主义最新类型的"进化论人道主义"论争时，辩证唯物主义哲学的质量是清楚的。换言之，施泰格瓦尔德用宗教批判动摇了作为宗教之子的"进化论人道主义"，用卓越的无神论动摇了先验的社会批判。"这样，他就非常清楚，马克思哲学在两个前沿阵地作战：一是反对精神所反对的实证主义（它使自然科学成为意识形态）；二是反对精神所反对的在宗教中或资产阶级哲学某些类型中的唯心主义自我误认。"[1]

总之，正如法宾格尔所说，如果不把该文集视为"优美的精神"(schoengeistige) 哲学，那就应视为哲学研究工具的。尽管该文集很少对社会规律性概念进行反思，并避开对经典马克思主义的批评，但它仍然是在当代哲学（形式主义的后现代非理性主义哲学或还原主义的自然科学哲学）失去批判的、超越的功能中的哲学理性之光；对社会活动来说，很大程度上它是适合的。"只有哲学才能给予政治左派以意识，借此他们能够获得超越日常斗争的视角。"[2]

2009 年，政治哲学家施万特（Michael Schwandt）出版《批判理论：导论》一书。2010 年，《马克思主义创新杂志》（总 82 期）发表施帕尔萨姆《批判理论》一文对之进行评述。他指出，尽管该书涉及社会研究所历史、早期活动家、核心层、外围层等许多问题，但核心内容是阿多诺与马尔库塞的"两极对立"：一是远离实践的知识分子，"改变世界"通常只是表面的；一是对学生实践有火一般热情。施帕尔萨姆说，鉴于维格尔豪斯(Wiggerhaus)、马丁·杰(Martin Jay)、黛米洛维克（Alex Demirovic）的大量研究，对于许多对批判理论有兴趣的人来说，施万特的"导论"应该是少数派。他给自己提出的任务是满足"低端读者"要求，因而拒绝突出政治方面的题目，而是集中在霍克海默圈子的一

---

[1] Vgl. Tobias Fabinger, Unten, wo das buergerliche Leben konkrekt ist, in: *Zeitschrift Marxistische Erneuerung*, Nr.82, June 2010, S.203.

[2] Vgl. Tobias Fabinger, Unten, wo das buergerliche Leben konkrekt ist, in: *Zeitschrift Marxistische Erneuerung,* Nr.82, June 2010, S.204.

般理论、理论史与传记史方面以及学生运动背景下马尔库塞与阿多诺后期著作比较。具体而言，该书首先讨论了霍克海默早期纲领性著作的历史描述；接下来是批判理论核心主题，如批判理论与马克思主义关系、国家资本主义、心理分析回归、民族社会主义等问题；重点是马尔库塞与阿多诺比较。"作者探讨了马尔库塞、阿多诺对批判理论与社会实践关系的理解，并指出：一是'奴役'理论，二是他们对抗议运动的矛盾态度，如果没有他们的历史语境（民族社会主义与修复、德国体验或美国的政治气候），是几乎不能理解的。"[1] 总之，该书保留了许多原始箴言的复杂讨论，使该书成为可读的、可理解的。正是借助对研究所历史与"68"抗议运动的概览，施万特介绍了批判理论的生动画面。

此外，《马克思主义杂志》（2010 年第 1 期）发表了《尽管批评——但却是"批判理论"好导论》一文。在该文中，施泰格瓦尔德指出，布莱希特将早期社会研究所咒为："Café Marx"，至少有部分合理性，因为法兰克福学派的影响仅限于知识分子、文化领域；但是，这并不妨碍法兰克福学派批判理论家成为（布莱希特之外）的伟大的马克思主义者。他还说，尽管施万特的《批判理论：导论》一书，有许多可以被批评的地方，但却是一本值得推荐的好书！

第二，艺术本体论与审美现代性批判理论

在德国共产党文化论坛（纽伦堡，2010 年 6 月 25—27 日）上，马克思主义美学家迈彻尔（Thomas Metscher）作了"艺术、艺术过程与社会：艺术本体论观点（草案）"的长篇发言，这原是为《逻各斯与现代性》一书而写的文章。在其中，迈彻尔提出了艺术本体论构想，认为它与社会理论不是对立的，而是社会理论的基础和补充。具体说来，迈彻尔主要讨论了以下几个问题：[2]

1. **公理性基本命题**。迈彻尔认为，马克思主义艺术观的第一个公理：感性对象存在是通过人的行为建构的现实性，即社会世界总体，艺术以不同方式关涉它；马克思主义艺术理论具有双重性：它将艺术过程置于整个社会结构关联中，同时强调艺术的相对独立性；艺术领域与既定社会整体的关联是间接关联，它确定各领域之间的差异；马克思将艺术理解为社会意识形态，在其中，人意识到自己时代的社会冲突并与之决战到底。在迈彻尔看来，马克思主义艺

---

① Vgl. Jan Sparsam, Kritische Theorie, in: *Zeitschrift Marxistische Erneuerung*, Nr.82, June 2010, S.205.

② Thomas Metscher, Kunst, Kunstprozess und Gesellschaft.Gesichtspunkte einer Ontologie der Kuenste. Entwurf in: *Marxistische Blaetter*, 03/2010, S.76—86.

术观奠基于一定的审美概念，如主体能力、审美对象、审美实践，即对象性活动与交往过程。总体的审美历史是一部打开人类感性对象活动的书，在人的感性形成活动中显示了审美的基本功能。

2．艺术表现形式。在迈彻尔视阈里，艺术可以表现为不同形式：

一是作为文化形态的艺术。他指出，如果美学的形成被理解为文化的形成，艺术被理解为文化形态，那么感性的形成就意味着这个要素，因为在人的自我创造意义上的感性对象的形成是马克思主义文化概念的核心。文化是自我创造行为的总体，正如它是这些行为的对象化形式。这样，在人类发展的所有阶段（生物学、发生学）上，人就进入感性对象行为形成过程中。在费尔巴哈意义上，艺术就是对象性活动（人的感性活动、实践）形式。

二是作为对象性活动的艺术。迈彻尔说，艺术作为对象性活动，在劳动与游戏中运动。具体地说，艺术作为劳动，指向作为所有艺术创造的事态，作为这样的创造性活动，隶属于一般劳动结构；艺术作为游戏，指向审美的使用价值生产的特殊模式，它具有文化的—自我反省的—自我反思的特征。在迈彻尔看来，艺术作为活动形式意味着，它是艺术作品的生产与消费过程，"塑形"（Gestaltung）行为处于这个活动形式的核心领域。"塑形"是社会内容的媒介，审美形式是基本概念。艺术作为生产意味着，它是在对象性材料媒介中形成的（音乐形态）。而所有艺术形式中的生产力是成为对象形态的主体能力：创造性、审美能力。"形式"是有形态的作品的总概念：艺术创造过程的结果作为个体的—社会的劳动模式。作品的合理性与想象处于意识与无意识关联中，艺术是两者的综合。

三是作为社会意识形式和意识形态的艺术。迈彻尔指出，在《〈政治经济学批判〉导言》中，马克思已经涉及一系列范畴区分，以此来规定艺术的意识形态性。在功能意义上，作为意识形态的艺术概念强调，在历史时代中，艺术在生产关系与统治关系内部的地位与作用方式。艺术作为意识形态审美形式的规定性表明，在制度中介语境中，艺术如何观察作为意识形态实践的功能与作用方式。

四是作为意识形态权力的艺术。迈彻尔强调，在发达资本主义中，艺术制度表征社会审判机关的总体，即艺术的生产、分配、交换、消费，在很大程度上由经济、意识形态关心、调节、控制。在理想意义上，制度化的艺术是公民社会领域。隶属于市场的制度化的艺术只与意识形态意见形成的暴力工具

（出版社、电视、广播、艺术批评的管理机关）的转型处于表面对立中：重建意识形态权力。

3. **艺术特点**。（1）从根本上说，艺术的特殊性在于美学作品的一定形式，音乐创作概念是艺术创作的首要原则。艺术与在自然审美和日常审美中没有什么不同，形式概念与合目的性概念、形态概念联系在一起。艺术中的形式，在广泛意义上就意味着音乐形态。在音乐作品中审美形式具体化，这就是审美对象概念：模仿与诗化、内容与形式、反思与实践的统一。（2）艺术与世界具有相关性。在迈彻尔看来，每个艺术都是形式构造，但形式艺术与模仿艺术仍然存在着差别，它们分别依据模仿与诗化这两个审美原则。在对象性形式中，艺术拥有反思性特征，它是矛盾反映形式，在认识论上如在本体论上一样。（3）艺术具有历史性。为什么艺术总体过程的所有核心范畴是历史的？迈彻尔说，它是历史的，不仅在"外在的"意义上，艺术在历史语境中创造与被再造出来；而且在"内在的"意义上，艺术作品在审美形态中是历史的、特殊的东西。"历史性是形式与内容的辩证法概念，但这也意味着，艺术作品的普遍意义只有在历史意义上才能被完全揭示出来。"[1] 历史性有作品符号特征，即艺术作品在双重特征与相互作用上是历史的：一是审美形式，二是模仿内容，这两者是不可分离的统一。在艺术作品中，历史要素的特殊性被确定下来，同时也被唤醒，如它涉及超越历史要素意义的作品的话。这样，艺术作品的普遍意义就从历史符号中产生出来，而没有失去其历史性。因而，对接受者来说，有这个统一的结果。意义的现实性从历史间距中揭示出来，属于历史间距的是从作为历史体验流传下来的当代作品中跳出来的他者与差异者意识。

4. **"美"的辩证法**。迈彻尔指出，与通常观点不同，马克思主义话语对美有着特殊的理解。"美"的审美观念与美丑对立观点被确定为唯物主义辩证法构想；作为主体力量综合的美的可能性规定了创造性内容；"美"（Schoenheit）也在作为世界观形式、意识形式、意识形态的艺术之外起作用：在积极意义上，它是整合统治实践与社会权力的体现；美被理解为创造性的"此在满足"（Daseinserfuellung）可能性的象征体现，这样就在文化自我生产、个体的—社会的自我实现、感性对象的意义给予构想语境中规定它的实现之所；这个美历

---

[1] Thomas Metscher, Kunst, Kunstprozess und Gesellschaft.Gesichtspunkte einer Ontologie der Kuenste. Entwurf in: *Marxistische Blaetter*, 03/2010, S.82.

来作为权力的装饰使用，作为统治者整合的手段起作用；因此，美的辩证法属于作为审美能力部分的文化构造与社会的——个体的形成要素。

在《艺术也来自知识》[①] 中，哲学家拉德瓦尔特（Edger Radewald）对迈彻尔的《帝国主义与现代性：论当代艺术生产的条件》（2009）一书进行了评析。

首先，他提炼了该书核心思想与理论出发点。在过去几十年里，迈彻尔对艺术理论进行了大量研究，试图从理论上把握现代艺术主线。《帝国主义与现代性》"关涉'审美现代性批判理论'，关涉艺术在现代社会关系总体中的地位与功能，关涉对审美价值问题中虚无主义的拒绝。当然，他也拒绝描述规范美学"[②]。迈彻尔的出发点是：整个西方文明至今还没有跳出根本危机。拉德瓦尔特说，随着"一战"后危机意识形成与发展，出现了资本与暴力的公开联盟。对市民阶层规范和价值的侵蚀，引发了大部分知识分子的虚无主义。从而审美现代性就进入"社会主义或野蛮"这个基础主义的两难选择。

其次，概述了该书结构内容。在该书五个部分中，（1）阐明现代艺术生产条件。这里的"艺术"是指"今天的进步艺术"，即"将现实置于人类解放立场下的艺术"[③]。继布莱希特之后，迈彻尔提出艺术真理问题以及认识与传播真理的困难。在迈彻尔那里，真理总是被思考为政治真理，知识服务于社会现实变化；艺术活动目标并不取决于纯粹审美立场，而是取决于艺术为人类解放所做的贡献——此乃"艺术的政治伦理学"（politische Ethik der Kuenste）。（2）用马克思主义世界观分析后期帝国主义：人对自然无尽的盘剥过程；科技合理化发展与社会意识形成中的非理性主义；个体被歪曲、功能化、还原；通过"谎言、欺骗、正义假象"而建立起非暴力政治统治；这个社会本身不能感觉到，其占统治地位的意识形式是非理性主义，它代表着（作为后现代主义意识形态现实形式的）新自由主义攻势的本质组成部分。（3）考察审美现代性形成与帝国主义的关系。迈彻尔认为，审美现代性反映了帝国主义发展，因为在历史形态意义上，现代艺术处于所有资产阶级激情与价值、"上帝之死"、生活意义缺失之间的张力域中。这个张力域产生了多样的艺术形式，不过今天，抽

---

① Edger Radewald, Kunst kommt auch von Wissen, in: *Marxistische Blaetter*, 03/2010, S.113—115.

② Edger Radewald, Kunst kommt auch von Wissen, in: *Marxistische Blaetter*, 03/2010, S.113.

③ Thomas Metscher, *Imperialismus und Moderne. Zu den Bedingungen gegenwaertiger Kunstproduktion*, Essen 2009, S.12.

象艺术占支配地位。在这里，迈彻尔拒绝对纯粹艺术形式进行评价，而是强调"内容与形式的辩证法"。（4）讨论与艺术作品的价值评判问题，"审美世界观"（aesthetische Weltanschauung）是核心范畴，它规定艺术形式的选择。迈彻尔说，艺术有不同等级，通过复杂含义刻画的艺术是"本真的艺术"（authentische Kunst）[①]；但最高环节是"解放的艺术"（emanzipatorischer Kunst），它不仅能够满足本真的艺术要求，而且能够为艺术的政治伦理学负责。（5）阐释托马斯·曼、魏斯、布莱希特的文学著作，不仅正确评价他们提出的"本真的、解放的艺术"，而且从审美世界观视角进行阐释。

最后，评析了该书理论得失。拉德瓦尔特指出，该书虽然具有许多优点，例如，创造性地提出了"审美世界观"概念，以及"艺术的政治伦理学"构想等，但缺乏对当代艺术的研究，对艺术新媒介的研究也是不够的。另外，迈彻尔将艺术定义为本真的、解放的，虽然有积极意图，但存在简单化倾向。最后，他提出的这个要求，即艺术与文化只应以新的、社会主义观念为取向，并不适合于他自己的论证框架，也不是规范表述。

不过，迈彻尔对艺术作用的强调，被两个马克思主义哲学家，哈恩（Erich Hahn）、泰尔图利安（Nicolas Tertulian）接受。前者回忆了后期卢卡奇关于社会主义民主问题的著作，认为"卢卡奇遗产在今天与未来马克思主义发展中都起重要作用"[②]；后者则研究了社会存在本体论中的异化问题。

第三，未来马克思主义轮廓：复数的抑或一体化的？

关于"未来马克思主义轮廓"，历来是德国马克思主义研究者讨论的问题。例如，2006年，（乌帕塔尔）马克思恩格斯基金会召开"未来马克思主义轮廓"研讨会；2008年，出版《未来马克思主义轮廓》一书。2010年，《马克思主义杂志》发文对该书进行了评论。例如：

在《复数的马克思主义？》一文中，布拉坦诺维克（Daniel Bratanovic）认为，今日反革命分子不仅清除了社会主义国家，而且还致力于清除其世界观。他们叫嚣着"历史的终结"并唱响"宏大叙事死亡"之歌，其口头禅是：每个历史

---

① 迈彻尔认为，"本真艺术"与五个前提联系在一起：关于今天社会状况的批判性认识；在审美创造力水平知识中的劳动形式；包括与通俗的"什么都可以"（anything goes）立场相对的审美价值；对象性与"作为艺术创造对象的社会关系总体的再发现"；对人的本质，"他的现实性、可能性与尊严"的考虑。

② Vgl. Daniel Bratanovic, pluraler Marxismus?, in: *Marxistische Blaetter*, 01/2010, S.105.

哲学已经瘫痪，马克思主义总体已经瘫痪。另一方面，"有些人看到了'马克思主义创新'的动力，由此产生出自我反思、自我批评、自我确证的动因。"①但这也意味着，"未来可能的马克思主义"与老的马克思主义并不冲突；相反，20世纪80年代初中期，它为"多元的马克思主义"或"复数的马克思主义"决战到底，并在新的冲突中发现了其继续存在的可能。

该书主要讨论了德国马克思主义理论家对"未来马克思主义"的不同理解。豪克认为，从"复数的马克思主义"出发，能够进入"未来可能的马克思主义"的"公理性领域"，它是由三个公理或假定构成的：（1）"马克思的绝对命令"：必须推翻一切造成人被贬低的、被奴役的、被鄙视的存在的社会关系。（2）为寻找社会平等，必须改变暗无天日的劳动。（3）再生产作为生产的调节原则。这三个公理相对应于马克思原初构想的三个批判，即意识形态批判、价值形式批判、客观主义批判。"这三个批判被确定为纯粹否定的。这就意味着，迄今为止的马克思主义传播都是错误的，因而到了使一切走向正确的时候了。"②

然而，豪克的诠释遭到了传统马克思列宁主义者霍尔茨的攻击。他指出，如果谁像豪克那样，将对马克思的理解限制在三个批判上，那么就可以预设，他的理论是空中楼阁。因为他没有强调自然基础，即世界的物质存在。霍尔茨认为，马克思的理论基础是世界的多样性统一。他说，尽管马克思主义没有像黑格尔那样采用封闭形式，而是拥有开放的、发展的、修正的形态，但"不能有马克思主义的多元主义"。不过，按布拉坦诺维克理解，霍尔茨的命题是令人误解的：不是真理的多元主义，而是视角的多元性。

（乌帕塔尔）马克思恩格斯基金会主席泽普曼（Werner Seppmann）讨论了与马克思主义联系在一起的不同思想倾向，并试图使实践哲学概念对"未来可能的马克思主义"进一步讨论来说成为有效的；为使马克思主义在现实社会中成为有效的，泽普曼提出了一个含糊其辞的假定："马克思主义理论框架被还原为获得实践决策合法化的工具"。③布拉坦诺维克说，这个"还原论的马克思主义理解"至今未被抛弃，毋宁说，它是阿尔都塞客观主义变种的继续或同盟。因而，在泽普曼那里，马克思主义作为实践哲学最终必须奠基于主客体辩证法，因此它不局限于马克思的成熟思想（如11条论纲），而且也研究"有成

---

① Vgl. Daniel Bratanovic, pluraler Marxismus?, in: *Marxistische Blaetter*, 01/2010, S.103.

② Vgl. Daniel Bratanovic, pluraler Marxismus?, in: *Marxistische Blaetter*, 01/2010, S.103.

③ Vgl. Daniel Bratanovic, pluraler Marxismus?, in: *Marxistische Blaetter*, 01/2010, S.104.

功希望的干预"的客观前提。这样就有了这个洞见：人既是社会生活状态的结果又是其创造者，因而人具有双重性：既是被决定的又是独立的。按黑格尔话说，人通过劳动成为自身；用泽普曼话说，合作着的人，即劳动着的人形成自身的社会交往形式、形成特有的规律动力。但在施蒂勒（Gottfried Stiehler）看来，人类社会历史发展没有逻辑必然性，"人类进步是充满矛盾的双向过程"。历史进步和倒退是人类行为的结果和整体，所以必须将"现代辩证的唯物主义发展观的决定性与可能性"放在一起思考。实际上，有"客观趋向，但没有决定性"。

与豪克力主"复数的马克思主义"不同，迈彻尔提出了"一体化的马克思主义"（intergrativer Marxismus），它有六个维度：（历史作为辩证过程的）本体论维度、（人与社会关系总体作为自然本性的）人类学维度、（统一理智概念的）认识论维度、（生产关系的）形态史维度、（世界形成、美学的）文化史维度、（反对压迫的表达、人权的）伦理与政治实践维度。可见，迈彻尔将马克思主义当作一种普遍理论，它在作为哲学的意识、知识、科学、文化的不同要素加工中建构起来并发展。总之，在迈彻尔那里，未来马克思主义是一种包括本体论、认识论、人类学、经济学、政治学、伦理学、文化学等在内的整体的马克思主义。

三、阶级、阶级意识、阶级斗争：不变的核心

第一，阶级概念：告别还是重新接受？

20世纪90年代中期以来，以马克思阶级理论为基础的阶级分析，无产者回归与无产阶级状况、阶级结构与阶级意识、阶级与性别关系等成为左派讨论的主题。[①]2010年，围绕着"我们用阶级概念做什么？"德国学者出现了不同

---

① 最近20年，仅《马克思主义创新杂志》就发表了有关阶级问题的文章近60篇。2003年2月，（乌帕塔尔）马克思恩格斯基金会决定今后将集中讨论"阶级社会"问题，为此创办了"阶级分析规划"网站，并连续召开有关阶级问题的学术会议，如："无产阶级的疑惑——无产阶级回归"（乌帕塔尔，2003.9）；"阶级分析方法与方法论批评"（勒弗库森，2004.3）；"新自由主义政治与阶级分析"（乌帕塔尔，2004.9）；"汉堡工人协会关于利润、就业、收入以及近40年劳资、经济、生产关系的社会统计分析"（汉堡，2005.5）；"从东德社会到联邦德国的阶级对抗社会"（柏林，2005.11）等等；并出版了四卷"阶级分析文献"。

观点：

一是告别阶级概念。社会学家彼得（Lothar Peter）从四个方面加以阐述：

其一，有争议的阶级概念与作为集体主体的社会阶级。彼得承认，对社会主义运动与左翼政治思潮来说，阶级概念曾经起过重要作用。在阶级斗争与阶级意识语境中，左派表达了社会反对派的不平等体验。他们把工人阶级视为社会财富的集体创造者，而且视为战胜资本主义的革命主体。可在现代西方社会中，社会阶级的存在被质疑：阶级概念从来都是作为共产主义意识形态发明的，即使在左派讨论中，阶级概念也遇到了巨大怀疑，几乎不再有人敢于谈论"工人阶级"，更谈不上革命的无产阶级。因而左派提议，应该分析当今资本主义社会结构、区分集体社会主体变化：从修正阶级概念（工人阶级为雇佣阶级所代替），经过"社会环境"（sozialen Milieus）、生活方式构想，直到后现代主义的"多众"（Multitudo）结构——《帝国》中的超验社会主体。

彼得指出，社会阶级（1）是由不同年龄、不同性别、不同肤色，在根本上有共同经济状况的人构成的；（2）总是通过共同的社会生活方式确定的，享有既定的社会资源（居住关系、教育关系、自由时间等）；（3）与社会经济状况、社会生活方式一致的主体性、象征—意义维度，即"共同的集体自我形象、共同的阐释模式、思维方式、道德标准、价值取向等。"[1] 不过，阶级概念需要补充。"如果它不仅从内部指明某些经济的、社会的、观念的或主观的关联，而且既从客观上又从主观上与其他阶级划清界限的话，那就能够有证据地谈论社会阶级。"[2]

彼得认为，为了论证社会阶级存在，只回到马克思视为经济范畴的阶级概念是不够的。因为马克思在《资本论》中，只讨论资产阶级社会阶级形成的经济前提，而非关涉具体的阶级对立关系中作为集体主体的阶级概念。因此，要反对在马克思名义下将阶级概念在经济上进行"二分"（即无产阶级与资产阶级）的所有尝试，并记住马克思在《路易·波拿巴的雾月十八日》中说过的话：由于法国小农经济的同质性，及其区域的、社会的孤立性，而必须在共同的社会生活方式与利益标准，以及集体的历史行动能力意义上谈论阶级特性。

---

① Lothar Peter, Was machen wir mit dem Klassenbegriff? in: *Zeitschrift Marxistische Erneuerung*, Nr.81, Maerz 2010, S.134.

② Lothar Peter, Was machen wir mit dem Klassenbegriff? in: *Zeitschrift Marxistische Erneuerung*, Nr.81, Maerz 2010, S.135.

其二，既非"工人阶级"又非"雇佣阶级"。彼得说，诚然，阶级明显是相互区分开来的，即使它们不一定在阶级意识与阶级斗争语境中表达出来。然而，二战后，工人生活水平不断提高，"无产者环境"消失，工人阶级行为取向与价值取向转向利润。到 20 世纪中期，客观的阶级状况、集体的生活方式、特殊阶级的差异意识，在很大程度上就被掩盖了。20 世纪末，西方资本主义国家社会结构发生了深刻变化，社会阶级的标志性特征开始瓦解，这尤其适合于工人阶级。"即使试图坚持阶级概念的马克思主义者，如泽普曼也根本不能完全否定，现在人们不再谈论'工人阶级'（Arbeiterklasse），而是谈论'雇佣阶级核心'（Kern der Lohnabhaengigenklasse）"①。后者除工人外，还包括生病的企业职工。

彼得指出，一方面，泽普曼看到了雇佣阶级整体分化；另一方面完全由于意识形态原因，他又不放弃一般的阶级概念与特殊的工人阶级概念。这样，泽普曼的分析就出现了新问题："雇佣阶级"与社会阶级特征相矛盾；此外，这个概念是不明确的，以至于不能用于评价一定社会阶级的经济基础。所以说，在资本主义现代化、劳动灵活化、生活方式私人化、为匮乏的生存资源而竞争的条件下，"雇佣阶级"概念对阶级定义来说是不合适的；"工人阶级"概念也完全过时。

其三，集体主体分裂与社会分层。彼得指出，"如果社会阶级本质上是通过与其他阶级客观的或主观的划界这个事实定义的，那么所有因划界出现的过程就是相互渗透的，并且与社会阶级构成和再生产相对立的标志性界限就模糊了。"② 就是说，一方面，社会分化越来越尖锐；另一方面，阶级划界越来越模糊。这与这个事实——不仅社会底层而且社会上层也出现了差异——并不矛盾。今天，阶级概念也触及社会上层。在德国，支配财富和权力的群体，不仅限制在大资本家、上市公司高管；在复杂的、高度分化的社会中，如德国，也需要包括大量政治家、律师、行政人员、警察、军队、科学家、传媒从业者在内的统治体系。

如果现代西方社会一方面不再由社会阶级构成，另一方面劳资矛盾又没

---

① Lothar Peter, Was machen wir mit dem Klassenbegriff? in: *Zeitschrift Marxistische Erneuerung*, Nr.81, Maerz 2010, S.136.

② Lothar Peter, Was machen wir mit dem Klassenbegriff? in: *Zeitschrift Marxistische Erneuerung*, Nr.81, Maerz 2010, S.137-138.

有改变，那么应该如何看待这个社会的社会结构？彼得说，鉴于资本主义现代化、多元化、私人化过程，阶级概念是成问题的，并且为了适当反映当今社会结构的复杂性、破碎性，这个社会的分层模型是不够用的。即使新的社会结构构想，如社会环境论也有许多问题，它既没有成功地适当评价社会分层经济条件的根本重要性，又没有把握社会不平等、社会对立问题的经济动力。"在当今德国及其他西方国家中，不再表现出阶级社会的结构特征。越来越多的社会的、政治的、文化的冲突，不再直接涉及劳资矛盾，并且大量的社会运动、首创精神与网络在居民中没有找到特别重要的社会基础。社会冲突的导火线通常是区域性的、地区性的社会有限问题，而非种族的、宗教的、文化的张力与敌对。"①

其四，社会阶级重新形成？在国际金融资本主义条件下，人们是否能够继续谈论社会阶级？在《社会阶级重新形成》（2003）中，卡斯特勒（Robert Castel）这样回答："人们普遍承认，作为社会现实描述的阶级概念不再是有的放矢的……可是我认为，阶级概念保留了反对这个尝试（在社会中只想看到个体与个体生活道路）的根本价值。它让人们回忆起，仍然有不能还原为个体之间的交换关系的集体性统治关系"②。彼得指出，卡斯特勒坚持阶级概念的现实性，认为当今社会仍然是集体强制占支配地位，这证明了"阶级与集体归属性存在"，但是，卡斯特勒并没有看到，集体强制和统治继续存在并没有导向阶级形成。今天，人们正处在这种状态中：现实社会必然是支配关系，但并不意味着阶级形成；相反，社会碎片化、竞争、私人化，消解了阶级形成前提。

有些左派非理性地解决这个问题，并试图在全球化背景下激发本质上并不存在的阶级与阶级斗争，他们希望看到"全球亚无产者"或"全球下层阶级"对新帝国主义霸权的实际质疑。彼得认为这个期望是可疑的，因为谁属于"全球亚无产者"的解释不能令人信服。在亚非拉，看不到抗议活动、暴乱与暴力冲突。对于左派政治来说，这意味着什么？一方面，阶级结构被侵蚀；另一方面，社会分化与贫困化。正如德佩（Frank Deppe）所说，左派不再能够依靠稳定的阶级联合与工人阶级经济政治核心；毋宁说，应该看到它们与社会集体

① Lothar Peter, Was machen wir mit dem Klassenbegriff? in: *Zeitschrift Marxistische Erneuerung,* Nr.81, Maerz 2010, S.142-143.

② Robert Castel, Das Verschwimmen der sozialen Klassen. in: *Joachim Bischoff ua, Klassen und soziale Bewegungen*, Hamburg 2003, S.16.

主体状况及其矛盾的异质性。今天，左派必须忍受资本主义统治与压迫。

二是重新接受阶级概念。社会学家鲍里斯（Dieter Boris）指出，最近250年来，"社会阶级"被当作资本主义社会理论分析的核心概念。20世纪50—60年代，在联邦德国，这个概念几乎被一致认为是社会分层分析的基本概念。70年代，马克思主义的阶级概念经历了复兴。80年代后半期，至少在主流社会学中，"社会环境"、"生活方式"、"生活过程"构想，成为社会分析的基本范畴。但自80年代末以来，在发达资本主义社会，又出现了对阶级概念的重新接受。

鲍里斯说，彼得"告别阶级"的文章对社会现实经验趋向的反映是不够的，甚至是错误的；其观察与论证，也或多或少流露出对马克思主义理解的匮乏。

首先，彼得特别强调，阶级的三个要素（即共同的经济状况、共同的生活方式以及相关的象征—意义维度），在什么时候、在多大程度上，是完全满足的。他说，随着社会分化（主要在社会下层与上层之间）越来越尖锐化，未来复活阶级概念是不可能的。因而，泽普曼、卡斯特勒试图论证社会阶级的重新形成，几近于概念神话。但在鲍里斯看来，彼得的表达是可疑的。因为，"直到20世纪中期，这个定义的三个要素在很大程度上是满足的。此后，主要是在工人阶级内部出现了分化。新的变动体验、物质福利提高，但也有越来越差异化的生活方式、生活风格，导致了这个大集团的碎片化，甚至原子化。……集体主体才成为（或能够成为）完全不存在的。"①

其次，彼得的结论：鉴于对社会两极分化公开地、持续地反对，以及面对日益增长的社会原子化、去团结化，左派必须塑造出共同的人群、共同的关涉点、所有人联系的可能与同意，这样，就能区分个人物质的与观念的生活条件，共同忍受现代资本主义统治与压迫关系。鲍里斯说，对于左派现实的理论和政治取向来说，彼得的文章提供了一份令人感兴趣的文献。"在许多方面，他是值得赞同的：他对经验趋向的观察完全有的放矢；……但核心缺点在于：一方面，阶级概念几乎是经验的（或经验主义的）；另一方面，他几乎回到有很大张力的（与很少可能性的）期望中。就是说，彼得对阶级概念的期望既太少又太多，但核心是对阶级概念的地位、价值的怀疑主义理解。"②

---

① Dieter Boris, Was machen wir mit dem Klassenbegriff? Replik auf Lothar Peter, in: *Zeitschrift Marxistische Erneuerung*, Nr.82, Juni 2010, S.147.

② Dieter Boris, Was machen wir mit dem Klassenbegriff? Replik auf Lothar Peter, in: *Zeitschrift Marxistische Erneuerung*, Nr.82, Juni 2010, S.148.

鲍里斯认为，阶级理论与阶级分析，是批判的社会结构分析的必要要素，两者是不可还原的。在两个维度之间形成必要张力——它产生于资本主义历史发展、生产力飞跃、力量关系变化、阶级与阶级要素不断再结构化。所以说，彼得对"20 世纪后半叶阶级概念消解"的错误解释，同样表现为任意的。碎片化、原子化，有时是去团结化的出现，在资本主义或工人运动史上经常发生；张力关系新假定，对资本主义发展确定的时间点来说，必然证明为更好。"没有阶级概念贯穿的社会分析，从趋向来说是'去经济的'和'去政治的'，因为阶级概念与社会核心分界线同时要求大量冲突以及由此产生的发展趋向。"① 总之，尽管当代阶级结构、阶级关系变化，构成了阶级分析自我理解的困难，但并没有将阶级概念作为不合时宜的东西抛弃的理由。

第二，阶级意识：已经逝去抑或继续存在？

2010 年，社会学家蒂恩（Hans Guenter Thien）再版了 2006 年出版过的文集《逝去的阶级：德国工人状况》。在文集中，蒂恩开宗明义地指出，自《工人失去了未来》② 出版以来，工人问题、阶级问题的关注度明显上升。一个实际例子是：德国学院派社会学家不再回避阶级概念③，并一再谈论阶级、阶级斗争，甚至将剥削视为对低收入与恶劣工作条件的道德义愤。"左翼党"（DIE LINKEN）也谈论阶级、阶级斗争："我们生活在阶级社会中"（党纲草案）；可后来只用"统治阶级"概念。那么，"我们是否生活在（几乎）没有阶级的阶级社会里"？④

蒂恩核心论点之一：不仅在当代而且在常常被美化的过去，工人阶级都有多面性。事实上，与蒂恩观点相反，19 世纪的工人是"被建构的"，像 20 世纪一样。正如德佩所说，工人阶级内部结构也通过地域、职业传统、宗教打上印记。工人党、工会并没有掌握工人阶级大多数。因而，贝尔（Günter Bell）

---

① Dieter Boris, Was machen wir mit dem Klassenbegriff? Replik auf Lothar Peter, in: *Zeitschrift Marxistische Erneuerung*, Nr.82, Juni 2010, S.150.

② 《工人失去了未来》（法文版，1999；德文版，2004）。在该书中，法国社会学家 Stéphane Beaud/Miechel Pialoux 问道："今天还写工人阶级，究竟有什么意义？"这引起了人们对工人阶级的再次关注。

③ 一般情况下，德国社会学家不再使用马克思主义的阶级概念。很多情况下，他们所使用的"阶级"概念，处于韦伯的传统中，仅仅涉及不同职业、不同收入的人群共同体。

④ Vgl. Ulich Beck, *Riskogesellschaft: Auf dem Weg in Eine Andere Moderne*, 1986, S.117.

指出，蒂恩的概念十分混乱："工人"（Arbeiter）、"雇佣劳动者"（Lohnarbeiter）、"产业工人"（Fabrikarbeiter）、"企业职工"（Beschaeftige）、"技术工人"（Facharbeiter）等，所有这些都是"工人阶级"或"雇佣阶级"吗？"职员"（Angestellten）也属于"工人阶级"吗？不过，蒂恩将"工人"与"职员"都视为"雇员"（Arbeitnehmer）或"从业者"（abhaengig Erwerbstaetige）的观点，应当受到肯定。

该文集考察了作为阶级意识与阶级行为形成地的社会空间关系，或作为"工人临时住处"的社会环境含义。贝尔说，劳动阶级成员有阶级意识，但不是作为实际流动阶级的工人阶级。与阶级意识、阶级斗争意识相比，阶级感受处于支配地位。虽然剥削、压迫概念不再使用，但仍会感受到"歧视"（Benachteiligung）。在日常生活中，工人团结起来，并普遍认同这个立场：人们必须集合起来代表共同利益。同时，贝尔证实了德国社会民主党的坏的意见：他们普遍希望，工会成为积极的社会力量，在保守的统治中撕开一个口子。

总之，尽管该文集对 2010 年德国工人阶级状况并没有提供新的内容，但就德国工人阶级状况的分析来说，还是有重要的价值。它涉及许多主题，如 G—W—G′ 阐释、风险社会阐释、对《帝国》的概述等。贝尔认为，尽管该文集有错误，但它对关于工人阶级的讨论做出了巨大贡献。因为，该书反对主流社会学家对待阶级概念的方式，它指出，今天，工人们以特殊方式潜入资本主义结构中，并以这种方式将自己的社会阶级状况与其他社会集团区分开来。因而，对马克思主义阶级分析有兴趣的人应该倾听该文集的宣告。

在《"阶级意识"与"阶级斗争"概念是否过时?》一文中，弗勒贝尔特（Georg Fülberth）借助由他确定的"事实"——今天，"下层阶级"（Unterklassen）以多种方式"从上面"进行阶级斗争——捍卫"阶级意识"重构的现实性。他认为"阶级意识"形成存在于"相关者的利益中"。彼得指出，弗勒贝尔特观点是正确的也是抽象的，因为他以"雇佣阶级"存在为前提，但他未详细说明什么是"阶级"。在彼得看来，"阶级形成只有这样才能出现，如果当代资本主义社会化过程，不仅导致统一的物质再生产条件，而且导致个体与特殊群体的不一致磨平了大多数人的集体生活方式，并由此导致明确的阶级情绪与集体认同。但在可见的未来，这根本不能够期望；毋宁说，社会原子主义、去团结化、道德分化继续存在，阻碍了阶级重新形成的前提。"① 既然如此，"今天，我们用阶级概念做什么？"彼得自问自答：应该废除它！

在《但要知道，还是有阶级！》一文中，政治学家罗默（Peter Roemer）批评道，不是"我们"而是"彼得"用阶级概念做什么？彼得试图这样来定义阶级：对社会阶级来说，共同的社会经济状况是基本的，但不是唯一的结构前提。罗默说，"社会经济状况根本的、确定性要素是生产资料所有制，在资本主义社会中，即资本主义私有制。这个所有制组织了所有生产关系、占有关系、交换关系、消费关系。……这些关系的相互作用形成了经济状况，但本质内核是所有制。通过所有制区分社会形态。"②

罗默指出，在马克思那里，经济生活条件相同的家庭，他们的生活方式、兴趣、教育与其他阶级区分开来，相互敌对、形成阶级——这是一个清楚的论述。所以，由彼得"确证的"社会阶级碎片化乃至消失，以及"坚持阶级概念，很容易成为概念神话"的说法，只不过是在重复，而没有任何实在性。

彼得认为，在当代资本主义社会，"雇佣性"对阶级定义是不合适的；"工人阶级"是过时的。罗默指出，这些说法，很少符合关于收入分配、财富分配的分析，或者根本不是概念阐释；至于"不仅从经济上，而且从社会上描述社会阶级是什么"，这根本不是由彼得提出的要求。当然，彼得确信存在"社会上层阶级"（人们早就称为"资本家阶级"）是正确的；他不再将工人阶级，即"产业工人共同体"视为资本家阶级的对手，是正确的。但是，彼得既不承认"工人阶级"，也不承认"雇佣阶级"，是不合适的。因为，"资本主义社会的深层根源与细微分支，都处于资本家阶级与非资本家阶级的分化中；并且，这两个阶级处于对抗性矛盾中。……阶级分化是一个事实，它不能被否定。"③

彼得不赞同"阶级结构被侵蚀"的断言，认为今天阶级"最大可能"分为上层和下层。罗默指出，如果像彼得所说的那样，那么可以确定，这个阶级概念与马克思没有任何关系。因为对马克思来说，资本家不是一个群体，而是

---

① Lothar Peter, Was machen wir mit dem Klassenbegriff? in: *Zeitschrift Marxistische Erneuerung*, Nr.81, Maerz 2010, S.146.

② Peter Roemer, Aber gewiss doch:Es gibt sie noch, die Klassen, Replik auf Lothar Peter, in: *Zeitschrift Marxistische Erneuerung,* Nr.82, Juni 2010, S.151.

③ Peter Roemer, Aber gewiss doch:Es gibt sie noch, die Klassen, Replik auf Lothar Peter, in: *Zeitschrift Marxistische Erneuerung*, Nr.82, Juni 2010, S.154.

资本代理人。他们借助商品生产实现价值增殖过程，并通过大量购买劳动力与增殖达到实现剩余价值的目的。所以，"如果谁像彼得那样，否定'工人阶级'、'雇佣阶级'存在，而认为只存在上层和下层，那他就属于狡猾的'资本家阶级'。"[①] 罗默认为，彼得当然有权利这样，在发达资本主义国家，并没有看到"向社会主义过渡"即将到来。但是，如果他就此要求左派"能够区分物质的和观念的生活条件，忍受现代资本主义统治与压迫关系"，那么，在政治上就是不理性的。

第三，工人阶级历史使命与阶级斗争现实性

有关阶级问题的辩论不仅涉及阶级存在与否，而且也涉及工人阶级的历史使命和阶级斗争等问题。历史学家诺伊贝尔特（Harald Neubert）在《工人阶级的历史使命》一文中首先指出，作为马克思恩格斯革命理论最重要范畴的工人阶级历史使命，是从作为经济形态的资本主义发展逻辑及其阶级关系和阶级斗争动力学中推出来的。他们通过分析对资本主义社会发展规律得出了下述结论：在大量被剥削的无产者与少数剥削人的资本家阶级之间出现两极分化，历史召唤无产阶级借助阶级斗争消除这个矛盾，并达到较高的社会主义社会——这是一个没有剥削、拥有社会正义的社会。诺伊贝尔特认为，直到 20 世纪 20 年代初，由于工人运动与无产阶级亚文化发展，似乎还满足这个诊断。但事实上，"自 19 世纪末以来就出现了这样的苗头：（1）阶级的两极分化并不是绝对的。在主要阶级之间保留了作为社会经济、政治主体的'中间阶层'……；（2）工人阶级在社会经济、政治、意识上被很大程度地整合进资本主义体系中，原因是与资本主义繁荣相联系的工作生活条件的改善。"[②]

其次，分析了帝国主义本质与资本主义发展潜能。诺伊贝尔特指出，《共产党宣言》关于资产阶级历史作用与资本主义发展动力的评价，至今仍具有有效性。列宁的贡献在于，对自由资本主义向垄断资本主义过渡的研究。在列宁视阈里，"帝国主义是资本主义发展的特殊历史阶段，特殊性在于：一是垄断资本主义；二是寄生的或腐朽的资本主义；三是垂死的资本主义。通过垄断消

---

① Peter Roemer, Aber gewiss doch:Es gibt sie noch, die Klassen, Replik auf Lothar Peter, in: *Zeitschrift Marxistische Erneuerung*, Nr.82, Juni 2010, S.154.

② Harald Neubert, Die „Historische Mission der Arbeiterklasse" bei Marx und Engels und die historische Realitaet, in: *Zeitschrift Marxistische Erneuerung*, Nr.80, Dezember 2009, S.102.

解自由竞争是其基本经济特征，这就是帝国主义本质。"① 这就意味着，资本主义已经处于"最后危机"，因而社会主义革命已经成熟。

此后，共产党追随列宁的说法：资本主义的垄断阶段是帝国主义，是帝国主义阶段的资本主义，因为它是寄生的、垂死的，处在社会主义革命前夜。事实上，一战后不久，十月革命的确动摇了资本主义；然而在当时领导战争的欧洲国家，资产阶级并没有被战胜的希望。"从今天视角看，回到列宁的（帝国主义）定义是非常困难的，例如瑞士、瑞典，尽管它们的垄断资本主义经济结构照样表现出帝国主义膨胀目的与帝国主义政策，但即使在当时用帝国主义概念也是有差异的：帝国主义并不是被理解为资本主义的最高阶段，而只能被理解为一系列资本主义国家的进攻性的膨胀的帝国主义政策。"② 诚然，帝国主义也有矛盾与危机，不过战后资本主义发展表明，尽管自由竞争因为垄断而被限制，但并没有被克服——这与马克思恩格斯的描述根本不一致。

由于共产党相信列宁的帝国主义定义与对世界革命的诊断，因而，即使在革命之后，仍然愤怒地否认资本主义继续存在或重新复活的潜能，这就诱使他们期望革命的危机爆发，并将社会主义革命纳入政治斗争的议事议程。然而，因为工人阶级的社会状况、政治意识、社会心理的巨大改变，欧洲社会民主党就放弃了社会主义目标而走向"第三条道路"，越来越被整合进资产阶级统治体系中，并成为其稳定要素。"共产主义运动对工人阶级革命本质的固守，在当时就不符合未被限制的现实，因而不能停止巨大的战略错误决定。例如，德国共产党将法西斯主义看作是社会主义革命的唯一替代性选择"③。

再次，讨论了十月革命后社会主义革命前景。诺伊贝尔特指出，在列宁去世后的国际共产主义运动中，葛兰西试图理解资本主义进一步发展的可能性。"尽管葛兰西也谈到危机，但他对政治行动做了极为不同的评价：在发达资本主义国家，统治阶级掌握着政治组织资源；俄国的统治阶级不掌握这些资源。这就意味着，即使最严重的经济危机，也不能直接对政治领域发生作

---

① Lenin, Der Imperialismus und die spaltung des Sozialismus, In: *Ausgewaehlte Werke in sechs Baneden*, Bd II, S.784.

② Harald Neubert, Die„Historische Mission der Arbeiterklasse" bei Marx undEngels und die historische Realitaet, in: *Zeitschrift Marxistische Erneuerung*, Nr.80, Dezember 2009, S.104-105.

③ Harald Neubert, Die „Historische Mission der Arbeiterklasse" bei Marx undEngels und die historische Realitaet, in: *Zeitschrift Marxistische Erneuerung*, Nr.80, Dezember 2009, S.105.

用。"① 与共产国际观点不同，在葛兰西看来，危机并不是资本主义必然失败，而是这个经济体系的适应与更新过程。因而，资本主义危机与世界革命之间并不存在直接因果关系。就是说，资本主义危机并不能直接导致社会主义革命。

当然，在工人运动内部也有两个相互对立的立场：（1）强调必须战胜资本主义，但就资本主义现实状况而言，在可见的未来没有提供战胜资本主义的前提。因此，工人阶级的任务是，为劳动力商品的价值实现争取更好的条件、为资本主义内部越来越多的民主和社会进步而斗争。如果资本主义经济繁荣的话，这是容易实现的。（2）不再战胜资本主义，而是捍卫资本主义福利国家。20世纪下半叶以来，在发达资本主义国家，大多数工人获得了选举权与被选举权。通过这种方式资本主义秩序获得了政治的、社会的稳定。因而，为未来社会主义而斗争，要求当代主体的形成，不仅必须包括纯粹的工人阶级，还必须包括工人运动组织。"但最近十年来，由工会组织的大多数工人斗争强调，首先指向在这个社会中工作条件与生活状况的改善，而不是克服这个社会"②。

今天，劳资矛盾仍然是资本主义社会核心矛盾，它表现在经济、政治、意识形态权力关系中；表现在资本主义所有制关系与生产关系中；表现在剥削、利润的资本增殖强制中。不过，资本主义社会的克服，不能还原为劳资矛盾的克服。诺伊贝尔特说，诚然，威胁人类生存基础的文明问题，特别是生态问题，是资本主义利润经济的结果；但生态问题在社会主义国家也会产生，它不是资本主义特有的。因而，对于现实的与未来的"为社会主义而斗争"来说，必须考虑到，作为潜在主体的其他力量，即新公民运动，例如，生态运动、女性主义运动、全球化批判运动、和平运动、宗教抗议运动。这并不关涉对工人阶级作用的否定，而关涉其他反对资本主义、亲社会主义力量的扩大，因此关涉总体主体的多元化。

最后，讨论了谈论阶级斗争现实意义。今天，谈论阶级斗争还有意义吗？诺伊贝尔特说，在马克思主义社会理论中，阶级利益与阶级斗争范畴，具有核心意义。人们不应忘记，马克思、恩格斯、列宁总是认为，阶级问题在全部

---

① Harald Neubert, Die „Historische Mission der Arbeiterklasse" bei Marx undEngels und die historische Realitaet, in: *Zeitschrift Marxistische Erneuerung*, Nr.80, Dezember 2009, S.107.

② Harald Neubert, Die „Historische Mission der Arbeiterklasse" bei Marx undEngels und die historische Realitaet, in: *Zeitschrift Marxistische Erneuerung*, Nr.80, Dezember 2009, S.113.

社会问题中是至高无上的；有时甚至断言，无产阶级的要求就是全部社会的要求。不过，在马克思主义中，阶级的特殊利益与普遍利益之间的关系，从未被正确地理解，即使列宁也不例外。因而，"我认为，今天的实际情况是，'为进步而斗争'与'为社会主义而斗争'不能还原为阶级斗争。"①

诚然，在资本主义社会，阶级斗争被描述为，人们是否承认，它是现存社会矛盾或现实社会冲突的表达形式。但不应忽视，最近十年来发达资本主义国家工人群体的阶级斗争，主要涉及工资、工作条件、经营环境改善、反对企业关闭等。"人类文明问题，尽管产生于或再生于资本主义，同时也或多或少地出现在发达资本主义国家中的所有人、所有团体、所有阶级，以及所有剥削关系中，即它是现代公民社会存在的根本问题，是威胁到整个人类的问题。因而，要或多或少地改变所有人的生活需求和生活习惯。②

四、作为资本主义批判的宗教批判：新的学术热点

2010 年 5 月 29 日，（乌帕塔尔）马克思恩格斯基金会、明斯特基督教神学与政治研究所联合召开"错误的上帝：作为资本主义批判的宗教批判"国际会议。同年 9 月，拉美著名解放神学家辛克拉梅尔特（Franz Hinkelammert）应邀到该所做《政治经济学批判、宗教批判与实践人道主义》学术讲座。该文"对'正统的'马克思主义与'基督教的'马克思主义或马克思主义阐释的基督教之间富有成效的对话是有益的"③。"错误的上帝：作为资本主义批判的宗教批判"也是《马克思主义杂志》（2010 年第 5 期）的主题。但是，这是一个敏感的主题，它在德国马克思主义理论家、神学家中引起激烈的争论。

第一，宗教批判 ≠ 资本主义批判

在《作为乌托邦的基督教》一文中，泽普曼说，辛克拉梅尔特以为自己的论述显示出"传统马克思主义"许多东西是可疑的。因为当他重构马克思的

---

① Harald Neubert, Die „Historische Mission der Arbeiterklasse" bei Marx undEngels und die historische Realitaet, in: *Zeitschrift Marxistische Erneuerung*, Nr.80, Dezember 2009, S.116-117.

② Harald Neubert, Die „Historische Mission der Arbeiterklasse" bei Marx undEngels und die historische Realitaet, in: *Zeitschrift Marxistische Erneuerung*, Nr.80, Dezember 2009, S.117-118.

③ Vgl. Daniel Bratanovic, pluraler Marxismus?, in: *Marxistische Blaetter*, 01/2010, S.71.

思想世界时，并没有给出马克思主义的好的图景；而且，他对人道主义视角的论证是困难的：因为没有规范视阈，即人类学反思视阈，对资本主义彻底质疑是不可能的。"我感到辛克拉梅尔特将宗教批判与资本主义批判等量齐观是可疑的。……在《1844 年经济学哲学手稿》中，马克思也揭示了货币与宗教的两面性。"① 他断言，随着阶级社会克服，即进入发达社会主义，宗教就失去了基础。

在马克思看来，宗教也有日常生活实践，但首先是歪曲的世界意识，因而总体上是统治手段。这样，在马克思那里，资本主义批判就有两个方面：意识形态批判与宗教批判。按泽普曼理解，马克思的宗教批判建立在费尔巴哈宗教批判（宗教是世界关系的异化）基础上，但从思路上、内容上都超越了费尔巴哈。因为马克思将宗教的双重性表述为隶属于精神道德体系，同时也是反抗渴望的表达。所以，马克思并不满足于用社会压迫状况解释宗教，而是同时将社会个体功能主题化。"尽管马克思考虑到了宗教表达的解放要求，但并未失去教会与宗教的'国家责任'角色。因此，他将宗教批判当作所有批判的前提。"②

那么，对大多数人来说，宗教仪式是否不仅是一个习惯特征？泽普曼指出，大多数情况下，宗教仪式与其他生活实践是分离的。从根本上看，制度化的宗教能够提供可见的信心与精神寄托；但以生活意义为媒介的宗教，几乎找不到意义追寻者。因为他们进入风险资本主义，被迫自我工具化，而失去了感受宗教的能力。"宗教扬弃作为国民的幻想的幸运，就是国民的真实幸运要求。"③

在研究"辩证的宗教概念"后，泽普曼试图从这个问题出发，即"金钱乌托邦"以及对资本主义特征的意识形态蒙蔽，与（马克思理解的）宗教意识有多大关系？按泽普曼理解，尽管货币拜物教与宗教思想有某些关联，但很大程度上是对立的，因而不能将拜物教与宗教等量齐观；不能将马克思的拜物教分析与宗教理解置于同样基础上。那么，两者差别何在？泽普曼说，本质差别在于，宗教意识通过超越性克服世俗性的幻想而获得自我拯救；而坏的货币乌托邦则能够在舒服的现实中做到。通过金钱和财富的集中希望仅执著于被给予

---

① Vgl. Werner Seppmann, Religion als Utopie, in: *Marxistische Blaetter*, 05/2010, S.29.

② Vgl. Werner Seppmann, Religion als Utopie, in: *Marxistische Blaetter*, 05/2010, S.32.

③ Vgl. Werner Seppmann, Religion als Utopie, in: *Marxistische Blaetter*, 05/2010, S.31.

的东西，因为资产阶级思维并不拥有"拯救"的视角，它只要求"忍耐"。"因此，随着拯救要求的大部分消失，20世纪的神学表明资产阶级世界观的重要性。"[①]

德国心理学家布伦纳（Hans-Peter Brenner）则论述了马克思列宁主义宗教批判与资本主义批判的现实意义，强调列宁对宗教批判的贡献。

首先，他对"错误的上帝"提法做出三点说明：（1）从根本上说，会议主题"错误的上帝"是引人误入歧途的，它暗示着有"正确的上帝"；并指出，马克思主义的宗教批判不能从一个或多个上帝的存在出发。（2）使用"上帝"概念的问题在于，欧洲的所有重要宗教都有共同根源：犹太教、基督教、伊斯兰教都必须表现为"亲亚伯拉罕的宗教"（verwandte Abrahamitische Religion）。（3）如果这"万能的、智慧的、最高的存在"被视为"解放的上帝"（Gott der Befreiung），只是因为"他的"民族从"法老"（Pharao）的奴役中"解放"出来。

其次，从心理学角度考察宗教成因。布伦纳说，宗教形成于古代，有不同于生活条件破裂的其他原因。就是说，宗教不仅把握人的精神本质，而且把握人的情感、情绪、下意识与潜意识。因此，在客观主义无神论意义上的"启蒙"不足以与宗教论争：纯粹认知层面不是（宗教形成）唯一的原因。

再次，肯定列宁对宗教批判的贡献，但批评马克思的政治经济学批判。布伦纳说，列宁对宗教批判的贡献，与马克思的宗教批判核心思想联系在一起。在早期著作中，马克思就详细阐明了宗教批判观点：宗教是"麻醉人民的精神鸦片"；不过，从宗教批判转向资本主义生产方式与生活方式非人状态的批判。就是说，马克思不是停留在宗教批判上，而是讨论"废除宗教"的条件。在《社会主义与宗教》（1905）中，列宁接受了马克思的观点，但要避免与"鸦片说"进行抽象的纯理论论争。布伦纳指出，"基础"与"上层建筑"辩证法图式化构想是非常危险的。这个问题，恩格斯在"历史唯物主义通信"中已经谈到过。

最后，讨论基督教社会学说的局限，以及默克尔政府的统治政策。在《"莱茵观察家"的共产主义》（1847）中，马克思就说过，基督教的社会原则宣传统治阶级与被压迫阶级的必要性，它是"胆小如鼠的；而无产者是革命的"。布伦纳说，今天，在基民盟、基社盟的政策中，马克思对基督教社会原则的批评得到了确证。"对基督徒与马克思列宁主义者的实际行动来说，这为

---

① Vgl. Werner Seppmann, Religion als Utopie, in: *Marxistische Blaetter*, 05/2010, S.35.

'世俗天堂'而斗争提供了新的批判动力可能。"①

第二，宗教批判与资本主义批判融合

与马克思主义者不同，基督教神学家对马克思的宗教批判持批评态度，认为宗教批判与资本主义批判可以融合。例如，神学家菲塞尔（Kuno Fuessel）首先承认今天社会现实中宗教信仰的弱化。他说，"在迄今为止的社会学或文化理论中，今天的社会现实几乎可以用下列关键词来表征：世俗化、现代化、多元化、个体化"。宗教作为社会功能的亚系统，隶属于这个支配性趋向的结果。②

其次，阐发了神话、意识形态、宗教之间的"统一与差异"关系。在菲塞尔看来，（1）意识形态与神话以不同方式实现相同使命，它们的结构模型都是通过三个功能形成的。这三个功能就是，认同保证与个体自我保存；社会整合或与共同体及其价值认同；规范论证或世界阐释。（2）宗教作为复杂体系，既不同于神话，又不同于意识形态：在宗教中，除神话要素外，还包括仪式要素与合理信条、伦理要素；在所有功能方面，宗教与意识形态一样，但宗教是"较好的意识形态"。可见，在菲塞尔那里，神话、意识形态、宗教被描述为两个符号系统，实质上是一个符号系统的两个语言层面。这个符号系统不是随意的，而是在一定文化习惯中阐明有效性要求。这样，所有与意识形态相对的亚密码就表现为不能容忍的、没有价值的、非理性的、非科学的……或者根本"非存在的"③。

再次，讨论了作为内部结构的宗教。菲塞尔说，根据哥德列尔（Manrice Godelier）④ 的观点，经典马克思主义的"基础"（内部结构）与"上层建筑"（超结构）概念，不能被理解为用来细化不同社会制度的具体概念，而必须被理解为用来区分不同社会功能的抽象概念。这样，人们就用"内部结构"（生产关系结构）来表征社会关系系统：生产资料占有、劳动力分工、产品分配；与此适应，用"超结构"来表征这个关系系统：论证、象征实现规则和程序。"哥

---

① Vgl. Hans-Peter Brenner, Zur Aktualitaet marxistisch-leninistischer Religions – und kapitalismuskritik. Der Beitrag Lenins, in: *Marxistische Blaetter*, 05/2010, S.50.

② Vgl. Martin Balzer, Wider die falschen Goetter im Himmel und auf Erden. in: *Marxistische Blaetter*, 05/2010, S.66.

③ Vgl. Kuno Fuessel, Sprache, Religion Ideologie, Frankfurt/M, 1982. S.23.

④ 哥德列尔（Manrice Godelier），马克思主义哲学家、文化人类学家。

德列尔说，如果宗教能够作为内部结构起作用，那它就能决定所有其他社会关系的发展与作用方式，自然也就决定整个社会。"① 实际上，宗教既不属于内部结构也不属于超结构，但有时能够起基础作用，乃至成为社会统治体系。对社会关系革命化来说，宗教并不必然是阻碍；相反，它常常是描述政治革命、经济革命的唯一手段。因而，人们不应抽象地非历史地谈论宗教理论；相反，基督徒与马克思主义者应一起努力阐发宗教在不同社会形态中作用方式的经验理论。

最后，分析了宗教在当代资本主义中的活动空间。菲塞尔指出，为使所有社会成员认同资本主义，它原则上必须给人留下这个印象：为所有人创造幸福，包容所有社会成员（包容性原则）。可是，资本主义历史与现状表明，这在结构上是不可能的，在实践上还需不断努力。因此，从结构上看，资本主义被迫与宗教结盟——特别是在危机时代。"当代资本主义不可能保证世界上所有人的尊严，并陷入了合法性危机。这样，它就关心宗教的潜能并使之工具化。因此，在当代，宗教思潮将起有意义的作用。"②

神学家拉姆敏格尔（Michael Ramminger）指出，辛克拉梅尔特试图阐明马克思宗教批判的连续性："许多人断言的青年'人道主义的'马克思与后期'科学主义的'马克思之间的断裂掩盖了连续性。但总是由此出发：宗教批判结束于这个学说——对人来说，人是最高的存在。因而，必须用这个绝对命令推翻所有这样的社会关系，在其中，人是一个被歧视、被奴役、被鄙视的存在。"③ 辛克拉梅尔特认为，事实上，马克思并不关涉宗教本身而是关涉具体宗教。"宗教本身"（Religion an sich）是什么，他没有在任何地方阐发过；在阶级意义上，他将"意识形态"（Ideologie）表述为错误意识，但没有追寻这个根本问题：在最广泛意义上，如何建构社会主义以及相关的'推倒所有关系'的视角。不过，奠基于宗教批判的绝对命令范畴，是马克思主义者与左翼基督徒共有的。这样，他们就能结成战略合作伙伴关系。

---

① Vgl. Kuno Fuessel, Religion ist mehr als Opium und Protest, sie gehoert auch zur gesell-schaftlichen Basis. in: *Marxistische Blaetter*, 05/2010, S.41.

② Vgl. Kuno Fuessel, Religion ist mehr als Opium und Protest, sie gehoert auch zur gesell-schaftlichen Basis, in: *Marxistische Blaetter*, 05/2010, S.42.

③ Vgl. Michael Ramminger, Fetisch-Religion-Ideologie, sie gehoert auch zur gesellschaftli-chen Basis, in: *Marxistische Blaetter*, 05/2010, S.50.

拉姆敏格尔认为，马克思的绝对命令范畴是理性的，但并不产生于资本分析；毋宁说，它是意识形态的结果和部分，由此产生了对资本分析的努力。正如辛克拉梅尔特说，马克思的宗教批判是马克思人道主义范例、人类社会规划；而《资本论》是象征符号系统、理论实践、意识形态，但不是现实的反映，而是"想成为物质力量的理论"。拉姆敏格尔指出，"当恩格斯强调，人创造历史需要受制于经济状况，经济对政治、意识形态有影响时，他是正确的；但恩格斯并没有阐明：（1）为什么马克思致力于揭露'资本'及其拜物特征？（2）为什么马克思站在无产阶级立场上？（3）我们能够……认识哪些战略性洞见？"①

　　拉姆敏格尔说，共产主义也需要宗教。"我不相信，辛克拉梅尔特将犹太教—基督教信仰还原为（作为理性科学的）伦理传统，甚至还原为基督教的无神论阐释；相反，我想从神学上阐释：人们能够描述绝对命令范畴的本来含义，即信仰中心。但我相信，对于超越性、忠诚、信仰的追求，可能属于成为我们工具的'整个世界'：关键问题是，我们如何阻止这个系统成为统治。出于好的原因，我们不应将宗教作为幻想废除掉，只能说：这是最后的信仰和希望。"②

五、危机的反思与分析：永恒的主题

　　第一，金融危机还是系统危机？

　　2007 年爆发于美国的金融危机，2008 年迅速在全球范围内蔓延。尽管大量国家干预避免了国际金融体系崩溃，但这次"战后最为严重的经济危机"，直到 2010 年尚未真正结束。与英美学者对金融危机迅速做出反应不同，德国学者对金融危机的反思与分析到 2009—2010 年才全面展开。当然，早在2007—2008 年，他们就讨论过金融危机问题。例如，《马克思主义创新杂志》（总 72 期）发表《投机泡沫背后的权力控制变动》一文。在该文中，马克思主义经济学家胡弗施密特（Joerg Huffschmid）分析了金融危机的原因、特征、

---

① Vgl. Michael Ramminger, Fetisch-Religion-Ideologie, sie gehoert auch zur gesellschaftlichen Basis, in: *Marxistische Blaetter*, 05/2010, S.54.

② Vgl. Michael Ramminger, Fetisch-Religion-Ideologie, sie gehoert auch zur gesellschaftlichen Basis, in: *Marxistische Blaetter*, 05/2010, S.55.

解决办法。该杂志（总 76 期）发表经济学家戈尔德贝格（Joerg Goldberg）的《金融危机与新自由主义积累模式》一文讨论金融市场与生产领域之间的相互作用，并认为当今全球金融危机，是建立在"实体经济"不平衡基础之上的，因而应该理解为"高积累与低消费"的"系统危机"（Systemkrise）。

2009 年，德国左翼学者纷纷讨论金融危机问题。例如，在《没有未来的自动化工业》一文中，政治学家迪厄（Dietmar Düe）试图阐明自动化工业的困难不应该追溯到金融危机，而应追溯到其"有缺陷的发展"（Fehlentwicklung）；并强调需要用"国家网络"（Staatsnete）清除过度的生产能力布局与有缺陷的政策模式。这个模式因过分注重短期利润而引发了能源危机和环境危机 ① 。尤其值得注意的是，《马克思主义创新杂志》（总 78 期）、《马克思主义杂志》2009 年第 1 期，都以"经济危机"为主题，前者试图考察现实金融危机是否、在多大程度上更新了资本主义发展史？后者试图研究，对金融危机的意识形态阐释而斗争全面爆发，有哪些实际原因？有什么特征？反资本主义的替代性选择是什么？

《马克思主义创新杂志》（总 80 期）"编辑前言"指出，在资本主义危机全面爆发一年后尚未清楚地说明，这次危机付出了哪些代价？谁来承担这些代价？谁是国家"拯救方案"的受益者？并提出了如下问题：在德国，对资本主义结构与发展方向的国家干预有什么作用？该期以"危机代价"为主题，不仅讨论危机中的国家和城市，而且讨论危机的社会政治层面。② 例如，经济学家普法伊费尔（Hermanus Pfeiffer）指出，国家对银行和经济基金会的方案是保守的；它不是对德国资本主义内部的改革与适应（"现代化"），而是使现存结构稳定；它得到的不是"新"资本主义，而是旧资本主义继续。因而，金融资本本身是国家"拯救方案"的最大受益者。政治学家贝特尔威格（Christoph Betterwegge）指出，该危机包括社会不平等的逐步尖锐化与贫困增加，"社会正义"陷入风险状态或简化为成就正义、机会正义、错误理解的代际正义。人文地理学家柏利纳（Bernd Belina）从收入下降与社会支出的增加出发，谈到危机的社会层面，并得出这样的结论：虽然在（资本主义国家）的社会基层，至今尚未看到根本的替代性选择，但在不断增加的困难问题压力下，他们拒绝

---

① Dietmar Düe, Autoindustrie ohne Zukunft? in: *Zeitschrift Marxistische Erneuerung*, Nr.77, Maerz 2009, S.5.

② Vgl. *Zeitschrift Marxistische Erneuerung*, Nr.80, Dezember 2009, S.5.

"新自由主义天堂"的说法。由此出发，就能够获得解放的替代性选择的关联点。

第二，经济危机抑或政治危机？

如果说2009年，德国学者主要讨论金融危机原因、特征、后果，以及金融危机与国际力量关系变化、金融危机与新自由主义、金融危机与替代性选择等问题，那么，2010年他们则试图分析金融危机的社会政治影响及其"世界体系变化"。例如，《马克思主义创新杂志》（总83期）"编辑前言"指出，全球金融危机爆发三年后还未出现结束迹象。"所有调控努力只能作用于资本主义金融体系……没有大量国家干预，市场只能失灵。"① 但是，在借助大量国家干预掩盖危机后，寄希望于经济政策的"凯恩斯主义转向"是没有根据的。

经济学家莱比格尔（Jürgen Leibiger）在《主流经济学与危机阐释》一文中，对主流经济学家关于经济危机的阐释进行了分析：首先，他划分了最重要的经济学流派，即新古典主义（现实主义商业循环理论、新古典主义综合理论）；凯恩斯主义（新凯恩斯主义微观经济学、后凯恩斯主义微观经济学、左翼凯恩斯主义微观经济学）；马克思主义（超积累理论及其分支）。其次，他分析了主流经济学家关于危机原因的不同解释：危机原因在于英美占支配地位的金融市场模式；2001年以来长期膨胀的货币政策；深层原因在于商品与资本流动之间的国际不平衡；美国的货币政策、社会政策导致泡沫形成与国际不平等；系统危机。莱比格尔说，主流经济学家对危机的解释，尽管揭示了危机原因最重要的方面，但是是半途而废的，还有一些根本原因未揭示出来。例如，未考虑到超资本积累周期性循环的所有形式（超生产能力、超金融财富等）；未将收入下降、消费削减当作危机原因；另外，在实体经济与金融经济之间关系的解释上也是简单的和片面的。② 最后，他强调应该"适应新自由主义策略代替向天堂的变化"，因而反对"新自由主义主流经济学已经终结"这个观点。莱比格尔认为，通观德国、美国的经济学（院系和研究所）都证明：尽管有凯恩斯主义经济政策回归，但即便在将来，经济政治事件仍然会打上新自由主义印记。

历史学家洛尔（Werner Roehr）讨论了K．H．洛特（Karl Heinz Roth）等

---

① Vgl. *Zeitschrift Marxistische Erneuerung*, Nr.83, September 2010, S.5.

② Vgl. Jürgen Leibiger, Mainstream Economics und Krisendeutung, in: *Zeitschrift Marxistische Erneuerung*, Nr.81, Maerz 2010, S.39-44.

人的《全球危机》(3 卷本,2009)一书 [1]。洛尔指出,所有这三个作者都与马克思的"萧条—危机理论",与马克思后继者的循环理论联系在一起,并考察了过度生产危机与金融危机之间的内在关联。具体地说,K．H．洛特以整个世界危机历史为背景提出了自己的危机分析,并确立了一个"断裂期"(Epochenumbruch):这个时期,开启了反资本主义替代性选择战略的有限时间之窗。沃尔夫(Winfried Wolf)将危机定义为不可避免的过度生产危机,因而政治拯救措施只能迫使金融危机走向顶峰。洛特(Rainer Roth)强调,危机原因是工业资本与货币资本寻找投资的价值增殖条件所造成的。

此外,在《危机中的世界银行家》一文中,卡鲁沙特(Heiner Karuscheit)则试图阐明,美国世界银行家与作为"国际货币"的美元如何导致了经济危机?他认为,当代世界经济危机并不是简单的事件,而是为帝国主义霸权而斗争的领域。目前,在国际新秩序中,欧盟和中国的重要作用是无可怀疑的。但是,美国将起什么样的作用,是值得怀疑的。

第三,城市危机与世界体系变化

关于"危机与城市"主题涉及两方面内容:一是对新自由主义城市进行马克思主义取向的社会学、地理学、经济学研究。例如,在《危机与被建构环境:"第二资本循环"与固定资本循环概念》中,柏利纳首先讨论了列斐伏尔的"第二循环"概念,然后讨论了哈维的固定资本循环与被建构环境,分析了资本增殖过程中被建构环境作用的理解问题。柏利纳指出,建筑物以不同方式对危机发生巨大作用,它是与危机循环过程联系在一起的东西。他说,通过"短暂稳定"(temporal fix)而可能延迟危机的理论阐释,必须将国家货币、债务与最终消费者的关系,以及被建构环境的固定资本形式及其功能解释为"价值停泊地"(Wertparkplatz)。在《新自由主义城市中的分离》中,经济地理学家弗里林克(Hans-Dieter von Frieling)分析了日趋严重的城市贫困问题,并指出,正如城市福利政策一样,"积极的福利国家"标准发生了结构变化,城市中社会空间分离成为新自由主义城市的特征。因而,对其批评不能只限制在自由主义,而不谈资本主义。

二是对公共财政危机进行社会学、经济学研究。例如,在《新税收模式与城市管理的市场逻辑》中,勒布恩(Henrik Lebuhn)指出,对城市管理来

---

[1] Karl Heinz Roth/Winfried Wolf/Rainer Roth, Die golable Krise, 2009.

说，新税收模式强化了公共机构市场化：越来越按市场逻辑管理城市，并且体现了"企业化城市"，"新税收模式不仅作为管理技术而且作为权力技术，加重了左派顺应社区政策的压力。"① 再如，在《私有化就是盗窃：关于住房私有化经济》中，霍尔姆（Andrej Holm）分析了住房私有化的不同策略。他强调，在德国实践的住房完全私有化有利于机构投资者对住房市场的操纵，因而，住房私有化不仅仅涉及住房。另外，在《结构调整过程中的图书馆事业》中，里斯托（Thmas Riston）断定，公共设施的私有化、资本化构想与资本增殖过程联系在一起。

实际上，世界体系变化与国际新秩序，一直是《马克思主义创新杂志》主题之一。例如，该杂志（总 84 期）"编辑前言"指出，在国际危机与危机解决过程中，世界体系与国际秩序出现了巨大变化。这种变化在新崛起的"门槛国家"（Schwellenlaendern）② 与老牌资本主义国家（美国、日本、欧洲）之间关系上可以看得非常清楚。当代世界已经形成了新的国际矛盾坐标系，如在国防政策层面上，中国与美国之间的冲突。"这不仅涉及新事实的确证，而且涉及概念的把握，例如，用古典帝国主义范畴是可能的吗？今天如何理解帝国主义？对马克思主义左派来说，反帝国主义作为'策略问题'，在今天意味着什么？"③

在《20 世纪上半叶拉美国家反帝国主义战争中的变化条件》中，经济史学家勒斯拉（Joeg Roeslar）描述了 19 世纪末西奥多·罗斯福时代美国的拉美政策。他指出，尽管在所有阶段上，美国对拉美国家都奉行帝国主义强权政策；但实际上，是从"大棒政策"（直至军事干预）到"睦邻友好政策"（新贸易主义），从而开启了拉美国家的经济政治自主。在《帝国主义与反帝国主义》中，政治学家德佩（Frank Deppe）等人讨论了帝国主义概念及现实意义。他们认为，帝国主义概念虽然不再能用于当代资本主义的时代诊断，但或许可以规定全球资本逻辑与国家暴力政治之间的关系。因而，帝国主义概念不是诊断概念而是规范概念。

---

① Henrik Lebuhn, Das neue Steuerungsmodell und die (Markt-) Logik staedtischer Verwaltungen, in: *Zeitschrift Marxistische Erneuerung*, Nr.83, September 2010, S.62.

② 近年来在西方出现的一个概念，意指处于资本主义门槛上的国家，尤指巴西、俄罗斯、印度、中国等。

③ Vgl. *Zeitschrift Marxistische Erneuerung*, Nr.84, Dezember 2010, S.5.

六、克服金融资本主义，转向态社会主义：德国左派目标

2010 年 6 月 25—26 日，200 多位左翼政治家、理论家、工会与社会运动代表，如阿尔特法特、比朔夫、克莱特科、德佩、黑克尔等人云集柏林，参加"克服金融市场资本主义的社会主义政策：通往 21 世纪社会主义之路"国际会议。他们围绕着"金融市场资本主义的危机"、"所有制关系的改造"、"通往新的国家治理与极端民族主义治理之路"、"环境危机与气候危机对生态社会生产方式的要求"、"社会主义转型前景全球掠影"等问题展开了讨论，随后成功举办了一系列"社会政治论坛"，主要集中在以下几个方面：①

第一，金融危机对左派的挑战

与会者一致认为，此次金融危机是 20 世纪 30 年代以来最为严重的经济危机，该危机向左派提出了一系列尚未充分回答的问题：这次金融危机的新特点是什么？它为什么被描述为资本主义系统危机？左派为什么几乎不能够确定转型要求？经济学家比朔夫（Joachim Bischoff）、勒茨施（Gesine Loetzsch）指出，这次危机表明，在目前社会状况中，左派代表过度要求政策是非常困难的；也表明一系列新矛盾是必然的，例如，危机原因在于，一方面是全球经济不平衡（一方是世界输出大国，中国、德国，另一方是美国、欧盟大国）；另一方面是新帝国主义"继续"。如何把握这些问题，对左派政治来说，是严峻的挑战。

第二，所有制、国家化与经济民主构想

克莱默（Ralf Kraemer）、迪特里希（Heinz Dieterich）、施泰恩茨（Klaus Steintz）等人不仅讨论对现实社会主义经验的评价，而且讨论对德国等资本主义国家经验的评价。他们认为，在未来社会主义国家，在公有制占支配地位条件下，应该有多种形式的所有制，包括生产资料私有制；应该考虑到共同所有制的不同条件与具体形式，其中，公有制、私有制、全体职工所有制混合。又如，库鲁姆拜恩（Wolfgang Krumbein）指出，经济民主构想问题与激进左派的"误解"不同，它属于"转型视角"。布恩特鲁普（Heinz Bontrup）说，经济民

---

① Klaus Steintz/Richard Detje, Sozialistische Politik zur Ueberwindung des Finanzmarktkapitalismus, in: *Zeitschrift Marxistische Erneuerung,* Nr.83, September 2010, S.166-169.

主应该同时具有多个层面：企业层面—地区层面—国家层面—跨国家层面。

第三，生态危机与社会经济生态化、社会主义转型前景

希克尔（Ruchlf Hiekel）、瓦尔（Peter Wahl）认为，使金融市场隶属于已经纳入议程的社会经济生态化要求，不仅是必要的而且是可能的。他们说，在未来 10—15 年，社会经济的生态化转型也许是可能的，但是，要实现社会主义的转型也许还不可能。如果是这样，就产生了一个问题："绿色资本主义"对人的劳动生活来说意味着什么？这是莱迪希（Sabine Leidig）、米斯林克（Wolfgang Methling）讨论的问题。社会学家特雅登（Karl Hermann Tjaden）断言，"当代危机必须或首先被理解为环境危机和资源危机"①。在"生态与社会主义"② 大会致辞中，特雅登强调，经济生产方式与技术生产方式结合是大气危机根源，因而他们的立场是：仅仅在限制或战胜资本主义生产关系中才能看到替代性选择，并认为对象性劳动与活劳动之间的新关系是必要的，但这个改变是个长期任务。"为了努力克服当今文明中（特别是通过资本主义生产方式发展和实现的）违反人性的制度、行为、后果，我想尽最大努力阐发这个结论的理论与实践前景。"③

在会上，与会者首先讨论了生态危机与经济危机关系，以及生态、计划、市场关系，提出"生态计划经济"的可能性。例如，克尔恩（Bruno Kern）从生态视角考察了世界经济危机状况，并断言工业社会基础设施从根本上动摇了石油能源燃量，因而，必须改变过度发展的经济与消费主义文化，告别虚假的舒适状态。W. 沃尔夫（Winfried Wolf）将环境危机、大气危机理解为世界经济危机一部分。恩格尔特（Klaus Engert）则讨论了生态计划经济问题。他认为，生态计划经济应该是拥有"必要的集权化"、"可能的自治化"、"自治的生产与市场化"原则的新的循环经济，并从现实社会主义中学习"对待生产方式、产

---

① Karl Hermann Tjaden, Die Transformation des fossil basierten Reproduktionsmodus, in: *Zeitschrift Marxistische Erneuerung*, Nr.77, Maerz 2009, S.5.

② "生态与社会主义"大会（2010 年 3 月 13—14 日，卡塞尔），德国 SALZ（社会、劳动、生活与未来）教育联合会、（乌帕塔尔）马克思恩格斯基金会、《青年世界》、左翼党、马克思主义论坛、生态经济研究所等 10 多个机构共同主办，80 多人参加，特雅登致辞。(Vgl.Michael Rieger/Peter Schueren, Fuer eine oekosozialistische Wende von unten! in: *Zeitschrift Marxistische Erneuerung,* Nr.82, June 2010, S.161—163.)

③ Karl Hermann Tjaden, Kapitalbewegung und Klimageschen, in: *Zeitschrift Marxistische Erneuerung,* Nr.82, June 2010, S.62.

品、生产资料的基层民主决策"经济。其次，考察了世界政治运动与历史主体关系。例如，F. O. 沃尔夫（Frieder Otto Wolf）将生产方式重新设置为解放过程，并断定每一个对"新历史主体"的追寻都是误入歧途的，历史主体是在社会创造过程中构造和再造的。最后，讨论了"生态社会主义"理解问题，认为"生态社会主义"决定革命的社会转型，即从量的经济增长转向质的经济增长，重点在于使用价值而非交换价值。凯利普尔特（Juergen Klippert）研究了生态与劳动关系，认为资本主义条件下的劳动毁灭了自然与人。因而，要进一步思考：不同劳动形式、复杂劳动、健康以及劳动生活民主化问题。

那么，21世纪的社会主义是否仅仅是一个抽象的乌托邦？德佩、克莱因（Dieter Klein）指出，在今天勾画未来社会主义模型是错误的，因为社会主义转型不能被塞进既定图示中。在不同国家、地区以及不同时间段，转型条件与现实道路以不同形态表现出来。当然，理解社会主义转型的主导理念是必要的。其中包括，在自由、平等、团结的社会中自决地生活，即社会所有领域的民主化、社会生态可持续发展、与新替代性选择相联系的经济构想，以及（通过民主国家、市场、公民社会、文化变革与新的民主交往形式相互作用）调控社会经济发展。

综上所述，2010年德国马克思主义研究集中在六个方面：(1) MEGA² 编辑与研究不断拓展和深入。不仅有 MEGA² 编辑出版，而且有 MEGA² 宣传与推介，还有 MEGA² 中马克思恩格斯问题。(2) 马克思主义理论形象一再被重构。这涉及马克思主义与批判理论、艺术本体论与审美现代性批判理论，还涉及未来马克思主义轮廓是复数的还是一体化的？(3) 阶级、阶级意识、阶级斗争是否是社会批判和政治分析的不变核心。这个问题涉及：是告别还是重新接受阶级概念？阶级意识已经逝去抑或继续存在？工人阶级是否仍然是解放的主体？等。(4) 作为资本主义批判的宗教批判成为新的学术热点。这涉及宗教批判与资本主义批判的关系，他们讨论的基本结论是：宗教批判 ≠ 资本主义批判，但是，宗教批判与资本主义批判是可以融合的。(5) 危机反思与分析是永恒的主题。那么，到底是金融危机还是系统危机？是经济危机抑或政治危机？这是不同的分析路向，并涉及城市危机与世界体系变化问题。(6) 克服金融资本主义、转向态社会主义，是德国左派的目标。这涉及金融危机与左派策略，所有制、国家化与经济民主构想，以及生态危机与社会经济生态化、社会主义转型前景等问题。

主要参考文献

1. *Zeitschrift marxistische Erneuerung* Nr.81—84, 2010. Herausgegeben von Forum Marxistische Erneuerung e.V. (Frankfurt/M.) und dem IMSF e.V.

2. *Marxistische BlaetterHeft* 1-6, 2010.Neue Impuls Verlag GmbH.

3. *Zeitschrift „Sozialismus"*, 2010.VSA—Verlag Hamburg.

4. *WestEnd. Neue Zeitschrift fuer Sozialforschung,* Stroemfeld Verlag, Frankfurt/M. 2010.

5. Wolfgang Fritz Haug(Hg.), *Historisch-kritisches Wörterbuch des Marxismus, ARGUMENT.*

6. *Zeitschrift für kritische Theorie*, 2010. Prolit Verlagsauslieferung GmbH.

7. *Deutsche Zeitschrift für Philosophie*, Akademie Verlag 2010.

8. Karl Marx/Friedrich Engels, *Gesamtausgabe (MEGA²)*, Band 32. Berlin 2010.

9. Fritz Brhrens, „Man kann nicht Marxist sein, ohne Utopist zu sein...", Hamburg 2010.

10. Hans Guenter Thien, *Die verlorene Klasse-ArbeiterInnen in Deutschland,* Münster 2010.

11. Hans Guenter Thien (Hg.), *Klassen in Postfordismus*, Münster 2010.

12. Robert Steigerwald, *Unten, wo das bürgerliche Leben: über Philosophie und Philosophen,* Berlin 2010.

13. Martin Hunt, Der Redaktionsbriefwechsel der Hallischen, Deutschen und Deutsch-Franzoesischen Jahrbueher (1837—1844), Berlin 2010.

14. Jürgen Leibiger, S*taatsfinanzen reformieren. Einführung in eine alterative Finanzpolitik*, Koeln 2010.

15. Georg Fülberth, *Kapitalismus*, Koeln 2010.

16. Georg Fülberth, *Sozialismus*, Koeln 2010.

17. Claudia von Werlhof, *West-End. Das Scheitern der Monderne als „Kapitalistisches Patriarchat" und die Logik der Alternativen,* Koeln 2010.

18. *Rosa Luxemburgs Tod. Dokumente und Kommentare*. Rosa-Luxemburg-

Stiftung Sachsen 2010.

19. Wolfgang Schroeder, *Leipzig-die Wiege der deutschen Arbeiterbewegung, Wurzeln und werden des Arbeiterbildungsverens 1848/49—1878/81*, Berlin 2010.

20. Jürgen Grosse, *Ernstfall Nietzsche. Debaten vor und nach 1989*, Bielefeld 2010.

21. Michael Schwandt, *Kritische Theorie. Eine Einführung.* Stuttgart 2009.

22. Stefan Müller (Hg.), *Probleme der Dialektik heute*, Wiesbaden 2009.

23. Günter Bell, „*Ein Stadtteil, in dem die Arbeiterklasse zu Hause ist*"?, *Klassenbewusstsein und klassensolidaritaet in sozial-raeumlichen Millieus*, Hamburg 2009.

24. Karl Heinz Roth/Winfried Wolf/Rainer Roth, *Die golable Krise*, 2009.

25. Thomas Metscher, *Imperialismus und Moderne. Zu den Bedingungen gegenwaertiger Kunstproduktion*, Essen 2009.

26. Hans Hautmann, „*Wir sind keine Hunde*", Wien 2009.

27. Jan Willem Stutje, *Rebell zwischen Traum und Tat. Ernest Mandel* (1923—1995), Hamburg 2009.

28. Marx-Engels Stiftung (Hg.), *Konturen eines zukunftsfaehigen Marxismus*, Koeln 2008.

29. Robert Castel, Das Verschwimmen der sozialen Klassen. in: Joachim Bischoff ua, *Klassen und soziale Bewegungen*, Hamburg 2003.

30. http://www.marxforschung.de/verein.htm

31. http://www.bbaw.de/bbaw/Forschung/Forschungsprojekte/mega/de/Startseite

32. http://www.marxforschung.de/mega.htm

33. http://www.marxismuskonferenz.de/

34. http://www.das-kapital-lesen.de/

（作者单位：复旦大学哲学学院、当代国外马克思主义研究中心）

法　国

吴　猛

　　2010 年的法国马克思主义研究的主题是"危机与出路"。思想家们对当前仍在继续的资本主义世界的经济和社会危机以及当代人的出路问题进行了深入的、多角度的、富有成果的探讨。2010 年 9 月 22 日至 25 日在巴黎召开的第六届国际马克思大会正是这一主题的集中体现。大会以"危机、反抗、乌托邦"为主题，从哲学、政治学、历史学、经济学等多角度对当下人类的危机进行了反思 ①。《今日马克思》（Actuel Marx）杂志在 2010 年出版的两卷也分别以"共产主义?"和"危机、反抗与服从"为题，对当代资本主义的危机与出路进行了深度的探讨。

　　除第六届国际马克思大会外，巴黎一大思想史研究中心的"马克思在 21 世纪"系列讲座和讨论班，历来就是法国左翼学者和马克思主义研究者极为重视的讲台。虽然该系列讲座和讨论班的主讲人基本上都是学院派思想家，但从他们讨论的主题中我们还是能感受到对于现实的危机与出路问题的深深关切："自然权利与革命"、"马克思眼中的共产主义社会"、"马克思主义历史观在当代埃及"、"危机：我们身处何方?"、"萨特、马尔库塞与辩证策略"、"当马克思

---

① 关于这次会议的情况，可参见赵超和马京鹏《危机、反抗、乌托邦——2010 年第 6 届国际马克思大会综述》（发表于《国外理论动态》2010 年第 12 期）一文。

主义面对生态危机"等等。另外,《资本论》研究、恩格斯研究、马克思与近现代思想家的比较研究、马克思主义与历史文献学的关系研究,都是这个系列讲座中备受关注的主题,在其中,人们围绕"《资本论》中的拜物教思想"、"《资本论》中的唯物辩证法"、"恩格斯与哲学"、"对恩格斯《英国工人阶级状况》的历史性批判"、"黑格尔与马克思思想中的逻辑与历史"、"萨特与马克思"、"海涅与马克思"、"费希特与马克思"、"马克思主义与意大利的社会历史文献学"、"马克思主义历史文献学的诞生与法国大革命"等问题进行了讨论。

本报告将围绕"危机与出路"的主题,从五个方面对 2010 年法国马克思主义研究的重要内容作一个概要的介绍。

一、危机与反抗

自 2007 年美国次贷危机爆发并导致全球性的经济和社会危机以来,法国马克思主义研究界就没有停止过对这场危机的研究。尽管从目前的情况来看,全球经济危机的情况似乎得到一定程度的遏制,甚至有经济学家乐观地认为全球经济已开始走出低谷,但从社会危机的层面看,这场危机远没有结束,甚至有愈演愈烈的趋势。应当如何理解这场危机的本质呢?又应当如何理解伴随着危机而来的、几乎无处不在的反抗呢?

艾玛努埃尔·雷诺和布鲁诺·提奈尔在《新自由主义的危机:反抗与服从的过程》[1]一文中将这场危机的本质与新自由主义联系起来。他们试图在新自由主义的历史中特别是在其不断出现的困境中,分析当前的社会危机并为之进行定位。两位作者指出,在金融危机和经济危机中,我们不能忽视能源危机和食品危机。他们通过绝对使用价值生产的逻辑来讨论金融资产阶级与社会国家之间的对抗,分析了新自由主义的社会后果,并对反抗新自由主义合法性的各种方式的有效性进行了反思,认为当前的这场在不断的反抗和服从之中表现出来的危机,应当通过新自由主义的结构性效果以及与之相关的合法性危机来加以解释。

玛莱娜·邦盖进一步分析了对于新自由主义话语进行反抗的具体形式。

---

① Emmanuel Renault, Bruno Tinel, « Les crises du néolibéralisme: processus de révolte et résignation», Actuel Marx n° 47.

在题为《新资本主义精神与新职场激进主义》[1]的文章中，邦盖指出，2008—2009年西方世界掀起了职场冲突的高潮，这些冲突是在生产领域中出现的，其背景是生产的半停顿或完全停顿。最近的职场斗争的目标是保留工作或获得更多的裁员补偿，在此过程中出现的新型话语协议带有公民性和批判性的特点。这种由激进行动所催生的话语协议超出了那种主要围绕校正性批判展开的理解模式的范围，因而后者不能被视为激进批判话语的基础。

在这场危机中，除了职场中的反抗之外，学生运动所表达的反抗同样引人瞩目。纪尧姆·斯贝尔坦－布朗在《危机与学生运动：政治化的辩证法和方法问题》[2]一文中分析了这个问题。斯贝尔坦－布朗认为，当前欧洲学生中再次兴起的大规模抗议浪潮揭示了一个政治化的进程，而这个进程又反映了一个为当前运动提供基础的长远状况，并展现了这一运动中存在的问题和内在矛盾。文章对于该进程的描述基于下述辩证法展开：一方面是在居于统治地位的社会－经济与社会－意识形态之间关系的再生产中，发达资本主义社会形成了在结构上一致的大学机构；另一方面，学生运动的斗争又改变着这种作为机构的大学。大学机构包含着知识实践的政治化和反政治化的辩证运动以及国际因素在学生运动中的"侵入"，这两个方面的条件使得这一运动中的矛盾集中体现出来。在斯贝尔坦－布朗看来，二者之中后者更值得关注，因为它在民族国家的框架内加入了非同一性的要素，同时，鉴于这一运动本身的脆弱性和含混性，具有校正功能的当下斗争中的"欧洲维度"就愈发具特殊的重要性了。

在《马克思和列宁思想中的危机、社会反抗与革命时刻》[3]一文中，易海那·韦帕海里试图从马克思主义的经典著作中探寻理解危机和反抗的方式。韦帕海里认为，在马克思主义传统中，危机和社会反抗的关系是一个极为重要的问题。"反抗"在更广的视野中，即从危机与革命机会之间的关系来看，应被理解为具有"潜在目标"的地位。文章从对于一系列重要问题的思考开始：当我们谈到"危机"、"反抗"、"革命事件"时，我们的意思是什么？由危机所开

---

[1] Marlène Benquet, « Le nouvel esprit du capitalisme aux prises avec les nouvelles radicalités professionnelles », Actuel Marx n° 47.

[2] Guillaume Sibertin-Blanc, « Crise et luttes étudiantes: dialectique de politisation et questions de méthode », Actuel Marx n° 47.

[3] Irene Viparelli, « Crise, révoltes sociales et occasion révolutionnaire chez Marx et Lénine», Actuel Marx n° 47.

启的、在革命事件中出现的反抗的作用是什么？对于这些问题，马克思在对
1848 年革命以及巴黎公社起义的反思中都有所涉及，同时列宁在对 1905 年革
命和十月革命的分析中也触及到这些问题。有趣的是，马克思和列宁对于危机
的表达方式大相径庭。马克思将从反抗到革命的转变视为大众通过事件而完成
的自我转变和自我解放，而列宁则将之视为只有通过作为先锋队的政党和大众
之间的辩证关系才能实现的"跳跃"。

　　吕西亚·普拉德拉在其《危机与马克思工人阶级贫困化规律的现实相关
性》[1] 一文中，从另一个角度借用马克思的思想资源来理解当前的危机。普拉
德拉首先回顾了凯恩斯关于经济危机的看法。在著名的《对我们孙辈而言的经
济可能性》一书中，凯恩斯反对当时西方人们所持有的、认为经济危机将会周
期性地不断出现的悲观论调。凯恩斯认为，一个繁荣的、劳动时间缩短的崭新
时代即将到来：一百年内由资本主义所建立的技术性力量将把西方人引入"休
闲而富足的时代"，最终实现"经济上的福祉"。但普拉德拉认为，仅从西方国
家来看，就 20 世纪与劳动时间有关的制度的根本发展趋势以及劳动组织方面
发生的变化而言，凯恩斯的预言并未应验，相反，倒是马克思在《资本论》中
所揭示的工人阶级的贫困化规律成为现实。另外，马克思在思考英国资本积累
的问题时超出了国家视野，将之视为完全是世界性的整体系统，这一点在今天
仍然是有效的。不管从哪个方面说，资本积累规律的有效性都应当从世界范围
内来理解。普拉德拉认为，当前的经济危机不会改变从 20 世纪 70 年代中期开
始的工作日延长与劳动强度增大的趋势。如果说新自由主义的资本主义在世界
范围内增强了对于工人阶级的剥削，并将贫困和战争普遍化，从而创造了当代
危机的条件的话，那么它克服这些问题的途径却仍然是造成这些问题的方式：
以新的方式加强对工人阶级的剥削，不断强化马克思所揭示的过度剥削和就
业/失业的恶性循环。同时，这个过程也表明，仅仅在制度或国家的层面上是
无法真正解决资本主义的危机的，而必须在世界或系统层面才能找到出路。

　　在反思危机与反抗问题时，除了马克思主义的思想资源之外，还有什么
其他资源可供我们借鉴呢？哈那比尔·萨玛达尔的《在后殖民时代阅读米歇
尔·福柯》[2] 一文给我们提供了新的观点。萨玛达尔讨论的问题是：在我们的

---

① Lucia Pradella, «The crisis and the current relevance of the Marxian law of the impoverish-
　　ment of the working class», exposé au Congrès Marx International VI.

② Ranabir Samaddar, « Lire Michel Foucault à l'ère post-coloniale », Actuel Marx n° 47.

全球化的和后殖民时代的生存中，米歇尔·福柯的作品能给我们带来什么？通过讨论印度思想界对福柯的阅读和接受，他为我们描述了在法律领域和超法律权力的领域中，关于主权和例外状态的研究是如何创造性地将福柯的思想与后殖民社会中正在形成的激进主义结合在一起的。但是，这里所面对的有关身体以及政治生活的肉体方面的现实社会要求，并非一种全然崭新的东西，而是与列宁所谓的"战斗的唯物主义"一脉相承的。

　　与上述理解危机和反抗的角度不同，代波哈·科恩和雅克·纪尧姆试图从历史的视角来理解这两个问题。在题为《现代法国历史文献中的危机与社会反抗》① 的文章中，科恩和纪尧姆通过法国近代以来发生的多场革命，如1789 年的革命、1831—1834 年的革命、1848 年的革命、1870 年的革命以及1968 年的革命，试图提出一种新的"危机"概念。两位作者拒绝将"危机"理解为一种经验性的事实，而是将之与历史学家们的工作联系起来，认为前后相继的几代历史学家积累了大量关于"危机时刻"的历史文献，他们不是像自由主义的历史学家那样将社会反抗视为没有政治目标的活动，而是将注意力集中在人民、无产者、将自己展示为政治主体的群体身上。

二、资本主义的批判

　　危机与反抗的问题必定引起人们对资本主义命运的关注。剖析资本主义的内在结构、分析资本主义存在的根本问题、追问资本主义的未来走向，成为法国思想家们关注的焦点问题之一。

　　资本主义的根本机制是资本，剖析资本主义的重要途径就是资本分析。茹安·易加西奥·卡斯提安·马斯特罗在《资本，资本化，资本主义：关于资本之多重面相的理论探讨》② 一文中对此问题在马克思的语境中进行了探讨。马斯特罗指出，在马克思的著作中，资本被界定为"自行增值的价值"，这是我们将社会关系理解为资本家借助他所雇佣的劳动者建立并利用商品关系的过程的关键，同时也是我们将社会关系理解为一种增加资本家所占有的价值总量

---

① Déborah Cohen et Jacques Guilhaumou, « Crises et révoltes sociales dans l'historiographie de la France contemporaine », *Actuel Marx* n° 47.

② Juan Ignacio CASTIEN MAESTRO, « Capitaux, capitalisation, capitalisme. Une exploration théorique des multiples visages du capital », exposé au Congrès Marx International VI.

的工具的关键。那些通过自己的劳动创造价值的人，只有用劳动力价值获得补偿，他们所获得的少于他们所带来的；而那些占有资本的人则依靠不占有资本的人的劳动而获得财富。因此，资本就成为一种组织和构建压迫和剥削关系的社会机制。根据马克思的概念，资本是在特殊的社会关系中，即当价值固化在货币、生产力和最终产品等形式之中时价值所采取的特定形式。但资本的形态是什么？它是如何表现自身的？马斯特罗展开了多重维度的考察。首先，考察资本化过程的性质以及为之提供可能性的条件，即研究某些主体和其他主体一同建立服从和剥削关系的条件。传统的马克思主义一般会将之解释为，某些人只拥有劳动力，而另一些人则是生产资料的占有者。这种解释方式意味着将这种社会关系的来历归之于社会的弊端。但问题是，难道该种关系就没有别的基础和条件了吗？作者考察了另一种情况，即所谓"奢华的受雇者"，包括高级技术工人、体育精英、在演艺界和文化界有着突出地位的娱乐明星等。由于他们的职业要求非常高的特殊能力，因此他们在与雇主的谈判中就有着远比传统雇佣工人要强得多的力量；他们不仅会得到高额雇佣金，还会或多或少按照由他们的活动所创造的利润的百分比分成。这就意味着，他们是将自己的劳动力作为工具和他人一同建立起资本主义社会关系的。因此，应当扩大"资本"和"资本主义"的概念内涵。但与布尔迪厄在其关于资本的不同类型的理论中所表达的观念不同，在马斯特罗看来，"剥削"仍然是资本主义关系的根本特征。

众所周知，除了马克思主义经典作家之外，以法兰克福学派为代表的当代批判理论也对资本主义进行过深刻而影响深远的批判。因此在讨论"资本主义走向何方"这个问题时，人们会不由自主地想到批判理论思想家们的著作和思想，并试图在其中寻找理解当代资本主义社会的线索。特别是，阿多诺思想在近些年重新受到关注，更成为法国思想界乃至整个欧洲思想界值得重视的现象。

吉尔·穆托在其著作《论阿多诺》[①] 中，从多方面探讨了阿多诺的思想，认为后者可以被归结为一种特殊形式的唯物主义。在这个视角下，阿多诺选择发达资本主义的商品拜物教的扩张问题为出发点。这一主题首先在阿多诺20世纪30年代关于本雅明的课程讨论中出现，很快它就成为阿多诺不断修正、在最为广泛的领域中加以运用的批判工具了。从美学到政治，从社会学到认识

---

① Gilles Moutot, *Essai sur T.W. Adorno*, Payot (10 novembre 2010).

论，阿多诺思想中的唯物主义倾向具有一个基本形式，就是对非同一性经验的密切关注。这体现在两个维度：第一个维度是体现在病态的社会化中的行为规范以及对于其所损害的个性的痛苦表达，另一个维度是拒绝接受遵从统一性的原则、试图与差异性建立联系的美学对象和美学经验。

马克·伊维尔的著作《阿多诺和文化工业：传播，音乐与电影》[1] 向人们提出一个问题：为什么在阿多诺去世四十多年后，还要重读这位与霍克海默一起提出文化工业概念的思想家的著作？工业化的大众文化自有其支持者，在这些人的眼中，阿多诺的形象被凝固为集精英艺术的捍卫者和爵士乐和电影的攻击者于一身的古板角色。但在伊维尔看来，要理解阿多诺，首要的不是去关注这些问题，而是要回到他对文化的工业化和商品化的彻底的批判性分析，这些分析对于我们理解今天的传媒与文化产品也是至关重要的。而且这些分析也有助于我们理解美学对象在社会内容上的独立性质。这里的"社会的"一词在阿多诺最初的主题中是被自由地添加、注入和推广的，这与美学对象就内容上来说的独立性有关。阿多诺还曾以哥白尼倒转的方式建议我们重新思考声音与图像的关系，以推翻流行的关于图像世界的教条。

而在克劳迪·阿梅尔和福里德里克·科施的著作《阿多诺和霍克海默的奥德赛》[2] 中，两位作者借助对于荷马史诗《奥德赛》的解读，讨论了阿多诺与霍克海默于 1941 年至 1944 年间所完成的、作为"法兰克福学派"主要成果的关于理性辩证法的研究。作者指出，在那个文化的低谷时期，阿多诺和霍克海默试图说明，作为欧洲社会之基础的西方式理性，从根本上说是有缺陷的，即，这种理性是被一种原初的对于自然的恐惧所推动的。原初的理性与自然之间彼此对立，而启蒙理性却最终使理性原本试图消灭的对立面，即暴力和非理性保留下来，这就使得理性自身包含着其对立面，因而理性的本质是辩证的。阿梅尔和科施指出，阿多诺和霍克海默对于尤利西斯这一荷马史诗形象的分析表明，理性面在对自然的强大力量时的妥协首先是一种策略，或说是一种为了最终战胜它而采用的计谋。尤利西斯既是一个历经苦难的受害者，又是一个刽子手；他既满怀解放的渴望（到最后基本上是失望），又是一个竭力保护自己

---

[1] Marc Hiver, *Adorno et les industries culturelles: Communication, musiques et cinéma*, L'Harmattan (28 juillet 2010).

[2] Claudie Hamel, Frédéric Coché, *L'odyssée d'Adorno et Horkheimer*, Ollendorff et Desseins éditions (5 février 2010).

利益的资产阶级的鼻祖。而这就是欧洲理性诞生时的矛盾形象。在阿梅尔和科施看来，阿多诺和霍克海默对理性的这一批判直到今天仍深具意义。

不过作为当代德国最有影响力的思想家之一的阿克塞尔·霍耐特，对于阿多诺思想的复兴理解与上述作者都不相同。他在接受《今日马克思》杂志社专访时①，对批判理论的传统与现实进行了评述，探讨了社会哲学在今天的地位问题，并对最近人们对阿多诺重新产生兴趣这一现象发表了自己的看法。霍耐特回顾了他个人的思想轨迹：从马克思出发沿着批判理论的道路前进。他界定了自己与当代政治哲学各种思潮之间的关系以及自己与当下批判理论所面对的各种问题之间的关系。霍耐特从自己的哲学立场谈了阿多诺思想的当代意义，特别是对于自己的哲学思考所具有的重要意义。他指出，阿多诺思想的复兴并不是由于现代社会冲突减弱或消失了，恰好相反，公开的可见性的社会冲突在当代资本主义社会中并没有根本的变化，在劳动领域、在家庭内部、在法律和政治领域，为承认而进行的斗争从来没有停止过；而霍耐特本人对阿多诺的兴趣，也并不是由于和后者一样认为资本主义社会是一个"被控制的社会"或"单向度的社会"。在霍耐特看来，阿多诺思想的重要性的重新展现，一方面是由于当代社会中为承认而进行的斗争越来越多地贯穿于日常生活领域之中，另一方面则是由于阿多诺的著作以一种天才的方式将对于当代资本主义的哲学诊断和一种现象学的社会研究方式结合在一起——在霍耐特看来，正是这一点，而不是"非同一性"和"被控制的社会"这样的伦理学概念，才是阿多诺思想中最具活力的地方。

斯泰法诺·佩特吕克西安尼的文章《法兰克福学派批判理论与"68"运动：一个复杂的关系》②探讨的主题也是批判理论的意义。佩特吕克西安尼指出，法兰克福学派是唯一从马克思主义内部产生并对在68运动中出现的新型冲突和新型主体进行理论分析的现代思想流派。他分析了法兰克福学派的社会批判理论与20世纪60年代的学生和青年运动之间的关系。正是运动中的青年激进分子重新发现了30年代的批判理论，而对于后者，甚至连这个学派的领袖霍克海默自己都遗忘了。在佩特吕克西安尼看来，68运动中的许多重要事件都

---

① Emmanuel Renault, Axel Honneth: « Marxisme, philosophie sociale et théorie critique», *Actuel Marx* n° 47.

② Stefano Petrucciani, « La théorie critique de l'Ecole de Francfort et le movement des années 1968: un rapport complexe », *Actuel Marx* n° 48.

与霍克海默、阿多诺和马尔库塞等人的理论有关：如对于专制主义的批判、对于消费社会以及工业文化的批判、对于性压迫的反抗、为一种新型解放而进行的既是集体的又是个人的斗争，等等。

对于资本主义的批判，内在地包含一个问题：资本主义的未来在哪里？人类的未来在哪里？路易·马祖伊在题为《超越资本主义：走向何方？》[1]的文章中试图探讨这个问题。马祖伊认为，超越一种制度，就意味着在多重维度上深刻地改变社会关系。近些年，资本主义世界内劳动的变动情况要求在个体与集体之间建立一种新型关系，并要求建立一种社会占有方式，从劳动的视角来看，这一方式所涉及的不仅仅是财富的分配问题。全球化并非只具有"经济"一个维度。在我们的时代，一个无法回避的关键性问题是，如何使所有人都能在地球能承受得住的情况下共同拥有发展的生活模式。解决这个问题，需要人类以协商的方式掌握技术，分配和利用自然资源。而这也正体现出人们对于消除所谓"财富或服务市场中看不见的手"的渴望。必须设计一种新的发展方式，以使公民能就消费和生产模式的演进作出自己的思考和选择。新自由主义使资本主义在经济和社会领域以金融市场的方式占统治地位，其目的在于永远保持资产阶级对于占人口大多数的被雇佣阶级的统治权。因此，如果无产阶级曾扮演过的救世主角色真的被抛弃了，我们就无法实现一种新的阶级策略以超越资本主义。

法国当代思想家勒福尔[2]对于资本主义的未来也曾有过非常重要的思考。尼古拉·普瓦提埃在《回到"无产阶级经验"概念：克劳德·勒福尔在〈社会主义或野蛮〉时期的思想》[3]一文中，对克劳德·勒福尔在20世纪50年代发表于《社会主义或野蛮》杂志上的文章进行了批判性的反思，将勒福尔与科内利乌斯·卡斯托里亚迪斯（Cornelius Castoriadis）及汤普森（E.P.Thompson）的政治哲学思想进行了比较，试图勾勒富有创造力的现代解放政治学的轮廓。普瓦提埃重点讨论了勒福尔发表在《社会主义或野蛮》杂志上的第一批文章的

---

[1] Louis Mazuy, « Dépassement du capitalisme: Quelle approche ? », exposé au Congrès Marx International VI.

[2] 勒福尔是当代法国重要的思想家和社会活动家，梅洛－庞蒂的学生和遗稿整理者，出生于1924年，于2010年10月去世。

[3] Nicolas Poirier, « Retour sur la notion d'expérience prolétarienne: Claude Lefort à *Socialisme ou Barbarie* », exposé au Congrès Marx International VI.

核心概念：无产阶级经验。所谓无产阶级经验，是指工人阶级将自身建立为一个历史主体的历史过程，在此过程中，工人阶级在与理论的关系中保持自身的自主性，并在这一实践框架下成为社会解放方案的执行者。无产阶级经验关注组织生产的问题，并通过创造性的行动把握生产之组织。只有根据无产阶级经验的这种创造性，才能理解无产阶级何以能够通过革命构建起其主体性。

路易－玛丽·巴尔尼耶的文章《劳动组织与解放》①，对资本主义社会中的劳动领域的解放的可能性进行了思考。巴尔尼耶指出，在马克思主义思想中，关于解放与劳动的关系，由相互关联的三个方面构成，即缩短劳动时间、雇佣劳动者的地位以及对于劳动的重新占有。巴尔尼耶重点讨论了第三个方面并试图在此问题上取得新的进展。他指出，当前资本主义社会中的劳动仍然是痛苦的载体，在此情况下劳动再次被组织起来。但工会运动却无法在劳动之组织过程中顺利地发挥作用，而是在内部的相异性和统一性之间不断摇摆。劳动之组织应当按照分工的逻辑和附属劳动的逻辑、根据现实所展示出来的新线索加以考察，因此劳动内部的反抗和劳动本身的解放之间的张力，应当是工会运动中劳动关系的核心。

三、"回到马克思"

每当资本主义遭遇危机，马克思都会重新回到人们的视野之中，此次危机也不例外，越来越多的思想家在面对和思考这场危机时试图"回到马克思"、从马克思的作品中寻找灵感和方法。

尼古拉·贝尼耶在其著作《马克思、资本主义与危机》②中，探讨了从马克思出发理解资本主义危机的可能性。贝尼耶指出，就在不久以前，马克思在西方世界还被视为一个过时了的、没什么用处的思想家，似乎只有自由主义才是唯一有价值的理论，其他一切理论都已成了古董。但是，资本主义当前的危机使人们意识到：危机的深刻根源不是别的，正是资本主义经济的内在机制出了问题，因而，要理解这场危机以及资本主义本身，就要重新阅读马克思，特别是《资本论》。在《资本论》中，马克思实现了概念与现实的统一。人们在

---

① Louis-Marie Barnier, « Organisation du travail et emancipation», exposé au Congrès Marx International VI.

② Nicolas Béniès, *Marx, le capitalisme, et les crises*, Editions la ville brûle (21 juin 2010).

谈论马克思的时候，常把他称为一个"总体性的"思想家，并批判他试图建立一个封闭的体系。而贝尼耶对这种看法表示反对，在他看来，马克思所使用的概念和方法是理解现实的生产关系和社会关系的工具。他解释了马克思思想中的核心概念与理论的内涵，并讨论了它们所具有的力量。在他看来，马克思的著作揭示出另一种世界，即民主的、社会的、尊重女权的、生态主义的、能满足人类的总体需求的世界的可能性。

雷尼·穆里尧试图从方法论的角度考察马克思思想对于理解当代资本主义社会的重要价值。在《辩证法：从赫拉克利特到马克思》①一书中，穆里尧指出，在人们对马克思重新关注之际，对马克思的方法之来源和这一方法的独特性进行追问和反思，是尤其合适的。当前的危机难道仅仅是由于金融体系方面出现了问题吗？限制投机行为的可能性，难道仅在于"规范"这种行为的运作吗？当前的危机促使我们思考这一经济体制内部的矛盾问题。在这里我们要和表面的感觉、变动的表象以及只满足于一般推理的近似性划清界限，深入到问题本身。而这可以从两个方向进行追问：如何正确地进行推理以及如何思考面前的运动——这是内在相关的两个问题，分别与形式逻辑和辩证逻辑相关。穆里尧认为，从不同的历史时期的不同作家对"辩证法"一词的使用方式来看，这一术语具有多重含义，主要体现在三个不同的方面：对看似真实的事物的论证、形式逻辑本身以及运动中的思想。对辩证法持最后一种理解的代表人物是柏拉图、黑格尔和马克思。穆里尧在古代、中世纪和现代三个历史阶段的背景中讨论了推理行为（概念、判断和推论）的明晰性问题以及将运动中的思维过程形式化的问题，认为不能将马克思的话语从其所产生并试图扬弃的条件分裂开来。对于马克思而言，辩证法在于社会、经济、政治和意识形态以及对于它们的认识之中，它要求对过程、连续性和断裂进行阐明。

帕斯卡尔·龚贝马尔在题为《马克思导论》②的著作中，以马克思一生的思想历程为主线，讨论了马克思生命中政治与理论的交织，试图勾勒一个批判意义上的毁灭者、一个具有开放思想并终身为彻底解放的希望所鼓舞的思想家的形象。龚贝马尔认为，总体上看，马克思的著作都不是最终的作品，在细节上似乎都没有充分展开，但实际上这正好体现出马克思的思想是一个不停地全

---

① René Mouriaux, *La dialectique d'Héraclite à Marx*, Editions Syllepse (17 juin 2010).

② Pascal Combemale, *Introduction à Marx*, Editions La Découverte; Édition: 2e édition (18 février 2010).

方位地吸收各种新知，再对这些新知予以批判的运动过程，是对历史现实和长期政治行动的经验中出现的矛盾的重新反思的鲜活体现。龚贝马尔试图还原这种体现在各种不同学科领域，如哲学、历史、社会学和经济学中的散播性的思想运动，认为这些思想将激发我们摆脱习以为常的思想框架。

让－努马·杜冈日和莫昂德·费萨尔·图阿提从马克思思想中的"历史"这一重要概念出发，来探讨马克思思想的当代意义。在《马克思、历史与革命》① 中，他们认为，马克思虽然并不是第一个阐述"人们自己创造自己的历史"这一思想的人，但却是第一个探讨全部历史的根本条件即人的需求和社会关系的思想家。马克思固然和历史学家们及革命的见证人一样，认为在历史中行动是具有决定性的因素；但对于马克思来说更重要的是，如果不对人的现实生活条件进行考察，就无法完成为创造历史而进行的思考。这样历史认识、历史行动和历史剧中人的生存条件就存在着一种内在关联。杜冈日和图阿提探讨了唯物主义的"历史"概念的基础，分析了马克思在 1848 年革命和 1871 年巴黎公社起义中的文本与行动，试图为读者揭示马克思历史理论的开放性、敏锐性和政治性。

雅克·比岱则从社会哲学的角度来理解马克思。在题为《马克思如何构造一种基于生命政治的社会哲学》② 的文章中，比岱回顾了弗兰克·费希巴赫（Franck Fischbach）出版于 2009 年的《一个社会哲学的宣言》一书，在该书中，作者表达了一种与"正义理论"或契约主义相对立的"社会哲学"观念。这种新的社会哲学着眼于最大多数人过上好的生活，其出发点不是抽象的个人，而是在资本主义的背景下的原初的个人、有欲望的个人、拥有自然生命的人、行动能力受到限制和损害的人。因此这一理论植根于不确定的和不公正的经验。因此，这是一种"批判的社会哲学"，在其中哲学家似乎成为社会反抗的代言人。在比岱看来，费希巴赫的社会批判是非常有意义的。但比岱认为，哲学不能像参与理论构建一样参与社会批判。"理论"为各种社会科学提供共同的对象，每门科学都通过它来确立自己的对象，而社会哲学则以自身的方式参与到理论构建之中。比岱建议基于这种理解来重新反思马克思是如何在其"哲学工

---

① Jean-Numa Ducange, Mohamed Fayçal Touati, *Marx, l'histoire et les révolutions*, Editions la ville brûle (23 août 2010).

② Jacques Bidet, «Comment Marx invente la biopolitique: la "valeur-travail", l'âge de la retraite et celle de la mort», exposé au Congrès Marx International VI.

作"中构建其社会哲学的。比岱指出，在马克思的社会哲学中，有三个问题值得追问。第一，当马克思创立他关于现代资本主义社会的理论时，它为何并如何从契约论的政治哲学概念出发，而不是从被不公正地剥削的个人的经验出发？第二，在马克思那里，劳动价值论实际上与一种阶级政治视野下的"劳动日"和"劳动生命"联系在一起，那么马克思是如何在一种生命政治的经济学之中，即在一种独特的经济 – 政治关系中对其社会哲学的经典概念展开讨论，并建立起其独特的社会哲学的？第三，马克思如何在《资本论》中，而不是在《1844 年经济学哲学手稿》或《1857—1858 年经济学手稿》中提出了这些生命政治学的概念，并在斯宾诺莎主义的基础上构建其独特的与既存在又不存在的事物，即所谓"社会事物"有关的辩证法？关于第一个问题，比岱认为，关键在于，既不能把《资本论》的起点理解为对于社会现实结构的描述，也不能将之理解为有待于现实化的观念，而是一种表达了元结构之指向或要求的哲学陈述，这些陈述在一种经济 – 社会理论中被直接给出，并马上成为政治和社会话语。就第二个问题来说，比岱认为，只有在生命政治的背景中，马克思才能以概念的和政治的方式就资本问题展开与认识的和精神生活有关的讨论。马克思的社会哲学的理论力量正在于，以通过理论方式被揭示的"现代社会形式"作为研究对象，为从总体上把握"自然 – 社会对象"和"法律 – 政治对象"提供了思考方法。关于第三个问题，比岱认为，不能将《资本论》中的辩证法理解为《1857—1858 年经济学手稿》经常出现的那种探索和研究的过程，也不能将之理解为假想中的历史的辩证法，而应当把辩证法理解为社会生活和社会结构所包含的内在维度或现代社会形式的特殊展现方式。

保尔·黑塞尼则在其著作《马克思思想中的公共之物与共同之物：共同体之探求》[①]中探讨了马克思的共同体思想。塞黑尼试图指出，马克思思想中的共同体思想不能仅被理解为一个强烈的理论兴趣和较差劲的实践的产物。的确，通过对马克思这一概念的解读，似乎会得出这样一对矛盾：一方面，马克思反复说自己没有兴趣去描述未来共同体的模式，并且当他直接提及这类对象时一般都会以简略的和暗示的方式加以表达；但另一方面，在共产主义概念中又的确内在地包含着"共同存在"的概念。除非我们将共产主义本身视为马克

---

① Chose publique et bien commun chez Marx: La communauté en question, tome 1, tome 2 / Paul Sereni / L'Harmattan (17 mars 2010).

思思想中可有可无的方面，否则，我们就不得不承认"共在"是一个重要的概念。在这部著作的上卷中，塞黑尼通过对马克思青年时代及成熟时期著作的解读，按照马克思的思想轨迹，探讨他对共同体问题的复杂思考。在他看来，要理解马克思的共同体思想，关键在于区分"共在"（l'être-commun）与"同在"（l'être-encommun）两个概念：前者是马克思思想的重要前提，而后者则并不构成这一前提。在下卷中，塞黑尼首先讨论了《资本论》第一章中所提到的鲁滨逊式的、没有交换的简单经济模式与自由人的联合体也即共产主义之间令人惊异的相似之处，这就是，两种形式都表现出透明性和简单性的特点。但这就引出两个问题：第一，如果共产主义和共同体的本质特征就是这种清晰性，这种形式可能出现或被接受吗？第二，在一种透明的共同体中，究竟是个人还是集体应被视为构成行动领域的主体？如何理解共产主义社会中个体力量的自由展现？要回答这些问题，首先应分析较广意义上的共产主义联合在制度上和经济上的可能性，其次是要讨论马克思将个人自由理解为自由行动的思想。

同样对这一问题感兴趣的还有保尔·塞海尼，他在其文章《马克思与计划问题：一个简短的回顾》[1] 中回顾了 20 世纪 20 年代发生于社会主义者内部的一场关于是否实行共产主义经济制度的争论。这场争论与马克思本人关于未来社会人们之间的联合方式的论述有关。和表面看上去的情形相反，这种争论其实一直到现在也没有完全停息，而且在今天这一问题是和财产问题密不可分的。塞海尼认为，这些讨论有助于我们理解马克思关于共产主义联合体的表述。

皮埃尔·布鲁诺则试图从拉康对马克思的解读来理解马克思。布鲁诺在《拉康：马克思的摆渡人——症候之创造》[2] 一书中指出，拉康在其二十余岁的时候曾勤勉地阅读马克思，尤其是其《资本论》，在拉康的作品及讨论班中，他都对马克思表达出敬意，将之视为早于弗洛伊德的"症候"方法的创造者。但是，拉康同时也批评马克思，认为后者将其精彩的剩余价值理论置于可计算的现实事物之上，因而未能把握到主体的活力，并忽视了对于某种"更多的快感"的渴望。布鲁诺在本书中并未仅限于梳理拉康对马克思的解读（不论是拉康的批评还是拉康的赞誉），而是深入考察了拉康通过对于马克思的阅读所铸造出的各种概念，如主体的分裂、资本主义话语、症候－症状，等等。布鲁诺

---

① Paul Sereni, « Marx et le plan concerté, un bref retour », *Actuel Marx* n°47.
② Pierre Bruno, *Lacan, passeur de Marx: L'invention du symptôme*, Erès (25 février 2010).

还分析了在阿尔都塞、德勒兹与瓜塔里以及齐泽克等人那里对拉康、马克思和资本主义之间关系的讨论，并详细讨论了拉康对资本主义话语的分析。

与上述学者从积极的或肯定的方面来理解马克思思想不同，也有些思想家从消极的或批评的视角来理解马克思的思想或某些观点。

在题为《劳动的创造：如果劳动力不是一种商品》[①] 的文章中，阿道尔夫·豪德利盖–艾瑞拉试图对马克思《资本论》中被理解为一种商品的劳动力的概念提出了批评。作者从价值的两种主要形式，即商品和货币出发，考察了三个问题：第一，使用价值本身就是对象；第二，如果没有使用价值，就没有价值，使用价值的存在并非仅是一个符号；第三，如果没有剩余价值就没有价值。正是对于这三个问题的讨论，马克思在《资本论》第一卷第一章得出了商品概念的内涵：由雇佣工人所创造的劳动产品，它是剩余价值的载体。但是，当将这一商品概念运用于劳动力的分析时，不管如何对二者的相似性作出规定，马克思实际上都不得不面对一系列的理论困境，从而将自己置于一个非常困难的境地。如果马克思试图将劳动契约和对于劳动的剥削解释为商品交换规律的产物，将会使得其商品理论和劳动力理论之间出现了不一致和矛盾之处。豪德利盖–艾瑞拉认为，马克思之将劳动力表述为"特殊商品"，并没有使其剥削理论受到影响，但却造成贯穿《资本论》始终的命题："人类行为是一切价值的源泉"，与其反题即"自行增值的价值或能动的主体本身并没有价值"之间的混淆。

扎伊哈·豪德里盖·维艾哈在他的《"交换关系"在〈1857—1858 年经济学手稿〉中的中心地位及其由于"社会必要劳动时间"的概念化而导致的含混性》[②] 一文中指出，对马克思《资本论》及其手稿的研究，不能忽视一个重要问题：在《1857—1858 年经济学手稿》第一章中，马克思对简单商品交换关系的分析具有含混性。马克思在该章中没有首先讨论生产或劳动力的概念，而是将交换价值作为资本之产生的决定性因素，首先围绕交换价值问题展开讨论

---

① Adolfo Rodriguez-Herrera, « L'invention du travail. Que la force de travail n'est pas une merchandise », exposé au Congrès Marx International VI.

② Zaira Rodriguès Vieira, « La centralité des rapports d'échange dans le premier chapitre des Grundrisse et les imprécisions qui en découlent au sujet de la conceptualisation du temps de travail socialement nécessaire dans ces manuscrits», exposé au Congrès Marx International VI.

的。这样"价值"概念就设定了一个对于所有商品而言的根本基础或共同的质，但同时，马克思却又将"价值"理解为一种只有在交换关系中才能显现出来的、因而是变动的质。也就是说，马克思的"价值"概念存在着含混性。

科里亚·兰德内的文章《马克思的欧洲中心主义》[1]从欧洲中心主义批判的角度对马克思进行了批评。兰德内界定了在后殖民研究和全球历史研究中形成的关于"欧洲中心主义"的四重内涵。以此为基础，兰德内试图讨论马克思在其著作中是如何看待非西方社会的。在1853年关于印度的一系列文章中，马克思就明显表现出欧洲中心主义的倾向。马克思的这一倾向是建立在弗朗西斯·贝尔尼耶（François Bernier）的著述基础之上的。稍后在马克思评论印度1857—1859年发生的起义时，再次体现出欧洲中心主义的特征。然而，当马克思讨论英国在爱尔兰的殖民主义问题时，他又试图摆脱西方中心主义。马克思的政治经济学批判甚至带有东方主义的味道。但他后期的著作则完全摆脱了西方中心主义，其标志是其1879年的读书摘要和他与俄国社会革命者的讨论。马克思的思想历程表明，那种仓促地将马克思与后殖民研究割裂开的理解是完全站不住脚的。事实上，试图理解全球资本主义的历史进程及其当下发展的马克思主义者应当从后殖民研究中获取养料。

四、马克思主义的当代处境与共产主义

如果说法国左翼思想家大多对马克思主义经典作家的著作的基本立场和观点持赞同或同情态度的话，那么这些思想家对马克思主义的当代处境的理解则显得较为复杂。

弗雷迪·泰雷在其《马克思主义的不幸与关于不幸的马克思主义》[2]一书中，将马克思主义的领域分为两个部分：第一个部分是马克思和恩格斯本人的思想以及那些信奉他们本人所坚持的东西的马克思主义者的理论；第二个部分是近些年来的马克思主义者以及马克思主义的同情者们的话语，其特征是对动摇了整个政治世界的柏林墙之倒塌所引起的危机进行回应。作者分析了萨特的方法论问题，认为这种方法虽然出现在危机之前，但却可被视为我们最易理解

---

[1] Kolja Lindner, « L'eurocentrisme de Marx », *Actuel Marx* n°48.

[2] Freddy Téllez, *La misère du marxisme & le marxisme de la misère*, OVADIA (EDITIONS) (5 mai 2010).

的话语，因为它表达了那种试图从"理论母体"中拯救出来的努力以及在面对这一母体时所作出的理论上的妥协，并通过救赎的和乌托邦的道德主义对于自我表达的现实予以否定，或对现实中尼采所说的希腊意义上的悲剧方面予以削弱。因此，对马克思主义的考察既要把握其"原初领域"，又要重视其最重要的现代表达。

大卫·穆尔芒在题为《马克思主义与民主的和解》① 的著作中，研究了作为德国共产党的前身"斯巴达克同盟"的主要创立者罗莎·卢森堡的生平与著作，并试图从这个角度理解马克思主义的现实命运。卢森堡既与布尔什维主义有分歧，又对德国社会民主党的妥协表示反对。穆尔芒不仅从历史细节上对这些历史上的公案作了清晰的阐述和分析，更从理论的角度以 20 世纪围绕着卢森堡思想的争论为切入口，探讨了在今天成为马克思主义者的可能性问题。作者认为，回答上述问题的关键就在于，应当将马克思主义与民主视为具有内在统一性而不是分裂的关系。

毛泽东思想作为马克思主义中国化的重要产物，对于当代左翼思想界影响巨大，"毛主义"是法国马克思主义研究中常谈常新的话题。代昂德利亚·卡瓦兹尼在他的《毛主义话语中的认识与主体化》② 一文中，从"主体化"的角度对"毛主义"进行了探讨。卡瓦兹尼指出，毛主义在 20 世纪共产主义运动中起着极为重要的作用。毛泽东的思想及其在实践中的创造激发了对于一条不同于苏联模式的"社会主义新道路"的热情，这条新道路建基于群众对于社会关系之改造的直接参与之上，建立于对后革命时代制度内部产生的阶级间不平等关系的趋势的不断批判基础之上。在战后兴起的资本主义国家中，毛主义的话语和六七十年代的学生运动及工人运动结合在一起，前者为后者提供了对于传统政党政治和工会组织进行批判的理论与实践框架，并在介入之新形式的创造中起到了关键的作用。在 20 世纪 80 年代的政治和意识形态风潮之后，不论是中国的还是西方的，毛主义都遭遇到漫画式的解读，这种解读简单地从意识形态或极权主义角度理解毛主义。然而，这一解读使得真正把握毛主义的真正意义变得不可能了。幸运的是，近些年来，人们开始产生了一种对那段被遗忘的历史的重新审视的强烈愿望，于是毛主义的意义问题又再次回到人们的视野

① David Muhlmann, *Réconcilier marxisme et démocratie*, Seuil (14 mai 2010).

② Andrea Cavazzini, « *Savoir et subjectivation dans le discours maoiste* », exposé au Congrès Marx International VI.

之中。卡瓦兹尼分析了在六七十年代那段"红色历程"结束之后那些逐渐被遗忘了的文本、话语和实践，以及那些在特定的环境中被毛主义所激发出的各种陈述，试图还原对于主体的问题意识以及作为政治介入的领域的意识形态之诉求的明确表达（"文化大革命"是这种表达的高潮，同时也体现出其危机）。卡瓦兹尼着重讨论了激进学生的法国式毛主义话语，这种话语的一个重要诉求是在工厂中培植骨干活动分子，而正是这种诉求体现出毛主义对法国青年知识分子的重要影响，因为这显示了后者的目标在于实现超越与"知识"相关的阶级差异、同时也超越所有的社会分工的学生与工人的联合，而这正是所谓主体化的实现。

正是在对于马克思主义现实处境以及现实的社会主义运动的讨论中，"共产主义"问题逐渐成为一个必须正视并且愈益显出其重要意义的问题。

弗兰克·费希巴赫在题为《马克思与共产主义》[1] 的文章中，对马克思的共产主义思想进行了探讨。他指出，马克思一直不太情愿对共产主义社会进行正面描述；对于马克思来说，共产主义既不是一种观念也不是一种乌托邦。但这并不意味着共产主义是一个资本主义自发地消灭自身的过程。资本主义播下了共产主义社会的种子，但这些种子不会自己长成大树，这是由于资本主义自身会同时产生一些阻止自身充分展开的因素。很显然，对于马克思来说，如果离开与这些因素进行的自觉而自愿的斗争，共产主义的观念就没有什么意义。因此，共产主义是一种已然存在的动力机制，而其存在本身正是通过那些为更高形式的生活而进行现实斗争的人们的实践展现出来的。

埃提安那·巴里巴尔在其文章《共产主义散论》[2] 中认为，对于"共产主义"概念及其意义重新产生兴趣，这是一件令人惊奇的事情。对于这一概念进行恰当讨论的前提，是避免混淆和蒙蔽。首先需要澄清的一个问题是，在全球性资本主义危机的框架下，"谁是共产主义者"这个似乎和政治勾连在一起的问题，与"什么是共产主义"这个问题相比，更具有优先性。实际上，这一点在《共产党宣言》中就已经明确体现出来。当我们试图将马克思关于共产主义的概念还原到其由以发生的多重背景中时，我们必须以一种系谱学的方式展开，这是我们解决马克思理论中的困难，从而将这一理论批判地整合入今天新

---

[1] Franck Fischbach, « Marx et le communisme », *Actuel Marx* n°48.

[2] Étienne Balibar, « Remarques de circonstance sur le communisme », *Actuel Marx* n°48.

的解放图景之中的根本前提。

在题为《共产主义或激进民主?》①的文章中，查特尔·墨菲认为，共产主义观念有一个广被质疑之处，就是它对社会所持有的非政治立场，即所有的矛盾最终都将被消除，而国家以及所有的管理机构都将被废除。但显然，社会分工和矛盾是社会自身所构建起来的，在其中必定会有某些方面或因素试图获得霸权地位。因此，解放并不在于调和矛盾。就人类达至更加广阔社会领域的主要手段是民主斗争而言，解放的本质在于实现彻底的民主。

雅克·比岱在文章《介于哲学、预言和理论之间的共产主义》②中指出，共产主义既反对站在资产阶级财富的立场上说话的自由主义，也反对只是作为一种"管理能力"的体现方式的社会主义。对马克思主义来说，它未能清晰地将共产主义和社会主义区别开来，而总是含混地在社会主义的意义上指称共产主义。因此，马克思的话语和"现实的社会主义"的确不无干系，同时和西方世界各种社会主义思潮也不无干系。而今天人们再次举起共产主义的旗帜，正是出于对这些现实状况及思潮的不信任。比岱在"元结构"理论的视野中对巴迪乌、朗西埃和奈格里等的关于共产主义的思想进行了评论。

托尼·奈格里曾提出这样一个有趣而又颇为尖锐的问题：作一个没有马克思的共产主义者是否可能？在以这个问题为标题的文章中，③奈格里指出，在现实的共产主义运动中，一个明显的现象是，"马克思主义的共产主义"一旦成为"现实"，就会出现一个万能的国家，就会出现国家侵凌公共利益的情形，从而最终与马克思主义本身相背离。难道为共产主义而进行的斗争必须以泯灭马克思的思想为代价才能开始吗？奈格里的答案是：否。共产主义需要马克思，唯此才能将自身植根于公众实践之中。如果说马克思哲学提供了一种历史本体论的话，那么与一些当代思想家所设想的恰好相反，如果没有这种历史本体论，就没有共产主义；而如果没有生产的逻辑，共产主义斗争就不会成为一个"事件"。

共产主义问题内在地包含"公共性"的问题。让－吕克·南希在《最不

---

① Chantal Mouffe, « Communisme ou démocratie radicale? », *Actuel Marx* n° 48.

② Jacques Bidet, « Le communism entre philosophie, prophétie et théorie », *Actuel Marx* n° 48.

③ Toni Negri, « Est-il possible d'être communiste sans Marx?», *Actuel Marx* n° 48.

公共的"公共"》①一文中对此问题进行了研究。南希认为,"公共"一词同时具有"为许多人共同拥有"以及"琐屑无聊的东西"的两层含义并非偶然,因为能被共享的基本上都是最普通的东西。这就意味着,即便我们不用"共产主义"这个词指称那些占有"共产主义"观念的政权,这个概念似乎也无法摆脱"消灭差异"以及"埋没优秀者"这样的指责。集体主义被指责为对于创造性的扼杀。"现实的"共产主义也未能为使这一观念摆脱这些可疑的形象。然而,真正的共产主义观念根本不需要这种意义上的"公共",这实际上是一种庸俗的个人主义的极端体现,而这正是共产主义所要摒弃的。

斯拉沃热·齐泽克关于共产主义问题的讨论是从政治经济学批判的角度展开的。在他的《政治经济学批判的回归》②一文中,从对于"价值"概念的理解开始。齐泽克认为,如果将作为使用价值之抽象、作为现实之抽象的"价值"视为概念思维的起点的话,那么这就是一种对于社会的唯心主义表达。黑格尔的《逻辑学》并不是马克思的《资本论》。毋宁说,这是一个对于沉浸于实体性整体的主体在人和物之间的现实颠倒的神秘表达,这种表达可以通过唯物主义术语加以理解:精神只有在主体所从事的活动中才能存在。而这就是资本的进程。共产主义只有在一个试图完全实现自身,但最终却以失败而告终的过程中才能显现。而这就是思考物质劳动和地租问题的出发点。

迈克·洛威在《罗莎·卢森堡与共产主义》③一文中探讨了卢森堡关于共产主义的观点。洛威认为,要在 21 世纪重新为共产主义概念奠定基础,罗莎·卢森堡思想中的四个主题是非常值得关注的。它们分别是:国际主义,一种关于"历史"的开放概念,在革命进程中民主的重要性,以及对于"前现代"共产主义传统的兴趣。其中,最后一个方面是卢森堡思想中最不为人知的一个方面。通过将工业资本主义文化与人类社会曾经出现过的共产主义进行对比分析,卢森堡将自己与线性革命主义、实证主义、社会达尔文主义以及所有对于马克思主义所作的将之归结为一种高级版本的关于必然性的哲学的解读区分开来,而这也正意味着她从根本上试图回到马克思的历史概念的根本意义上来。

---

① Jean-Luc Nancy, « Le commun le moins commun », *Actuel Marx* n° 48.

② Slavoj Žižek, « Pour un retour à la critique de l'économie politique », *Actuel Marx* n° 48.

③ Michael Löwy, « Rosa Luxemburg et le communisme », *Actuel Marx* n° 48.

五、政治哲学研究

随着资本主义社会危机的不断加剧，政治哲学研究成为热点。可以说，政治哲学是 2010 年法国左翼思想界获得丰硕成果的一个领域。思想家们围绕平等、自由、民主、公民权利以及正义等政治哲学的重要主题展开了多维度研究。

首先值得重视的是艾蒂安·巴里巴尔的著作。《论平等–自由》[①] 是一本论文集，巴里巴尔在本书中汇集了最近二十年中在政治哲学领域的研究成果，其基本思想是，"民主的民主化"应被视为摆脱当前在民族–社会国家出现的、被新自由主义的全球化加剧的社会危机的唯一出路。巴里巴尔在政治哲学中坚持"后马克思主义"立场，将对于"反抗"的表达与对于"重建"的表达联系在一起。巴里巴尔在著作联系了法国近些年出现的各种社会事件，如"伊斯兰头巾"事件以及郊区骚乱等，提出应把"共享公民身份"当作一个原则。民主不仅适用于普通居民，也应当适用于移民社区。当政治体制与民主之间存在着根本性矛盾时，将迫使人们不得不持续反思合法性的条件以及改变现状的条件问题。在巴里巴尔看来，当代思潮中最有意义的思想，如朗西埃、埃斯波西托（R.Esposito）、普兰查斯、阿伦特以及拉克劳等人的思想，都是建立在某种民主哲学基础之上的。

巴里巴尔的另一本论文集《暴力与礼仪：威莱克图书馆演讲及其他政治哲学论文》[②] 则包含了巴里巴尔 1996 年在美国加州大学欧文分校所作的同名演讲以及从 2001 年到 2006 年间他关于战争、主权、革命和阶级斗争等问题的文章。这些文章的主旨是从"革命的文明化"角度思考"变革与解放的现实条件"问题。在罗莎·卢森堡眼中，"革命的文明化"就像"野蛮人的政治"一样是自相矛盾的，但巴里巴尔试图做的却是实现"列宁和甘地的对话"。在巴里巴尔看来，政治与构建政治的暴力之间的关系是不能通过权利、制度、意识形态等能改变了极端暴力形式的力量得到"规范化"的。他试图按照"超主体形式"（如对于法律身份、法律的威力以及法律的报复措施的幻想）与"超客体形式"（如资本主义的过度剥削、生产以及对于边缘性生活的消灭等等）勾勒"暴行

[①] Étienne Balibar, *La proposition de l'égaliberté*, Presses Universitaires de France-PUF; Édition: 1 (14 avril 2010).

[②] Etienne Balibar, *Violence et civilité: Wellek Library Lectures et autres essais de philosophie politique,* Editions Galilée (11 février 2010).

的地形图"。巴里巴尔比较了各种不同的"礼仪策略",认为这些策略使得构建一种作为非暴力的政治概念得以可能,而这些策略也描画出不同的现代哲学思潮之间的差异。在此语境中,马克思以及后来的马克思主义者们的立场在这里受到了批判。巴里巴尔是在一个非常长的、可以追溯至黑格尔与克劳塞维茨并且充满矛盾性的谱系中进行这一批判的,并且与施密特在对霍布斯的解释中所阐发的主权概念形成了鲜明的对比。

安东尼奥·奈格里在他的著作《创造人的公共性》① 中,讨论了公共性问题。他认为,今天的资本主义渴望主体性,前者的存在有赖于后者。这样,资本主义就自相矛盾地由损害它的要素所界定,因为人的反抗以及人对于自由的确认,所印证的恰好是以差异性为前提的公共的主体性创造力量和生产能力。如果没有公共性,资本主义就无法存在。由于有了公共性,冲突、反抗和重新占有的可能性无限增大了。

在题为《政治的道德抱负:改变人?》② 的著作中,伊冯·吉尼乌指出,自从苏联体制终结以来,我们看到一种与政治危机不同的危机出现了,它表现为放弃对于世界市场的介入,并对悲惨的社会命运逆来顺受。那些试图使世界道德化,以便让每个人都能得到自我表达的幸福方案,似乎总是与极权主义的危险联系在一起。那么,如何才能既使人们对未来的理解避免这种危险,同时又能进行规范性思考呢?吉尼乌认为,解决这个问题的途径在于对个人的伦理与只有从集体的维度才能加以衡量的道德之间做出明确的区分。这一反思是在不可妥协的唯物主义原则之下进行的,其目标指向共产主义。吉尼乌回顾了思想史上就相关问题展开的争论,如尼采、福柯、哈耶克、孔特–斯蓬维尔(A. Comte-Sponville)讨论。作者在康德和卢梭思想的基础上,借助马克思开创的道路,试图复兴"共产主义假设"。在吉尼乌看来,这不仅是使受资本主义商品化或管理犬儒主义引导的现实政治重新获得意义,而且是使有关人类应该主宰自己生活条件的观念不被摒弃的唯一途径。

颂雅·布盖尔在文章《"矛盾得以解决的形式":唯物主义法权理论的重建》③ 中讨论了唯物主义法权理论问题。对于 20 世纪初的法哲学来说,要解

---

① Antonio Negri, *Inventer le commun des hommes*, Bayard Centurion (16 avril 2010).

② Yvon Quiniou, *L'ambition morale de la politique: Changer l'homme?*, L'Harmattan (12 avril 2010).

③ Sonja Buckel: «'La forme dans laquelle peuvent se mouvoir les contradictions'. Pour une reconstruction de la théorie matérialiste du droit », *Actuel Marx* n°47.

决资本主义生产方式和现代法律的关系问题，马克思主义的法权理论无疑是一笔极为重要的思想遗产。布盖尔分析了这一理论所获得的成就，也讨论了其缺陷，试图在重新讨论马克思主义法权理论的基础上，提出一种新版本的唯物主义法权理论。在布盖尔看来，资本主义社会的法律采用了一种拥有自我再生产的逻辑的黏合技术。法律的"相关自主性"既是它脱离制订者、相对于社会关系的自主作用的结果，同时也是缓冲权力的前提条件。在法律形式的这种结构性条件之下，法律知识分子通过看似中立的法律论证构建起了一种话语霸权。

昂图瓦纳·阿图在其著作《民主、公民权与解放》[1] 中认为，资本主义全球化破坏了政治领域，公共空间被重新"封建化"了；由商品化所带来的自由主义秩序推动着"统治"形式发生变化，并使公民平等和人民主权等观念变得模糊不清。一种解放政治应当创造出新的政治领域，以民主的普遍主义反对神圣的和种族的普遍主义。阿图回顾了肇始于 20 世纪 80 年代并一直延续至今的关于现代民主的内在逻辑的争论（如克劳德·勒夫特在对马克思的《论犹太人问题》时所作的分析）。阿图还分析了领土、公民权和人民主权这些被奈格里所拒绝的概念之间的内在关系。这些回顾和分析都不是纯学术性的，而是旨在澄清现实政治问题。同时，这些讨论还旨在为重新提出一种解放方案赋予理论深度。

在阿图提交给第六届国际马克思大会的论文《网络、统治与大众主权》[2] 中，他指出，与全球化的当前阶段相联系，领土政治的危机尤其是民族国家的领土政治危机，生成了一种根本的结构性危机，这种危机围绕着领土、主权、政治权力等概念塑造了现代性。阿图认为，正是基于对这些概念的反思，当代工人运动和社会运动建立了解放的问题意识。但是，要对抗新自由主义关于统治、网络和世界性的观点，人们就不能满足于通过自娱自乐的方式不断夸耀某种"后现代性"的例证之出现，相反，应当再次确认建立在平等的公民权利和大众主权基础上的激进民主视野的当下现实性，并在此视野中讨论相关的政治哲学问题。

马斯米利亚诺·冬巴在文章《"真实的政治"：论正义与政治》[3] 中，试图将正义概念与现代一系列政治学概念划清界限。在作者看来，现代性使我们在

---

[1] Antoine Artous, *Démocratie, citoyenneté, émancipation*, Editions Syllepse (18 mars 2010).

[2] Antoine Artous, « Réseaux, gouvernance et souveraineté populaire », exposé au Congrès Marx International VI.

[3] Massimiliano Tomba, « La'véritable politique'. Observations sur la justice et la politique », *Actuel Marx* n°47.

理解正义的条件问题时受到严重误导。事实上，现代思想家们关于"反抗权利"的讨论基本上都归于失败，从而导致在这些讨论的基础上建立起来的正义观念必然走向瓦解，正义要么被归结为纯粹的形式程序，要么被归结为大多数人的意志。从这种观点来看，正义就仅仅是更强者的利益，而这正是在《理想国》中柏拉图借苏格拉底之口所批判的特拉西马库斯所持的观点。我们今天所面临的危机并非仅仅是经济危机，而且包含着法律危机和政治危机，而这正为我们重新思考正义问题提供了契机。要实现对于正义问题的真切反思，我们必须超越"多数决定"的原则。真正超越于康德和本雅明的政治观，必须跳出传统思想的藩篱，直接面对正义问题本身。这样苏格拉底意义上的真理与意见的冲突问题就被重新提了出来。冬巴认为，问题的关键在于，将现代民主政治自身表现为绝对的和不可超越的政治形式的可能性何在。

在乌尔雅·邦图阿米等人合著的《冲突与民主：何种新公共空间?》[1] 一书中，作者们讨论了冲突与民主的关系问题。人们往往认为民主与政治体内的分裂、不和与冲突形成鲜明对比。但在本书中，作者们却将二者联系在一起。他虽然就议会民主制在现实中的必要性问题进行讨论，但他认为这一制度的前提一方面在于冲突的否定性表达，另一方面是对于减少冲突的可能性所持有的信心。作者们区分了冲突与暴力，将民主理解为一个能够保持冲突的可能性的公共空间。一种民主制度内部的斗争可以以不同的形式展开，这些冲突通常会有利于贫困的劳动者、非法移民、文化或种族意义上的少数派等等，但却并非如人们会认为的那样是"人们所期望的"，相反，当人民知道自己将作为人民消失或隐匿时，冲突就并非人民所期望的。冲突体现了对于任何形式的（不管是阶级的、种族的还是性别的）压迫进行反抗的能力，其目标是改变政治共同体的叙述方式，以恢复"民主"一词的真正本义：让所有人平等地进入一个公共领域。

让－伊夫·弗利提尼在《安东尼奥·葛兰西对法国大革命的解读》[2] 一文中探讨了葛兰西政治思想中的一个维度。弗利提尼指出，葛兰西对雅各宾派以及法国大革命本身都持否定看法，并将雅各宾主义视为解释从近代至少到第三共和国的诞生这段时期的法国历史的基本原则。与葛兰西活跃的现实活动相联

---

[1] Hourya Bentouhami, Christophe Miqueu, *Conflits et démocratie. Quel nouvel espace public* ?, L'Harmattan (30 juin 2010).

[2] Jean-Yves Frétigné, « Lecture de la Révolution française par Antonio Gramsci», exposé au Congrès Marx International VI.

系，他对于雅各宾派和法国大革命的解读的目的，实际上是为了理解当前的现实，尤其是理解意大利这个已实现了现代化、但却不理解何为真实的政治革命的国家在政治和社会方面的落后性。在葛兰西看来，正是这种对于革命的消极理解，深刻地规定了意大利的精神和政治命运。

而弗洛朗西亚·法斯则讨论了卢卡奇的政治思想。在《论卢卡奇的革命主体概念》[1] 一文中，法斯指出，今日的社会政治现实要求我们重新思考作为历史变化的发动者的主体，同时承认，我们不能坐等生产力的极大丰富，不能在自觉的主体之外获得改变社会的力量。在《历史与阶级意识》中，卢卡奇对马克思主义理论进行了革新，他围绕人们参与社会关系的商业化，即基于商品拜物教的物化过程的事实，阐述了他对于资本主义社会的批判性分析。这样，"物化"在这个体系的展开过程中就成为具有基础性的概念。在此理论框架下，卢卡奇对资本主义秩序的批判的核心就是异化了的主体，因而只有使这种主体摆脱异化才谈得上对于资本王国的现实反抗。卢卡奇的视角带来了不少问题和严重的矛盾，特别是在其本体论分析中更是如此。首先，他的"主体"概念是浪漫主义式的，这一概念带来了"异化"和"客观性"之间的混淆。其次，他的"物化"基本上是一个理想化的概念，而作为一个阶级的、具有救世主功能的"无产阶级"概念则是一个反唯物主义的概念。最后，他的"阶级意识"概念与"阶级"之间的关系完全是异化的。但法斯认为，即便如此，我们还是能从卢卡奇所提供的、有助于人们对当代社会进行分析的"主体"概念中得到有价值的启示，那就是：鉴于我们在今天所经历的资本主义危机面前，根本就无法进行有效的反抗，我们应当重新审视革命主体的本体论问题，并将最终得出结论，即这种主体只有在非异化的生命中的意识实践或意识经验中才能存在。

（作者单位：复旦大学当代国外马克思主义研究中心）

---

① Florencia Fassi, « Problématiques autour de la notion de sujet révolutionnaire chez G. Lukács», exposé au Congrès Marx International VI.

英　国

鲁绍臣

2010年，随着世界经济的持续动荡，始于2007年的系统性结构经济危机，已然成为1929年以来全球最严重的经济危机，美国也因此失去了其35%的金融资产价值，欧洲也多达25%[1]。没有人相信资本主义已真正从此次危机中走出，希腊、西班牙、意大利当前面临的债务危机便是明证。资本主义的危机正在持续，新自由主义的信念不断遭到质疑和动摇，曾经红极一时的福山的论断：全球资本主义是"历史的终结"，今天已少有人提及。

在上述背景下，全球左翼对自由资本主义的批评声再度高涨起来，在许多英国左翼思想家看来，已经到了必须重新高扬马克思主义对现代社会的诊断和批判的时候了。2010年，英国各类左翼学术研讨活动纷繁，左翼的声音再次为世人所关注，就如同美国《时代》周刊在经济危机来临之际曾刊出的话一样："马克思又回来了。"这一回归既是对马克思主义真理性的又一次检验，也是证明其在当下仍然具有旺盛生命力的历史机遇所在。

2010年英国马克思主义的学术和政治活动，有许多亮点。首先，作为英国马克思主义学术理论的旗帜之一，《新左翼评论》（New Left Review）杂志迎

---

[1] 数据来源：http://www. internationalviewpoint. org/spip. php? article1843&var_recherche=conference%20report.

来创刊 50 周年。在创刊 50 周年之际,《新左翼评论》以一贯的简朴风格低调纪念,仅刊出首任主编斯图尔特·霍尔(Stuart Hall)的长篇回顾文章及现任主编之一苏珊·沃特金斯(Susan Watkins)的长篇社论,反倒是其他英国左翼媒体,如《新政治家》和《卫报》一点都不吝溢美之辞。英国《卫报》在 2 月 25 日的社论中,高度赞扬了《新左翼评论》一贯的国际视野和专业风范,认为《新左翼评论》做到了"在一个对左派而言前景如此暗淡的时代里身为左翼,在名流文化中坚持严肃,在快餐时评中坚持深刻"。因而,对于我们所处的时代来说,"《新左翼评论》仍然是一份必需的出版物"。

但对于英国左翼来说,2010 年也有悲痛和失落:其最杰出的几位马克思主义思想家相继去世,如英国左翼学界泰斗,国际著名的政治经济学和社会学家乔万尼·阿瑞吉(Giovanni Arrighi);享誉全球的分析马克思主义旗手 G.A. 柯亨(Gerald Allan Jerry Cohen)和《国际社会主义》杂志编辑、英国社会主义工人党的主要理论家和马克思主义经济学家克里斯·哈曼(Chris Harman)等,对英国左翼学界来说,不可谓损失不大。

2010 年,英国左翼思想家在通过发表文章,召开研讨会悼念上述先驱和前辈 ① 的同时,痛定思痛,与全世界的马克思主义学者一道,继续深入分析和追踪全球危机,比如国际知名的左翼理论家,英国"社会主义工人党"(SWP)的主要领导人之一,伦敦国王学院欧洲研究中心主任,《社会主义国际》主编亚历克斯·卡利尼科斯(Alex Callinicos)出版了《幻想的篝火:自由世界的双重危机》② 一书;剑桥大学出版社出版了大卫·哈维(David Harvey)的《资本之谜与资本主义的危机》③ 一书;一年一度的《历史唯物主义》杂志年会继续在伦敦召开,规模达 500 余人;并且每两年一次在北美的纽约和多伦多召开分会;与此同时,英国左翼不只是在理论研究领域有影响,在解放政治实践领域,马克思主义在英国亦获得了广泛的生命力,由社会主义工人党组织的为期 5 天的马克思主义节,吸引了 6000 余名左翼学者、学生、工人运动家参加。

本报告将分六个方面,对 2010 年英国马克思主义的主要发展状况,进行分析和介绍。

---

① 去年的报告中,已作了叙述,故本期报告,不再涉及,特此说明。

② Alex Callinicos: *Bonfire of Illusions: The Twin Crises of the Liberal World;* Polity;2010.

③ David Harvey: *The Enigma of Capital: And the Crises of Capitalism;* Oxford University Press, 2010.

一、学术会议概要

"抵抗的节日：马克思主义节"作为英国社会主义工人党每年举办一次的重大学术活动，在资本主义世界连续三年金融危机的背景下，2010 年 7 月 1 日至 5 日在伦敦召开，该活动非常火暴，据不完全统计，有近 6000 人次参加了此次活动，举办了近 200 场学术研讨会及相关活动。今年的口号是如何改变世界，讨论的话题涉及面宽，涵盖了世界左翼关注的各个主题，如共产主义观念、妇女解放、资本主义与危机、反法西斯主义、英国的阶级斗争、市民自由与国家、帝国主义等。一些全球知名的左翼作家和学者也出席了这次活动，塔利克·阿里（Tariq Ali）在会上作了"伊斯兰恐惧症"的主题报告，对中东最近出现的动荡和冲突作了分析，而众多研讨会中，最有特色、也最有吸引力的当属由齐泽克（Slavoj Žižek）、霍洛威（John Holloway）和卡利尼科斯（Alex Callinicos）作主要发言的"共产主义观念"分组讨论会，引了近千人参加。

另一场非常重要的学术活动，是由《历史唯物主义》杂志每年举办一次的年会，本次年会在 2010 年 11 月 11 日至 14 日在伦敦召开，主题为"危机与批判"。该活动的组织者认为，尽管全球经济重新出现复苏的迹象，但世界金融危机仍然在持续，新自由主义的原则进一步遭到质疑，虽然很多马克思主义学者已对这场危机的起源、形式和趋势进行了很好的研究，但还需要在政治经济、意识形态、美学、哲学等诸多领域进一步深入讨论，以便达成共识，这便是第七届《历史唯物主义》年会所期望达成的目标。"危机与批判"这个主题来自本雅明和布莱希特在 20 世纪 30 年代编辑的一本杂志的名称，本次年会想借此表达左派对时代的诊断和批判的任务。危机既是事态的恶化，也是历史的转折点，未来的发展取决于批判的力量。

《历史唯物主义》年会有许多专题：金融与风险、中国马克思主义、卢卡奇与总体性、暴力与非暴力、媒体政治与经济、拉美的马克思主义、本雅明与人类学马克思主义、新自由主义与世界银幕、马克思主义与地缘政治学、马克思与批判、政治经济的危机与批判、公民与民主的边界、马克思与我们的时代、帝国主义的历史与理论、历史唯物主义与普遍历史及东亚、马克思的《资本论》与资本主义今天的发展、葛兰西、马克思主义与当下政治、本雅明与暴力批判、马克思理论与文化政治、死亡和乌托邦：布洛赫与本雅明等，与会学者围绕这些主题，进行了一百余场的分组讨论。下面就其中的几个分组讨论作一简单的介绍。

在"本雅明与暴力批判"的小组讨论会上，萨米·哈提卜（Sami Khatib）在题为"朝向'纯粹工具'的政治：本雅明、齐泽克与暴力问题"[①]的发言中指出，为了搞清楚当今资本主义时代，国家与反国家的暴力之间的关系，重读本雅明写于 1921 年的《暴力批判》是非常有必要的；在胡安·格里（Juan Grigera）主持的"本雅明与人类学的唯物主义"[②]的小组讨论中，卡洛斯·佩雷斯·洛佩斯（Carlos Perez Lopez）、马克·贝尔特（Marc Berdet）、简·希伯（Jan Sieber）等人讨论了本雅明的幻象（Phantasmagorias）、纯粹工具（pure means）及第二技术（second technique）的概念及相关理论；在题为"资本的幻象与人类学的唯物主义"的小组讨论中，与会学者认为，本雅明的幻象概念，既不是异化，也不是意识形态，而是一种集体梦境，它是由某个阶级，或者为了某个阶级而产生的，巴黎拱廊街是其具化的表现。幻象既是梦境，也是现实，它不是形而上的，而是经济与社会的世界。它不是理论的，而是感性的，它是资本主义现实中劳动被压抑的结果。

除上述两场学术会议外，英国马克思与哲学学会（Marx and Philosophy Society）每年的学术年会在英国左翼思想界亦非常重要。其 2010 年年会的主题是"抽象、普遍性与货币"[③]。会议主要讨论了由阿尔弗雷德·索恩－雷特尔（Alfred Sohn-Rethel）在《思想与人类劳动：一个认识论的批判》[④]一书中提出的现实的抽象（real abstraction）问题，在研讨中，理查德·希福德（Richard Seaford）在题为"货币、抽象与精神的起源"的发言中指出，商品交换中现实的抽象（real abstraction）来源于康德的统觉先验统一的理论，索恩－雷特尔关于马克思主义的认识论便来源于此。希福德试图通过追述古希腊哲学关于统一观念的理论，对索恩－雷特尔的理论进行考察与批判，并反思当前货币的空前资本化。阿尔伯特·托斯卡诺（Alberto Toscano）在题为"社会的抵押，

---

① Towards a Politics of 'Pure Means'. Walter Benjamin, Slavoj Zizek and the Question of Violence. 参见：http://www.historicalmaterialism.org/.

② 参见：http://www.historicalmaterialism.org/conferences/annual7/ttmp/walter-benjamin-and-anthropological-materialism。

③ 相关文献参见马克思与哲学学会网站：http://marxandphilosophy.org.uk/。

④ Alfred Sohn-Rethel: *Intellectual and Manual Labor: A Critique of Epistemology*; Humanities Press, 1983.

'现实抽象'的方法论问题与政治后果"的发言中，认为马克思通过对资本主义制度下被抽象所控制而产生的非精神的、非社会活动产物的、生活的分析和研究，在认识论上引发了一场革命。随后马克思的理论被索恩－雷特尔、卢西奥·科莱蒂（Lucio Colletti）等人挖掘与发挥。但是，托斯卡诺认为，在复兴马克思主义关于抽象的理论之前，有必要重新审视一切关于抽象与社会形式关系的各种论述。克里斯·阿瑟（Chris Arthur）也在题为"抽象、普遍性与货币"的发言中认为，很多人，包括索恩－雷特尔在内，只认识到马克思将货币视为遮蔽"经济现实"的幕布，却没有意识到，马克思确认了货币在塑造经济过程中所起的"霸权"作用：货币是商品之王。也就是说，在资本主义社会，现实的抽象不仅起着遮蔽现实的意识形态作用，同时它也构成资本主义现实本身的运行条件。

值得关注的还有如下两场学术会议，一是英刊《国际社会主义》（International Socialism）在 2010 年 4 月主办的题为"马克思主义与危机的替代方案"的学术年会。与会者有伦敦国王学院的卡利尼科斯、伦敦大学亚非学院的考斯达斯·拉帕维查斯（Costas Lapavitsas）。他们共同探讨了当前的资本主义形势和未来马克思主义的策略；二是英国政治学研究协会（PSA）2010 年 7 月 17—18 日在英国布里斯托大学举办的题为"重思无政府状态：无政府主义与世界政治"① 的学术会议，会上来自加拿大渥太华的亚当·古德温（Adam Goodwin）、来自澳大利亚昆士兰的莎伦·布兰卡（Shannon K. Brincat）、来自英国布里斯托的亚历克斯·皮沙尔特（Alex Prichard）等人，就"国际关系中的进化论与无政府主义：克鲁泡特金生物本体论的挑战"；大卫·赫尔德是个无政府主义者？无政府主义、恐怖主义、伊斯兰问题等议题进行了深入讨论。

二、部分新著介绍

英国左翼思想界首屈一指的学者卡利尼科斯，在 2010 年出版了新著《幻想的篝火：自由世界的双重危机》，在书中，他通过大量的实证和理论研究，判定以美国为首的资本主义社会面临着双重危机。危机之一，2008 年俄罗斯

---

① Rethinking Anarchy: Anarchism and World Politics; 相关资料参见：http://www.anarchist-studies-network.org.uk/。

宣称将用武力阻止北约（NATO）扩展到其边界，用武力发动了格鲁吉亚战争，并取得决定性的胜利，彻底打击了以美国为首的北约的嚣张气焰；危机之二，则是以 2008 年 9 月 15 日，华尔街雷曼兄弟投资银行破产为标志的金融危机，以及随后一直持续到现在的金融动荡，使得资本主义的金融体系日益恶化。双重的危机使得美国通过金融市场的自由化驱使北约东扩的步伐受到极大的牵制。当前危机更重要的后果是，它改变了自 1989 年苏东剧变后，世界经济政治唯美国马首是瞻的局面，并开始普遍质疑美国是否有能力为世界带来和平与繁荣。显然，这种怀疑的蔓延将不断削弱甚至终结美国的霸权地位。在著作的最后，卡利尼科斯总结了分析此次金融危机的三种主要视角：一是凯恩斯主义，二是经典自由主义，三是马克思主义。作者在书中逐一对三者进行了剖析，在卡利尼科斯看来，凯恩斯主义主张对原来不完善的体制和管理规定进行修补；而自由主义则认为政府应该完全放手不管，由市场本身去决定；马克思主义则主张抛弃前两者，对自由世界的资本主义进行系统改造（system change），另辟可行的替代方案。卡利尼科斯认为，内格里、哈特、霍洛维等人主张的民主计划（democratic planning）是第三种分析的表现，具有一定的代表性。

霍洛维作为英国马克思主义学界正当红的学者之一，在 2010 年也出版了新著《敲打资本主义》[1]，他在书中描述了工人作为工具的生存状态，他期待打破这种状态，而破解资本主义的方法则是说"No"。霍洛威从阿多诺的否定辩证法理论出发，提出了一切在于否定的本体论："否定－创造运动"。在书中，他花了大量的篇幅来论述"抽象劳动"的概念。在他看来，劳动的抽象化，是工人阶级形成的关键，是资本主义原始积累的历史转换过程，因此，要破解资本主义，就要停止制造资本主义，创造另一个不再有抽象劳动的新的世界。但霍洛威也承认，他还并没有找到切实有效的方法和途径。

英国退休教授伊斯特万·梅札洛斯（István Mészáros）2010 年的新著《资本的结构危机》[2] 一书，是作者的论文和访谈录的合编。但可以肯定地说，梅札洛斯的这本书绝不是大杂烩，而是在当前危机时刻指引我们前行的行动指南。作为全球最卓越的马克思主义哲学家之一，梅札洛斯一直致力于揭露现代

---

① John Holloway: *Crack Capitalism*; Pluto Press, London, 2010.
② István Mészáros: *The Structural Crisis of Capital*; New York: Monthly Review Press, 2010.

资本主义的剥削结构。他在与强权的论战中，始终坚持认为世界经济不是为了满足人们的基本需要，而是肆意挖掘人类全面的潜在需要，已经走到社会和生态的悬崖绝壁边。如果不尽快采取决定性的激进行为，转变资本主义的经济体系，将其从盲目追求利润的强制中解放出来，我们将会很快发现自己已一头扎进暴虐和环境灾难之中。

然而，梅札洛斯并非是一个悲观主义者，他相信世界资本主义的多重危机将促使工人阶级要求进入生产和分配结构的中心舞台。与资本主义不一样，社会主义的旨趣在于满足人类的需要，而不是无情的利润追逐。这种斗争已经在委内瑞拉等地开展起来。就像约翰·贝拉米·福斯特（John Bellamy Foster）在本书前言中所讲的那样，"今天，将过去几个世纪的发展化为泡影的资本的结构危机，为社会解放的新革命运动提供了历史的环境。但是这个必然而又巨大的转变权属于人民自己，取决于人类成为既是历史的主体，又是历史的客体的意愿，最终通过集体斗争，创造一个公正和可持续发展的世界。梅札洛斯所坚持的，构成了当前历史时刻空前的挑战与责任。"

作为一部对现代历史、政治进行严谨分析论证的巨著，佩里·安德森（Perry Anderson）2009 年末出版的《新的旧世界》①一书，虽然也是一本论文集，但大部分文章是作者从在《伦敦书评》杂志上发表的文章中精心挑选出来的。该书考察了后冷战时代欧洲经济一体化的蹒跚过程。在安德森看来，作为一个新自由主义的经济体，欧洲的自由资本主义社会是由一个中立的政府——欧盟——进行一系列推进的，而非放任自流。之所以如此，在于欧盟不能忍受纯粹自由的抉择所带来的对后国家民主时代精英统治的可能冲击。安德森通过对法国、德国、意大利、土耳其以及更广泛的欧盟成员的考察，探索了哈耶克关于自由的市场经济也到处寻求政府保护的问题，并对日益成为整个世界道德和政治范例的欧洲大陆进行了与众不同的描画。其精彩的分析、有力的论证和清晰的表述，获得了霍布斯鲍姆等学界同行的高度赞誉。

曾在英国任教的理查德·韦斯特（Richard Westra）在 2010 年主编了《面对全球新自由主义——第三世界的抵抗和发展战略》②一书。作为一本反对新自由主义意识形态的精致之作，此书认为在所谓的"华盛顿共识"的主导下，

---

① Perry Anderson: *The New Old World*; Verso, 2009.
② Richard Westra edited: *Confronting Global Neoliberalism: Third World Resistance and Development Strategies;* Clarity Press, 2010.

全球资源被极不合理地进行了分配，并且严重损害和削弱了第三世界民众的经济利益。而此次金融危机中，第三世界被新自由主义体系所裹挟带来的潜在危险，从来没有被有关国际组织或主流的危机理论所提及。生活在第三世界国家的人民不难发现，国际组织非常敌视他们选择与新自由主义私有化和非管制化不同的另一种发展道路或模式。但是，在全球危机的背景下，另一种道路选择的想法正日益广泛地被强化，特别是以中国、巴西、印度、南非等为代表的第三世界新兴国家，均逐渐开始反对新自由主义的体系和战略。

英国左翼知识分子的后起之秀阿尔伯特·托斯卡诺（Alberto Toscano）[1]，在 2010 年出版了《狂热主义》[2]一书，他通过对躁狂与理性、狂热与启蒙的对比以及对马克思的宗教理论等进行梳理和阐释，描述了各种极端主义的幽灵：从约翰·布朗的废奴运动到全世界的反殖民运动。托斯卡诺认为，在世界历史，尤其是西方的哲学、政治与思想史中，狂热主义一直独具特色和魅力：如早期启蒙运动的非理性传统，法国大革命等。然而，在作者看来，当前资本主义的当权者却经常以反对"混乱"为理由来妖魔化"狂热主义"、抵制"狂热主义"，以此来建立和巩固他们统治的合法性。托斯卡诺认为，与其排斥"狂热主义"，不如思考其中一系列具有解放性的理想，比如平等、自由、民主、正义等，通过考察这些理想与集体行动的密切关系，就会发现"狂热主义"正是所有政治变革所必须但又危险的关键因素，因而，我们不能仅仅将其作为来自大众的非理性与宗教的病态观念。托斯卡诺在巴迪欧的影响下对狂热主义的推崇，或许能为我们战胜新自由主义的资本主义提供一些思路和启示。在他看来，当今社会已经被管理式的自由主义所控制，同时也是一个非政治的政治所控制的剥削社会，这一倾向在苏联共产主义垮台后更加的步步紧逼和肆无忌惮。在某种程度上，只有通过狂热主义式的抗争，才能战胜敌手。托斯卡诺对"狂热主义"的讨论是近年来西方左派对乌托邦问题的兴趣的继续。

伦敦大学玛丽皇后学院政治学讲师西蒙·乔特（Simon Choat），在 2010 出版了新书《马克思穿越后结构主义：利奥塔尔、德里达、福柯和德勒

---

① 哲学博士，伦敦大学金史密斯学院（Goldsmiths College）社会学系教授。他研究领域广泛，涉及当代欧洲哲学、当代政治运动、资本主义意识形态等课题，同时将法国当代哲学家阿兰·巴迪欧的许多著作翻译成英语。

② Alberto Toscano: *Fanaticism: On the Uses of an Idea Verso*, London and New York, 2010.

兹》①，此书汇集了作者对四位后结构主义思想家：让－弗朗索瓦·利奥塔、雅克·德里达、米歇尔·福柯和吉勒·德勒兹与马克思的理论之间关系的考察。关于该书的意义，卡洛·萨尔札尼（Carlo Salzani）指出，直到今天，把马克思主义与后结构主义放在一起，仍然使人们感到奇怪，特别是对英国学术界来说，更是如此。但是，在乔特看来，认为后结构主义与马克思主义本质上是对立冲突的想法是一种庸俗的臆断。在此书中，作者证明，在后结构主义思想的起源中，马克思的思想起着关键性的影响。通过对利奥塔等四位思想家的思想起源和内在逻辑的考察，作者证明马克思主义与后结构主义之间是能够建立积极的互动关系的。本书旨在通过观察这些思想家如何阅读马克思——分析他们的直率评论、不言而喻的运用方法以及隐含的批评的考察，清晰而有独创性地阐明了从马克思到后结构主义的路径，同时也表明，后结构主义对马克思主义本身的发展有着积极的意义。《马克思穿越后结构主义》的结论是，只有通过结构主义与马克思主义的对话，才能真正发展唯物主义理论，历史既没有纯粹的起源和目的，真理也是独立于权力的透明的话语，任何诉诸起源的神话对历史意义的论证都是有问题的。因而，对两者关系的考察既可以为阅读马克思提供新的视角，也使我们对后结构主义理论的意义有新的认识。

在 2010 年的新著《马克思：迷津指南》②一书中，罗汉普顿大学历史学高级讲师约翰·锡德（John Seed）认为，卡尔·马克思是近代最具独创性、最有影响力的思想家之一。他的著作激发了 20 世纪最重要的几次政治运动，至今仍然是备受关注的焦点。约翰·锡德在书中对马克思的论著、思想和理论做了一个清晰、全面的梳理，为人们理解这位思想史上的伟人所创造的既重要又复杂的思想，提供了一个引领性的阅读指南。该书介绍了马克思主义的关键概念和主题，并探讨了它们影响哲学和政治思想的方式。并对马克思最具争议性的理论话题作了中肯、可靠的调查，可以帮助有特定需求的学生透彻理解马克思的思想，总之，本书是研究马克思这位千年伟人的理想指南。

① Simon Choat: *Marx through post-structuralism:Lyotard, Derrida,* Foucault, Deleuze; Continuum, London, 2010.

② John Seed:*Marx: a guide for the perplexed*; Continuum International Publishing Group, 2010.

三、资本主义的危机与社会主义的替代方案

英刊《国际观点》杂志 2010 年 10 月号刊登了俄国学者韦伯瑞特对法国著名左翼思想家丹尼尔·本赛德（Daniel Bensaïd）[①] 的学术访谈，在题为《马克思主义理论：昨天和今天》的文章中，本赛德认为，马克思主义并不是仅有一种遗产，而是有许多种遗产："正统的"和"非正统的"；科学的（或实证的）和批判的（或辩证的）；既有恩斯特·布洛赫所说的饱含乌托邦热情的"暖流"也有冷静批判的"寒流"等等。在本赛德看来，当前资本主义危机的根源在于将一切财富都还原为商品的积累，它根据抽象的劳动时间来评价人和事物——使人越来越"痛苦"，当前的社会危机和环境危机就是这方面的显著证据，这种危机不仅影响了当前人们的生活，而且也威胁着整个地球和人类的未来。

齐泽克在 2010 年第 4 期的《新左翼评论》上，发表了题为《持久的经济危机》[②] 一文，它指出，我们已经进入了一个新时期，经济危机已经成为常态：它被固定下来了，成为一种生活方式。但同时也必须清醒地意识到，我们现在仍处于资本主义体系中，而这个体系不可能提供比较高的生活水准。真正的左派应该严肃对待这次经济危机，不再对资本主义抱有任何幻想。经济危机就是战场，而我们必须做好战斗准备。齐泽克认为，首先要做好思想和理论上的准备，而不是现在呻吟式的控诉，如控诉企业严重污染环境，控诉银行靠民众的钱而得救，却又在年终大笔分红，控诉血汗工厂里的工人们不得不没日没夜地工作，等等。这些控诉只是希冀罪恶的资本主义在某些具体的方面得以改善，却从没有想到上述恶行都是存在于自由–民主体系之下的。当前左派面临的问题是，自由民主这个框架本身成了同神圣法则，从未被质疑。自由民主体制成了现时代的神，这个神不断告诉人们："资本主义社会不可能发生根本性变革；新自由主义体系不可能被废除掉。"20 世纪 20 年代，本雅明曾提出资本主义是一种宗教的著名论断，今天西方式的自由民主制度同样是一种宗教。如何打破这一困境，齐泽克强调，一方面，左翼要从拉康的思想中寻找资源，拉康对于克服意识形态不可能性的药方非常管用：不是"一切皆不可能"，而是

[①] 本赛德（1946—2010），法国巴黎第七大学教授，著名马克思主义哲学家、思想家、活动家。

[②] Slavoj Zizek: A Permanent Economic Emergency *New Left Review* 64, July-August 2010.

"不可能的事情正在发生"。另一方面,左翼应从马克思的深刻洞见中寻找智慧:不仅要改善政治体制,更要改变社会生产关系。我们都应该像真正的共产主义者一样去行动,介入对当今全球资本主义的真正对抗中去。

《国际社会主义》杂志 2010 年总第 126 期刊登了吉尔伯特·阿卡(Gilbert Achcar)题为《反思帝国主义:过去、现在和未来》[①] 的文章,作者在评论卡利尼科斯的新著《帝国主义和全球政治经济》一书得失的基础上,对帝国主义过去、现在和未来的诸多争论作了较深入的分析和点评。关于帝国主义之间竞争的核心问题,文章认为卡利尼科斯提到了当代典型的三种马克思主义的基本立场:一种观点认为现在是跨国资本主义,或者说是超国家的资本主义,这种观点认为资本主义大国之间的地缘政治冲突,已经不合时宜。第二种观点认为美国霸权已把整个世界纳入了它的体系,并有效地防止了地缘政治冲突,从而形成了一个尽管原因迥异,但与第一种分析类型相似的结论。最后一种是卡利尼科斯所认同的观点,他的观点基本上与列宁的经典分析如出一辙(尽管卡利尼科斯批评后者在理论和事实上还存在缺陷),认为主要的资本主义国家发展的不平衡,有可能在持续、长期低迷的经济危机背景下,引发地缘政治冲突。作者指出,卡利尼科斯在经过一系列的分析后,最后回到了真正的理论难题,即如何运用帝国主义的定义。卡利尼科斯对此的回答是,从基本经济层面来说,马克思主义通常把"帝国主义"界定为资本家对世界各地的剥削方式,它超越了可以追溯到人类文明之初的纯粹政治和军事意义上的"帝国"概念,因而它不能被奈格里、哈特的帝国概念所取代。

2010 年第 1 期的《新左翼评论》发表了霍布斯鲍姆题为《世界瘟热》[②] 的学术访谈。在访谈中,他认为世界发生了五方面的变化:1. 世界的经济中心正从北大西洋向东南亚转移,从 20 世纪七八十年代的日本就开始出现了这种转移,但是,直到中国 90 年代以来的崛起,才使得这种转移具有了真正的意义;2. 世界范围内的资本主义经济危机,没有人预期到会持续如此之久;3. 2001 年以来,以美国为中心的单极霸权明显开始衰败了;4. 发展中国家,特别是金砖四国作为政治实体的出现,将是影响全球走向的重要力量,但这是他写作《极端年代》时还没有发生迹象的;5. 民族国家的主权受到了系统的削

① Gilbert Achcar: Rethinking imperialism: past, present and future *International Socialism journal*;126, 2010.

② Eric Hobsbawm: World Distempers;*New Left Review* 61, January-February 2010.

弱与侵蚀。这些变化或许可以预期，但并不是很多人所乐见的。霍布斯鲍姆的分析对我们理解当今世界的变化具有重要的意义，但文章并没有给出明确的政治结论。

2010 年第 2 期的《新左翼评论》发表了伊曼努尔·沃勒斯坦题为《结构性危机》[①] 的文章，作者在文中认为，无穷无尽的资本积累是资本主义系统存在的目的与理由，为了积累资本，生产者必须获取利润。但现在，其面临着生产成本提高，以及来自中国的强大竞争的结构性危机。他认为美国能否建立一套更好的体系的可能性，是一半对一半。新自由主义只能祈祷美国能抓住命运之神，因为除此之外，即使不再被神眷顾，也没有其他更好的办法。

英国剑桥大学出版社 2010 年出版了美国著名左翼学者大卫·哈维的新著《资本之谜与资本主义的危机》[②] 一书，作者从导致本轮经济危机的一系列事件谈起，但并不认同那种在危机发生后对新自由主义落井下石式的指控，因为这些指控中的大多数都声言应该扩大政府在经济舞台中的角色，这会把思想带回到陈旧的国家与市场之间零和游戏的逻辑。哈维主张在马克思主义的指引下，对资本主义的演进历程、资本运行背后的规律作深层次分析，认为"在危机时代，资本主义非理性的一面向所有人显露无疑。"当前需要重点说明资本主义社会中资本的流动（capital flow）及后果，透过分析资本积累的结构，阐述资本主义内在的矛盾所在。他总结道：金融危机并非个别事件，乃是资本主义内在张力所引发的新的律动，因而应该通过对资本主义的本质及其运作方式对周期性失灵的原因进行探讨。作者最后提到，我们需要改变资本式的思维，建立一个公平、负责任、人性和可持续的新社会秩序。虽然并不能确定革命后的社会是否以社会主义或共产主义的形态出现，但他希望未来社会是以"社会控制过剩的生产及分配"为前提的体制。

虽然自金融风暴以来已经有许多论著分析当下资本主义的漏弊和补救方法，但是，市面上大部分书籍所谓的"反思新自由主义"并不彻底，它们往往着眼于经济层面如何对现行体制进行补救，然而，更重要的是社会改革。格雷格·阿尔博（Greg Albo）等人撰写的《陷入与走出危机：全球金融危机与左派

---

① Immanuel Wallerstein:Structural Crises; *New Left Review* 61, March-April 2010.

② David Harvey: *The Enigma of Capital: And the Crises of Capitalism*; Oxford University Press 2010.

的替代方案》① 一书便是这方面的尝试典范。阿尔博等人在这本小书中，从金融风暴事件中扼要点出资本主义危机的本质，并根据马克思主义立场，说明应该如何改善民生，如何提供一个后危机时代的替代方案，正如该书的副标题所暗示的，他们从考察新自由主义是否完蛋了开始，得出金融风暴反映出资本主义结构上的错漏，也印证了马克思预言的结论，并据此提出自己的思路：强调关键的不是改变政策（policies），而是要改变政治（politics）。

总之，在许多西方左翼思想家看来，当今人类的处境，如同葛兰西描述由一战开启的那个时代时所说的："旧世界正在死去，新世界还未能诞生：现在是群魔乱舞的时候。"正如齐泽克在2010年法国巴黎的国际马克思大会的主题演讲中所指出的，20世纪左派知道自己的目标和任务，但不知道什么才是实现自己理想的时机，而21世纪我们不知道自己要做什么，当前左派的任务是：发明新的理想，回到真正的共产主义。

四、共产主义：乌托邦还是现实的力量？

艾伦·伍德（Ellen Meiksins Wood）在2010年第2期的《伦敦书评》上，发表了一篇题为《快乐的野营者》② 的文章，评论柯亨2009年出版的《为什么不是社会主义?》③ 一书，作者在文中指出，爱因斯坦曾认为，社会主义是人类超越掠夺式发展阶段的美好尝试，对于柯亨来说，所有市场都是一种掠夺的系统，这便是其所写的文字清晰流畅优美的最后一本著作 ④ 的本意所在。在此书中，柯亨以一贯明晰、迷人和富于幽默的风格，开始想象一群人外出野营。在那样的环境中，柯亨认为绝大部分的人都会强烈支持社会主义式的可行替代方案，并身体力行地支持与通常市场行为完全不一样的共享和平等的原则。问题是，这个野营的原则能否或应该实施到整个社会？柯亨认为，为了避免市场机制必定带来的不公正以及随之而来的不平等，这个设想是可欲的。但是，在伍德看来，柯亨的设想是可行的吗？至于这一点，目前尚无定论。重要

---

① Greg Albo, Sam Sindin, Leo Panitch: *In and Out of Crisis: The Global Financial Meltdown and Left Alternatives;* PM Press 2010.

② Ellen Meiksins: Happy Campers; *London Review of Books* Vol. 32 No. 2 • 28 January 2010.

③ G.A. Cohen: *Why Not Socialism?* Princeton, 83 pp, 2009..

④ 柯亨已于2009年8月去世。

的是，柯亨坚持对两种形成鲜明反差的人类本性及社会机制作出区分，并认为我们的主要问题不是因为人类的自私，而是我们缺乏一种合适的组织技艺，换句话说，是个设计问题。但不能仅仅因为目前还不知道如何设计让社会主义得以运行的组织机制，就断定永远不能或永不愿意去做。

如何设计社会主义的机制，柯亨考虑了市场社会主义的选择。柯亨认为，市场社会主义面临的问题是，未来社会仍然建立在价格机制基础上，但需要预防资本主义市场明显的不平等分配导致的资本集中。在市场社会主义者看来，市场的精神在于用一种低等级的动机实现令人满意的结果，但柯亨认为，让低劣的动机来驱动这种市场，会产生不可欲的结果。因此，只能通过其他的动机来完成。在伍德看来，在分析市场时，柯亨哲学的平等主义偏好使得他过于强调道德动机。这似乎和他最初写作的《卡尔·马克思的历史理论：一个辩护》离得非常远，甚至相反。《卫报》关于柯亨的讣告说他是能言善辩的左翼政治哲学领袖，即所谓对马克思主义历史理论的革命性重释。但事实上，柯亨提供的，更多的是勇气和胆量。不是重释马克思，而是毫不妥协地捍卫对马克思最正统的阐释。

《国际观点》（International Viewpoint）2010 年 1 月号，翻译刊载了本赛德名为《共产主义的力量》①的提纲式论文，本赛德在文中认为，尽管 20 世纪经历过苏联式共产主义的失败，但共产主义思想仍然是激励人们追求社会平等的力量，左翼应该继承发挥好这份思想遗产。那些抛弃斯大林主义的同时也抛弃共产主义的人，应当对此感到羞耻，他们永远只配当斯大林主义者！在他看来，共产主义是超越上帝的无神论的实际的人道主义，超越私有财产维护真正的人类生活的理论，这种共产主义远离粗陋的反教权主义，不再只是反宗教异化，同时也反对产生宗教需要的贫穷。共产主义使得人类解放从哲学和空想的形式进入到政治上解放的形式。作为超越资本主义的必要性和可能性，共产主义仍然是主张平等共享、反对掠夺和私有化、让人想起美好事物的词汇。因此，共产主义"既不受个人自私的怂恿陷入个人主义的泥沼，又非冷酷的兵营式社会平均主义"。共产主义是不断超越与淘汰旧社会关系的运动，而不是一成不变的教条式的抽象概念。与追求数量增长的资本标准完全不同，共产主义

---

① Daniel Bensaïd:The powers of communism; 来源：http://www.internationalviewpoint.org/spip.php?article1799.

必须顾及生态的发展；与为利润而生产的资本积累的逻辑相反，共产主义旨在满足真正的社会需求。资本主义让任何显著的进步都要以倒退和破坏为代价，究其缘由在于，资本主义只是改变了劳役的形式，而没有改变劳役本身。而共产主义则要以发展与满足不同的需要为己任，把每个人联合起来，各尽所长，贡献并丰富整个人类社会。

在共产主义的联合体里，每个人的自由发展是一切人自由发展的前提和条件。各人的特殊需要和才能的展现，同时亦是对人类社会发展的贡献。每个人的自由发展都包含在所有人自由发展之内，解放决不是孤独个体的乐趣。因此，共产主义不是教义，而是人类的理想目标；并非科学知识和方法的终点，而是"公义、平等和团结的另一个世界的毫不动摇的梦"：不断寻求推翻资本主义的现存秩序。在资本主义危机再次来临，资本主义在社会、经济、生态与道德等方面都陷入困境，并日益走向极端狂妄和无理的新时期，共产主义的现实性日益变得迫切。

作为在全球有重要影响的知名学者，齐泽克 2010 年在英国新左翼书局（Verso）出版了影响广泛的新著《活在终结时代》[①] 一书。作为书名，"终结时代"有双向的指涉，如同红日将出的晨晓，既是黑夜即将结束的标志，亦预示着令人向往的新的一天的开始：柏林墙倒塌，看似标志着资本主义全面胜利，历史已然终结，天堂也因此提前到来。然而，事实却是新自由主义的全面胜利，给人类带了全面的灾难，环境灾难、社会暴力、全球金融危机……"全球化资本主义制度本身已迈向一个末世论的零点（apocalyptic zero-point）"。资本主义必将被其自身带来的"四骑士"，即生态灾难、基因改造、资本主义的内部矛盾以及日益加剧的社会分化与排斥所摧毁。资本主义的"天堂"已然全面失序，新自由主义的"末日"近在眼前，当世活着的人，都将亲证这一点。

在书中，齐泽克借用了瑞士心理学家库伯勒罗斯（Elisabeth Kubler-Ross）提出的绝症患者面对死亡时心态转变的五个阶段：起初是否认（denial），然后是愤怒（anger），接下来是讨价还价（bargaining），不成之后是抑郁（depression），最后是无奈地接受（acceptance）。面对全球化资本主义危机，自由资本主义的社会意识也经历了这样的五个阶段：起初是否认，接着是愤怒，之后是祈求出路的可能性，在多次尝试皆不成功后则是沮丧，最后到达末世论的零点

---

① Slavoj Zizek: *Living in the End Times*; Verso, 2010.

状态，不再把危机视为威胁。诡谲的是，资本主义社会的灾难达到极限的零点状态之时，也是共产主义新纪元的开启之日。齐泽克认为，一直以来，新自由主义最大的谎言便是宣传历史已经终结，马克思主义早已过时，左翼思想更是不合时宜，注定必然失败。揭露这个谎言，让人们普遍接受共产主义的洗礼，是否还需要漫长的等待？他的回答是，马克思主义的命运永远是实时而当下的，比如1968年的左翼运动，政治上消灭资本主义的努力确实失败了，但在个性解放、自由等文化领域，却可以说是胜利的。因此，革命无须等待，它就在当下！

阿兰·巴迪欧（Alain Badiou）的《共产主义的假说》[①]一书，于2010年7月由英国 Verso 左翼出版社翻译出版，其主要观点曾在2008年第1期的《新左翼评论》上发表过。在巴迪欧看来，共产主义是如今新自由主义面临夭折后全球解放事业崭新的和内在的要求。"共产主义是一个正确的假说"，离开这一假说，剩下的只有不平等。与此书同期，新左翼书局还出版了科斯塔斯·杜兹纳（Costas Douzinas）和齐泽克等15位世界知名学者共同编著的文集《共产主义的观念》[②]，收集了2009年伦敦共产主义大会的主要发言者论文。在书中，多位作者均认为共产主义是唯一值得真正的哲学家追求的永恒的政治观念。

五、哲学关注：技术之批判与追问

在2010年第1期的《剑桥经济学杂志》上，G. 哈曼（G. Harman）发表了题为《海德格尔论技术、物体与事物》[③]的文章。他在文中认为，海德格尔早期对工具的分析与后来对技术的反思同样有名。在哈曼看来，早期海德格尔对低端技术（low-tech）的工具，比如锤子和钻头等，非常着迷，但后来对水电站坝等高技术的设备也深感兴趣。但是，作者提醒我们，不能把海德格尔对工具和技术的分析限定在特殊的技术实体范围内。当他提及工具的时候，同样适用于树、猴子，而不只是锤子；当他谈及技术的时候，他关注的是普遍的本

---

① Alain Badiou: *The Communist Hypothesis*; Verso, 2010.
② Costas Douzinas and Slavoj Žižek (eds): *The Idea of Communism*; Verso, London 2010. 226pp.
③ G. Harman: Technology, objects and things in Heidegger; *Cambridge Journal of Economics*; Vol. 34, No. 1, 2010.

体论，而不是仅关于技术本身的理论。因此，作者在文中主要关注的是海德格尔在本体论的视阈中如何反思工具与技术。在作者看来，工具分析可能是海德格尔最重要的哲学贡献，其中包含了他在其他哲学方面突破的胚芽。工具分析最早见于他 1927 年出版的主要代表作《存在与时间》，但是，更早的分析可以追溯到他在 1919 年的演讲。因此，那种认为海德格尔是从胡塞尔写于 1920 年、但并未发表的著作中剽窃了工具分析的观点，从年代学的角度来说是站不住脚的。事实上，正是对于工具分析的分歧，使得海德格尔与胡塞尔分道扬镳，而不是因为他剽窃了老师胡塞尔的思想。

关于技术理论的意义，菲利普·福克纳（Philip Faulkner）等人在同期的《剑桥经济学杂志》上发表了题为《技术的理论分析》[①] 的论文，作者在文中强调，技术不只是涉及传统经济学理论所关注的经济增长、财富创造和贫困的消除等问题，同时亦涉及广泛的社会议题，如气候变化、职业工作全球化与组织化，直到教育、卫生保健、传媒艺术的发展等等。经济学家，社会科学家和政策制定者都需要认真考虑技术的本质，并对如下问题作出回答：技术有哪些种类？技术发生了哪些变化？技术如何实现物质和社会层面相统一？在作者看来，虽然技术问题已在马克思、熊彼特和维布伦那里得到了很好的论述，然而，当代主流经济学却严重忽视了对技术进步的生产功能的重视，经济学家只重视技术在投资中的作用。因此，作者认为，当代思想家有必要重新复兴马克思关于技术的批判理论。

在同期的《剑桥经济学杂志》上，安德鲁·芬伯格（Andrew Feenberg）发表了题为《马克思主义与社会理性批判：从剩余价值到技术政治》[②] 的文章，作者在文中认为，新马克思主义和后结构主义者在 20 世纪六七十年代要求对发达工业社会的技术理性进行激进变革，随后，借助环境运动的影响，关于技术的争论开始广泛传播开来。"不确定性"（underdetermination）很快便在科学与技术的研究中作为政治中立的概念被明晰表述出来。然而，在作者看来，这种学术理解却忽视了技术理性对公共政治的影响力：一个新的技术政治的时代已然来临。芬伯格的观点是对他长期研究的技术理性批判思想的发展。

---

① Philip Faulkner, Clive Lawson and Jochen Runde:Theorising technology; *Cambridge Journal of Economics*; Vol. 34, No. 1, 2010.

② Andrew Feenberg: Marxism and the critique of social rationality: from surplus value to the politics of technology; *Cambridge Journal of Economics;* Vol. 34, No. 1, 2010.

托尼·史密斯（Tony Smith）在同一期的《剑桥经济学杂志》上，发表了题为《资本主义的技术变迁：马克思的一些主题》[①] 的文章。在史密斯看来，大多数的社会理论家都相信亚当·斯密的主张，即所有生产的唯一目的和使命就是消费，而技术是服务于这一目的的工具和手段。在他看来，虽然马克思亦承认，资本主义空前的技术活力给人类带来了巨大的福利。然而，对于马克思而言，资本主义生产的目的和使命，并非亚当·斯密所认为的消费，而是剩余价值的积累。从这个视角而言，技术最首要的是充当资本的工具，人类也因此随着技术的变化变得日益危险而不确定。作者试图通过三方面的描画重建马克思的论证：1．当技术发展被用来维持商品价格时，技术进步将进一步加强对社会关系的控制与剥削；2．网络技术巨大潜能的全面发展将会因为资本的强制而被系统地限制；3．技术进步将带来过度积累与金融危机。

　　2010 年第 2 期的《历史唯物主义》杂志，刊登了埃米·温德林（Amy E.Wendling）题为《技术哲学的新浪潮》的文章，温德林在文中点评了 2009 年由奥尔森（Jan Kyrre Berg Olsen）等人编撰的《技术哲学的新浪潮》[②] 一书，文中特别分析了马克思的技术观和海德格尔的技术哲学的差异，并讨论了马尔库塞的《单向度的人》一书的思想来源。在温德林看来，马尔库塞肯定受到海德格尔"技术座架"（technological enframing）思想的影响，但马尔库塞却认为这种座架取决于资本主义，因此明显带有马克思思想的痕迹。如果脱开《单向度的人》一书，从马尔库塞早期和晚期的著述来看，这种理路就变得非常清晰了。比如写于 1955 年的《爱欲与文明》，马尔库塞便有明显的马克思技术乌托邦的思想特征，即技术能够生产创造自由社会所需要的物质财富。因此，马尔库塞赞同马克思对卢德分子砸毁生产机器的行为所进行的批判：砸毁生产机器，就等于反对物质财富，也反对人类能从劳动中获得自由与解放。文章随后对哈贝马斯关于技术的理论也作了一些点评。最后，作者认为，《技术哲学的新浪潮》一书的出版，将有助于研究技术哲学的历史唯物主义者建立起自己相应的学科体系。

[①] Tony Smith: Technological change in Capitalism: some Marxian themes; *Cambridge Journal of Economics*; Vol. 34, No. 1, 2010.

[②] Olsen, Jan Kyrre Berg; Selinger, Evan; Riis, Soren; Bostrom, Nick; Brey, Philip; Jensen, Casper Bruun; Gad, Christopher; Harman, Graham; Hale, Ben; Ihde, Don: *New Waves in Philosophy of Technology;* Palgrave Macmillan, 2009.

玛西亚 – 安妮·多布雷什（Marcia-Anne Dobres）在同期的《剑桥经济学杂志》上，发表了题为《技术考古学》[①] 的论文，在文中，多布雷什在简要地概述主要的技术创新之后，从知识本体论的角度着重强调人类与其产品共同生成的观点。在作者看来，符号学派和结构主义学派形成了考古学家认知技术传统的社会价值。但当性别成为最近讨论的焦点时，考古学家开始发生了转变。作者主张用现象学的理论与代理成本理论（agency theory）[②] 来进行相关研究：即古代技术是在完善人格与在身体政治中使用产品相结合而诞生的。

在同一期的《剑桥经济学杂志》上，朱迪·瓦克曼（Judy Wajcman）发表了题为《女权主义的技术理论》[③] 的文章，瓦克曼在文中认为，女权主义的技术理论在 20 世纪后半叶取得了长足的进步，女权主义与技术和科学研究的交叉融合取得了巨大的进展，这种进展丰富了各自的研究领域。她通过对当代及早期女权主义关于技术之争论的差异及连续性的阐明，让人们开始聚焦性别与技术之关系：技术被概念化为性别关系的资源与性别关系之结果。为了避免技术决定论或性别本质在先论，她强调性别与技术的关系是流动性的，但重点在于弄清楚技术进步对性别权力关系的影响。因而，在瓦克曼看来，女权主义的技术政治是实现性别平等的关键所在。

J. 斯坦·梅特卡夫（J. Stan Metcalfe）在同一期的《剑桥经济学杂志》上，发表了题为《技术与经济理论》[④] 的文章。梅特卡夫在文中认为，不管技术与技术进步在资源分配理论或增长与发展理论中地位如何，其在经济中都始终发挥着核心的作用，然而，现在技术的本质在经济学理论中被严重忽视了。作者试图为技术被经济学理论所重视进行论证。

在同一期的《剑桥经济学杂志》上，卡洛塔·佩雷斯（Carlota Perez）在题为《技术革命与技术经济范式》[⑤] 的文章中，试图从新熊彼特主义关于工业

---

① Marcia-Anne Dobres: Archaeologies of technology; *Cambridge Journal of Economics*; Vol. 34, No. 1, 2010.

② 代理成本理论（agency cost）最初是由简森（Jensen）和梅克林（Meckling）于 1976 年提出的。这一理论后来发展成为契约成本理论（contracting cost theory）。

③ Judy Wajcman: Feminist theories of technology; *Cambridge Journal of Economics;* Vol. 34, No. 1, 2010.

④ J. Stan Metcalfe:Technology and economic theory; *Cambridge Journal of Economics*; Vol. 34, No. 1, 2010.

⑤ Carlota Perez: Technological revolutions and techno-economic paradigms; *Cambridge Journal of Economics;* Vol. 34, No. 1, 2010.

技术革命的概念入手，致力于理解创新过程的连续性与规律性，通过技术进步的演化模式与技术创新的方向和节奏之间的关系的微观而核心的观察，以及技术经济范式的应用，以期发现它们在整个经济中的结构与地位，并研究其对社会制度与社会变化所产生的影响。

除此之外，英刊《新左翼评论》2010 年 1—2 月号刊登了美国学者迈克·戴维斯（Mike Davis）题为《谁来建造方舟？》[①] 的文章。在文中，戴维斯认为全球气候变化问题已相当严峻，当前主流的解决办法，仍然是试图依赖市场和技术本身解决问题的老路。作者认为无数的历史事实已经证明，这条老路是走不通的，要解决当前的危机，只能走新型城市化的道路：即在城市设计和发展中应有更多的人民性、计划性、整体性，使公共富足优先于少数人的利润，并发挥当地优秀的居住文化传统。

从上述讨论中可以看出，技术问题已经成为马克思主义思考的重点，这不仅因为技术是经济发展的重要因素，而且因为技术关涉到人类自身及其他所依赖的生态和环境。

六、被重新发现的列宁

近十年来，西方一些左翼学者，如齐泽克、拉尔斯·利赫（Lars Lih）等人，一直致力于重释列宁，试图"重读"、"反思"列宁主义，甚至主张"回到"列宁。他们通过对列宁思想来源的探索和梳理，试图还原列宁遗产的原貌，超越冷战时期所描述的独裁形象，或者原苏联教科书所宣扬的神圣形象。这些以"Re"为前缀的动词的频繁出现，大有重新激活人们对列宁的关注和兴趣的意味。2010 年第 3 期的《历史唯物主义》杂志，以拉尔斯·利赫的著作《重新被发现的列宁》所讨论的问题为论域，发表了一组论争文章。争论的焦点主要集中于列宁主义的思想来源，是来源于第二国际的卡尔·考茨基，还是直接来源于马克思主义？

首先，利赫本人发表了一篇题为《被争议的列宁》[②] 的文章，这篇文章集中阐发了自己在 2006 年出版的《列宁的再发现：在背景中考察〈怎么办?〉》

---

① Mike Davis: Who Will Build the Ark? *New Left Review* 61, January-February 2010.

② Lars Lih: Lenin disputed; *Historical Materialism;* Vol. 18, No. 3, 2010.

的核心观点。作者在文中认为，关于列宁《怎么办?》一书的批判性讨论，因一系列虚构的历史事实而受到阻碍，因此接下去的讨论需要更加精密的史实与材料，特别是列宁或托洛茨基是否重新思考或拒绝过考茨基在一战前所捍卫的意识形态立场? 在作者看来，《列宁的再发现》的原则性目标不是仅仅将目光局限在《怎么办?》一书上，而应朝向更宽广的历史视野，此书最主要的目的是挑战教科书的解释系统。

在作者看来，考茨基的爱尔福特主义（Erfurtianism）对俄国社会民主和列宁个人都产生了巨大的影响。即使在后期，列宁也并不完全排斥考茨基的理论，证据是列宁不断重读并在写作中引用考茨基的相关著作，因而，不能从列宁对所谓的"考茨基主义"的谴责推导出他对考茨基一战前的思想也是持相同的态度。相反，列宁是非常赞赏考茨基一战前的思想的。因此，作者认为，后来改变道路的是考茨基本人，而不是列宁。

罗纳德·格里戈尔·桑尼（Ronald Grigor Suny）在题为《再论列宁》[①] 一文中，认为利赫为列宁《怎么办?》这本小册子所写的大部头著作，算是有史以来对列宁《怎么办?》一书最精心的阐明了，它不仅是至今为止最精致的，而且在可见的将来，也不可能被超越。在桑尼看来，利赫把列宁描绘成一个民主的、爱尔福特主义的马克思主义者，无疑对那些认为斯大林主义源自《怎么办?》一书的人提出了强有力的挑战。尽管如此，当代存在的证据表明，不管是孟什维克，还是布尔什维克对列宁的解读，在某种意义上，与利赫所谓的文本解读，差异并不是太大。

克里斯·哈曼（Chris Harman）也在同期的《历史唯物主义》杂志上，发表了一篇关于《列宁的再发现》[②] 的书评，哈曼在文中认为，在经典马克思主义的范围内重构列宁的思想，利赫的著作对于将列宁主义从各种自以为是的文本学解读中拯救出来，贡献极大。然而，在哈曼看来，利赫并没有抓住考茨基主义与其论著在第二国际内的各种解读之间的滑移这个关键点。当列宁试图将德国社会民主党的教训运用到俄国的具体实践中时，他在俄国社会主义运动中的其他对手也有类似的想法。而列宁后来实际所做的与考茨基所写的之间存在着巨大的差异，这一点在 1914 年之后就变得相当的明显了。显然，哈曼并不

---

① Ronald Grigor Suny: Reconsidering Lenin; *Historical Materialism;* Vol. 18, No. 3, 2010.

② Chris Harman:Lenin Rediscovered; *Historical Materialism;* Vol. 18, No. 3, 2010.

完全同意利赫对列宁立场的看法。

艾伦·桑德罗（Alan Shandro）在同一期《历史唯物主义》上发表了题为《列宁〈怎么办?〉论证的文本与背景》[①] 的文章，在文中，桑德罗认为利赫的《列宁的再发现》一书，旨在通过重构列宁与当时主导国际社会主义运动的考茨基以及与本土思想家的论战之间的关系，颠覆了列宁主义的文本学神话。然而，对列宁早期马克思主义思想进行重读的结果，却与列宁主义的文本解读正相反。在作者看来，利赫在试图证明列宁主义是马克思主义的正统方面，走得太远了。重要的是，他还通过对经济主义的狭义解读，误读了列宁的经济主义批判。利赫最好承认列宁各种各样论战的重要性，而不是简单地仅仅将他的对手描画为作为经济学者的俄国左派。对列宁而言，最为重要的是，如何抓住改良主义的投机本质，并在极为困难的背景下，动摇其在工人运动中的霸权地位。

P. 莱波兰克（Paul LeBlanc）在同一期《历史唯物主义》杂志上，发表了题为《正在重新发现列宁》[②] 的文章，他在文中认为，虽然《列宁的再发现》一书对理解列宁主义的马克思主义非常重要。但是，其仍然因太过于坚持列宁是爱尔福特主义或者第二国际的马克思主义者了，反而因此瑕疵不少。大众政党或社会运动的动力与最具代表性的理论家之间，也是存在巨大差异的。德国社会民主党的现实比列宁从考茨基的最好论著中学到的要更多。特别是 1914 年，当他建立一个完全不同于德国社会民主党的新型政党时，列宁更加意识到这一点。虽然列宁与考茨基及倍倍尔等人思想有很多共同之处，但他们在更重要的方面，比如关于革命性政党同工人阶级解放之间的关系等，却是完全不一样的。在作者看来，对于列宁而言，建立民主的革命组织确实是理论要求，但是战胜资本主义才是列宁主义的真正目的。

同一期的《历史唯物主义》杂志还刊登了保罗·布莱克利奇（Paul Black-ledge）撰写的关于利赫《列宁的再发现》一书研讨会的介绍，在布莱克利奇看来，利赫关于列宁《怎么办?》一书的研究，拆毁了自由主义者和斯大林主义者共同的列宁主义神话：将其作为职业化和机会主义的革命组织的冰冷意识形态。利赫的结论是，列宁的思想不仅深深植根于当代马克思主义的民主文化中，而且也建立在对工人阶级革命潜能的坚定信念的基础上。在作者看来，利赫的研

---

① Alan Shandro:Text and Context in the Argument of Lenin's What Is to Be Done? *Historical Materialism*; Vol. 18, No. 3, 2010.

② Paul Le Blanc:Rediscovering Lenin; *Historical Materialism*; Vol. 18, No. 3, 2010.

究推动了关于列宁主义与第二国际的马克思主义之间复杂关系的讨论，对此研究的讨论，开启了对列宁当代遗产进行重估的热潮。

可以说，布莱克利奇在《国际社会主义》杂志第 125 期（2010 年）上发表的题为《马克思主义和无政府主义》①的文章，就是众多对列宁当代遗产进行重估的之一。布莱克利奇在文中以列宁为案例，辨析了无政府主义和经典马克思主义之间的异同，澄清了无政府主义者对马克思主义在斗争形式和目标上的误解，特别是关于列宁与第二国际修正主义之间的关系。

在布莱克利奇看来，无政府主义使用"国家中心主义"的标签来描述列宁主义和修正主义这两个派别，无疑抹去了夺取和"粉碎"国家之间的本质差异：修正主义派别旨在资产阶级国家内赢得议会多数，而列宁领导的布尔什维克却旨在"粉碎"它！在这一点上，列宁反过来应该是无政府主义者，用列宁本人的话来说，便是"在废除国家是目的这个问题上，我们和无政府主义者完全没有分歧②。"然而，另一方面，作者也指出马克思与列宁主义的区别。对机会主义者关于列宁主义是无政府主义的指责，列宁毫不留情地进行了反驳和撇清："无政府主义往往是对工人运动中机会主义罪过的一种惩罚——这两种畸形东西是互相补充的。"③列宁强调，作为领导工人阶级的共产党，是以粉碎旧的国家机器为己任的工人阶级先锋队组织，为了能推翻旧资产阶级国家机器，就势必实行中央集权的集中制。同时，因为无产阶级革命的目的和主体都是工人阶级——"工人阶级的解放应该由工人阶级自己去争取"，这种自下而上的革命，天然地比资产阶级自上而下的革命更为民主，无论在革命时期还是胜利之后。

在布莱克利奇看来，能否实现真正的民主，是以列宁为代表的经典马克思主义与无政府主义政治分歧的核心和关键所在，这种差异和分歧主要表现在自由与权威的关系、政治组织的组织形式问题以及对资本主义民主体制的批判等方面。作者最后得出的结论是：列宁所创建的民主集中制，既赢得全社会的大多数，又推翻了旧的国家机器，这样一个既要求民主又中央集权的党的理论，为今天的反资本主义者和社会主义者留下了丰富的学习资源。

---

① Paul Blackledge:Marxism and anarchism;International Socialism journal 参见：http://www.isj.org.uk/index.php4?id=616&issue=125。
② 《列宁选集》第 3 卷，人民出版社，1995 年版，第 164 页。
③ 《列宁选集》第 4 卷，人民出版社，1995 年版，第 143 页。

在本人看来，在国际金融危机持续动荡，左翼千方百计为寻找可能的替代方案而头痛迷糊之时，倘若左派并不满足于只是在大学讲坛和学术期刊上坐而论道，倘若还仍然坚信另一个世界是可能的，那么就需要借助对列宁诞辰140周年进行纪念之际，面向未来，行动起来，像列宁一样，切实努力寻找推翻资本主义统治的薄弱环节和突破口，而不仅仅在学理和文本考证学上复兴列宁主义或者其他的马克思主义学派。即不能一方面忙着给列宁主义贴上各种理论标签，另一方面，却将列宁主义的政治洞见弃之如敝屣。列宁关于如何将共产党组织成工人阶级的先锋队和战斗堡垒，依靠自己的力量"粉碎"旧的资本主义国家机器，而非等待资产阶级善心发现的思想，正是当代书生气浓重的西方左翼理论家与共产主义政党组织所严重缺乏的。

（复旦大学当代国外马克思主义研究中心）

俄罗斯

李尚德　户晓坤

到 2010 年，俄罗斯马克思主义的研究走过了风雨兼程的二十年。这二十年，俄罗斯马克思主义研究经历了诋毁与捍卫、反思与创新的不同发展阶段，基本上完成了对苏联马克思主义研究的拨乱反正，走上了常态化、拓展化的研究之路。可以说，2010 年俄罗斯马克思主义整体研究的路向呈现创新发展的趋势。以布兹加林、科尔加诺夫等创新学派为代表的一批俄罗斯学者，在回归马克思主义当代价值的基础上，客观冷静地反思和澄清马克思主义作为科学理论的内在意蕴及其与俄罗斯国家命运的历史关联。

与其他国家马克思主义研究不同的是，俄罗斯学者具有理论的实践品格和深切的历史感，他们通过展开一系列追溯马克思主义发展的纪念性活动（2008 年纪念马克思诞辰 190 周年，2009 年纪念《共产党宣言》诞生 170 周年，2010 年纪念列宁诞辰 140 周年），立足于历史与现实的交会处，力图解读马克思主义在俄国传播、发展以及苏联社会主义运动兴衰的历史必然性和现实基础；在全球化视阈中，对上述历史经验教训进行批判与继承；为 21 世纪世界社会主义运动寻找方向与路径；对俄罗斯当代的社会转型和未来发展进行深邃的省思。这样，当代俄罗斯马克思主义研究获得了巨大的问题意识、体现出了深刻的现实关怀和历史使命感。从 2010 年的研究成果看，俄罗斯学者把对马克思主义理论研究的态度和立场拓展到对列宁主义、斯大林主义理论成果的批判继承上；致力于在全球化的宏观视野下，批判资本主义的当代形式和特点；对国际左翼共产主义运动保持深切的关注与支持，为社会主义道路的可能性寻求路径。从俄罗斯学者身上我们所看到的，对马克思主义不单是科学研究的客观立场和态度，还有精神上对价值关怀的信仰与笃信以及情感上对马克思主义深深的眷恋与复归。

2010 年俄罗斯马克思主义的研究状况

2010 年俄罗斯马克思主义研究在理论和实践中取得了一系列成果，学者们要求重新阅读马克思的呼声越来越强烈，马克思、恩格斯、列宁、斯大林的经典著作重新翻译再版，马克思主义哲学的方法论、历史唯物主义对人之存在的价值关怀以及现代文明的内在冲突问题是学者研究的核心问题，就以上问题与当代西方马克思主义者展开深入对话，翻译了西方马克思主义的重要著作，邀请了美国、德国等当代学者参加大型国际学术研讨会，同时也向俄罗斯学者介绍了中国马克思主义哲学的研究进展以及中国学者对苏联东欧马克思主义哲学的研究成果 [1]。2010 年是列宁诞辰 140 周年，围绕对列宁遗产的继承问题，21 世纪社会主义的发展道路问题自然成为一个重要课题。

2010 年俄罗斯再版了马克思列宁主义经典作家在经济思想史、科学社会主义等方面的一系列著作，包括马克思的《1844 年经济学哲学手稿》、《伊壁鸠鲁哲学》、马克思为法国版本亲自校订的《资本论通俗读本》、由博克格雷温克编辑的《资本论普及本》、《资本论精粹合编本》、《马克思恩格斯与俄罗斯政治活动家通信集》等，恩格斯的《家庭、私有制和国家的起源》、《爱尔兰史：文化史概述》、《法兰西时期古代日耳曼人的历史》、《马克思资本论第一卷的摘要》、《暴力在历史中的作用》，列宁的《列宁选集》及其单行本《国家与革命：马克思主义国家学说及无产阶级的革命任务》、《共产主义中的"左派"幼稚病》、《支持还是反对：历史文化论文集》、《巨人的民族自豪感》、《怎么办：我们在运动中迫切需要解决的问题》、《进一步，退两步：我们党的危机》、《在民主革命中社会民主党人的两种策略》、《帝国主义是资本主义的最高阶段》、《唯物主

---

① Взгляд современных ученых на марксистскую философию. Том о российских ученых. ВОПРОСЫ ФИЛОСОФИИ 2010 № 8.

和经验批判主义》等。

翻译出版了国内外马克思主义研究的早期著作，包括英国物理学家和社会活动家贝尔纳的《马克思主义和科学》、俄国哲学家阿克雪里罗得的《哲学概述：历史唯物主义哲学批判的应答》、《资产阶级社会管理原理批判与唯物史观》，库诺夫的《西方马克思学的历史进程理论：社会和国家》、切尔文托的《政治外衣》、阿伦的《假想马克思主义》、狄慈根的《关于逻辑的信 特指民主无产阶级的逻辑》、拉布里奥拉的《历史唯物主义 唯物史观概述》、鲁道夫的《唯物史观视角》、安德烈尔的《马克思和恩格斯〈共产党宣言〉的历史引言和注释》、索列尔的《对暴力的反思》、伊里因科夫的《马克思在资本论中抽象和具体的辩证法》、伊莎科夫娜《历史唯物主义》、罗森塔尔的《资本论的辩证法》、埃瓦尔德的《马克思资本论中的具体》、莫斯特的《资本与劳动》。

出版了俄罗斯国内学者马克思主义研究领域的相关专著，包括苏贝托的《弗拉基米尔·伊里奇·列宁——人类向社会主义冲击的俄罗斯天才》、科兹洛娃的《马克思的居民就业租赁企业的实证分析》、布龙施泰因编辑的《历史唯物主义》（收集了恩格斯与别人的争论、反思和一些哲学问题）、波洛莫什诺夫的《马克思与维贝尔社会认知方法论比较分析》、柳布金的《非人道的历史现象学》、巴普洛夫斯基的《马克思的〈法兰西内战〉与当代》、阿秋科夫斯基等人的《当代共产主义理论的出发点》、卢基扬诺夫的《理论无知——共产主义运动的背叛形态》、特鲁什科夫的《列宁主义——这是由资本主义向社会主义过渡的革命时代的马克思主义》、焦哈泽主编的纪念马克思诞辰 190 周年论文集《马克思学说 21 世纪》、第四届学术与实践国际大会资料《列宁在当代世界》、俄罗斯共产党等单位主编的《俄罗斯与 21 世纪的社会主义：纪念马克思恩格斯"共产党宣言"发表 160 周年》学术论文集、由追求社会主义目标学者全俄社会组织等单位主编的纪念列宁诞辰 140 周年全俄学术大会论文集《社会主义：理论、历史和展望》、丘赫布列的《唯物史观评述》、阿鲁莎诺夫的《19—20 世纪交替时期社会思想在西欧的发展》、库塔尔卡的《厨娘和马克思对话》、科索拉波夫的《斯大林和列宁》、图格列夫《未来的人类群体》、卡雷尔的《列宁》。

为纪念列宁诞辰 140 周年，2010 年 4 月 22—24 日"罗莎·卢森堡基金会"、莫斯科大学哲学系、国家哥尔克列宁故居保护博物馆、"抉择"基金会等机构在莫斯科联合举办了"列宁在线"国际学术会议 ①。这次会议旨在从多元化视角、科学地研究列宁的辩证法、帝国主义和社会主义等理论遗产及其革命实践，列宁理论遗产在俄罗斯现代化进程中的价值和意义，对列宁的哲学、政治学以及历史和社会文化思想进行阐释，讨论如何在 21 世纪的今天学习、继承列宁的理论遗产，使其在思考当代历史进程中获得新的生命力。俄罗斯社会科学院的研究人员、莫斯科国立大学知名学者、希腊、美国大学学者以及社区领袖、文化名人参与此次会议。会议在互联网上与匈牙利的布达佩斯、英国的格拉斯哥等城市的科研机构的学者进行同程交流。

本次会议的第二、三天（4 月 23—24 日）在国家历史博物馆举行，通过参观使与会者熟悉了解了列宁的理论工作和政策文件以及列宁在国际共产主义运动中的活动等。

2010 年 4 月 20—21 日在莫斯科大学举办了国际理论研讨会"在全球化背景下俄罗斯超越危机的潜力：教育，科学和文化"，会议邀请了莫斯科大学、国家杜马代表、非政府组织的领导人、俄罗斯科学院等机构的知名学者参加。会议的主题是：现代经济危机的性质和原因：与马克思时代古典经济危机的比较；社会和生态危机：对全球化进程的批判性分析；国际和俄罗斯在应对危机的设计方案和实施经验；地缘政治危机的影响：反对民族主义、专制和加强地缘政治干预；社会科学方法论：辩证法，实证主义和后现代主义的比较研究；政治经济学和经济学：经典理论和社会经济发展的新理论。

2010 年 5 月 13—14 日第十二届国际学术大会"再没有什么比好的理论更具有实践性"（伊里因科夫报告会）在基辅召开，本次会议由基辅技术大学社会学院、俄罗斯哲学学会等单位举办，来自乌克兰等 24 个城市的哲学家、教师、学生等 150 人出席了会议。争取社会主义知识分子全乌社会联合会以及莫斯科"拥护社会主义国际联盟（抉择）"参与了大会的组织工作。本次会议的核心主题是讨论马克思主义列宁主义理论方法，包括哲学与文化、理想与现实的辩证法、列宁的辩证法和形而上学思想、从抽象上升到具体的科学理论思考、历史和逻辑统一的科学方法、唯物辩证法的范畴发展以及对德国古典哲学的继承、思维矛盾问题、马克思主义与西方世界、黑格尔哲学中的异化问题等。

---

① 《ЛЕНИН ON-LINE》, http://www.alternativy.ru/ru/node/1276.

2010 年 11 月 18—19 日在莫斯科举行了主题为《"停滞"：苏联解体是不可避免的吗?》学术研讨会，莫斯科大学经济研究所、俄罗斯科学院哲学研究所、世界历史研究所的知名学者以及国家杜马、非政府组织领导人和国外个别学者出席了会议，讨论的核心议题是苏联解体前期的经济、社会、政治和意识形态改革，如何导致了社会主义体制的崩溃。具体题目是：(1) 苏联 60—70 年代的独立经济实体；(2) 20 世纪：市场经济的发展趋势以及可替代的战略选择；(3) 政治方面的挑战：戈尔巴乔夫的民主化；(4) "停滞" 文化：知识分子在苏联解体中的角色。与会学者揭示了，马克思主义作为意识形态在苏联帝国兴衰过程中的不同表达方式和作用以及在苏联停滞中马克思主义如何失去了整合社会意识的功能，同时也失去了知识分子的支持与认同。

2010 年俄罗斯马克思主义的研究主题

2010 年俄罗斯马克思主义的研究围绕三大主题展开：一是对列宁理论遗产的批判继承，二是对社会主义的新认识，三是揭示马克思主义在多领域中的当代意义。2010 年恰逢列宁诞辰 140 周年，列宁的理论遗产受到了特别的重视，俄罗斯学者揭示了列宁的帝国主义理论、新经济政策，对于解读当今资本主义发展的特点、趋势以及社会主义运动的出路等尤其具有现实意义。从这点出发，俄罗斯马克思主义以 "21 世纪新社会主义" 的替代性选择为核心，对全球化问题、社会主义与俄罗斯的未来命运等进行了研究，从马克思列宁主义理论和政治实践的双重维度探索了社会主义道路的可能性与现实性。

(一) 列宁理论和政治遗产的批判继承

为纪念列宁诞辰 140 周年，由莫斯科大学哲学系等单位于 4 月 22—24 日在莫斯科召开了 "列宁在线" 国际学术大会。该会议的召开被认为是近年来在俄罗斯为数不多的重大学术事件，会议的宗旨在于客观评价列宁的理论和实践，继承列宁的理论遗产，从列宁理论中获得新的认知能力，在当代历史进程中重新焕发出列宁理论的创造性生命力。

1．列宁理论遗产的评价

会议的一开始，主要讨论列宁的传统理论问题。

俄罗斯科学院哲学研究所博士 И.К.潘金强调，列宁对马克思主义的阐释，是对马克思、恩格斯理论的突破和创新，而不是简单重复。马克思虽然提出了社会经济基础和上层建筑相互作用的理论，但却没有创立关于政治和文化生活实践的认识论方法。在报告人看来，断言政治对经济的关系只有偶然性，或者只是事件进程的开端，就政治理论来说这是远远不够的，而列宁的政治理论是把政治理解为一种真实的存在，一种在实践中活生生的客观实在。对于列宁来说，他最关心的就是政治作用，这正是我们把列宁看成马克思主义学者、一个政治思想家的主要依据。当然，列宁的视野并不单一，他常常把现实的历史画面表述为两个维度：一是具体历史存在的经济特征，二是对存在的意识。列宁方法论的特点在于，把握社会现实冲突的互动模式，并确定主体作为现实的革命力量。社会发展的一般理论认为，经济的发展决定了人民群众的意识，结果使物质的和思想的，主观的和客观的在政治理论意义上被割裂了。而在列宁的理论中，它们在实践中被紧紧地统一起来。

B.H. 舍甫琴科哲学博士认为，列宁关于俄国的资本主义发展道路作为历史发展固定模式的判断具有现实意义。俄罗斯几百年来一直沿着西方国家的路线寻求成为一个资本主义国家的道路，但直至 1917 年之前始终未能取得成功。列宁指出了俄国发展困境的产生有三个重要因素：首先，国家在经济上依赖其他的资本主义发达国家，在世界资本主义劳动分工中处于从属和被支配地位；其次，西方资本主义国家发展获得了长期积累，金融资本的集中成为现代世界体系的核心；第三，每一次俄罗斯在资本主义发展道路上的新尝试，都导致了一个新的变种或出现循环依赖西方国家的情况。资本主义经济上的不发达和依赖性是俄罗斯历史发展的主要问题。而列宁的这一分析仍然切中了当代俄罗斯社会发展的症候问题，因为当前俄罗斯仍然是非生产的资本主义，是金融投机的寡头资本主义。新出现的俄罗斯资本家收入的主要来源不是产业利润，而是来源于商业和财政上的投机活动，没有发达生产和科技的支撑，俄罗斯目前的状况会导致其沦为发达资本主义国家资源产地的附属国地位。

莫斯科大学博士 A.B. 布兹加林从以下几方面讨论了列宁理论方法的贡献：第一，列宁主义为社会主义理论奠定了基础，这就是利用资本主义，通过一个过渡阶段进入共产主义的理论，这一方法理论适用于突破资本主义制度的区域，解决发展中国家同资本主义国家之间的矛盾，进一步证明了在不完善的条件下建设社会主义的可能性。第二，在资产阶级革命中，要特别关注于小资产阶级的两面性。第三，关于帝国主义的分析。在马克思主义方法论的基础上，列宁揭示资本主义发展的新形式和特点，帝国主义是资本主义的垄断阶段，也是发展的最后阶段。第四，列宁的政治过程理论。政治对于列宁而言，是社会经济和政治意识形态主体为实现自己的战略而斗争的过程，该过程控制着社会经济和政治思想，而不仅仅只是一场权力之争。

莫斯科大学博士 A.И. 科尔加诺夫作了题为《我们应当汲取的经验》的学术报告。科尔加诺夫认为，列宁的重要经验在于对世界局势和俄罗斯社会现实状况的把握和分析，在此基础上制定发展战略、展开政治斗争，从而正确阐述并探索了俄国的发展道路问题；革命政党应当通过对人民群众的组织和宣传，创造性地将先进理论在实践中灌输到群众中，充分发挥群众的主体性力量；革命者要有坚定的原则和立场，不应当妥协和让步。科尔加诺夫在总结列宁经验的基础上，联系实际，指出了当代俄罗斯左翼政党组织运动的弊端，比如在思想上缺乏统一的理论指导群众，对国际和国内形势把握分析不够等。

美国经济学教授大卫·科兹肯定了列宁在世界历史上的巨大作用和主要贡献在于，第一次尝试建立一个自由、平等和没有剥削的社会制度，每个人都有工作的权利和体面的生活。目前有些人认为，为了实现这一目标而付出了代价，这是一个很大的错误。然而，列宁不是一个为个人利益追求权力而斗争的人，他的价值关怀是要让世界朝着更美好的方向发展。理解列宁思想的关键在于，社会历史条件并不总是有利于社会主义建设，资本主义是具有生存能力的，但今天的资本主义已经丧失其合法性——根据委内瑞拉和玻利维亚的经验——虽然资本主义经济发展和物质繁荣，但却未能给人们提供和平自由的生活。

Л.К. 纳乌梅尼卡在题为《列宁和哲学》的报告中，讨论了列宁的唯物主义哲学和辩证法思想。报告人认为，如果草率地理解列宁唯物主义当中"物质存在的客观实在性，意识作为物质的反映"这一原理，就会将列宁的哲学导入平庸的认识论，与马赫的经验主义者没有差别。但是如果把这一观点作为本体论，和列宁的辩证法内在联系起来，才能够发现列宁思想中的革命性，而并非旧唯物主义与辩证法的简单嫁接。在《哲学笔记》中，列宁指出物质概念（客观现实）是要不断深化、扩展的，它接受了黑格尔的实体即主体的理念，即在人与世界、主体与客体的不断对立统一中，人能动地改造现实世界，人类历史的发展是螺旋式上升的。列宁区分了自然界和人类历史中存在的不同规律，人类历史并非受制于机械因果必然性的支配，而是有目的、有意识主体的创造性活动的演绎，列宁进而将辩证唯物主义自然地转向了历史唯物主义。

2．列宁的方法论理论

布兹加林深入讨论了列宁的方法论基础。他认为，"大多数的马克思主义者高举辩证法的旗帜，却没有发现任何足以表达其的主要方法，马克思虽然在《资本论》中使用了辩证法，但是却没有展开辩证法的逻辑。列宁指出，从根本上揭示辩证的逻辑，是马克思主义理论研究的主要方法，尤其需要仔细阅读黑格尔的逻辑学来理解《资本论》，列宁的理论遗产和方法（包括社会创造力、政治斗争）是建立在辩证逻辑的基础上。"[1] 如果没有辩证法，作为理论和具体实践相结合的方法，就不会有俄国革命的胜利。布兹加林指出，正是列宁，对马克思主义作了明确的辩证唯物主义的阐释，即关于矛盾的普遍性和特殊性、从抽象上升到具体、历史和逻辑相统一等问题以及黑格尔辩证法同马克思资本论的比较研究。列宁的解决方案是在实践中贯彻"哲学的基本问题"的立场，即在充分认识现实存在的基础上，把握客观世界的逻辑和社会发展规律，积极发挥历史创造主体的自觉能动作用，从而寻求纯粹理想的实现过程。

列宁在其社会政治活动中贯彻上述原则，不断根据现实情景的变化，检查自己的工作实践，进行理论的自我更新，阐述新的科学的立场，用辩证法建立社会现实与共产主义理想之间的过渡方案。第一，作为黑格尔和马克思逻辑方法的继承人，列宁坚持渐进的、可持续发展的线性逻辑，但同时坚持多元化、非线性的"曲折"发展理论，历史进程的逻辑表达是螺旋式上升的，但是也会出现倒退和回潮。 第二，列宁的辩证法体现在工业生产和生活的整体结构中，多线性的发展方式展现在从福特主义资本主义模式到当代资本主义的发展进程中，资本主义有机地从小商品最简单的形式——生产制造，工厂和信托——发展到世界的网络化、一体化的非线性演化，最终导致资本主义由自由竞争向垄断阶段过渡。

3．列宁的社会创造性理念

俄罗斯学者特别讨论了列宁的社会创造性理念，即革命者如何组织群众运动。列宁认为，革命组织的性质是一个自愿结社的自由者联盟，它是促进社会历史发展的创造力核心。首先，列宁的社会创造性理念，明确了人民群众和有组织的政党实体以及知识分子和其他社会力量在社会革命进程中的主体性作用。其次，在生产力和生产关系、政治和文化的相互关系中，列宁将工业技术

---

[1] А. Бузгалин Ленин как теоретик. Часть I. «Альтернативы», 2010 г., № 1.

发展和社会经济进步作为巩固政治形式的加速器，表达了社会整体发展的战略利益。第三，列宁强调了社会经济因素和国家文化空间之间的互动问题，指出东西方文化的融合，为在落后国家建设社会主义创造有利条件。

列宁的政党理论是社会创造性理论的重要组成部分，列宁政党建设理论的出发点在于，大众主体性的生成，即如何保持作为参与社会革命进程主体的创造性和能动性，他看到了政党作为政治组织的僵化趋势。社会发展创造性的源泉虽然在于人民群众，但是群众在物质利益面前是被动和顺从的，不能自发产生先进革命理念。这就需要把革命者和群众内在地结合起来，党的工作任务是激发群众的创造力。列宁政党理论于左翼社会党人竞争议会席位的合法斗争而言看似不适合。但是，列宁所谓"激发基层公民在社会生活中的创造力"，通过革命家的组织形式和原则与大众社会运动的网络结合和互动，从而建设"社会主义公民社会"，有重要的现实意义。

4. 列宁的社会主义决策

科尔加诺夫在《1918—1923 革命危机中的列宁》[①] 中分析了苏维埃社会主义建设的历史背景和现实基础，揭示了以列宁为代表的布尔什维克在巩固苏维埃政权和建设社会主义道路理论和实践的得失。

1917 年 4 月，列宁宣布了社会主义革命政策，对布尔什维克领导人明确表示，俄国必须通过物质，经济，生产意义上的资产阶级民主革命，才能够到达社会主义"门槛"。这就是说，列宁承认十月革命是缺乏社会经济基础下展开的革命。1917—1923 是革命危机年代，俄国革命虽然承受住了国内外反革命势力的进攻，但仍处于孤立的境地，很多情况表明，资本主义作为一种制度，尽管它面临着严重的危机，但绝没有耗尽其发展潜力，它能够摆脱危机进一步自我改进，而无产阶级与社会主义政党选择了同资产阶级妥协和让步，不触动资本主义制度的存在基础，而走上了社会主义改造道路，由此，列宁决策：这需要强大的农民合作社和高度发达的现代金融业的支持，同时，在俄罗斯建立工业资本主义，布尔什维克要逐步控制俄国经济命脉的"制高点"。列宁十分清楚，只有工业社会才能使布尔什维克建立强大的经济基础同资本主义抗衡，才能捍卫十月革命的成果。

[①] В.И. ЛЕНИН 1918–1923: КРИЗИС РЕВОЛЮЦИОННОГО ПРОЕКТА Опубликовано. «Альтернативы», 2010 г., № 1 Колганов А. И.

由此，列宁果断地中止了战时共产主义体制，转向新经济政策的实施。这意味着通过战时共产主义，尝试建立苏维埃社会主义的失败。新经济政策确认了贸易关系和市场经济，由国家控制资本主义的发展，同时掌握了国家主要的经济命脉，短时间内对活跃市场、繁荣经济发挥了很大的作用。然而，科尔加诺夫认为，新经济政策虽然对发展经济有利，但是，并没有恢复苏维埃的民主制度，也没有恢复工人参与生产管理工作，反而形成了集中控制的官僚体制，这就不可避免地导致了，无产阶级从经济和政治事务中被排除，工人阶级和农民向官僚政府的妥协，使得他们不得不容忍官僚领导。为此，列宁针对官僚政府的存在提出了社会主义经济管理现代化和科学化的一般原则。他指出，管理生产部门和企业的基本原则是实行民主集中制和一长制，主张在企业管理上，吸收欧美先进的组织形式，如实行经济核算、定额管理等等。在物质生产部门和企业中必须加强劳动纪律，建立岗位责任制，提高生产，厉行节约，反对官僚主义。必须实行不劳动者不得食和按劳分配的原则，实行计时、计件工资制。可见，列宁在领导苏维埃社会主义革命和建设的七年里，是有错必纠、知错必改的。

5．列宁理论遗产与俄罗斯

《抉择》发表了一系列纪念列宁诞辰 140 周年的文章，立足于当代社会生活的迫切需要，彰显列宁理论和政治遗产的当代价值和意义，学者们并非将列宁作为一个政治符号，而是将其作为思想和政治斗争的盟友，客观分析了列宁理论遗产的得失，帮助人们更好地理解当代俄罗斯与列宁。布兹加林强调，列宁的辩证方法论，不仅体现在理论中，而且贯彻在毕生的革命实践中，这一方法在当代仍具有现实的指导作用。科尔加诺夫特别关注，列宁主义阶段最迫切的问题，即如何解决俄国革命的发展问题，在列宁的新经济政策中存在哪些得失，以利于俄罗斯今天的发展的借鉴。A．卢那察尔斯基的回忆录从艺术的角度展示了列宁的生活世界，以及在俄国革命问题上列宁和其他革命者的分歧。列宁对于俄国而言不单纯是一段历史，对于今日俄罗斯的发展有着重要的直接关系。

在《作为理论家的列宁》[①] 一文中，布兹加林揭示了，列宁联系俄国的实际，丰富和发展马克思主义的理论贡献，布兹加林从五个方面概括了列宁理论

---

① A. Бузгалин Ленин как теоретик. Часть I. «Альтернативы», 2010 г., № 1.

体系与俄国历史的内在关联：第一，列宁创造性的工作开始于资本主义在俄国发展初期，在反对资本主义的无产阶级斗争中传播马克思主义，这一时期的特点是对马克思资本主义理论的发展，同时奠定了马克思主义在俄国的地位。第二，1905 年革命是俄国资本主义发展的新阶段。列宁认为，在一个封建主义残余仍占据主导地位的国家赶超资本主义发展几乎是不可能的，然而，无产阶级在资产阶级革命中，一定要取得领导权，带领群众实现民主改革，之后才可以向社会主义转变，这是俄国政治斗争的重要规律，也是 20 世纪所有国家左翼共产党人革命的理论基础。第三，第一次世界大战证明，资本主义已经进入世界帝国主义时代，而社会民主党右翼联盟也成为资本主义的政治势力的一部分，以暴力参与了时代的大屠杀，列宁在理论上对此作了深刻阐释。列宁的帝国主义理论是对马克思主义的重要发展。第四，列宁领导的十月革命的完全胜利改变了世界历史，为 20 世纪揭示了新的发展方向，列宁科学地阐明了国家职能理论。作为世界上第一个社会主义国家处于经济落后和孤立境地的俄罗斯能否成功建设社会主义；如果不走社会主义道路，俄国人民又将何去何从？应对现实的挑战，列宁以丰硕的理论成果和坚定的革命实践，很好地回答了这些问题，直到今天他的理论和实践对俄罗斯都有启示。

6. 列宁思想的继承人

沃耶伊科夫在《列宁遗产：季诺维也夫，斯大林，布哈林和托洛茨基?》[1]一文中，提出了究竟谁是列宁思想继承人的问题，他对被认为是列宁思想继承人的四位苏联领导人逐一进行了分析。作者认为，列宁及其事业对当代俄罗斯具有重要意义，首先，在今天很多东西要学列宁，其次，通过列宁可以更好地理解现在以及未来的俄罗斯。而要做到这一点必须重审俄罗斯 20 世纪的历史。其中最重要的是，讨论究竟谁是列宁传统的继承人：斯大林或托洛茨基，还是布哈林？这是真正继承列宁遗产的一个重要问题。作者认为，苏联共产党并没有充分继承列宁主义的理论遗产，苏共党的政策和列宁主义具有明显的差别。这与列宁继承人的思想、决策有直接关系。

作者认为，季诺维也夫是列宁的亲密战友，季诺维也夫与列宁合作直接参与了共产国际和所属支部最重要的决策，对共产国际的政治、思想、组织的

---

① М. Воейков Ленинское наследие: Зиновьев, Сталин, Бухарин или Троцкий? «Альтернативы», 2010 г., № 1.

巩固和发展，作出了积极的贡献。季诺维也夫还是共产国际中最早关注民族殖民地斗争的领导人之一。列宁病重期间和逝世后，季诺维也夫曾经是党的"集体领导"中最主要的成员。在俄共（布）第十二、十三次代表大会上，季诺维也夫代表党中央作政治报告。1924 至 1925 年间，写作和出版《列宁主义研究导论》，对列宁主义进行了阐释。

托洛茨基的一生明显地分为三个时期：1917 年革命前，他属于孟什维克，或在布尔什维克和孟什维克两者之间徘徊；革命时期和内战期间，他成为布尔什维克，民众的支持率仅次于列宁；自 1923 年国内战争结束后，他领导左翼反对派展开反对斯大林主义的斗争。现存的绝大多数评传篡改了托洛茨基在第二和第三阶段的活动，对于托洛茨基第三阶段活动的正确阐释，成为理解俄罗斯历史真实的关键。作为左派极端主义的托洛茨基主张进行残酷的斗争和革命，自从托洛茨基在 1905 年正式提出"不断革命"论以后，在民主革命和社会主义革命的相互关系问题上，在社会主义革命和社会主义建设能否在一国内首先取得胜利的问题上，在对新经济政策的理解上，他同列宁发生了严重分歧。两人由分歧而产生的论战，一直持续到列宁逝世，但在有些问题上托洛茨基的看法显然是对的。

布哈林在十月革命中起到了重要作用，他在夺取政权问题上同列宁的看法一致。布哈林基本上同意列宁提出的温和政策，但不同意列宁关于"国家资本主义"的理论概念，反对把这个概念应用于苏俄。列宁逝世以后，布哈林所考虑和需要解决的中心问题是：在欧洲革命延缓的情况下，在经济和技术落后的俄国能否建成社会主义。在这个问题上布哈林同当时联共（布）党内的其他领导人存在着很大的分歧，首先是同托洛茨基等人的分歧。托洛茨基、普列奥布拉任斯基等人在社会主义建设方面提出了超工业化计划，主张加快发展工业。其实质是用降低农产品价格、提高工业品价格、增加赋税等剥削农民的办法来发展工业。布哈林反对这种错误的做法，认为，如按托洛茨基的主张去做，将会出现灾难性后果。

（二）21 世纪的社会主义问题

"社会主义在 21 世纪"的发展道路，是俄罗斯学者讨论的一个主要问题，俄罗斯学者认为，这既是一个学术问题，也是一个实践问题。近年来"社会主义"被俄罗斯左翼政党作为纲领和战略目标，在他们那里马克思主义在某种程度上仍然扮演着意识形态的角色。围绕"社会主义在 21 世纪"这一主题所展开的，是关于什么是社会主义、如何在全球化背景下批判发达资本主义的症候，为俄罗斯寻找可替代性的发展道路等子项目的研究。作为一种政治实践活动，需要对马克思主义的社会主义理论的深入研究，俄罗斯学者在这方面作了很多努力。目前存在两种认识：第一，俄罗斯左翼政党将社会主义作为社会经济制度，将马克思主义理论作为纲领的理论基础，寻求在政治、经济、文化等社会生活中的具体实现；第二，俄罗斯马克思主义创新学派遵循马克思历史唯物主义中人类社会发展的三阶段理论，将社会主义作为通往共产主义的道路的必经阶段，从社会发展和价值关怀的维度阐释社会主义。上述两种对社会主义的不同理解，都力求从经典的马克思主义的社会主义理论及关注于国内外左翼共产主义运动的政治实践中找到依据。

2008 年纪念马克思诞辰 190 年以来，俄罗斯学者们就致力于重新阅读和阐释马克思恩格斯的著作，研究那些几乎尚未被深入解读的、无人知晓的重要著作和思想，并将这些被忽视的、与社会主义发展有关的、马克思的言论概括为四点："（1）立足于现实的、有生命力的思想；（2）理论中贯穿始终的辩证法；（3）对历史、社会、科学进程和现象的深刻概括；（4）为创造性地改造现代世界提供了入口。没有辩证法的思想，不是真正的哲学，马克思的哲学旨在立足于宏大的历史视野，使现实世界发生彻底的革命。"[1]

俄罗斯学者认为，关于社会主义和共产主义的人道问题，即关于社会共同体中人的本质和存在的至上性，是一个未被充分认识到的马克思的哲学科学命题。马克思强调，社会主义是一个社会共同体，"是一个人的真正的社会，是人类的天性的复归"，在一般情况下，人的能力的发展正好是每一个人的发展。《共产党宣言》宣告了最重要的原则和共产主义社会的终极目标："每个人的自由发展是一切人自由发展的条件。"因此，社会主义在 21 世纪表现为，作为社会的人的自我实现及创造性的充分发挥。

谢苗诺夫特别揭示了马克思的两个重要思想：第一，革命的动机不仅在于实现社会主义，而是在于消除人的社会异化，在资本主义制度下，由于人的独立自由建立在对物的依赖关系的基础上，所导致的人的本质的失落和孤立存在，共产主义的真正旨趣在于人性的复归。第二，保持人类在革命历程中的乐

---

① МАРКС: МАЛОИЗВЕСТНЫЕ АКЦЕНТЫ Семенов Вадим Сергеевич «Альтернативы», 2010 г., № 1.

观主义，认识脱离陈旧生活方式的必要性，通过革命颠覆不公正和不健全的资本主义社会。联系俄罗斯实际，谢苗诺夫指出，"戈尔巴乔夫和叶利钦改革为俄罗斯所揭示的道路，使俄罗斯陷入深刻的危机。俄罗斯只能依靠快速而深刻的社会变革，打破现有的恶性循环，剥夺寄生的寡头和俄罗斯新贵的势力，才能够解决俄罗斯的社会矛盾。目前俄罗斯政府确有一个历史性机会，如果政府错过这一机遇，人民自身将不得不挺身而出，去解决俄罗斯目前的深刻的经济危机和社会的分崩离析。"[①]

A.И. 科尔加诺夫在《现代社会主义：马克思的视阈》[②] 一文中，发展了马克思关于社会主义经典论述，讨论了社会主义生产力、生产关系、生产目的以及财产分配、社会保障等一系列问题，以及如何将社会主义落实在具体的社会制度中。作者认为社会主义作为向共产主义过渡的第一阶段，要在社会制度、经济生活、政治文明中超越资本主义。

A.И. 科尔加诺夫特别对未来社会主义的生产力和生产关系作了具体的描述。他指出，社会主义是从必然王国进入自由王国，这意味着，彻底消除异化劳动的劳资关系，建立工业生产资料及员工的自由联合机制。社会主义生产力是劳动力的真正的解放，"在社会主义制度下劳动的性质和内容上区别于前社会阶段，劳动的社会经济形式不再是雇佣劳动，或者工资奴隶，不平等的生产资料消失，所有的员工都不再承载着资本的枷锁。就劳动过程和内容来说，工厂劳动仍然保存，但劳动分工的胁迫性质被打破，人类劳动不再是机器的附属品。"[③] 发展生产的目的在于人性的全面自由发展，通过社会财富积累，减少必要劳动时间，使工人拥有更多发展自身创造力的自由和闲暇时间，社会则为个体自我实现提供文化空间，而不是在消费意识形态的支配下，使个体生活成为资本穿透的领域。成熟的社会主义生产关系应该遵循共产主义的原则，可以多种经济形式共存。在总体上，起主导作用的所有制形式决定社会关系和一个国家的性质。社会主义国家中全民所有制应是主要的所有制形式，它在国民经

---

① МАРКС: МАЛОИЗВЕСТНЫЕ АКЦЕНТЫ Семенов Вадим Сергеевич «Альтернативы», 2010 г., № 1.

② СОВРЕМЕННЫЙ СОЦИАЛИЗМ. МАРКСИСТСКАЯ ВЕРСИЯ .«Альтернативы», 2010 г.№ 1 Колганов А. И.

③ СОВРЕМЕННЫЙ СОЦИАЛИЗМ. МАРКСИСТСКАЯ ВЕРСИЯ .«Альтернативы», 2010 г.№ 1 Колганов А. И.

济中应占主导地位。其他所有制形式在与全民所有制经济的相互作用下，发挥各自的功能，应为整个社会服务，应受国家严格的财政和法律监督，满足社会成员精神、物质方面的高质量需求。与此同时，应该恢复和继续发展苏联时期的工人的权益和社会保障制度，即保证工作和劳动的权力；享受义务教育、免费医疗、住房补贴；实行妇幼保健和退休保障。但必须维持生态平衡，以保证人类活动和周围自然环境的协调一致，实现可持续发展。

（三）马克思主义研究的跨学科、多元化视角

俄罗斯学者立足于马克思主义的现实价值，从美学、生物学、政治学等多学科角度与马克思主义开展对话，使马克思主义在多领域中的当代意义得到体现。

《音乐与马克思主义》① 的中心论题是，"如何理解马克思主义与美学在当代的关系？马克思主义在过去和现在更多肩负意识形态的使命，但是，马克思思想的灵魂在于，历史和辩证的思维方法。只有当人们有能力驾驭这种思维方式时，马克思主义中的'人的向度'才被真正开启。"② 就此而言，现代美学还没有发展成为一门真正的科学。作者力图从历史唯物主义的思想立场出发，在人的全面自由发展这一更高层面上来讨论的"马克思主义美学"，甚至是"马克思列宁主义美学"。如果将人的存在仅仅局限于经济或政治生活中，这是庸俗而狭隘的，意味着真正的人并未被发现。人的生活世界是真、善、美多重意蕴的统一，需要有超越生存层面的更高的体验和追求。马克思作为一位哲学家，分析了从异化到人类解放的潜在过程。同时使我们认识到，文化，艺术，道德等所有问题，人对自然，对他人等所有关系，都需要在社会现实的基础上，走过从异化到解放的历史进程，就此而言，马克思的思想还没能被超越。

作者认为，政治和音乐以及音乐结构之间存在着政治职能上的关系，音乐作为意识形态的器物层面，表达了特定时期人们的思想、价值观念和内心情感。作者反对音乐学和音乐美学方面的片面化倾向，将在音乐厅表演的歌剧和古典音乐视为最高的艺术形式，而轻视流行音乐。流行音乐作为群众的音乐形式，这是唯物主义音乐学方向发展的必然结果，音乐文化和现实生活是一个有机的整体。按照马克思在《1844 年经济学哲学手稿》中的观点，作为一种审

---

① Музыка и марксово мышление. «Альтернативы», 2010 г., № 2 Булавка Л. А.

② Музыка и марксово мышление. «Альтернативы», 2010 г., № 2 Булавка Л. А.

美哲学或艺术美学，具体的审美关系是明确的审美标准和审美态度产生的前提。

作者指出，现代"大众媒体"在音乐制作、传播和表现中起到了关键作用，金钱，权力，娱乐使大众媒体成为一个技术"仪器"，一个强大的公共机构或经济政治的权力机构改变着聆听音乐的耳朵。作者对德国马克思主义研究领域中，关于艺术和文化主导趋势的观点表示认同：即从马克思主义立场出发，提出了技术对文化的操纵和控制问题；研究"工作文化"，"饮食文化"，"生命文化"，"语言文化"，"自然人文化"等概念；以理想化的文化形态作为批判文化商品化、娱乐化的标准。在俄罗斯的马克思主义者看来，业余时间的娱乐节目作为大众文化的延伸，是对人民群众生活的丰富和拓展。学者们提出，发展和推广先进文化，是人在进步和解放过程中，提高生活质量的重要因素。

《文明与野蛮问题：从哲学和生物学的跨学科对话看》[①]一文重点探讨了进入 21 世纪后，现代文明如何陷入了野蛮的悖论。哲学教授和生物学教授共同关注的问题是：19 世纪关于人类进步的科学主义信念日益瓦解，进入 21 世纪之后，军事冲突、暴力流血、全球危机仍然在世界范围内频频发生；现代人生存状况的野蛮性日益暴露，人性的残酷和贪婪并没有在文明进程中逐渐消除，反倒日益加深；应该如何理解现代文明的悖论以及未来发展方向，进化论是否适用于人类社会。Н.В.莫特罗希洛娃从马克思历史唯物主义的角度指出，人作为社会－历史的存在，应该从人类历史发展的过程性和整体性中，去理解现代文明发展的悖论，否定了遗传学对于人的决定性作用。在她自己的著作《全球危机中的文明与野蛮》中指出，现代社会最大的特点在于系统性，由于现代人具有国家、社会的身份，不得不把自己安置于社会关系的网络中，个人生存空间不断被挤压，按照不断变动的社会规则和文明规范规划发展自己的人生，为了适应社会生活的流动性需要具有极大的适应性、变异性和创造性，造成了个体内在的不稳定性，以及对社会资源占有为目的的生活方式，因此"野蛮"、"野性"仍然没有消除，从而使现代文明变得非常脆弱。

В.С. 列宾则认为，在生物进化中，人的残酷性并没有被消除，很多案例证明生物进化会发生倒退，现代文明其实是"技术生活"野蛮创造性的体现。

---

① 《Проблемы цивилизации и варварства в свете междисциплинарного диалога философии и биологии》, Философия науки 2010 г.11.

列宾从生物学的角度指出，生命个体的活动方式，取决于在生物和环境的相互作用中所形成的后生记忆，面对外部环境，对抗死亡、生存竞争、侵略掠夺仍然在根本上塑造着生物基因，宏观生存环境在更大程度上决定了生物个体的微观环境，现代文明环境是最主要的后生景观，其进步性在很大程度上决定了现代人能否走出野蛮和暴力。

И.К. 潘京在《赫尔岑和马克思的社会理想》[①]一文中，研究了马克思晚年关于俄国道路的探索与俄国民粹主义"村社社会主义"思潮的关系，尤其是与赫尔岑社会理想之间的差异。作者指出，赫尔岑作为俄国近代思想的先驱，一生致力于在俄国建立起民主政权和公正的社会制度，但是，他认为，俄国作为农业大国，在长期的农奴制下，无论在经济基础或是群众素质方面，都不具有欧洲国家那种民主革命的条件，所以，他将革命的力量从资产阶级和工人身上转向了农民，就此提出了"村社社会主义"的理想。在俄国消灭了农奴制以后，可以不经过资本主义的发展阶段，而利用村社社会组织形式过渡到社会主义。在赫尔岑看来，资本主义制度的内在矛盾决定其无法成为人类历史最终的社会状态，因此，需要过渡到社会主义。马克思的世界历史理论看来，资本主义作为人类社会必经的阶段为共产主义奠定了物质基础和准备，对于俄国而言，最重要的是瓦解农村公社而不是通过农村公社向社会主义过渡，但是民粹派对俄国工人状况的研究，促使晚年马克思开始探索俄国社会的发展的道路，即跨越卡夫丁峡谷的理论。为此，马克思则曾写下了大量的研究笔记。

布兹加林出版了《危机：未来的抉择（全球化与俄罗斯的特异性）》[②]，对现代世界危机在政治、经济、社会、文化等各层面的表现进行了分析，揭示了新自由主义资本主义模式的内在矛盾，进而澄清危机产生的根源，旨在从世界格局的整体眼光寻求危机后发展的可替代模式。作者认为，在社会经济发展中，选择性调控和宏观规划能够避免这场灾难，但要通过个体的创造性活动和自我实现开启通往"知识社会"的道路。此外，书中讨论了谁可以成为后危机现代化中的社会政治实体。在布兹加林与奥诺格诺伊合作的《谁在创造历史

---

① 《Социалистическая идея: Герцен versus Маркс》, Философия науки 2010 г.11.

② Кризис: альтернативы будущего (глобальный контекст и российская специфика). *Под ред. Бузгалина А.В., Линке П.М.* – М.: Культурная революция, 2010.

的今天：全球化与俄罗斯》^①一书中，作者认为，全球化的幽灵正困扰着世界，美国自由主义、斯大林主义，以及原教旨主义和沙文主义都是全球化霸权的表现形式，因此，必须揭露隐藏在背后的全球化实质。作者指出，社会矛盾和阶级斗争在俄罗斯现代社会中日益凸显，各种危机充分暴露了俄罗斯以及世界范围内的真正社会矛盾。寻找人类社会可替代性的发展道路成为在今天创造历史的核心问题，书中尤其关注到拉丁美洲和欧洲的左翼社会主义运动，讨论了这种新的社会运动能否在今天可以承担起改变世界格局的任务。在《政治效用哲学：20世纪左翼政治思想》^②一书中，作者指出，几次政治暴力集中在20世纪上半叶——两次世界大战，欧洲的右翼政变和社会主义革命，迫使人们反思社会政治斗争的本质，对于政治暴力的理解不能仅仅停留于左、右翼政党激进的或保守的政治纲领和实践，其实质在于对未来社会道路和文明发展方式的抉择。在此基础上，作者着重研究了1917年俄国革命的性质问题以及俄国社会主义道路选择的历史必然性。

2010 年俄罗斯马克思主义的研究特点

当代俄罗斯马克思主义研究经过了20年的风风雨雨，在20年里虽有不同的发展阶段，不同的阶段又有不同的发展特点，但是，俄罗斯作为马克思主义研究的一个国家、一个整体又有着任何阶段都能体现出来的共同特点：马克思主义的继承性、马克思主义的去意识形态化、马克思主义深厚的理论功底、马克思主义方法论的运用、马克思主义的常态化和拓展化等。2010年的俄罗斯马克思主义研究除了具有上述共同特点外，还有自己的特殊性。

（一）后苏联马克思主义的批判性

最近几年马克思主义复兴运动成为俄罗斯学术界的主要发展趋势，针对国内马克思主义反对派而召开的圆桌会议"社会主义在21世纪：马克思主义的复兴？"成为重要的标志。布尔加科夫认为，马克思主义在俄罗斯的复兴运动开始于本世纪初，这个复兴思潮被学者们称为"后苏联批判马克思主义"。

---

① Кто сегодня творит историю: альтерглобализм и Россия. *Под ред. А. Бузгалина, Л. Ожогиной.* – М.: Культурная революция, 2010.

② Философия политического действия. Из истории левой политической мысли XX века / Отв. ред. Е.А.Самарская. – М.: Идея-Пресс, 2010.

它立足于批判资本形式的全球化霸权，在全球化发展的未来趋势中寻求替代资本主义的发展道路，即创造性地构建"知识社会"，消除异化，使人类真正获得自由时间和文化空间的生存方式。

以《哲学问题》和《抉择》两本学术期刊为阵地，莫斯科国立大学、俄罗斯科学院哲学研究所以及来自国内各科研机构的二十多位知名学者共同致力于"后苏联批判马克思主义"研究，近年来出版了一系列有影响力的理论成果，包括《论马克思的社会理想》（2003）、《资本与经济增长》（2005）、《理想与偶像》（2006）、《马克思反对马克思主义》（2007）、《苏维埃的文化现象》（2008）、《社会主义向现实转化的方法》（2008）、《社会主义在21世纪》（2009）、《马克思主义：21世纪的抉择》（2009）、《全球资本》（2009）、《资本的界限》（2009）、《社会经济战略的前瞻性：列宁的困境》（2009）、《意识形态的总结》（2009）、《谁在今天创造历史：反全球化与俄罗斯》（2010）、《危机：未来的抉择》（2010）、《道德与自由的创造性》（2010）等。

《抉择》作为后苏联批判马克思主义学派的主要阵地，坚持在全球化背景下发展马克思主义的立场和方法，同时以网络作为探讨和研究马克思主义理论、社会主义问题的平台。每年坚持出版四期期刊，2010年关注的核心问题：对列宁理论和政治遗产的继承、对经典马克思主义理论和方法的研究、当代西方马克思主义研究、马克思主义与全球化、现代性问题研究、当代资本主义与社会主义问题研究等，其领导人布兹加林、科尔加诺夫等定期举办学术对话，关注世界格局的变化以及左翼社会主义运动的发展。

后苏联批判马克思主义认为，20世纪盛行的实证主义、后现代主义无法从根本上解构资本主义，为人类发展寻求替代之路，而马克思主义的辩证法则提供了科学的方法论基础，即在全球化进程中社会经济生活具有整体性、系统性，历史发展是非线性的、漫长的过程，自由资本主义由帝国主义阶段进入晚期资本主义，金融垄断资本导致全球矛盾冲突加剧，异化不仅发生在劳动过程中，而且已经全面渗透并控制了个人的整个生活，创造性主体被消费意识形态所湮灭，现代性越来越走向自己的反面，与此同时，一种客观的历史趋势正在生成，即朝向自由王国过渡和转化的历史趋势，社会主义将成为资本主义的替代性选择，新的社会制度以超越资本的界限为前提，瓦解以资本为原则的现存体制，建立在主体自由自觉创造性活动的基础上，社会为个体发展提供更多的自由空间和时间，在资本主义阶段所积累的、发达的科学技术、成熟的市场协作、宏观经济规划等都将为 21 世纪社会主义的历史前提和现实基础。如何创造性地寻找到通往社会主义的道路，而不落入苏联社会主义的窠臼或是对资本主义的修正，成为后苏联批判马克思主义理论研究和政治实践的旨归。

（二）俄罗斯左翼政党的政治实践性

正如马克思在《论费尔巴哈提纲》中所指出的，"真正的哲学不是解释世界，而是改造世界"。马克思主义不只是科学理论，而且是使现实世界发生革命的社会实践运动。俄罗斯马克思主义研究具有很强的实践品格，随着近些年马克思主义理论研究复兴运动的展开，社会主义复兴运动也成为冲击俄罗斯现有政权的一股强大势力，被称为"21 世纪社会主义"。"俄罗斯联邦共产党"和公正俄罗斯党在俄罗斯政治领域和社会事务中非常活跃，在实践上都以反对派政党的身份参与国家政治生活，通过议会内的立法和议会外的各种合法手段宣传自己的近期行动纲领，影响俄罗斯的政治和社会进程。在反思苏联解体原因、总结苏联社会主义经验教训的基础上，提出建设新的、21 世纪社会主义的构想，并且通过有组织政治斗争实践，争取俄罗斯重新实践社会主义的可能性。

俄共在党的纲领中明确提出其"战略目标是在俄罗斯建设新的社会主义，即 21 世纪社会主义"，并强调"这并不是说要回到过去，而是要向前进，走向厘清了过去错误和谬论、完全符合今天现实的、更新了的社会主义"[①]。俄共以马克思列宁主义作为自己的理论基础，并要求汲取国内外社会主义运动的经验，在 21 世纪创造性地发展马克思主义。俄共依循马克思主义关于资本主义内在矛盾的分析以及列宁的帝国主义理论，揭示了以消费社会、金融资本为表征的当代发达资本主义的新变化及其矛盾。俄共纲领运用马克思阶级分析的方法，揭示苏东剧变以来，美国等发达资本主义国家所推行帝国主义全球化政策，加剧了劳资之间的国际性对立，资本主义世界进行的经济、政治和军事的重新瓜分和对地球自然资源控制权的争夺，都导致了资本主义的不可持续以及全球化的灾难，俄罗斯在资本主义复辟之后，不可避免地陷入了资本与雇佣劳动的对抗性矛盾，国家机器成为垄断资本的代言人和统治工具，导致了社会的深层分裂与人的异化生存状态，使俄罗斯民族面对沦为发达资本主义国家的原料国附庸的危险。就此而言，社会主义成为代替资本主义的历史必然，而共产党人的责任在于使人民群众认识到自身的根本利益，激发其自我创造、自我实

---

① http://kprf.ru/party/program/.

现的内在力量，通过建立民主政权、达到捍卫国家利益、维系自身生存的目标。

2009 年 6 月 25 日公正俄罗斯党第四次代表大会通过"公正俄罗斯党纲领"中，明确宣称"公正、自由和团结"是"现代社会主义世界观"的价值基础，"无论从整个世界的发展趋势考虑，还是从俄罗斯民族精神传统出发，未来俄罗斯只能选择社会主义方案，即新的、21 世纪社会主义"①。纲领认为，全球化进程鲜明地暴露出了资本主义的野蛮本质，全球化市场不可控制的自发势力引发新的不公正现象，穷国和富国之间的巨大反差使它们之间产生冲突，并且出现了国际恐怖主义。垄断组织操纵下的现代市场的无效率性已经显现。自由主义造成了世界金融危机以及随之而来的经济衰退。因此，旧的世界体系的唯一替代方案只能是以社会为导向的经济，即服从社会发展利益的经济模式。社会主义的迫切现实问题是：社会经济生活实现人道主义化，保证对地球自然资源潜力的利用进行社会监督，尊重公民的权利和自由，为当代人和后代人改善生活。公正俄罗斯党所坚持的新社会主义建立在批判继承十月革命经验的基础上，即放弃苏联社会主义中的空想成分，包括命令式经济、行政化市场、国有经济比重过大、平均主义分配方式、一党政治体制、对伟大领袖的崇拜等。致力于十月革命所没有解决的问题，即将社会公正如何同生产效率联系起来，各族人民的民族自决权如何同保证国家的政治统一和完整相结合。公正俄罗斯党的纲领以多元化的社会主义理论为基础。

布兹加林的《共产主义的现实性》，是对公正俄罗斯党主席米洛诺夫撰写的《俄罗斯的社会主义思想》一文的应答，主要是针对 2010 年俄罗斯地方政党选举的争议问题，讨论了俄罗斯共产党和公正俄罗斯党的政治活动和政党纲领的理论基础及其与马克思科学共产主义之间的差别。

布兹加林认为，"这两个组织还远远没有在科学的意义上提供实现共产主义的方案，现行制度的改革只是推动俄罗斯向民主社会方向进步，共产党提供了一个更为一致和激进的社会改革方案（第一产业国有化、公共教育发展等），然而这仍然是在社会改良主义的范围内，两个组织并没有超越俄国社会民主党的政治主题。"②在布兹加林看来，马克思的共产主义并非作为政治经济层面

---

① http://www.spravedlivo.ru/information/section_11/ustav2009/.

② КОММУНИЗМ КАК РЕАЛЬНОСТЬ (Размышления в связи со статьей С. Миронова «Социалистическая идея в России») Бузгалин А. В. «Альтернативы», 2010 г.

的社会制度而存在，在《1844年经济学哲学手稿》中，马克思将经济中的平均主义或者政治上的民主主义称为"粗陋的共产主义"。共产主义是以人的自由全面发展为前提的，建立在对异化现象的全面消除和人性复归的基础之上，是人与人、人与自然、人与社会各种对立的和解，而社会主义则是作为由必然王国通往共产主义自由王国的历史进程而存在，共产主义的实现需要物质前提和现实基础，需要积累和传承人类文明发展的优秀成果，包括科学技术、教育文化和精神道德，共产主义对于整个人类社会的发展而言，是从"史前史"进入"人类史"的质的飞跃，就此而言，资本主义为共产主义的实现提供了积累的过程和前提。说到底，如果资本主义制度的存在基础，即资本对人的支配关系没有瓦解，那么所谓的社会改革仍然没有真正进入共产主义的历史境地。因此，布兹加林认为，共产主义与资本主义之间存在一个质的界限，如果没有突破这个界限，俄罗斯共产党和公正俄罗斯党的纲领就会变成空洞的词句，最后成为官僚资本主义政治生活的补充。共产主义的实现是一个漫长、曲折、非线性的过程，这一点是不可避免的。

（三）俄罗斯马克思主义研究的困境与出路

2010年马克思主义研究与社会主义的复兴运动在俄罗斯获得了新的生机，但是处境仍然尴尬，正如某些学者所指出的，对于马克思主义理论的重新解读仍然局限在学者的小范围内，缺乏广泛的群众基础；而左翼政党争取杜马席位的政治实践在很大程度上仍然是一种社会改良的策略。

科尔加诺夫在《抉择》2010年第一期撰文 [1]，讨论了当今俄罗斯马克思主义研究的艰巨性和出路。苏联解体社会主义运动失败后，欧洲国家总体方向没有发生根本性的变化。世界经济力量的角逐继续向着有利于社会主义（中国）的方向转移，新型社会主义不断成长。但是，在俄罗斯的社会主义阵营里，有些地方还被反马克思主义意识形态所占据：对马克思主义基本理论断章取义、放弃对马克思主义遗产的继承、否认苏联研究马克思主义的理论成果和科学传统、马克思主义事实上从教学、公众支持、科学研究中被放逐，这是极其危险的无知，完整马克思主义的科学体系至今在俄罗斯还没有产生。"大多数年轻人不能自觉地阅读《资本论》，民众也不再将马克思主义作为一门科学。虽然

---

① О СТАТЬЕ А.В. БУЗГАЛИНА (А. Бузгалин. Марксизм: к критическому возрождению (К 190-летию Карла Маркса) Корняков В.И. «Альтернативы», 2010 г., № 1.

马克思主义存在的坚实基础是人民群众，是人的全面自由发展，它要求理论能够掌握群众，从而变成武器的批判，但是在今天的俄罗斯不存在这样的现实基础。"① 因此，对于俄罗斯的马克思主义者而言，艰巨的任务在于，如何使马克思的理论旨趣和方法论普适化，使马克思主义的逻辑征服群众。

　　作者同时指出了振兴的俄罗斯马克思主义研究的希望，即依靠左翼党派以及追求社会主义、信仰马克思主义的一批专业学者和知识分子的不懈努力。其代表人物是《抉择》的创办人布兹加林、科尔加诺夫等新马克思主义者。《马克思主义：通往共产主义的可能性（纪念马克思诞辰 190 周年）》一文总结了近二十年《抉择》在当代俄罗斯马克思主义研究中的贡献：扩大和丰富了俄罗斯的马克思主义研究文献；以历史进步的乐观主义态度，在本国以及国外学术界致力于马克思主义当代意义的阐释；揭示全球化资本主义的限度以及俄罗斯国家发展的本质；对国内国际时事进行研究调查，跟踪全球思想解放的进程，关注有关社会正义的每一世界性运动；阐释马克思主义与当代世界发展、与俄罗斯未来命运的内在统一性。这是马克思主义理论掌握群众、重新回到俄罗斯的重要途径之一，这也是活跃当代俄罗斯马克思主义研究的出路。

（作者单位：中山大学马克思主义学院）

---

① О СТАТЬЕ А.В. БУЗГАЛИНА (А. Бузгалин. Марксизм: к критическому возрождению (К 190-летию Карла Маркса) Корняков В.И. «Альтернативы», 2010 г., № 1.

意大利

李凯旋

　　近几年来，意大利思想界对马克思主义理论的关注远不如对左翼政治现实问题的关注。一如既往，2010 年一些马克思主义研究机构或左翼人士自发组织建立的协会，如葛兰西学院，社会主义基金会 ① 和左翼革新协会等，组织了多场关于当今左翼危机的研讨会，或者学术著作推介会。左翼学者吉安弗朗科·拉·格拉萨 ② 的新作《马克思思想中的两个通道，终究要走出去》与意大利读者见面；著名左翼学者多米尼克·洛苏尔多的《非暴力，一段走出神话的历史》③ 也于 2010 年出版。不过，著述最丰的当属安东尼奥·奈格里，他的《马克思超越马克思》和《主权内和反主权，从政党国家到管理运动》皆已出版，与迈克尔·哈特合著的《公共体，超越私有与公有》的意大利文版也于 2010 年问世。从左翼报纸杂志和学术刊物的文章来看，左翼学者依然诟病工会的软弱无力，不过他们对意大利左翼的危机与角色定位的探讨更为热烈，

---

① Fondazione Socialismo，由意大利前社会党议员组建的一个研究机构，旨在修复、保护意大利的社会主义文化，并促进其发展，进而积极影响意大利人民的协调发展。

② 吉安弗朗科·拉·格拉萨（Gianfranco La Grassa）意大利左翼政治经济学学者，参见《国外马克思主义研究报告 2007》，（意大利部分），人民出版社，2007 年版。

③ Losurdo Domenico, *La non-violenza. Una storia fuori dal mito*, Laterza, 2010.

丝毫不逊色于前两年左翼在大选遭遇失败时激起的反思热潮。如意大利共产党人党旗下的马克思主义研究的前沿阵地"马克思21世纪政治文化协会"[1]的网站上，就转载了多篇左翼学者对意大利左翼状况的思考，呼吁左翼团结起来的文章。

本报告将通过马克思主义研究动态，研讨活动，著述选介和代表性论文等三个部分来对2010年度意大利马克思主义研究和左翼思想进行介绍。

一、马克思主义研究动态

（一）葛兰西研究

葛兰西在意大利的影响力极大，如今以葛兰西冠名的研究机构或基金会，除了上文提到的葛兰西学院外，还有普利亚大区葛兰西基金会（Fondazione Gramsci di Puglia）、艾米利亚——罗马涅大区葛兰西学院（Fondazione Istituto Gramsci Emilia-Romagna）和皮埃蒙特大区安东尼奥·葛兰西基金会（Fondazione Istituto Piemontese Antonio Gramsci）等12家。[2]2007年是葛兰西逝世70周年，意大利为此召开了近十次研讨会，将葛兰西研究推向新的高潮。[3]葛兰西研究在历经2008和2009年度的相对沉寂之后，2010年有的学者又提出"回归葛兰西"的口号，随着《回归葛兰西，一种意大利文化》[4]的出版，意大利再度掀起了一股葛兰西浪潮。不仅葛兰西作品不断被编辑再版，而且他的思想对意大利当代文化、政治影响的研究也受到普遍的关注和研究。《回归葛兰西》作者十分细致地研究了葛兰西的作品中关于文学与民族生活的关系问题、人民大众的语言和文学的问题。作者还把葛兰西放在意大利和欧洲的思想史中进行研究，把葛兰西的思想与克罗齐、柏格森等人的思想进行比较，把他关于历史

---

① Associazione Politico Culturale Marx XXI, http://www.marx21.it/，又称21世纪马克思政治文化协会于2009年由意大利共产党人党和著名左翼学者洛苏尔多等创办。旨在重振并促进马克思主义在意大利的研究，传播和发展。参见《国外马克思主义研究报告2010》（意大利部分），人民出版社，2010年版。

② 其他相关协会为：*Istituto Gramsci del Friuli Venezia Giulia*; *Istituto Gramsci Frosinone*; *Istituto Gramsci Marche*; Istituto Gramsci Modena ; Istituto Gramsci della Sardegna; *Istituto Gramsci Siciliano*; *Istituto Gramsci Toscano*; *Istituto Gramsci Veneto*。

③ 参见《国外马克思主义研究报告2007》（意大利部分），人民出版社，2007年版。

④ *Tornare a Gramsci. Una cultura per l'Italia, cur. Polizzi G., 2010, Avverbi.*

的认识与意大利历史主义进行对比，并把他的思想分别与对欧洲哲学、现代"君主论"和意大利民族复兴的解读联系起来进行研究。他认为，葛兰西的思想始终处在现代思想的最高峰，唯有它才能够让意大利人民对自己的民族文化进行反思。在这部作品中，葛兰西被视为 20 世纪最后一个伟大的尝试者，他以一种有机的方式把意大利作为现代民族国家来思考，并为它勾勒了一个人民的、文化的身份特征。

另一部重要著作是《亚文化霸权，从葛兰西到闲话时代的意大利》，① 作者把葛兰西思想在文化领域影响力极大的年代和当下的意大利文化环境进行了对比。作者指出，在葛兰西所处的民族的大众文化时代，报纸和公共电视上都是作家和知识分子，左翼主宰这种文化的生产。如今在亚文化霸权的背景下，意大利的文化从葛兰西时代走进了"闲话时代"，左翼的文化霸权已经结束，亚文化霸权产生出了适应新自由主义的、迎合各类 VIP 品位的文化产品。这些已然变成我们的沟通手段的亚文化实际上是使"群众分神的工具"。意大利已经陷入了短路的商业文化之中，变成了一个"民族的闲话的"后现代文化国度。

此外，2010 年度意大利学者还关注，葛兰西思想在美国的传播以及影响 ②；葛兰西思想与科学的关系，葛兰西对科学的历史性与现实性的论述 ③；葛兰西《狱中书简》中的政治与真相 ④；葛兰西著作中对意大利南方问题、经济以及原教旨主义的论述 ⑤ 等等。总之，葛兰西的研究已经国际化了，但是，作为葛兰西的祖国，意大利仍然是他的研究的主要阵地。

（二）马克思主义

意大利马克思主义的研究有深厚的传统和悠久的历史。2010 年，意大利图灵大学的拉戈娜教授在《马克思在意大利》一文回顾了马克思的著作在意

---

① *L'egemonia sottoculturale. L'italia da Gramsci al gossip*, Panarari Massimiliano, 2010, Einaudi.

② *Americanismi. Sulla ricezione del pensiero di Gramsci negli Stati Uniti*, cur. Pala M., 2010, CUEC Editrice.

③ *Gramsci e la scienza. Storicità e attualità delle note gramsciane sulla scienza*, cur. Paladini Musitelli M., 2010, Ist. Gramsci.

④ *La religione dell'uomo moderno. Politica e verità nei «Quaderni del carcere» di Antonio Gramsci*, Frosini Fabio, 2010, Carocci.

⑤ *Questione meridionale. Economia e fondamentalismo in Gramsci e Said*, Alonzo Vincenzo, 2010, Mondostudio.

大利的翻译、出版和解释的情况。作者说:"由于理论的争议和政治事件的影响,对马克思的著作的兴趣是起伏不定的,现在已经度过了无可争议的衰退时期。从 20 世纪早期的意大利和法国的'马克思主义的危机'到第二国际的解体;从对马克思的经济理论的矛盾的辩论到苏联共产主义的悲剧,对马克思的观念的批判似乎顽强地超越马克思主义的理论视阈。然而,又总是'回到马克思'。"① 意大利学者对马克思主义的研究涉及许多方面:意大利微观历史中的马克思主义;马克思主义与女性主义之间的危险关系;马克思之后的马克思主义、法兰克福学派、意大利民族复兴时期的哲学、19 世纪早期后启蒙主义和实证主义② ;马克思主义与布达佩斯学派;企业民主与马克思主义的现实;进化论,达尔文主义与马克思主义等等。

在探讨资本主义的替代形式、企业民主和马克思主义的问题时③ ,意大利学者反对把苏联社会主义计划经济体制的解体理解为资本主义的可能替代形式的终结。他们相信,另一种不同的社会组织形式和生产方式,即企业内部实行民主管理的社会组织和生产方式,早晚会替代资本主义。相对于资本主义,这种社会组织形式将具有以下的优点:终结资本家的权力、加强民主政治;减少失业、降低通货膨胀;优化收入分配,提高工人生活质量。这是一种可能的革命,一种可以通过和平和民主手段实现的革命。

还有学者以达尔文在自然科学领域和哲学社会科学领域所引发的革命为引子,研究马克思关于主体异化的思想④ 。达尔文从人类学角度对人类本性和社会演化理论作出了很大贡献。但是,对达尔文的理论诠释和发展,最深刻的乃是马克思主义,因为后者从一开始就把在人类社会发展过程中主体的缺失、自身的异化放在了显要位置。

① Gianfrano Rogona, Marx in Italy, *Socialism and Democracy*, Vol.24, No.3, November 2010, p.181.

② *Storia della filosofia dalle origini a oggi. Vol. 8: Marxismo, Postilluministi del primo Ottocento, Positivismo.* Reale Giovanni, Antiseri Dario, 2010, Bompiani.

③ *Esiste un'alternativa al capitalismo? L'impresa democratica e l'attualità del marxismo,* Iossa Bruno, 2010, Manifestolibri.

④ *Evoluzionismo, darwinismo e marxismo*, Mancarella Angelo, 2010, Tangram Edizioni Scientifiche.

二、左翼的理论与实践

（一）对当今左翼困境的探讨与思考

虽然今天全球资本主义陷入了经济危机，但是，左翼政治并未有效地进行反抗，这个问题也引发了意大利左翼思想家的广泛讨论。意大利的左翼革新协会 ① 在 2010 年组织了三场关于左翼危机、左翼变革为主题的报告会或研讨会。

2010 年 6 月 14 日至 15 日，左翼革新协会和罗莎·卢森堡协会共同组织了题为"欧洲的左翼与全球危机"的研讨会。其中，14 日的会议主题是"左翼与社会主义"，15 日以"面临危机的左翼"为题展开了圆桌讨论会。在"左翼和社会主义"的研讨会上，学者们关注的议题包含了以下三方面的主要内容：

首先是如何才能阐明在 21 世纪资本主义体系和资本主义体制危机中的左翼的实质？在何种条件下，才有可能在社会民主萎缩后重新在欧洲建立起一种带有平民阶层特质并起到中流砥柱作用的左翼？这个新左翼能否能就像在文化和思想领域的斗争一样，在政治社会领域中进行有效的斗争？与会者认为，政治社会领域的斗争是为了社会变革，要把民众的福祉而不是利润最大化放在中心位置，同时还得把民主革新与环境保护和社会发展结合起来，在更高层次上进行综合考量，使人类摆脱资本主义在当前面临的全面危机。

其次是关于社会主义。从二十年前所谓的"现实的社会主义"失败之后，如何重新定义社会主义，或者说，在何种条件下界定平等和自由的基本范畴，界定公有和私有的之间的区别，并对市场经济进行分类？这些都是他们思考的问题。左翼学者指出，我们不能抽象地讨论上述问题，而要是具体地解释当今的经济社会形态，在这种形态的内部矛盾、在民众的生命甚至我们所生存的星球本身都被置于危险之中的条件下来理解社会主义的必要性和可能性。

最后一个问题是，如何理解当前危机与左翼及社会主义之间的关系。这

---

① Associazione per il Rinnovamento della Sinistra，左翼革新协会创立于 2006 年，旨在促进意大利乃至整个欧洲左翼的团结，探索当今社会秩序的新视点。

场资本主义危机的本质特征及其并发症是什么，在欧洲的共同体意识和社会各层面上产生了哪些影响？对欧洲在世界上的角色以及地缘政治的平衡会产生什么影响？为了走出危机，转向更好的社会形态，是否有可能在欧洲的新左翼和社会运动之间建立一个具体的公共斗争平台？围绕着这些问题，意大利左翼学者进行了广泛的讨论。

"面临危机的左翼"圆桌会议，学者们的议题也有以下方面：首先是经济、社会和环境政策问题。左翼学者不仅提出要遏制失业和贫穷，通过工资和养老金的增长和更好的福利方面，实现更多程度的公平，而且提出了以充分就业为目标的生产和经济的绿色转变为核心的经济政策。除此之外，他们还对财政平衡和公共开支提出了自己的观点，主张财政支出应用于投资和社会福利，而不是用于救助资本主义的企业和银行。其次是文化、交流和公共意识问题。左派认为，要在欧洲建立一个决定性意义的公共斗争平台，在全世界工人阶层进行政治力量的重组与统一，文化霸权是至关重要的根本性要素。像葛兰西时代一样，在当代左翼政治中，文化霸权问题再一次成为重要问题。就 21 世纪的资本主义和社会阶层的分析来说，对目前劳动者的政治自主状况的分析与社会与政治联盟的政治状况分析一样重要。最后，学者们探讨了资本的专政、危机再现和私有化政策如何使民主受到排斥的问题。其中涉及如何在运动与目的之间，在变革的前景与具体行为之间，在改变社会与政治人物之间建立新的关系的必要性。

2010 年 12 月 15 日，左翼革新协会组织了一场题为"左翼和替代的历史问题"的公开讨论会。意大利著名左翼学者阿尔多·托尔托雷拉[①] 参与了这场讨论会。学者们认为，"替代"是 21 世纪政治民主的中心，也是政治民主机制运行及其未来的中心。当前的问题是，左翼已经被无孔不入的单一思维的意识形态所阻滞，这种思维完全封了不同道路之间的冲突，陷入到只能在被现实认可了的任何议案之中进行任意选择的境地。在这里，民主机制的未来不过是现实基础之上的增长与拓展，就像是历史的延伸。在这双重的扁平化之中，集体的民主机制被消化，并由此产生新的机制。此外，学者们认为，左翼须关注社会的发展状态，要辨清权利的使命以及公共领域中之于左翼最基本的因素。

---

① Aldo Tortorella，意大利著名左翼学者，左翼革新协会会长。参见《国外马克思主义报告 2007》（意大利部分），人民出版社 2007 年版。

除上述活动外，2010 年 10 月至 2011 年 2 月，左翼革新协会组织了三次以《她或将是自由主义者！左翼自由主义的困境》[1]、《民主的真相》[2] 和《为什么还有左和右？》[3] 三本书为蓝本的关于左翼思想的讨论会。其中涉及如何看待处于政治和意识形态之间的自由主义；对让·卢克·南希关于当代民主危机理论进行了探讨；讨论了"右翼"与"左翼"范畴的当代含义以及替代的前景。2010 年 11 月 5 日，意大利葛兰西学院[4]，英国欧洲进步研究基金会（Foundation for European Progressive Studies）和德国弗里德里希－艾伯特基金会（Friedrich-Ebert-Stiftung）也组织了一场以"新左翼，革新中的社会民主。一场惠及全欧的大辩论"为题的国际研讨会。与会学者就以下几个方面发表了观点："欧洲社会民主与全球危机"、"关于新国家福利制度的构想"和"新左翼的政治策略"。上述活动紧扣当今政治和社会现实，间接地扩大了马克思主义的影响。

（二）"克拉克西时代的社会主义者与共产主义者"

社会主义基金会于 2010 年 11 月 18 日至 19 日举办了题为"克拉克西[5]时代的社会主义者与共产主义者"的研讨会。20 世纪 80 年代的意大利可以说是克拉克西时代，他把自己的政治主张置于当时意大利体制的中心位置，因此招致当时意大利另外两大政党，尤其是贝林格[6] 领导的意大利共产党的诟病。意大利左翼、共产党和社会党之间的"生死斗争"并没有因为 1984 年贝林格的逝世而告终，也没有因为克拉克西海外流亡、病逝而结束。在意大利，左翼政党之间的斗争不仅在继续，而且依然激烈。学者们关心的是，"左翼的内斗"是必然的吗？这种内斗的后果是什么？从 1989 年"博洛尼亚转折（la Svolta

① Carnevali, Pellizzetti, *Liberista sarà lei! L'imbroglio del liberismo di sinistra*, Codice Edizioni, Torino, 2010.

② J.-L. Nancy, *Verità della democrazia*, Cronopio, Napoli, 2010.

③ C. Galli, *Perché ancora destra e sinistra*, Laterza, Roma-Bari, 2010.

④ la Fondazione Istituto Gramsci, 也译作葛兰西协会, 参见《国外马克思主义报告 2008》（意大利部分），人民出版社 2008 年版。

⑤ 克拉克西（Bettino Craxi, 1934—2000），意大利政治家，1976—1993 年为意大利社会党领袖，1983—1987 年任意大利总理，是社会党的首任总理。

⑥ 贝林格（Enrico Berlinguer, 1922—1984），意大利政治家，1972—1984 年任意大利共产党总书记。

della Bolognina)"① 到如今，为什么左翼不能摆脱内斗的阴影而团结起来面对愈发严重的境况？学者们分析了社会党和意大利共产党的不同政治文化，回顾了当时盛行的反共产主义的文化斗争以及天主教民主党和意大利共产党联合反克拉克西主义的历史。他们认为，左翼内部的斗争没有胜者，历史的事实已然表明，它们之间的斗争只能削弱左翼的影响力。今天，左翼如何克服相对对立的情绪，重新团结起来，共同面对困境，才是今日亟待解决之难题。

三、重要的著作和论文

吉安弗朗科·拉·格拉萨在 2006 年和 2008 年分别推出了《资本的战略》和《金融与权力》②之后，2010 年出版了新作《马克思作品中的两条道路，终究要走出去》(*Due passi in Marx. Per uscirne infine*) ③。近年来，格拉萨的理论路径经历了一个整合马克思主义的理论工具和重构马克思主义的过程。《马克思作品中的两条道路》这本书提出要超越意识形态的束缚、重新理解马克思的任务。在他看来，意识形态妨碍了马克思的两条道路理论对认识当今世界变化的意义。马克思的第一条道路，也许是受到经济基础决定论的影响，描述了一个过于简单的人类社会发展的历程图。马克思的第二条道路是以货币为中心展开的，货币的价值取决于贵重金属中的"劳动嵌入量"，每一枚货币都会代表一定的劳动量。作者在探讨了 19 世纪马克思作品中所蕴涵的思想后提出要超越马克思主义，并在 21 世纪的历史经验基础上为它指出了一个可能的出路。他认为，走出教条主义和简单化理解的马克思主义那扇门后，面对的将是一个全新的科学景观，人们将用它去研究和探索正在敞开的新时代。格拉萨认为，

---

① 1989 年柏林墙倒塌之后，时任意共总书记的阿吉利·奥凯托在 1989 年 11 月 12 日的纪念 "博洛尼亚斗争四十五周年" 的大会上，呼吁意大利所有进步人士，天民党左派，环保人士和激进分子组建一个新的左翼政党，承担起 "国际社会主义者" 的任务，同时宣布意共更名、更换标志。同月 24 日，意共中央委员会以 67.7% 的比率支持了奥凯托的提案。参见 http://www.corriere.it/speciali/Ds/congressi1.shtml。

② *Gli strateghi del capitale* (2006) *e Finanza e poteri* (2008)，Manifestolibri, Roma. 参见拙作《国外马克思主义报告》(2007、2008 年) 二卷的意大利部分，人民出版社，2007 年和 2008 年版。

③ Gianfranco La Grassa, *Due passi in Marx. Per uscirne infine*, Il Poligrafo,2010.

"重要的是要抓住问题的本质。在马克思的论述中，界定资本主义特征的真正社会关系，是作为企业主的资本家所发挥的、并且是其固有的社会功用。它和所有权关系纠结在一起，成为了实际生产关系的法律表现。要研究清楚这些关系，需要往下走到更具体的'能源领域的冲突'中去。劳动过程中的关系——领导与执行之间还有许多层级——'对于理解资本主义生产方式（这是一种社会方式，一种社会存在方式，不是劳动技术的方式）中的对立者之间的冲突本质是没有决定性意义的。'简单地将冲突置于狭隘意义上的生产空间(劳动过程)中的话，首先意味着把拥有知识和领导能力的人与那些不拥有这些能力（或者在特殊复杂的情况下能力受限）的人对立了起来；因此，这样做是帮了真正统治者的忙。"因此，他主张放弃马克思的经济基础决定论，用一个更复杂的分析路径。

意大利当代著名思想家奈格里 2009 年在美国出版了的《公共体》，2010年该书的意大利文版问世，书名是《公共体，超越私有与公有》①。哈特和奈格里认为，在亚当·斯密的资本主义和卡尔·马克思的共产主义之外，还有一个真正的替代体："公共体"，或者公共财产体。它是知识、语言、情感、能源、流动性和自然的集合体，这种公共财产正是那些想从根本上改变当今经济帝国的民众所应趋向的。在这里，对公共体的重新占有不能仅仅通过武力的颠覆，而且要借助一系列以归还属于人民的权利，包括永远归还主权为目标的权利的措施来实现。

《公共体》是安东尼奥·奈格里和迈克尔·哈特的三部曲，即《帝国》、《民众》和《公共体》的最后一部。通过这三部曲，两位作者向读者展示了一种反思当今时代的独特视角：从对全球法西斯理论到生产阶层的屈辱边缘化，从世界体制的冲突到资本功能的逐步退化，从单边主义失败到我们生活背景的危机，他们引领着读者穿越了一条体现了现代与传统、过去与未来同在的解放道路。

奈格里在其 2010 年出版的独著《主权内和反主权，从政党国家到管理运动》② 中表达了这样一种观念：国家领土范围内的政府主权已经有失效了十余年了，为了取得成效，政府于是开始依靠管理程序。新的主权和规范所产生的

---

① Hardt Michael; Negri Antonio Comune. *Oltre il privato e il pubblico,* Rizzoli ,2010.
② Negri Antonio *Dentro/contro il diritto sovrano. Dallo Stato dei partiti ai movimenti della governance*, Ombre Corte, 2010.

形式并不再是单级独霸和等级制度了，问题是，可以把政府的管理视作一种建立制宪权的能力吗？作者认为，在主权内部制度主义已经没有意义了。事实上，所有规范主义和金字塔层级制度的替代品，无论在法律制定中，还是在权力机构以及防御性机构里，也都已经没有意义了。也就是说，我们都意识到了广泛存在的管理程序代表着一个黑暗的地平线，而主权的行为能力则越来越弱，几乎已经是破碎的了，这种主权国家的治理危机或许意味着新的解放的机会的到来，意味着获得更多的自主、公正和自由的可能性。

此外，奈格里在《马克思超越马克思》[①] 这部再版的旧作中，对马克思的《政治经济学批判大纲》做了别出心裁的解释。他认为，《大纲》核心贡献不是提供了新的政治经济学理论，而是从生产领域的变化中寻找到革命主体性的形成的条件，科学在生产领域的应用以及普遍理智的成长为向共产主义的过渡提供了新的基础。奈格里强调，《大纲》既包含马克思思想本身的危机，也为超越这一危机指出了方向，并预测，《大纲》的核心思想对社会主义发展的影响将超过两百年。

2010年许多意大利左翼政党内人士以及左翼学者对左翼本身的问题给予了更多的关注。例如，有的左翼人士论述了意大利两支共产主义政党——意大利共产党人党和意大利重建共产党——团结起来的必要性和紧迫性[②]，有的左翼人士认为这两支共产主义的政党必须要有实质意义上的团结与合作，如此才有可能改变目前意大利陷入的经济危机以及政治混乱状况[③]。下面介绍2010年《马克思主义批评》上刊载的两位左翼学者的文章，前者是对左翼本身面临困境的深入思考；后者是对人们所面临的文化贫困化、心理贫困化以及社会贫困化进行了深入的探讨。

阿尔多·托尔托雷拉在其《二十年之后》[④] 一文中，展开了对意大利左翼的批判与思考。他指出，1989年之后，整个世界发生了根本性的变化。昔日

[①] Negri Antonio, *Marx oltre Marx*, Manifestolibri, 2010. 该书的中文:《大纲：超越马克思的马克思》2011年由北京师范大学出版社出版。

[②] Franco Tomassoni, *Ecco, l'unità dei comunisti è possibile e necessaria, Liberazione* del 01/09/2010.

[③] Daniela Preziosi, *Fare la federazione, unire i due partiti comunisti e unire la sinistra sui contenuti, Il Manifesto* del 22/10/2010.

[④] Aldo Tortorella, *Venti anni dopo, Critica Marxista* online, http://www.criticamarxista.net/articoli/1_2010tortorella.pdf.

还处于世界底层的中国、印度在如今的资本和商品市场中已经脱颖而出，成为新秀；新技术的革命并未缓解人类所面临的环境危机；经济危机带来了更多的失业，加重了穷人的悲剧。回过头来看意大利国内的情况，或许更不令人乐观。如果有人认为不再需要"左"的思想了，那说明意大利人们得了左翼厌食症。"左翼"甚至已经从议会中消失了：一些人已经把它从政党的名称中删除了。在政治学的语境中，"左"与"右"早已过时，一来是由于左翼政党在现实政治中的边缘化，二来全球化的消费型社会价值观已经支配着人们的思想。

但是，在意大利"左"与"右"的区分依然有现实性。右翼与人权和文明的价值观是反向而行的，然而，右翼的财富分配观、国际关系观、教育观、信息传播观以及公共道德观现在却大行其道，甚至高歌猛进。而自称左翼的左翼，十分虚弱，甚至不知自己缘何自称左翼。并不是说有着与右翼对立的立场和不同的观念就是左翼，议会中总有人打着左翼的旗号，但其所坚持的理念，不是无内涵，就是不切实际无法实施。显然，名叫葛兰西的不一定是葛兰西主义者，叫克罗齐的也未必是克罗齐的忠实追随者。意大利只有一小部分左翼人士来自于传统的共产主义和社会主义，他们中更多的是属于各种民主派左翼和"行动派"，即曾经被称作"自由分子"的人。左翼的缺失，正如大部分文章所指出的，是指它在工人运动中立场的缺场。今天，意大利左翼处在消失、弃权和迷失之中。严格来说，这场危机不仅是意大利的，也是全欧的；不仅是"改良"派的，也是标榜社会民主派的。作者对这一趋势的后果做了尖锐的批判，他认为，工会运动的一味妥协只会导致新的奴隶主义，改良主义最后的结果是重击工会与左翼，不是企业主与右翼。今天的左翼与右翼似乎代表着平等与自由价值的两翼，但作者认为，没有自由的平等不是真正的平等，左翼必须为右翼所践踏的自由而斗争。作者特别指出，左翼若想在现实生活中有所作为，不应该只是一味地指责，同样需要为社会的发展提出更多的、积极的、有建树的意见。左翼的建议不应局限于某个阶级或阶层，而应该关注身边的人民的生活。作者说："我清楚地记得对昔日意大利共产党的批评：'你们想拯救全世界受苦的人于水火，却不曾注意到身边正遭受苦难的人。'我不知道这是否是一个全面而深刻的批评，但我担心，对今日之左翼依然适用。"从上述内容看，托尔托雷拉对意大利左翼的批判是深刻的，它不仅适用于意大利，也适用于全欧洲，甚至整个西方世界。

卡尔拉·拉瓦约里的《富裕化正若贫困化》① 也是一篇有分量的论文。作者认为，如今的心理贫困化、文化贫困化和社会贫困化恰恰都是源于物质丰裕化和实现物质丰裕的手段本身。一般而言，说起贫困化，人们的第一反应就是经济危机及其带来的一系列不可避免的后果：失业、贫困、收入减少、购买力下降等等，特别是一部分人的赤贫以及人与人之间不平等的加剧，这种不平等不仅存在于西方国家内部，也存在于"发达"国家和"南半球"国家之间。拉瓦约里的论文不是针对一般意义上的全球贫困化和不平等，而是西方学者很少关注并深入探讨的贫困化，即"富裕的贫困化"。

作者指出，如今在全球经济体制占据上风的资本主义，在二战后的三十年内达到了顶峰，即法国人所谓的"光荣三十年"。在这几十年中，生产与消费体现了"生产力的发展"，这种发展既为资本主义实现了剩余价值的极速积累，也因商品生产的倍数增长为所有人带来了更多物质财富。然而，正是在这期间，整个社会发生着并非偶然的，而是必然的、具有深层意义的变化，即正逐步走向"消费社会"。亨利·福特愿意为他的工人加薪，因为这样他们就可以购买福特生产出的汽车了。也就是说：必须得有高收入，才可以承受高消费，才可以消费因技术进步所带来的大批量产品。同时，传媒工具诸如收音机、电视、网络似乎成为人们生活的不可或缺品，然而，它们除了本身的功能之外，不可避免地起到了商品促销，引导消费的作用。媒体俨然已经成为大众文化的主要代理，它所宣扬的广告更像是时尚生活范式的工厂。人们不觉中走进了文化贫困化的时代。

消费或经济行为模式相较于文化、政治已经占据了绝对优势。消费成为影响人对自身身份认同的决定因素之一，也成为人的身份的构成元素之一。今天，人们对自身身份的界定已经被消费所引导。消费社会的需求并非真实的需求，很大程度上它是被人为地创造出来，人们的身份心理被创造出来的消费所引导，因消费风向的变化而变化，变得愈发地脆弱，正面临着一种心理的贫困化。作者引用恩格斯在《家庭、私有制和国家的起源》中所提出的"商品生产"和"人类自身生产"的概念，认为商品生产已然成为集体行为的参照系，成为

① Carla Ravioli, *Arrichimento come Impoverimento,* http://www.criticamarxista.net/articoli/5_2010ravaioli.pdf 拉瓦约里是意大利左翼学者，本文是其在 2010 年 9 月 25 日参加 Itinerari 协会组织的"贫困化时代"（L'età dell'impoverimento）研讨会上的发言稿，并由《马克思主义批评》在 2010 年第 5 期上刊载。

无可争议的优先价值。"人类自身生产"和"商品生产"正趋于同化。作者还指出，在当今的贫困化中，人类自身在心理和文化上的贫困化只是其中一个方面，更悲哀的是，这些年来人为地对自然环境的破坏，对能源的肆无忌惮的开发和利用，已经给人类（无论穷人还是富人）带来了普遍的巨大的灾难。对此，掌握了大部分人的命运的政客、经济学家和大企业主虽然不得不开始微小的改革，采取应对措施，但是，只要不改变这种"富裕的贫困"，未来恐将不可避免地发生生态系统的崩溃进而导致全人类的贫困化。

（作者单位：中国社会科学院马克思主义学院）

西班牙

贺　钦

　　2010 年，受国际金融危机和国内结构性调整影响，西班牙经济持续低迷，就业形势空前严峻，各地各行业罢工此起彼伏。曾经引以为自豪的银猪五国的西班牙正面临着主权债务危机，与其他西方国家一样，它不得不采取紧缩政策，各种社会矛盾日益激化。2010 年 9 月 16 日，在与工会和各反对党磋商多日失败后，西班牙政府迫不得已强行公布了"劳动力市场改革计划"。该计划宣称，改革将有利于增强劳动力市场的灵活性、降低企业雇佣和解雇员工的费用、提高生产效率、减轻政府财政赤字。但工会认为，该计划损害了工人阶级的权益，偏向企业主一边。2010 年 9 月底，在西班牙失业率高达20%的情况下，为表达对新劳工法的不满，西班牙工会组织了八年来的首次全国总罢工。

　　在日益激进的政治气氛下，西班牙马克思主义及左翼人士和团体，立足于西班牙工人阶级的现状与诉求，放眼欧洲、拉丁美洲及全球的资本主义危机与左翼运动，通过各种学术研讨和培训活动，进一步将马克思主义基本理论、国际工人运动、资本主义危机等议题的研究与讨论推向高潮。西班牙马克思主义的研究主要涉及两个方面，一是对马克思主义的基本理论的讨论，二是对当代社会现实和工人运动的讨论。

一、学术活动和政治运动

（一）马克思主义基本理论和当代社会批判理论的讨论

1.“马克思主义基本原理”系列讲座

2010 年 3 月至 6 月，西班牙马克思主义研究会思想部在其总部举办了“马克思主义基本原理”系列讲座 ① 。来自马克思主义研究会、马德里大学、马德里自治大学、奥维耶多大学等学术研究机构的教授和学者先后就 “《资本论》中劳动的概念”、“社会阶级概念的现实性”、“西班牙当代工人阶级”、“脆弱无权的劳动者”、“马克思、恩格斯关于革命的概念”、“工人运动与工人政党关于革命的历史争论”、“自然与社会间的新陈代谢”、“安东尼·葛兰西的唯心主义马克思主义”、“新书推介《改变马克思主义——为了另一个世界的另一种马克思主义》”②、“萨特——三十年后”、“唯物主义与马克思主义的社会历史观”、“马努埃尔·萨格里斯坦的辩证法”、“马克思主义与经济学的复杂性”等难点与热点问题进行了讲授。

2011 年 4 月 12—13 日，西班牙马克思 – 列宁主义共产党在西班牙阿利坎特大学召开“马克思主义”系列讲座及研讨会 ③ ，与会学者分别就“马克思主义基本原理”、“欧洲的共产主义斗争——以希腊共产党为例”、“马里纳莱达的人民权力”、“古巴社会主义的成就”、“列宁对马克思主义理论与实践的贡献”、“马克思主义的经济理论”、“历史唯物主义解析”、“拉丁美洲的革命进程——21 世纪社会主义”、“苏联解体的历史争论与教训”、“家庭起源与父权制”、“作为阶级剥削形式的国家与权利”等理论与实践问题发表了主题讲演。

2.“马克思主义经济学”系列研讨会

2010 年 2 月至 4 月，巴塞罗那大学世界经济研究小组、巴塞罗那大学社会历史与文化研究小组、西班牙加泰罗尼亚马克思主义研究会，在巴塞罗那大

---

① http://www.fim.org.es/media/1/1414.pdf.

② Jacques Bidet y Gérard Duménil, Altermarxismo “Otro marxismo para otro mundo”, Mayo 2009.

③ http://www.jovenguardia.es/web/categoryblog/375-universitat-dalacant-i-jornades-sobre-marxismo.html.

学经济与商业学院联合举办了"马克思主义经济学"系列研讨会 ①。与会学者从马克思主义经济学的经典理论出发，全面剖析了当前经济危机的现象与本质，并对新自由主义理论范式和发展模式进行了深入批判。与会者包括马德里大学校长卡洛斯·贝索萨（Carlos Berzosa）、埃及著名学者萨米尔·阿明（Samir Amin）在内的十多位专家学者。他们就"商品化和剥削——马克思的经济分析"、"全球资本主义与不平衡发展"、"资本与自然的矛盾"、"资本与危机：理论与历史的维度"、"资本与危机：当前危机与反危机政治的影响"等议题进行了发言和讨论。

3."生态马克思主义"研讨会

2011 年 2 月 17 日，西班牙马克思主义研究会经济与社会部召开了"马克思主义与生态——纪念马努埃尔·萨格里斯坦"研讨会 ②。西班牙著名马克思主义学者庞培法布拉大学弗朗西斯科·费尔南德兹·布恩伊（Francisco Fernandez Buey）教授和西班牙国家远程大学（UNED）的萨尔瓦多·洛佩兹·阿那尔（Salvador López Arnal）教授应邀做主题发言。2011 年 3 月 19 日，马克思主义研究会与马德里共产党（PCM）联合主办了"生态与马克思主义"研讨会 ③。 与会学者围绕"资本与自然的矛盾：西班牙资本主义的生态局限性"进行了研讨。马德里自治大学哲学教授豪尔赫·里奇曼（Jorge Riechman）、西班牙巴利亚多利德大学应用经济系教授奥斯卡·卡宾特洛（Oscar Carpintero）等学者与会。会议旨在从马克思主义生态学的视角出发，揭示西班牙金融和不动产资本主义的特征与生态局限性。

4."现代批判思想"研讨会

2010 年 3 月 12—19 日，马克思主义研究雷伊·德尔科拉尔基金会（FIM Rey del Corral）、西班牙共产党马克思主义研究会（FIM）、西班牙萨拉戈萨大学哲学系在萨拉戈萨大学联合召开了"现代性的终结？——纵观当代批判思想"研讨会 ④。该会旨在通过回顾和讨论人类历史近 90 年来的哲学批判思想（萨特、卢卡奇、德勒兹和奈格里等），进一步反思和总结关乎人类未来发展方向的若干重大历史命题。学者们先后就"安德烈·高兹（André Gorz）：从存在主

---

① http://www.fim.org.es/actividad.php?id_actividad=804&buscador=1&id_seccion=&anio=2010.

② http://www.fim.org.es/actividad.php?id_actividad=822.

③ http://www.fim.org.es/actividad.php?id_actividad=828.

④ http://www.fim.org.es/media/1/1300.pdf.

义到生态马克思主义"、"救世主的两种无神论"、"关于赫苏斯·伊巴内斯（Jesús Ibáñez）：明天、遗体与享乐"、"朱迪斯·巴特勒（Judith Butler）：思想的冒险"、"内利乌斯·卡斯托里亚迪斯（Cornelius Castoriadis）：自治与野蛮"、"布朗肖与加缪（Blanchot y Camus）：拒绝——不为人知的力量"、"齐格蒙特·鲍曼（Zygmunt Bauman）：流动现代性的风景"、"雅克·朗西埃（Jacques Rancière）的哲学与政治"等议题发表了讲演。

（二）当前资本主义的经济危机与工人运动的讨论

1．"经济危机与劳工改革"研讨会

2010 年 7 月上旬和下旬，西班牙马克思主义研究会大加那利省分部在拉斯帕尔马斯市先后召开了两次"经济危机与劳工改革"研讨会。[①] 独立左翼人士何塞·米盖尔（José Miguel Fraguela）、加纳利省革命共产党（PRCC）中央委员会成员特多洛·圣塔纳（Teodoro Santana）、加纳利省革经济与社会委员会主席费尔南多·雷东多（Fernando Redondo），加纳利省左翼联盟（IUC）总书记玛利亚·普戈（María Puig），加纳利省工人委员会书记佩德罗·克斯特拉斯（Pedro Costeras）、加纳利省工会联合行动委员会负责人安东尼奥·萨达（Antonio Sardá）出席了会议并做主题发言。

2．"危机与替代"研讨会

2011 年 2 月 22—24 日，马克思主义研究会、共产主义青年组织（Juventudes Comuinistas）、西班牙共产党（PCE）、左翼联盟（IU）、拉索博纳（La Sorbona）协会、西班牙共产主义青年联盟（UJCM）在马德里卡罗斯三世大学联合主办了"危机与替代"研讨会[②]。会上推介了西班牙共产党总书记何塞·路易斯·圣德亚（José Luis Centella）的新书——《建设 21 世纪社会主义——资本专治的替代》[③]。相关学者还就"青年危机与大学"、"劳工改革与养老金——青年人难以实现的未来"做了主题发言。

3．"欧洲左翼的战略"研讨会

2010 年 3 月 12—13 日西班牙马克思主义研究会和欧洲左翼组织"变革

---

① http://www.fim.org.es/actividad.php?id_actividad=819&buscador=1&id_seccion=&anio=2010.

② http://www.fim.org.es/actividad.php?id_actividad=824.

③ José Luis Centella, *Construir Socialismo en el siglo XXI. Alternativa a la dictadura del capital*'
2011.

网"①在西班牙马略卡岛联合召开了"欧洲左翼的战略（1）——为什么在欧洲，危机更有利于右翼而不是左翼？"国际研讨会，来自西班牙、希腊、德国、丹麦、法国等国的左翼人士和学者出席了会议。与会学者就"欧洲左翼的现状：2009大选结果"、"欧洲社会民主党的选举危机（1950—2009）"、"西班牙左翼的现状与危机"、"欧洲左翼摆脱危机的战略"、"经济、金融、社会危机：威胁与机遇"、"结构性社会变革与新社会集团的问题"、"可信的立场——左翼取得霸权的先决条件"、"国家与超国家机构在进步方案制订中的角色"等发表了主题演讲。

（三）"拉丁美洲与21世纪社会主义"研讨会

2010年3月17—18日，西班牙马克思主义研究会、西班牙萨拉曼卡大学历史地理系及该校伊比利亚美洲研究所在萨拉曼卡大学联合召开了"21世纪的拉丁美洲社会——拉丁美洲的第二次独立"研讨会②。与会学者分别就"拉丁美洲独立200年"、"跨国公司在拉丁美洲的角色"、"拉丁美洲的一体化进程"、"公民社会与社会运动在拉丁美洲的角色"、"拉丁美洲的21世纪社会主义"、"20世纪拉丁美洲文化的起义与解放"做了主题发言。

（四）"中国模式"研讨会

除了对西班牙和欧洲资本主义进行历史反思与现实观察外，西班牙左翼学界还对"现实社会主义"的成功典范——"中国模式"给予了高度关注。2011年3月14日至15日，西班牙巴斯克自治大学国际经济系举办了"中国社会主义进程"研讨会，特邀中国学者马克思主义经济学家程恩富教授就"中国模式"做主题发言，并回答了当地学者和师生有关中国社会主义模式的诸多疑问。

二、主要著作和论文

为更好地了解西班牙马克思主义学者的思考和贡献，我们将选择一年来代表性著作和论文予以介绍。

---

① http://www.transform-network.org/.

② http://www.fim.org.es/media/1/1344.jpg.

1.《我们共产党人——记忆、认同与社会历史》(2010)①，该书为第二届西班牙共产党党史研究大会的论文集，它从西班牙共产党员的个人视角出发，回顾和评述了西班牙共产党人在佛朗哥专政时期和西班牙民主过渡时期的历史作用与贡献。全书分为"导论：共产主义的社会历史"、"佛朗哥及过渡时期共产党人的认同、党员文化、记忆和集体形象"、"佛朗哥时期的妇女与西班牙共产党"、"反对独裁的共产党人"、"共产主义文化纲要和知识分子"、"反思：共产党人需要怎样的民主?"等。通过挖掘西班牙共产党人的个体经验，向读者展示了西班牙共产党党史上有关党员文化、社会运动等鲜为人知的历史与观点。编者认为，西班牙共产党人在抵抗佛朗哥政权和促进西班牙民主过渡等历史事件中均发挥了十分重要的历史作用，将这些历史功绩统统归功于没有党派色彩的知识分子和体制内人士，对西班牙共产党人而言有失公允。

2.《人类的灾难》(2010)②，该书的作者是西班牙著名左翼作家、哲学家圣地亚哥·阿尔巴·里格（Santiago Alba Rico）与马德里大学哲学系教授卡洛斯·费尔南德兹·里立亚（Carlos Fernández Liria）。该书由两位作者风格迥异、但立意一致的不同篇章组成。圣地亚哥撰写的《正常的鸿沟》延续了其犀利写实的一贯作风，通过评述资本主义制度下令人发指的贫富鸿沟，揭示了资本主义制度的不可持续性。卡洛斯撰写的《人类的灾难》通过大量的概念和论据阐释，配以图片与修辞，进一步揭露了资本主义导致无产阶级贫困化、剥夺人类公民权的事实。

3.《探索中的左翼——危机中的政治反思》(2010)③由格拉纳达大学哲学与神学教授何塞·安东尼奥·佩雷斯·塔比亚（José Antonio Pérez Tapias）所著。共分十章——"资本危机与劳动者的悲剧"、"不幸面前是否具有可持续

① Manuel Bueno Lluch, Sergio Gálvez Biesca (editores), «*Nosotros los comunistas*» *Memoria, identidad e historia social*, 2010, http://www.fim.org.es/02_02.php?id_ publicacion=244.

② Santiago Alba Rico, Carlos Fernández Liria, *El naufragio del Hombre*, Hiru Argitaletxea, 2010.

③ José Antonio Pérez Tapias, *Izquierda se busca, La "Reflexiones sobre políticas en crisis"*, Universidad de Granada, 2010. 何塞·安东尼奥·佩雷斯·塔比亚，格拉纳达大学哲学与神学教授，格拉纳达工人社会党议员，"社会主义左翼"成员，主要研究方向为哲学人类学、文化哲学，亦对教育、伦理和政治问题有一定研究，著有《弗洛姆的人文主义思想——来自马克思和弗洛伊德的批判与乌托邦》、《文化哲学与批判》、《民主教育与跨文化公民权——全球化时代的教育变革》等。

性?"、"多民族国家的联邦文化"、"艰难时期后的欧洲"、"面对世界不确定性的防守"、"实用主义与尊严:一个有质疑的政策"、"为了不向市场屈服:多元社会中的教育"、"关于生死:公共讨论中的生命伦理"、"世俗性与宗教民主的重新定位"、"格拉纳达的生活与记忆",对左翼政治的困难和艰难努力做了系统探讨。

4.《大都市的工人运动——从社会政治动员到经济危机》(2011) ① 由哈维尔·特巴·胡塔度(Javier Tébar Hurtado)所著。主要展现了 20 世纪 20 年代至 80 年代,伴随城市工业和欧洲左翼运动的发展,西方国家工人运动几经沉浮的历史现实。在西方国家经济生产向后福特主义模式转变的过程中,工业无产阶级经历了数量上的骤减和城市生活条件的深刻蜕变。这不仅导致社会分裂,还使工人阶级在政治运动和劳资谈判中的地位被严重削弱。本书以西班牙 7 个地区的大城市(巴塞罗那、毕尔巴鄂、希洪、马德里、塞维利亚、瓦伦西亚、维哥)、意大利北部的三角工业地带(热那亚、都灵、米兰)、巴黎及葡萄牙北部的工业首都为例,点面结合地剖析了欧洲工人运动发展史上无法逃脱的不和谐与危机。

5.《西班牙劳工改革分析》(2010)西班牙马克思主义研究会负责人、著名劳工问题专家达尼尔·拉卡耶(Daniel Lacalle)2010 年发表了《西班牙劳工改革分析》②、《就业调整政策、福利、协议和生产力》③、《劳工冲突与危机》④、《西班牙劳工市场的危机(2007—2010)》⑤ 等多篇有关西班牙劳工改革和工人阶级困境的文章。通过对西班牙工人阶级每况愈下的工作和生活条件的揭露,作者剖析了西班牙劳工改革中存在的问题与矛盾,以声援西班牙工人运动的合理斗争与发展。

在《西班牙劳工改革分析》一文中,达尼尔指出,政府 18 年来先后进行

① Javier Tébar Hurtado, *Movimiento obrero en la gran ciudad. El "De la movilización socio-política a la crisis económica"*, Ediciones de Intervención Cultural, S.L, 2011.

② Daniel Lacalle, *las Reformas Laborales en España. Un Balance*, http://www.fim.org.es/media/1/1387.pdf, 2010.

③ Daniel Lacalle, *Expedientes De Regulacion De Empleo, Prestaciones, Convenios, Productividad*. Marzo 2011, http://www.fim.org.es/media/1/1506.pdf.

④ Daniel Lacalle, *Conflictividad laboral y crisis*, El Viejo Topo 278, №. 278, 2011, págs. 50-57. http://www.elviejotopo.com/web/archivo_revista.php?arch=1567.pdf.

⑤ Daniel Lacalle, *El Mercado Laboral en la Crisis. España 2007-2010*, http://www.rebelion.org/docs/124152.pdf, 12-03-2011.

了 8 轮劳动力市场改革，八次改革中仅有两次达成了相关协议与共识，其他五次均为各届政府的单边决定，而最近一次纷争更是悬而未决。平均每两年三个月的改革速率表明——政府的劳工改革缺乏政策稳定性与可行性，更谈不上应有的成熟与效率。具体而言，八次改革在"改革目标"等一般性问题上的相关意见是可以接受的，比如促进长期合同的签订、临时合同向固定合同的转换、雇佣活动的有效监管和兼职合同的订立等。然而，改革的一些具体规定却让工人阶级难以或者根本无法接受，例如削减临时工的相关权益、控制失业福利体系的准入、严厉整改全国就业协会及雇主补贴和免税政策等。达尼尔认为，相关改革并未缓解西班牙经济的严峻形势，反而加剧了劳动力市场的二元矛盾——持有永久性合同的劳动者享有充足的权益，而身陷垃圾合同的劳动者则难以（甚至根本不可能）享有必要的保障。总而言之，因性别、年龄、国籍、学历、行业、地域等因素产生的待遇和保障差异使工人阶级内部呈现出愈加分裂的态势，而企业主阶层却在相关改革中受益匪浅。因此，达尼尔指出，既有劳工改革成了各界政府捞取政治砝码的权宜之计，要想真正推进劳工改革，必须立足于工人阶级的切身利益与尊严，全面考察劳工市场的复杂性与多元性，统筹兼顾各项措施，而不是拆东墙补西墙，各取所需。

6.《西班牙的工人阶级》（2011）[①] 保守派和新自由主义者普遍认为，低生产率及低生产率的增长率是导致西班牙经济复苏乏力的主要原因，因此，西班牙工人低工资的现实亦是无法避免的。但西班牙巴塞罗那大学应用经济学教授维森·纳瓦罗（Vicenç Navarro）[②] 在《西班牙的工人阶级》一文中指出，低生产率并非西班牙工人低工资的真正原因，工会力量的软弱与政府在收入分配领域的不作为才是西班牙工人阶级低收入的直接原因。维森教授指出，据美国华盛顿经济政策研究所的最新报告，西班牙工人的年工作时间为 1654 小时，明显高于 OECD 成员国 1628 小时的平均数。在经济增长率方面，2007 年至 2009 年西班牙年经济增长率为 5.4%，位列 OECD 成员国首位，远高于其

---

① Vicenç Navarro, *La clase trabajadora en España*, http://www.rebelion.org/noticia. php?id=126930，22-04-2011.

② 维森·纳瓦罗（Vicenç Navarro, 1937 - ），西班牙庞培法布拉大学公共政策系教授，马德里大学、巴塞罗那大学应用经济学教授，西班牙社会观察调研中心（el Observatorio Social de España）主任，著有《西班牙社会欠发达的原因和结果》（2006）、《新自由主义与国家福利》（2000）、《不平等的政治经济学》（2002）等。

他各国－1.1％的平均数。该报告还指出，西班牙的生产率不仅高于希腊、葡萄牙和意大利，甚至还高于日本和新西兰。与此同时，西班牙却是失业率最为突出的国家之一，年就业增长率为－7.2％。在收入水平方面，西班牙与希腊和葡萄牙同处 OECD 成员国中收入水平最低的国家之列。以制造业工人的小时工资为例，西班牙工人的小时工资仅为美国工人的85％，而欧盟15国制造业工人小时工资则普遍高于美国（丹麦172％、瑞典147％、挪威197％、德国153％、奥地利144％）。

种种数据表明，低生产率根本不是西班牙工人阶级低工资的真正原因，低工资更多源自政策原因，而不是经济原因，工会力量薄弱与政府在收入分配领域的不作为，才是西班牙工人阶级低收入的直接原因。一般而言，工会实力越强，工人工资越高，而不平等待遇越少，企业的生产率越高。作者指出，考察政府在调节收入分配方面的一个有效指标，是看调节前后贫困人口数量的变化幅度。在西班牙，政府通过税收和公共财政转移等手段进行收入分配调节后，贫困人口降幅为3.5％，而大部分国家的调节效果远高于此，如美国9.2％、瑞典21.4％等。有意思的是，瑞典、挪威和丹麦等收入调节力度最大的国家，其生产率亦高于 OECD 成员国的平均水平，这显然是对新自由主义信条——"经济效率必然带来不平等"最好的驳斥。此外，由于教育资源分配的不公平，西班牙社会的垂直流动性较低。无法接受良好教育的工人子女，往往成人后亦无法实现相应的就业改善。总之，机会不均等和低工资等残酷现实使西班牙工人阶级的处境依旧窘迫。

7.《**资本主义的左翼**》（2011）[①] 西班牙马德里大学马尔克斯·罗伊曼教授（Marcos Roitman Rosenmann）[②] 在《资本主义的左翼》一文中犀利地指出，"将社会民主党和进步党描述成左翼政党"是资产阶级知识分子在意识形态和理论方面玩弄的惯用伎俩。事实上，所谓的制度性左翼，其本质上在维护资本主义，而不是否定资本主义，这足以表明其"伪左翼"的立场。尽管社会民主党和改革派表面上并不认同资本主义的前提，但其仍然深陷"改革还是革命"的两难困境。现在的问题是，制度性左翼已公开拥戴市场经济的法则，并深信资

---

① Marcos Roitman Rosenmann, *La izquierda del capitalismo,* http://www.rebelion.org/mostrar.php?id=Marcos+Roitman&submit=Buscar&inicio=0&tipo=5, 27-03-2011.

② 马尔克斯·罗伊曼（1955-），智利社会学家，马德里大学教授，专从拉美社会结构研究，出版过多部有关拉美政治与历史的专著。

本的积聚和集中才是创造财富的机制。因此，在制度性左翼的纲领中，已找不到对资本主义剥削关系的彻底批判。为它们放弃反资本主义的路线寻求辩护，制度性左翼极力否认私有制下的阶级斗争和劳动分工，试图鼓吹人类的共同利益以遮盖劳资矛盾和阶级剥削，并用全球化意识形态掩饰帝国主义和跨国公司的利益图谋。然而，在所谓"劳资合作"假象的背后，在市场经济自我调节以满足消费需求的背后，是依旧严峻的贫富分化和阶级压迫。对制度左翼和社会民主党而言，资本主义应重新定义为"产生市场经济利益的政治体系"。在他们看来，重要的是消费，确保市场准入和不同经济能力的消费者获得相应质量和价格的商品，而不是如何消费与何时消费。而对于贫困阶层，他们的一贯看法是"人力资本才是无产者的最大资产"，市场永远对他们敞开怀抱。

在公民权和政治集中问题上，制度性左翼和社会民主党通常的做法是——打着市场效率与经济理性的旗帜，劫持民主，牺牲劳动者、工会及各方的政治利益，以维护市场的权威和跨国公司及大资本家的利益。而在批判新自由主义和保守主义右翼的政策行为时，前者又摆出一副代表公共福利和人民道义的面孔。事实上，他们是不会去掘资本主义的坟墓，在他们眼中，资本主义是免于暴力、无人性、不平等、剥削等罪名控诉的。因此，马尔克斯认为，必须认清制度性左翼及其盟友社会民主党的实质，将其正名为——"资本主义的左翼"。作者对制度左翼的批判是有意义的，他看到了它的妥协和不彻底的一面，但是，完全否定社会民主党和制度左翼的政治价值，也是片面的，因为它无助于现实的改善。

(作者单位：中国社会科学院马克思主义研究院)

中东欧

赵司空

　　与 2009 年作为东欧剧变 20 周年相比，2010 年则是一个平淡的年份。在这一年里，学者们延续着自由、民主等传统话题，但也呈现出一些新的迹象，例如对福利国家的讨论、对批判理论的反思，甚至包括对捷克摩拉维亚共产党（简称捷摩共）的研究。同时，东欧左翼的理论研究还有一个很大的特点，即温和的左翼比激进的左翼更受欢迎。在这个意义上，东欧的左翼理论与吉登斯所说的"第三条道路"有更多的相似性。

一、批判资本主义与保卫福利国家

　　总体来看，在 2010 年捷克左翼理论家比其他的东欧国家的理论家更加活跃，这或许与 2011 年初捷克成立了一个新的中－左翼智库（"社会市场经济和开放民主中心"）有关。这个智库主要以捷克中－左翼政党社会民主党为基础，由捷克著名的左翼理论家杰里·佩亨（Jirí Pehe）等人来运作。杰里·佩亨是捷克著名政治理论家，曾担任哈维尔总统的顾问，他熟悉马克思主义理论，但反对在当前的东欧复兴共产主义，在政治上已经转向了支持社会民主党派和福利国家。

1．批判资本主义，但不主张回归共产主义

杰里·佩亨 2010 年发表了一篇文章《马克思主义：激进的选择还是集权的残余》[1]，他认为，当今的全球资本主义出现了问题，例如：全球资本主义改变了自由、平等与博爱（即团结）之间脆弱的平衡；全球资本主义倾向于对公共领域进行殖民化，并且在所有现代民主制中都导致了公共产品的大规模私有化。换言之，他认为当今的资本主义是"坏"的资本主义，而"坏"的根本就在于它损害了自由－民主的价值理念，基于此，他主张批判资本主义，尤其是全球资本主义。

对资本主义与民主关系问题，杰里·佩亨也有自己的反思。他认为，资本主义并不必然与民主相伴，我们甚至可以在资本主义体系之外建立一种新的民主形式。但是，在捷克以及其他很多的后－共产主义国家中，最大的问题是缺乏对现有资本主义体系的公共商谈与辩论，因为现有体系被看作是神圣的，我们只能从体制内批判它，却不能从体制外批判它。这样的立场必然弱化对资本主义的批判。然而，杰里·佩亨坚持认为，对资本主义持激进批判立场却并不意味着向马克思主义和共产主义的复归，相反，他认为，人们对与共产主义相关的话语体系已经失去了信任。因此，他主张寻求第三条道路，尽管我们还不清楚这第三条道路到底是什么，但民族国家、（全球）市民社会和法治却是不可忽视的三个要素，这同时也包括坚持将自由－民主作为政治组织的形式。在他看来，这些都是"别无选择"的。

2．为福利国家辩护

对福利国家的态度是左派的普遍难题，激进左派认为，福利国家主要通过减少社会动荡的风险来支持资本主义，而不是旨在取代资本主义，因而对福利国家持消极和批判态度。问题是，对福利国家的取消很容易把我们带到更野蛮的资本主义。杰里·佩亨的立场是：在当前形势下，最可取的仍然是福利国家而不是激进左翼变革。这不是因为福利国家十全十美，而在于激进左翼并没有提出更好的现实的解决方案。这就是他的《清洗福利国家的手》[2] 一文的核心思想。

---

[1] Jirí Pehe, Benedict Seymour, *The critical divide: Marxism: Radical alternative or totalitarian relic?* in Eurozine, 2010-11-18.

[2] Jirí Pehe, *Washing their hands of the welfare state,* in Eurozine, 2011-01-31. 最初以捷克语发表于 *Referendum*, 2010-10-27。

首先，佩亨指出，齐泽克所说的整个全球资本主义体系的转型在可预见的未来是不可能发生的。例如，面对全球资本主义，对它的反抗也必须是全球范围的。然而，这样的反抗在当前是不可能的，即使网络推动了有利于这种全球变革的社会运动，也仍然是不可能的。在全球化中，占主导地位的仍然是主流媒体，这些主流媒体是全球资本主义的分支机构。虽然在这些媒体中，对资本主义的各种缺陷的批判是允许的，但必须严格地限制"在体制内"。这些批判不仅不能动摇资本主义统治，反而提升了资本主义的价值。

其次，有一种激进左翼的观点认为，一种更加现实的推翻资本主义的可能性是，全球资本主义在下次经济危机到来时，会因为能源的短缺或者环境的灾难因素而发生内爆。杰里·佩亨承认，内爆的可能性是存在的，但是，内爆并不能保证是向一种新的存在方式的自觉转型，而不是造成新的全球暴力和混乱。他认为，社会变革不一定非要以革命性剧变的形式发生，因为没有人能够准确地预见这种变革的结果将是什么。

尽管杰里·佩亨承认福利国家压抑了消费文化，与"增长的增长"狼狈为奸，并且，他也肯定需要寻求现行全球资本主义体系的替代物，但他更加主张**谨慎地批判**。因为福利国家的确定性保证大众享受到了前所未有的尊严与安全；无论福利国家有何弊端，它仍然是保障人民基本权利的堡垒之一，这些堡垒可能最终有助于战胜全球资本。

二、没有被遗忘的捷摩共

当杰里·佩亨作为社会民主党智库的主要成员发表其观点时，捷摩共本身也处在学者的研究视野之中[①]。社会民主党是捷克改革派左翼，而捷摩共则是捷克斯洛伐克共产党（KSČ）的直接继承者。相对于其他左翼力量，捷摩共仍然坚持着最初的共产主义意识形态价值，并且在苏东剧变后，当其他国家的左翼政党在竞选中跌宕起伏时，捷摩共始终保持着它的政治影响力。例如，捷摩共在 2006 年 6 月的议会选举中囊括了 12.81% 的选票，获得了 26 个议席，成为捷克第三大党。实际上，自苏东解体以来，捷摩共一直保持着较高的支持

---

① Jiří Lach, James T. Laplant, Jim Peterson and David Hill, *The Party Isn't Over: An Analysis of the Communist Party in the Czech Republic, in Journal of Communist Studies and Transition Politics*, Vol. 26, No. 3, September 2010.

率，它在1990年的捷克斯洛伐克第一次大选时获得13.6%的选票，2002年议会选举中获得了18.5%的选票，一直稳定在一定的支持率范围内。捷摩共之所以能保持这样稳健的势头，主要得益于以下几个重要因素：

首先，与其他共产党在苏东剧变后流失大量党员不同，捷克共产党没有经过党员的大量流失，党的核心部分始终保持了稳定；即使离开共产党的党员也没有分裂出来建立其他的政党；捷摩共没有面临来自模仿欧洲左翼政党形象的新建政党的竞争；捷摩共有将近20年没有参与任何一届政府，这使得共产党人可以宣称他们是腐败已经近乎体系化的政治体制中的唯一"干净"政党。

其次，它站在劳动阶级立场上，关心他们的需要，回应他们的要求。在2004年第六次代表大会上，捷摩共形成的这样的共识：资本主义和财富的集中是困扰当今世界的主要危害。它对工人，特别是对当时捷克的50万失业人员表示深切的同情；它关心青年人、老年人以及残疾人的困境。实践证明，这些政策是正确的，在2006年的选举中，捷摩共通过努力争取年轻选民的选票而呈现出更加崭新的形象。捷摩共攻击捷克社会民主党是一个失败的执政党，并且强调将马克思主义和集体主义目标结合进民主目标的重要性。

最后，捷摩共是唯一宣称对共产主义理念忠诚的共产主义后继党，它之所以能够保持其政治影响力，是与捷克国内存在的社会、经济问题相关的。正如杰里·拉希（Jiří Lach）等人所指出的，在北波西米亚和北摩罗维亚地区，失业率一直徘徊在10%。"捷摩共将继续享受选举的胜利，只要这么多的捷克人在经济上落后。"[1]

总之，捷摩共是东欧后－共产主义国家中唯一的没有被遗忘的共产主义政党，因而，与温和改良的社会民主党来说，具有特殊的政治优势。但是，与社会民主党相比，它也有弱点，捷摩共缺乏具有重要影响力的左翼理论家。

三、社会批判理论解读

保加利亚学者兹内波尔斯基（Boyan Znepolski）对社会批判理论的优势与

---

[1] Jiří Lach, James T. Laplant, Jim Peterson and David Hill, *The Party Isn't Over: An Analysis of the Communist Party in the Czech Republic, in Journal of Communist Studies and Transition Politics*, Vol. 26, No. 3, September 2010.

劣势提出了自己的解读视角 [①]，他主要分析了博尔坦斯基（Luc Boltanski）的社会批判理论 [②]，并解读出以下几个要点：第一，在实用主义占据主流的情况下，仍然需要社会批判理论；第二，新的社会批判理论是一种**批判的想象**，这种批判的想象既为批判的可能性留下空间，又排除了其他的激进批判抢占意识形态真空的危险。第三，这种批判的想象必须为自己找到新的社会载体，这种载体不同于马克思主义的"阶级"实体，根本的区别在于，马克思主义的阶级理论强调解构，而博尔坦斯基的新的社会载体是以**建构**为宗旨的。第四，这种新的批判的想象与批判的载体应当以不损害民主为要义。

具体而言，兹内波尔斯基区分了两种社会批判传统，一种是布迪厄（Pierre Bourdieu）所代表的社会批判传统，它建立在对客观的社会结构、客观的社会分化和不平等的研究基础之上。另一种是以阿兰·图雷纳（Alain Touraine）为代表的社会批判传统，这种批判传统在方法论上要求在社会学分析和社会抗议之间建立密切的互动关系。尽管布迪厄和图雷纳的研究规划在方法论上不同，但是它们都具有明确的批判倾向。这与它们形成于 20 世纪 60 年代和 70 年代有关，因为那是阶级分化和阶级斗争的时代，是通过"统治"、"统治阶级"、"统治的意识形态"、"社会运动"、"社会正义"等关键词来对社会进行认知和判断的时代，也是不断寻求和引起社会变化的时代。在这样的情境下，社会科学也是通过其批判功能来自我定义的。

但是，这种情况在 20 世纪 80 年代和 90 年代发生了巨大变化，此时工人运动已经衰落，人们对"东方阵营"的政治规划已不再被信任，而柏林墙的最终倒塌则终结了"意识形态的时代"。在这种情况下，社会科学和社会批判之间的联系也断裂了。社会科学开始把自己定义为**实用的**而非**批判的**。实用主义的转向明确地重新规划了社会科学和社会批判之间的关系：社会科学不再被期待还需要执行批判的功能；批判仅仅成为一个研究的主题。更有甚者，民主理论和社会批判之间的所有联系都受到了质疑。兹内波尔斯基认为，在当今时代条件下，博尔坦斯基对批判理论的发展具有积极意义，它努力恢复一种显然被抛弃了的经典批判方法，既克服受实用主义影响的社会科学的无批判缺点，但

[①] Boyan Znepolski, *On the strengths and weaknesses of academic social critique*, in *Eurozine*, 2010-11-26. 首次以保加利亚语发表于 Critique & Humanism, 32 (2010)。

[②] 卢克·博尔坦斯基（Luc Boltanski）和伊夫·恰佩罗 1995 年出版的《新资本主义精神》（The New Spirit of Calitalism）受到学界的普遍关注。

又避免把它转变为一种激进的乌托邦。兹内波尔斯基着重分析了博尔坦斯基提出的两个关键问题：第一，社会批判的基础何在？第二，社会批判可以成为今天社会学的一个任务吗？如果可以的话，以什么形式？

关于第一个问题，博尔坦斯基指出，社会领域的碎片化和大的结构性实体，例如"阶级"的消失，是导致社会批判消失的主要原因。在一个碎片化的社会领域中，每个人都捆绑在一个特殊的地位之上，社会批判成为不可能的了。同时，阶级的消失也剥夺了社会批判的道德基础，将社会不平等和不公正问题转化为私人问题；如果每个人都必须对自己的生活、对自己的成功与失败负责，也就不会对社会进行批判。同时，在当代社会，统治的来源和途径都无法清晰地界定，因此，也就失去了批判的主体。

关于社会批判的可能性问题，博尔坦斯基重新引进了"统治"、"统治阶级"和"统治的意识形态"等范畴，但是与马克思对这些概念的清晰界定不同，博尔坦斯基倾向于使这些概念保持在一个空的所指的状态。在马克思那里，统治阶级和被剥削阶级是资产阶级和无产阶级，并在劳动和生产过程中通过所有权来界定他们。在博尔坦斯基那里，统治者和被剥削者的轮廓是模糊的，区分两者的唯一东西似乎是成功与失败的周期性。除此之外，社会批判的功能不仅是揭示、揭露和解构统治，而且是**建构**——帮助建构那些社会变革的载体的集团或阶级。

兹内波尔斯基指出，博尔坦斯基认为我们必须**在民主框架之内**创建一种方法，而且我们必须赶紧找到社会变革——新的社会规划、民主框架内的新的社会建议——的载体。如果这种努力失败了，如果这种存在的真空充斥着娱乐和消费，并且社会想象的危机依然存在的话，那么激进的社会批判话语将占据上风，而这种批判话语将对民主构成威胁。

四、批判资本主义的"实时民主"[①]

保加利亚学者迪切夫（Ivaylo Ditchev）对当前资本主义社会的"实时民主"（democracy live）进行了批判，认为当权力者通过媒体对民意做出过于近距离的、直接的、无中介的反应时，民主本身也遭到了玷污。因为民意本身已经被

① Ivaylo Ditchev, *Democracy "live"*, in *Eurozine*, 2010-09-14.

小心控制、再生产和买卖了：尽管民意并不必然被操控，但是民意却无疑被物化为一种赚钱的行当；民意日益被挑起、被分析，并被过度阐释。

迪切夫以冷战后的军事干预为例来论证这一问题，指出"政治陷入了以'CNN 效应'而著称的持久反馈综合征的陷阱"①。这个圆圈开始于可恶的专制统治所引起的人们的苦难，全球媒体将这一问题夸张化和道德化，日复一日地为没有权力的观众播放这些令人无法忍受的生活画面。于是，民主国家的民意开始对政府施加压力，要求其干预以制止恐怖和惩罚犯罪，西方政府便不再超然世外；他们决定向那些地区派兵。而当政府为了迎合民众感情而仓促行事时，并没有经过理性的政治考量。媒体的宣传也转移到伤亡情况上，西方的士兵在塑料袋中被送回国成为新的无法忍受的画面，而这被看作是"我们的"错误。于是，民意发生了倒转，并开始对政府施压，要求撤兵。最终，干预运动中途而止，而这往往导致了比干预前更加糟糕的局面。这一圆圈，压缩至绝对的实时直播，使得任何可以做出恰当决定的政策都成为不可能：来自先前措施的反馈阻碍了后来的措施。加上借助于特殊技术机构而快速发展的全球民意调查，我们正面临着持续反馈文化所带来的挑战，这是一种由**广告荒谬**（*ad absurdum*）履行的字面民主。

迪切夫认为，这种新的政治图景是缺乏反思性的，而现代性的第二阶段恰恰是反思性的，因此，实时民主所带来的民主悖论只有通过反思性本身来克服，并在被过分代表的与被操控的社会之间保持一种平衡。

五、重提民族－国家

爱沙尼亚学者瑞恩·穆勒森（Rein Müllerson）将法国大革命神圣的三位一体，即自由、平等与博爱（团结）作为所有现代社会的重要品质。② 他指出，在自由民主国家，自由与平等都受到了应有的重视，但是博爱却往往被忽略了，而这恰恰是应该被重视的要素。在过去，国家的外在特征非常不同，但是它们却具有非常相似的内在性，即都可以被称作民族－国家，都具有内在的凝聚力。但是在全球化的今天，世界越来越被同质化，社会关系却越来越松

---

① Ivaylo Ditchev, *Democracy"live"*, in *Eurozine*, 2010-09-14.

② Rein Müllerson, *Liberté, égalité and fraternité in a post-communist and globalised world*, in *Eurozine*, 2010-09-29.

弛。政治和知识领袖们往往不是在人民的兄弟情谊中，不是在克服富人和穷人、城市居民和乡村居民、白人和黑人、异性恋和同性恋之间的分化中寻找民族理念，而是在与外在的和内在的他者——移民、不同宗教、种族或性取向的人们、邻近国家——的对抗中寻找民族理念。这就导致了经济自由主义与社会保守主义的结合，社会团结和凝聚力受到了损害。

面对资本主义社会中出现的这种自由主义与保守主义的矛盾结合，穆勒森探讨了国家问题。他认为，中国和其他的亚洲国家的崛起进一步证明，现在告别民族国家还为时太早，还不能将国家扫入马克思主义者所梦想的历史垃圾桶。不仅如此，他还认为，不能将国家压缩到古典自由主义者或新自由主义者所喜欢的那个仅仅是个守夜人的规模。政治家们要避免被锁定在某种理论的和意识形态的框架内，不顾现实盲目地应用这些框架。不同的自由主义社会理论，例如社会－民主的和保守主义的概念，都有其优点和缺点，都不能被固定为"永恒真理"。

总体而言，东欧左翼理论在 2010 年并没有发出震撼的强音，但是作为一种不可或缺的话语，它始终占据着一定的位置，并且呈现出三大特征：其一，温和左翼比激进左翼的现实政治影响力更大，以捷克为例，尽管捷摩共没有遭受灭亡的命运，但在 21 世纪，它始终没有产生比社会民主党更大的影响力；其二，能够在政治图景中存活下来的左翼政党，不论是温和的还是激进的，都越来越有意识地以建设性而非纯粹破坏性的姿态出现。其三，那些只具有批判维度而没有建设维度的激进左翼理论家在东欧国内越来越处于边缘化地位。

从左翼理论本身的建构来看，剧变 20 年后的东欧理论界仍然面临着何去何从的问题，正如匈牙利学者查索菲亚·本（Zsófia Bán）在对 1989 年后匈牙利政治文化反思时所说的，"一个遗憾的事实是，自体制转变以来，匈牙利还未形成一种政治文化。相反，政治降格为表演性的大众文化。"[1] 右翼迅速地将这种情况转变为自己的优势，而左翼却徘徊在社会现实之外，不能理解与掌握他们所面临的消费社会与大众文化。这种情况在东欧具有普遍性，尽管捷克的情况可能稍好一些。但不论是对社会批判理论的重新解读，还是回到孟德斯鸠和法国大革命去寻找理论资源，都共同体现了东欧左翼理论探寻之路的两个

---

① Zsófia Bán, *The Turul bird and the dinosaur*, in *Eurozine*, 2010-11-24. 最初以匈牙利语发表于 *2000*, 6/2010。

特点：一方面，东欧左翼理论家主要还是回到西方社会去寻找东欧社会发展的动力与根源；另一方面，他们又对当前西方自由民主社会感到不满，并对其持批判态度，因此，他们不是主张回到当前的西方自由民主社会，而是主张回到西方自由民主制度的源头，回到还未被腐蚀的自由民主理论的源头，重新思考东欧自身的发展。

东欧马克思主义和左翼陷入的困境典型地具有转型社会的特征：一方面，它们仍然保有社会主义历史的记忆，因而对新自由主义的全球化、文化保守主义不满；另一方面又带有对传统社会主义模式的集权主义记忆，因而渴望民主，对新的集权主义和极左思想的危害保持警惕。这种困境使得它无法真正地去建构适合本民族和地区特征的解放政治。

（作者单位：上海社会科学院哲学研究所）

拉丁美洲

袁东振

拉丁美洲不仅是社会主义政治运动活跃的地区，也是马克思主义研究活跃的地区。下面将分四个部分介绍和分析 2010 年度拉丁美洲地区马克思主义研究的主要动态和基本特点。第一部分分析本年度拉美马克思主义研究的基本动态，第二部分介绍当前拉美马克思主义研究关注的主要理论和现实问题，第三部分介绍在阿根廷召开的第四届"批评理论和西方马克思主义国际论坛"的相关情况，第四部分介绍古巴对社会主义改革的理论探索和实践动态。

一、拉美马克思主义政治和学术重大活动

2010 年拉美学术界和左翼政党举办了一系列重要研讨会，对马克思主义理论和拉美及世界范围的重要现实问题进行讨论。代表性的有：（1）2010 年 4 月 1—3 日，秘鲁左翼政党在首都利马组织举办了"马克思主义经济学与世界资本主义危机"研讨会；（2）2010 年 5 月在古巴首都哈瓦那召开第 5 届"马克思著作与 21 世纪的挑战"国际研讨会，除了"马克思著作与 21 世纪的挑战"相关问题外，重点讨论"21 世纪的古巴：社会主义、政治与经济"；[①]（3）

---

① 2009 年度的报告对此次会议筹备情况和主要内容做过较详细介绍。

2010 年 6 月 12—16 日在厄瓜多尔举行的第 14 届"拉美革命问题"国际研讨会；(4) 2010 年 8 月第四届"批评理论和西方马克思主义国际论坛"在阿根廷首都布宜诺斯艾利斯举行，会议的主题是"卢卡奇的晚期思想"；(5) 2010 年 8 月"21 世纪马克思主义的适用性"研讨会在委内瑞拉召开，主要讨论马克思主义关于资本主义危机的理论以及当前的全球化理论及其发展趋势问题；(6) 2010 年 10 月哥伦比亚国立大学召开第 7 届"马克思依然活着"国际研讨会，主要讨论拉美左派提出的反对资本主义，特别是反对新自由主义的替代方案。从这些国际会议和论坛可以看出，马克思主义和西方马克思主义传统在拉美地区还是非常有影响的。下面就这些会议关注的一些重大现实和理论问题做一介绍。

"马克思主义经济学与世界资本主义危机"研讨会是由秘鲁左翼政党组织的，会议对马克思主义关于资本主义经济危机的概念进行公开辩论和分组讨论，对当前资本主义危机的特点和程度，利润率降低和美国资产阶级对世界进行政治控制在危机爆发中的作用等问题进行了探讨。与会者认为，虽然国际舆论认为世界经济已经出现复苏，但危机并未真正结束；经济复苏与巨额公共开支刺激计划有关，但花费巨资救助银行和企业的行为和措施不是在消灭金融投机行为，而是在助长这种行为；所有复苏迹象都是暂时的，因为危机使大量资本消失，其生产能力还没有恢复；世界经济仍有危机的明显迹象，如美国的失业率没有下降，世界性大企业不断重组，欧洲一些国家不断爆发债务危机等。会议还讨论了金砖国家（巴西、俄罗斯、印度和中国）特别是中国经济，认为中国经济保持了较好增长，其进口能力缓解了拉美初级产品出口国家的经济危机，中国是改变世界经济的动力，但是，他们也认为中国经济也存在过度依赖帝国主义资本和市场的问题。"马克思主义经济学与世界资本主义危机"研讨会除讨论现实的资本主义危机问题，还重点讨论了资本主义经济的长波理论问题，从资本主义周期性危机和与短波比较的角度，探讨长波的性质，探讨帝国主义政治控制在应付危机以及在扩大对劳动者和发展中国家剥削中的作用。

在厄瓜多尔举行的第 14 届"拉美革命问题"国际研讨会，是拉美地区所谓马列主义政党和组织的国际会议，有来自拉美 10 个国家 30 个左派政党和组织的代表与会，这些政党在拉美属于极端或激进左翼（有别于在一些国家掌权的左翼以及所谓的中左翼）。自 1997 年起拉美这些左派政党每年召开一次会议，就马克思主义理论和实践的重要问题、就拉美和世界人民和工人阶级的解放行动等交流经验和看法，探讨反对本国统治者和帝国主义的斗争经验，分析国际革命运动的进程。其激进左翼的特点从此前历届会议的主题中可以显现出来："新自由主义和帝国主义控制的策略、工人阶级和人民在社会和民族解放进程中的作用"，"帝国主义的性质及其现实表现，《共产党宣言》及其在拉美人民和劳动者斗争中的有效性"，"如何指导劳动者和人民的革命斗争"，"革命的特点"，"夺取政权和斗争的形式"，"帝国主义战争、恐怖主义和人民的答复"，"人民反对帝国主义战争"，"群众组织和群众斗争：国际和地区的具体经验"，"全球化：单极化和多极化"，"社会主义：对资本主义和改良主义的替代"，"拉美的左派"，"目前关于社会主义的争论"。

第 14 届"拉美革命问题"国际研讨会主要讨论了当前世界金融危机和经济危机的性质、影响和意义。其中包括：(1) 关于危机的性质。会议认为，2008 年源于美国并迅速扩展到世界主要经济体进而影响全球的危机，是一场深刻的制度危机。危机虽源自金融部门，但实际上是一场消费品生产相对过剩的危机，其根源是生产的社会化与社会财富和生产资料私人占有之间的矛盾，这场危机是居统治地位的资本主义 - 帝国主义制度根本性危机的具体表现。(2) 关于危机的影响。在危机影响下，发展中国家的生产力、民族资本、民族工业、劳动资源遭到破坏的进程加快，成千上万的人背井离乡到相对发达的资本主义国家出卖劳动力，成为排外和种族主义政策超级剥削的受害者。和过去一样，国际资产阶级试图把危机转嫁给劳动者和人民，例如国际货币基金组织、欧洲中央银行、希腊和西班牙政府实施的紧缩政策沉重打击了这些国家的劳动者，引起其强烈反抗。(3) 关于危机的意义。会议认为，这是资本主义历史上最严重的危机，但资本主义制度不会自己毁灭，因为历史经验表明，其有自我纠正和自我恢复的能力。但危机的负面影响增加了人们对资本主义的不信任，为革命工作创造了更好的条件，因为人们认识到在腐朽制度下是没有出路的，社会主义是发展和人类进步的选择。这场危机无疑是革命力量获得增长的时机，因为拉美人民的政治意识增强，更加认清了野蛮的新自由主义鼓吹者和捍卫者的面目。民主、进步和左翼力量在斗争中得到加强，改变了该地区的力量对比，拉美左翼政府是这种新变化的结果和表现，但这些政府有明显的局限性，没有能改变占统治地位的制度。

第 7 届"马克思依然活着"国际研讨会的主题是"争论中的拉美：政治规划和权力的塑造"。除哥伦比亚本国学者外，巴西、阿根廷、厄瓜多尔、巴拉圭、古巴、墨西哥和智利等国家的学者出席会议。会议认为拉美左派在反对资本主义，特别是反对新自由主义和提出替代当前世界居主导地位的经济制度方面，已经成为斗争的标杆。拉美国家左翼政府的实践表明，拉美各国国情不同，替代资本主义的方案也不同，不存在教条主义的替代方案，应该理性分析各国国情。会议讨论的其他问题还有：美国在拉美的作用，拉美地区不同的社会主义观点，世界经济的金融化，替代资本主义的政策选择，世界经济危机等。

委内瑞拉国家档案与历史中心主持召开的"21世纪马克思主义的适用性"研讨会也以重要理论和现实问题的讨论为主。会议认为，虽然出现对马克思主义新的和不同的解释，但在经济主义盛行的背景下马克思主义这一分析工具在社会历史研究中仍具有适用性。会议既讨论了马克思主义的一些基本理论观点，如资本主义周期性危机、生产过剩、为增加利润和降低成本对工人的剥削、列宁的帝国主义论特别是帝国主义之间的矛盾，以及发达国家和欠发达国家的两极分化，又讨论了20世纪80年代后一直到2008年最近一轮资本主义危机爆发期间的全球化理论及其发展趋势问题。

二、拉美马克思主义学术研究的主要领域和成果

2010年拉美马克思主义学术研究有自己的关注点，其中主要的有以下四个方面：

（一）对资本主义的批判。近年的世界金融和经济危机及其严重后果，引发拉美左翼学者对资本主义的新一轮批判。除上述重要研讨会外，还发表数量不菲的研究成果。例如巴西《马克思主义批评杂志》[①] 第30期发表一组批判资本主义的文章，其中包括 Luiz Filgueiras 的《资本主义的总危机：超越限制的可能性》、Danilo Martuscelli 的《陷于困境的世界资产阶级》；第31期又发表 Dieter Boris e Stefan Schmalz 的《过渡危机：世界经济中的权力转移》等。阿根廷《工具：辩论与马克思主义批评》杂志（以下简称《工具杂志》）[②] 第44期发表 Francois Chesnais 的《可恶的希腊债务问题》，对国际金融危机背景下

---

① 2010年度该杂志共出版2期，即第30和第31期。
② 2010年度该杂志共出版3期，即第43、第44和第45期，分别于3月、6月和10月出版。

希腊的危机作案例式解析。

（二）马克思主义基本理论问题。拉美学者一贯注重对马克思主义基本理论特别是基本方法问题的研究，2010 年这方面的成果较突出。《马克思主义批评杂志》第 30 期发表 Alfredo Saad Filho 的《马克思主义政治经济学的现实意义》、《马克思政治经济学方法介绍》和《马克思主义政治经济学的现实意义》；31 期发表一组马克思主义理论研究的专题文章，其中有 Joao Quartim de Maraes 的《依附论的历史地位》、Angela Lazagna 的《关于马克思历史理论的争论》、Richard W. Miller 的《生产力和生产的变革：对马克思历史理论的评述》和 G.A. 柯恩的《生产力和生产关系》。《工具杂志》第 43 期在《马克思主义 – 社会主义》专栏下发表著名马克思主义思想家大卫·哈维的《社会变革的 7 个时刻》一文，对马克思主义关于社会变革的理论进行辨析。近年来，随着拉美国家经济改革的深入，劳资矛盾日益突出，引起广泛关注。在此背景下，有关学者就与劳动和劳资关系有关的问题进行了深入讨论。《工具杂志》第 44 期发表关于劳动问题的一组专题文章，对马克思主义关于劳动的理论及其现实意义进行研究。主要文章有：Werner Bonefeld 的《关于抽象劳动时间》、Alain Bihr 的《抽象劳动的具体形式》、Ricardo Antunes《具体劳动与抽象劳动的辩证关系》、约翰·霍洛威的《对劳动的反动与超越》、Luciana Ghiotto 和 Rodrigo F. Pascual 的《体面与有尊严的劳动：关于劳动的新概念》、Gabriela Ferreira 的《社会运动对劳动范畴的超越》、Osvaldo R. Battistini 的《对劳动过程的研究》、Edgardo Gutierrez 的《反劳动》、Pablo Miguez 的《劳动与价值：具体劳动影响力的扩大》和 Patricia Collado 的《劳动与劳动者：劳动与资本对抗的空间》。《马克思主义批评杂志》第 30 期发表对刚刚去世的丹尼尔·本萨德的访谈：《价值论、劳动和社会阶层》一文。

（三）西方马克思主义研究。由于特殊的政治扭转和历史传统，西方马克思主义在拉美有很大影响，与此同时，拉美地区也有不少有影响的马克思主义学者。近年来，拉美学界对卢卡奇、本雅明、葛兰西等西方马克思主义代表人物及其思想的研究热度不减。除专题讨论会外（本报告将对此做专门介绍），还发表了大量研究成果。为纪念本雅明逝世 70 周年，《工具杂志》第 43 期发表本雅明研究专题，对其思想进行细致研究 [①]。主要文章有：Miquel Vedda 的

---

① 本雅明（Walter Benjamin, 1892—1940）是德国哲学家和文学评论家，西方马克思主义的重要代表人物。

《危机与批判：对本雅明现实性的分析》、Jorge Grespan 的《本雅明与现代性的体现》、Fabio Mascaro Querido 的《革命与进步：本雅明的生态社会主义的现实性》、Luis Ignacio Garcia 的《本雅明在阿根廷的影响》、Fernando Matamoros Ponce 的《对本雅明和克拉考尔（Siegfried Kracauer）所著〈历史唯物主义〉的思考》等，可见本雅明在拉美世界有很大的影响。

除本雅明外，对葛兰西、阿尔都塞等西方马克思主义者也有不少研究，代表性论文有《工具杂志》第 44 期发表的 Edgardo logiudice 的《葛兰西哲学逻辑中的辩证法》和第 45 期发表的《"青年马克思的革命理论"评介》等。巴西《马克思主义批评杂志》2010 年度发表的关于西方马克思主义研究的成果数量也很可观，如第 30 期发表对德国导演克鲁格（Alexander kluge）的访谈：《马克思、乔伊斯和爱森斯坦》、第 31 期发表 Grahame Lock 的《阿尔都塞与 G.A. 科恩：对抗》以及卢卡奇的文章《关于资产阶级物质主义的评论》等。

（四）托派研究。托派研究是 2010 年拉美马克思主义研究的另一亮点。拉美一直是世界托派力量的主要阵地，托派思想在该地区一些左翼群体中有一定影响，对托洛茨基及其思想和理论的研究一直是拉美地区马克思主义研究的重要内容。在托洛茨基逝世 70 周年（1940 年 8 月在墨西哥被暗杀）之际，拉美托派研究出现一个小高潮，一些学术刊物和网站（如阿根廷《工具杂志》网络版、"拉美社会主义"网站等）相继发表文章，对托洛茨基的主要思想、理论贡献等作介绍或研究，内容涉及不断革命论、资本主义和社会主义过渡问题、工人阶级与民族民主革命的任务、农业革命与反帝斗争、压迫民族与被压迫民族、国家资本主义条件下的工会问题、民族民主革命中的无产阶级、社会主义民主与专政等。《工具杂志》网络版 2010 年 12 月发表《不断革命论的起源：新文献的发现》一文认为，从 1905 年开始托洛茨基就成为马克思不断革命理论最伟人的捍卫者。其他比较重要的文章还有：Enrique Rivera 的《1905：1917 年十月革命的前夜》、Matías Diez 的《工会、国家资本主义与工人的管理》、Enrique Rivera 的《拉美社会主义者的团结问题》、Roberto A. Ferrero 的《托洛茨基与民族主义左派》、Libertario Fernández 的《历史上人的问题》、Osvaldo Calello 的《托洛茨基、遭背叛的革命和社会主义过渡问题》、Gustavo Cangiano 的《不断革命或扭曲的理论》和 Osvaldo Calello 的《托洛茨基：马克思主义指导下的拉美革命》等等。

三、第四届"批判理论和西方马克思主义国际论坛"情况介绍

"批判理论和西方马克思主义国际论坛"由阿根廷布宜诺斯艾利斯大学主办，是阿根廷和拉美地区马克思主义研究，特别是西方马克思主义研究的重要学术活动。鉴于该论坛的学术性以及与本报告的特殊联系，在此对它做一专门的介绍。

（一）论坛的建立及主要目的

2003 年是阿多诺诞辰 100 周年 ① 以及卢卡奇（1885—1971）的《历史和阶级意识》（该著作被许多人认为是西方马克思主义的奠基之作）发表 80 周年。为纪念上述两个重要事件，布宜诺斯艾利斯大学于 2003 年 10 月举办"批判理论和西方马克思主义国际论坛"（以下简称"论坛"）。"论坛"的目的是为 20世纪知识界几次最重要的争论（特别是对知识分子的形象，知识分子与社会运动的关系，艺术作用的理论，文化的概念，以及启蒙形式和手段等问题）提供一个再度思考的机会；从社会学、哲学、经济学、美学、人类学等各种视角，为进一步探讨与马克思主义理论相关的各种问题提供一个空间；对非教条的马克思主义的性质和特性进行反思，推动建立拥有人的尊严的社会秩序。

（二）历届论坛及其主题

至 2010 年"论坛"已举办四届，成为拉美地区马克思主义研究和交流的重要场所。除阿根廷学者外，历届论坛都有来自欧洲及其他拉美国家的学者参加。

首届"论坛"于 2003 年 10 月举办，主题是"卢卡奇 – 布洛赫 – 葛兰西 – 阿多诺"②。"论坛"分七个单元，主题分别是：作为理论家和文化批评家的卢卡奇；阿多诺的美学理论；布洛赫的马克思主义思想；希望与乌托邦；葛兰西与卢卡奇：知识分子、政治与领导权；阿多诺：文化批评与社会；卢卡奇：美学与

---

① 阿多诺（Theodor Wiesengrund Adorno,1903—1969），德国哲学家和社会学家，法兰克福学派早期主要代表人物。

② 布洛赫（Ernst Bloch，1885—1977）被认为是二战后德国最有独创性的马克思主义哲学家和对马克思主义传统作出创新的人物。葛兰西（Antonio Gramsci，1891—1937），意大利共产党的创始者和重要领导人。两人都被认为是西方马克思主义的重要代表。

政治；葛兰西与实践的哲学：过去与现实。第二届"论坛"在 2006 年 11 月举行，核心主题是对"西方马克思主义"进行讨论。论坛 6 场圆桌会议的主题分别是：卢卡奇的晚期理论；布洛赫：希望与乌托邦；马克思主义和哲学；本雅明理论思想的主要内涵；马克思主义和美学理论；马尔库塞与阿多诺。第三届论坛于 2007 年 11 月召开，主题是"抽象劳动的危机"，设计讨论的主要问题包括：对劳动范畴的思考；对西方马克思主义传统中知识分子（卢卡奇，本雅明，克拉考尔，阿多诺，葛兰西，马尔库塞等）的反思；思想与政治实践；理论、文学批评与艺术；理论与对马克思主义的解释；知识分子的社会功能；阿根廷和拉美的马克思主义；与现代哲学体系的联系（康德，费希特，黑格尔，克尔凯郭尔，尼采等）。第三届论坛的讨论共分 9 个单元进行，马克思主义和哲学、抽象劳动的危机、马克思主义与美学各 3 个单元。

（三）第四届"批评理论和西方马克思主义国际论坛"主要情况

第四届"论坛"2010 年 8 月 23—24 日举行，由布宜诺斯艾利斯大学和《工具杂志》联合举办，主题是"卢卡奇的晚期思想"。"论坛"共组织 25 场圆桌会议。主要讨论以下问题：

1．卢卡奇本人的思想

此前举行的各届"论坛"在讨论中都涉及卢卡奇的思想和理论，但将其思想作为"论坛"唯一的主题还是第一次。卢卡奇被誉为西方马克思主义的创始人和奠基人，其中《历史和阶级意识》被称为西方马克思主义的"圣经"，除《历史与阶级意识》外，《审美特征》（1963 年）和《社会存在本体论》（1971年）也具有广泛学术影响。卢卡奇研究领域广泛，涉及哲学、美学、文学等多个领域，在每个领域都取得突出成就。他的思想和理论曾产生重大影响，培育了一代新马克思主义者，也使他享有很高的国际性声誉。但卢卡奇也在国际共产主义运动中受到过严厉批判，对他的理论也有无穷无尽的争论。在本次"论坛"的 25 场圆桌会议中，有 15 场专门研讨卢卡奇本人的思想，内容包括卢卡奇的哲学思想（如卢卡奇的唯物论及其对宿命论的批判，卢卡奇的目的论和历史论思想，卢卡奇对科学中立性的批判，卢卡奇思想中的意识形态特征），卢卡奇的政治思想（如卢卡奇对马克思的认识、卢卡奇对所谓正统马克思主义的批判、卢卡奇对马克思自由概念的理解、卢卡奇对后现代性的批评、晚期著作中关于科学是实践活动的思想），除此之外还有卢卡奇与文学、卢卡奇与美学、卢卡奇与教育、卢卡奇的小说理论、卢卡奇与艺术等专场讨论会。

2．马克思主义和西方马克思主义基本原理及现代马克思主义问题

除卢卡奇本人的思想外，"论坛"涉及内容十分宽泛，特别是涉及马克思主义基本原理及现代马克思主义的一些重要问题，其中包括：（1）马克思主义和西方马克思主义的基本原理，如政治与异化问题，人类解放与政治解放的本体论起源问题，当前世界的反革命潮流与意识形态衰落问题。（2）劳动问题，包括商品与劳动的异化，马克思和卢卡奇对资本主义劳动的批评，马克思和卢卡奇劳动理论的核心问题，劳动、社会生产和价值的起源问题，超越资本主义社会劳动的两重性，对劳动的历史和超历史假说的批判，马克思主义关于公共政策问题的观点，对剥削童工问题的本体性方法的探讨，劳动与资本的社会意识问题。（3）现代马克思主义的重要理论和现实问题，如资本主义与西方马克思主义的关系，反斯大林主义的认识论障碍，道德与民主化问题，围绕当代剥夺问题的理论争论。（4）对资本主义的批判，如资本对环境问题的影响，对资产阶级非理性主义的批判等。

3．拉美现实和理论问题及卢卡奇思想对拉美影响

涉及的问题有：巴西的马克思主义、历史与社会运动，巴西资本主义客观性进程的特殊性，马克思主义与巴西无地农民运动中的"社会主义萌芽"，21世纪初巴西家庭农业的转变问题。关于卢卡奇对拉美的影响，主要涉及以下方面：卢卡奇在巴西的影响（特别是在巴西资本主义的发展道路问题与劳动问题上的影响），卢卡奇及葛兰西思想对巴西和拉美社会运动的影响。

四、古巴对社会主义改革的理论探索和实践动态

古巴早在 20 世纪 80 年代初就开始改革，但改革进程异常曲折，经常出现间歇，甚至出现"进两步，退一步"的反复。尽管如此，改革还是显示出明显的连续性和渐进性。

（一）改革道路的曲折进程

20 世纪 80 年代初就尝试改革，具体措施有：放宽经济政策，开设农民自由市场，允许农民在完成交售任务后出售自己的剩余产品，开设艺术品自由市场；改革工资制度，切实贯彻按劳分配原则；引进外资，建立合资企业。在改革过程中出现政治思想工作减弱，党的领导作用淡化，贫富不均和非法致富等现象，机关干部和企业职工贪污受贿等不法活动也日益增多。古巴领导人据此

认为，改革存在严重问题，已偏离正确道路，产生了资本主义倾向。于是自1986 年起开始所谓"纠偏运动"，改革进程陷于停顿。

从 1992 年起再次开始实行改革开放政策，主要措施有：将合资企业确定为一种经济所有制形式，宣布将所有生产部门向外资开放；将国营农场或企业转变为合作社性质的"基层组织"；扩大企业自主权，扩大个体经济。1997 年10 月古巴共产党"五大"提出，在不改变社会性质的前提下，继续稳步进行经济改革。但由于出现收入分配差距加大、卖淫、腐败、盗窃等负面现象，古巴领导人认为改革造成很多扭曲和失误，产生很多与革命原则不相容的现象，并收回一些被认为是"激进"的政策措施，改革再次陷于停滞。

2006 年以后开始新一轮改革。2006 年 7 月菲德尔·卡斯特罗因健康原因将国家最高权力移交给弟弟劳尔·卡斯特罗。劳尔接班后，虽然改革没有预期的那样激烈，但在政治、经济、社会领域陆续推出一些新举措。

政府逐渐放松对一些领域的控制。例如古巴人可以自由选购一些家用电器，可以购买手机和享受移动通讯服务，可以用手机打国际长途；古巴人可以像外国人一样入住五星级饭店；后来甚至还提出允许私人购买轿车。然而，由于古巴收入水平低，能买得起、用得起手机、住得起高级饭店的人屈指可数，这些措施多象征性意义，对民众的生活没有什么影响。

政府还稳步地推进一些实质性改革，这些改革措施已经触及现行的制度和体制，涉及"社会主义模式革新"问题，难度更大。在农业领域，为增加农业生产和减少粮食进口，允许农民承包闲置土地；推进改革工资制度，按工作状况和贡献确定工资额；实行社会保障制度改革，改变国家包揽一切的做法。2008 年 12 月古巴全国人大通过新的《社会保障法》，废除劳动者个人不缴纳社会保险费的制度，国家、企业和劳动者将依法按照一定比例缴纳保险费；退休人员领取的养老金数量，与个人缴费的多少、工资高低、工龄长短有了较大关联性。在政治领域实行权力下放，给地方更多决策权和自主权，扩大公众参与社会管理的权利。

（二）改革的新走向

伴随各领域改革的深入和新措施不断出台，人们对古巴改革高潮的即将到来充满憧憬和幻想。2010 年 9 月美国一位记者爆料说，古巴共产党第一书记菲德尔·卡斯特罗在接受采访时表示，古巴的经济模式已经行不通了，即使对古巴来说，这一模式也不管用了。许多分析人士据此认为，卡斯特罗的话表明他支持改革。但卡斯特罗随后澄清说，美国记者曲解了他的意思。就在卡斯特罗辟谣后几天，古巴国务委员会主席劳尔·卡斯特罗在全国电视讲话中表示，古巴国营机构510万雇员中有100万是多余的；古巴官方工会随即宣布，国营领域将在2011年3月前裁员50万，以提高生产率、减少财政压力；同时还宣布放松对个体和私人经济控制等其他改革措施。

2011年4月16至19日古巴共产党召开"六大"，集中解决经济问题，并对古巴经济模式更新和现代化作出了决定。大会通过了《经济社会政策方针》，这是古巴经济社会发展的一个纲领性文件，规划了未来经济改革政策的走向，提出的改革措施有313项，涉及经济管理模式、宏观经济、对外经济、投资、科技创新、社会政策、农业、工业和能源、旅游、运输、建筑住房水力资源、贸易政策等各个领域。《方针》明确古巴的经济体制继续以基本生产资料社会主义全民所有制为基础，实施按个人能力和劳动进行分配的社会主义原则，经济模式的目标是确保社会主义的持续和巩固，确保经济发展和人民生活水平的提高。从《方针》主要内容看，古巴在改革过程中会继续坚持党的领导，坚持和完善社会主义，坚持计划经济，但将在减少政府补贴、改进税收制度、裁减公共部门冗员、吸收外资、扩大个体经营、扩大企业自主权、扩大农业自主经营方面采取新措施。

（三）古巴对改革理论的艰难探索

2006年以来古巴在进行经济改革试验的同时，一直积极进行社会主义改革理论的探索，提出了一系列重要思想和主张，主要理论观点有：

1. 在坚持社会主义道路的基础上实现理论创新。古巴领导层一直主张坚持社会主义道路，认为社会主义是建立人道和团结世界的唯一可行选择。卡斯特罗等是古巴社会主义制度的缔造者，他们一直主张，社会主义是人道、团结互助和友爱的制度；团结互助是革命的本体价值，追求正义和尊严，与唯利是图的观念不相容。他们坚定地认为，市场规律造成了人类最自私、最无情的制度，市场经济与社会主义格格不入，对市场经济持坚定拒绝的态度。即使在非常困难的条件下，古巴也一直为全民提供免费教育和医疗服务，强调公正原则。最近古巴领导人一再表示，在更新经济模式进程中"绝不会放弃社会主义建设"，强调要建设"有古巴特色、更新的、现代的、民主的、人民大众广泛参与的社会主义"。古巴主要领导人认为，社会主义建设是复杂的解放进程，会有很多阻碍，社会主义理论需要发展和创新；为了推进社会主义事业，成功地指导革命变革，必须进行深入的理论思考和创造。

2．社会主义的实践需要发展。古巴理论界和领导层提出，要使社会主义成为可能和行之有效，就要从其自身的矛盾和现实的实践出发，研究迄今为止的社会主义的经验，分析社会主义以往经验和现实条件下的实践对策，在当前革命进程发展中构建共产主义社会，实现人类的全面发展；为了建设积极的和革命的社会主义主体，应对民众进行培训和教育；在对官僚主义、拜金主义、形式主义进行批判的基础上，建立起行之有效的民众参与形式；要进一步深化参与程度，加强民众参与和政治决策之间的联系。

3．根据古巴的具体国情建设社会主义。古巴领导层一直主张，改革必须适应本国国情，不照搬别国模式。早在 20 世纪 80 年代后期，古巴领导人就强调，苏联和其他社会主义国家的改革不适合古巴国情，古巴要奉行独立的政策，"寻找自己的道路和运用自己的经验"。此后又多次表示，无论是苏联的，还是中国或是越南的模式，都不适合古巴国情，古巴需要走自己的路。卡斯特罗本人认为"中国模式是发展中国家的真正希望"，但在试图改革时，又明确拒绝中国的市场经济改革模式，在他看来，中古国情不同，"即使是别国最成功的经验，如果脱离本国实际，也会无所适从"。2010 年 10 月劳尔·卡斯特罗再次强调，"古巴不会抄袭任何其他国家（的模式）"，强调古巴社会主义"土生土长的"特色。

4．拒绝市场经济模式。长期以来，古巴领导人坚持计划经济，认为计划是社会主义经济的本质特征，否定市场经济，认为市场是一个"无人能驾驭的疯狂野兽"，市场经济会引起贫富分化。在他们看来，市场经济从本质上说是资本主义的，不是社会主义的。基于上述认识，古巴在政策实践中，对利用市场因素持相当谨慎的态度。2010 年 8 月部长会议副主席穆里略（Marino Murillo）表示，古巴不会进行"向市场让步的社会主义经济模式的更新"，强调仍将坚持"政府控制 90% 经济活动的中央计划经济模式"，"经济模式的某些方面会有松动，如允许个体劳动，但我们不会交出所有权"，"不会用市场经济改革来应对经济问题"，古共六大强调，扩大非国有部门并不是私有化进程。

5．对改革的认识。无论是古巴领导层还是官方文献，都不说古巴是在进行"改革"，而是提"变化、变革"或"经济模式现代化"，强调目前正在进行的是"更新社会主义"。据说这是为了有别于中国提出的"改革开放"和越南提出的"革新开放"。古巴对改革有自己独特的认识，与我们通常所理解的改革开放不同。从历史经验看，古巴的改革或所谓变革措施，是困难时期被迫的调整或开放，是暂时的"让步"，目的是解决和应对困难，一旦形势有所缓解，政策就会出现反复。古巴领导人认为，政策的反复和收缩是为了防止出现富人阶级，防止出现颠覆社会主义的"第五纵队"。古巴领导人深知，由于国情特殊，任何失去公正性的改革都可能导致巨变，这是不可逾越的底线。劳尔在古共六大上强调，"经济模式现代化"进程不会造成财富集中，社会主义永远都不会容忍损害最贫穷者的利益，因为他们是革命最坚定的支持者。

6. 在坚持革命原则的前提下探索政治体制改革的途径。卡斯特罗等一再强调，在进行新老交替过程中，一定要"坚持革命原则"，新一代领导人应该成为"谦虚好学的楷模，应该为捍卫社会主义进行不倦的斗争"。与此同时，古巴也开始探索政治改革的措施和途径。2008 年以后一直强调党和国家应该实行集体领导，党和国家的政治生活要制度化，扩大各级人民政权代表大会的作用。在 2011 年 4 月古共六大上，劳尔首次提出实行领导人任期制，包括国务委员会主席和各部部长在内的高级领导人任期最多为两届，每届五年。

从以上介绍可以看出，拉美马克思主义研究非常活跃，不仅经典马克思主义思想在这里有较大影响，西方马克思主义的思想家也受到普遍关注，除此之外，在拉美国家，马克思主义的理论研究和政治运动结合得特别紧密，主要是在委内瑞拉等国中，左派政党的执政为社会主义试验提供了舞台，这也是许多西方马克思主义关注拉美的重要原因。

（作者单位：中国社会科学院拉丁美洲研究所）

日　本

——【日】内田弘／文　林　青／译　汪行福／校——

　　马克思主义在日本的最早传播始于 20 世纪初。幸德秋水和堺利彦于 1904 年翻译出版了《共产党宣言》，与此同时，在日本产业革命的最初那些年里，日本兴起了社会主义运动。在 20 世纪太平洋战争（1931—1945）期间，尽管政府的检查很严厉，但大多数马克思与恩格斯的著作仍然被译为日文，与此同时，马克思主义学者也开始辩论，日本资本主义究竟是现代的社会还是半封建社会。

　　日本资本主义在二战以后的 1955—1973 年间得到了奇迹般的恢复和发展，那时，马克思主义经济学家们开始争论经济的二元结构究竟是抑制还是加快了经济的发展，此处的经济二元结构是指少量的大企业与数量庞杂的中小零星企业并陈的二元结构。高技术使日本很大程度上幸免于 1973 年与 1979 年的石油危机，而与此同时，美国与欧洲则深受"停滞"之害。丰田系统作为日本经济系统领导者的象征，对日本马克思主义者的意义类似于福特主义对西方国家的马克思主义。自从 20 世纪 90 年代出现泡沫之后，日本社会已在试图从以经济为中心的生活方式转向后经济中心的社会。

　　日本的马克思研究涉及诸多主题领域，包括基本的文献学研究与理论研究，展示了马克思在政治经济学、哲学以及社会主义运动等方面的影响，包括马克思生平的研究，还包括将其经济学理论同当下资本主义状况的研究结合起来的尝试。2008 年的金融危机引发了许多围绕着马克思展开的公共讨论以及大学的学术会议。《资本论》被广泛再阅读。自 20 世纪 90 年代以来，呈现出马克思研究的普遍繁荣。

《朝日新闻》报道了马克思研究在日本的复兴[①]。很多有关马克思的著作出版了，其中包括内田树与石川康宏撰写的《让我们一起读马克思，青年们》[②]、由长谷川博史新翻译的《1844 年经济学哲学手稿》[③]。《马克思恩格斯全集》已经译为日文并由大月书店出版，而《马克思恩格斯选集》近日也由筑摩书社出版。

日本马克思学术受到了有关《1844 年经济学手稿》的文献学解读模式较大影响，其中特别地受马克思对政治经济学（在那里，他被詹姆斯·穆勒所吸引）以及对黑格尔哲学反思的影响。其中一项文献问题一直被争论：究竟马克思对詹姆斯·穆勒的评论是写于第三手稿之后，还是在第一手稿与第二手稿之间。基于很多文献学方面的材料所作的判断，晚年的山中隆次编辑和翻译了《巴黎手稿》的三大手稿及其评论[④]。

晚年的广松涉筚路蓝缕于 1974 年完成对《德意志意识形态》的编辑及其日译本已经再版[⑤]。这一工作引起了学界对这个文本的历史考证版第二版的再思考，这个版本的编辑原则和前提条件是将手稿的内容按其正确的写作顺序进行编排。基于这个原则，小林昌人在 2002 年出版了日语修订版[⑥]。其实，涩谷正早在四年前就已经出版了一个版本[⑦]（小林在其自己译本的《跋》中承认了这点），而这个版本的材料是基于阿姆斯特丹社会历史国际研究所的手稿影

---

① 2010 年 8 月 23 日。

② 内田树、石川康宏：《青年人，让我们一起读马克思》（东京：鸭川出版，2010 年）。

③ 马克思：《1844 年经济学哲学手稿》，长谷川宏译（东京：光文社，2010 年）。

④ 详见山中隆次的《巴黎手稿》（东京：御茶的水书房，2006 年）；内田弘的评论文章，《社会》NO.17（2006 年），这篇文章证明山中隆次的译本在文献学和理论的层面上是正确的，从而拒绝历史考证版第二版。

⑤ 《德意志意识形态》（东京：河出书房，1974 年首版，2006 年再版），1965 年，当广松涉还是东京大学的研究生时，他就在《唯物主义研究》上发表了一篇具有挑战性的文章"《德意志意识形态》的编辑问题"，在这篇文章中，他指责阿多拉茨基版的《德意志意识形态》是"赝品"，他对当时盛行的版本作了详细的批判，并且建议出版新的版本。这篇文章震惊了当时日本的马克思研究者，只有很少正面的回应文章出现。

⑥ 《德意志意识形态》（东京：岩波书店，2002 年）。

⑦ 《德意志意识形态》（东京：新日本出版，1998 年）。

240

印版本。

日本马克思学者对《资本论》历史考证版第二版做出了重大贡献。大村泉的《新历史考证版和马克思〈资本论〉的起源》① 便是文献学研究的典型代表。大村介绍了历史考证版第二版的意义，以文献学的方式详细论述了《资本论》的构成，澄清了1861—1863年手稿的写作顺序，并且批判地研究了恩格斯版本的《资本论》（第二卷和第三卷）②。

早坂启造也进行了相似的工作，他出版了《〈资本论〉第二卷的起源及新历史考证版》③。这本书依据恩格斯的信件表明了恩格斯1884—1885年间是如何编辑《资本论》第二卷的。

的场昭弘的《〈共产党宣言〉的新译本》④ 是很有意义的，因为这个译本是基于未曾署名的1848年伦敦的原初版本（Burghard版）。这个译本包括一个很长的导言和大量有价值的文献，从而为世界范围的马克思学作出了独特贡献。

日本马克思研究并不仅限于文献学的研究，也论及理论问题。苏联模式的"社会主义"所导致的悲惨结局促使我们思索传统的后资本主义社会的特征。田畑稔的《马克思与联合》和《重读马克思》⑤ 都是对这种诉求的回应。田畑稔将关注点从"社会主义"或"共产主义"转向马克思经常提及的"同盟"概念（Assoziation; Verien Freier Menschen）。田畑稔发现，德文的马克思恩格斯著作中的"联合"一词的翻译有20种不同的含义。这些译者没有意识到"联合"概念的真正意思，因为他们是在苏联政治权威的影响下从事他们的工作的。

田畑稔发现，马克思首次使用"同盟"概念是为了在卢梭把联合作为政治体的理论基础上重新定义1789年的人权宣言。在《德意志意识形态》中，马克思与恩格斯讨论了个体的联合，并且指出，在资本主义社会中，联合采取的是自私自利的竞争与官僚统治的对抗形式——两者都是"幻想的联合"。

---

① 大泉村：《新历史考证版和马克思〈资本论〉的起源》（东京：八朔社，1998年）。
② 大泉村还协助出版了新历史考证版第二版的《资本论》（第二卷）（柏林：学术出版社，2008年）和新历史考证版第二版的《资本论》（第二卷）中的"1868—1881年手稿"；大谷祯之介和守健二也对此作过研究。
③ 早坂启造：《〈资本论〉第二卷的起源及新历史考证版》（仙台：东北大学出版局，2004年）。
④ 《〈共产党宣言〉的新译本》，的场昭弘译（东京：作品社，2010年）。
⑤ 田畑稔：《马克思与同盟》；《重读马克思》（东京：新泉社，1994年）。

在此也涉及联合的真正形式。例如，日本国家宪法 [第 21 条] 保障"联合的自由"——这一工人斗争的长期目标。人们也跨国界联合起来。马克思强调，正如工厂工人被聚集在一起接受训练以便增加利润，他们逐渐获得"普遍的理智"（general intellectual），并意识到资本的生产力属于他们自己。接着是他们的相互联合。19 世纪 40 年代，马克思还并没有充分阐述"联合"概念，但马克思在 1864—1865 年《资本论》第三卷中讨论金融信用时，他将"协同组合"（Genossenshaft）这一重要概念作为通向后资本主义社会的一种可能的过渡形式。就此而言，关键之点是，那些想成为自由个体的联合起来的人民，如何去控制和调整生产、交换、分配和消费。

正如马克思学者所熟知的，马克思设想的从资本主义社会到后资本主义社会的过渡可分为三个阶段：(i) **个体**的私有财产制，(ii) 资本主义的财产制，(iii) **个体财产制**的重建（Wiederherstellung），这一财产制基于：(a) 自由工人的合作；(b) 对土地和劳动共同创造的生产手段的共同占有（Mitbessitz），[①] 即"联合的"（后资本主义）生产模式。通过个体财产的重建，马克思展望了《大纲》中提到的"自由人"的社会。田畑稔对马克思联合的观念的研究是理论的探索，但这个概念却有实践的意义。

由内田弘主编的《面向 21 世纪的马克思》[②] 已由英文出版，特瑞·卡弗为此书撰写导言。这部著作总结了自 20 世纪 90 年代以来的日本的马克思研究，并且以 21 世纪的视角来考察了马克思研究的意义。这本书的主题涵盖了现代性、政治经济学、马克思的历史理论、马克思和凯恩斯、分配正义、环境危机、市民社会概念、日本文化的折衷主义以及一系列文献学研究。特别有意思的是其中一章，植村邦彦讨论了（后殖民主义研究中）经常把马克思视为狭隘的现代主义和欧洲中心主义的观点，以及马克思不会预测到了当代中国发展的

① 广西元信晚期的著作：《马克思〈资本论〉的误译》（东京：青友社，1996 年），2002 年由拳书社再版。这次再版为理解马克思的术语作出了重要的贡献。它纠正了日语版马克思著作中的误解和误译，这些错误至今仍存在于其他国家的版本中。基于其深谙财产法，广西元信区分了集体占有（collective possession）、共同占有（co-possession）和普遍占有（possession in common）；在德国法律的影响下，马克思本人对罗马法中的这三个术语的理解也是模棱两可的。广西元信指出个体财产的重建仅指经理人和工人平等地实现对公司股票的个体共享。

② 内田弘 主编：《21 世纪的马克思》（伦敦：罗德里奇出版社，2006 年）。论文集的作者包括植村邦彦、伊藤诚、内田弘、佐佐木政英、有江大介、工藤秀明、西部忠、水田洋、马渡尚宪、铃木章俊、野口真、的场昭弘、高草木光一和涩谷正。

问题。另外，值得注意的是伊藤诚对中央计划经济经验的反思以及皮埃罗·斯拉法思想对理解中国"社会主义市场经济"的意义。

在诸多以英文出版的日本人的著作中，大石高久的《未认识到的马克思》① 对《1844 年经济学哲学手稿》进行了详细的研究。大石高久拒绝现在仍在流行的对马克思思想的传统误解。通过把李嘉图与蒲鲁东相对比，他主要关注马克思早期对国民（政治）经济学的批判，主张马克思思想的整体是在 19世纪 40 年代建立的。然而，我们可能注意到，即使在《哲学的贫困》（1847 年）中，马克思仍未充分地阐述他的资本积累理论。

长原丰的有着独特书名的著作《我们，或者有缺陷的存在》②，试图将宇野弘藏晚期的经济学原理哲学化。"有缺陷的存在"（Defective existences）涉及商品化对人性和自然本身的剥夺。宇野弘藏晚期指出劳动力商品化的非自然性（日语称为"无理"（muri））。长原丰进一步指出，商品化不仅塑造了劳动力，而且还塑造了妇女作为未来劳动力的生产者，并最后将地球变成生产的工具。长原丰的核心问题是马克思和宇野弘藏之间的方法论上的联系。宇野弘藏利用马克思的"下降方法"（descending method）——在 1857 年《大纲》的"导言"中提到——来解释两种语境：（1）资本主义的民族性（对马克思而言，英国资本主义是典型模式），（2）逻辑阶段的区别——从商品到货币，从货币到资本。后者的区分决定了"从抽象到具体的上升方法"的起点，它发现资本主义的商品再生产蕴涵在商品之中。因此，长原丰试图将宇野弘藏的方法发展为一种"描述的循环体系"。

日山纪彦的《抽象人类劳动的哲学》③ 为广松涉的晚期著作（《马克思〈资本论〉的哲学》）④ 中的价值理论辩护。宇野学派和广松学派一直在辩论恰当的价值理论是什么。宇野弘藏认为，货币是由商品生产者之间的**交换关系**产生的，他们想通过对使用价值的消费满足各自的欲望。与此相反，广松涉坚持认为，货币并不是在**交换过程**中产生的，而是作为一种价值形式而出现的。他的论证假定（1）商品的行为者，他的意识已经物化，因而他们无法认识到他们自己的行为，（2）超验的认知主体，他观察其关注商品行为者的情境，并担负

---

① 大石高久：《未知的马克思》（伦敦：麦克米伦出版社，2001 年）。
② 长原丰：《我们，或者缺失的存在》（东京：青土社，2008 年）。
③ 日山纪彦：《抽象劳动的哲学》（东京：御茶的水书房，2006 年）。
④ 广松涉：《马克思〈资本论〉的哲学》（东京：劲草书房，1987 年）。

起解决影响到他们的**疑难**（困难）的职责。

马克思谨慎地指出，依据其他商品，一个特定的商品的价值从来不能被确定，因为价值是**抽象的一般性**（它不能完全地用**具体的个体**来表述）。以此相对，日山认为价值能够完全可以以具体东西所表达。这种完全表述的不可能性其实早已被亚里士多德注意到了；为了解决亚里士多德的疑难，康德限制了超验理性的范围，拒绝承认概念能够完全建立在经验材料的基础上。虽然寄希望于广松涉的超验主体能够克服这种不可能性，但这不过是把这个**疑难**（aporia）做了替换而已 ①。

久留间鲛造晚期的《马克思的货币起源理论》② 是日文版的《价值形式理论与交换过程理论》③ 的英译本。在这本异常独特的著作中，久留间鲛造对马克思的重要论断倾注了大量的心血，"困难不在于理解货币是一种商品，而在于发现商品**如何**、**为何**以及**通过什么**商品而成为货币的"。为了证实这个理论的意义，久留间鲛造系统地考究了货币的谱系学，从简单的商品，通过价值形式和商品的拜物教特征，到交换过程。在此视角中，马克思分别在《资本论》第一卷第一章的第三节回答了**如何**问题，在第四节中回答了**为何**问题，在第二章中回答了**通过什么**问题。

2011 年 2 月 20 日，在东京大学秋叶原校区举行一场关于马克思、恩格斯的《德意志意识形态》新一代版本的研讨会。这个编辑团队成立于 2007 年，一直从事着《德意志意识形态》中费尔巴哈一章的"数字在线版"的编辑工作。团队成员有：日本东北大学的该团队主席的大村泉教授、鹿儿岛大学的涩谷正、关东学院大学的渡边宪正教授、一桥大学的平子友长教授、清华大学的韩立新教授和日本东北大学的洼俊一教授。洼俊一是在线版的数字技术专家。为了能够揭示马克思、恩格斯的写作顺序，编辑组正在详细考察原始手稿。这个版本将用手稿的图片来展示，先后顺序是：(1) 恩格斯撰写的原始文本，(2) 马克思和/或者恩格斯通过删除和插入对第一次文本的改进，(3) 恩格斯最后的定稿。为了直观地回溯写作过程，数字在线版将为读者提供多层次的信息。这个版本将在未来两年内出版。同时，这个版本将为《德意志意识形态》的研究开辟一个新的阶段。

---

① 详见内田弘对日山纪彦著作的评论，《社会》NO.19，御茶的水书房，东京，2007 年。
② 久留间鲛造：《马克思的货币起源理论》（丹佛：市郊出版社，2009 年）。
③ 久留间鲛造：《价值形式论语交换过程论》（东京：岩波书店，1957 年）。

编辑小组成员之一的韩立新教授开拓了日本马克思主义系列著作的中译本计划，这个系列的丛书正在北京师范大学出版社出版。他已经率先把东京专修大学荣休教授望月清司教授的《马克思历史理论的研究》翻译成中文 [①]。该著作将马克思研究带到一个新的阶段。望月清司拒绝苏联模式的马克思－列宁主义的历史观，恢复了马克思的"市民社会"经济发展的原初视域的历史观，这种历史观考察了从中世纪的德国式共同体（Gemeinwessen）到现代北阿尔卑斯山地区的劳动分工。现代市民社会的谱系从德国的以家庭为单位的"劳动与所有的同一性"、经过现代区域性的同一性、再到资本主义的"劳动与所有的分离"；然而，望月清司主张资本主义生产方式下的同一性为后资本主义社会的"自由的个体性"准备了条件。通过重读马克思的大部分著作，其中包括包含穆勒笔记的《巴黎手稿》、《德意志意识形态》、《哲学的贫困》、《大纲》、《资本论》（特别是其中的原始积累章节）以及马克斯·韦伯关于"社会化"的著作，望月清司发现了这种同一性的发展。望月清司发现，马克思对历史的看法为亚洲国家建立"自由人联合体的市民社会"提供了重要的启示。

这个研究丛书中的另外一部著作的中译本最近也已经出版了。这就是内田弘的《（新版）政治经济学批判大纲的研究》[②] 及"《大纲》与黑格尔逻辑学"的附录，这个附录也是内田弘另外一部研究《大纲》著作《中期马克思的政治经济学批判》[③] 第 3 章的标题。《政治经济学批判大纲的研究》的中译者为王青、李平和李海春。在"资本作为一种文明"和"自由时间"的启示下，内田弘的著作是世界范围内第一部对《大纲》做系统研究的著作。2011 年 3 月 12 日，清华大学召开了一个关于这些著作中译本的研讨会，内田弘教授，韩立新教授，中译本的三位译者以及众多中国马克思学者齐聚一堂，进行了长达 8 个小时的研讨。

内田弘还出版了另外一本值得注意的文章，即《马克思全球化理论的

---

① 望月清司：《马克思历史理论的研究》（东京：岩波书店，1974 年）。

② 内田弘：《政治经济学批判大纲的研究》（东京：新评论 1982 年；东京：御茶的水书店，2005 年新版）。

③ 内田弘：《中期马克思的政治经济学批判》（东京：有斐阁，1985 年）。 本书的第三章单独出版了英文版《马克思的〈大纲〉与黑格尔的逻辑学》（伦敦：罗德里奇出版社，1988 年）。

哲学基础》[①]。在这篇文章中，内田弘将马克思的价值、剩余价值和积累的剩余**价值**或资本理论作为**领域 – 扩张的主体**，放在它们原初的**价值的逻辑连续性**中。马克思的**价值**理论潜在地就是剩余 – **价值**理论，因为"次级价值形式（value-form second）"无止境地要求增加劳动 – 生产的商品化，以期呈现出最优化的**价值**或**抽象的一般**。价值从来都不是通过诸种商品的**具体使用价值**来表述的。劳动 – 生产的商品化开始于**剩余**的劳动 – 产品。当商品化进一步渗透进必要的劳动 – 产品时，那它便是劳动力（labor power）再生产的方式，同时，劳动力商品化，注定要**永远在全球范围内**生产出资本主义的剩余价值。剩余价值转化成资本，并进而**无止境地**生产出剩余价值。

《资本论》第一卷开始处的"简单商品"合乎逻辑地变成了由各种商品生产出来的"商品资本"。因此，一种商品就包含了诸多商品，也就是说，商品既是"集合"又是"要素"。这就是为什么在该书的第一段中就声明，资本主义的财富将自身展示为一个商品的巨大"集合"，每一件商品同时又作为其集合的"要素"。《资本论》中"集合与要素"的逻辑暗示了之后的进一步发展。商品的价值变成独立于一般商品的货币。而货币中介了商品交换，并使自身从商品中抽离出来。无论如何，货币最后变成了"作为商品的货币"，或者带来利息的"金融基金"[$M \cdots M'$（$= M + \Delta M$）]。因此，货币将自身排除在商品之外而作为一种空的运动，但又必须将自己作为一种商品而纳入其中。货币是这样一个"集合"，它既将自身作为"要素"纳入其中又排除自身。如此这般的作为主体的货币在逻辑上等同于伯特兰·罗素的"空集"（empty set）。货币通过离开自身而复归于其自身。通过逆向进程，货币逆向地回溯到自身。这种货币的运动按照"梅比乌斯环"（Moebius band）是可能的。因此，罗素的"空集"与"梅比乌斯环"是一致的。在马克思的价值理论中，内田弘还发现了亚里士多德的"集合与要素"之间的悖论、伊壁鸠鲁的原子、斯宾诺莎的"一切定义都是否定"，甚至康德式悖论的思辨者，而这一切迄今为止还不为马克思学者们所知晓。

总的来说，日本马克思研究已经作出了许多重要的贡献。这篇概述想做三点评述。首先是关于《德意志意识形态》。有关《德意志意识形态》的争论，

---

① 内田弘：《马克思全球化理论的哲学基础》，《批判》No.56（伦敦：罗德里奇出版社，2011 年 5 月）。

极不相称地主要集中在文献学的编辑问题上，而全然漠视了更深刻的问题，即为什么马克思将这本著作（在1859年的《政治经济学批判》的前言中提到过）视为其建立唯物主义历史观的理论基础。这个原因可能在于马克思在那里描述——以生产方式的变迁——是从原始的共同体，经由三种中间社会形态，上升为资本主义的阶段。马克思接下来的任务将是揭示资本主义自身的演变。

第二点涉及当代资本主义的研究。现在紧迫的任务是研究新的资本主义组织形式的特质和影响，包括那些由数字技术和生物工程所产生的影响。

第三是关于实践的。日本马克思研究的成果很大一部分还不为海外所知，因为日语在本质上是一种区域性的语言。如果这些研究著作要对世界范围内的马克思研究有所贡献，那么它们必须尽快地被译成其他语言，否则的话，日本的马克思学者将不得不直接用英语来撰写文章和著作。

（译者单位：复旦大学哲学学院博士生）

韩 国 [①]

【韩国】丁声镇／文 汪行福／译

马克思主义学术研究自 20 世纪 90 年代以来萎缩了约二十年后，当前在朝鲜 [②] 正在复兴。一所本科学院开设马克思主义研究专业就反映了这一点 [③]。从殖民时期（1910—1945）开始，朝鲜就有了社会主义思想和政治的长期历史，在当前马克思主义复兴中有几个因素在起作用。首先，在资本主义的周期性循环中左右摆动的两个变体，即凯恩斯主义和新自由主义都以灾难性结果而告终，特别是 1997 年东亚危机，其威力足以打破围绕 TINA（There is no alternative，即除资本主义外"别无选择"）的新自由主义 – 凯恩斯主义共识（neoliberal-Keynesian consensus），并恢复了寻求其他选择的尝试。其次，曾经在历史上限制着朝鲜马克思主义的学术和政治发展的斯大林主义的消退，为经历长期停滞后的新的开始开辟了道路。

---

① "Marx in South Korea" 原载《社会主义与民主》（Socialism and Democracy, Vol.24, No.3, 2010），该辑由马塞罗·穆斯托（Marcello Musto）主编，该文作者和杂志共同授权翻译。作者丁声镇是韩国庆尚大学经济学系教授。在原文中朝鲜人名和日文书名均为英文，译者在作者帮助下统一译成汉语，在此向作者表示衷心的感谢。——译者注

② 本文的朝鲜(Korea)指韩国或整个朝鲜半岛。而朝鲜民主人民共和国总是以"北朝鲜"来表示。——作者注。

③ 庆尚大学政治经济系。见 http://marxism.gnu.ac.kr。

马克思的著作在殖民时代第一次被引入朝鲜，它们主要是由激进知识分子从日本引进的，他们接受并把它作为民族解放斗争的理论武器。然而，在这一时期，对朝鲜人来说研究马克思主义是极其困难的，因为殖民统治者禁止自由讨论和出版激进文献。在已出版的少有马克思主义学术著作中，白南云论朝鲜经济史的著作 ① 引人注目，虽然它是日语写的，并仅仅是把斯大林的历史发展五阶段论机械地运用于朝鲜。在 1945 年朝鲜从日本统治中解放出来后，社会主义的出版物在首尔和平壤就爆炸式地出现了。数百种社会主义的书籍、杂志和报纸面世，包括第一个官方的朝语版的《共产党宣言》和《资本论》②。但是，短暂的"马克思主义的春天"在韩国很快就被 1948 年上台的李承晚反共产主义政府粗暴地压制了。与此同时，朝鲜体制只是让马克思主义的学术服务于它的统治，然而，1956—1959 年还是第一次出版了《资本论》的朝语全译本，1961—1965 年间出版了《马克思恩格斯著作集》(MEGA)。③ 然而，严肃的马克思主义学术随着"主体思想"(Juche)，即极端的民族共产主义版本的出现而在朝鲜淡出。朝鲜战争之后，在韩国，不仅社会主义思想，而且马克思主义学术也在李承晚（1948—1960）、朴正熙（1961—1979）和全斗焕（1980—1987）的反共产主义专政下受到严重地压制。甚至仅仅因为携带马克思的书籍就会受二年入狱的惩罚。进步学者如果想研究马克思主义就不得不用依附理论、法兰克福学派或"早期马克思"异化思想等标签。

朝鲜马克思主义繁荣于 1980 年光州起义和 1987 年伟大民主斗争（the Great Democratic Struggle）。反共产主义法（Anti-Communist Law）不能阻止 20 世纪 80 年代中期马克思主义文献出版的爆炸性增长。政府 1987 年 ④ 拘捕又无罪释放曾出版过《资本论》第一卷的出版社社长金泰京是一个转折点。1987—1991 年 ⑤ 大约有 70 部各种版本的马克思、恩格斯著作出版。反映这一时期的反制度化运动，马克思主义者的著作倾向于革命实践而不是理论问题。出版物和翻译物的质量并不高；第一版朝语版的《资本论》全译本甚至不是依

① 白南云，《朝鲜社会经济史》，改造社，东京（1933）。
② 此时仅有从日文版翻译的《资本论》第一、第二卷。
③ 朝鲜从俄文版翻译的 MEGA 的出版似乎出了 10 卷后就中断了。
④ 卡尔·马克思：《资本论》第一卷，金荣民译，理论 IhRonGwa 实践，首尔（1987）。
⑤ 郑文吉：《朝鲜马克思学的轮廓》，文学 Gwa 知性社，首尔（2004）。

据德文版翻译的。①

这一第二个"马克思主义春天"②最不幸的方面是，朝鲜的激进者恢复的实际上是某种斯大林主义版本而不是经典马克思主义传统，虽然这一点很少为朝鲜进步人士所承认。确实，许多朝鲜进步人士在 20 世纪 80 年代匆忙地拥抱作为"正统马克思主义"的各种官方马克思主义政党的教科书，他们否定了他们以前受到的影响，如法兰克福学派或依附理论。"马克思主义的重新发现"在 80 年代后期达到顶峰，那时两种斯大林主义的变种，即 PD（人民民主思潮，它把苏联作为标准的社会主义）和 NL（民族解放思潮，它追随金日成的主体思想）围绕着朝鲜社会的性质以及相关的革命战略进行激烈的辩论。PD 认为朝鲜体现为新殖民国家的垄断资本主义，因而要求反帝和反垄断资本主义的人民民主革命，而 NL 主张反帝和反半封建的人民民主革命，以推翻殖民的、半封建的朝鲜为目标。PD 的领导人尹邵荣以这样的公式总结 PD 的立场："强化垄断＋加深依附"。③然而，从一开始就很明显，这两种倾向都有致命的理论缺陷，比如，经济决定论、灾变论和阶段论，随着朝鲜资本主义的发展，这两种斯大林主义版本的极端脱离实际就变得很明显，辩论本身的领域甚至在 1989 年斯大林主义体制垮台前就内爆了。

因为 20 世纪 80 年代的大部分进步人士把斯大林体制作为马克思主义的实现，丝毫不注意到它的堕落，正因为如此，在斯大林主义整体解体后，他们就很自然地不仅抛弃斯大林主义，而且抛弃马克思主义。第二个"马克思主义春天"像第一个一样是短暂的。通过后马克思主义，它变异为各种修正主义。李真经④与李柄天，即 80 年代 PD 领头的理论家会合到德勒兹式后现代主义之中，就是其典型事例。在这一幻灭和混乱时期，由十几个马克思主义学者，包括阿尔都塞主义者到托洛茨基主义者组成的"团结阵线"所发起的马克思主义季刊《理论》，在扼制向后马克思主义的整体漂移中起了至关重要的作用，它出版了《六卷本选集》*Ausgewählte Werke in sechs Bänden*（Berlin: Dietz

---

① 卡尔·马克思：《资本论》三卷，金秀行译，飞凤出版社，首尔（1989—1990）。然而，1987—1990 年间，韩国的《资本论》全本很快就出版了，它的译者是姜信俊。

② 如果马克思主义的"第一个春天"是 1945—1948 年，第二个春天就是 1987—1991 年。

③ 参见李柄天、尹邵荣：《战后朝鲜经济学研究的趋势和任务》，见《当前朝鲜人文和社会科学所处阶段和前景》，历史批评社，首尔（1988）。

④ 李真经也是 PD 的领先的理论家，参见他的《社会形态理论与社会科学方法》，Ah-Chim，首尔（1987）。

Verlag,1970—1972）^① 和《大纲》^② 的朝语全本。托洛茨基地位的恢复对朝鲜的进步人士来说也是斯大林体制衰落的一个小小的副产品。然而，主要的倾向仍然是屈从于后现代主义、后马克思主义和 TINA（对资本主义"没有选择"）以及沉浸在所谓全球化的非物质世界之中。

对朝鲜进步人士来说，1997 年的东亚危机是唤醒他们意识到为马克思所强调的，然而被遗忘的资本主义矛盾。危机以后，在新自由主义对劳工的攻击下，社会的两极化和不平等的加深为"马克思的回归"提供了肥沃的土壤。公开主张民主社会主义的民主劳工党在 2003 年赢得了议会席位。虽然修正主义仍然支配着进步政党，其中一些还加入了金大中（1998—2003）和卢武铉（2003—2007）的新自由主义政府，危机以后，还是有一些对马克思主义复兴的严肃尝试。这些包括 1999 年《激进评论》（《理论》的继承者）的发行以及 2003 年开始的两年一度的反资本主义会议"Marxcommunale"的召开。

朝鲜激进派的情绪的改变可以从李真经回到马克思看出，他曾浪迹后现代主义十年。^③ 然而，正如他的概念"机器剩余价值"所表明的，李真经仍然带着后现代主义的包袱。最后李真经把自己认同于共产主义或自治主义（Autonomism）。^④ 尹邵荣在 90 年代曾退回到阿尔都塞主义，现在也围绕着他自己的果川研究中心出版了一系列论马克思的著作。尹邵荣试图结合吉拉德·杜梅尼尔（Gérard Duménil）和乔瓦尼·阿瑞吉的历史社会学扩展马克思的政治经济学批判，并把它用于另一种全球化运动和当前全球金融危机的分析。^⑤ 丁声镇在其两本论托洛茨基的政治经济学和对朝鲜经济的马克思式分析的著作中，也力图对马克思在朝鲜的回归做出贡献。^⑥

在马克思主义学术的各种门类中，经济学在朝鲜一直是最强的。朝鲜马

---

① 金世均编：《马克思恩格斯选集》，6 卷，朴钟哲出版社，首尔（1991—1997）。金世均还就朝鲜的劳工政治的马克思主义分析写过一本书：《民主与朝鲜的工人和人民政治》，现场 EhSeo 未来 Reul，首尔（1997）。

② 卡尔·马克思：《大纲》（Grundrisse），金昊均译，白衣，首尔（2000）。

③ 李真经：《超越资本的资本》，以后，首尔（2006）；《未来的马克思主义》，GreenBee，首尔（2006）。

④ 高秉权、李真经等：《Commune 主义宣言》，教养人，首尔（2007）。

⑤ 尹邵荣，《马克思的〈资本论〉》，共感，首尔（2009）；《普遍化的马克思主义与另一种左派》，共感，首尔（2008）；《2007—2009 金融危机》，共感，首尔（2009）。

⑥ 丁声镇：《马克思与托洛茨基》，Hanul，首尔（2006）；《马克思与朝鲜经济学》，Chai-kGalPhi，首尔（2005）。

克思主义经济学家在 1987 年建立朝鲜社会和经济协会（KSESA）中起到关键作用，这一协会类同于激进政治经济学联合会（Union for Radical Political Economics），虽然在 1991 年后它失去了霸主地位，被凯恩斯主义正统经济学取代。朝鲜马克思主义经济学家热衷的领域是马克思的价值论。[①] 其中一些人已经在国际领先杂志上发表作品。李采彦对马克思的转变理论的"单一体系解释"和柳东民对置盐定理（Okishio Theorem）讨论的介入最为知名。[②] 他们都试图利用马克思的理论去理解信息技术革命。比如，康南勋把"信息产品"的价值定义为生产它的"原本"（version）而不是复制所需要的社会必要劳动时间的尝试，就曾引起过大辩论，蔡万洙在讨论中主张，"信息产品"中没有价值的实体，它们的价格只是垄断价格。[③]

马克思的危机理论也是朝鲜马克思主义研究的核心课题，特别是 1997 年东亚危机以后。其中著名的有金秀行，他试图通过与某些日本马克思主义的危机理论的结合来发展本·芬（Ben Fine）对马克思利润率下降趋势规律的解释。[④] 然而，与金秀行和芬用利润率下降的方法对危机的解释不同，金成九近来主张，当前的危机应该通过马克思的周期性生产过剩理论来理解。[⑤]

与经济学家相比，马克思主义在其他社会科学和人文学科中一直处在边缘化。共产主义衰落后，后现代主义浪潮的影响是致命的，仍然有待克服。即使是后现代主义退潮后，大部分进步哲学家和文学评论家倾向的也是自治主义，而不是经典的马克思主义。确实，与自治主义相关联的观念似乎在 2000 年后的朝鲜获得流行。[⑥] 如朴承镐以约翰·霍罗威（John Holloway）的开放

---

① 比如，可参见朝鲜经济和经济研究协会编：《价值理论研究》，PulBit，首尔（1995）。

② 李采彦在他的《马克思式政治经济学新发现》（全南大学校出版部，光州，2008）中充分发展了他的"单一体系解释"。柳东民："盐置定理已经被推翻了吗？"*Metroeconomica*, Vol.60, No.1, 2009。

③ 蔡万洙是朝鲜少数斯大林主义和坚持国家垄断资本主义理论者之一。至迟于 2006 年，蔡万洙出版了一部类似于苏共（CPSU）的政治经济学教科书的书：《工人的经济学导论》，劳动社会科学研究所，首尔（2006）。

④ 金秀行：《资本主义经济的危机与恐慌》，首尔大学校出版部，首尔（2006）。金秀行在首尔大学教《资本论》，这是朝鲜的顶级大学，负责一打马克思主义经济学专业的博士生。

⑤ 金成九：《从方法论的角度对利润率下降的理论的批判》，《马克思主义研究》（*MARXISM 21*），Vol.7, No.1, 2010。

⑥ 曹贞焕是在朝鲜的自治主义领头理论家，见他的《自治》（*Autonomia*, GalMuRi, 首尔，2003）。

的马克思主义（Open Marxism）为基础，试图围绕着商品拜物教理论重建马克思主义的现代资本主义理论。①

虽然自 1987 年的马克思主义重新发现以来，朝鲜的马克思主义学术取得了可观的进步，但仍有许多问题尚不能令人满意。首当其冲的就是，尚未认真尝试出版 MEGA（马克思恩格斯历史考证版）朝语全译版的尝试。与马克思主义学术在经济学领域的强项不相称的是，《剩余价值理论》的朝鲜语版全本还有待出版。朝鲜的马克思主义在基础层面令人失望地发展不够，如相对于马克思主义的运用和政治来说，马克思学就显得研究不足。马克思总是被政治地阅读，或为我所用以及与马克思主义或列宁等等联系在一起。在这方面，郑文吉对 MEGA 的编年史所做的细致的文本学工作和梁熺锡对《资本论》中马克思的方法与黑格尔辩证法所做的辨析性研究就显得格外与众不同。②

对马克思主义来说，就近年来在朝鲜的反霸权机构的能力而言，几个马克思主义杂志③以及激进政治组织的成立，说第三个"马克思主义的春天"已经近在咫尺并非一相情愿。当然，如果这一春天真的要到来，进步的社会运动及其联合需要重建，而这些在李明博政府的新自由主义攻击下已经某种程度上弱化了。朝鲜的马克思主义学术如果想从中获益的话，它需要共同承担这一任务。

（译者单位：复旦大学当代国外马克思主义研究中心　复旦大学哲学学院）

---

① 朴承镐：《左翼的现代资本主义理论的批判重建》，Hanul，首尔（2004）。
② 郑文吉：《尼伯龙的珍宝》，文学 Gwa 知性社，首尔（2008）；梁熺锡：《黑格尔与劳动价值论》，《马克思主义研究》（*MARXISM 21*），Vol.2, No.2, 2005。
③ 在它们中间，2004 年发行的《马克思主义研究》（*MARXISM 21*），2008 年发行的《革命与社会主义》，2008 年发行的《工人社会科学》，2009 年发行的《马克思 21》是重要的。

前沿问题研究

霸权、金融化与新自由主义危机

——论热拉尔·杜梅尼尔的马克思主义经济学建构

周思成

【论文摘要】文章对法国马克思主义经济学家热拉尔·杜梅尼尔的经济学理论体系进行了较为完整的评述。指出杜梅尼尔以辩证唯物主义与阶级斗争为基本分析范式，对 19 世纪末 20 世纪初至今的现代资本主义历史进行了富于启示性的解读，并从历史根源与社会秩序等角度分析了全球性金融危机的新自由主义本质、矛盾与前景。文章还论述了杜梅尼尔经济学理论存在的相关理论争议及其学术影响。

关键词：马克思主义经济学　杜梅尼尔　新自由主义危机　金融霸权

热拉尔·杜梅尼尔（Gérard Duménil），马克思主义经济学家，1942 年生于法国上诺曼底大区滨海塞纳省的布瓦纪尧姆镇（Bois-Guillaume），曾求学于巴黎高等商学院（HEC）和巴黎第十大学，现为巴黎第十大学教授、法国国家科学研究中心研究员，兼任国际马克思大会主席。杜梅尼尔教授著述颇丰，在经济思想史、《资本论》基础理论与马克思经济学说的现实阐发方面，均有建树。他在 1978 年出版的著作《〈资本论〉中的经济规律概念》曾得到阿尔都塞的赞许，并为之作序，① 他对战后主要资本主义国家的利润率趋势的经验研究，在学术界也被广泛接受和参考。② 杜梅尼尔最近关注的是资本主义新自由主义阶段中的各种社会与经济现象。2007 年美国次贷危机爆发之后，杜梅尼尔提出的新自由主义危机、美国霸权（L'Hégémonie）、金融集团（La Finance）和阶级分化等理论观点获得了国际学界的广泛注目，其论著也被译成多种文字。2009 年，杜梅尼尔与其长期合作者列维合著的《新自由主义的危机》（The Crisis of Neoliberalism）一书，以其严谨的理论分析和经验研究，自出版伊始即获各方瞩目。③ 因杜梅尼尔的马克思主义经济学思想在西方众多马克思主义经济学家中颇具特色，其理论体系具有经济学、社会学和政治学的综合色彩，对我国的政治经济学研究和教学颇具启发意义，且其近年的研究倡导以马克思主义的基本理论研究当代资本主义现实，也有助于我们明确马克思主义经济学的合理内核，有助于将当前危机的研究推向深入。本文以杜梅尼尔对新自由主义的历史及其当前危机的批判为中心，对其马克思主义经济学建构作一整体评述。

一、历史、阶级与新自由主义：杜梅尼尔经济学方法论解析

（一）杜梅尼尔对"新自由主义"的界定及方法论问题

20 世纪 90 年代以来，杜梅尼尔经济学研究的"核心论题"是新自由主义的本质、矛盾及前景，理解此一新自由主义概念，亦是理解杜梅尼尔对当前资本主义的现实阐释的关键。④ 对于什么是"新自由主义"（Néolibéralisme），国际学术界的定义颇不一致。不少学者将新自由主义视为一种经济学说和经济政策，美国学者乔姆斯基就认为，新自由主义是"在古典新自由主义思想的基础上建立起来的一个新的思想体系"，略相当于"华盛顿共识"，具体而言则是以市场为导向的一系列理论，以贸易经济自由化、市场定价、消除通货膨胀

---

① G. Duménil, Le Concept de Loi Economique dans Le Capital, Avant-propos de Louis Althusser, F. Maspero, 1978.

② 参见拙文《欧美学者近期关于当前危机与利润率下降趋势规律问题的争论》，《国外理论动态》2010 年第 10 期。

③ G. Duménil, D.Lévy: The Crisis of Neoliberalism, Harvard University Press, 2009.

④ 杜梅尼尔著，拙译《关于新自由主义的危机——热拉尔·杜梅尼尔访谈》，《国外理论动态》2010 年第 7 期。

和私有化为基本原则，并通过美国政府及其控制的国际组织制定并实施；[1] 大卫·科茨虽将新自由主义理解为与战后管制资本主义相对立的一种资本主义体系，但主要也强调其经济和社会政策表现；[2] 还有学者，如克里斯·哈曼，则将新自由主义理解为一种意识形态和统治思想；[3] 日本学者久留间健（Kuruma Ken）也将之理解为一种资本主义世界价值观的转换形式，一种经济学思潮，投射到政策层面则表现为：对经济增长、充分就业和福利社会的重视转向对市场、竞争、小政府和效率的强调。[4]

与上述学者不同，杜梅尼尔更加注重从马克思主义传统所强调的历史和阶级斗争两方面来理解新自由主义。在他看来，新自由主义更多地是"资本主义的一个新阶段，伴随着 20 世纪 70 年代的结构性危机而出现，表明的是资本家阶级与管理层的上层，特别是金融管理层进行联盟的一种战略，这种战略旨在加强和在全球扩张资本家阶级的霸权"，而当前的金融危机只是这种战略的内在矛盾的结果，因而也揭示了这种战略的不可持续性。[5] 可以说，杜梅尼尔所理解的"新自由主义"存在两个"维度"：其一是资本主义历史发展的维度，新自由主义"应该被视为资本主义演化的一个新阶段"；[6] 其二是阶级斗争的维度，新自由主义是一种阶级现象（a class phenomenon），"它无关某种原则或意识形态，而是一种旨在增加上层阶级的权力和收入的社会秩序（a social order）"。[7] 这种研究新自由主义的视角是比较独特的，也产生了一定影响。学术界普遍接受的对新自由主义的定义来自大卫·哈维，他认为新自由主义是一种已成为经济思想和经济管理的核心主导原则的独特学说，是一种政治经济

---

① 乔姆斯基著，徐海铭等译《新自由主义和全球秩序》，江苏人民出版社，2000 年，第 3—4 页。又参见李任初《新自由主义——宏观经济的蜕变》，台湾商务印书馆，1991 年。

② 大卫·科茨《目前金融和经济危机：新自由主义的资本主义的体制危机》，《当代经济研究》，2009 年第 8 期。

③ 克里斯·哈曼《关于新自由主义理论研究的反思（上）》，《国外理论动态》，2008 年第 9 期。

④ 久留間健：『資本主義は存続できるか—成長至上主義の破綻』，大月書店，2003，pp3—16.

⑤ G. Duménil, D.Lévy: The Crisis of Neoliberalism, Harvard University Press,2009. p.1.

⑥ G. Duménil, D.Lévy: The Crisis of Neoliberalism, Harvard University Press,2009.p.5.

⑦ G. Duménil, D.Lévy: The Crisis of Neoliberalism, Harvard University Press,2009.p.43, p.228.

实践的理论。具体来说，新自由主义相信，在一个以强大私有制、自由市场和自由贸易为特征的制度框架中，通过解放个体企业的自由和技能，能够最大限度地改善人类福利；同时新自由主义又是一种话语霸权，影响着人们日常的思维方式。总之，新自由主义化涵盖了人类社会和经济生活的各个方面，从基础的制度结构、权力到分工、社会关系、福利供应、生活和思考方式，等等。①从哈维的上述理论中，绝不难看出杜梅尼尔的影响。②

　　要很好地理解杜梅尼尔的新自由主义观，就不能不追溯到其独特的马克思主义经济学方法论。在杜梅尼尔看来，马克思主义不应局限于经济学，而是具有一个反映社会及其历史的总体理论分析框架，一般称为"历史理论"与"辩证唯物主义"。③ 由此，杜梅尼尔经济学的建构就具有经济学、社会学和政治学的综合色彩，而对其方法论的研究实为理解其经济学说的关键。方法论在马克思主义经济学研究中本就占有重要的地位。就方法论本身而言，需要区别两个相互关联的概念，即研究方法（Die Forschungsmethod）与叙述方法（Die Method der Darstellung），研究方法指的是广泛搜集经验事实与现有知识，其后才对材料进行辩证重构。④ 而本文的方法论所指主要是从杜梅尼尔的理论叙述中抽绎和推演出来的逻辑线索（叙述方法），至于说到也许更为关键的研究方法，特别是支持其理论模型的经验研究过程，此处则很难予以重现。就马克思主义经济学的方法论而言，曼德尔（E.Mandel）认为，马克思将辩证法应用于经济研究的主要成就之一，就是对特定生产方式运动规律的探索。⑤ 杜梅尼尔同样强调，在马克思那里，历史被理解为一系列连续或重叠的阶段，每个特定的历史阶段都有其独特的阶级结构，而在这种独特的结构中，统治阶级或多或少以一种绝对的方式实施其权力。⑥ 在此，我们在马克思主义的原有范式中找到了杜梅尼尔分析现代资本主义演化的重要工具："历史"模型和"阶级"模型。这两者是有机结合、密不可分的。

①　D.Harvey, A Brief History of Neoliberalism. Oxford University Press.2007. pp.2-3.

②　D.Harvey, A Brief History of Neoliberalism. Oxford University Press.2007, p.4.

③　G. Duménil, D.Lévy: Economie Marxiste du Capitalisme, Edition La Découverte. 2003, p.5.

④　E. Mandel, Kontroversen um 'Das Kapital', Dietz Verlag Berlin,1991, p.19.

⑤　E. Mandel, Kontroversen um 'Das Kapital', Dietz Verlag Berlin,1991, pp.17-20.

⑥　G. Duménil, D.Lévy, Economie Marxiste du Capitalisme, Edition La Découverte. 2003, p.5.

（二）辩证唯物主义、霸权理论与阶级三分法

就"历史"模型而言，此前许多马克思主义经济学家，如希法亭、巴兰和斯威齐、曼德尔等，都对资本主义的历史已经进行了深入的研究，对其演化阶段的区分，也提出过多种不同标准，如制度转变、长波、技术变迁和利润率趋势、竞争模式、政策框架，等等。杜梅尼尔曾将19世纪末到当今资本主义历史阶段的划分，提出过三个关键的变量作为参照系：生产关系与阶级模式，阶级力量对比或社会秩序，最后还有利润率。① 但在他看来，最根本的参照系仍然是生产力与生产关系的辩证法，是这一对矛盾决定了对上述诸现象的分析框架。严格说来，生产力包括了生产的组织 – 技术和企业管理方面的转变，也包括了经济当事人的能力；与此相对的是生产关系，表现为所有制关系和生产资料占有关系。历史的辩证法表现为这两个要素的相互作用，以一种互相较劲（une sorte de bras de fer）的方式，先后交替或同时充当起动力和阻力的角色。以美国经济史为例，现代的技术催生了新式企业，在大型车间内引入流水线，即要求进行特殊的工作准备和分工，技术往往还与一种新的所有制形式和组织形式（以股份制公司为核心）相关。技术使这些进步成为可能，因而是一种历史动力。同时，在杜梅尼尔看来，生产力与生产关系的辩证法还以一种十分有趣的方式，与阶级结构和19世纪末20世纪初出现的阶级斗争相关。上述技术变迁的结果则是管理层和职员阶层的发展，他们深刻影响了企业组织的各个方面，如生产和经营（商业和金融），使更多的技术进步成为可能（研发），当然也造成了所有权和经营权分离，等等。② 上述分析也将我们从杜梅尼尔的"历史"模型带向了"阶级"模型。

就"阶级"模型而言，乔姆斯基除了将新自由主义理解为经济学说和经济政策外，也曾关注过新自由主义社会的"权力分布状况"。他提出，"华盛顿共识"背后存在着一个"经济集团"，它控制着世界经济的命脉，并有能力主宰政策的制定和思想观念的形成。③ 不仅如此，新自由主义秩序还通过使"被统治阶层"对之给予"没有同意的同意"来进行治理。④ 这一理论将我们

---

① G. Duménil, D.Lévy, The Crisis of Neoliberalism, Harvard University Press,2009, p.11.

② G. Duménil, D.Lévy: Economie Marxiste du Capitalisme, pp30-31. et. The Crisis of Neoliberalism, p.20.

③ 乔姆斯基：《新自由主义和全球秩序》，第4页。

④ 乔姆斯基：《新自由主义和全球秩序》，第27—46页。

带到了马克思主义理论家葛兰西那里，对"制造同意"葛兰西有过深刻的分析 ①，而且对与制造同意密切相关的"霸权"或"领导权"进行过极富启发性的研究。② 据学者研究，葛兰西的"霸权"有两层含义，其一与"统治"相对，指市民社会内部现存政治体系的一种同意基础；其二，就无产阶级革命而言，"霸权"意味着对经济联合的超越，意味着一种涵盖经济、智识、道德等多方面的阶级意识，是政治运动的一个特殊历史阶段。③ 有趣的是，"霸权"同样也是杜梅尼尔经济学的一个关键概念，这里无疑有葛兰西的影响。但是，不像葛兰西将"霸权"与"统治"对立，杜梅尼尔的"霸权"概念要宽泛得多。④在杜梅尼尔看来，"霸权"也有两个层面，国内（阶级）和国际，在这两个层面，均是某个阶级和国家主导了统治的进程，这种进程牵涉多个主体。在新自由主义时期，由金融制度作为支撑，资本家阶级的上层作为领导者，代表更广泛的各上层阶级实施共治，相似地，（在国际层面），美国也是帝国主义列强集团内部的领导者。他进一步指出，这种双重的共治是通过既合作又对立来实现的：在社会等级制的顶端，不同群体卷入或支持着相对狭义的领导权的规划，这种阶级联合可以被称为妥协，因为领导者会根据追随者调整自身的需求（但领导者最终占上风）。同样的分析在国际层面也适用于帝国主义列强集团内部各国家的相对地位，在这个层面也存在着一种上层的妥协和国际共治，而其主导则是美国霸权。⑤

　　正如对乔姆斯基阶级分析的追溯将我们带到了葛兰西那里，对杜梅尼尔"霸权"理论的追溯，将我们带向了被乔姆斯基忽略的阶级关系的另一面：统治阶级不仅仅寻求被统治阶级的"同意"，而且寻求阶级联盟者并作为联盟领导者进行统治。这就牵涉到葛兰西理论体系的另一重要组成，"历史联合体"（Historical Bloc）的概念及其与霸权的关系。"历史联合体"有两个与霸权相

---

① 参见毛韵泽:《葛兰西:政治家、囚徒和理论家》，求实出版社，1987 年，第 176—178 页。

① 参见毛韵泽:《葛兰西:政治家、囚徒和理论家》，求实出版社，1987 年，第 176—178 页。

② 关于意语 Il egemonia 一词应译为"霸权"还是"领导权"的探讨，参见田时纲:《"egemonia"是领导权还是霸权:葛兰西政治理论的核心范畴》，《教学与研究》，2007 年第 8 期；本文因这一概念与杜梅尼尔的国际政治与经济形势的理论分析相关，故统一称作"霸权"。

③ Walter L. Adamson, Hegemony and Revolution: Antonio Gramsci's Political and Cultural Theory, University of California Press,1980, pp.171-173.

④ G. Duménil, D.Lévy, The Crisis of Neoliberalism, Oxford University Press.2007, p.9.

⑤ G. Duménil, D.Lévy, The Crisis of Neoliberalism, Oxford University Press.2007, pp.9-10.

对应的维度：正如霸权是阶级发展的一个特殊阶段，历史联合体意味着将这种霸权通过一切阶级联合方法贯彻到社会中去的一种努力；除开这个水平维度，也存在着纵向维度，即历史联合体可被理解为社会结构与上层建筑之间，一个社会的生产性经济生活与政治、文化意识之间相对稳固的有机联系。[①] 我们认为，这里与杜梅尼尔的理论观点相关的是，"历史联合体"理论说明了，一个政治上愈加强大的阶级（或国家），不仅因其在经济体系中的地位，也因其负载着一种价值观（这种价值观来自日常世界却又是该阶级的政治观点的图景或投射），借此价值观的吸引力，该阶级得以与其他政治群体联合并共同寻求权力，或成为潜在权力的塑造者，甚或成为表达新文化的社会力量。新自由主义的"上层阶级"可以被理解为一个获得了"霸权"（或领导权）的"历史联合体"。

为了说明这个"霸权"或阶级共治体系的形成和力量结构，杜梅尼尔对传统马克思主义研究范式进行了改造：

首先，传统的阶级分析主张资本家阶级和无产阶级的二元对立，而杜梅尼尔则采用了三分法（A tripolar class configuration）来分析现代资本主义的阶级关系：资本家，管理层和大众阶级（工人和雇佣劳动者）。这是因为现代资本主义的阶级构形远为复杂，除小农、商店主、工匠这些传统中产阶级外，现代资本主义生产力和生产关系的交互作用促进了管理人员（managers）和职员（clerical personnal）阶层的迅速发展。[②] 然而，这一社会趋势并没有在所有者和生产工人之间造成一个新中间阶级，而是重新进行了两极分化，形成了一种新的等级制。[③] 在这种新等级制中，"上层阶级"是资本家阶级和管理层（新自由主义的受益者）；"大众阶级"，则指的是工人和雇佣劳动者。在这种新的分化中，管理人员成为上层阶级，而职员则沦为从属阶级。[④]

其次，以资本家、管理层和大众阶级三分法为基础，借"霸权"和"妥

---

① Walter L. Adamson, Hegemony and Revolution: Antonio Gramsci's Political and Cultural Theory, University of California Press,1980, pp.173-8.

② 新中间阶级的出现，较早也是制度学派的关注重点，参见ガルブレイス著，都留重人監訳『新しい産業国家』.東京：河出書房新社,1968, p79—90.

③ G. Duménil, D.Lévy: The Crisis of Neoliberalism, pp13-14.

④ 杜梅尼尔在别处曾提出过"四分法"（资本家－管理者－职员－工人），但从具体分析来看，其与三分法并无本质区别。参见杜梅尼尔著，赵超译：《关于当代资本主义阶级结构的争议》，《国外理论动态》2008年第5期。关于西方新马克思主义者对当代资本主义社会结构新变的其他分析，参见周穗明：《后马克思主义关于当代西方阶级与社会结构变迁的理论述评》，《国外社会科学》2005年第1、2期。

协"理论为工具，杜梅尼尔对阶级力量对比或阶级结构的演化进行了"动态分析"。在现代资本主义社会，资本家、管理层和大众阶级三者力量的此消彼长，能够形成多种不同社会秩序，这些社会秩序分别代表着在某一阶级领导下的不同社会联盟。① 关键在于，占主导地位的社会联盟是指向上层阶级还是大众阶级？"妥协"是在资本家阶级和管理层之间，还是在管理层与大众阶级之间？前者建立起的妥协是"右倾"的，后者则是"左倾"的（如新自由主义的妥协就是一种右倾的妥协）。再者，哪一个妥协的阶级是领导者？如在新自由主义中，资本家阶级是领导者，是"右派"的妥协。当然，一种"右倾"的妥协，也可能置于管理层的领导之下，那么，就建立起了一种"中右派"的社会秩序。同理，如果管理层取得领导地位的话，管理层与大众阶级之间的妥协可被视为"中左派"的。最后，"左派"的妥协则意味着大众阶级取得领导权。② 在其新著《新自由主义的危机》中，杜梅尼尔还以图示的方法说明了阶级力量对比与社会秩序的可能构成（见表1）：③

表 1：

	与谁联盟？	谁是领导者？		
右倾	资本家 / 管理层	资本家（例如：新自由主义）	管理层（例如：新管理资本主义）	
左倾	管理层 / 大众阶级		管理层（例如：战后妥协）	大众阶级（例如："社会主义"）

二、杜梅尼尔经济学视阈下的新自由主义历史与当前危机

在澄清了杜梅尼尔的研究方法和基本理论框架后，现在让我们来审视他是如何将它们运用于对资本主义历史、阶级结构演化以及当前金融危机的分析的。对于 2007 年爆发、影响至今未衰的全球性金融危机，杜梅尼尔提出了相当完整的理论解释体系。他认为，对当前危机的分析需要考虑两组重要现象：

① G. Duménil, D.Lévy: The Crisis of Neoliberalism, Oxford University Press.2007, p.95.

② 杜梅尼尔著，拙译《关于新自由主义的危机——热拉尔·杜梅尼尔访谈》。

③ G. Duménil, D.Lévy , The Crisis of Neoliberalism, Harvard University Press, 2009, p.96. 表格依据原书，略有改动。

一是资本主义的历史演化，二是资本主义的金融和宏观经济机制。从这两组进程的交互作用出发，危机能够得到很好的解释。①

（一）新自由主义的资本主义的历史演化

前面已经提到，在杜梅尼尔看来，新自由主义是一种"新自由主义全球化背景下的阶级霸权和美国全球统治"。新自由主义的形成、兴盛和危机应该被解释为这种社会和国际结构的兴衰史的一个章节，因此，要想理解新自由主义阶段的本质，就不得不追溯到前一个阶段甚至更早的资本主义历史。② 与多数经济学家习惯从二次大战结束来追溯当代资本主义的演化不同，杜梅尼尔将现代资本主义的历史分析回溯到了 19 世纪末。因为正是在这个时期，出现了资本主义生产关系的新制度框架，这些制度带有现代资本主义的典型特征：资本主义生产的技术与组织进程的日趋复杂，交通运输和通讯的发展使得资本主义企业在国内和国际层面迅速发展，同时，货币和金融机制也经历着彻底的转化与扩张。20 世纪 30 年代的大萧条也促进了这一新制度框架的建立，资本主义更多地诉诸垄断形式来抑制竞争。此外，在生产关系层面的"革命"，即在所有制和管理方面的革命，勾勒出了 19 世纪资本主义与现代资本主义的此疆彼界。按杜梅尼尔的说法，上述革命有三个重要组成部分："公司革命"（corporate revolution）、"金融革命"和"经理革命"（managerial revolution）。新的经济和社会关系随之形成，管理人员和职员阶层得到迅速发展，打破了资本家与无产阶级对立的传统阶级格局，资本家阶级的上层与受其控制的金融机构组成了金融集团（La Finance），等等。③

由对 19 世纪末 20 世纪初以来资本主义社会生产力与生产关系演变的追溯，杜梅尼尔提出了自己的历史分期学说，在这一历史的分期中，新自由主义及其危机则表现为它的历史演化的最新阶段。④

第一个阶段为 19 世纪末至 20 世纪初的几十年，杜梅尼尔称为"第一次

---

① G. Duménil, D.Lévy, The Crisis of Neoliberalism, Harvard University Press,2009. p.5.

② G. Duménil, D.Lévy, The Crisis of Neoliberalism, Harvard University Press,2009. p.7.

③ 杜梅尼尔对"金融资本"理论渊源的追溯及对其当代社会意义的研究，详见 La finance capitaliste（Presses Universitaires de France: Paris, 2006）一书所收录的杜梅尼尔与列维合著 Les trois champs de la théorie des relations financières de Marx. Le capital financier d'Hilferding et Lénine 及 La finance capitaliste: rapports de production et rapports de classe 二文。

④ G. Duménil, D.Lévy: The Crisis of Neoliberalism, Harvard University Press, 2009. p.20.

金融霸权"时期。前文已经提到过这一时期的某些基本特征，这里还可以加上如国内和国际层面的自由市场经济，企业内部组织化的快速进步，资本家阶级与企业之间纽带的松懈，金融机构与非金融公司联系密切等等。在这一新的阶级结构中，上层资本家阶级与金融集团及管理层的上层达成了妥协。所谓"金融霸权"（The Financial Hegemony）即是指资本家阶级（实指资本家阶级和金融机构）按照他们自身的利益和设想行事，享有几乎不受约束的社会和经济领导权。① 这一阶段到 1929—1933 年的大危机结束，大萧条、"新政"和第二次世界大战，标志着这一霸权时代的终结。

第二个阶段是"战后妥协"或"凯恩斯妥协"时代，始自"新政"和二次大战，一直延续到 20 世纪 70 年代。这一时代有三个主要特征：首先是资本主义企业内部的管理自治（managerial autonomy）程度加强，大公司的管理层更多地倾向于投资和技术革新，国家更多地干预经济，管制的广泛实施，保护主义色彩加强，对自由贸易和资本国际流动施加了限制。其次是工资购买力增加，政策向充分就业倾斜，建立了"福利国家"。最后是对金融利益的抑制，金融部门被要求服务于实体经济而不是股东利益，低实际利息率和不太活跃的股票市场，较高的劳动成本导致了资本利润的部分减少。从阶级分析来看，这一时期管理层和大众阶级结成了联盟，共同抑制资本家和金融集团的利益。② 不过，这一"战后妥协"时代随着 20 世纪 70 年代的结构性危机而终结。

第三个阶段是作为"第二次金融霸权"的新自由主义时代。新自由主义时代与凯恩斯主义时代有很大的区别，它的特征是：更加严酷的工作条件，大众阶级购买力的停滞（或倒退），社会保障体系的侵蚀，股东利益至上，政策热衷于严格控制通货膨胀而不关心充分就业，对金融管制进行了大刀阔斧的解除，自由贸易和资本的国际自由流动大行其道，跨国公司在全球范围内扩张，等等。从阶级分析来看，这一时期属于"右倾"的妥协：与 20 世纪初的第一次金融霸权相似，资本家阶级与管理层的上层（特别是金融集团）达成了妥协，享有近乎完全的独占统治，几乎不受约束地狂热追求高收入。

在杜梅尼尔看来，现代资本主义这三个连续阶段均伴随着持续时间长且影响深远的"结构性危机"（Structural crises），即 19 世纪 90 年代的危机、大

---

① G. Duménil, D.Lévy: The Crisis of Neoliberalism, Harvard University Press, 2009. p.15.

② G. Duménil, D.Lévy: The Crisis of Neoliberalism, Harvard University Press, 2009. pp.16-18.

萧条、20世纪70年代的危机，还有当前以巨大经济收缩告终的新自由主义危机。每一次结构性危机都是资本主义发展特定阶段的社会秩序内在矛盾与阶级斗争的合力的结果，它们在资本主义发展史上造成急剧的断裂，而又不曾改变资本主义内在的发展趋势。杜梅尼尔强调，上述四次结构性危机应分为两类：19世纪90年代和20世纪70年代的危机，可以归因于利润率的周期性下降，故属于马克思在《资本论》中描述过的"利润率危机"。但大萧条和当前的危机发生前，利润率正处于恢复阶段，甚至还有所上升（关于这一点下文将有另外的讨论）。这两次危机都紧随着"金融霸权"时期而来，而危机本身实际上是金融霸权所推行诸政策的不可持续性所导致的，故属于"金融霸权危机"。[①]这种对"结构性危机"的划分以及对"金融霸权危机"的界定，应是马克思主义经济学上的创新，应该予以深入研究。

（二）金融化不是一切，消费不足与利润率下降不是症结

一旦了解了资本主义的新自由主义的历史根源及其阶级结构特征，实际上也明确了杜梅尼尔对当前危机性质的分析，即当前危机本质上是"新自由主义危机"，或者说，是"金融霸权危机"。那么，当前危机突然爆发的契机是什么？当前危机的直接原因是什么？2007年危机爆发以来，国内外涌现了大量从各种角度解释危机根源、传导机制以及展望危机前景的文献，在这些文献中，左翼经济学家的著述占有相当大的分量。然而，即使同在左翼阵营的经济学家中，对于危机的解释也不免大相径庭，了解杜梅尼尔与侪辈经济学家之间的分歧，有助于深刻认识其危机学说的说服力。

与正统经济学家专注于批判金融体系的不稳定性和缺乏监管不同，多数马克思主义经济学家均认为，当前危机绝非仅仅是货币和金融机制导致的。然而，相当多的左翼学者提出，战后至今的"工人阶级消费不足"和"利润率下降"两者才是危机产生的首要原因。不过，在杜梅尼尔看来，即便新自由主义危机不仅仅是"金融危机"，金融机制也无可置疑地起到了核心作用，因而关键不在于争论危机是否是金融危机，而在于当前的诸多解释是否忽略了金融维度之外的其他因素。

---

① G. Duménil, D.Lévy, The Crisis of Neoliberalism, Harvard University Press, 2009, pp.19-22. 为了证明当前危机与大萧条的相似性，杜梅尼尔在他这部新著中还专辟《大萧条的阴影：艰难过渡》一章，分析两次"金融霸权"及其危机的相似与差异，参见 The Crisis of Neoliberalism, Harvard University Press, 2009, pp.267-296。

杜梅尼尔认为，那些主张工资购买力下降和消费不足导致危机的学说，仅仅是片面理解了《资本论》第三卷中的相关段落，却忽视了马克思本人在《资本论》第二卷中对这种提法的直接批评，同时，就现实情况而言，这一主张也缺乏足够根据。的确，在新自由主义时期的美国，工资在总收入中的份额有所下降，但自 2000 年以来并没有一个明显的下降趋势。值得注意的反而是收入模式的变化：就生产性工人而言，他们的实际工资增长要低于平均水平，而高工资阶层的工资（包括补贴、奖金和认股权等等）则飞速增长。这种收入模式的变化有何影响？杜梅尼尔认为，由边际消费倾向递减趋势来看，高收入阶层有可能比低收入阶层消费更少，在战后相当长一段时期是如此，但新自由主义时期则不是。战后至 80 年代美国家庭的平均储蓄率是 9%，在新自由主义时期，它几乎降到了零点，如果说，上层阶级曾经是储蓄的主力军，那么，在新自由主义时期，这个阶级却越来越多地消费（其原因很可能是股票和房地产价格高涨或高收入带来的"财富效应"）。因而，新自由主义时期收入分配向上层阶级倾斜的集中趋势，不但不会引起需求萎缩，相反会极大地刺激需求，低收入阶层则深受消费不足之苦（至少他们的消费水平较低），此消彼长之间，绝不能造成前述学者所主张的宏观经济上的总需求不足，而危机在面向低收入阶层的次贷市场爆发，也应归结为上述的"财富效应"。杜梅尼尔还指出，另外一些学者（如科茨）的工资份额不足论（真实劳动报酬与生产率增长之间的差距拉大）主要是计算方面的问题。[①]

除开"消费不足"论，不少马克思主义经济学家还从"平均利润率下降趋势规律"出发解释当前危机。杜梅尼尔承认，利润率对资本主义生产的影响是多方面的，但在他看来，美国非金融公司部门在 2000 年以后的税后平均利润率水平反倒要高于 20 世纪五六十年代，因此，危机爆发前的利润率是处于恢复时期，而非下降时期。此外，值得注意的是，除去税收、净利息和红利等成分之后的"企业自留利润"水平，和同时期低迷的积累率趋势相当一致，但均与同时期的利润率之间有很大差距。这说明，在这一时期，非金融部门的借贷渠道越来越狭窄，不得不更多依靠发行股票来融资。这一趋势不是马克思所分析的技术和劳动之间的技术构成的变化导致的，而是新自由主义的特殊机制

---

① G. Duménil, D. Lévy, The Crisis of the early 21st century: A critical review of alternative interpretations, 2011, EconomiX, PSE: Paris.

（资本分配偏向分红与利息）导致的。

最后，利润率的短期波动也不是当前危机的原因。[①] 当然，杜梅尼尔并非完全否认利润率与当前危机毫无瓜葛：在其新著《新自由主义的危机》一书的一个尾注中，他承认，如果利润率下降趋势在 20 世纪 70 年代就被及时抑制的话，就不会有 70 年代的结构性危机来为新自由主义秩序的建立铺平道路；而如果利润率下降趋势没有在新自由主义时期被逆转的话，历史进程又将发生深刻的改变。因此，杜梅尼尔只在这一极为间接的程度上才承认利润率趋势的相关性。[②]

（三）金融化、美国宏观经济与当前危机的解析

杜梅尼尔对危机根源及其机制的分析，既不倾向于"消费不足论"，也非"利润率下降论"。他认为，当前经济危机的爆发主要有以下三个方面的直接原因：首先，金融化只是使上层阶级收入最大化（这正是万恶之源）的工具而不是目的本身；其次，美国宏观经济路线的诸多方面也起到了关键作用；最后，全球化与金融化在引发危机的进程中同样有着关键的作用。[③] 总之，杜梅尼尔的解释并不局限于前面所说的历史维度，而是将"2000 年之后金融扩张和创新的诸机制"与"美国宏观经济路线的诸技术因素"这两方面现实因素的交互作用纳入其中，视为解释新自由主义危机的关键因素。[④] 在杜梅尼尔看来，当前危机既然被视为"新自由主义的危机"，对当前危机的一种总体解释，就必须从新自由主义的目标、其为达到目标采用的手段以及其目标和方法之间的内在矛盾出发。在当前危机的诸决定因素中，有两个环节是美国霸权下的新自由主义矛盾的"直接表现"：一方面是对高收入的狂热追求，这种追求是通过金融化和全球化等机制实现的；另一方面则是美国不可持续的宏观经济路线，它不像其他资本主义中心国家那样受到约束。

首先让我们来考察前一因素。"高收入"（High income）指的是利润、资本所得和高收入阶层的高工资(此处的"工资"包括了工资、薪水、行使认股权、红利和养老金)。对高收入的追求已经超过了可持续的极限，以至将虚拟的剩

① G. Duménil, D. Lévy, The Crisis of the early 21st century: A critical review of alternative interpretations.

② G. Duménil, D. Lévy, The Crisis of Neoliberalism, Harvard University Press, 2009. p.353.

③ G. Duménil, D. Lévy, The Crisis of the early 21st century: A critical review of alternative interpretations. 2011, EconomiX, PSE: Paris.

④ G. Duménil, D.Lévy, The Crisis of Neoliberalism, Harvard University Press,2009. p.33.

余作为支付真实工资的借口。如上所言，这种追求是通过金融化和全球化机制实现的。金融化和全球化则意味着构建一个脆弱和臃肿的金融体系，此外，这两种机制还削弱了宏观政策稳定经济的能力——在一个自由贸易和资本自由流动的世界中，对利息率、贷款和汇率的控制变得倍加艰难。①

其次要考察的是美国的宏观经济路线。新自由主义主导下，美国近三十年来的宏观经济具有如下特征:(1) 低水平且不断降低的积累率,(2) 贸易赤字,(3) 愈加依靠外部世界的融资和国内债务。这些特征及其相互联系或可进一步阐释为：日益增长的贸易或经常项目赤字，美国的融资，家庭部门需求的增长日益依赖于外部世界，一方面是家庭债务的增长，另一方面是国内投资率的降低趋势。② 新自由主义、美国霸权与上述两组因素及当前危机的关系，参见图1：③

图 1

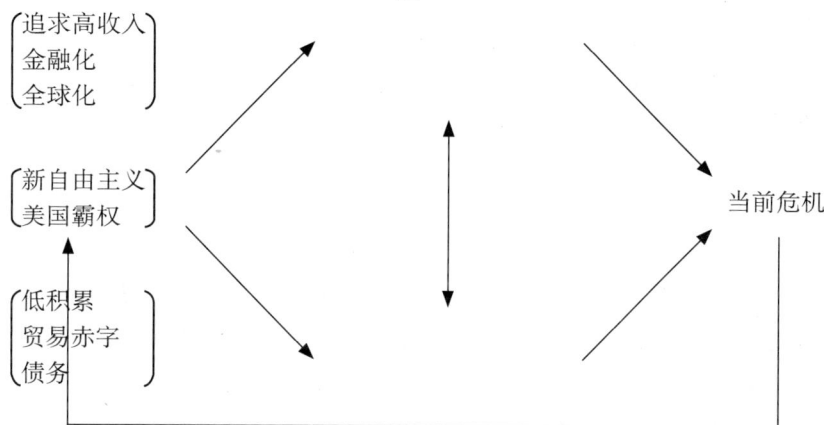

孤立地看，上述两方面因素均不能充分解释当前危机。赤字积累诚然是美国宏观经济的基本要素，但也不是危机的直接原因；不过，消费的增长，特别是高收入阶层消费的增长则可能是引发危机的诸机制的核心。综合来看，对

---

① G. Duménil, D.Lévy, The Crisis of Neoliberalism, pp34-6, Harvard University Press, 2009. pp.99-141.

② G. Duménil, D.Lévy, The Crisis of Neoliberalism, Harvard University Press, 2009. p.36, p.143. 上述三大特征中前两个，即贸易赤字以及与之对应的美国内外债务的增长，通称"全球失衡"。而在杜梅尼尔看来，这实际是"美国经济失衡"的同义词：在新自由主义全球化背景下，应对这些趋势负责的正是美国。

③ G. Duménil, D.Lévy, The Crisis of Neoliberalism, Harvard University Press,2009, p.34, 略有更动。

高收人的狂热追求及其实现机制，加上美国的宏观经济路线，就意味着美国必然陷入不可持续的发展（Unsustainable development）。因此，当前危机的成因或可被描述为一系列"过度"：过多的金融化意味着一个脆弱的金融体系，而过度的全球化则意味着一个无法控制的世界经济；美国家庭债务的日积月累不能无限持续，同时，对于对国外融资的依赖也必须叫停。这些决定因素之间存在着有机联系：家庭部门债务的增长趋势无疑应归咎于金融机构对利润的狂热追求和缺乏管制；贸易赤字和外部融资的并肩增长则是全球化背景下美国国际霸权的结果（赤字增长不会过多损害美元的稳定）。

杜梅尼尔认为，正是上述两方面诸因素复杂的交互作用机制，最终导致了次贷危机进而是全球性金融危机的爆发：在开放经济条件下，美国国内债务的增长，是其力图保持一定经济增长率和正常产能利用率而采取的宏观经济政策的必然结果。首先，来自富裕家庭的需求扩张（新自由主义效应之一）导致了消费的急剧增长，在开放经济条件下，消费需求的扩张导致了消费品进口比例的不断增长。由于消费需求的缺口由进口弥补，美国国内的生产者并未因此获益，于是就需要采取激进的信贷政策再度刺激消费需求，这又使外国的生产者获益，从而美国似乎成为全球经济的增长引擎。最后，由于美国任凭贸易赤字增长、金融创新、衍生品市场（信用违约掉期和利率合约）等因素的作用，家庭部门的债务不但没有得到约束，反而迅猛增长。美国次贷市场危机的爆发只有置于上述背景中才能够得到解释，这次危机并不单纯是金融化不幸的负面效应的自发结果，而是金融机制的极度扩张（特别是 2000 年以后）和维系美国宏观经济路线的必然结果。用一个比喻来说，房地产市场的危机以及随之而来的大型金融机构的倒塌，就仿佛地震波（Seismic Wave）一样动摇了本已极为脆弱的金融体系，次贷危机只是危机的导火索，绝非其根源。①

那么，这场危机究竟是如何爆发的呢？以对危机的理论阐释为基础，杜梅尼尔将危机的进程分为如下阶段：危机进入第一阶段是在 2006 年 1 月，一直延续到 2007 年 8 月，其间，房地产市场出现拐点，抵押贷款债券市场发生大规模违约潮和危机，最高风险的抵押贷款债券开始贬值，那些经营抵押贷款的机构首当其冲。美国金融部门发生危机则标志着危机进入了第二阶段，银行

---

① G. Duménil, D.Lévy, The Crisis of Neoliberalism, Harvard University Press, 2009, pp.37-38, pp.141-169.

业流动性危机迫使美联储进行干预。自 2007 年 8 月到 2008 年 9 月，美国金融机构一直面临着巨大压力，遭遇严重的流动性危机，损失逐渐加重，倒闭的风险越来越大，由此美国危机也开始波及全球其他地区。在危机的头两个阶段，房地产危机和次贷市场的影响十分明显，杜梅尼尔将之喻为一个持续的"地震波"，危机在这两年中不断扩散。危机的第三阶段是 2008 年 9 月至 2009 年 2 月的全球性危机和产出收缩，自 2008 年 9 月始，危机在美国逐日加深，各大金融机构相继倒闭，波及全球经济，全球主要经济体随之陷入大收缩。在最后阶段即 2009 年后，危机开始触底。在这一阶段，虽然政府赤字剧增，宏观经济却只有少许好转，仍然稳定在一个低水平上，政府对经济的干预仍然十分强烈。①

三、后危机时代的前景与杜梅尼尔经济学的理论争议

现代资本主义演化到新的阶段，往往伴随着深刻的"结构性危机"，而如果 2007 年爆发的全球性金融危机正是一次结构性危机的话，它将给后危机时代的资本主义世界和全球社会带来什么样的新变？

首先，杜梅尼尔认为，从治理金融化、全球化、低积累和全球失衡入手，是应对当前危机的急务。② 在未来一段时期，在可持续的前提下，在国际国内层面重建金融体系，是世界各国将要面对的艰巨任务之一。反省的声音首先会出自金融体系内部，这些批判包括要求增加透明度、降低风险和约束债务增长，同时控制高收入；另一方面，比较激进的改革方案也将被提上议事日程，即建立金融部门与实体经济的新关系，这种新关系应该有利于生产性积累；最后，在全球层面缺乏一种稳定机制（国际货币和国际金融机构）的问题也会被提出来。③ 同时，对美国宏观经济路线的纠正也是要务之一。在这一点上，杜梅尼尔并不持乐观态度。美国日益增长的家庭债务和外部融资依赖性是一体两面，因而必须同时得到纠正，这既要求恢复美国经济的增长率，改变新自由

---

① G. Duménil, D.Lévy, The Crisis of Neoliberalism, Harvard University Press,2009, pp.207-263.

② G. Duménil, D.Lévy, The Crisis of Neoliberalism, Harvard University Press,2009, p.295.

③ G. Duménil, D.Lévy, The Crisis of Neoliberalism, Harvard University Press,2009, pp.297-330.

主义的公司治理模式，抑制高收入和生产性投资的低利息率，又要求美国生产和需求的"再本土化"，以抑制贸易赤字增长，增加竞争力，建立贸易壁垒，抑制消费和美元贬值。美国需要同时引入这些机制，显然将面临巨大挑战：树立贸易壁垒或将面临对手的报复，同时也会损害作为美国经济支柱的跨国公司的利益；削减进口价格低廉的商品将影响国内工资的实际购买力，进而影响美国企业的成本和利润。最后，更加危险的是美元国际货币的地位将受到威胁，也可能爆发"货币危机"。如果美国不能迅速纠正其宏观经济政策路线，特别是贸易赤字和外部融资的话，正常的产能利用率就只能靠国内债务的增长来支撑。危机发生前，政府和家庭部门先后承担起了这一债务负担；危机后，国家债务又将取代家庭部门成为美国经济的支撑。然而，这些债务不可能无限增长。由于美国的贸易赤字，外国获得了大量的美元，这些美元又被用来购买美国国债，美国政府和公司的信誉则是外国投资者购买美国国债的担保。然而，在未来几十年里，美国日益增长的国债很难不借助于一定程度的通货膨胀、下降甚至是负的实际利息率而得到纠正。如果美国国债的持有者发现此类征兆或产生预期，将给美元汇率造成巨大压力，汇率的下行达到临界点，有可能造成美国货币当局失去对美元的控制，最终可能导致汇率的崩溃。①

除开经济层面，在杜梅尼尔看来，当前危机更深远的影响应在于地缘政治和社会秩序方面。他指出："即便美国未来能够展示出强大的危机应对潜力，建立新的社会秩序并保持自身宏观经济路线的可持续性，美国也将失去其直至 2008 年尚不可动摇的国家地位。"② 然而，在因金融危机遭受重创的当代资本主义世界中，并不会出现能够完全取代美国的强权，而是可能出现一些处于区域领导者霸权（the hegemony of regional leaders）之下的区域实体。这些区域中心的建立，在欧洲可能围绕着德国和法国，在亚洲则是中国、日本和印度（或是某种联合）；在拉丁美洲则是巴西，在中央欧亚是俄罗斯，在非洲很可能是南非。不过，杜梅尼尔认为，尽管存在这些区域霸权，世界仍可能回复到两极世界格局中去，只是构成两极的分别是一个巩固的大西洋经济体和一个强大的亚洲。③

---

① G. Duménil, D.Lévy, The Crisis of Neoliberalism, Harvard University Press,2009, pp.302-306.

② G. Duménil, D.Lévy, The Crisis of Neoliberalism, Harvard University Press,2009, p.314.

③ G. Duménil, D.Lévy, The Crisis of Neoliberalism, Harvard University Press,2009, p.315.

前文已经解释了杜梅尼尔提出的阶级分析范型以及个别阶级领导下阶级联盟的多种可能性，那么，后危机时代的社会秩序将以什么姿态出现呢？一种结果是继续追求新自由主义目标和美国作为世界领导者地位的下降。但是，在杜梅尼尔看来，新自由主义目标与复苏国内经济、维护美国优势的国际地位两者之间的矛盾，使得新社会秩序和新"妥协"的出现成为可能，或亦造就了大众阶级斗争的历史机遇（这与 20 世纪 30 年代大萧条不无相似之处）。[①] 重建金融体系、纠正经济失衡和恢复资本积累所要求的一系列措施，都要求抑制金融集团的利益，从而可能在现存上层阶级（资本家阶级和上层管理层）内部造成分裂。新的社会秩序可能有好几种图景，但似乎均指向"管理层"权力的加强：首先，为了建立新的经济秩序，管理层需要大众阶级的支持以抑制资本家的利益，故在大众阶级的支持下，领导权可能转移到管理层的手中，并造成一种有利于大众阶级的联盟（前面提到过的"中左派"联盟）。奥巴马当选为总统及其一系列经济和社会改革措施，似乎说明了这样一种图景并非不可企及，但 2009 年后的一系列事件则使这个乐观的图景渐行渐远。[②] 在杜梅尼尔看来，最具现实性的一种前景是被称为"新管理资本主义"（Noemanagerial capitalism）的社会秩序。在美国，社会金字塔顶层各组成部分之间的联系向来比较紧密。例如，同是战后的"社会民主主义"或"凯恩斯妥协"时期，欧洲和日本对资本家利益的压制就比美国要激进，新自由主义时期上层阶级出现的"杂交"（Hybridization）现象也说明了这一点。因此，管理层与资本家之间的传统纽带，很可能在短期内阻碍激进社会改革措施的实施；而从长期来看，上层阶级（资本家阶级和管理层）之间可能就权力和收入分配重新达成妥协，但却是由管理层来领导，对资本家利益作某种程度的抑制，对大众阶级作某种程度的让步。[③] 最后，社会秩序对于外围国家来说，其意义又与中心国家有别。在《新自由主义的危机》完成后不久的一次访谈中，杜梅尼尔表现得更加乐观一些。他认为，在外围国家，社会秩序的新分化的可能性还是方兴未艾，有些国家

---

① G. Duménil, D.Lévy: The Crisis of Neoliberalism, Harvard University Press,2009, pp.28-29.

② 与这一"中左派"社会秩序截然相反的是一种较悲观的前景，即"极右派"联盟，在历史上的先例就是纳粹德国。杜梅尼尔认为，这种图景虽然可能性很小，但也不能完全排除。参见 The Crisis of Neoliberalism, p.333。

③ G. Duménil, D.Lévy: The Crisis of Neoliberalism, Harvard University Press,2009, pp.28-32, pp.326-334.

会选择"社会民主主义",并走上进步的道路,正像某些拉丁美洲国家为反抗新自由主义而正着手做的那样,而其他国家则会追随右派路线。在多极化世界中,政治多样性将更加重要,而这也为世界人民开启了追求解放的可能性,"斗争决定一切"。[①]

以上勾勒了杜梅尼尔的马克思主义经济学体系相对完整的面貌,其中不乏创见与卓识,但其中一些提法和观点,在国外学术界也不无争议。对该理论体系个别观点的专门探讨,已超出本文的范围,不过,最后仍然可以提出一些问题,以供读者参考。例如,将当前危机定性为"金融霸权危机"并区别于"利润率下降危机",杜梅尼尔有着自己对战后主要资本主义国家利润率趋势的经验研究作为依据。[②] 当前危机时与利润率下降趋势无关,而是一种新自由主义阶级现象的恶果,这一点在杜梅尼尔的危机学说中有着关键地位。杜梅尼尔对利润率趋势所持观点,已被比尔(A.Bihr)、于松(M.Husson)等许多同样认为当前危机无关利润率下降的学者接受。但也有其他经验研究显示,20世纪80年代初以来利润率并未恢复,包括哈曼(C.Harman)、克里曼(A.Kliman)等人在内的一些经济学家都认为:利润率下降与当前危机有着密切关系,但在经验研究方面,源自统计和计算的差异会使对利润率趋势的描述迥异;且在阐释当前危机时,是否可以抛开马克思资本积累与危机理论的一个重要组成部分,也值得怀疑。此外,杜梅尼尔强调新自由主义社会秩序(追求高收入的上层阶级、"金融集团")及其对危机的影响,即使是同样赞成当前危机与利润率无关的学者对此也有所保留——于松就认为:过分强调"金融霸权"的重要性,把金融部门描述为"掠食性"的,是其阻止了工业资本主义的自我发展,这些观点是不适当的。金融化和投机泡沫属于资本追逐高利润的逃避行为,杜梅尼尔描述的那种因果关系并不存在;[③] 同样,布伦纳(R.Brenner)也直率地批评了杜梅尼尔的"金融集团"说。[④]

除上述批评意见外,总体来看,对于资本主义经济和阶级现象的研究,

---

① 杜梅尼尔著,拙译《关于新自由主义的危机——热拉尔·杜梅尼尔访谈》。

② G. Duménil, D. Lévy. The Profit Rate: Where and how much did it fall? Did it Recover? (USA 1948-2000), Review of Radical Political Economy(34), 2002.

③ 参见拙文《欧美学者近期关于当前危机与利润率下降趋势规律问题的争论》,《国外理论动态》2010年第10期。

④ 蒋宏达等译:《布伦纳认为生产能力过剩才是世界金融危机的根本原因》,《国外理论动态》2009年第5期。

杜梅尼尔多有创见，而对危机的国际关系与地缘政治维度的分析，或许是其经济学综合体系中相对薄弱的环节：尽管在其理论体系中，杜梅尼尔赋予"霸权"国际（以美国为领导者的中心与外围）和国内（各阶级）两层含义，但其分析实际更多地偏重于"国内"各阶级力量的消长与联合，除国际货币体系外，较少剖析美国国际霸权的政治和经济内涵。事实上，在国际关系和国际政治经济学领域的"霸权"研究中，新葛兰西主义等学派对受新古典经济学"公共品"等观念影响较大的吉尔平等人的理论早已有所超越，而杜梅尼尔在这方面则尚未深入探讨，故其"金融霸权"理论的国际维度（比起国内维度）略显深度不足。另外，杜梅尼尔对于后危机时代地缘格局演变的预见，也有欠缜密之处，在非洲区域霸权中对南非的强调就是一例。阿瑞吉（G.Arrighi）早已指出，对于当代非洲的各组成部分之间的差异估计不足，会导致简单化的结论；在关注欠发达的非洲作为整体与西方资本主义对立时，也要注意非洲的地区、国家、部族和种族之间的不平等发展。[1] 且不提北非在全球经济和地缘政治上的重要性，即就撒哈拉以南非洲而言，南非在经济上虽早已是"外围的中心"（the peripheral center, 阿瑞吉语），但结合其他非经济因素考虑，难以形成地缘意义上的非洲中心，而给予经济因素过多的考量（"金砖国家"、"经济奇迹"等等）却容易得出此类结论。

不过，瑕不掩瑜，杜梅尼尔马克思主义经济学建构之长处和优势也是很明显的。而且，要对其理论体系的某些结论进行商榷，就必得如杜梅尼尔一样，不仅要对马克思经济学要义有深刻的了解，而且要掌握大量的实证材料和数据，"不是从'先验的'材料出发，而是从实在的经济现实出发"，[2] 在这一方面，杜梅尼尔的马克思主义经济学研究，是尤其值得我们学习和借鉴的。

（作者单位：中共中央编译局）

---

① G.Arrighi, J.Saul, Nationalim and Revolution in Sub-Saharan Africa, Essays on the Political Economy of Africa, Monthly Review Press, NY and London, 1973.

② 顾海良：《马克思经济学方法重读》，《经济思想史评论》2010 年第 5 辑。

西方马克思主义研究中的空间转向

强乃社

【提要】20世纪60年代以来西方马克思主义研究中出现了空间转向。其主要人物有列菲伏尔、卡斯特、索亚和哈维。其主要观点是，既往社会历史理论重视时间而忽视空间，这导致不能有效解释空间的生产、消费中的不正义，不能有效解释资本主义的当代危机。空间转向有城市化、信息化和全球化的社会发展背景。哈维是21世纪以来依然很活跃的空间思想家。他认为当代新自由主义的自由是由国家支持，在全球范围展开的，空间不平衡是其展开的一个条件；当代新的资本帝国主义的存活需要空间扩张；而资本主义的危机包括2008年以来的金融危机，与资本积累的空间不足有紧密的关系。在当代社会城市化发展已经比较充分的条件下，摆脱资本主义的危机，需要追求空间正义，尤其需要争取城市权，使城市发展适合多数人的生存。

关键词：马克思主义 哈维 列菲伏尔 空间转向 资本积累

当代西方思想中出现过许多转向，每一次转向都引发理论范式的重要转变，"空间转向"也不例外。关于空间转向在哲学、社会科学以及马克思主义传统中的重要性，苏贾指出，在既往社会历史理论中，时间和历史对于空间与空间性总是具有优先性，"这种空间和空间思维的从属地位表现为社会的历史决定论，这又形成了所有社会科学和科学社会主义以及马克思的基础主义的历史唯物主义的基础。"① 资本主义的每一次重要的发展都伴随着空间模式的变化，都市化、帝国主义、全球化这些概念，无不涉及资本与空间关系的变化。近年来，空间转向伴随着历史地理学的出现越来越受到人们的关注。在本文中，我们将从三个方面对这一理论新的动向作一阐述：首先我们将对"空间转向"的含义、出现的背景和主要人物的有关思想进行初步地概括；其次是对哈维这一公认的马克思主义空间理论家的思想最新发展作一跟踪介绍；最后是对空间转向的政治实践影响和未来发展作一展望。

一、空间转向的兴起

（一）主要视角与基本含义

空间一般包括自然空间、社会空间和精神空间。从空间研究的地域性、学科和历史来看，空间转向概念有一个演变的过程。据有的学者考证，明确提出空间转向并对它进行系统论证的是美国学者索亚（Edward W. Soja），② 但是，空间转向作为社会科学以及历史唯物主义研究的实际范式而被运用，其源头可追溯到 20 世纪 60 到 70 年代的法国巴黎一批马克思主义思想家。以列菲伏尔（Henri Lefebvre）在《空间的生产》（1974）卡斯特（Manuel Castells）在《城市问题》（1972）中都对传统理论忽视空间的社会特性这一现象进行了批判，并对城市这一人类生活的重要社会空间进行了研究。这些研究的特点是，它们的作者是传统意义上的人文知识分子，研究依赖的也是社会学、哲学等学科。几乎与法国马克思主义开始着手研究空间问题同时，一些英美学者的地理学家开始把地理学与批判理论尤其是马克思批判理论进行结合，也开始了对社会空间的研究。哈维（David Harvey）在 1973 年《社会公正与城市》、1985 年《资本的城市化》中提出，在当代条件下，资本对城市化具有重要的影响，城市空间发展中的正义问题值得重视。索亚指出，应该重视空间性对理解社会历史的重要性，上述工作可以大致理解为空间转向的开端。

20 世纪 90 年代中期以后，空间研究在传统马克思主义、女性主义和文化

---

① Barney Warf, Santa Arias (ed.), *The Spatial Turn: Interdisciplinary Perspectives*, Routledge, 2009. p.19.
② Joerg Doering, Tristan Thielmann (Hg.), *Spatial Turn: Das Raumparadigma in den Kultur- und Sozialwissen - schaften,* Transcript Verlag. 2008. S.7.

地理学中已经有新的发展。像哈维、马赛（Doreen Massey）、乔治雷（Derek Gregory）、罗斯（Gillian Rose）、斯密斯（Neil Smith）、考斯格洛夫（Denis Cosgrove）等进一步拓宽空间问题研究的范围，使之影响到如经济学、人类学、心理分析、电影研究、文学批评和国际关系等知识领域等。① 这可以理解为空间转向进入到一个新的发展阶段。

"转向"（turn）是一个使用比较广泛的词语，在思想史领域，它的基本含义是研究范式的变迁。索亚在《亲历空间》一文中说："空间转向在很多人看来跟随的是一些其他转向，如语言学转向、文化转向和后现代转向。"② 具体来说是指20世纪90年代中期以后，空间研究在很多学科中所发挥的重大影响。比如说，在文化研究中出现了重视空间的思潮，空间问题在那些重视殖民文化的空间性的作家，如赛义德、霍米·巴巴（Homi K.Bhabha）等那里就受到特别的重视。这些研究基本是建立在对历史决定论的批判、列菲伏尔三维空间等概念基础上。③ 空间研究与激进地理学有很大关系，这些研究者重视对马克思的著作的研读，试图从中找到对资本主义批判的激进的和批判的视角。在当代，空间研究已经不限于地理学，它在社会基础理论、现代性、当代社会的分析等中，都起到重要的作用。

大致来说，以列菲伏尔为代表的空间生产理论和哈维等人的马克思主义地理学是引导空间转向的两大传统，但是，空间转向也受到其他思想家的影响。法国德勒兹（Gilles Deleuze）、瓜塔里（Félix Guattari）的空间观念和对视觉艺术的研究在建筑、城市研究、电影研究中已经有了很大影响。特别是他们提出的域化和解域化为理解资本主义的全球化提供了重要的概念。在英美，詹姆逊（Fredric Jameson）、吉登斯（Anthony Giddens）也有一些研究值得重视，他们对后现代主义文化中的空间特性、社会构成中的时间和空间的关系、现代性的空间化表征等问题，都有一些颇具启发性的探索。

20世纪末到21世纪初，空间转向逐渐在社会哲学和社会科学哲学层面上全面展开。空间本身成为研究对象，"空间不是理由或者基础，不是从这里得

---

① Barney Warf, Santa Arias (ed.), *The Spatial Turn: Interdisciplinary Perspectives*, Routledge, 2009.p.24.

② Barney Warf, Santa Arias (ed.), *The Spatial Turn: Interdisciplinary Perspectives,* Routledge, 2009.p.25.

③ Ibid., p.25.

到重大事件或者叙述，它自己就是一种文本，是符号学、语法的或者建筑上的信号和轨迹。"① 考察社会历史，不仅仅可以编写编年史，而且需要编写空间史。空间是我们日常生活的一个事实，但是，在以往的理论语言中，它是缺席的或被边缘化的，它总是被历史、各种事件、各种结构和进程所遮蔽或支配。其实，所有历史事件都是在空间中发生的，都有一个地点、一个活动场所、一个现场。历史不仅在时间中，而且也在空间中展开。空间是理解社会生活的基本语境，通过这一概念，人们认识到，事物在哪里发生对于理解它们如何以及为什么发生是很关键的。很多学者意识到，"空间是一种社会建构，这种结构与人类主体的不同历史的理解、文化现象的生产有关。"② 缺少空间概念，对人类生活的理解是不全面的。

总的看来，空间转向是指哲学、社会科学理论研究范式的重要转变，它强调空间的社会特性，重视社会发展的地理要素，重视空间作为我们的社会历史理论的重要维度，无疑，这一理论转向有着积极的意义。

（二）空间转向的背景

空间转向是社会历史发展的一种表现，大致来说，它与工业化后西方社会的城市化、信息化和全球化等发展有关。理解空间转向有必要了解产生它的社会和文化背景。大致来说，空间问题的凸现与城市化危机、信息化和全球化有直接的关系。

就城市问题而言，西方在 20 世纪 60 年代一个重大的社会变化就是城市危机。卡斯特 20 世纪 70 年代在《论城市问题》中指出，城市危机是一种城市结构的危机，表现在内城社会秩序的破坏、集体消费手段的生产和消费系统危机、大内城的地方政府危机、城市发展模式受到质疑等等，这些危机必然引起人们对空间问题的关注。按照索亚的研究，19 世纪中叶以来，城市工业资本主义呈现出繁荣与危机的周期性变化。城市危机是一个辩证的相互矛盾的过程。城市发展的初期出现了一个实验性时期，城市建设中以试错行为对城市的发展方向进行重新定位和改变，但是，这个过程不会结束，当旧的城市化模式陷入危机后，又会出现新的探索，因此，城市总是处在这一解构和重构的相互

① Joerg Doering, Tristan Thielmann (Hg.), *Spatial Turn: Das Raumparadigma in den Kultur- und Sozialwissen - schaften*, Bielefeld: transcript Verlag. 2008. S.219.
② Barney Warf, Santa Arias (ed.), *The Spatial Turn: Interdisciplinary Perspectives,* Routled- ge, 2009.p.1.

交织的过程之中。① 城市化危机引起空间话语的改变，人们意识到，现代性已经达到了极限，不仅要超越大都市，而且需要在经济和生产方式上进行变革，将人们从市场和资本的不正义的空间统治中解放出来。总之，城市危机是空间问题突出的重要的背景。

空间转向出现的第二个重要背景是信息化与全球化。就像有些论者所指出的，空间问题之所以受到重视，"不仅仅是一个学科自身的。由于电讯和媒介的形成，空间问题成为重要的，这些慢慢发展成为一个跨学科的范式性的因素。在精神、社会和文化学科的研究中，形成共同的一个话语。"② 由于全球化、赛博空间、互联网、数字媒体的出现，空间问题已经渗透到人类社会的方方面面，人们交往的空间意识和概念相对于以前有了很大变化。在这个意义上，"空间转向并非是一些象牙塔里知识分子的杜撰。这种社会思想的变化更多反映了当代世界中更加广阔的经济、政治和文化的转型。"③ 具体来说，第一，全球化没有消灭空间问题，反而使得它更加突出。第二，赛博空间和互联网也对空间性问题提出了更多的挑战。在赛博空间中，现实空间与虚拟空间的距离消失了，我们很难说现实在哪里结束，虚拟从哪里开始。空间问题不仅是人类对现实的认知的基本维度，而且也涉及认同和主体性这样的传统哲学问题。现代性的经验的核心是自我的同一性，但是在我们这个时代，由于人的生活的空间的叠加和错位，主体已经异化了，它被碎片化、断裂、分裂等经验所替代。最后，生态和环境问题对空间转向也有影响。虽然生态问题的出现是地方性的，但其影响是全球性的。越来越多的人则认识到，理解和解决生态和环境问题需要有全球性的眼光和视角。

（三）主要人物的主要著作和观点

总的看来，重视空间问题的学者认为，传统马克思主义研究中的一个重要缺陷是过于强调历史和社会的时间维度，而忽视社会的空间维度。这一重大缺陷虽然与解读者有关系，但与马克思自身的理论建构也不无联系，比如马克思在对黑格尔的国家观念进行改造的时候，基本放弃了国家的地理维度，地

---

① Edward W. Soja, *Postmetropolis,* Blackwell Publishing, 2000, pp.95-100.

② Joerg Doering, Tristan Thielmann (Hg.), *Spatial Turn: Das Raumparadigma in den Kultur- und Sozialwissen - schaften*, Bielefeld: transcript Verlag. 2008. S.10.

③ Barney Warf, Santa Arias (ed.), *The Spatial Turn: Interdisciplinary Perspectives,* Routledge, 2009，p.4.

域、领土这一维度在国家理论中并未受到应有的重视。这一倾向的扭转从 20 世纪 60 年代开始，到 90 年代中期以后得以彻底地改变。在这个过程中，列菲伏尔、卡斯特、索亚、哈维等人的贡献最大。

列菲伏尔明确提出了空间生产概念，并把它作为解读现代社会变迁的重要工具。在 1968 年到 1974 年一段时间内，列菲伏尔比较集中地探索了空间问题，尤其是城市空间问题，这一新的理论取向意味着在历史唯物主义话语内部开启了一个空间转向。在空间研究中，列菲伏尔的代表作有《城市权》(1968)、《空间生产》(1973)、《空间和政治》(1974) 等。在列菲伏尔那里，空间生产概念是在 20 世纪 60 年代提出的。这一时期正是西方城市化开始陷入危机时期。空间生产并非指一般意义上的在空间中进行的生产，而是空间本身的生产。这是一个全新的概念，它意味着空间本身已经成为组织人类生活的重要力量。当然，在空间生产中，空间不是虚空，而是社会化的空间，与人的精神活动相关联的空间。为什么历史唯物主义需要从生产空间转身空间的生产？虽然空间生产的出现与生产力自身的发展有关，但其核心是，空间知识已经直接介入物质生产过程中，并起着重要的作用。在人类生产中应用的许多知识是与空间有关的知识，是空间之整体性的资讯。① 在列菲伏尔著作中，空间生产概念主要指资本主义的社会生产，其中也包括人自身的生产。在空间研究中，列菲伏尔仍然坚持历史唯物主义的基本原则。在他看来，生产方式决定着社会的空间模式，不同的社会生产方式产生出不同的社会空间。他提出，我们要区分资本主义的空间和社会主义的空间，革命不仅意味着生产方式的改变，也意味着空间模式的改变。从马克思的立场出发，列菲伏尔坚持认为，如果说空间生产有一种逻辑，那肯定是生产这种空间的生产活动的逻辑。但是，他又认为马克思忽视了空间，可见，列菲伏尔对马克思主义的态度是矛盾的。实际上，有的学者已经注意到，"马克思没有讨论空间和城市是非常符合逻辑的。城乡分割和劳动分工的存在，是一个基础。"② 也就是说，马克思的空间理论已经包含在他的理论结构之中了。列菲伏尔除了把空间问题引入生产问题的研究外，而且还用它来分析阶级关系。在他看来，只有城市才有产业工人、工业无产阶级，这个阶级群体具有非常明显的空间特征。列菲伏尔认为，一个阶级的特征与它的

---

① Henri Lefebvre, *State, Space, World: Selected Essays*, University of Minnesota Press, 2009, pp.185-195.

② Ira Katznelson, *Marxism and the City*, 1992, Clarendon Press. p.31.

生产方式、居住地点、活动方式都是相互联系的,如果我们承认城市在当代资本主义社会有特殊地位,是工人劳动与生活的主要空间,当代资本主义国家的社会革命就已经成为城市革命了,以此方式,列菲伏尔把空间问题直接引向了对当代政治的分析。

卡斯特是在 20 世纪 70 年代初在法国文化背景下进入空间研究的。他认为自己的理论和阿尔都塞有很大的关系,从阿尔都塞那里获得过灵感。他的主要著作有:《城市问题:马克思主义思路》(1972)、《城市、阶级与权力》(1978)、《城市与市民:城市运动的跨文化理论》(1983)。卡斯特的观点大致可以概括为以下方面:首先他认为,空间和社会关系密切相关,"空间作为一种社会产品,永远由一个特定的关系来界定,这种关系是不同的社会结构、经济、政治和意识形态以及来自这些因素所形成的社会关系的联合而成的。空间永远是一个历史性的集合体和一种社会的形式,这种集合体或者形式通过它们所表达的社会过程来形成其意义。其次,他强调空间能够对其他社会关系形成特殊的影响,其途径是通过它们构成的结构性示例形成的特殊形式。"① 理解空间的特征则需要从空间结构的特征等来进行,"理解空间结构的进程通过其特征化、结构化和解释进行,并以对社会构成的基本理论而言为适当的途径进行。这样人们分析经济、政治和法律以及意识形态空间,同时当先将这些和问题的联系的范畴特殊化,从它们推导出要素所指向的基础的形式(空间结构)。"② 在这个过程中,城市、空间、生产(资本主义的)是无法分开的。③ 空间是资本主义条件下各种因素集合而成的一个系统。第三,卡斯特不仅对空间关系进行结构分析,而且还重视消费与空间之间的关系。他认为,集体消费指交通、住房、医疗等,这些消费不是个人性的,而是具有很强的集体特征,由于这些集体是相对集中在一定区域的、一定空间的,这使得他们的消费具有比较重要的空间特征。卡斯特甚至认为,城市的空间分析实质上是消费分析,要用消费社会学代替城市社会学。最后,卡斯特较早对城市危机进行探索,并对城市社会

---

① Manuel Castells, *Urban Question: A Marxist Approach*, London: Edward Arnold,1977, p.430.

② Manuel Castells, *Urban Question: A Marxist Approach*, London: Edward Arnold,1977, p.430.

③ Manuel Castells, Urban *Question: A Marxist Approach*, London: Edward Arnold,1977, p.431.

运动的研究作出了重要的建树。

索亚不仅对空间理论作出很大贡献，而且是"空间转向"的直接创造者，不仅如此，他还主张在历史唯物主义中加入空间维度，建立一个历史的地理的唯物主义理论。索亚的代表作是他的空间三部曲：《后现代地理学：社会批判理论中空间的重述》（1989）、《第三空间：去往洛杉矶和其他真实和想象地方的旅程》（1996）、《后大都市：城市和区域研究》（2000）。关于他的思想，最近他在《我看空间》（Taking Space Personally）有所论述。索亚认为，自己研究的特点是"首先集中在空间性（spatiality）上，由一个批判性的空间视角来获得信息、获得动机、获得灵感"①。索亚的重要贡献是把地理学和历史学结合起来，并提出了"历史地理的唯物主义"概念。他认为自己的地理学想象有两个核心：第一，地方性很重要，人们在一定范围能够互动，同时保持文化上的差异。② 第二，"我的地理学想象是、也永远是特殊的和集中于城市性的。"③ 索亚早年接受的是地理学教育，1965 年以肯尼亚的现代化地理学问题完成自己的博士论文，后来长时间重视政治地理学。20 世纪 80 年代初开始对马克思主义发生兴趣，后来他又受后现代主义影响，开始转向对后现代地理学的研究。关于自己的思想贡献，索亚说："我对现代地理学批判和空间转向的最主要贡献是，我将社会空间辩证法和它的哲学孪生兄弟联系起来，即历史和地理的相互建构性影响，即时空辩证法。"④ 最近几年索亚关注的是空间正义问题。

关于他的核心思想，索亚在最近的一篇文章中有系统地概括。索亚说，通过长期的研究，自己已经得出以下结论："第一，我们生活在社会化生产的空间中，这个空间已经是城市的，或者彻底城市化的。第二，由于这些空间是社会生产的而不是自然给予的，这些城市化的空间从属于通过社会行为来改变。第三，我们居住其中的城市地理给我们的生活形成了有力的积极和消极影响。第四，建立在我们地理中的不正义和压迫能够转变成为一种策略性的力

---

① Barney Warf, Santa Arias (ed.), *The Spatial Turn: Interdisciplinary Perspectives,* Routledge, 2009. p.11.

② Barney Warf, Santa Arias (ed.), *The Spatial Turn: Interdisciplinary Perspectives,* Routledge, 2009, p.12.

③ Barney Warf, Santa Arias（ed.）, *The Spatial Turn: Interdisciplinary Perspectives,* Routledge, 2009, p.13.

④ Barney Warf, Santa Arias (ed.), *The Spatial Turn: Interdisciplinary Perspectives,* Routledge, 2009, p.21.

量，以形成和组织空间时间的最初形式，来明确改进更大的空间正义和全球民主，这些分布在我们生活的地理网络中。这个方面也许是空间转向在当前和未来的最好的发展。"① 从上述概括可以看出，空间转向不仅是研究纲领，而且是政治纲领，具有全局和整体意义。

在当代马克思主义空间理论中，大卫·哈维无疑贡献最大，他把地理与马克思主义的政治经济学批判结合起来，不仅发展了空间理论，而且对资本主义全球化和新自由主义意识形态进行了系统的批判。下面将对他的思想作专门介绍。

二、哈维的空间理论及其最新发展

哈维是当代最著名的马克思主义空间理论家。他的专业是地理学，1961年以《论肯特郡 1800—1900 年农业和乡村的变迁》一文获剑桥大学哲学博士学位，毕业后任布里斯托尔大学地理系讲师，1969 年后移居美国。哈维 1969年的《地理学中的解释》主要是对地理学的一种实证主义改造，后来他很快发现，实证主义并不能解决社会正义问题，开始致力于对地理学理论进行改造，从地理学角度批判自由主义，1973 年出版了《社会正义与城市》。后来，他逐步走向了批判理论，在地理学中注入马克思主义视角，同时又在马克思主义中增加地理学的内容。20 世纪 80 年代哈维的著作中明显地表明了这种倾向。1982 年《资本的局限》（The Limits to Capital）对资本主义发展的新的情况，比如剥夺性积累、时间和空间的布展的新特点做了系统解释。1985 年《资本的城市化》提出城市化是资本盈利积累的一种形式，城市化的核心逻辑就是资本的逻辑。同年出版的《意识与城市经验》揭露了资本主义社会中政治经济形式与城市空间和城市病之间的关联性。所谓的资本主义的空间矛盾就是指资本积累的矛盾，资本积累需要空间，空间是资本积累现实化的条件，然而，空间是有限的，资本的无限积累要求和空间的有限性之间就存在着矛盾。正因为如此，每一次资本的危机都导致新的一轮的空间扩张，空间是资本发展中的关键因素，甚至是资本历经危机得以幸存的关键。1989 年哈维出版了《后现代性的条件》，提出弹性生产概念，并以后福特制和时空压缩来分析后现代资本主

---

① Barney Warf, Santa Arias (ed.), *The Spatial Turn: Interdisciplinary Perspectives*, Routledge, 2009, p.32.

义阶段的特点。哈维在 2000 年出版的《希望的空间》提出，在不平衡的地理发展中，阶级和经济活动需要重新理解，并提出空间乌托邦概念。哈维的思想是非常丰富的，涉及城市化过程中的资本支配问题，资本主义发展的地理不平衡问题，资本逐利中的跨地域转移，即资本积累的空间修补问题，社会高度发展形成的时间和空间的压缩问题，等等。进入 21 世纪以来，哈维的空间理论工作集中在三个问题上面：对新自由主义、新帝国主义和金融危机的空间解释，并在此基础上提出空间政治与空间解放的方案。

哈维 2003 年出版了《巴黎，现代性之都》，对 19 世纪末期巴黎的重建这一标志性事件作出了探索，对现代资本主义历史地理学作出了探索，这项研究在某种程度上是对本雅明在 20 世纪所作的研究的继续，巴黎作为现代性之都，是解读现代性矛盾的标本，这一研究具有重要意义，它展示了空间研究作为研究范式的意义。除对现代性和资本主义的历史进行空间研究外，近年来，他最重要的研究是对当代新帝国主义和新自由主义的本质、特征和危机倾向的研究。进入新世纪以来，哈维出版了《新帝国主义》（2003）、《新自由化的空间：面向不平衡发展的地理学》（2005）、《新自由主义简史》（2005）、《世界大同与自由地理学》（2009）以及《资本之谜和资本主义的危机》（2010），这些著作的核心主题都是资本主义发展的新阶段，即新自由主义和新帝国主义的危机及其超越问题。下面我们从以下三个方面对他的思想的最新发展进行阐述。

（一）新自由主义与空间

对哈维而言，新自由主义的基本信条是，人类福利的最好提升办法是在一个有强大的私人财产权、自由市场和自由贸易的制度中，将个人的自由和技能的发挥结合起来。在这一意识形态中，国家的基本功能是为自由市场、私有财产权服务，因此，它对经济的干预要越少越好。[①]"新自由主义"由一系列明确带有意识形态性的政策清单构成，其中最主要是的是减税、私有化、削弱工会以及全球化。表现上看，新自由主义是一种经济乌托邦，它主张贸易自由、资本流动自由，方便私人企业摄取最大的利润。但是，它也是政治和阶级战略。首先，国家并不是中立的，它必须帮助自由主义实现阶级权力的重新确立和上层阶级的霸权的目的。其次，国家的重要作用是为资本积累创造条件，为它拓展需要的空间。在哈维看来，国家实施的全球扩张、地理扩张是新自由

---

① David Harvey, *A Brief History of Neoliberalism,* Oxford, 2005, p.1.

主义得以形成并繁荣的关键因素，地理不平衡发展是新自由主义发展的重要特征。这种"新自由主义的移植是国家、地区甚至都市之间在管理和经济发展模式上变化、革新和竞争（有时是垄断性的竞争）的结果"。① 从空间转向来看，"新自由主义的发展必须被看作是一个去中心的、不稳定的变化过程，其特点是地区之间的不均衡发展，以及多个强大的政治/经济力量中心之间的激烈竞争压力。"②

当然，对地理不平衡有不同的理解，哈维主张"地理政治学解释，不平衡地理发展是不同地域中组织起来的权力在不同规模上进行政治和社会斗争的不可预言的产物。这些斗争发生在国家和国家联合之间，也发生在区域、城市、社团、地方邻里、草根生活等当中。"③ 地理发展在这里具有重要的意义。资本的发展不是靠别的，而是靠地理发展的不平衡。新自由主义的自由不是从别的途径发展的，而是靠时空差异中不断发展和展开的。他的核心观点是，"资本主义是通过不平衡的地理发展而幸存的，资本主义就是地理上的不平衡发展。"④ 用另外的方式来说，"新自由主义化的进步主要通过不平衡地理发展的机制得到推行的。成功的国家和地区给其他国家和地区施加压力让他们跟随。他们用的是蛙跳的办法，将国家、地区、城市纳入到资本主义的积累之中。"⑤ 新自由主义宣传的全球化和普世价值，本质上是为具有非常明显的地理性、地域性、特定的空间性的资本主义霸权服务的。

（二）新帝国主义与空间

随着美国入侵阿富汗和伊拉克，一个新帝国主义已经出现，如何理解新帝国主义的本质，它与旧式帝国主义之间存在着什么样的差别，如何应对新资本主义的挑战，这些问题都是马克思主义者必须面对的问题。哈维的核心观点是，新帝国主义的本质不能仅仅从资本的逻辑来理解，新帝国主义与空间和领土之间有着特殊的关系，对它的理解的关键是领土逻辑。

1. 新帝国主义与领土逻辑

在历史上出现过很多帝国，从较早的罗马帝国到较近的中华帝国，都有

---

① David Harvey, *A Brief History of Neoliberalism*, Oxford, 2005, p.25.

② David Harvey, *A Brief History of Neoliberalism*, Oxford, 2005, p.31.

③ David Harvey, *A Brief History of Neoliberalism*, Oxford, 2005, p.56.

④ David Harvey, *A Brief History of Neoliberalism*, Oxford,2005, p.88.

⑤ David Harvey, *A Brief History of Neoliberalism*, Oxford, 2005, p.87.

一定的经济、政治和文化特征。资本帝国主义这一专有名词可定义为国家和帝国政治，以及资本积累在时空中的分子化过程这两种要素矛盾的融合。帝国主义政治是区别以往社会的一种特殊的政治方案，它的权力基础是，通过拥有一定土地，动员这个领土上的人和自然以实现其政治、经济和军事目标。帝国主义作为一种在时空中扩散的政治经济进程，对资本的支配和使用占据其首要的地位。这是资本帝国主义区别以往的帝国的地方。哈维认为，帝国主义时代的资本积累具有分子化的特征。"经济权力在连续空间中的流动，也即通过日常的生产、贸易、商业、资本流动、资金转移、劳动力迁移、技术转让、货币投机、信息流动和文化冲击等，流入和流出不同的领土实体（比如国家或地区性权力集团）的方式。"① 分子化与整体化相对，指涉资本主义经济运行的具体过程。

但是，在哈维看来，仅仅从资本的逻辑来理解帝国主义是不够的，资本积累实际上依赖两种逻辑：在政治权力运作中运用的是领土逻辑，而资本运行依赖的是资本逻辑。两者之间相互影响，形成了复杂的社会关系和矛盾。对新自由主义全球化的流行看法是，经济的分散化和分子化意味着国家的弱化和帝国主义领土逻辑的消亡。哈维认为，这一观点是错误的。资本之所以能够实现分子化，资本积累过程之所以可能，归根到底仍然需要国家、帝国权力的支持。"从资本主义逻辑的观点看，帝国主义的特征在于通过开拓非均衡性的地理环境，并利用空间交换所必然产生的，我称之为'非对称性'的关系来进行资本积累。非对称性关系主要表现在不公平和不平等交换，以形成空间上连为一体的垄断力量，限制资本流动以及榨取垄断租金等不合理的行为。而通常存在于运转良好的市场中的平等环境则被放弃，取而代之的是在具有特定的空间和地理特征的不平等环境。特定领土在损害其他领土利益的情况下，获得了更多的财富和幸福。"② 非均衡性地理环境不仅仅是由于资源禀赋的不均衡分布以及地理位置的优劣所造成的，更为重要的是，它是由于财富和权力本身通过非对称性交换以实现资本在地理空间上的集中造成的。这个过程不是一个自然的过程，不是由所谓自由交换形成的，而是通过国家有意识的意志形成的。

资本积累的地理不均衡性问题，本质上是一个政治问题，我们对资本主义的理解往往不能离开地理空间中起作用的国家和帝国。但是，正如资本主义

---

① 哈维：《新帝国主义》，社会科学文献出版社，2009 年，第 24 页。

② 哈维：《新帝国主义》，社会科学文献出版社，2009 年，第 28 页。

无法解决其生产矛盾一样，同样，它也不能解决其空间矛盾，资本主义的生存依赖于不断地进行空间修复。

2. 空间修复与资本帝国主义存活

关于资本主义的空间调整，有许多思想家都曾作过论述。列菲伏尔认为，资本主义是通过空间生产而幸存的。资本主义的矛盾主要是生产过程的矛盾，但也包含着空间生产的矛盾。空间生产的矛盾不能简单地还原为生产过程的矛盾，空间矛盾只能在空间生产中才能够解决。地理、空间的延展，解决了资本不能找到积累点的问题，无论如何，资本不断通过空间上的变迁，从一个地方到另外一个地方，从中心到边缘，不断进行着这个过程，只要空间的生产过程没有受到限制，资本的发展也就不会终结。哈维同意列菲伏尔的观点，但认为他仍然"没能正确地解释为什么空间生产对资本主义的生存至关重要，它又是如何发挥这种重要作用的。"[1] 此前列宁和卢森堡也看到帝国主义地理扩张的局限性，指出帝国主义的殖民扩张并不能摆脱其必然灭亡的命运。但是，在哈维看来，列宁等人的理论仍然没有充分估计到帝国主义在空间上的自我修复能力，因而，未能预测到今天的资本主义发展。哈维说："我在20多年之前开始发表的一系列文章中，针对资本积累内部矛盾的危机倾向，提出了空间修复的理论（更准确地说是时间 – 空间修复理论）"。[2] 空间修复理论关注的是资本主义内部的长期发展趋势。资本必须寻找到自己的盈利途径和空间，否则就带来资本贬值的危机。"要想避免资本盈余的贬值，就必须寻找盈利的方式来吸收这些盈余。"[3] 这种途径是不多的，地理和空间的扩张是其重要方面，因为"地理扩张和空间的充足为解决这一问题提供了选择"。[4] 其原因在于，"由于地理扩张经常需要投资长期的物质性和社会性基础设施，因此空间关系的生产和重新配置即使没有为资本主义危机提供一种潜在的解决方法的话，至少也推迟了危机的产生。"[5] 也就是说，资本的空间修复虽然不能从根子上消除资本主义的危机，但仍然能为推迟危机的爆发赢得时间，在这个意义上，资本的空间修复是资本的时空修复。

---

[1] 哈维：《新帝国主义》，社会科学文献出版社，2009年，第72页。
[2] 哈维：《新帝国主义》，社会科学文献出版社，2009年，第72页。
[3] 哈维：《新帝国主义》，社会科学文献出版社，2009年，第73页。
[4] 哈维：《新帝国主义》，社会科学文献出版社，2009年，第73页。
[5] 哈维：《新帝国主义》，社会科学文献出版社，2009年，第73页。

具体来说，时空修复指的是这种情况，特定地域系统出现了过度积累的危机，表现为劳动的盈余、资本的盈余，一旦失业率上升，市场上有没有卖出的商品就只能亏本处理，这就造成生产资本的亏损，资本主义必须为资本寻找空间，以解决其面临的积累危机。资本积累的危机表现为生产力过剩或者闲置，缺少生产性和盈利性的投资机会，时空修复正是要解决这一问题。空间修复一词有两个方面的含义：第一，资本的一部分以某种物理形式完全固定在一定的国家领土上，一些社会投资也通过国家投资而固定在一定地理空间之中，为资本的赢得寻找条件；第二，"时间空间修复喻指一种通过时间推迟和地理扩张解决资本主义危机的特殊方法。"① 因此，这一概念兼具定位和补救之意。在这里，必然有一个既有资本的空间上的固定化与盈余资本的地理扩张要求之间的矛盾，时空修复必须解决好这一矛盾。但无论如何，资本的时空修复作用不是无限的，它也受到其自身矛盾的限制。

　　空间生产、全新的劳动区域分工的形成，新地域的开拓，社会空间中的新制度安排等等，都是为剩余资本的吸收提供途径。"然而这种地理扩张、重组和重构经常会威胁已经固定在空间（嵌入在国土）中但还没有实现的价值。这一矛盾不但不可避免，而且由于新的地域实现有效运转也需要在物质性基础设施和建筑环境方面投入大量固定资本，因而将会不断重复出现。大量固定在空间中的资本为别处实现空间修复的障碍。"② 空间修复的有限性在于，"如果资本没有或不能转移，那么过度积累的资本一定会由于通货紧缩导致的衰退或萧条而直接贬值。"③ 空间修复在资本主义中是普遍存在，但其后果却是相互矛盾的：一方面，剩余资本暂时得以安置，另一方面也意味着竞争更加激烈。通过资本转移来实现资本修复虽然是一个出路，但是这种方式也不能根除危机，它只是使原本一个地方应该发生的危机在另外一个地方发生而已。哈维指出，时间修复虽然为资本主义的生产提供一个相对稳定的环境，但不能解决资本积累的矛盾。时空修复有可能造成"地域性贬值更加严重，或者爆发地缘政治斗争。资本的领土逻辑转变为国家之间的对抗，其形式主要为贸易战和货币战，往往隐藏着军事对抗。这种情况下，时空修复往往成为输出局部性和地域

---

① 哈维：《新帝国主义》，社会科学文献出版社，2009年，第94页。
② 哈维：《新帝国主义》，社会科学文献出版社，2009年，第94—95页。
③ 哈维：《新帝国主义》，社会科学文献出版社，2009年，第95页。

性资本贬值和资本耗损的行为。"① 资本的时空修复中的矛盾有可能加剧领土国家之间的冲突。

总的来说，"资本主义不仅通过生产性和建设性的方式，利用一系列的时间和空间修复来吸收资本盈余而得以生存下来，而且还通过贬值和破坏得以生存下来，因为这些被当作治疗通常被描述为那些借款者的财政挥霍的良药。"② 但是，从经验上来看，空间修复并没有解决资本解决帝国主义的问题，还是不断发生危机。2008—2009 年的金融危机就是很典型的一种资本主义危机。

（三）金融危机的空间逻辑

按照哈维的一贯立场，资本主义危机是资本不能盈利的危机，是资本的正常流动受到影响或者停止的危机。资本企图通过扩张，包括地理扩张来解决危机，进行所谓的空间上的修复，但是，这些并不能解决资本主义内部的危机倾向。他 2010 年的《资本之谜与资本主义危机》、《〈资本论〉导读》，进一步对资本主义危机进行探索。

2008 年表现出来的危机，首先是房地产抵押次级贷款的危机开始的，后来影响到整个金融体系，进而蔓延到实体经济。按照哈维的看法，以前的危机，包括 20 世纪 30 年代、70 年代的资本主义危机，"主要是城市发展危机和资产市场的危机。表现的地方、主要损失都是在这个地方发生和完成的。"③ 当前金融危机则不同，它的形成机制有自己的特点。

这次金融危机本质上是新自由主义的危机，新自由主义的特点是经济的金融化和阶级分化更加严重。走在新自由主义道路上的国家，财富和权力越来越集中于经济精英手中。在新自由主义的世界，一方面财富在集中，另一方面工资水平一直在衰退，不仅劳动力是多余的，甚至人口也是多余的。④ 这其实也是劳动力所得与劳动力需要的花费之间的矛盾。那么，"劳动力所得和他能够花费之间的鸿沟如何填平?"在美国解决的办法就是信用卡工业的兴起和借贷消费。⑤ 但是，这种办法只是将劳动力剩余的危机向后推。其实，借贷消费是

---

① 哈维:《新帝国主义》，社会科学文献出版社，2009 年，第 98 页。

② 哈维:《新帝国主义》，社会科学文献出版社，2009 年，第 110 页。

③ David Harvey, *The Enigma of Capital and the Crisis of Capitalism,* Profile Books, 2010, p.8.

④ David Harvey, *The Enigma of Capital and the Crisis of Capitalism*, Profile Books, 2010, p.16.

⑤ David Harvey, *The Enigma of Capital and the Crisis of Capitalism*, Profile Books, 2010, p.17.

对劳动者消费的控制，控制了信用的程度和等级，就控制了与劳动力有关的商品服务的供给和需求，在这个意义上，"金融机构控制着房屋的供给和需求。"①

从另外一个角度看，贫富分化中，富人的货币盈余也是一个很大的问题，"他们多数人更愿意投资在资产价值领域。"② 因为"投资金融比投资生产要赚钱得多。"③ 这就意味着，资本家追求利润的方式本身就在生产资本的过剩。但是，无论如何，资本家必须将拥有的剩余资本进行再资本化和投资，问题是，新的获得盈利的出口何在？哈维指出，"越来越多的钱进入到资产投机，因为那是能够获得利润的地方。"④ 这就是经济活动金融化的根源。金融化同样有着空间的维度，"在金融化的过程中，在霸权形成的过程中，财富依然流向、保留到欧洲和美国，那些发达国家。"⑤ 因此，金融化首先是一种地理现象。资本主义全球化虽然使资本主义得到新的发展，但"这种发展及其后续的危机的地理学是不平衡。"⑥ 这就需要新的空间修复。按照哈维的观点，全球资本流动中，新的地理系统被建立起来了，目的是要促进资本从剩余的地方流动到资本稀缺的地方。"其中首要的目的是克服任何潜在的影响资本流动到世界市场的障碍。这就打开了剩余资本吸收问题的空间修复的可能性。"⑦

在现代社会中，人们依然需要在一定的空间中居住，从事各种活动，包括经济活动。值得注意的是，"在这个时代，房屋和家的建设已经成为主要的剩余价值生产和吸收剩余的工具。现在大多数出生的人口居住在城市，城市的生产已经更加和资本的积累交织在一起，甚至到了如此程度，很难将城市和积

① David Harvey, *The Enigma of Capital and the Crisis of Capitalism*, Profile Books, 2010, p.17.
② David Harvey, *The Enigma of Capital and the Crisis of Capitalism*, Profile Books, 2010, p.21.
③ David Harvey, *The Enigma of Capital and the Crisis of Capitalism*, Profile Books, 2010, p.23.
④ David Harvey, *The Enigma of Capital and the Crisis of Capitalism*, Profile Books, 2010, p.29.
⑤ David Harvey, *The Enigma of Capital and the Crisis of Capitalism*, Profile Books, 2010, p.35.
⑥ David Harvey, *The Enigma of Capital and the Crisis of Capitalism*, Profile Books, 2010, p.36.
⑦ David Harvey, *The Enigma of Capital and the Crisis of Capitalism*, Profile Books, 2010, p.50.

累两者区分开来。"① 正如前面谈到的，空间是积累的条件，积累则是空间的重要动力因素。"地理差异的人文景观是如此生产的，其中社会关系和生产系统，日常生活方式，技术和组织形式，对自然的不同关系等这些都在制度安排下汇聚在一起，形成不同品质的不同地方。这些地方又是差异政治学、对抗性的生活形式的标志。所有这些要素都是在地方上聚集在一起。"② 这些因素导致了地理上的不平衡，这种不平衡是无限多变的、不断产生影响的。哈维对许多城市和地区作过描述，对资本转移到城市的空心化，城市改造中出现的穷人与富人的居住隔离，人的同质化、建筑和生活方式的同质化等，作过大量研究。城市空间的矛盾是，一方面它是同质化的，另一方面也是异质化的。白领、蓝领、中产阶级等地理处境是不同的，阶级不仅是经济的现象，也是空间的现象。

哈维提出的问题是，是否存在着解释那些非常复杂的资本主义再生产的地理原则呢？答案是肯定的。首先，"所有资本积累的地理局限不得不克服。"③ 其次，"生产必然要货币、生产手段和劳动力（大部分包括在本地市场）的空间集中，这些要集中在一个地方才能够形成新商品的生产，然后才能够运输和销售到另外的地方。"④ 而积累在任何为交换而生产的地方都存在。在剩余资本吸收中，空间发挥了重要的作用。哈维指出，"一般而言，空间生产，具体来说，城市化，成为资本主义统治下的大买卖。这是一个重要的途径，资本的剩余在其中得以吸收。全球劳动力的重要部分是建筑和维持建筑环境。大部分联合性的资本，通常是以长期贷款的形式使用，被安排到城市发展的建设中。债务推动的投资通常成为危机形成的震中。城市化、资本积累和危机的形成之间的联系值得仔细考察。"⑤ 在资本主义发展历史上就出现过这种情况，比如 19 世纪末的巴黎重建，二战以后西方国家城市的重建。但是，资本的空间扩张并不能消除它的内在矛盾。市场是有场所的，"为优越的场所竞争是竞

---

① David Harvey, *The Enigma of Capital and the Crisis of Capitalism*, Profile Books, 2010, p.147.

② David Harvey, *The Enigma of Capital and the Crisis of Capitalism*, Profile Books, 2010, p.148.

③ David Harvey, *The Enigma of Capital and the Crisis of Capitalism*, Profile Books, 2010, p.155.

④ David Harvey, *The Enigma of Capital and the Crisis of Capitalism*, Profile Books, 2010, p.159.

⑤ David Harvey, *The Enigma of Capital and the Crisis of Capitalism*, Profile Books, 2010, p.166.

争的特别重要的类型。"① 空间竞争也具有垄断特征，空间不可以容纳多个主体进行活动，空间具有排他性。这就意味着资本之间的矛盾不可能通过空间修复来解决。这也表明，资本主义无法消除其危机。

回顾资本主义的历史，哈维指出，从地理和空间的角度来看，资本主义不平衡发展的动力学将把世界拖入非常紧张的关系之中。地理政治中冲突很多，地域化权力有自己的逻辑，并不特别符合资本的循环和积累的需要。近来的全球生产和去工业化导致大量的创造性的破坏过程，有些是通过地方性危机，有些是通过洲际危机实现的，比如1997—1998年的东亚和东南亚危机。所谓的创造性破坏，就是既有的资本投资在一定的空间基础上，对空间进行占领、整治，做成一定功能和用途。但是，为了获得更多的利润，后来的投资将对已经形成的空间进行新的改造，破坏了既有的格局，形成了新的空间。这个过程在资本发展中经常出现。虽然创造性的破坏为资本主义创造了新的赢利空间，但也暴露出破坏性的本质。由于资本积累的内在矛盾，资本主义危机无法消除，危机甚至成为资本主义的一种常态。在这个意义上，空间正义和空间政治将是激进政治和社会主义斗争的持久的组成部分。

三、走向空间正义

与空间转向相对应，空间正义已经成为左派政治的核心问题，在这个问题上，索亚和哈维仍然是其理论的中坚。

索亚认为，空间思维和地理学角度已经在法律和批判法律研究中产生了特别的影响。"从这种法律和地理学的交叉哺育中形成了学界的潮流是对正义、民主、市民、统治性和人权等从空间的角度进行重新思考。这是我最近研究和写作的核心。"② 关于空间正义理论的进展，索亚说："我在写《后大都市》的时候开始涉及空间正义的问题，现在这个方面有了很多研究。这些方面有罗尔斯的研究的启发，更有哈维在《社会正义与城市》一书中开始的正义的空间化与扩张，还有近来杨（Marion Young）和弗拉格（Gerald Frug）对于民主地域

---

① David Harvey, *The Enigma of Capital and the Crisis of Capitalism*, Profile Books, 2010, p.164.

② Barney Warf, Santa Arias (ed.), *The Spatial Turn: Interdisciplinary Perspectives,* Routledge, 2009, p.31.

主义的探索。"① 对于索亚来说，"空间正义概念不是要替代社会、经济或者其他形式的正义，而是要呈现和激发一种策略上的理论侧重，强调特殊的（通常被忽视了的）正义和不正义的空间，包括他们如何体现在城市空间因果性中。它指向的是分配的平等，但也重视产生不正义结果的过程，用哈维的领土正义来说，就是要寻求正义地到达的正义的结果。这些研究在 20 世纪 60—70 年代的研究进步很慢。到了当代城市空间政治学才得以复兴和再概念化。"② 他对空间转向如何进入政治实践有一个判断，那就是对城市权的再阐释和争取。"我们发现了列菲伏尔的城市权（the right to the city）。也许最强大和最成功地将空间转向扩展到政治实践中，城市权的解释，具体化为要求普遍的人权，把这个权利体现在特定的城市空间语境和因果性中，这已经激发了多种规模的政治运动，包括了从社群为基础的组织和团结，为更好的住房、到一定区域的公共交通，国家努力以减少财富和福利的空间不平等，增加权力的民主分配，到目的是国家和环境地理政治学中的和平与正义的全球性的市民社会运动。"③

对索亚而言，城市权就是城市社会运动提出的公正和平等的城市居住等权利，"包括了从社群为基础的组织和团结，为更好的住房，到一定区域的公共交通，从国家努力以减少财富和福利的空间不平等，增加权力的民主分配，到以国家和环境地理政治学中的和平与正义的全球性的市民社会运动为目的。"④ 进一步来说，这些空间正义的追求，城市权运动的展开，其条件已经具备了，我们生活在一个"社会化生产的空间中，这个空间已经是城市的，或者彻底城市化的。"这样，这些城市化的空间可以通过社会行为来改变，改变城市生活中的消极因素。"建立在我们地理中的不正义和压迫能够改变成为一种策略性的力量，以形成和组织空间时间的最初形式，来明确改进更大的空间正义和全球民主，这些分布在我们生活的地理网络中。"⑤

---

① Barney Warf, Santa Arias (ed.), *The Spatial Turn: Interdisciplinary Perspectives*, Routledge, 2009, p.32.

② Barney Warf, Santa Arias (ed.), *The Spatial Turn: Interdisciplinary Perspectives*, Routledge, 2009, p.32.

③ Barney Warf, Santa Arias (ed.), *The Spatial Turn: Interdisciplinary Perspectives*, Routledge, 2009, p.32.

④ Barney Warf, Santa Arias(ed.), *The Spatial Turn: Interdisciplinary Perspectives,* Routledge, 2009, p.32.

⑤ Barney Warf, Santa Arias (ed.), T*he Spatial Turn: Interdisciplinary Perspectives,* Routledge, 2009, p.32.

城市权概念最早在列菲伏尔那里得到了说明。他提出城市化不仅仅是资本主义存活的核心，也是政治和经济斗争的关键。因为整个社会已经城市化了，现代社会的基本存在和运行方式都与城市有关。为城市权而斗争就是为控制整个城市进程的权利而斗争。索亚认为，现在的城市已经出现了问题，患上了城市病。虽然城市中生活的人们可通过旅游等方式来表达自己对城市的不满，其实，旅游、乡村生活的体验已经是商业化的、可以买卖的，这种近似逃避的行为无法解决我们遇到的问题。解决问题的根本在于城市权的实现。列菲伏尔针对当时的城市规划中对大多数人需求的忽视，明确提出要对城市的规划、建设和管理进行彻底的改造。总结起来，这种改造就是要有新的视野，要以人的需要为根本，而不是以赢利为尺度。[①] 人们追求的城市权，"不能理解为简单的访问权或返回到传统城市。它可以转型和更新为城市生活的权利。"生活是核心。生活不应该是早起晚归，大量的时间消耗在通勤上，生活不能隐藏在满意的后面，生活应该就是满意。[②]

哈维最近也有专文论述城市权。哈维认为，危机不是一个因素形成的，也不是一种途径能够解决的。但是我们需要掌握其中的重要的、可以实现的问题来进行解决。从地理、空间的角度看，城市化问题的解决需要空间正义，需要革命和社会运动。这些革命的途径和突破口在哪里？哈维支持城市权以及相关的社会运动，他提出，城市权的重心是城市空间生产的民主管理权。城市化在现代社会是以资本的空间生产的方式进行的，城市化是资本应对积累危机的手段。"因为城市过程是剩余价值生产的主要通道，所以要建立城市布展的民主管理就构成了城市权。"[③] 城市权就是要放弃那种私有化的发展，放弃那种排斥多数人而满足少数人获利愿望的那种城市化的发展，把城市改造成人类控制其命运，获得自主权和实现其真正需要的场所。为城市权的斗争应该成为社会主义斗争的新形式。

（作者单位：中国社会科学院哲学所）

---

①　Henri Lefebvre, Key Writings on Cities, Oxford, 1996. p.148.

②　Henri Lefebvre, Key Writings on Cities, Oxford, 1996. p.158.

③　David Harvey, The Rights to the City, New Left Review 53, September-October 2008.

俄罗斯哲学界对苏联哲学与苏联历史的再认识

安启念

【内容提要】近年来俄罗斯出版了一套多达21卷的专门研究苏联时期重要哲学家思想的丛书——《20世纪下半叶的俄罗斯哲学》，涉及23位苏联时期最具有创新精神的哲学家。其中最引人注意的是 И.Т.弗罗洛夫。丛书的编辑方针集中反映了当今俄罗斯哲学界对苏联哲学的认识。梅茹耶夫为布尔什维克做了深入的辩护：对于国家的现代化，谁也不能做得比他们更多，他们的模式是唯一可行的。В.Н.舍甫琴科等人为斯大林模式的合理性做了独特论证，内容涉及斯大林的工业化政策、政治专制、对知识分子的思想控制等众多方面。他指出：斯大林是"以马克思的名义但不是按照马克思的设想建设社会主义"，社会主义没有统一的道路和唯一的标准，"斯大林是在新的历史条件下寻找国家发展的特殊道路。"

关键词：评价苏联哲学　反思布尔什维克革命　反思斯大林

1991年苏联解体至今已20年过去。20年间俄罗斯先是经历了将近十年的政治动荡，进入新世纪政治局势才逐步稳定。但是，人们期望中的经济振兴始终未能出现，广大民众的物质生活水平没有根本好转，俄罗斯的国际地位与往日相比仍然不可同日而语。在这样的背景下，近年来俄罗斯出现一股反思戈尔巴乔夫改革，进而重新认识与评价苏联历史的思潮，其集中体现是对斯大林的重新评价。与对斯大林的重新评价相联系，在哲学领域也出现了"对苏联哲学与苏联历史再认识"，相关的研究成果不仅数量蔚为可观，而且在理论上也相当深刻。

一

在这方面最引人注目的，是一套专门研究苏联时期重要哲学家思想的丛书——《20世纪下半叶的俄罗斯哲学》。该书由俄罗斯科学院哲学研究所出版，主编是著名哲学家 В.А.列克托尔斯基院士。丛书共21卷，除少数几卷于2008、2009年问世外，绝大多数出版于2010年。其中一卷以回忆和谈话的方式概述了这一时期的社会文化背景，另有一卷是关于如今在世的4位科学院院士的，其余19卷分别研究19位已故哲学家，每卷以一位哲学家的名字为书名。丛书涉及的23位哲学家基本情况如下：

仍然在世的4位院士：В.С.斯焦宾（1934—），认识论、科学哲学和科学方法论、文化哲学专家，1988年至2006年任苏联（俄罗斯）科学院哲学研究所所长。Т.И.奥伊则尔曼（1914—），著名马克思主义哲学史家，卫国战争参加者，1947年起在莫斯科大学哲学系任教，后转到科学院哲学研究所，培养了一代又一代的苏联哲学家，至今保持旺盛的学术生命力，几乎每年都有新著问世，是苏联解体后马克思主义哲学反思工作的主要从事者。В.А.列克托尔斯基（1932—），认识论和科学哲学专家，1988年至2010年担任《哲学问题》杂志主编。А.А.古谢依诺夫（1939—），伦理学家，现任俄罗斯伦理学会会长，1965年起在莫斯科大学哲学系任教，2006年后担任俄罗斯科学院哲学研究所所长。其余的19位哲学家分别是：

巴赫金（М.М.Бахтин，1895—1975），美学、文化学和哲学文化学家；洛谢夫（А.Ф.Лосев，1893—1988），语文学家、美学家，姓名、神话、符号、数字、俄罗斯哲学研究家；罗特曼（Ю.М.Лотман，1922—1993），文化学家、文学理论家；比勃列尔（В.С.Библер，1918—2000），逻辑和文化哲学专家；阿斯穆斯（В.Ф.Асмус，1894—1975），哲学史家、逻辑学家、美学家；彼得罗夫（М.К.Петров，1923—1986），哲学史家、文化学家；利夫施茨（М.А.Лифшиц，1905—1983），文化理论家、文艺学家；鲁宾施坦（С.Л.Рубинштейн，1889—1960），心理学家；斯米尔诺夫（В.А.Смирнов，1931—1996），逻辑学家；

马马尔达什维利（М.К.Мамардашвили，1930—1990），意识哲学和哲学史家；米特罗欣（Л.Н.Митрохин，1930—2005），哲学史家、宗教学家；季诺维也夫（А.А.Зиновьев，1922—2006），逻辑学和科学方法论专家；巴季谢夫（Г.С.Батищев，1932—1990），认识论和辩证逻辑专家、论理学家；尤金（Э.Г.Юдин，1930—1976），科学方法论专家；舍得罗维茨基（Г.П.Щедровицкий，1929—1994），方法论专家；科普宁（П.В.Копнин，1922—1971），认识论专家；凯德洛夫（Б.М.Кедров，1903—1985），科学史、辩证法、认识论专家；伊里因科夫（Э.В.Ильенков，1924—1979），辩证法理论、哲学史、方法论专家；弗罗洛夫（И.Т.Фролов，1929—1999），科学技术哲学、全球学、人学专家，社会活动家。

这19位哲学家以及4位仍然在世的科学院院士，最主要的学术创作活动都在苏联时期。俄罗斯出版多达21卷的丛书介绍和研究他们的思想，足见对苏联时期哲学成果的重视。但是这些研究对象的选择，大有讲究。它集中反映了当今俄罗斯哲学界对苏联哲学的认识。

首先值得注意的是，丛书所收录的哲学家不包括我们熟悉的苏联时期在哲学界享有无限风光的头面人物 М.Б. 米丁、П.Ф. 尤金、Ф.В. 康斯坦丁诺夫等人。丛书涉及的23位苏联哲学家，没有人公开反对马克思主义，但有人显然从来不是马克思主义者，例如巴赫金、洛谢夫。其余都是或者曾经是马克思主义者，其中不少人从事文艺学、逻辑学、哲学史、文化学、美学、科学哲学等离意识形态较远的学科。本书主编认为，正因为如此他们才能有所成就。奥伊则尔曼则提出：只有在哲学史领域，苏联哲学家才能多少说些真话。[①] 即便这样，他们中的许多人在苏联时期还是因思想具有独创性而受到来自政治的压力甚至迫害：科普宁曾任苏联科学院哲学研究所所长，因学术创新而受到严厉批判，随之去世；伊里因科夫是公认的天才哲学家，50年代受到批判，此后几十年一直承受巨大压力，最终自杀身亡；季诺维也夫曾被作为持不同政见者流放国外；马马尔达什维利被撤销了《哲学问题》杂志副主编的职务，一度被剥夺上讲台和发表著作的权利，死后留下约2000页的手稿；Э.Г. 尤金于1956年在党组织的会议上对苏联出兵匈牙利提出批评，不久被捕入狱；凯德洛夫几次被从负责岗位上撤下；弗罗洛夫曾被斥为修正主义者、哲学异端，遭到猛烈批

---

① 见 *Как это было:Воспоминания и размышления*.М.,2010.С.164.

判；奥伊则尔曼博士论文答辩会的答辩委员因全投了赞成票而被人在给斯大林的秘密报告中称作"孟什维克唯心主义者小集团"；现任俄罗斯哲学学会会长斯焦宾院士也遭受过挫折，在 1968 年苏联出兵捷克期间，主张斯大林主义和毛泽东的出现虽然有客观原因，为了适应科学技术革命的需要，社会主义应该在 20 世纪实现民主化，他被认为与党的立场不一致而遭到白俄罗斯共产党第一书记的公开批评，被开除党籍、撤销教研室主任职务、险些丢掉工作……

以上情况表明，当今俄罗斯哲学界对苏联哲学，对以康斯坦丁诺夫的教科书为代表的辩证唯物主义历史唯物主义理论，是持否定态度的。我国哲学界所熟悉的苏联哲学，在俄罗斯哲学中已经属于被翻过去的那一页了。奥伊则尔曼认为苏联时期不可能有真正的哲学家。他说："苏联时期没有也不可能有哲学家，有的只是马克思主义哲学的宣传者。在苏联，从 1938 年起哲学研究就变成斯大林写的《联共（布）党史简明教程》四章二节的宣传。如果出现了真正的哲学家，也即阐述自己特有的、只属于他自己的观点的人，大概他很快就会从社会舞台上消失。"① 现在担任俄罗斯科学院哲学研究所所长的古谢伊诺夫院士曾在 2008 年强调指出：从 20 世纪 20 年代末到 1953 年斯大林去世，苏联科学院哲学研究所没有一项在今天值得肯定的成果。列克托尔斯基与古谢伊诺夫观点一致。他认为苏联哲学有两个腾飞期，即 20 世纪的 20 年代和 20 世纪后半叶。这两个时期之间，是由斯大林制度培植的教条主义的铁板一块的统治。② 哲学在这两个时期有所发展，是因为在前一个时期斯大林对哲学和整个意识形态领域的控制尚未形成，后一个时期是由于斯大林去世后苏联出现了短暂的"解冻"，高压下沉睡的知识界开始觉醒，一些人顶着压力艰难创新。今天俄罗斯哲学界的主流意见所看重、肯定的只是这些远离苏联哲学体系，或者在这个体系内致力于对它加以批评从事理论创新的人。

正是这一批哲学家在斯大林去世后顶着重重压力进行了创造性探索，成为编辑出版这套丛书的主要原因。主编列克托尔斯基在讲到丛书的缘起时说："20 世纪 90 年代苏联解体之后，俄罗斯哲学家中出现了一种意见，认为在苏联时期没有任何有价值的哲学，也不可能有这样的哲学，因为当时的哲学是马克思主义哲学，而马克思主义哲学是教条主义的，因此不可能有真正创造性的

---

① *Как это было:Воспоминания и размышления*.М.,2010.С.162.

② 参见 *Как это было:Воспоминания и размышления*.М.,2010.С.6.

哲学。当然了，实际情况并非如此。关于这一点，许多俄罗斯哲学家都很清楚。"① 他在《编者的话》中又说：在苏联哲学的研究者中，流行一种说法，认为苏联哲学家或者是一些蠢人，或者是不光彩政权的辩护士，这是不正确的。"苏联时期的俄罗斯哲学生活极为复杂而有趣。这些年在我们的哲学中，与教条主义者和看风使舵者并存的，还有一些与俄罗斯文化及世界文化有联系拥有人文知识和自然科学知识的杰出头脑、闪光人物在从事创造。"② 这套名为《20世纪后半叶的俄罗斯哲学》的丛书所收录的，无疑就是列克托尔斯基所理解的苏联时期从事哲学创造活动的"杰出头脑、闪光人物"。丛书反对全盘否定苏联哲学，然而它所肯定的只是苏联哲学中的"异端"，对官方哲学家米丁等人嗤之以鼻。列克托尔斯基所代表的当今俄罗斯哲学界主流意见认为，米丁等得到苏联共产党赏识并长期身居高位的人根本没有也不可能从事任何创造性的工作。已故俄罗斯科学院院士、哲学家米特罗欣说：

> 哲学"双子星座"米丁—别列茨基③ 的活动，其实质可以归结为：想要仅仅依靠听到，甚至是预先猜测到的留着小胡子的舞台"题词人"的提醒来证明，苏联哲学不仅不需要而且反对克里姆林官主人的话里没有的思想、原理、微言大义。在训斥德波林派的时候④如此，在30年代人逮捕时期以及讨论亚历山大罗夫的书⑤ 和奥伊则尔曼博士论文答辩时也是如此，直到戈尔巴乔夫统治终结前的痉挛时期，都一样。
>
> 住在克里姆林官的那位监护人，战略很明确：应该构建坚如磐石的党和国家的意识形态，把一切文化形式置于它的严密控制之下，不管这些文化形式在十月革命之前的存在状况以及直到今天它们一直处于监控之外。这种意识形态自我封闭的核心是斯大林在《联共

---

① 见列克托尔斯基给本文作者的电子邮件。

② *Как это было：Воспоминания и размышления.* М.，2010.С.6.

③ 曾多年担任俄罗斯科学院哲学研究所党委书记，二战以后多次给斯大林打小报告，密告包哲学界"背离"马克思主义原则立场和党的方针的言行，导致了哲学界一次又一次的批判斗争。

④ 1929 年 12 月 9 日斯大林亲临红色教授学院，给德波林派扣上"孟什维克式的唯心主义"的大帽子。

⑤ 1947 年，斯大林听信别列茨基打来的小报告，策动了对时任党中央宣传鼓动部部长亚历山大罗夫所著《西欧哲学史》一书的讨论批判。

（布）党史简明教程》中阐述的辩证唯物主义，而哲学家和文化活动家的任务，在于把辩证唯物主义不容争辩的教条在人的各种活动领域具体化。①

关于苏联哲学，俄罗斯和我国的学者都有不少研究成果问世。列克托尔斯基以当事人身份对20世纪后半叶苏联马克思主义哲学的情况作了分析概括，有些观点我们闻所未闻。他提出，斯大林去世以后苏联哲学出现复兴，到60年代，马克思主义哲学领域取得许多重要进展，生机勃勃，然而在随后的发展中经历了一次重要转折。从50年代初开始，哲学家们的兴趣主要集中在认识论、逻辑、科学方法论等方面，他们对未来充满信心，努力遵照辩证唯物主义在各个领域寻找客观规律，表现出明显的唯科学主义倾向。这种情况因1968年苏联出兵捷克斯洛伐克镇压"布拉格之春"而发生重大改变。他说：苏联坦克进入布拉格"不仅仅终结了'布拉格之春'，而且终结了人们对于在苏联更新社会主义的希望。哲学运动的许多参加者对于在50年代末和60年代使他们受到鼓舞的幼稚的唯科学主义产生失望，逐渐把独立的而不是由认识论和方法论研究派生出来的人类学问题摆在第一位。不少从事人类学研究的哲学家告别马克思主义，开始掌握西方哲学和俄罗斯传统哲学的现象学的、存在主义的思想，而在某些情况下，对马克思的思想予以存在主义人类学的解释。"② 这些话不是身临其境者是说不出来的。

苏联的创新的马克思主义哲学提出哪些有价值的思想？列克托尔斯基认为它们有六个方面。

第一，对《资本论》的逻辑结构作了分析，建构出马克思所运用的从抽象到具体方法的一般特点，这比西方哲学，包括阿尔都塞的著作，要早得多。伊里因科夫依据古典哲学，首先是黑格尔，来分析马克思的方法。季诺维也夫揭示了《资本论》运用的逻辑方法和思维技巧。苏联哲学家对科学知识逻辑方法论的研究，重在研究科学理论的产生及其历史展开逻辑。他们理解的科学理论，是多层次的开放系统，包含一系列相对独立的亚系统，这些亚系统之间的关系并不是按照线性原则建立的。这一理解与当时在西方科学哲学中占统治地位的科学理论假说 – 演绎模式截然不同，超过了西方学者在这一领域的研究。

---

① *Как это было:Воспоминания и размышления*.M.,2010.C.181.

② *Как это было:Воспоминания и размышления*.M.,2010.C.11.

第二，在对辩证法的研究中，苏联学者不仅把它理解为本体论问题，而且理解为理论思维的发展逻辑，理解为在黑格尔和马克思的理论中分析与解决思维矛盾的方法。

第三，伊里因科夫形成了对"理想的东西"的独特理解，认为它存在于人的活动形式之中，发端于集体的活动，也就是说，相对于个人心理而言，它是一种特殊的客观现实。这是与把理想的东西与个体意识联系在一起的哲学传统相对立的。在苏联哲学对唯物主义的传统解释看来，这是异端邪说。这种理解与波普的"世界三"理论有些类似，不过也有重要区别。伊里因科夫认为理想的东西只能存在于人的活动中。

第四，苏联哲学家从两个方面对活动问题做了研究：首先把它作为理解人、理解人的创造性本质和人超越一切现有处境的出路的方法来研究。其次是把它作为关于人的科学的重要方法论原则研究，这种原则可以打破"外在"世界和"内在"世界，即主观世界之间的不可逾越的高墙。研究中哲学家们运用了马克思早期著作的思想，以哲学理论为基础建立了心理学的活动理论。舍得罗维茨基创建了"一般活动理论"，他和他的学派运用这种理论，不仅分析了作为一种特殊活动形式的认识着的思维，而且分析了各种组织结构设计与建构的方法论。

第五，人类学是20世纪70年代后苏联哲学家关注的中心，最初是以活动概念作为理解人的钥匙，随后许多哲学家开始把交往看作人的存在的特点。有人强调不能把交往归结为活动；有人对信仰、希望、爱等等人的存在状况产生强烈兴趣；弗罗洛夫从哲学与自然科学相互关系的角度分析了生命、死亡的意义；马马尔达什维利的人类学观点，其中心是个人的意识现象，他吸收了现象学和存在主义的许多思想，并试图把它们与马克思的思想结合起来；鲁宾施坦建立了自己的本体论人类学，按照他的理论，意识不是与存在相对立，而是通过人而被包含在存在之中并且改变存在的结构和内容。他的理解是与哲学唯物主义当时的理解不一致的。

第六，季诺维也夫对社会哲学做了独特的研究。这种独特性不仅在于他提出的思想是独特的，而且在于他的研究成果在当时条件下不论采用什么形式都不能发表。他以所谓"逻辑社会学"的形式建立了一个哲学 – 科学体系，这一体系分析了主要的社会 – 文化问题和人类学问题，"共产主义"体系和"西方体系"得到研究。他的成果在国外发表，在苏联国内人们只能秘密地讨论。

列克托尔斯基也指出，除上述方面外，苏联哲学在其他方面的研究还是比较薄弱的。

二

列克托尔斯基对苏联创造性马克思主义哲学研究的总结概括，是迄今为止俄罗斯学术界做得最全面的，这对于我们了解马克思主义哲学在苏联的发展历史，无疑有重要参考价值。按照他的理解，斯大林去世之后，尤其是 1968 年"布拉格之春"之后，苏联哲学发展不仅在具体观点上有所创新，而且整个研究方向都发生变化，人的问题日益取代对客观规律的追求成为哲学界关注的焦点。这也就是人们常说的苏联哲学人道主义化了。如果放眼世界，我们会看到，人道主义化其实是世界各社会主义国家马克思主义哲学发展的普遍趋势，在南斯拉夫，早在斯大林去世之前已经出现，在我国则从 20 世纪 80 年代初至今，方兴未艾。然而《20 世纪后半叶的俄罗斯哲学》告诉我们，苏联马克思主义哲学的人道主义化有着自己鲜明的特点，它集中反映在 И.Т.弗罗洛夫的理论中。

俄罗斯学者认为，1999 年于中国杭州逝世的弗罗洛夫是 20 世纪后半叶俄罗斯哲学史上最重要的哲学家。1986 年他作为学者被任命为苏共中央机关刊物《共产党人》主编，1987 年担任戈尔巴乔夫的顾问，3 年之后便成为苏共中央政治局委员。他在戈尔巴乔夫改革中发挥了重要作用，去世以后戈尔巴乔夫称他为杰出的、真正的、有教养的、有原则的、勇敢的人。[①] 迄今俄罗斯科学院哲学研究所每年举行弗罗洛夫报告会。政治局委员的头衔毫无疑问极大地提高了弗罗洛夫的知名度，但是弗罗洛夫真正重要的身份不是手中握有巨大权力的苏共中央政治局委员，而是哲学家。他之所以重要，之所以值得人们纪念，是因为他对俄罗斯哲学作出了重要贡献。

《20 世纪下半叶的俄罗斯哲学》的弗罗洛夫卷，收录了 20 篇总结、研究弗罗洛夫哲学思想的论文，作者包括俄罗斯哲学学会会长斯焦宾院士、俄罗斯科学院哲学研究所所长古谢伊诺夫院士、哲学研究所副所长 И.К.里谢耶夫，以及中国人民的老朋友，也是弗罗洛夫的老朋友凯列等人。大家一致认为，人

---

① 见 *Академик Иван Тимофеевич Фролов*.М.Наука.2001 г.С.336.

道主义化是斯大林去世后苏联哲学最基本的发展趋势，而弗罗洛夫是苏联哲学人道化的主要代表。关于弗罗洛夫本人的哲学贡献，斯焦宾这样说："他率先开始谈论全球性问题、科学技术进步人道主义化的必要性、对现代科学活动实行伦理学调控、必须积极研究人的问题并在研究中运用综合的跨学科的方法，等等问题。"① 科尔萨科夫说："弗罗洛夫成为苏联哲学的真正的领袖：作为学者，他自己思想的创造性发展，以其宽阔的视野与创新性为一大批研究者确立了方向，事实上勾画出了哲学在现时代应当研究的问题。"② 弗罗洛夫不仅自己写了大量哲学著作，而且还是苏联哲学创新与人道主义化的推动者和组织者。斯焦宾称他天生具有领袖气质。他在苏联最早关注并组织了对全球性问题的研究，例如，罗马俱乐部的第一个报告《增长的极限》于1972年问世，当时担任《哲学问题》杂志主编的弗罗洛夫在该书问世6个月之后便召开由哲学家、生物学家、地质学家、文学家等人员参加的"圆桌会议"加以讨论。全球性问题的出现让弗罗洛夫对全人类命运产生深深的忧虑，进而身体力行并以各种方式促进苏联哲学对人的问题的研究。科尔萨科夫又说：弗罗洛夫强调"科学技术革命的现代生物学阶段为对人的遗传、生理、心理施加影响提供了前所未有的可能性，在异化社会里运用这些可能性，将不可避免地给保持人的心理稳定，保存整个人类社会以及人类文化，造成危险。在这个意义上，按照弗罗洛夫的意见，确立并捍卫人道主义，克服个人在劳动中和社会中的异化，赋予社会与日益全球化的世界相适应的现代面貌，成为中心任务。"③ 因此弗罗洛夫利用自己的学术影响以及担任《哲学问题》主编和在戈尔巴乔夫改革时期的社会地位，不遗余力地推动和组织苏联哲学界研究人的问题。除了举行各种会议以外，直到创建了《人》杂志和与哲学研究所平级的人研究所并担任所长。由于他的努力，人学研究成为苏联哲学的中心，苏联哲学的人道化达到无以复加的程度。

弗罗洛夫本人的学术研究，概括起来看，俄罗斯哲学家认为主要集中在

① *Философия России второй половиныXX века,Иван.Тимофеевич Фролов.* М.:РОССПЭН,2010.C.52.

② *Философия России второй половиныXX века,Иван.Тимофеевич Фролов.* М.:РОССПЭН,2010.C.30. 参见 Академик Иван Тимофеевич Фролов.М.Наука.2001 г.C.101.

③ *Философия России второй половиныXX века,Иван.Тимофеевич Фролов.* М.:РОССПЭН,2010.C.35.

两个问题上，其一是科学的人道主义化，其二是对人的综合性研究。弗罗洛夫对全球性问题的关注，主要不在全球性问题本身，也不在从自身的利益出发苏联应当如何应对这些问题，而是在于它们对人类生存造成的威胁以及由此形成的对人类哲学思维的挑战。这是他本人以及苏联哲学在全球性问题研究上的一大特点。列克托尔斯基这样说：罗马俱乐部的书使弗罗洛夫认识到，"对于科学只从方法论上加以调节已经不够了，对它还应该进行伦理学上的调控和思考。如果没有这种思考，科学不仅不能解决人的种种问题，而且会造成一些威胁到人类文明的问题。价值问题现在不是在科学探索之外，而是科学探索本身必然产生出来的。"[1] 他还说，实质上弗罗洛夫的这一认识是建立了一个新的学科，在他之前苏联学者谁都没有研究过这些问题。正是在这样的基础上，弗罗洛夫提出了科学伦理学[2] 和科学的人道主义化问题。

集中反映弗罗洛夫科学伦理学与科学人道主义化思想的是他的"新人道主义"[3]理论。这一理论受到弗罗洛夫思想研究者的高度重视。凯列说：弗罗洛夫呼吁实现"人、科学、人道主义的综合"，这种综合指的是"在各种活动的价值指针上，包括在科学活动的价值指针上，人道主义理想上升到了第一位。'人道主义是一种人的优先地位具有决定性意义的精神价值体系，它在今天成为哲学、科学和整个文化中的主要的核心的理念。'[4] 现在正在产生一种新的人道主义。罗马俱乐部的活动家，包括贝切伊，已对它有所论述。弗罗洛夫是从马克思的现实人道主义出发的，但他认为，在现代条件下，马克思的这些思想应当被重新加以审视并用新的方法加以补充，这些方法应该能够为解决人类面临的全球性问题而把人们团结起来。解决这些问题是人这个物种得以保存的条件。新人道主义的意义就在这里。"[5]

按照俄罗斯哲学家的解释，西方学者最先看到了科学技术发展中蕴涵

---

① *Академик Иван Тимофеевич Фролов*.М.Наука.2001 г.С.100-101.

② 不是指具有科学性的伦理学，而是指关于科学研究与科学成果应用中的伦理学问题的理论。

③ 见 *И.Т.Фролов.Выступление на Христианской мировой конференции в 1988 г.// Академик Иван Тимофиеевич Фролов*.С.512. 又见 *И.Т.Фролов. Новый гуманизм.// Свободная мысль*.1997.№ 4.

④ *Академик Иван Тимофеевич Фролов*.М.Наука.2001 г.С.561.

⑤ *Философия России второй половиныХХ века,Иван.Тимофеевич Фролов*. М.:РОССПЭН,2010.С.359-360.

着对人类生存可能构成的威胁，例如弗罗洛夫一再强调的"罗素爱因斯坦宣言"[1] 和罗马俱乐部的报告，但是只有弗罗洛夫从马克思主义哲学出发，从更高的理论层次上提出了新人道主义思想。罗马俱乐部的创始人贝切伊曾经著有《人的素质》一书，把全球性问题的根源归结为人的素质。弗罗洛夫多次批评贝切伊从人类学的角度看待全球性问题，认为贝切伊求助于人的素质是抽象人道主义的体现。例如他批评贝切伊等人"常常不去分析世界发展中危机现象的具体社会经济原因与根源，相应地也没有指出消除这些危机现象的现实的社会政治可能性与方法。他们的基本立足点是改变意识和道德，创建新的'有全球眼光的'世界观，建立新的'世界意识'，'全球性文化精神'，等等。在罗马俱乐部的最近一个报告中，这种情况达到了极端，他们说：全球性问题的解决以及人类的未来，现在直接依赖于改变'人的素质'，依赖于人的人道主义目标、意识和道德。"[2] 针对这种情况，弗罗洛夫强调他的新人道主义是适应人类生存现代条件、新条件的人道主义，也就是马克思在 19 世纪中叶创建的科学人道主义，"新人道主义不仅是科学的，而且也是现实的，它依据的是把人类的高尚理想、'世界性的同情心'（陀思妥耶夫斯基），作为利己主义和一切形式的思想狂热的对立面，贯彻到生活中的实践活动。"[3] 他还对这种实践活动做了详细分析，指出它是国际性的，注重对社会进行社会经济的科学技术的和文化的改造，注重发挥社会和个人建立在科学方法基础上的能动性，以实现民主、自由为条件，等等。弗罗洛夫认为他的新人道主义是科学的、现实的而不是空想的，因为他把人类高尚理想的实现建立在人的实践活动的基础上，而不是依靠道德说教和改变"人的素质"。显然，这是马克思主义哲学的明显印记，而正是在这一点上，他和俄罗斯的前辈哲学家，尤其是和他引证的陀思妥耶夫斯基，有着重大的不同。

　　弗罗洛夫的确是 20 世纪后半叶俄罗斯影响最大最重要的哲学家，他的科学技术人道主义化思想至今仍有不容忽视的现实意义，然而他的所谓"新人道

---

[1] 1955 年，由罗素和爱因斯坦率头，西方最著名的 35 位科学家、思想家共同发表声明，强调原子弹的问世对人类生存构成潜在威胁因而科学家开始身负前所未有的道德责任。为了使科学成果造福人类而不致对人类造成危害，人类需要新的思维——把全人类的利益摆在优先的地位。弗罗洛夫深受该"宣言"的影响，对它的内容一再加以宣传。

[2] *Академик Иван Тимофеевич Фролов*.М.:Наука,2001.С.404.

[3] *Академик Иван Тимофеевич Фролов*.М.:Наука,2001.С.404.

主义"是否具有科学性、现实性，需要讨论。实践概念不是万应灵丹。注重对社会进行社会经济的科学技术的和文化的改造，注重发挥社会和个人建立在科学方法基础上的能动性，以实现民主、自由为条件，等等，并不能保证实践活动因此就不是空想。苏联改革的失败，重要原因之一恰恰在于戈尔巴乔夫不顾苏联的具体国情以人道主义为原则指导对社会的改造。这样的改造实践本身就是不科学的，就是空想。

三

除弗罗洛夫之外，丛书仍涉及22位重要哲学家，研究他们思想的文章数量众多，内容极为丰富。其中最有价值者要数 B.M.梅茹耶夫关于奥伊则尔曼的专著《马克思主义与乌托邦主义》的一篇论文。《马克思主义与乌托邦主义》出版于2003年，作者是享誉世界的马克思主义哲学家，出版后在俄罗斯和其他一些国家产生了重大影响。梅茹耶夫本人至今坚持马克思主义立场，在俄罗斯学术界以视野开阔、思想深刻、观点新颖独特著称。他的这篇论文，如他自己所说，不是书评，而是借评论这本书阐发自己对一些重大问题的看法，具有独立的理论意义。

梅茹耶夫的文章包含四个部分：一、《马克思主义与乌托邦主义》一书概况；二、马克思主义是意识形态还是科学？三、革命还是进化？专政还是民主？四、社会主义——乌托邦还是现实？后三个部分分别讨论了当今马克思主义研究中学者们高度关注的几个问题，提出许多重要思想。本文着重介绍第二、三两部分中的两个重要思想。

第一，大家知道，马克思、恩格斯认为一切意识形态都是对现实的虚假、歪曲的反映，并把用科学取代意识形态视为自己的任务。然而其后继者先是把马克思主义当作党的意识形态，十月革命后进而把它变为国家的意识形态。奥伊则尔曼为此做了辩护，提出"科学的意识形态"概念，马克思主义就是科学的意识形态。梅茹耶夫强调："对马克思本人来说，'科学的意识形态'这样的词组是不可接受的，就像'人民国家'、'兵营式共产主义'等等这类表述不可接受一样……与旨在寻求适用于一切人的普遍真理的科学不同，意识形态表达的是被它宣称为全社会的利益的个别阶级的利益，它把个别的东西提升为普遍的东西，把部分等同于全体。任何意识形态的主要谎言都在于此。"①

那么为什么马克思主义自身又长期充当了意识形态？梅茹耶夫认为原因不在别处，就在其本身。因为它试图把不能结合的东西——科学性和阶级性——结合在一起，想要让科学为无产阶级的利益服务，建立某种"无产阶级的科学"。这是不可能成功的，就像苏联不久之前想要建立"无产阶级艺术"，把阶级性和党性融入整个文化一样。马克思主义与工人运动及无产阶级政党的紧密联系渐渐地削弱了它与科学的联系，最终违背其创始人的意愿，成为意识形态。梅茹耶夫进而指出，不错，马克思本人也试图把工人阶级看作"普遍阶级"，认为它的意识具有普遍性、科学性，但是历史证明这种认识具有空想的成分。首先，随着科学技术对资本主义物质生产基础的改造，工厂工人的数量日益减少；其次，它的性质也发生变化，与其说是个阶级，不如说是一种职业，脑力劳动者取代它成了主要的生产力；最后，与此相关，它的代表者在今天不再是政党，而是工会。"关于工人阶级的先锋队作用的观念在世界历史中显露出自己的偏见与幻想的性质，马克思主义彻底克服意识形态的要求显然变得不合时宜。马克思之后那些不愿告别这种幻想的'忠实的马克思主义者们'已经把马克思的学说完全变成意识形态。"②20世纪初列宁曾认为工人不可能靠自己的努力产生马克思主义，马克思主义只能靠先进知识分子向工人灌输，后来这种灌输演变成执政党的强迫和意识形态专政，因为工人的阶级性与马克思主义的科学性离得越来越远了。马克思主要是学者，他的后继者主要是政治家。在他们的行动中，政治利益高于科学道理，实际上直接告别了科学性。

第二个重要思想是关于十月革命的。梅茹耶夫提出："在马克思、恩格斯的观点中，成为乌托邦的不是他们不接受资本主义并预言它必然终结，而是他们相信革命群众有能力用自己的有力行动使这种终结提前到来，也即他们对革命的信仰。"③使马克思信仰革命的原因，一方面是当时德国正处于资产阶级社会革命的前夜，另一方面是德国有教养阶级对资产阶级价值与制度传统的厌恶。与其说马克思恩格斯形成无产阶级革命思想是因为他们在现实中看到了资本主义的危机，不如说是因为欧洲的一些国家，首先是德国，资本主义关系还没有得到充分发展，还不成熟。"对资本主义的极端反对态度通常不是资本主

<hr>

① *Российская философия продолжается:изXXвека в XXI.* М.,2010.C.110.

② *Российская философия продолжается:изXXвека в XXI.* М.,2010.C.111.

③ *Российская философия продолжается:изXXвека в XXI.* М.,2010.C.114.

义发达国家的特点，而是在发展中落在这些国家后面的国家所特有的。"①《资本论》中关于无产阶级相对和绝对贫困化的思想为人们所熟知。这种与资本的增长相伴随的广大劳动群众的贫困的增长，使他们面临死亡的威胁，而只有无产阶级革命才能把他们拯救出来，于是有了社会革命。但是这种斗争的结果，"不是人数不多的无产者对正在产生中的资产阶级的胜利，而是传统权力体系在新的螺旋层次上以新的面孔的再造，这种权力体系在革命中只是获得了自己对社会加以全面统治的新的可能。"②

在今天，无产阶级革命已经不再可能了。首先是因为发达资本主义国家的无产阶级不再贫困，其次是因为社会的民主制度已经建立起来。资产阶级民主革命是最后的有某种历史意义的社会革命。"只有作为由专制制度（君主制的或者独裁的）向民主转变的方式的革命，才是正当的，在此之后就进入和平的、进化的发展时代……在存在民主制度的条件下，任何以革命的途径进行社会革新的企图都是最大的乌托邦。"③ 正因为如此，马克思恩格斯才在晚年提出工人阶级以和平途径取得政权是可能的。

以上只是梅茹耶夫为分析十月革命提出的理论背景。在这样的背景下，他问道：十月革命真的是无产阶级社会主义革命还是仅仅是布尔什维克赋予它的一种称呼？他的答案是："十月革命不是新的革命，只是已经发生的革命的一种继续。虽然布尔什维克也想（真诚地或者虚伪地）以此开辟人类由资本主义向社会主义转变的时代，实际上他们解决的完全是另外的任务——俄罗斯由传统社会向现代社会（或者工业社会）转变的任务，也即是俄罗斯现代化的任务。"④ 在欧洲各国这一任务是在资本主义阶段解决的，在俄罗斯，按照列宁的思想，是过渡时期的任务。这一现代化过程还不是社会主义，但也已经不是资本主义了，尽管它允许市场经济和国家资本主义存在。

在这个意义上，梅茹耶夫不同意对马克思主义和十月革命的教条主义态度。但是，与许多人对布尔什维克革命横加指责不同，梅茹耶夫对布尔什维克的一党专政和十月革命又做了某种辩护。

他首先为布尔什维克建立的一党专政做了辩护："二月革命使温和革命力

① *Российская философия продолжается:изXXвека в XXI*.М.,2010.C.115.

② *Российская философия продолжается:изXXвека в XXI*.М.,2010.C.115.

③ *Российская философия продолжается:изXXвека в XXI*.М.,2010.C.117.

④ *Российская философия продолжается:изXXвека в XXI*.М.,2010.C.118.

量获得胜利，在十月革命中得到胜利的则是激进的力量。十月革命只是把在二月开始的革命过程进行到底了。在自己的运动中，革命似乎是记下了一条从短暂的'民主序曲'到一党专政可怕结局的完整弧线。这是一切革命的规律。在这里，除了革命本身之外没有人可以指责。只要它一发生，其余一切就都是不可避免的了。不是布尔什维克，而是在俄罗斯开始的革命事先决定了这样的结局。Н.А.别尔加耶夫是对的，他说：布尔什维克不是革命的制造者，而是必定要进行到底的革命的工具。"①

其次，梅茹耶夫从国家现代化的角度深入阐述了十月革命的积极意义。他的论述很精彩，我们有必要做一回"文抄公"。他说：在去世之前，列宁选择了既不属于资本主义也不属于社会主义的新经济政策，"在列宁之后，布尔什维克选中的是另一种现代化模式——既没有市场也没有民主的模式。他们率先走上了非自由主义的、非市场的然而是加快了的现代化之路。随后许多不直接属于欧洲地区的国家都走上这条道路。结果是俄罗斯实现了向工业社会的突进，技术工艺的发展达到了可以与西方相比的水平。如果有谁说没有布尔什维克也可以实现这种突进，那他就大错特错了。使一个多民族的、没有形成公民社会并缺少自由主义形式的发达中产阶级的国家现代化，同时保证它的领土完整与国家主权，未必是可能的。临时政府只能短期执政就充分证明了这一点。布尔什维克取得了胜利，因为他们是20世纪的人，而他们的反对者和其他人仍然停留在19世纪。19世纪政治信仰的主要象征是关于自由的自由主义思想，布尔什维克的反对者们正是受这样的思想所控制……要知道，布尔什维克取得胜利不是因为他们忠于社会主义理想，而是因为他们有实现了集中化并团结在自己领袖周围的党，有得到实现的领导国家的决心……既不能说布尔什维克的胜利是偶然的，也不能说它是不公正的。对于国家的现代化，谁也不能做得比他们更多，尽管他们是以不民主的手段在俄罗斯传统的动员性经济制度中行事的。在后工业时代，他们提出的现代化模式已经行不通了，但是对于20世纪初的俄罗斯，显而易见，他们的模式是唯一可行的。虽然显得有些荒谬，但还是要说，我们的社会主义是俄罗斯式的资本主义，即从技术工艺内容的角度看它是资本主义，从形成方式上看它是国家主义。在20世纪，现代化绝不是在任何地方任何时候都是用民主的手段实现的。难道在今天，似乎社会主义和

---

① *Российская философия продолжается:изXXвека в XXI*.М.,2010.С.118.

马克思主义已经终结了，但是布尔什维克对集中起来的权力——所谓垂直权力——的信仰，不是正在以新的力量复活吗？难道这不说明资产阶级民主革命在俄罗斯仍然没有完成，它既非彻底的资产阶级革命也不是彻底的民主革命吗？难道这不说明我们迄今还生活在由二月革命开始的（资产阶级民主）革命变革和改造阶段吗？"①

梅茹耶夫强调，只有在这样的背景下才能理解与解释十月革命："它只是那个现实的、实质上是资产阶级的、在世纪初兴起并由于情况所限不得不拐回到国家父权主义老路上的革命的一个片段。十月革命与马克思主义所理解的社会主义、共产主义没有多少联系，虽然这一结论，当然了，与布尔什维克的宣传鼓动所说的一切是矛盾的。"②以暴力、恐怖为借口诋毁十月革命，对此梅茹耶夫予以了反驳。他说，这些现象是任何革命，包括资产阶级革命，都不可避免的。不能对革命进行道德评价。就其本性而言，革命就是不道德、不合法的，而是强制性的。暴力、恐怖、国内战争，从革命的角度看是合法的。他说："重要的是：十月革命的极端性和残酷性可以用俄罗斯还不具备对社会进行资产阶级民主改造的条件（即使是现在，这些条件在许多方面仍不具备）来解释，完全不能把它们归咎于马克思主义和社会主义理念。马克思主义在俄罗斯的命运，即它被变成许多人所憎恨的官方意识形态，不是因为它自身的矛盾和缺陷（当然它是有这些矛盾与缺陷的），而是与布尔什维克怎样利用它有关。布尔什维克想要借助它来为自己实现的革命的无产阶级性和社会主义性做论证，而不论在理论中还是在现实中任何这样的证据都是找不到的。他们把马克思主义变成对自己的讽刺画，他们曲解了马克思主义对未来的看法。不论是所谓'无产阶级专政'时期的国家结构问题，还是对社会主义制度普遍本质的理解，都与此有关。"③

关于无产阶级专政，列宁不仅认为它是马克思主义中最主要的东西，而且他的思想重心与其说是在强调无产阶级，不如说是在强调专政。在苏联，无产阶级专政逐渐演变为党的专政，党内的民主集中制和意识形态一元论成为整个社会政治生活的规范。这一点受到许多人的攻击。梅茹耶夫与这些人不同，他有自己的独特看法。他说："如果说马克思恩格斯对于无产阶级在已经形成

① *Российская философия продолжается:из XX века в XXI.* М.,2010.С.119-120.
② *Российская философия продолжается:из XX века в XXI.* М.,2010.С.120.
③ *Российская философия продолжается:из XX века в XXI.* М.,2010.С.121.

资产阶级民主的条件下夺取政权做了论证，认为不可能有比这种民主更好的东西，那么在一个对民主一无所知的农民的、半无产阶级的国家从事活动的列宁及其战友，在夺取和捍卫政权过程中能够依靠的只有自己的党。在这样的国家，真正的民主派任何时候都不可能掌权，即使掌了权，也会很快失去。"①

在对十月革命的评价问题上，我们听惯了要么全盘否定、要么全面捍卫的截然对立的声音。梅茹耶夫的分析要深入得多了。他的论述所体现的正是马克思主义一切从实际出发实事求是的基本精神。我们不会完全同意他的意见，但可以肯定的是，他的观点不仅对于我们认识十月革命具有重要启发意义，而且对于我们从总体上认识列宁主义和苏联的社会主义实践，都有裨益。

四

自苏联解体以来，俄罗斯学者或政治人物反思布尔什维克革命的著作多得难以计数，在相关的专门著作中，2010年莫斯科出版的《20世纪左派政治思想史中的政治行动哲学》很有特色。该书由俄罗斯科学院哲学研究所政治哲学专家写作，分四个部分：1．工业世界与社会科学；2．左派革命的哲学基础；3.社会改良主义和左派激进主义的相互关系；4.与极权主义斗争中的自由哲学。其中最有价值的是第二部分的两篇论文。

其一是 И.К.潘金写的《作为政治思想家的弗拉基米尔·列宁》。该文的中心思想是分析列宁与马克思的区别。作者赞同许多列宁研究者的看法，认为列宁对马克思主义的贡献主要在实践领域，在使马克思主义成为现实的努力中；至于理论方面，尤其是在马克思主义哲学方面，如果有贡献，也微乎其微几近于无。他强调，马克思恩格斯主要是理论家，而说到列宁，"我们不能忘记，他是政治思想家，而不是哲学家、社会学家、经济学家，他首先和主要是政治思想家。"② 马克思恩格斯在世时，除了1848年6月的工人起义和巴黎公社以外，工人阶级的独立首创精神很少表现，他们几乎没有参加政治实践，不可能从事政治行动理论的研究，因而他们主要是把科学社会主义当作理论，当作革命的"代数学"来看的。

---

① *Российская философия продолжается:изXXвека в XXI*.М.,2010.C.123.

② *Философия политического действия из истории левой политической мысли XX века*. М.,2010.C.70.

潘金认为，马克思恩格斯主要是理论家，列宁主要是政治实践家，这一区别具有重要意义。作为理论家的马克思恩格斯，面对的是欧洲的资本主义社会，目的是要通过对它的分析揭示历史发展的客观规律。因此他们认为必须严格区分主体与客体，必须高度关注社会生活中的客观必然性。与此相应，他们强调要排除一切主观干扰，包括意识形态的干扰。他们把意识形态作为科学和唯物主义的对立物来看，认为它是对现实的歪曲的意识。其结果是，他们突出强调物质生产力的发展，经济的发展，是历史发展的决定性因素。作为马克思主义政治家，列宁与马克思恩格斯有很大不同。"在列宁的分析中，历史现实图景有两面性。首先，它包含有历史过程的客观的（经济的）特性，不考虑这些特性就谈不上对现实的马克思主义分析。但是，这些特性只构成了客体图景的普遍方面。关于社会运动的其他的更具体的和动态的特性的现实性问题，不是一个抽象的社会学问题。它们是由各种现实的社会力量的认识与行动决定的。不仅如此，被思考的现实中各种事件的进程取决于在政治层面上对各种矛盾的解决，它在很大程度上与进步阶级改造活动的深度与广度有关。至于经济发展，它在这里只是社会进化（方向）的一般意义上的确定者。"①潘金进一步说："列宁在俄罗斯马克思主义者中率先得出结论：国内的某种特定的政治局势，是与经济发展一样重要的决定事情的客观历史进程的决定因素。"②

　　由于列宁是政治家，他主要考虑的不是历史规律，而是制约自己政治实践的各种具体因素。首先是意识形态因素。"从政治行动的角度看，最重要的不是从科学出发考量的实际状况，而是这种或那种意识形态的历史意义。作为政治家，作为行动着的人，列宁不是从与学说、理论进行抽象的科的比对出发，而是从那些把自己与这样那样的意识形态合为一体的阶级和群众的历史活动的分析出发。当意识形态成为群众历史创造的因素的时候，从与现实的想象中的对立来看它就不够了，就没有道理了。因为摆在这个或那个阶级面前的客观任务已经不可能与这些任务是由谁和怎样意识到的这一问题割裂开来考察

---

①　*Философия политического действия из истории левой политической мысли XX века.* М.,2010.С.86.

②　*Философия политического действия из истории левой политической мысли XX века.* М.,2010.С.84.

了。"①

其次是文化规范、历史传统以及价值目标。潘金指出："在马克思恩格斯之后,列宁第一个从马克思主义的哲学的、历史的前提中合乎逻辑地迈出了重要的新的一步:他把自己的注意力集中在政治行为这种对象上,以考察文化规范、历史传统、价值取向等等因素为前提来研究它。"②

再次,潘金提出,列宁看问题时"不局限于为了无产阶级的利益利用'事件的现实进程',他的视野要宽得多。因为他不仅考虑'已有',而且考虑'应有',即与革命阶级的实践活动可能做出的改造结合起来,考察社会的历史发展。"③

从以上分析中,潘金得出重要结论:在政治知识中,"真理"概念具有相对性,虽然并未丧失其客观意义;"历史的经济的条件,在最终的意义上,决定着群众的意识和社会进化的一般方向。但是,违背列宁政治行动哲学的认识论教训告诉我们:'物质的东西'和'观念的东西'、'客观的东西'和'主观的东西'、'条件'和'意识'等因素一旦被割裂开来,就会在政治领域丧失其科学的社会学意义。只有在不可分割的统一与相互作用(在列宁的学说中,这种统一与相互作用就是政治实践)中,它们才能现实地存在,才能被合理地理解。"④

应该如何认识潘金的这一结论,我们可以讨论,但是他从一个角度分析了主要从事革命实践的列宁与主要从事理论研究的马克思恩格斯的区别,不仅新颖,而且其结论值得回味。

另外一篇值得关注的论文是《约瑟夫·斯大林:动员型发展及其历史意义》,作者为俄罗斯著名马克思主义者、政治哲学家 B.H. 舍甫琴科。这是一篇为斯大林辩护的文章。题目老旧,内容颇有新意,在今天的俄罗斯学术界有一定的代表性。舍甫琴科的文章为斯大林做了全面的辩护,内容涉及斯大林的工

---

① *Философия политического действия из истории левой политической мысли XX века.* М.,2010.С.85.

② *Философия политического действия из истории левой политической мысли XX века.* М.,2010.С.85.

③ *Философия политического действия из истории левой политической мысли XX века.* М.,2010.С.87.

④ *Философия политического действия из истории левой политической мысли XXвека.* М.,2010.С.88-89.

业化政策、政治专制、对知识分子的思想控制以及对斯大林模式社会主义的评价等等众多方面。辩护的理由是所谓斯大林确定的苏联的"动员型发展"道路。

动员型发展，舍甫琴科借用 А.Г.法纳托夫的说法，定义为：动员型发展"是一种以运用非常的手段和非常的组织形式达到非常目标的发展……其标志性特点是，它是在威胁到体系的完整与生命力的外部极端因素的压力之下形成的。"[1] 他认为，斯大林之所以为苏联确定动员型发展方式，是因为在 20 世纪 20 年代末斯大林对苏联当时的处境作出了如下的判断：

第一，世界无产阶级革命没有发生，欧洲出现了暂时的稳定。十月革命的成功和国内战争的胜利使广大工农群众热情高涨，期待着很快对日常生活进行激烈改造。但是苦苦期待的欧洲无产阶级革命遥遥无期，从无产阶级的阶级意识看，新经济政策的实行似乎是在倒退。人们开始变得冷漠和不信任，公开谈论对革命理想的背叛。

第二，新经济政策最初几年的胜利使革命者身处困境。小资产阶级的数量急剧增长，社会上的小资产阶级心理也在迅速扩散。它们对苏维埃政权构成致命的危险，空气中可以嗅到政变的危险。需要加快社会主义因素的增长，需要为反对资本主义的斗争提供新的动力，把全部社会能量转向社会主义建设。对于斯大林，社会主义不仅仅是马克思主义的科学理论，而且是拯救国家并使之发展的绝对必要。

第三，使国家摆脱对西方的经济依赖，走向富强，是走向社会主义的现实需要。沙皇俄国在数百年中一直充当西方资本主义强国的原料供应地，它的落后与这种依附地位密切相关。革命之后情况依然如故。斯大林认识到：为了国家富强必须实现经济独立，为了经济独立必须摆脱资本主义经济体系，而工业化是保持国家独立的主要手段，实现工业化则必须和社会主义建设结合在一起。

第四，世界划分为资本主义和社会主义两个不可调和的阵营，前者强，后者弱，社会主义苏联处于资本主义世界的战争威胁之中，保证国家安全成为中心问题。

正是出于以上考虑，斯大林认为苏联必须采取非常手段，走动员型发展

---

① *Философия политического действия из истории левой политической мысли XX века.* М.,2010.C.137-138.

道路。

动员型发展取得了重大成功。它在时间上恰好与西方世界规模空前的经济萧条相吻合。斯大林与大量美国企业合作，利用它们为苏联设计和建设了许多使苏联成为工业强国的大型工业企业，涉及汽车、飞机、拖拉机（坦克）、铸造等领域，他还以极低的价格收购资本主义国家陷入绝境的先进企业。苏联在短短几年之内便实现了国家的工业化。

动员型发展的成功是舍甫琴科为斯大林辩护的主要理由。一些人常常指责斯大林政治上专制独裁。舍甫琴科说："由斯大林建立的动员型发展形式，依靠的是严酷的极权主义权力体系。不能简单地把这一体系归结为专制主义权力。社会的动员性团结是通过残酷的但是在当时情况下又是不可避免的对反对动员方案的人加以镇压的手段达到的。要知道，我们再强调一遍，在历史的大视野中看，这里涉及的是苏联社会的生死存亡问题。"① 卢卡奇以及几位俄罗斯哲学家指责斯大林把马克思主义简单化、庸俗化了，舍甫琴科说，这些人仅仅是哲学家或者学者，他们不是斯大林那样的政治活动家、国务活动家，看不到主要的东西，即怎样才能使动员型发展在一个单独的国家里成为现实。斯大林是"以马克思的名义但不是按照马克思的设想建设社会主义"。他还说："完全叫能，社会主义没有统一的道路和唯一的标准。这表明斯大林是在新的历史条件下寻找国家发展的特殊道路。这条道路与西方国家的道路不同，但并不矛盾，而是对它的补充、丰富，在解决社会问题的方法方面甚至超过了它。同样可能的是，欧洲社会主义和俄罗斯社会主义原则上讲是一枚硬币的两面，从这些国家物质、文化因素的关系看，是实现社会主义思想的两种模式。这些物质、文化因素产生了对社会主义未来看法上的多样性。"②

在对斯大林的评价问题上，俄罗斯学术界远远没有达成共识。2008年，著名哲学家、思想评论家 A.齐普科在《文学报》上专门针对左倾意识形态复兴发表文章进行了批判。他说："最令人吃惊的是，当时，20世纪90年代初，对许多人来说，我们俄罗斯人在经历了灾难和从红色的列宁斯大林的陷阱中走出来之后，……大多数人文知识分子都同意'共产主义的统治'是'不仅近代

---

① *Философия политического действия из истории левой политической мысли XX века.* М.,2010.C.143.

② *Философия политического действия из истории левой политической мысли XX века.* М.,2010.C.148.

欧洲人，而且是整个人类最可怕的经历'。现在，改革过了20年，相信一切事情，哪怕是要牺牲数百万人的生命，如果有助于俄罗斯大国实力的增强，都是道德的，这样的信念成了时髦。"他还说，这些人为斯大林的方案唱赞歌，"因为它是用于别人的，用于人民的，而不是用于自己的。"[①]

　　齐普科与舍甫琴科在斯大林评价问题上的观点对立，双方都有大量的支持者。它涉及一个俄罗斯的也是中国的马克思主义者以往研究中没有遇到过的两难问题：斯大林时代没有民主，但是国家经济发展迅速；戈尔巴乔夫改革开始后社会有了民主，然而经济发展又陷入困境。这让人想起伟大的俄罗斯文学家、哲学家陀思妥耶夫斯基在其著名的"宗教大法官的传说"[②] 中提出的问题：我们要什么？面包还是自由？这真是个值得认真思考的有趣问题。显然，相关的争论在俄罗斯还将继续。

（作者单位：中国人民大学哲学学院）

---

①　*Литературная газета*, 2008, № 26.
②　见 Ф.М. 陀思妥耶夫斯基：《卡拉马佐夫兄弟》上册，第368—396页。北京，人民文学出版社，1994年。

马克思主义与宗教

——关于两者之相互关系的一个最新考察 ①

———— 〔澳〕罗兰·波尔／文 张双利／译 ————

　　所有的迹象都在表明，关于马克思主义与宗教的关系的学术讨论目前正在复兴。造成这一现象的原因是多方面的：思想各异的相关学术作品的翻译和出版；"9·11事件"之后，宗教重新成为全球政治中的一个重要的因素；自1999年发生在西雅图的反世界贸易组织的抗议以来，反资本主义的抗议活动在民间蓬勃兴起，有大批具有强烈宗教背景的民众参与其中。这些具有宗教背景的抗议者们（1999年在西雅图、2000年在华盛顿、2001年在墨尔本、2002年在热那亚以及西方世界的所有其他地方）开始试图更加深刻地去理解他们所经验到的这一切，以及这些与他们的宗教信仰之间的内在关联。在他们所有的这些思想努力中，一个最显著的特点就是他们对马克思产生了越来越强的兴趣。现在，我们会经常看到大学里有哲学系和神学系的学生组织学术会议、创办学术刊物来讨论马克思主义与宗教的关系。与此同时，那些传统上主要讨论马克思主义话题的刊物（如《历史唯物主义》、《批判》、《重新思考马克思主义》和《国际社会主义评论》等）也开始接受讨论宗教话题的文章。

---

① Roland Boer, Marxism and Religion. 作者是澳大利亚纽卡斯尔大学教授，本文是作者为本报告提供的专稿。

保罗的世纪？

"如果说，今天我希望能够在几页纸的篇幅内把此关联追溯到保罗那里，这大概是因为目前我们正在广泛地寻求着一个新的富于战斗性的人物……人们在呼唤着这样的一个人物，以继承由列宁和布尔什维克者们在人们的记忆中所安置的那个形象……"（Badiou, 2003，第 2 页）

在上述的这个语境中，也许我们就能够理解目前的这场辩论的一些核心的环节和方面。我打算先从几本已经成为这场辩论的中心的重要著作谈起，然后再进一步地介绍目前在国际学界正在形成的一个新的学术网络，它由一批共同关注马克思主义与宗教的关系的学者们构成。第一批这样的重要著作所关注的正是圣经《新约》中的使徒保罗的书信。在英语世界，这场辩论由阿兰·巴迪欧的《圣保罗：普遍主义的基础》（Badiou, 2003）一书的英译本引起。该著最初于 6 年前用法文发表（Badiou, 1997）它是巴迪欧的著作中最早被译成英文的一本，并且直到现在都是被最广泛阅读的一本著作。该书的英译本引发了一场广泛的辩论，这场辩论直到现在都还没有降温，它在左派的政治争论中把人们的注意力转移到了《圣经》之上。巴迪欧，作为一个有着毛主义倾向的无神论者，明确主张保罗为我们提供了一个事件（event）的范例：保罗的天才在于认定一个事件（基督复活事件）、围绕着该真理形成一个富有战斗性的团体、促使人们一直保持对该事件的忠诚。对于巴迪欧来说，保罗具体地体现了那样的时刻，在该时刻作为普遍的真理向所有人敞开，普遍的多元性因此而成为可能。与此同时，为了避免人们批评他作为一个马克思主义的无神论者，不应该与关于复活（resurrection）信仰有任何关联，巴迪欧又强调他只是单纯地对保罗的真理事件的形式感兴趣，而绝非对它的内容感兴趣。在他看来，前者只不过是一个寓言。换言之，保罗的关于恩典的教义（根据这个教义，上帝在人们完全无法解释、预期和报答的情况下干预着世俗的历史）可以被"还俗"，并因此为革命的过程提供新的洞见。

不用说，巴迪欧也因为他的这个观点受到了来自各个方面的批评：学者们批评他，或因为他关于事件的浪漫主义（Critchley 2000）；或因为其观点太过抽象和独特，以至于远远脱离了日常生活的现实（Surin 2009: 197—225）；或因为他过于强调保罗书信中关于基督复活的主题，而忽略了关于基督受难的主题（Welborn 2009）；或因为他忽略了死亡冲动的力量（Žižek 1999）；或因为他从太过积极的角度来看待保罗（Ojakangas 2009）；或因为他对于宗教在其思想中所起的作用持模棱两可的态度（Boer 2009b）；或因为他无力处理恶和否定的问题（Karlsen 2010）。但无论如何，他还是成功地引发了一场关于马克思主义哲学与宗教的关系的全新讨论（参见 Blanton and De Vries Forthcoming; Caputo and Alcoff 2009; Depoortere 2009）。对他的观点的最为全面的回应分别来自齐泽克和阿甘本。齐泽克曾一度直接追随巴迪欧（Žižek 2003），但与此同时，他也在更加努力地试图把自己的思想与巴迪欧的思想区别开来，转而强调对"性"（sexuation）的女性式的表达 ① 和基督教的唯物主义的内核，他认为前者就体现在耶稣基督在十字架上对自己遭遗弃的处境的呼喊中（马可福音：15：34）："我的上帝，我的上帝，你为什么遗弃了我？"（Žižek 2003: 15; 2002: 180）

与此相反，阿甘本对巴迪欧提出了更加具有综合性的挑战。在本雅明的启发下，他在《剩余时间》（2005 年）中，明确指出保罗带给我们的最具革命性的信息不是关于事件的多元的普遍主义，而是"留给我们的弥赛亚的时间"。"弥赛亚的时间"是开启和完成之间的中间阶段，其间革命的可能性达到空前的高度，它使得对整个法律体系进行重新奠定成为必要，而正是在对整个法律体系进行重建的这个过程中，关于一个新的时代的那些最初的闪光得到了确定。阿甘本的这些努力在学界所引起的批判要少得多，尽管人们也或者因为其思想中的唯心主义的残余和他对于本体论的范畴的偏爱而批评他（Sharpe 2009），或者因为他偏好以 19 世纪语言分析的方式来抽象地寻求根源而批评他（Boer 2009b）。事实上，阿甘本和齐泽克都更加具有德国唯心主义传统的继承者的面相，而不是历史唯物主义传统的思想家（Karlsen 2010）。在这里，请允许我再追问最后一个问题：为什么是保罗？我认为在巴迪欧所给出的关于他转向这个圣经中的使徒的原因中，已经充分地反映了人们为什么会对保罗感兴趣：他试图寻求一个类似于列宁的新的形象以作为人们的灵感的源泉，因为就像列宁是实践马克思思想的一个伟大的组织者一样，保罗也同样是实践基督的思想的一个伟大的组织者。

---

① 与对性的男性式的表达相反——所有的 X 都服从于阴茎功能，但也存在着一个 X，他不服从于阴茎功能——女性式的表达是：不存在任何不服从于阴茎功能的 X，但并不是所有的 X 都服从于阴茎功能。换句话说，男性式的表达坚持所谓的构成性的例外，在这种立场中，外在于体系的例外确证着起作用的那个规则，而女性式的表达则指出不存在任何外在于体系的例外，而那个体系本身却并非完全一致的，体系本身是"非—全部"（non-All）（Karlsen 2010: 114-15; Žižek 2006: 168; Žižek and Milbank 2009: 100）。

约伯对神权的挑战

　　"如你们所见，我像约伯一样被折磨，虽然我不像他那样惧怕上帝。"（Marx 1861 [1985]: 247; 1861 [1973]: 144）

　　在当今关于马克思主义和宗教关系问题的讨论中，还有一个稍微弱一些的潮流，它来自一个人们常常预想不到的角落——希伯来圣经（《旧约》圣经）中的约伯这个人物。2009 年，人们期待已久的奈格里的《约伯的劳动》（Negri 2009）一书的英译本出版。在该书中，奈格里通过对《约伯书》这一极其出色的文本进行详细的哲学的解读，试图回应和解决他本人在 20 世纪 70 年代所经历的由激进政治运动的失败所带来的极大的失望。他还在狱中等待着意大利官方的审判时——他当时与自治运动的其他成员们都在狱中，就开始撰写该书，后来他在 1983 年逃到巴黎之后完成了该书。通过对约伯本人的苦难进行分析，奈格里对尺度和无度（measure and immeasure）之间的关键性的对立进行了充分地展开。关于这二者之间的关系，他不是简单地使一方与另一方对立，比如把有度的惩罚与无度的爱相对立，而是提出了一种更加复杂的分析和论证。起初，尺度也许标志着这个世界在法律、劳动、时间、伦理等各个方面有问题（这是约伯的朋友所信奉的立场），但接下来"无度"本身也变得成问题，因为现在我们发现了无法被衡量的痛苦和罪恶。那么，什么才是答案？从无法被衡量的痛苦和苦难首先产生了无法被衡量的创造性，这是劳动的创造性，这一无法被衡量的创造性接下来又导致了新的尺度，这是与旧的秩序在质上根本不同的一个新的秩序。简而言之，即，否定的尺度→否定的无度→积极的无度→积极的尺度。

　　关于奈格里对《约伯书》的解读，还可以讲很多（参见，Boer 2010），但我在这里打算先讲一下我刚才所使用的一个说法，即，哲学解经学（philosoph-ical exegesis）。奈格里的著作不是传统意义上的圣经解读，虽然它涉及了多位圣经学者的研究，但他是作为一个马克思主义的哲学家来阅读圣经的，他所关注的是圣经文本背后的哲学主题，这些主题以苦难——这是《约伯书》的主要主题——为基础。

　　齐泽克也对约伯的问题进行了探讨，他在努力去解释犹太教之独特的革命的内涵的过程中涉及约伯问题（Žižek 2003: 124—9; 2009）。在他看来，约伯问题的关键是，他已经揭示出了神权的无力，但却拒绝泄露这个最终的真理。约伯从来没有停止过其无尽的追问，直到最后上帝被逼得在书的结尾处现身——旋风中的声音——以回答约伯对其所遭受的毫无意义的苦难的控诉和责问。这里的窘迫之处在于上帝事实上并没有说任何东西，他根本就没有回答约伯，而只是发出了狂风呼啸之声。这样，上帝就最终宣布约伯所说的一切都是对的，而他的"朋友"所说的一切都是错的。但转折之处在于，约伯虽然已经看到这一惊人的真理，但他却拒绝公开承认上帝的确是无力的，上帝的确已经很惨地输掉了这场最后的考验。在齐泽克看来，这并不仅仅是关于意识形态批判的第一个例子，也不仅仅是了解犹太人对待律法的态度的关键，他认为约伯更是耶稣基督的先驱：就像约伯已经表明这个关于无法为我们认识的"伟大的他者"所具有的全能的权力的说法实际上只是一场骗局，基督在十字架上对自己遭遗弃的处境的呼喊——（马可福音：15：34）："我的上帝，我的上帝，你为什么遗弃了我？"——也在表明上帝本身已经死去，他实际上已经不再存在。约伯与基督之间的区别就在于，当前者还保守着一种矛盾的立场，即所谓的"应该相信的主体"的立场时，基督却已经使这一更加深刻的真理大白于天下，他使这一真理可以为我们每一个人亲眼所见、亲耳所听（关于进一步的论述，可参见 Kotsko 2008: 90—7; Karlsen 2010: 219—33）。

关于齐泽克的这个观点，即在基督教的核心处是无神论，它的问题是，这其实并不是一个新观点。在这点上，齐泽克由于过分着迷于非常保守的切斯特顿（G.K. Chesterton）的思想而受其误导，切斯特顿认为，在十字架上"上帝有那么一刻好像是一个无神论者"（Chesterton 2009 [1909]: 286）。假如齐泽克曾花过些时间阅读布洛赫的《基督教中的无神论》，他就会在其中发现有从马克思主义的角度对《圣经》的极其丰富的解读。该书初版于 1968 年，1972年第一次被译成英文，2009 年又由维尔索（Verso）再版（Bloch 1968, 1972, 2009）。在该书中，约伯被看作是那条由《圣经》中的所有的反叛性的人物所组成的长长的链条之中的最高点，所有这些反叛性的人物都表达了一种内在的、具有抗议性质的无神论，他们都表达了"具有出埃及性质的出耶和华"（"exodus out of Yahweh"），即走出那个作为统治者和压迫者的耶和华。他们包括亚当、夏娃和伊甸园中的蛇、谋杀了亚伯的该隐、可拉和米利暗的叛乱、沙漠中的人们的低语、那些修行者们（那些极端的信徒，他们立誓苦修之后就退隐至沙漠中）、那些对非正义进行抱怨的先知……然后是约伯，他始终如一地对这位让民众受苦的上帝提出了最彻底的挑战（参见 Boer 2007: 1—56）。

这是一种什么样的无神论？它不是启蒙的道德的无神论，在这种无神论中，在面对着那些不应得的苦难时，是神正论的问题导致了关于上帝不可能存在的结论；它也不是一种历史的、心理学的或诗意的无神论，布洛赫曾提到这些无神论都可能是对《约伯记》中提出的那些问题的解答——因为一个没有感知的、残忍的宇宙可以有上帝也可以没有上帝（Bloch 1972: 120—2）。与所有这些无神论不同，布洛赫所感兴趣的是那种首先在约伯身上体现出来的反抗和超越非人性（inhumanity）的乌托邦的冲动。

"难道我们对苦难与克服它的冲动之间的强烈冲突能够毫无认识吗？难道我们对剥削及其向前发展的辩证法真的毫无洞见吗？辩证唯物主义本身对于其过分依赖于这样一个枯燥的、令人无法忍受的过程难道不需要给出理由吗？这个包含着长时间的压迫的所谓必然的领域究竟来自哪里？为什么自由的领域不能够突然实现？它为什么必须通过必然性、用那么多的流血和伤人事件来为自己开辟道路？为什么要有如此长时间的拖延？"（Bloch 1972: 121）

他在这里所指责的既有"非现实主义的愚蠢的乐观主义"，也有"同样非历史的虚无主义"，上述这两种错误是多种形式的无神论的共同特征。在布洛赫看来，无神论所抗议的不仅仅是那个对所有这些事情负责的上帝，而是这些事情的存在。正因如此，那些宗教的革命者们深深地吸引了布洛赫：先知、神秘主义者、宗教的创始人以及像约伯和闵采尔那样的神学的革命家。

马克思主义神学

"'从奴役中被救赎'：工人运动歌曲中的这些词句直指《圣经》的核心"（Boer 2009a）。

我们可以在荷兰神学家笛克·鲍尔（Dick Boer）那里看到一条与布洛赫非常接近的思想道路，只是这条道路在他那里产生了极其不同的结果。鲍尔在20世纪80年代曾经在东德的一个归正宗的教会（a Reformed Church）里任牧师，他周围有一批为数不多的教区教徒，这批信徒试图在东德垮台之前使其重焕活力。Boer 本人来自"左翼的巴特主义"（left Barthian）的传统，他强调《圣经》的核心信息本身就是激进革命的。什么是"左翼的巴特主义"的传统？与那种沿着右翼的和保守的方向对20世纪最伟大的神学家（卡尔·巴特）的思想进行解读的趋势相反，鲍尔特别看重巴特的宗教社会主义和他的辩证法（Boer 2002）。这一方法在巴特的著作中导致了一个又一个激进的命题，其中特别有他对于俄国革命的感觉，他体会到俄国革命的核心是解放，而且只有在一种情况下专政才是可被接受的，那就是无产阶级的专政。

鲍尔在解放神学的重要影响下，在其关于圣经神学的著作中（《从奴役中被解放：关于解放的圣经神学》），提出了一种对《圣经》的马克思主义的解读（Boer 2009a）。他与布洛赫不同，布洛赫是在《圣经》材料中寻找具有反叛性质的潜流，而他则指出《圣经》的核心主题本身就是革命的。因此，《创世记》1—2 中关于创造的故事就成了关于从无序和压迫中得解放的故事；荒漠中的以色列人就成了现在正在从埃及法老的奴役中获得解放的战斗着的群体的榜样；而使徒保罗则为我们提供了一个关于共同生活的新的范例。

鲍尔的著作在很多方面都比来自于拉丁美洲的那个版本的解放神学要更加彻底，拉丁美洲的解放神学今天又重新为人们所关注，而且人们对它做了些改变，让它与伊斯兰教国家的革命和本土的革命相应（Gutiérrez 2001 [1969]; Löwy 1996; Petrella 2006; Dabashi 2008）。解放神学的问题是，它在与马克思主义的接触方面总是有限的。当需要做经济分析和社会分析时，一些解放神学家们就会利用马克思主义的资源，而当救赎的问题出现的时候，马克思主义又总是被隔离掉，这时他们所利用的只有传统神学的资源。我在其他的地方曾经把这种现象称作"本体论的保留"（R.Boer 2010）。鲍尔所走的道路不是这样，他认为，对解放实践来说，马克思主义与神学之间的彻底交融是最佳的道路。

关于马克思主义和宗教的学术网络

鲍尔还积极参与了一个由社会主义的神学家和牧师们所组成的网络，2009 年这批神学家和牧师们在"卢森堡基金会"的赞助下走到一起。他们的此次见面产生了积极的成果，其最直接的成果就是一卷题为《为了一个团结的世界而奋斗》（Fink and Hildebrandt 2010）的论文集，该论文集中收录了他们这次会议的所有会议论文。与会者们所论及的问题主要有以下几个方面：

1．我们能否对宗教批判进行建构性的重新反思，从而使其不再仅仅意味着与宗教的对立，而实际上是在回应宗教的统治性的结构问题？

2．是否存在着那样一些关联点，它能够为那些以对资本主义的左翼批判和改革的具体策略为核心的宗教运动提供灵感和思想资源？面对着共同的挑战，在这些宗教运动之间，同样也有可能产生破坏性的冲突和误解。

3．面对着在全球范围内经济战争和社会掠夺已经极其严重的实际状况，对宗教的左翼的批判和解放神学如何能够卓有成效地相互补充？（Fink and Hildebrandt 2010: 2）

参加此次研讨活动的多是有神学背景的老一辈的学者：Jan Rehmann, Tom

Veerkamp, Raúl Fornet-Betancourt, Enrique Dussel, Franz Hinkelammert, Dick Boer, Michael Ramminger, Franz Segbers, Ulrich Duchrow, Walter Baier, Bodo Ramelow, Katja Strobel, Jürgen Klute, Dieter Klein, Michael Brie, Brigitte Kahl, Charlene Sinclair and Rick Wolff（只有最后一位不是神学家）。

　　由"卢森堡基金会"所赞助的这次研讨会的价值在于，它为一个名为"马克思主义与宗教"的新的网络及其以后的系列会议奠定了基础。在具体介绍这个网络之前，我先要介绍另外两个组织，它们也同样参与了网络的建设工作。首先是"宗教的未来"系列研讨会，在过去的 35 年中，该研讨会在克罗地亚的杜布罗夫尼克（Dubrovnik）的"大学互联中心"（the Inter-University Centre）每年举办一次。在西伯尔（Rudolf Siebert）教授的赞助下，该研讨会一直都包括关于马克思主义的内容，这一方面主要是因为西伯尔教授本人对于法兰克福学派的关注（Siebert 2001, 2003），另一方面也是因为很多参与者们都对哈贝马斯的思想（Ott 2001, 2006, 2007b, 2007a）以及全世界范围内马克思主义与宗教之间的交叉关系（Janz 1998）具有强烈的兴趣。"宗教的未来"系列研讨会在历史上一直起到了把北美、西欧和东欧的学者联系在一起的作用，2010年 5 月 2—7 日（应为 2011 年——译者注）他们又在杜布罗夫尼克（Dubrovnik）会聚。

　　另外还有一个项目也对"马克思主义与宗教"网络的形成起到了直接的推动作用，这就是"关于宗教的批判理论"项目。[①] 该项目主要是在法兰克福学派的社会研究以及马克斯·韦伯的研究的启发下展开，它是戈尔茨坦（Warren Goldstein）大量努力的结果。目前该项目有一套题为"关于宗教的批判研究"的丛书在 Brill（in Leiden）出版。其中的第一卷已经出版，题为《宗教与新的无神论———一个批判的评价》（Amarasingam 2010）。并不是该项目的所有研究都与马克思主义直接相关，因为它所涉及的主要学科领域是社会学，但是参与该项目的很多研究者们（包括本文作者）都是从马克思主义的角度来研究问题的。

　　上述的这三条线索最终都以各自的方式汇聚成了关于"马克思主义与宗教"的网络，该网络经过了几年的讨论、计划、组织、会议（Copenhagen, Dubrovnik, Hong Kong, New Orleans, Amsterdam and London）以及最后在哥本哈

---

① 见 http://www.criticaltheoryofreligion.org。

根的那次学术会议（Copenhagen 2010）最终才得以形成。它包括了来自全世界各个洲的 50 多位学者，而且大多数是青年学者。它在新城堡大学（澳大利亚）和彼得马里茨堡的夸祖卢（南非，纳塔尔省）分别设有读书小组，与此同时，它在网上还有一个读书小组，致力于对马克思、恩格斯关于宗教的所有论述进行精细的阅读。除此之外，该网络还致力于促进对马克思主义和宗教的相互关系的各个方面进行研究，以及在这些方面的研究中的合作。在"卢森堡基金会"的赞助下，我们正在计划在东欧（以彼得堡为基础）举办会议和为期三年的研讨班，与此同时，我们也在计划在中国开展一些可能的研究项目。该网络的成员们来自各种不同的背景——无神论者、不可知论者、信徒，他们也来自各个不同学术传统，如哲学、社会学、历史、政治学和宗教与神学研究。目前，该网络的成员们已经就马克思主义与宗教的关系展开了一些非常有意思的研究工作，特别是 Alberto Toscano（Toscano 2010），Sara Farris（Farris in press），Jan Rehmann（Rehmann 2011）和 John Roberts（Roberts 2008a, 2008b）。因为笔者是该网络的协调人，所以我希望在明年的《年度报告》中能再次提供关于该网络的最新报道。

参考书目

Agamben, Giorgio. 2005.《剩下的时间：论罗马书》*The Time That Remains: A Commentary on the Letter to the Romans*. Translated by P. Dailey. Stanford: Stanford University Press.

Amarasingam, Armanath, ed. 2010.《宗教与新的无神论：一个批判的评价》（对宗教的批判研究系列丛书）*Religion and the New Atheism: A Critical Appraisal, Studies in Critical Research on Religion*. Leiden: Brill.

Badiou, Alain. 1997. *Saint–Paul: la fondation de l'universalisme Paris:* Presses universitaires de France.

———2003.《圣·保罗：普遍主义的基础》*Saint Paul: The Foundation of Universalism*. Translated by R. Brassier. Stanford, CA: Stanford University Press.

Blanton, Ward, and Hent De Vries, eds. Forthcoming.《哲学和文化中的保罗》*Paul in Philosophy and Culture*. Chicago: University of Chicago Press.

Bloch, Ernst. 1968. *Atheismus im Christentum: Zur Religion des Exodus und des Reichs.* Vol. 14, *Ernst Bloch Werkausgabe.* Franfurt am Main: Suhrkamp.

——1972.《基督教中的无神论：关于出埃及的宗教和天国》*Atheism in Christianity: The Religion of the Exodus and the Kingdom.* Translated by J. T. Swann. New york: Herder and herder.

——2009.《基督教中的无神论：关于出埃及的宗教和天国》*Atheism in Christianity: The Religion of the Exodus and the Kingdom.* Translated by J. T. Swann. London: Verso.

Boer, Dick. 2002. *Een Heel Andere God: Het Levenswerk van Karl Barth (1886—1968).* Amsterdam: Narratio.

——2009a. *Verlossing uit de Slavernij: Bijbelse Theologie in Dient van Bevrijding.* Amsterdam: Skandalon.

Boer, Roland. 2007.《对天国的批判：论马克思主义和神学》（历史唯物主义丛书）*Criticism of Heaven: On Marxism and Theology, Historical Materialism Book Series.* Leiden: E. J. Brill.

——2009b.《对宗教的批判：论马克思主义和神学 II》（历史唯物主义丛书）*Criticism of Religion: On Marxism and Theology II, Historical Materialism Book Series* Leiden: Brill.

——2010.《对神学的批判：论马克思主义和神学 III》（历史唯物主义丛书）*Criticism of Theology: On Marxism and Theology III.* Leiden: Brill.

Caputo, John D., and Linda M. Alcoff, eds. 2009.《在哲学家们中间的圣·保罗》*St. Paul Among the Philosophers. Bloomington*: Indiana University Press.

Chesterton, G.K. 2009 [1909].《正统：百年周年纪念版》*Orthodoxy: The Centenary Edition.* South Orange: Chesterton Institute Press.

Critchley, Simon. 2000.“要求同意：论阿兰·巴迪欧的伦理学”（《激进哲学》100：16—27）Demanding Approval: On the Ethics of Alain Badiou. *Radical Philosophy* 100:16—27.

Dabashi, Hamid. 2008.《伊斯兰的解放神学：拒斥帝国》*Islamic Liberation Theology: Resisting the Empire.* New York: Routledge.

Depoortere, Frederiek. 2009.《巴迪欧和神学》*Badiou and Theology.* London: T. & T. Clark.

Farris, Sara. in press.“论 21 世纪的犹太人问题”（《汉语—基督教研究》）

On the Jewish Question in the 21st Century. *Sino–Christian Studies.*

Fink, Ilsegret, and Cornelia Hildebrandt, eds. 2010. *Kämpfe für eine soli-darische Welt.* Berlin: Rosa Luxemburg Stiftung.

Gutiérrez, Gustavo. 2001 [1969].《解放神学》*A Theology of Liberation.* Trans-lated by C. Inda and J. Eagleson. London: SCM.

Janz, Denis R. 1998.《世界基督教和马克思主义》*World Christianity and Marxism.* New York: Oxford University Press.

Karlsen, Mads–Peter. 2010. "唯物主义的恩典：有巴迪欧和齐泽克的神学" (《系统神学》) The Grace of Materialism: Theology with Alain Badiou and Slavoj Žižek, *Systematic Theology*, University of Copenhagen, Copenhagen.

Kotsko, Adam. 2008.《齐泽克和神学》*Žižek and Theology.* London: T. & T. Clark.

Löwy, Michael. 1996.《诸神之战：拉丁美洲的宗教与政治》*The War of Gods: Religion and Politics in Latin America.* London: Verso.

Marx, Karl. 1861 [1973]. Marx an Engels 18.Januar 1856. In *Marx Engels Werke. Berlin: Dietz.*

——1861 [1985]."1861 年 1 月 18 日马克思致恩格斯书信" Marx to Engels in Manchester, London, 18 January 1861. In *Marx and Engels Collected Works.* Moscow: Progress Publishers, 247—9.

Negri, Antonio. 2009.《约伯的劳动：圣经文本作为关于人类劳动的寓言》 *The Labor of Job: The Biblical Text as a Parable of Human Labor.* Translated by M. Mandarini. Durham: Duke University Press.

Ojakangas, Mika. 2009. "使徒保罗和对律法的亵渎"Apostle Paul and the Profanation of the Law. *Distinktion* 18:47—68.

Ott, Michael R. 2001.《马克斯·霍克海默关于宗教的批判理论：宗教在人类解放斗争中的意义》*Max Horkheimer's Critical Theory of Religion: The Meaning of Religion in the Struggle for Human Emancipation.* Lanham: University Press of America.

——2006."绝对'他者'的概念及其在关于宗教的批判理论和理性选择理论中的结果"(《马克思、批判理论和宗教：对理性选择的批判》) The Notion of the Totally 'Other' and its Consequences in the Critical Theory of Religion and the

Rational Choice Theory of Religion. In *Marx, Critical Theory, and Religion: A Critique of Rational Choice*, edited by W. S. Goldstein. Leiden: Brill, 121-50.

——2007a. "马克斯·霍克海默关于绝对'他者'的否定神学"(《宗教的未来：朝向一个和解了的社会》) Max Horkheimer's Negative Theology of the Totally Other. In The *Future of Religion: Toward a Reconciled Society.* Leiden: Brill, 167-86.

——ed. 2007b.《宗教的未来：朝向一个和解了的社会，批判的社会科学研究》*The Future of Religion: Toward a Reconciled Society, Studies in Critical Social Sciences.* Leiden: Brill.

Petrella, Ivan. 2006.《解放神学的未来：一份论证与宣言》*The Future of Liberation Theology: An Argument and Manifesto.* London: SCM.

Rehmann, Jan. 2011. "马克思的宗教批判能否摆脱它自身的束缚？"(《重新思考马克思主义》23（1）：144—53) Can Marx's Critique of Religion Be Freed from its Fetters? *Rethinking Marxism* 23（1）：144—53.

Roberts, John. 2008a. "'宗教转向'：弥赛亚主义、基督教和革命传统，第一部分：'朝向未来的觉醒'"(《历史唯物主义》16（2）：59—84) The' Returns to Religion': Messianism, Christianity and the Revolutionary Tradition. Part I:'Wakefulness to the Future'. *Historical Materialism* 16（2）：59-84.

——2008b. "'宗教转向'：弥赛亚主义、基督教和革命传统，第二部分：保罗传统"(《历史唯物主义》16（3）：77—103) The'Returns to Religion': Messianism, Christianity and the Revolutionary Tradition. Part II: The Pauline Tradition. *Historical Materialism* 16（3）：77—103.

Sharpe, Matthew. 2009. "只有阿甘本才能拯救我们吗？反对批判理论中的弥赛亚主义的转向"(《圣经与批判理论》5（3）:40.1–40.20) Only Agamben Can Save Us? Against the Messianic Turn in Critical Theory. *The Bible and Critical Theory* 5（3）:40.1–40.20.

Siebert, Rudolf J. 2001.《关于宗教的批判理论：法兰克福学派》*The Critical Theory of Religion: The Frankfurt School.* Lanham: Scarecrow.

——2003.《从批判理论到批判的政治神学：个人自治与普遍团结》*From Critical Theory to Critical Political Theology: Personal Autonomy and Universal Solidarity.* Revised ed. New York: Peter Lang.

Surin, Kenneth. 2009.《尚未实现的自由：解放与下一个世界秩序》*Freedom Not Yet: Liberation and the Next World Order.* Durham, North Carolina: Duke University Press.

Toscano, Alberto. 2010.《狂热：论对一个理念的使用》*Fanaticism: On the Uses of An Idea.* London: Verso.

Welborn, Larry L. 2009.《"从有朽界抽身"：巴迪欧论保罗书中的复活》(《新约研究》55:295—314) 'Extraction from the Mortal Site': Badiou on the Resurrection in Paul. *New Testament Studies* 55:295—314.

Žižek, Slavoj. 1999.《易变的主体：政治本体论的缺失的核心》*The Ticklish Subject: The Absent Centre of Political Ontology.* London: Verso.

——2002.《在家门口的革命：齐泽克论列宁》*Revolution at the Gates: Žižek on Lenin: The 1917 Writings.* London: Verso.

——2003.《木偶与侏儒：基督教的与之作对的核心》*The Puppet and the Dwarf: The Perverse Core of Christianity.* Cambridge. MA: MIT.

——2006.《视差》*The Parallax View.* Cambridge, MA: MIT.

——2009."从约伯到基督：对 Chesterton 的保罗主义的解读"（收于《哲学家们中间的保罗》）From Job to Christ: A Pauline Reading of Chesterton. In *Paul Among the Philosophers*, edited by J. D. Caputo and L. M. Alcoff. Bloomington: Indiana University Press.

Žižek, Slavoj, and John Milbank. 2009.《基督怪物：自相矛盾还是辩证法?》*The Monstrosity of Christ: Paradox or Dialectic?* Cambridge, MA: MIT.

（译者单位：复旦大学当代国外马克思主义研究中心　复旦大学哲学学院）

宗教与革命的主体性问题

——论当今西方左翼政治思潮的宗教转向（下）①

张双利

【内容提要】本文以阿兰·巴迪欧（Badiou, Alain）、斯拉沃热·齐泽克（Žižek, Slavoj）和吉奥乔·阿甘本（Agamben, Giorgio）三位西方激进政治哲学家为主要对象，特别考察了新近发生在西方左翼政治思想内部一个重要的思想现象——"回到保罗"。文章具体介绍了这三位思想家所阐发的保罗形象之间的异同，并结合着本文的上篇，明确指出他们之所以会转向保罗，仍然是为了回应革命的主体性危机。但他们的思考重心已经从拜物教批判转向了十月革命，他们力求能够找到一条道路，使列宁的革命在现代世界中再次成为可能。回到保罗意味着他们要以保罗与基督复活事件的关系为直接思想思源，尝试走一条超越的道路，以期能够彻底走出身份政治的困境、解决历史主义的难题。

关键词：西方左翼　宗教转向　保罗神学　巴迪欧　齐泽克　阿甘本

---

① 本文的（上）见《国外马克思主义研究报告 2010》。

一、引言：关于西方左翼政治思想中"保罗神学"的转向

1997 年法国思想家巴迪欧以法文出版了《圣保罗：普遍主义的基础》，在该书中，这位曾经有着强烈的毛主义倾向的左翼思想家把所有的注意力都投射到了保罗身上，他通过解读保罗与基督复活事件之间的独特关联，要在当代世界重新打开一条革命的道路。2003 年，该书的英译本公开出版，立即就在整个英语世界引起了一场热烈的讨论。讨论的中心一开始都聚焦在保罗身上，我们很快看到，另外两位极其活跃的左翼思想家也加入了这个"回到保罗"的潮流：2003 年，齐泽克出版了《木偶与侏儒：基督教的与之作对的核心》，他在该著中改变了自己之前对巴迪欧的保罗转向的批判的立场，[①] 表达了对巴迪欧的保罗的深度认同；2005 年，阿甘本的《剩下的时间：论罗马书》公开以英文发表，他在书中对巴迪欧的保罗进行了有力回应，强调我们不仅要关注保罗与犹太教律法主义传统之间的断裂关系，而且更要突显保罗与整个弥赛亚主义传统之间的传承关系，要强调保罗书信为我们所打开的"弥赛亚主义的时间"，只有这样革命才能够重新在现代世界中成为可能。以此为核心，逐渐地在整个国际学界产生了一个关于马克思主义与宗教关系的新的研究热潮。那么，我们究竟该怎样理解这个"回到保罗"的潮流？身处于该潮流中的思想家们所关注的问题是什么？为了解决这些问题，他们为什么要"回到保罗"？在保罗那里，他们究竟领会到了哪些能够切中时弊的思想？再把这一潮流放在左翼政治思潮在当前的整个发展趋势中来看，"回到保罗"的这个思想环节是否是左翼政治思潮所无法绕过的一个必然的环节？

联系到本文的上篇，我们知道在西方左翼政治思潮之"宗教转向"的背后，是我们在现代世界所遭遇到的革命的主体性危机。这一危机始于 1848 年革命风暴之后，在 19 世纪末 20 世纪初曾经达到极其严重的程度，致使整个国际工人运动都沦为资本主义框架之内的合法运动。在这一背景下，恩格斯写下了《论早期基督教的历史》（1894 年），企图在早期基督教的末世论的立场中为革命找到有力的思想源泉。在此之后，马克思主义的思想家们一直在沿着这一方向

---

① Slavoj Zizek, *The Ticklish Subject: The Absent Centre of Political Ontology*. London: Verso, 1999. 该书的中文版：《敏感的主体：政治本体论的缺席中心》，孙晓坤，江苏人民出版社，2006。

与革命的主体性危机进行持续的搏斗：首先是早期的西方马克思主义者们（尤其是卢卡奇、布洛赫和本雅明）主要在两个方面力求突破，一是努力寻找革命的主体性危机得以产生的真正根源，二是致力于重新阐发犹太—基督教的弥赛亚主义和末世论传统对于革命的直接意义。通过这双重努力，他们在资本主义的拜物教中找到了问题的症结，洞见到革命的主体性危机主要体现在革命的普遍性和革命的历史开创性这两个方面，并在革命的宗教与噬人的拜物教之间的对立中为马克思主义与宗教的联盟打开了空间；接着是 20 世纪六七十年代在拉丁美洲所兴起的解放神学运动从实践的角度为这条道路提供了进一步的支撑；最后是当代的思想家们对早期西方马克思主义者们的思想路线的进一步继承，他们一方面在解放神学的启发之下，继续彰显解放的宗教与资本主义的拜物教之间的对立，并在"诸神之战"的意义上来理解马克思主义与宗教的内在联盟以及二者对拜物教的共同斗争。另一方面他们又特别强调马克斯·韦伯对早期西方马克思主义者们的拜物教批判思想的重要影响，尤其是其关于新教已经使得资本主义本身下降为拜物教的思想。在此前提之下，他们通过突显本雅明的环节来理解神学（尤其是犹太教）与唯物主义的联盟，以此来坚持历史唯物主义的"去魅"的道路。

值得注意的是，在这整个传统中保罗从来没有被特别重视过，不仅如此，他在该传统中还一直有着负面的形象。其负面的形象主要来自两个方面，一是在保罗书信中我们的确可以看到，他对于其当时所处时代的现实问题并没有采取直接介入的革命的立场，最典型的就是他对待奴隶制的态度，面对逃亡的奴隶（Onesomus），保罗的态度是把他送回到他的主人（Philemon）那里（参见《腓力门书》12）。正是由于他的这个态度，恩斯特·布洛赫在《基督教中的无神论》中认为保罗的神学是一种"牺牲的死亡神学"（sacrificail-death theology），因他只强调死后的复活，从而削弱了亚伯拉罕之约的解放的意义；另一方面，在新教改革之后，人们所讲的保罗往往是一个"后路德的保罗"（post-Lutheran Paul），而在这个"后路德的保罗"的形象中，人们所看到的往往是他只强调恩典和信仰，而不关注拯救实践的方面。之所以如此，是因为路德被理解为把基督教的重心从事功转移到了恩典："我们发现路德特别强调因信称义，但是他却忽视了保罗所说的关于对以色列的救赎。结果，路德之重信仰而轻事功——在当代事功主要被理解为能够为个人赢得功绩的那些工作，而不是由律法所规定的那些修行——就成为新教徒反对天主教徒……'福音'反对'律法'

以及基督徒反对'犹太人'的共同的口号。犹太教现在被看作律法主义的宗教，被认为与基督教刚好相反，后者可被看作是关于恩典的宗教而犹太教则以假定人能够通过遵守律法而赢得救赎为基础。"[1] 在这种理解的规定之下，后路德时代的保罗就成了与犹太教和早期基督教的弥赛亚主义的解放的诉求相去甚远的路德。再加上马克斯·韦伯关于新教的"先定救赎"学说与资本主义的形成之间的内在关系的思想，保罗（尤其是强调恩典的保罗）似乎就与宗教的革命性绝缘了。

但我们在巴迪欧等这批西方激进思想家的著作中，却看到了保罗的形象在革命的传统中的复活。这何以可能？除去保罗形象本身的复杂性之外，最重要的原因还是他们此时关注的重心发生了转移。如果说，我们在上篇中所提到三位思想家们所关注的重心是革命的主体性危机产生的根源问题，即他们都把重心放在对拜物教的批判上面的话，那么这几位思想家则要直接地思考革命的道路问题。换言之，他们不愿仅仅只做一个对资本主义社会的文化批判者，而要在政治哲学方面寻求突破，要找到最有力的思想资源来帮助我们重新开启那能够真正突破资本主义体系的革命的道路。在如此的思想背景之下，"十月革命"再次成为他们关注的焦点，列宁也成了他们要在生活中所重新复活的形象。"如果说今天我希望能够在几页纸的篇幅内把此关联（指人们关于断裂、颠覆的一般观念与人们的思想—实践（即这个断裂的主体的物质性）之间的关联，作者注）追溯到保罗那里，这大概是因为目前我们正在广泛地寻求着一个新的富于战斗性的人物……人们在呼唤着这样的一个人物，以继承由列宁和布尔什维克者们在人们的记忆中所安置的那个形象……"[2] 巴迪欧在这里明确指出，回到保罗是为了使人们不再仅仅只有关于断裂的一般观念，而能够也有与之相连的思想—实践，即断裂的主体物质性。也就是说，回到保罗是为了使断裂的主体性（或我们平常所说的革命的主体性）在生活中重新成为可能，使列宁的革命在这个看似已经彻底停滞了的资本主义体系中重新成为可能。

如果我们对西方马克思主义的历史稍微有些了解，就会发现列宁的"十月革命"对于西方马克思主义传统来说并不是一个新的话题，整个西方马克思主义的道路就开始于十月革命对于卢卡奇、布洛赫和葛兰西等这批欧洲知识分

① Hooker, Morna D. 2003, *Paul: A Short Introduction,* Oxford: Oneworld Publications, p.146.
② Badiou, Alain, Saint Paul: The Foundation of Universalism. Translated by R. Brassier, Standford, CA: Standford University Press, p.2.

子的强烈影响和他们对十月革命道路的独特解读。一方面，十月革命对于他们来说意味着真正的突破："只有十月革命才真正打开了通向未来的窗口……我们——终于！终于！——看到了人类摆脱战争和资本主义的道路。"[1] 另一方面，他们对十月革命的理解又与他们当时的宗教立场，尤其是他们当时对陀斯妥耶夫斯基的宗教世界的热切期待密切相关。对此，布洛赫后来又清醒地分析道："……如果革命是在法国爆发，它绝对不会对他（指卢卡奇，笔者注）产生同样的影响。那将只会是在他的头脑中留下些印象的一个简单的事件，但是它在俄国爆发，那就会是一个激动他的心灵的事情。"[2] 不仅如此，他们还从哲学上对十月革命进行了深入地分析，其中最典型的代表就是卢卡奇的《历史与阶级意识》。在写于1925、1926年间的《尾随主义和辩证法》一书中，卢卡奇明确谈到《历史与阶级意识》与十月革命之间的直接关联："该书的目的是什么？就是要在方法论上表明布尔什维克主义的组织和策略是马克思主义的唯一可能的结果；就是要证明布尔什维克主义的问题是合逻辑地（这里是指辩证法意义上的逻辑）必然地从唯物辩证法的方法（指在其创始人那里的方法）中产生出来的。"[3] 这段话表明《历史与阶级意识》的根本目的是论述关于十月革命的辩证法。但他们的所有这些努力似乎又都没能改变革命的命运，自20世纪30年代以后，由十月革命所打开的这条超越的道路好像彻底关闭了，我们又重新回到了资本主义不可超越的体系之内。在这之后，关于革命大概有三种不同的立场：社会民主党坚持改良主义的立场、斯大林主义坚持为现实辩护的意识形态立场和西方马克思主义彻底失去了政治参与性的立场。这三种不同立场在根本上是相同的，即背离或远离革命。在如此的背景之下，我们不禁对由巴迪欧等人所发动的这个回归保罗的潮流充满期待：在卢卡奇、布洛赫和葛兰西等早期西方马克思主义者们之后，如果他们通过回归保罗来唤醒人们对十月革命的记忆，召唤人们进入由十月革命所开启革命的可能性，他们在保罗那里究竟看到了什么独特的品质，这个独特的品质能否最终帮助我们解决卢卡奇等人最终没能成功解决的革命主体性问题？在接下来的分析中，我们就将对巴迪欧、齐泽克和阿甘本等所塑造的保罗形象进行逐一考察，在此基础之上我们在最后的讨论中还将把视野进一步打开，在整个西方左翼思潮的范围之内，通过比较奈

① 卢卡奇，《历史与阶级意识》，商务印书馆，1995年，第4页。

② Michael Lowy, "Interview with Ernst Bloch", *New German Critique*, 1976, no.9, p.44.

③ Georg Lukacs, *Tailism and the Dialectic*, London, New York: Verso, 2000, p.47.

格里与巴迪欧、齐泽克和阿甘本等的思想的差异，来进一步追问保罗神学转向对于左翼政治哲学的意义。

二：巴迪欧：从早期基督教的政治主体到现代政治主体

众所周知，巴迪欧曾经是个激进的毛主义者，没有任何宗教信仰，但他在《圣保罗：普遍主义的基础》一书中却把所有的注意力都投向了保罗，并且也把所有的希望都寄托在了保罗的身上，这究竟是为什么？在没有充分展开巴迪欧的具体论述之前，最简单的回答就是：所有这一切都是为了现代政治，与基督教信仰毫无关系。他关注保罗，是因为他特别看重保罗与基督复活事件的关系以及在这个关系中早期基督教革命主体的生成；通过考察这个以基督复活事件为核心的主体生成过程，他希望能够为现代革命主体的生成找到出路。

1. 保罗与现代政治的关联

我们在前文中曾经提到，在左翼思想的传统中，保罗一直处于不被重视或被批判的地位，但巴迪欧为什么却偏偏选中了保罗？这首先是因为，他所关注的保罗不是后路德的保罗，而是早期基督教时代的保罗。后路德的保罗有着典型的负面形象：在人们按照路德的因信称义的教义而对新教与天主教，乃至于对基督教和犹太教做了简单的区分之后，保罗就成为只讲恩典而不关注现实的解放实践的形象（把保罗归在因信称义的这个传统上），不仅如此，人们还常常进一步把他塑造为屈从于律法体系、只关注道德生活的纯粹被动的形象。与保罗的这个形象刚好相反，巴迪欧要强调的是，在早期基督教世界，保罗的实际形象却是一个"斗士"（militant figure）[1]。当时的保罗所面临的最大的政治就是要把旧教会转变为新教会，在这个过程中，他总是不断地在战斗：他针对当时人们的信仰生活中所存在着的各种不同的问题，不断地加入论辩，不断地撰写各种书信和各种"战斗性的文件"[2]。但是，巴迪欧选中保罗的原因又远不仅仅在于保罗的这个历史上的"斗士"的形象，他要强调的是只有在保罗那里，我们才能够最清楚地看到这样一种真正的革命"斗士"（或革命的主体）

---

[1]　Badiou, Alain, 2003. *Saint Paul: The Foundation of Universalism*. Translated by R. Brassier. Stanford, CA:Stanford University Press, p.2.

[2]　Badiou, Alain, 2003. *Saint Paul: The Foundation of Universalism*. Translated by R. Brassier. Stanford, CA: Stanford University Press, p.31.

何以可能。

那么，保罗为什么能够告诉我们革命的主体何以可能呢？巴迪欧明确指出，所有这一切都蕴涵在保罗与基督复活事件之间的关系中。这也就是说，虽然他关注保罗在早期基督教历史上的斗士的形象，但他绝不是要通过历史的考察，具体地了解保罗在实际创建基督教教会的过程中都作出了哪些重要的贡献来解决革命的主体问题？那么基督复活事件与保罗之间是什么关系？这一关系对巴迪欧来说又为什么如此重要？在这里我们将遇到两个非常困难的问题：首先，巴迪欧告诉我们，关于基督复活的事情对于保罗来说也只是一个寓言，但正因为他对于保罗来说是一个寓言，保罗才与基督复活事件之间结成了至关重要的关系。基督复活事件的独特性成就了保罗，而保罗以及他所带领的信徒们又成就了基督复活事件，使之成为真理的事件。其次，巴迪欧还明确告诉我们，他虽然特别关注保罗和基督复活事件，但对基督复活事件，他只关注其形式但不关注其内容。

首先，我们来看保罗与基督复活事件之间的关系。"如果有一个事件，如果真理就在于宣布这个事件并笃信它，那么就将会产生两个结果。首先，因为真理是事件性的，或属于事情之发生的那个序列，它就是单一的……其次，真理是以宣布为基础、并留存在我们对它的宣布中，而宣布在本质上是主体性的，那么就没有任何先前所构成的子集（数学用语——笔者注）能够支持它；任何历史上形成的东西或共同地产生的东西都不能为这个真理的过程提供实体性……它是提供给我们每一个人的，或者说它是对每一个说的，没有任何一种从属关系能够限制它的言说对象或提供对象。"[1] 在这里，巴迪欧通过讲述事件与主体的关系而告诉我们，事件的真理性只来自于主体对于事件的宣布以及对事件真理性的忠诚。这样一个看似极端主观化的立场背后却有着深意：事件的真理性不被这个世界上（即存在的秩序里）的任何先在的因素所限制，不被这个世界上的任何特殊的群体、特殊的立场所垄断。他在这个世界上既不能被实际地证实，也不能被实际地证伪。因此，保罗与基督复活事件之间的关系是这样的一种主体与事件之间的关系问题。保罗宣布基督复活了，其中的真实内涵是，我们既不能在关于耶稣生前的生活的记录中、也不能在所谓的奇迹中找

---

① Badiou, Alain, 2003. *Saint Paul: The Foundation of Universalism*. Translated by R. Brassier. Stanford, CA:Stanford University Press, p.14.

到关于基督复活的证据。在这个意义上，基督复活这件事，对于保罗来说绝不是某种已经被经验地证实了的事情，而只是一个寓言。以此为基础，我们也就能够理解巴迪欧所关注的为什么是基督复活事件的形式，而不是它的内容。他的关注重点是保罗行为的一般形式，即他如何与基督复活事件发生关系，具体而言，他如何宣布这个事件，如何通过宣布而把它构成为一个事件，如何实际地参与到事件的过程中，尤其是参与到事件的普遍性的真理的过程中等等。而他关注所有这些形式方面的根本目的就在于，通过讲述保罗与作为恩典的基督复活事件之间的关系，使我们也有可能进入这样的普遍性事件："建立一种关于恩典的唯物主义是我们的义不容辞的任务，这种唯物主义可以通过这样一个简单而有力的观念被建立起来：每一个存在都有可能在哪一天被发生于他身上的事情牢牢地抓住，并献身于其中的对所有人都普遍有效的东西。"[1] 这就是巴迪欧转向保罗的真实用意，他要通过关注保罗与事件的关系来成就唯物主义的事业。

2．基督复活事件与革命的主体

如果沿着这个线索来看巴迪欧的保罗，那么问题的关键就在于他是如何通过展开保罗与基督复活事件的关系来展开革命的主体与真理事件之间的关系。在这个关键的问题上，巴迪欧特别地使用了基督教的恩典思想[2]，来阐述真理事件所具有的超越的意义，尤其是它所有的普遍主义的性质。

首先，何所谓"事件"？巴迪欧为什么强调保罗书信的唯一核心就是基督复活事件？这是因为耶稣受难和复活具有特殊的意义。"纯粹的事件可被还原为这样：耶稣被钉死在十字架上，然后复活。这个事件是恩典（kharis），因此它既不是一份遗产，也不是一个传统或一种教义。它比所有这一切的含义都要更多，对我们来说它是纯粹的给予。"[3] 在这里，巴迪欧对事件做了最直接了当的界定：事件是恩典、纯粹的给予。他所依据的最主要的经文是："因为你们不是在律法之下，而是在恩典之中。"（《罗马书》6：14）把这两段文字合在一起，

---

[1] Badiou, Alain, 2003. *Saint Paul: The Foundation of Universalism*. Translated by R. Brassier. Stanford, CA:Stanford University Press, p.66.

[2] 关于这个问题，罗兰·博尔在《天国的批判》第 7 章中有详细的讨论。他认为，巴迪欧在这里所用的完全是新教的恩典的思想。见 Roland Boer, Criticism of Heaven, Brill, 2007。

[3] Badiou, Alain, 2003. *Saint Paul: The Foundation of Universalism*. Translated by R. Brassier. Stanford, CA: Stanford University Press, p.63.

我们就能够基本上理解"事件"的含义。他之所以强调事件是恩典是要特别强调事件与存在的领域之间的彻底断裂。结合经文，存在的领域就是律法所统治下的领域，事件的领域就是复活事件所开启的全新领域。在巴迪欧理论中，他特别强调事件意味着从存在的秩序（the order of being）中的彻底断裂，而所谓存在的秩序所指的就是事物的状态，这个领域是知识的领域、是数学的领域（可从多中求一的领域），也是本体论的领域。从政治哲学的角度来看，我们当前所遇到的最大的难题就是无法从这个领域中突破，实现对它的超越。 再更进一步地说，资本主义体系的最大的特点就是它已经形成了一种把形式各异的例外、他者都包容于其体系之内的机制，已经似乎完全不可突破。在此背景之下，巴迪欧强调，事件的含义恰恰就是与存在的秩序的决裂，这种决裂是如此地彻底，以至于从存在的领域来看，我们完全无法理解它何以发生，它因为不属于存在的领域，完全超出人们的预见能力。在这个意义上，事件是"从无到有"，是纯粹的给予。

　　事件与存在领域的彻底断裂，又使它具有彻底的普遍性。"我们应当坚持，事实上事件的断裂所用的'不是……而是……'这种分裂的方式也构成其主体，而正是这个形式具有普遍的性质。"① 由此可见，正因为事件与存在的秩序之间存在着这种彻底的断裂，作为恩典的事件具有了向所有人敞开的普遍性。在保罗的时代，救赎由耶稣基督通过复活事件而带来，它既不属于那些靠绝对服从律法而谋求救赎的犹太人，也不属于那些靠思考关于上帝的真理而谋求救赎的所谓的智者，它属于接受恩典的所有人，或者说，所有人都活在上帝的恩典中。与此相关，事件所具有的另外一层重要的含义就是，没有所谓纯粹的事件，事件要成为真正的事件，还需要主体的参与。保罗之所以重要，就在于他认基督复活为恩典的事件，并通过这个行动而参与到事件的普遍性的真理中。

　　巴迪欧之所以要转向保罗，在保罗与基督复活事件的关系中重新塑造保罗的形象，就是为了解决革命的主体问题。因此，他关于主体的论述，可被看作其"保罗转向"的落脚点。关于事件的主体，巴迪欧特别强调了两个环节：首先，由于恩典事件的普遍性，事件的主体同样也只能是普遍的主体。具体说来，就是只有脱离了与存在领域的任何有限的关系的主体才能进入事业所开启

---

① Badiou, Alain, 2003. *Saint Paul: The Foundation of Universalism*. Translated by R. Brassier. Stanford, CA: Stanford University Press, pp.63-64.

的新领域，成为事件的主体。这种脱离既表现为主体是绝对不受报酬的主体（unwaged-subject），也表现为主体是无身份的主体（non-identity subject）。所谓不受报酬的主体主要指我们绝对不可能通过自己在存在的领域的努力而把自己提升到事件的主体的位置。在这背后依然是恩典的思想。因为事件是纯粹的恩典，我们绝对不能靠自己的事功来赢得事业的发生，因而事件的主体也绝对不是那样的"获报酬的主体"。在这个意义上，巴迪欧强调事件的主体不是所谓的主人（master），而是"弱"（weak）的力量。所以这种关于革命的主体的立场也被称作"弱的弥赛亚的立场"。比这更进一步，巴迪欧还强调因为事件绝对偶然地发生，我们无法从存在的领域找到关于事件何以发生的任何线索，我们也就不可能把自己在存在的领域的某种有限的身份和立场带进事件。从这个角度说，主体是"无身份的主体"："完全没有身份，彻底地被中止，被带进了事件，而这个事件的唯一'证据'就是一个主体宣布为是事件。"① 在这个意义上，很多学者强调，巴迪欧笔下的事件的主体具有彻底的反社会的性质，也正是在这一点上我们可以看到它与卢卡奇等早期西方马克思主义者的根本差异之处。在《历史与阶级意识》中，卢卡奇全神贯注于无产阶级的普遍性，并以无产阶级的普遍性来保证解放的普遍性。为了说明无产阶级的普遍性，他特别强调了无产阶级意识这个关键的环节，而且用"被赋予的意识"（ascribed consciousness）来说明工人自发产生的意识与普遍的阶级意识之间的距离。但是他在强调二者之间的距离的同时，也承认了二者之间存在着无法割裂的联系。针对着卢卡奇等人所没有最终解决的革命主体性问题，巴迪欧选择了一条完全相反的道路：首先不是由主体的普遍性来保证革命的普遍性，而是由事件的普遍性来规定主体的普遍性；其次，主体的普遍性绝对不是指他能够从这个世界中一个特殊的立场提升到一个普遍的立场，把握这个世界的总体，而首先是指与这个世界之间的彻底断裂。

其次，巴迪欧又同时强调只有通过主体对事件的忠诚（fidelity to it），事件才成为真理的事件。如果说主体的普遍性表明了主体与存在的领域之间的彻底断裂的化，那么主体对于事件的真理性的成就则表达了主体对事件的进入和坚守。从进入的环节看，这里最重要是把事件认作恩典的事件，或者说把事件

---

① Badiou, Alain, 2003. *Saint Paul: The Foundation of Universalism*. Translated by R. Brassier. Stanford, CA:Stanford University Press, p.5.

命名为事件。保罗与基督复活事件的关系首先就在于他把基督复活命名为恩典的事件。为理解这个环节，我们可以借新教的"因信称义"（justification of grace by faith）来体会，根据"因信称义"的原则，我们是凭靠着信仰而进入恩典的事件的。同样，在这里"对恩典的普遍的诉求的主体化也是纯粹的信念或信仰。"① 不仅如此，事件的真理性还在于我们在行动中对于它的永恒坚守，这也就意味着与这个存在领域之间进行永恒的战斗。对于事件的忠诚，意味着我们在行动中制造了属于事件本身的律法，但此律法又决然不同于存在的领域中的律法，巴迪欧称之为圣灵的律法（the law of spirit）。圣灵的律法的独特性就体现在它能够使事件的真理不断敞开，能够不断地让更多的主体走进事件，从而实现普遍化。巴迪欧从来没有说主体之忠诚于事件的过程是一个被上帝最终保证了的过程，相反，他反复强调的却是我们在这条战斗的道路上会遭遇到的失败和苦难。革命的主体性最终就落实在对革命、战斗的顽强信心之上。

三、齐泽克和阿甘本的回应

我们在前文中曾经提到，巴迪欧的《圣保罗：普遍主义的基础》一书在学界产生了强烈的影响。这一方面是因为它直接针对着政治哲学领域中的一个最为困难的问题，即革命的主体性问题，另一方面也是因为他在书中用极为敏感的语言指出了一条极为特殊的解决道路——回到保罗、进入真理的事件。在关于巴迪欧对保罗的讨论中，齐泽克和阿甘本的回应最值得关注：齐泽克根据自己的思想经历，强调我们要经过保罗（巴迪欧的保罗）而进入列宁主义；阿甘本则强调保罗不仅是主张断裂的保罗，而且是处于弥赛亚主义传统之中的保罗。通过他们二位的回应，保罗与革命的主体性之间的联系就被构建得更加具体了。

（一）齐泽克：从保罗到列宁主义

在《木偶与侏儒》中，齐泽克写道："……要成为真正的辩证唯物主义者，就应该经历基督徒的经验。"② 在这里，齐泽克明确指出，如果没有基督徒的

① Badiou, Alain, 2003. *Saint Paul: The Foundation of Universalism.* Translated by R. Brassier. Stanford, CA:Stanford University Press, p.75.
② Žižek, Slavoj, 2003. *The Puppet and the Dwarf: The Perverse Core of Christianity.* Cambridge, MA: MIT, p.6.

经验，那么就很难或无法成为一个真正的辩证唯物主义者。熟悉齐泽克的思想的人都知道，他所说的辩证唯物主义者在更多的时候指的是一个列宁主义者。于是问题就被进一步地发展为：为什么没有基督徒的经验，就很难或无法成为一个真正的列宁主义者？笔者认为，要理解齐泽克的这个论断，我们必须首先理解他与巴迪欧的保罗之间的关系。一方面，是巴迪欧的保罗帮助他本人走出了拉康主义的立场，使他不再仅仅是一个拉康主义的文化批判者，而是在政治哲学上达到了列宁主义的高度；另一方面，他又在巴迪欧的保罗的影响之下对列宁主义的立场进行了独特的论述。在阐述列宁主义立场的过程中，他特别地看到了革命的时间问题的重要性，这又使他与巴迪欧之间有了区别，使他能够同时也接受阿甘本关于弥赛亚主义的时间的思想。

1. 巴迪欧的保罗与齐泽克的思想发展轨迹

在巴迪欧提出了关于保罗与事件之间关系的思想之后，齐泽克很快就对此做了回应，这主要体现在他的《易变的主体：政治本体论的缺失的核心》一书中。此时，齐泽克对巴迪欧的态度似乎是双重的：一方面他对于巴迪欧的思想进行了清晰的阐述，尤其看重其关于事件意味着与存在秩序的彻底断裂的思想；另一方面，他又试图站在拉康主义的立场上来回应巴迪欧的挑战，并提出对他的批评。巴迪欧指出，只有彻底与存在秩序断裂了的事件才代表着真正的突破，而心理分析所关注实际上还只是存在的领域。更进一步地说，心理分析所关注是律法与欲望之间相反相生的关系，它至多只能达到对存在领域的透彻分析，无力从这个存在的领域中打开一个缺口，实现真正的突破。这也就是说，巴迪欧实际上是向齐泽克提出了心理分析的终结的问题。此时的齐泽克并没有完全接受这一挑战，而是反过来用拉康的心理分析学说对巴迪欧关于事件、断裂的思想进行批评。齐泽克转而强调，事件也难逃被重新拖回到存在的领域的困境：正如律法与欲望之间是相反而相生的关系一样，事件也会同样产生它另一面，并且因与这个另一面的关系而被拖回存在的领域。

但是，他们二者的关系并没有就此终结，否则，齐泽克后来也就不会有关于基督教和辩证唯物主义相结合的思想了。巴迪欧所提出的这个挑战后来又被巴特勒（Judith Butler）和拉克劳（Ernesto Laclau）再次提出：巴特勒在与齐泽克进行争论时提出，拉康的心理分析学说最终将使他在政治哲学上陷入困境，因为如果任何一种反抗和突破最终都会被转变成被资本主义的体系所包容并成就着资本主义体系的所谓的"构成性的例外"的话，那么我们在政治上还将能有何作为？在此基础上，拉克劳又对齐泽克进行了进一步的追击，齐泽克为了要回答巴特勒的批评，直接端出了马克思主义的阶级、革命等学说，而拉克劳则指出齐泽克在对马克思主义资源的了解方面，实在是远远没有跟上最近的一些重要发展。[①] 在此背景之下，齐泽克不得不再次面对他在政治哲学上所遇到的挑战，即革命何以可能，或列宁主义何以可能？在接下来的《脆弱的绝对，或我们为什么值得为基督教的遗产而斗争?》、《论信仰》和《木偶与侏儒：基督教的与之作对的核心》等三本著作中，他都在一直苦苦追寻关于这个问题的答案。正是在这一过程中，巴迪欧的保罗成为他的最直接的思想资源。他不仅基本上接受了巴迪欧关于事件的思想，而且还从保罗与列宁的关系的角度，有侧重点地对巴迪欧的思想进行了发挥，使得巴迪欧的保罗变得更加具有列宁主义的色彩。

2．再论事件所带来的断裂

我们在前文中曾经提到，齐泽克从一开始就特别看重巴迪欧所提出的关于基督复活事件与这个律法的世界之间彻底的断裂的思想。当他进一步地去思考保罗如何让我们再次进入列宁主义立场的时候，他又对这个断裂关系做了进一步的强调。他要把断裂不仅仅理解为与这个律法世界之间的彻底分离，而且更是对它的永恒斗争和彻底重建。在此基础上，他还用列宁关于形式自由与实质自由之间的根本不同来讲述我们怎样经由这个断裂而进入到一个全新的开端之中。

齐泽克认为，在救赎观念上基督教与犹太教之间存在着重大差别："犹太教把关于另一种生活的承诺还原为一个纯粹的他者，一个永远也不会充分实现的弥赛亚主义的承诺（弥赛亚总是'将要来临'）；而基督教虽然也远没有声称这个承诺已经充分实现，却完成了一件更加奇特的事情：弥赛亚就在这里，他已经来临，最终的事件已经发生，然而距离（那个使得弥赛亚主义的承诺得以持续的距离）又依然还在……"[②] 在这里，齐泽克用一种非常简单的方式对犹太教和基督教进行了对比，其重要性不在于这个对比本身是否有充分的依据，而在于他要据此而强调基督复活事件所具有的行动的意义。因为基督

① 关于齐泽克、拉克劳和巴特勒的争论，见 *Contingency, Hegemony, Universality,* Verso, 2000。

② Žižek, Slavoj, 2003, *The Puppet and the Dwarf: The Perverse Core of Christianity.* Cambridge, MA: MIT. p.141.

复活事件已经发生，它已经带来了彻底的断裂，所以摆在我们面前紧迫而又危险的任务就是守住这个断裂，用斗争来守住这个断裂。"死者的复活不是一个将在未来的某个时间发生的'真实的事件'（real event），而是已在这里——我们只需要改变我们的主观的立场。"① 断裂在这里就不仅仅指基督复活事件与这个律法世界之间的断裂，而且还进一步意味着发生在我们身上的断裂，我们要切断自己与这个世界之间的连续性，在斗争中实现对于基督复活事件的忠诚。

当我们把断裂深入到主体的内部，基督教之对于马克思主义的革命意义也就呈现出来了："由解放性的阶级斗争所引入和坚守的区分不是在整体中的两个特殊的阶级之间的区分，而是在'存在于部分中的整体'和它的剩余之间的区分，后者在个殊中代表着普遍，代表着与它的所有的组成部分相对立的整体本身。"② 在这段话中，齐泽克集中地表达了他的关于"剩民的政治"的思想，我们可以从发生在主体身上的断裂来理解他的这个思想：真正具有解放性质的阶级斗争不是发生在同一个社会内部的两个不同的阶级之间，因为此时这两个阶级都有自己的特殊利益诉求，二者之间的斗争只是一个整体内部不同部分之间的斗争。解放性的阶级斗争是发生在这样的两者之间：一方虽然只是社会中的一个群体，但实际上却就是现行的整个社会（如现代国家中的资产阶级），而另一方虽然看似还活在这个现行的社会之中，但已被完全排斥在整个社会的逻辑之外，是绝对的剩余。在这样的斗争中，后者由于是在与整个社会进行斗争，因而又代表着那个真正的普遍。在这里，解放性的阶级斗争被解读为落实在剩民身上的两重断裂：一是他们已经被排除在现行社会的逻辑之外，与现行社会之间已然是断裂的关系；另一方面，他们在与这个社会整体进行斗争的时候，他们又进入了那个具有真正开启新世界意义的断裂的过程。为了进一步说明在革命的主体身上所发生的这个断裂，齐泽克在该书中还专门用列宁关于形式自由与实质自由之间的根本对立的思想来表明革命主体如何去实现对既定社会秩序的突破。在这里，齐泽克和巴迪欧的不同还在于，他除了强调断裂意味着突破和破坏，还同时强调它也意味着对一个新的秩序的彻底重

① Žižek, Slavoj, 2003, *The Puppet and the Dwarf: The Perverse Core of Christianity.* Cambridge, MA: MIT. p.87.

② Žižek, Slavoj, 2003，*The Puppet and the Dwarf: The Perverse Core of Christianity.* Cambridge, MA: MIT. p.133.

建。

　　3．事件与革命的时间

　　齐泽克在解读巴迪欧关于事件的思想时，还特别强调了革命的时间问题，在这一点上，他似乎是直接吸收了阿甘本的思想："'弥赛亚主义'时间在根本上意味着主体性的介入，前者不可被还原为'客观的'历史过程，它意味着事情可以出现一个弥赛亚主义的转向，时间可以在**任何一个点上**突然间变得极其密实。"[①] 弥赛亚主义时间是阿甘本在解读保罗书信的过程中所提出的一个核心概念，粗略地讲，它指基督复活与基督复临（the second coming of Jesus Christ）之间的时间。齐泽克在这里直接使用这个概念来强调它意味着主体在事件的生成过程中起着决定性的参与作用。弥赛亚主义的时间已经不是线性意义上所谓客观的时间，它的最根本的特征是其中的所有时刻都有可能是革命的时机，我们根本不可能根据所谓的客观情况预见革命到来的时间。但任何一个时机要被我们真正抓住，又都需要主体的介入，只有经过主体的介入，事件才能真正生成。

　　我们该怎样理解齐泽克的这一思想？首先，我们要看到，他的这一思想不仅是受到了阿甘本的影响，更重要的是受到了列宁的革命实践的启发。他在通过巴迪欧而反复琢磨保罗的形象的同时，也在集中地思考列宁的形象。在这期间，他发表了《在家门口的革命：齐泽克论列宁》，为卢卡奇的《尾随主义与辩证法》的英译本撰写了一篇题为"作为列宁主义的哲学家的卢卡奇"的长篇后记，与此同时，在其他的著作和论文中，齐泽克也不时地提及列宁。在列宁身上，他看到的最重要的革命家品格就是能够抓住时机、介入历史、制造革命。例如，他在解读卢卡奇的《历史与阶级意识》时就直接指出，该书在根本的意义上就是关于列宁的十月革命的辩证法。而在卢卡奇的辩证法中，他所真正看重的又是列宁对于"抓住机遇、改变历史"的强调以及卢卡奇对此的哲学阐释。这也就是说，卢卡奇已经从十月革命中领会到，我们必须彻底跳出实证主义的历史观，抛开其关于社会发展阶段的理论，抓住时机，介入历史。在这一点上，他认为卢卡奇对于时机（Augenblick）的强调与巴迪欧对于事件（event）的强调具有异曲同工之妙。再更进一步，从辩证法的角度看，卢卡奇之所以能

---

① Žižek, Slavoj, 2003, *The Puppet and the Dwarf: The Perverse Core of Christianity.* Cambridge, MA: MIT. p.134.

够抛开实证主义的历史观、强调时机，还因为他已经在对辩证法的理解中为人的行动（act）留下了空间。卢卡奇指出，理论和实践处于辩证的关联中，不同的意识带来不同的对象性形式，自我意识本身能够改变对象。这样，我们与历史的关系就不是等待历史自动地为我们带来世界的改变，而是我们要抓住时机、介入历史去创造这个变化。

其次，我们要进一步地去追问，在齐泽克看来，在对革命的时间的理解上，保罗又能够为我们贡献些什么？从他对弥赛亚主义的时间的双重维度的理解，我们可以看到，保罗可以使我们既不致陷入所谓的人本主义的逻辑，又能避开实证主义的陷阱。一方面，弥赛亚主义的时间指基督复活事件本身是完全无法为我们所预料的，是完全偶然的、外在于历史的时间的，而这又是革命之所以可能的前提条件。这就使得人在历史中的有限性被得到了恰当的界定，人不是上帝，不能从无创有。另一方面，弥赛亚主义的时间又指我们生活在已然发生的基督复活事件之后，这时去守住由基督复活事件所开启的这个全新的开端就是我们的责任，我们决不能躺在所谓的客观条件之上，等待这些客观条件为我们制造革命。

（二）阿甘本：保罗、弥赛亚主义与辩证法

阿甘本在对巴迪欧的回应中首先指出，巴迪欧在解读保罗的过程中，特别关注的是他在从旧教会到新教会的转变过程中所发挥的战斗精神和所付出的实践上的努力，也就是说，在巴迪欧的眼中，保罗基本上是一个纯粹的实践性的形象。如此一来，巴迪欧的保罗就与平常人眼中的保罗区别开来：如果说巴迪欧所看到的是永远处于战斗实践中的保罗，那么平常人所看到的则往往是一个末世论的（apocalyptic）保罗，是一个总是在急切地宣讲着关于基督复活和即将来临的末日灾难的消息的保罗。我们应该怎样来看待这个区别？阿甘本当然完全能够理解巴迪欧为什么要故意忽视末世论的理由，他这样做是因为人们在理解其末世论方面的时候，总是强调末世就意味着对这个世界的彻底毁灭和一个全新的世界的来临，而这样的末世论所带来的直接结果就是把保罗理解为一个完全不关注此世的保罗，把其作为一个"战斗性的人物"的形象彻底瓦解掉。但与此同时，他又尖锐地指出，巴迪欧想通过简单地忽略末世论意义上的保罗来守住保罗的实践性和战斗性是行不通的，因为保罗的末世论的方面是他的实践性方面相互依赖的，只有在这种相互依赖的关系中才能够呈现出一个战斗性的保罗，才能够使革命成为可能。

1. 弥赛亚主义的时间

巴迪欧用"剩下的时间"（the time that remains）这一形象生动的概念来突显保罗形象的末世论的含义，该概念同时包含了两个层次的重要内容。首先，它指在保罗与犹太教的弥赛亚主义传统之间的直接的继承关系，而不是简单的中断的关系。为此，阿甘本又用"弥赛亚主义的时间"来进一步解释"剩下的时间"；其次，它还指对线性时间的突破以及人在历史的终结过程中的重要地位。为此，他又用本雅明的"现在的时间"（the time of now）来进一步阐发"剩下的时间"的概念。

我们先来看保罗与犹太教弥赛亚主义传统之间的继承关系。从前文的论述我们已经看到，无论是巴迪欧还是齐泽克，都非常强调保罗与弥赛亚主义传统之间的断裂关系：巴迪欧强调恩典意味着对犹太律法的彻底决裂，齐泽克则更进一步地说，犹太教弥赛亚主义让我们永远在等待，永远无法达到对此世的超越，而基督教则告诉我们弥赛亚已经来临，我们因而可以把握时机、发动革命、进入弥赛亚所带来的一个全新的世界。与此相反，阿甘本却指出保罗是对弥赛亚主义传统的直接继承，关于基督复活事件，他要强调的也是它是对"亚伯拉罕之约"的实现。阿甘本之所以要强调这一点，一方面是因为它与圣经研究的结论更加吻合："……因为上帝与我们之间的约定始于亚伯拉罕。从亚伯拉罕起，人们开始行割礼，有后嗣等等。保罗的办法是对你说：'你们是亚伯拉罕的后代！因为他曾这样说到亚伯拉罕（《创世纪》15：6：亚伯拉罕信耶和华，耶和华就以此为他的义）'。"[1] 但比这更重要的是，他认为只有把基督复活事件放在弥赛亚主义的传统中，我们才能够真正理解在弥赛亚主义时间中的过去、现在和未来之间的辩证关系，否则我们将无论如何都无法避免从简单的二元论角度来理解末世论，而前者又将必然导致非实践的立场。站在弥赛亚主义的立场上来看基督复活事件，我们就能够看到事件所带来的是我们与过去之间的同时既是中断（suspension）又是保存（preservation）的辩证关系。从这一辩证关系出发，阿甘本重新阐释了巴迪欧的普遍主义的立场：巴迪欧从决裂的角度来讲述普遍主义，普遍主义体现为对律法的彻底超越，落实为无身份的主体（non-identity subject）；而阿甘本则强调普遍主义在这里应体现为对律法

---

[1] Taubes, Jacob, *the Political Theology of Paul*, 2003, Stanford: Stanford University Press. p.20.

的有效性的终止（suspension），落实在每一个主体身上，就表现为每个人都既还是原先的身份，又同时取消了这个身份的有效性，形象地说，就是每个人都已"好像不是"（as not）。阿甘本特别强调他在这点上与巴迪欧的不同，因为只有在这种既中断又保存的关系中，我们才能与过去发生实际的关系，并通过这个关系所带来历史的终结，成为历史的主体："只有当律法首先被恢复为权力之无效，它才能够被最终完成。"① 用本雅明充满弥赛亚主义情怀的语言来表述，就是："曾经发生的任何事情都不应该被当作已在历史中被彻底丢弃。确切的是，只有被救赎了的人类才达到了对其过去的充分完成——这也就是说，只有被救赎了的人类才已经使自己的过去完全成为可随时被引用的。"②

　　接下来我们再来看"现在的时间"与"剩下的时间"的关系，前者是本雅明的概念，阿甘本用它来阐发我们之成为历史的主体何以可能这一问题。从字面的意义上看，"剩下的时间"指在基督复活事件与基督复临之间的时间，此处的关键在于我们决不能在线性时间的意义上来理解这个独特的时间领域。在这个独特的时间领域中，基督复活已经彻底中断了在这之前的时间，已经带来了时间的终结。或者说，自基督复活事件起，时间（线性意义上的时间）开始终结、萎缩；与此同时，它又还没有彻底终结，因为彻底的终结将发生在基督复临的那一刻。阿甘本称之为"剩下的时间"，其中特别包含着这是为我们而剩下的时间（It is the time that remains for us）的含义，这也就是说，这个时间领域是人能够真正于其中起作用的时间领域。为了进一步地强调这一点，阿甘本直接借用了本雅明的"现在的时间"（time of the now）概念，现在的时间指在这个独特的时间领域中过去、现在和未来被高度地浓缩在一起，它们相互之间既处于辩证的关系之中，这种辩证的关系又要落实在我们对每一个现在的时机的把握中。在这里，基督复活事件虽然发生在"过去"，但在这个过去中包含着"未来"的所有真理，"现在"对于我们来说就是一个又一个重要的关口，通过这些关口，未来的真理得以流淌。在这个意义上，剩下的时间是"时间能够利用它达到终结的时间，或者更准确地说，是我们利用它而带来最后的

---

① Agamben, Giorgio, *The Time That Remains: A Commentary on the Letter to the Romans*, Translated by P. Dailey, 2005, Stanford: Stanford University Press, p.98.

② Benjamin, Walter, "Theses on the Philosophy of History", in *Illuminations*, 1973: London: Fontana, p.256.

终结、达到对时间的代表的时间。"① 把"现在的时间"和"弥赛亚主义的时间"这两个概念完全融合在一起，就是"剩下的时间"。在"剩下的时间"中，我们通过把握住每一个"现在"的关口，不仅能够让蕴涵在基督复活这个过去的事件中的未来的真理得以呈现，而且该未来同时也意味着对于我们的所有的过去的真正完成。在这里，我们可以看到末世论的保罗和实践的保罗凝聚成了一个统一的形象，即处于"剩下的时间"中的保罗。

2．本雅明、弥赛亚主义与辩证法

阿甘本的另一个重要的努力就是具体阐述清楚马克思主义与犹太教—基督教传统之间的内在关联。如果说，齐泽克对此所给出的答案是我们要经由保罗才能达到列宁主义的话，那么阿甘本的思考就要再进一步，他认为我们之所以能够经由保罗而进入马克思主义是因为辩证法把它们二者内在地联系在一起：辩证法起源于保罗对弥赛亚主义时间的把握，它后来内在地渗透到哲学的传统中（尤其是黑格尔—马克思的传统中），然后，本雅明又极富洞见地把握到了它们二者之间的这一关联，使得历史向理性敞开，使我们在哲学上达到了对历史辩证法的自觉。

本雅明为什么如此重要？因为在阿甘本看来，本雅明一方面扎根于犹太教弥赛亚主义的传统中，另一方面又已经完全看到了保罗这个环节的极端重要性，这一极为特殊的立场使他得以洞见到蕴涵在弥赛亚主义时间中的双重运动，达到对历史辩证法的自觉。换言之，只有把保罗这个环节纳入到弥赛亚主义传统中，把基督复活事件纳入到弥赛亚主义时间中，我们才能看到时间在向我们敞开，成为我们可以在其中起作用的时间。在时间的敞开中，历史才有可能被带到我们的面前，让我们在对历史的辩证法的自觉中加入了历史的起源，而不再是所谓的历史过程的被动的材料。

具体来说，辩证法首先是根源于犹太教—基督教的传统。在我们把基督事件纳入弥赛亚主义的盼望的过程中，我们与这个律法的世界之间就体现出了一种既中断又保存的关系，这一双重的关系又实际地体现在我们在弥赛亚主义时间的领域中，通过把握一个个"现在"的关口去实现蕴涵于过去的事件（基督事件）中的未来、实现关于全部的过去的真理。说得更明白点，就是我们在

---

① Agamben, Giorgio, *The Time That Remains: A Commentary on the Letter to the Romans,* Translated by P. Dailey, 2005, Stanford: Stanford University Press, p.68.

弥赛亚主义的时间中，保持着绝对警惕，准备能够随时抓住那些将完全超出我们的预料的机遇，中断时间、打开缺口、实现永恒。我们与历史之间的这样一种辩证关系在哲学上被就自觉地把握为"扬弃"："不仅是黑格尔的思想实际上是隐秘地被卷入了与弥赛亚主义的之间纠缠和斗争——就它的所有的决定性概念都或多或少地是对弥赛亚主义主题的解读和世俗化这一点来说——而且这一点也同样地适用于现代性（马克思和本雅明），前者在这里指这样一个时代，它以辩证的扬弃（Aufhebung）为征兆。"① 阿甘本认为，黑格尔在其关于"扬弃"的概念实际上已经体会到了蕴涵于弥赛亚主义时间中的辩证法，在这个意义上我们可以说，他在哲学中重新讲述了基督教的道理。但黑格尔的问题是，"扬弃"被最终看成是整个历史过程所带来的结果，于是蕴涵在弥赛亚主义时间的每一个"现在"之中的过去与未来之间的极其紧张的关系就被取消了，历史中人又成为整个历史过程的材料。再一次突显出这种紧张性的是本雅明，他在马克思的阶级斗争思想和实践中看到了，时间又重新被交到了我们的手中。与此同时，本雅明也敏锐地意识到，我们要想能够真正抓住时间而不让它再次把我们甩掉，就必须自觉保持高度的警惕性，准备随时在时间中撕开一个缺口、使之成为走向永恒的通道。为此，他特别强调了历史哲学的意义：历史哲学使我们由于对历史辩证法的自觉而可能在实践中把握住机遇，成为历史的主体。他对于历史哲学的独特重要性的认识就体现在，他不仅用充满着弥赛亚主义色彩的语言表述了历史辩证法，而且还一再强调我们只有在神学和唯物主义（或者说犹太—基督教和马克思主义）的联盟中才能守住历史辩证法，在时间中保持着对于未来的高度警惕性。从这个角度看，我们可以说阿甘本之转向保罗，其用意在正在于此。

四、结语："回到保罗"还是"内在的超越"？

从前文的论述我们可以看到，巴迪欧、齐泽克、阿甘本等三位当今在西方世界极其活跃的左翼思想家都纷纷转向保罗来寻求新的思想资源。当然，他们各自的侧重点有所不同，巴迪欧看重的是事件所带来的彻底断裂以及我们对于

---

① Agamben, Giorgio, *The Time That Remains: A Commentary on the Letter to the Romans*, Translated by P. Dailey, 2005, Stanford: Stanford University Press, p.100.

事件的忠诚；齐泽克在对断裂的强调方面又更进了一步，他强调断裂同时也必须被深入到主体的内部，只有这样我们才能够经由保罗而转向列宁主义；阿甘本与巴迪欧完全不同，他认为我们不能只强调事件带来了断裂，更要强调在弥赛亚主义时间中所蕴涵着的辩证法。尽管如此，但他们在共同转向保罗的过程中还是表现出了一个大概一致的思路：目前我们也许只有通过保罗，借助于基督复活事件所带来的超越，才能重新使革命的政治在现代世界中成为可能。换言之，当现代政治陷入困境、当我们似乎已经无法在资本主义体系中打开缺口、找到超越的道路的时候，我们已经无法再走内在的道路，无法在历史的内部来解决革命的主体性危机问题。

那么，我们究竟该怎样理解在左翼政治思潮中发生的这个保罗转向呢？当然，在这里我们很难对此提供一个最终的、结论性的判断，我们只想提醒读者注意另外两条线索，以便能更好地理解该转向在左翼政治思潮的整个发展过程中的意义。首先，这个转向意味着他们对批判理论的文化批判道路的突破，意味着革命的主题在左翼政治思潮中的回归；其次，在西方左翼政治思潮的内部，还同时存在着一些其他的努力，它们也同样在重新讲述革命的话题，其中最值得注意的是奈格里关于"内在的超越"的思想。

正如齐泽克在《作为列宁主义的哲学家的卢卡奇》一文中所指出，卢卡奇等那批西方左翼思想家也曾经是关于革命的思想家，卢卡奇的辩证法理论就是关于"十月革命"的辩证法。但在 20 世纪 30 年代以后，革命却逐渐退出了人们的生活，在如此的背景之下，人们在理论上也走上了对十月革命的背叛。在左翼思想的范围内，这种背叛主要有三种形式：工人运动内部的实证主义、斯大林主义的意识形态和批判理论。其中最值得关注的是批判理论，因为在很长一段时间内，它成了左翼思潮难以走出的思想框架。批判理论的基本思路是只继承卢卡奇思想中的所谓纯粹哲学的部分，如对形式理性的批判等，而忽略掉其思想与革命之间的内在关联。不仅如此，他们还强调只有这样才能守住真正的否定性力量。但巴迪欧、齐泽克等这批激进思想家则看到，如果我们一直被限制在这样的理论框架之内，那我们将只能停留于对现存世界的批判，永远无法找到突破的道路；不仅如此，如果我们将只能停留于纯粹的批判之中，这种批判反过来还会被作为一个允许的例外被收容进整个资本主义体系之中，并且对这个体系起到强化的作用。从这个角度看，如果不另寻突破的道路，那么我们将不可能有任何希望。正是在这个背景之下，他们开始重新直面革命的话题，重新思考列宁的十月革命。但面对着卢卡奇等人曾经有过的努力，他们必须重新寻找道路，这一次他们找到的既不是内在于历史中的超越性（普遍的无产阶级）也不是内在于人的理性之中的否定性，而是向纯粹的外在的超越性敞开。保罗神学恰好为他们提供了这种纯粹的外在的超越性——基督复活事件，于是他们把所有的努力都放在了如何建立起我们与这样的事件之间的关系之上。换言之，事件是前提，或者说事件所代表的这种纯粹的外在性和偶然性是前提，然后才有我们与之发生的关系，才有革命的可能。也正是在这个意义上，他们通过与神学的关联而彻底走出了自卢卡奇以来的人本主义道路。

　　但是，在西方左翼政治思潮的内部，内在超越的思路并没有完全被抛弃，如在奈格里的思想中。奈格里一方面与巴迪欧等人完全一致，也在直接关注革命的问题，也在重新思考列宁的十月革命，但另一方面，他却没有同样选择这条"外在"的超越道路，而是在努力探求一条"内在的超越"的道路。当被问及怎样看待蕴涵于革命中的那个超越的神学维度的时候，奈格里非常明确地强调我们要从人出发来理解那个神学的维度，而不是相反："关于神学问题的答案可以在人们去追问无限的问题、完善的问题的那一刻而找到。人们不是在面对着神秘的空无或内在的空无的时候来追问这些问题的，而是当面对着经验的虚无和时间的空洞的时候才追问这些问题的——时间什么时候停止，它什么时候再开始。被逐出尘世的天堂之后，人性处于非存在的虚无（the void of nonbeing）的边缘上，为了抵抗这种非存在的虚无，它总是不断地投射存在以继续过程。正是面对着这种极端有风险的虚无，人才不得不为了存在而不断运转。"① 奈格里在这里提交给我们的是关于人的存在的画面，在这个画面中人被非存在的虚无所包围着，但与此同时，正是在这样的处境中人才不得不去建构、去创造。而神学的超越的维度只有进入到这个画面中，成为一种内在的超越才有意义。"问题是，我们有没有可能把这个内在的领域定义为一个建构的计划？换句话说，作为超越的神学思想能否被弯进生活的思想中，这种生活的思想是处于内在于生产生活中的各种活生生的力量的作用之下的？或者，另一方面，作为超越的神学思想是否能够仅仅满足于现世的超越（temporal tran-

---

① Antonio Negri and Gabriele Fadini, "Materialism and Theology: A Conversation", Rethinking Marxism, Volume 20, Number 4, (October 2008), p.667.

scendence)——这是超越的最后一种形式——当主体面临着虚无或者毁灭的时候，他或她就会去尝试这种超越？我只相信一种神学的维度的可能性，就是那种神学，它宣布超越已经被弯进了内在之中。"[1] 超越在这里被理解为处于这个世界之中，它是主体在虚无和毁灭的逼迫之下去进行创造的努力。超越是受制于此世上的各种因素制约的过程，是一个充满风险的过程，也是一个无限的过程。奈格里的这条"内在的超越"道路是否在提醒我们：也许我们不必借助于保罗，也能在现代世界中打开一条"出埃及"的道路？这是我们需要进一步思考的问题。

（作者单位：复旦大学当代国外马克思主义研究中心　复旦大学哲学学院）

---

[1] Antonio Negri and Gabriele Fadini, "Materialism and Theology: A Conversation", Rethinking Marxism, Volume 20, Number 4, (October 2008), p.66.

中国热 ①

【英】佩里·安德森／文 郑 端／译 吴 言／校

【文章提要】本文考察了西方当前兴起的中国热的背景和对中国改革开放的不同看法。分析集中在近年出版的三部著作，即马丁·雅各的《当中国统治世界》、美国华裔经济学家黄亚生的《中国特色的资本主义》以及李静君的《抗法》。雅各认为，中国不是一个民族国家，而是一个文明国家，中国的崛起具有世界历史意义，它将恢复中国在世界文明中的核心地位，开创一个民主的国家关系模式和新的现代性。但是，安德森认为，雅各的观点是错误的，完全误解了中国文化、社会和政治的性质。作者认为，黄亚生对中国改革的判断和李静君对中国东北老工业基地和广东新工业带的工人阶级状况的讨论，比起雅各的著作更有价值。

关键词：中国热 文明国家 现代性 资本主义 国际体系

---

① Perry Anderson, Sinomania, London Review of Books, Vol. 32 No. 2.28 January 2010。该文评论了三部著作，它们分别是：Martin Jacques, *When China Rules the World: The Rise of the Middle Kingdom and the End of the Western World* (Allen Lane, 2009); Yasheng Huang, *Capitalism with Chinese Characteristics: Entrepreneurship and the State* (Cambridge, 2008); Ching Kwan Lee, *Against the Law: Labour Protests in China's Rustbelt and Sunbelt* (California, 2007)。本文比较典型地反映了西方左派知识分子对中国改革的偏见，但其讨论的问题对我们深入理解中国崛起的意义是一个重要的参考。

近来，东方学的名声并不好。爱德华·萨义德（Edward Said）将它描绘成西方调制的关于东方社会和文化的幻想与敌意的混合物。他立足于英、法对近东的著述，在这片土地上，伊斯兰世界与基督教世界互相争斗了几个世纪，最终在近代落入西方帝国主义的手掌。但是，远东一直是另外一回事，它实在太遥远，不至于对欧洲造成军事上或者宗教上的威胁；欧洲流传的那些关于它的故事充满的不是恐惧和厌恶，而是惊奇。马可·波罗对中国的报告，现在看起来大部分是道听途说，它描绘了一幅中国的美妙图画，这一形象一直持续到哥伦布启程到中国寻宝为止。但是，到17、18世纪，关于中国的真正信息传到了西方，欧洲人对她的态度仍然更倾向于敬畏，而不是恐惧，或者自以为高人一等。从贝尔（Bayle）和莱布尼茨到伏尔泰和魁奈，哲学家们将中国誉为一个比欧洲更加文明的帝国：不仅仅是更加富庶和人口众多，而是更加宽容与平和，在那里，没有牧师来迫害异端，政府官员是根据才能而非出身选拔出来。甚至那些对"中央帝国"的过分夸耀持怀疑态度的人——孟德斯鸠或者亚当·斯密——也仍然对其富足和秩序感到疑惑和印象深刻。

当西方的掠夺者在19世纪逐渐发现了清王朝军事的相对薄弱和经济的落后时，舆论出现了巨大的改变。中国无疑十分富有，但也非常原始、残酷和迷信。轻蔑代替了原先的尊敬，再伴随着对种族主义的警惕，于是，中国狂热（Sinomania）变成了中国恐惧（Sinophobia）。到了20世纪初期，当八国联军铁骑踏入北京，并且镇压了义和团起义之后，"黄祸"这一说法在媒体和政客中流传开来了，像杰克·伦敦（Jack London）和霍布森（J.H. Hobson）这样的作家虚构了一幅中国控制世界的未来景象。然而，仅仅几十年后，钟摆又荡过来了，因为赛珍珠和蒋夫人为中国的英勇抗日赢得了广泛的同情。而在1948年后，更为迅猛的新一次转换又来临了，红色中国成为西方感到更为恐惧和不安的焦点，她变成比俄国更为邪恶的集权主义梦魇。今天，中华人民共和国的高速发展再一次改变了西方的态度，中国在媒体和商场上引发人们的热情和兴奋，让我们想起洛可可时期欧洲流行的"中国风"（chinoiserie）。中国恐惧症当然没有消失，但新一轮的中国狂热再一次正在形成。

马丁·雅克的《当中国统治世界：中央王国的崛起和西方世界的终结》的书名属于前一类的恐吓文学类型。它的功能不仅仅是展销桌和机场货架上促销的商业花招。该书本身对第二种类型的文学有巨大的贡献。它的信息包括两个部分。首先是众所周知的预测，即按照现在的发展速度，15年内中国将会超越美国变成世界的第一经济体。中国拥有四倍于美国的人口，已经有着世界最大的外汇储备，是最大的出口国，拥有令人叹为观止的股市盈利，同时也拥有世界上最大的汽车市场。中国成长为经济强国的转变是如此的巨大——按雅克的观点，以至于历史从此以后简直可以被分为 BC 和 AC：即前中国时期和后中国时期。这部分论点是很直接用定量方法推导得出的。雅克强调未来的数据，只要有点经济学知识的人就会发现他并没有增加新的内容。除了改变这场国际竞赛的记分牌外，中国作为一个经济超级大国究竟意味着什么呢？雅克传达的信息的第二部分不是关于规模，而是关于差异。中国和其他国家不同，实际上她甚至都不是一个民族国家。她是一种更为广阔和深邃的东西，一个"文明国家"（civilisation-state），是世界上最长的连续文明的继承者，其文化的统一性和文化的自信力无与伦比。中国的统治者早于西方之前很久就创造了第一个现代官僚体制，充斥其中的是既专制又民主的儒家文化，它通过道德教育而不是暴力来控制国民，并且将周边地区纳入一种自愿的朝贡体系。通过将封建贵族吸收进入不带个人色彩的国家服务系统之中，他们把市场的力量从习俗的限制中解放出来，产生了一个拥有无可匹敌的活力及复杂性的商业社会。西方只是偶然因为国内有更为方便利用的煤炭，以及对海外资源的无情殖民掠夺，才使得 19 世纪的欧洲超过这个巨大的原现代经济体（proto-modern economy），其工业化方式与西方一样，甚至更高。但是，这种西方的主宰地位将证明不过是一个短暂的插曲。现在，中国又一次回到了她曾经拥有的作为全球经济活力中心的历史地位。

那么，这一切对于其他国家来说后果是什么呢？对美国而言是极其痛苦的，中国会很快替代其霸主地位，不仅仅是中国素来有影响的传统区域，如中国对东亚和东南亚，而是跨越从前的第三世界和第一世界。中国的软实力，如体育上非凡的表现、武术、昂贵的画作、多样化的语言、中药以及不得不提的中国美食，这些都会将中国的影响扩散开来，就像现在美国的好莱坞、英语和麦当劳。综上所述，中国令人惊叹的经济成功不仅仅激发那些为生存而挣扎的穷困国家的效仿，同时它也将通过提供一个"国家间的民主"（democracy *between* nation-states）的模式，而非西方力图推行但效果不大的民主国家模式，来重组整个国际体系。因为我们正在进入一个时代，这个时代中标志着冷战时期的政治和意识形态冲突让位于了"全面的文化竞争"，在那里，"另类现代性"将终结西方霸权。在这一解放中，根植于奉献家庭、尊敬国家的儒家价值观，独特的中国现代性将会引领世界。

这种格局该如何评判？热情，不管多有善意，都不是歧视的替代品。中国的历史可以追溯到公元前 1500 年或更早。但是，这并没有让现在的中华人民共和国成为一个特殊的"文明国家"，就像不能说法兰西文明（la civilisation française）造就第三第四共和国一样。谈论"文明"是一种臭名昭著的自私自利行为，并且其定义是十分武断的。萨缪尔·亨廷顿来了，他绝望地发现，大约有八九种文明，包括非洲、拉丁美洲和东正教文明。把这种装饰物用到中华人民共和国身上没有任何意义。就像 20 世纪 30 年代和 50 年代的法国一样，当代中国是一个按照帝国模子铸就的一个一体化的民族国家，只不过它的历史更悠久、规模更大。而对前现代中国古老的经济中心地位或社会智慧等过分夸奖，也无助于我们来理解这个国家的过去和未来。如果直到宋朝以前，中国在技术上和商业上仍然远远领先欧洲，那么到了明朝末期，中国的科学已经相当落后了。即使在 18 世纪清朝最鼎盛的时期，土地产能和平均工资水平离欧洲的先进区域已相差很远，更不用说广泛意义上的思想进步了。而且圣人关心大众福祉这样田园诗般的景象也与各个朝代相继统治的现实相距甚远，用中国最出色的历史学家之一——何炳棣的话说，"外儒内法"——不过是道德包装下的压制。

用学术标准来评判《当中国统治世界时》这样一本畅销书是不公平的。这一标准与这本书的主旨并不合拍。这本书只是一个不成熟的民间传说，主要是让读者提前调整好心态以适应中国一统天下的想法。也许中国可以很好地主宰世界而无须像过去那样几乎总是代表着全面发展的顶峰。更严重的是本书的核心信息是不连贯的。《当中国统治世界》用相当篇幅在进行赤裸裸的吹捧，宣称中国不仅仅是未来世界的主宰力量，并且会是一个解放性的破冰者，带来像本书美国版的副标题所说的"西方世界的终结和全球新秩序的诞生"。这样的观察似乎是最新的英国特色。雅克的版本只比马克·伦纳德的《为什么欧洲统治 21 世纪》稍微不荒谬那么一点，马克也是雅克协助建立的智库"德莫斯"（the Demos）的一员。但是《中国统治世界》也有与其总体上的乐观的故事不相符的内容。在国际上，中国采取"拥抱多边主义"，通过软实力吸引她的邻居和伙伴，推动"国家间的民主"。然而，我们也必须注意到"中国人认为自己优于人类其他民族"，这点继承了多少带点种族主义色彩的天朝大国心态，同时，这种朝贡体系的传统也许有助于稳定，但是它永远是建立在等级制度和不平等之上的。这种遗产能与国际民主的前景相妥协吗？未必，因为虽然"西方世界是终结了，但新的世界，至少对下个世纪来说，将不像 20 世纪是西方世界那样是中国世界。"换言之，这本书否定了自己的标题，[之所以取这样的标题]（译者加）不过是为了增加销量的噱头而已。中国不会统治世界，所发生的一切是"我们正在进入竞争现代性的时代"，在其中，中国将"不断占上风，并最终占据主导地位。"但是，赢得全球霸权竞争的独特的"中国现代性"观念并不比高速发展的中国开启"国家间民主"的观点更有说服力。理解该想法在书中的角色必须考虑到作者的生平经历（cursus vitae）。作为曾是英国共产党月刊《今日马克思主义》的编辑，在该党及刊物在 90 年代初放弃这个幽灵之后，雅克转入了主流新闻界。他改变了自己过去的语言，如果不是完全改变了自己的思想的话。冷战结束，苏联解体，社会主义和资本主义的对立现在已经过时了。那么，中国的开放政策——它对世界市场的迎接——与此有什么联系呢？《当中国统治世界》不愿意在此问题上详细阐述。本书竭尽全力来避免这个问题。在超过五百页的书中，"资本主义"一词几乎没有出现。但是全球竞争仍在进行，而其中更能引起共鸣的一方仍然会获胜。简单来说，现在不是社会主义和资本主义这样的过时的政治和意识形态范畴之间，而是不同的"现代性"之间的竞争，就如同现在那些与时俱进的各种不同的文化形态之间竞争一样。这种词汇变化的功能是不难看出的。它给左派颁发了安慰奖。资本主义也许已经在世界范围内获胜了，那么为什么还要再费神谈论它呢？相反，何不向前看，去迎接至为重要的我们共同命运的非西方变种的前景，一个其执政党仍然把自己称作共产党的国家呢？

啊哈，这种一厢情愿的愿望中有着不可克服的逻辑错误。如此这般设想的另类现代性是文化的而非结构的：并非社会系统的区分，而是价值体系的区分——典型来说，是道德和情感的独特结合，特定的民族生活"方式"的构成。但是，由于生活方式是任何文化独有的，它一般很难被移植，也就是说，是无法被普遍化。其他着重于后意识形态文化差异的著作——很容易想到亨廷顿的《文明冲突》或者福山的《信任》——都抓住了这种不可传递性，指出任何具有复杂性的文化都无法像标准的经济秩序那样趋向于支配所有的他者。并且，对中国现代性会最终具有霸权性质的设想，不仅忘记了任何强烈意义上界定的民族文化的自我限制特性，他们更忽视了中国独特的高度坚韧的特性，任何曾在中国生活过的人对这一特点都十分熟悉。也许除日本外，很少有当代文化对国际间的比较如此自觉地抗拒，如此确信自身的形式和传统的不可复制性。雅克以自己的方式注意到了这一点，甚至有时将其夸大为一种根深蒂固的接近于种族主义的民族优越感，不过在这点上他证据不那么充足。但是，他没有看到对"中华性"（"Chineseness"）的崇拜，多么彻底地摧毁了他自己想象的未来汉族现代性（Han modernity）作为普遍的吸引者在全球的胜利传播。

中国在经济、政治和军事上的崛起是这个时代的重要事实。但是这本书并没有从现代性这个空洞概念中获得任何启示，这个概念从《当中国统治世界》一书开始到结束都是朦胧不清的。说这本书根本上就是昨日的马克思主义和亚洲价值的迟到结合并非那么不公正。本书除了大体上强调儒家文化的道德连续性外——对此中国共产主义被认为是它的一脉相承的继承者，对中国现代社会本身论述极少。只有了了几行谈到不平等正在加剧，但是政府正采取行动改善这点；涉及自然资源短缺和环境问题要多一点；对党的论述有简略的一段；对于边疆问题有一些谨慎的反思；坚定地认为中国还没为民主准备好，所以最好中国共产党能够不受干扰地继续统治再一个三十年；所有想知道中华人民共和国的真实社会图景的读者或多或少地都能从这本书中获得一些信息。在 1935 年，韦伯夫妇将他们关于苏联的著作命名为《苏联共产主义：一种新的文明?》，在后续版本中将问号去掉。今天的"文明国家"也以被以同样的精神所研究。

对当代中国的严肃理解另有别处。两本分处于政治和思想光谱两端的学术力作可以当作基准点。从自由派的立场上，黄亚生的《中国特色的资本主义》是在实证调查、明晰概念和独立思考基础上的一本杰作。任何想知道中国究竟拥有什么样的经济、又是怎样增长的人都应该从这本书开始。黄的前提是十分严格的新古典主义；可靠的发展只有通过私有制、保障产权、金融自由化和经济交易系统地非管制化才能实现。然而，他的结论是对卡洛·金兹伯格观点的真理性的清晰描述，即误入歧途的意识形态可以成为原创研究的前提，同时也可以经常成为其障碍。通过对第一手材料的细致考察，首先是数量巨大的银行贷款和接受者的记录，而不是仅仅依靠汇总的二手数据来进行研究，黄亚生冲破了毛泽东去世以后的改革开放时期围绕在中国经济表象上的昏暗而混乱的疑云。

他的核心发现是连续显著的高速发展依靠的是两种十分不同的发展模式。在 20 世纪 80 年代，一项普遍自由化的金融政策让私营经济在农村繁荣起来，很多是以"乡镇企业"这个误导的绰号来开展的。随着大量贷款流向农村，乡村贫困率大幅度下降。接下来就是 1989 年的震荡。在那以后，国家突然改变了方向，停止向乡镇企业放贷，大量借贷资本流向大型的改组的国有企业和城市基础设施上，同时给予大城市大量的优惠政策以吸引国外资本。黄认为这种改变的社会影响十分巨大。不平等现象——不仅仅是存在于城乡之间，而且在城市人口中——飙升，同时劳动力在国民生产总值中的比重下降，农民失去了土地，乡村医保和教育被废弃了，乡村文盲的比例也上升了。在对上海这个中国的"超级现代性"的橱窗猛烈抨击的一章里，黄展示了上海的一般家庭从其闪亮的高塔和一体化的基础设施中获益是多么地少。在上海这个全世界最成功的波将金大都市（Potemkin metropolis 形象工程——译者注）里，官员、开发商和外国高管们在"偷天大盗的森林"中赚得金钵满盈，而私营企业和普通家庭则只能勉强度日。20 年来在全国范围里，官员规模至少翻了一番，仅仅粗略看一下 1998 年到 2001 年，官员工资就连续四年以两位数的增长率增长。

黄也对现在政府的发展方向表达了谨慎的乐观，认为这是对 20 世纪 90 年代政府措施的改正，虽然他也指出，他们的改革也许已经太晚了，不能阻止乡村企业变成废墟，农村因为劳动力外出打工已经变得几乎空空荡荡了。但是，他在对比了中国现在高耸入云的基尼系数和其他东亚地区——日本、韩国和中国台湾在高速发展时保持的相对平等，以及在中国现有发展模式下外国和国有企业的作用越重要，国内私有经济就越无足轻重之后，结束了他的论证。他指出，只有一种结论，那就是产能增长自从 20 世纪 90 年代中期以来就在不断下降。对黄来说，道理很直接：效率和公平总是建立在自由市场的基础上，而中国市场仍然是半受束缚的。中国肯定是资本主义的，而且是被腐败和自我膨胀的权力扭曲的。它未给人民处理自己经济事务的自由，这样就不能为公平和福利创造合理的条件。只要看一眼美国，就能告诉像黄这样 MIT 学者，这个解决方案过于简单化了。自从 1980 年以来，金融自由化和牢固的产权保护并没有给美国带来多少社会平等。但他以十分谨慎和条理清晰地所做的控诉是无可置疑的。同样不可置疑的还有此书背后对不平等和麻木不仁的愤怒。

黄亚生最主要关注的是中国农村的命运，他十分正确地指出，农村仍然是中国多数人口生于此、逝于此的地方。城市劳动力的命运则是李静君《抗法》的主题。对于世界上任何地方工人阶级的研究，这个曾是历史学和社会学的重要主题已经随着作为一种政治力量的劳工运动的减少而衰落了。最近几年，只有法国大概还有过真正出色的文章。李从激进左派的角度撰写的这本书改变了这种状况。虽然模式和尺度不同，但自从 E. P. 汤普森的《英国工人阶级的诞生》之后，还没有哪本著作在力度上能与此书相提并论。事实上，这本书可以叫做《中国工人阶级的解体与重建》。这部经历七年的研究和实地采访的作品，让其成为民族志式的、分析的杰作。

这本书分上下篇。上篇是关于满洲里的老工业带（the rustbelt），下篇是关于广东的阳光地带（the sunbelt）。书的前半部分是研究解放后建立的中国主要工业基地的无产阶级的毁灭。随着东北地区国有企业被遗弃或出售，工人们失去工作并且几乎身无分文。与此同时，官员和获利者在这个过程中将剩下的财富都占为己有。凑巧，我们有一部记录这些老工人阶级和他们的世界毁灭的难忘作品，它就是王兵的 9 小时纪录片《铁西区》（2003）。这部纪录片不仅是世界电影界的标志性作品，同时也是《抗法》一书十分恰当的脚注。当王兵在沈阳拍这部片子的同时，李静君也在同一座城市进行她的研究。《抗法》的第二部分探索了一个新的工人阶级的出现。他们由年轻的农民工组成，其中一半是妇女，他们没有集体身份或政治记忆，在东南的沿海出口地区务工。他们工资很低，没有保险，每周在经常是极度恶劣的工作环境下艰难工作 70 到 80 小时，还冒着被侵犯或受伤的威胁。在老工业带被废弃的同时，在阳光地带则是超级剥削：在这两个地带，工人的待遇都极其悲惨。

工人们对此有何反应？在一个没有行业和政治组织自由的体制中，曾经通过屈服以换取一点安全和尊严的社会契约也没有了。法律，不管多么专断，毕竟是他们所能求助的唯一资源。

事实上，如同李所澄清的那样，法律只能在法院绝不充当犯罪行为和压迫的保护伞时，它才能作为有效的控制系统和神秘化机制有效地起作用。通常来讲，它们就是这么做的。但在极少数案例中，劳工纠纷的判决——通常会部分而非全部——偏向工人，其目的是要让人维持这样的信念，法律仍然能提供保护，即使法律被那些背后拥有国家权力的人公开肆意嘲弄。这在某种程度上让人想起汤普森在《辉格党人和猎人》中所描绘的 18 世纪英格兰的情景，"法治"观念变成了一个战场，在那里，下层民众以判决表达的愤怒试图对抗上层人士对判决的玩世不恭，这是弱者手中拥有的唯一潜在武器。为什么这种不公平对抗产生的经常性的失败并没有导致形式更激烈的抗议，李表明，原因是物质上的而非意识形态上的。在老工业带，失去其他一切的工人通常拥有作为安全网的自己的住房，房子是在住房私有化中以低价购买的。而在阳光带，农民工仍有权回到村庄里去耕地作为退路，那里的土地还没被私有化。尽管各有其悲惨境况，又非赤贫：各自都还有些东西。

这些严肃而现实的结论无法消除那些充斥着《抗法》一书中的失去希望、毁掉了人生的悲剧。通过一个又一个悲伤的访谈，李捕捉到那些在改革时代被卷入无情的工业机制中的人的声音，这是他的著作的最大成就。书中的故事经常令人心碎，但是，在诉说中除了苦涩、无奈和绝望外，还能听到勇气、愤怒、坚韧、甚至幽默。很少有社会学研究能够像此书这样将结构性的与生存性的、客观的和主观的真实如此令人难忘地结合在一起。不了解这一点，任何对当代中国的理解都是不明晰的。在19世纪，欧洲把美国看作未来，虽然还有点遥远。在21世纪，西方也差不多以同样的方式看待中国。可以肯定，到现在为止，东方的托克维尔还没出现。美国的成就可以再重复吗？下结论还为时过早。但是，《论美国的民主》不太可能有继任者，也许会有，但不会在中国的现代性中。

（译者单位：复旦大学新闻学院）

流派和人物研究

法兰克福批判理论

——从新马克思主义到"后马克思主义"①

〔法〕热拉尔·劳勒／文 贺翠 周爱民／译 汪行福／校

【内容提要】本文首先回顾了后结构主义与法兰克福学派之间的互动关系，然后，考察了该学派从新马克思主义向后马克思主义的演变过程。它以年代为线索：（1）分析了 20 世纪 80 年代后结构主义传入德国后引起的广泛争论，考察了法兰克福学派内部对后结构主义的不同态度；（2）接着讨论哈贝马斯在批判理论中引入的范式转变和理论创新的意义，并指出哈贝马斯的工作是不成功的，没有实现霍克海默在 20 世纪 30 年代提出的理论纲领，也没有建立一个辩证的分析模式；（3）作者讨论了在现实问题面前第三批判理论家对哈贝马斯的内在批判和超越，评估了霍耐特和其他人的方案，认为批判理论总的理论发展轨迹是从新马克思主义到后马克思主义的过程。

关键词：法兰克福学派 结构主义 马克思主义 后马克思主义 哈贝马斯 第三代

成立于 1924 年的法兰克福社会研究所在 1999 年 9 月 23 日至 25 日举行了

---

① Raulet, Gérard, The Frankfurt School's Critical Theory: From Neo-Marxism to 'Post-Marxism', 载 Jacques Bidet & Stathis Kouvelakis (eds) 2008, *Critical Companion to Contemporary Marxism,* Boston: Brill).

成立75周年庆典。霍克海默结束流亡生涯回国之后于1949年重建社会研究所，其后由阿多诺继任所长直至1969年去世，随后由他的学生路德维格·冯·弗里德堡 ① 继任所长。虽然霍克海默主张的一般理论不再被接受，但社会研究所仍然明确宣称秉承建所之初的理念，并致力于社会国家、法律与政治、文化和社会心理的跨学科研究。②

在1931年的就职演讲中，霍克海默开启了一条组织科研工作的路径：用"社会哲学"（Sozialphilosophie）取代马克思主义政治经济学的首要地位。考虑到发达资本主义再生产的新情况，即以国家干预和新近发现的意识形态与文化领域的影响力来避免危机的能力，这种哲学要通过整合多学科研究（经济、社会学、心理学、哲学），发展一种综合性的社会理论。它的主要观点是，马克思主义的意识形态批判无法解释：

> 社会的经济生活、个人的心理发展和狭义上的文化领域变革之间的关系。③

对意识形态批判的反对在1944年的《启蒙辩证法》中达到高峰，在这本书中阿多诺与霍克海默也质疑现代理性本身。哈贝马斯的《交往行为理论》也采用了这个逻辑，要求重塑理性的交往基础。在出版于1981年的这部作品中，哈贝马斯对批判理论进行了无情的修改，试图把它从"历史唯物主义的重负"中解放出来。自此，"新马克思主义"，即法兰克福学派的批判理论开始变为"后马克思主义"。④

---

① 应该把董事理解为"执行董事（geschäftsführender Dirktor）"。事实上，研究所的核心层有一个三人董事会。1997年，这个董事会被一个每五年选举一个执行董事的协会所取代（1997年之后是路德维格·冯·弗里德堡）。

② 参见 Dubiel, Helmut 1994, 'Ihre Zeit in Gedanken erfasst. Entwicklungsstufen Kritischer Theorie', in Institut fur Socialforschung an der J.W. Goethe-Universitat Frankfurt am Main, *Mitteilungen*, 4, p.12. 然而，"资本主义一体化的危机"不管怎样已经推动研究所"复兴霍克海默的就职演讲，并用它在更加普遍、跨学科的方向上重新指导未来的研究。"（Dubiel 1994, p.107）

③ Horkheimer, Max 1972[1931], 'Die gegenwärtige Lage der Sozialphilosophie und die Aufgraben eines Instituts für Sozialforschung', in *Sozialphilosophische Studien*, Frankfurt am Main:Suhrkamp, p.43.

④ 局限于20世纪80、90年代的这一章，是从一篇关于批判理论的发展及特征的论文中抽取出来的。

一、80 年代的格局

存在主义浪潮创造了 20 世纪 50、60 年代法国与德国之间的适度对话，而后的 70 年代则由两种理智逻辑标识，虽然它们都经历了 1968 年的动荡，却截然不同：法国的结构主义走俏、德国的批判理论复兴。这两种思潮——法国体现在阿尔都塞身上；在德国，一方面是批判理论的更新策略，另一方面则是哈贝马斯这颗后起之星——似乎互不影响，包括（尤其是）在马克思主义的范围内。在法国，法兰克福学派几乎不为人所知；在德国，阿尔都塞的方法只在有限的读者中流传，它们以传统出版之外的小册子形式被学生运动传播。对造成该思潮的边缘扩散及其对德国左翼思想的影响的研究仍有待完成。按照沃尔夫冈·博森（Wolfgang Bonss）和阿尔克塞尔·霍耐特的说法，在德国大学文化中，"回到马克思主义"无论如何都会在 20 世纪 60 年代晚期的躁动时期削弱批判理论重回中心舞台所产生的影响。[1] 他们认为，实际上，它似乎不再像是"马克思主义的承继而是一种资产阶级的修正"[2]——以至于人们会质疑它到底是否是与 20 世纪 60、70 年代转折期步调一致的批判理论，还是一个混合物，其中人们对其期望要多于它传达或给我们提供的。

在恢复对马克思主义的兴趣和重新发现最初的批判理论方面，阿尔弗雷德·施密特起了重要作用。他是接受法国结构主义的批判中介者之一[3]。他还重新编辑了《社会研究杂志》全集、霍克海默在那本杂志（《批判理论》）上发表的论文及其化名海因里希·莱威发表的较早的文本：《破晓与黄昏》。此外，他还负责《理性之蚀》的德文翻译工作。作为哲学家和精通英语的学者，施密特也把马尔库塞相当数量的美国著作翻译成德文，包括《理性与革命》、《单向

---

[1] 从返回德国直到 20 世纪 70 年代批判理论的发展，参见 Demirovic, Alex 1999, *Der non-konformistische Intellektuelle*, Frankfurt am Main: Suhrkamp. 和 Albrecht 等，1999。它也恰当地向首先使用所有可利用的书信罗尔夫·维格斯豪斯所作的开创性工作致敬：参见 Wigggershaus, Rolf 1994[1986], *The Frankfurt School: Its History, Theories and Political Significance,* translated by Michael Robertson, Cambridge: Polity。

[2] Bonss, Wolfgang & Axel Honneth (eds) 1982, Sozialforschung als Kritik. *Zum sozialwissenschaftlichen Potential der Kritischen Theorie*, Frankfurt am Main: Suhrkamp, p.8.

[3] Schmidt, Alfred 1981[1971], *History and Structure: An Essay on Hegelian-Marxist and Structuralist Theories of History*, translated by Jeffrey Herf, Cambridge, MA.: MIT Press. 及 Schmidt, Alfred 1969.

度的人》、《纯粹宽容批判》、（与人合著）的《反革命与造反》及《论解放》。此外，施密特并没有局限于对1967—1970年的转折点做出的这种决定性贡献。从博士论文《马克思的自然概念》（1962）开始，① 他还详尽阐述了自己对历史唯物主义和哲学唯物主义传统的思考，② 并恢复了批判理论的一个早先夭折的研究计划：对唯物主义传统的批判研究，这也是与恩斯特·布洛赫合作的缘起（起于他与霍克海默协商移民美国的时候）。③

20世纪70年代和80年代初以批判理论／社会研究所／法兰克福学派历史研究的第一次浪潮为特征绝非偶然。④ 这三者的关系远没有厘清，但研究所／学派／理论已经翻过了一页。它们现在能够成为历史和哲学研究的主体，即使"批判理论"的当代意义——经常被同一批人——受到质疑。

在20世纪80年代，情况突然改变了。几乎就在一天之间，法国哲学家和社会学家变成了不可或缺的参考，现在是关于福柯、鲍德里亚、利奥塔、德里达，偶尔还有一些其他人的问题了。这些人物在德国被认为是"后结构主义者"。这一突然转变代表了一个仍未能一般地加以解释的意识形态与政治现象。我们只能提出一些假设。首要的是，马克思主义范式已经力不从心了。哈贝马斯在《交往行为理论》（1981）中已经注意到这一点，并致力于摆脱继承于阿

---

① Schmidt, Alfred 1971[1962], *The Concept of Nature in Marx*, translated by Ben Fowkes, London: New Left Books.

② 我们引用的包括：Schmidt, Alfred 1965, 'Zum Verhältnis von Geschichte und Natur im dialektischen Materialismus', in *Existentialismus und Marxismus: eine Kontroverse zwischen Sartre, Garaudy, Hyppolite, Vigier und Orcel*, edited by Alfred Schmidt, Frankfurt am Main:Suhrkamp; Schmidt, Alfred 1977, *Studien über Materialismus (Schopenhauer, Horkheimer, Glucksproblem)*, Munich: Piper; Schmidt, Alfred & Werner Post 1975, *Was ist Materialismus?*, Munich:Kosel; Schmidt, Alfred 1977[1973], *Emanzipatorische Sinnlichkeit. Ludwig Feuerbachs anthropologischer Materialismus*, Munich: Hanser. 施密特的全部作品参见 Lutz-Bachmann, Matthias（ed.）1991, *Kritischer Materialismus. Zur Diskussion eines Materialismus der Praxis. Festschrift für Alfred Schmidt zum 60. Geburtstag*, Munich: Hanser。

③ 在某种程度上，布洛赫凭自己的努力进行了这项工程：参见 Bloch, Ernst 1972, *Das Materialismusproblem.Seine Geschichte und Substanz*, Frankfurt am Main:Suhrkamp. 和 Raulet, Gérard 1998, 'Über eine Materialismusdebatte, die nicht stattfund', in *Kann Hoffnung enttäuscht warden?, Bloch-Jahrbuch 1997*, Tübingen: Talheimer。

④ 参见 Jay, Martin 1973, *The Dialectical Imagination: A History of the Frankfurt School and the Institute of Social Research, 1923-1950*, Boston: Beacon Press; Dubiel, Helmut 1978, *Wissenschaftsorganisation und politische Erfahrung*, Frankfurt am Main: Suhrkamp; Held, David 1980, *Introduction to Critical Theory*, Berkeley: University of California Press。

多诺和霍克海默批判理论的黑格尔的马克思主义的理论坐标所带来的负担。①
通过不同的逻辑，法国的政治哲学得出相同的结论。不管怎样，两种特殊主
义——法国和德国——达成了一致。这一相遇极有利于法国著作的出版（已被
美国接受，这无疑对德国人来说更加不可避免）。曼弗雷德·弗兰克在杜塞尔
多夫和日内瓦所作的演讲，后来以《什么是新结构主义?》（1983）为题出版，
起了重要作用。② 他们为整整一代年轻的、讲德语的哲学家引入法国的新方
法。法国作者的创新力量横扫批判理论，就哈贝马斯个人来说也是这样，批判
理论肯定处在自我更新的过程中，尽管是缓慢的。1983 年，哈贝马斯受邀去
了法兰西学院，他采取了对法国趋势正面攻击的策略。在 20 世纪 80 年代，当
他获得法兰克福市的阿多诺奖时，在《现代性———一个未竟的事业》中，通过
把从乔治·巴塔耶经由米歇尔·福柯到雅克·德里达的发展线索描述为新保守
主义，哈贝马斯表露了自己的主张：

> 以现代主义观点为基础，他们坚持一种不可调和的反现代主义。
> 他们在这个领域中移入了想象、自我体验和情感的遥远且古老的自
> 发力量。他们把工具理性与一个乞灵于神灵才能接近的摩尼教式原
> 则相提并论，无论它是权力意志还是君主意志，存在还是诗意的狄
> 奥尼索斯力量。③

> 在德国，这个反击出现在 1985 年的《现代性的哲学话语》
> 一书中。早在 1983 年，这本书曾提交给塞伊出版社（Édition du
> seuil），由于某种无法解释的原因，没有被接收，④ 法译本直到
> 1988 年才由伽里玛（Gallimard）出版社出版。不管怎样，它唯
> 一的效果是为德国接受"后结构主义"与"后现代"打开了闸门。
> 弗兰克以精心选择的大学讲座的中立形式极大地帮助了这一遭受
> 攻击的思潮，而且介入到创造与法国思想家进行对话的基础之

---

① Habermas, Jurgen 1987[1985], *The Philosophical Discourse of Modernity*, translated by
   Frederick Lawrence, Cambridge: Polity.
② 参见 Frank, Manfred 1989[1983], *What Is Neostructuralism?*, translated by Sabine Wilke
   and Richard Gray, Minneapolis: University of Minnesota Press。
③ Habermas, Jurgen 1985[1980], 'Modernity—An Incomplete Project', translated by Seyla
   Benhabib, in *Postmodern Culture*, edited by Hal Foster, London: Pluto Press.
④ 这里我是作为事件的见证者来言说的。

中。① 虽然不像那些热衷于在法国出版被青睐的一切著作的小出版商，他还是在德国哲学争论中为法国的"后结构主义"谋得了一席之地。此后，以苏尔坎普（Suhrkamp）为首的大出版商以及像梅维（Merve）这样的小出版商，都把法国哲学家纳入了他们的热门出版计划中。最初，把德里达、福柯、利奥塔、鲍德里亚等人的著作翻译成德文比把哈贝马斯及整个批判理论的材料翻译成法文的要多。② 这个法德交叉的结果之一是，在法国方面，福柯在一个传遍全球的采访中表示，他的立场决非与法兰克福学派的不相容——至少与在《启蒙辩证法》（1944）中阐述的理性自我毁灭的诊断是相容的。③

1983 年，在为庆祝阿多诺诞辰 80 周年举办的阿多诺会议期间，《启蒙辩证法》成了德国反击的中流砥柱。在路德维希·冯·弗雷德堡（Ludwig von Friedeburg）的介绍发言中，高度评价了阿多诺与霍克海默合著的这本书，他评论道："阿多诺对批判理论的影响日渐明显。"④ 第三代接手了战斗岗位，赫尔穆特·杜比尔（Helmut Dubiel）沿着哈贝马斯的思路论述如下：

> 在社会批判理论的发展历程中，对社会科学的兴趣目前表现为对《启蒙辩证法》所包含的主题的有力复兴。这种复兴滋养了一种广泛的文化悲观主义，这种悲观主义同时指向一种文明理论和理性的批判……至于它的政治影响，这种阅读阿多诺的方式夸大了马克思主义的危机，以至于不仅一种社会解放理论的当前前景，而且对于当下批判理论的态度的真正含义和可能性都显得可疑。在批判理论的专家中，这种解释更加让人愤怒的是，它试图依靠左翼的论证路线把阿多诺纳入到在德国意识形态传统中右翼知识分子占统治地位的领域中。⑤

---

① 参见 Frank, Manfred, Gérard Raulet & Willem van Reijen（eds.）1988, *Die Frage nach dem Subjekt*, Frankfurt am Main: Suhrkamp。

② 事情仅仅到了 20 世纪 80 年代最后几年才发生逆转。

③ 参见 Foucault, Michel 1983, 'Um welchen Preis sagt die Vernunft die Wahreit?', interview with Gérard Raulet in Spuren, Hamburg; reprinted in *Dits et écrits*, Vol. IV, Paris: Gallimard 1994。

④ Friedeburg, Ludwig von & Jürgen Habermas（eds.）, *Adorno-Konferenz 1983,* Frankfurt am Main: Suhrkamp, p.9.

⑤ 同上，p.239—40。

前一年，在一个可以追溯到 1977 年的会议文集的序言中，沃尔夫冈·博森和阿尔克塞尔·霍耐特，哈贝马斯在施塔恩贝格的马克斯·普朗克研究所的同事们已经针对"后结构主义"采取了一种防御性的论证路线，但结果却"使《启蒙辩证法》与从福柯到鲍德里亚的法国后结构主义之间产生了未曾预料到的密切关系"。据他们所言，《启蒙辩证法》与霍克海默的《理性之蚀》（1967 年翻译成德语）的当代性源自对科学的普遍怀疑态度，"由于这种态度的彻底化，马克思主义的危机被掩盖了"。① 1983 年，《否定辩证法》被当作一种退路，以备不时之需，这与在《启蒙辩证法》与《否定辩证法》之间建立承继关系的策略相一致。② 博森和霍耐特为了急于堵住缺口，早在 1982 年就强调了阿多诺美学和本雅明或马尔库塞文化理论的重要性，以此来更新批判理论。③ 这个值得称赞的求同主义（ecumenicism）至少是一个标志：霍克海默的做法被抛弃了，而直到 20 世纪 60 年代创立时期的文献还是受到了控制，只是有选择地出版。④ 批判理论中对当代有用的任何事物都毫无保留地被重新发掘出来，即使这种主动性仍被一种防御性逻辑所激励：表明无需求助于法国"后结构主义"；证明它只不过是批判理论已经指出的理性问题化的自我膨胀的变种——甚至由于纵容形而上学或右翼的过度，它破坏了这项工作。然而，无论有什么样的说服力，这个论证有一个薄弱环节：批判理论已经被迫承认了这一点，这至少是此项争论的一个贡献。此外，用杜比尔的话说，它没有被拉进"一个·在德国意识形态传统中一直被右翼知识分子占据的领域中"。不管怎样，没有对《启蒙辩证法》的重新认识，⑤ 法德关于批判理论的对话在很大程度上是不可能的。

---

① Bonss, Wolfgang & Axel Honneth (eds.) 1982, *Sozialforschung als Kritik. Zum sozialwissenschaftlichen Potential der Kritischen Theorie*, Frankfurt am Main: Suhrkamp, p.13.

② 参见 Bonss, Wolfgang 1983, 'Empire und Dechiffrierung von Wirklichkeit. Zur Methodologie bei Adorno', in *Adorno-Konferenz 1983*, in Friedeburg, Ludwig von & Jurgen Habermas (eds.), *dorno-Konferenz 1983*, Frankfurt am Main: Suhrkamp。

③ Bonss, Wolfgang & Axel Honneth (eds.) 1982, Sozialforschung als Kritik. *Zum sozialwissenschaftlichen Potential der Kritischen Theorie,* Frankfurt am Main: Suhrkamp, p.15.

④ 参见阿尔布雷希等有启发意义的著作集，1999。

⑤ 特别参见 Wellmer, Albrecht 1985, 'Adorno, Anwalt des Nicht-Identischen', in *Zur Dialektik von Moderne und Postmoderne*, Frankfurt am Main:Suhrkamp。（一篇不可或缺的论文）；1988；Honneth, Axel 1991[1985], *The Critique of Power: Reflective Stages in a Critical Social Theory*, translated by Kenneth Baynes, Cambridge, MA: MIT Press。我们应该回到这些著作中。

哈贝马斯没有过时。他也"重新发现"了《启蒙辩证法》。在 1983 年阿·多诺会议期间，他在对马丁·杰伊（Martin Jay）发言所做的简短介绍中建议："如果新结构主义者对《启蒙辩证法》的理解表述得更加清楚些，这个讨论也许会更加激动人心。"① 在卡尔海因茨·博里尔（Karlheinz Bohrer）所编的文集《神话与现代》中，他毫不耽误地充分论证了这个观点。② 在这本文集中，他并没有再提到《启蒙辩证法》与"后结构主义"之间的亲缘关系。但在对批判理论发展过程中主要论题的精彩重释及对《启蒙辩证法》含义的理解中，他涉及总体批判的问题与尼采之间的亲缘关系：

> 尼采对知识和道德的批判预示着霍克海默和阿多诺在工具理性的批判中提出的观点：在实证主义的客观性理想和真理要求背后，在禁欲主义的普遍道德理想和对公正的要求背后，潜伏着自我保存与统治的命令。③

理解这一策略，只要询及《现代性的哲学对话》（1985）的内容目录就足够了，在这本书中那篇文章被反复引用。在第四章中，尼采被当作一个"转折点"。我们也可提及一个分叉：或者沿着霍克海默和阿多诺开创的思想，或者加入到在 1980 年法兰克福演讲中指责的海德格尔主义和法国思想体系（德里达、巴塔耶、福柯或新尼采主义）所代表的"理性的冒险"中。不管怎样，应该注意一个重大让步："理性与自我保存"的问题使批判理论纳入到"统治批判"的行列。后面我们将考察哈贝马斯的学生是如何把这个开端发扬光大的。

但是，出于同样的原因，批判理论在调动自身资源时，确实也被拖入到敌人的领地——最终不得不承认它既不是克拉格斯（Klages），也不是斯宾格勒（Spengler），甚至不是尼采。这一争论转了一圈最终回到了汉斯·罗伯特·尧斯（Hans Robert Jauss）的观点，他曾在 1983 年阿多诺会议上把后现代性吸收到"在欧洲徘徊的幽灵"之中，适时地回顾了其关于现代性的著作，并于 1985 年得出结论说，不应该"将后现代当作新保守主义反启蒙的神话学，

---

① Habermas, Jürgen 1983, 'Einleitung zum Vortrag von Martin Jay', in Friedeburg, Ludwig von & Jürgen Habermas (eds.), *Adorno-Konferenz 1983*, Frankfurt am Main: Suhrkamp, p.351.

② Habermas, Jürgen 1983, 'Die Verschlingung von Mythos und Aufklärung. Bemerkungen zur *Dialektik der Aufklärung*—nach einer erneuthen Lektüre', in *Mythos und Moderne*, edited by Karl Bohrer, Frankfurt am Main: Suhrkamp.

③ 同上，p.421。

而是当作一个新时代意识的到来"。^① 结果，中庸立场占据优势——我们可以把批判理论继承者维尔默在康斯坦茨完成的著作算作是最有成效的调和之一。

在他的短小却重要的论文集《论现代性与后现代性的辩证法》中，维尔默通过考察阿多诺对"同一性限制"的解构，重新阐释阿多诺，这种解构是为着一种不同的合理性形式的前提，一种主体性形式，它

> 不再与资产阶级主体僵化的统一性相一致，而是见证了一个"通过交往呈现流动性"（哈贝马斯）的自我同一性的更加灵活的组织形式。这两个方面——主体的动摇及其在现代世界中意义的困境，与随着主体边界的扩展而被去中心化的世界建立不同关系的可能性——随着现代艺术的出现而被预备好了。与技术和官僚理性的过度膨胀，也就是说，与现代社会中占统治地位的理性形式相反，现代艺术突出了现代性的解放潜能。事实上，它为展望一种新型的"综合"与"同一性"提供了可能性。由于这种新型的"综合"与"同一性"，分散的、未整合的、不切实际的和游离的事物能够在非暴力的交往空间中找到自己的位置。^②

这貌似是与哈贝马斯结盟，实则是对他的超越。哈贝马斯自己的确强调艺术和模仿作为"隐喻"在一个必要的范式转换中的作用。然而，这一理性的变换最终还是受到《交往行为理论》的影响。维尔默也坚持韦伯－哈贝马斯的观点：理性不可避免地会分解为特定的领域——科学、法律、道德和艺术。^③ 然而，追随彼特·伯格（Peter Bürger），^④ 他感兴趣的是"艺术机制"的转变，艺术与生活形式之间创造性的格局，即在艺术媒介中出现的新交往形式，特别是在

---

① Jauss, Hans Robert 1988, 'Das kritische Potential ästhetischer Bildung', in *Die Zukunft der Aufklarung*, in *Die Zukunft der Aufklärung*, edited by Jörn Rüsen, Eberhard Lämmert, and Peter Glotz, Frankfurt am Main: Suhrkamp.

② Wellmer, Albrecht 1985, 'Adorno, Anwalt des Nicht-Identischen', in *Zur Dialektik von Moderne und Postmoderne*, Frankfurt am Main:Suhrkamp, pp.163ff. 同时参见第29页："从一个完美的现实意义中领会阿多诺称为'审美综合'的事物最终能与非暴力交往的乌托邦产生关联。"

③ 同上，p.38。

④ 参见 Bürger, Peter 1983, *Zur Kritik der idealistischen Ästhetik*, Frankfurt am Main: Suhrkamp. 和 Burger, Peter 1984[1974], *Theory of the Avant-Garde*, translated by Michael Shaw, Manchester: Manchester University Press。

后现代建筑中观察到的那些形式。① 像伯格一样，维尔默不相信精英文化与大众文化之间的区分被取消了，但他通过容许两者之间一个"更紧密的关系网"的出现，打破了"单一的编码"的限制。② 如果他依然坚持"未完成的现代性"的观念，其论点就是：现代性能够且必须恢复其后现代性中的潜能。他甚至毫不犹豫地诘问"普遍共识的可欲性"。③

维尔默开启了社会互动新形式的潘多拉盒子，而哈贝马斯则一直把它置于其"交往理性"的名分之下。如果这样的现代性／后现代性争论本身已走到了尽头，这个问题必然会再次浮现。法兰克福学派在开启另一个研究领域——法律与社会性——时，维尔默还没有结束"后现代"这一章。考虑到"后现代"语境在某种程度上对这一转变的影响，它的确可以而且应该更早地大做文章。对于事实上属于该领域的并且服务于其最初目标，即"社会哲学"的所有著作而言，它都显出了一个盲点，甚至是有意为之的盲点。如果哈贝马斯注意到信息和交往的新技术造成了社会空间变化的话，在《交往行为理论》中它们似乎并未构成一场要求真正的理论修正那样的革命。这条在法国很重要的思想路线被有意低估了。把美国新社群主义者与自由主义者的辩论认作是批判理论——哈贝马斯与法兰克福第三代——从用其确定性引诱进的教条迷梦中苏醒过来，就撞到了由象征性地运用《启蒙辩证法》的遗产引发的一个无法回答的理论问题，同时把一切都抛给了"交往行为"。在这里我们看到，当霍克海默刚回到法兰克福时，就"社会哲学"而言，在美国发生的事情对批判理论来说要比在欧洲发生的重要得多。

---

① 比较 Raulet, Gérard 1989, 'Stratégies consensuelles et esthétique post-moderne', *Recherches sociologiques,* 20, 2; Raulet, Gérard 1989, 'Ornament und Demokratie', *Kunstforum international*, 100:342-53; Raulet, Gérard 1999, 'Demokratie zwischen Ornament und Dissens. Zur Architektonik des Global Village', 8th Internationales Bauhaus-Colloquium, Weimar, October. 在为"制造联盟"七十五周年所写的《艺术与工业生产》一文中，维尔默试图用哈贝马斯的方式来理解詹克斯的多重编码。

② Wellmer, Albrecht 1985, 'Adorno, Anwalt des Nicht-Identischen', in *Zur Dialektik von Moderne und Postmoderne,* Frankfurt am Main:Suhrkamp, p.40.

③ 同上，p.105。

二、哈贝马斯效应

客观地讲，哈贝马斯没有取得成功。1965 年，马尔库塞在《文化和社会》(*Kultur und Gesellschaft*) 中向（老研究所的）霍克海默致敬，同年 6 月，哈贝马斯在接替霍克海默的法兰克福社会哲学席位所做的就职演讲——"知识与人类旨趣"——中，也强调他是以自己的方式接受霍克海默的一个"最重要的研究思路"。

正如我们所见，若以黑格尔体系为衡量标准，哈贝马斯是唯一一位已经完成了准体系化（quasi-systematic）作品的人。在法律理论之后（《在事实与规范之间》）[①]，哈贝马斯的理论唯一缺少的就是美学，但是，这一部分已经由他人为他或替他创作了。实际上（或许这就是美学缺失的原因），《交往行为理论》主张重建被现代性所分割的理性的统一。因此，它也分享了这种诊断，根据这种诊断，工具理性是一种"半截子"（halbiert）的理性。现代化带来了科学和技术的知性合理性的胜利，或者说这仅是 18 世纪理性的一个方面的胜利。霍克海默认为，工业合理性体现了这种半截子理性：《理性之蚀》的目的就是"为了探索构成当代工业文明根基的合理性概念，以便发现这一概念是否包含实质上会破坏这种文化的缺陷。"[②]

但是哈贝马斯的《交往行为理论》没有沿用《启蒙辩证法》所得出的结论。的确，哈贝马斯偶尔也声称，艺术和模拟是《交往行为理论》中最终得以完成的必要的范式转变的"喻指"（allusions）。但是，对他来说，在"交往行动"中唯一的当务之急似乎就是重建摇摇欲坠的合法性。它能够同时转变造成合法性危机的合理性吗？在何种程度上，《交往行为理论》克服合理性与合法性这一非常简单的二元论呢？

考虑到 20 世纪 80、90 年代由于新技术扩散的结果而盛行的具体交往形式，在其"发动"后的二十年里，哈贝马斯的方案仍是疑窦丛生和弱不禁风

---

① Habermas, Jürgen 1996 [1992], *Between Facts and Norms: Contributions to a Discursive Theory of Law and Democracy,* translated by William Rehg, Cambridge: Polity.

② Horkheimer, Max 1947, *Eclipse of Reason*, Oxford: Oxford University Press, p.v.

的。① 尽管他做过一些修正或澄清，但即使在《在事实与规范之间》，哈贝马斯的立场仍处于守势。虽然用一系列限制对之进行粉饰，但他继续诉求理解的理想共同体。同时，他确实日益对社会互动的现实感兴趣，但是没有真正成功地以此为据。

公共意志的话语形成原则将是"虚拟的"（kontrafaktisch）；尽管事实上哈贝马斯多年来已经明确地赋予它这种地位，但绝不会改变这个问题。在1973年的《合法性危机》中，读者已经被这些条件所震撼了：

> 这样虚拟的预想重构……可以由这个问题加以引导（我认为，可以用普遍语用学加以论证）：在生产力发展的某一特定阶段，社会系统的成员如果能够而且愿意通过话语的意志形成来决定社会交往的组织，并且他们充分了解该社会的限制性条件和功能要求，他们将如何对自己的需求做出集体的且有约束力的解释（并且他们接受的规范已被论证）？②

1979年，让－弗朗索瓦·利奥塔已经发出了这个警告："在元叙事之后，合法性居于何处？……我们是否能够像哈贝马斯所认为的那样，在通过商谈所获得的共识中发现合法性？这样的共识曲解了语言游戏的异质性。"③ 对他而言，为了克服语言行为和随后的公共意志和理性本身的分裂，哈贝马斯坚持他的交往行为的抽象建构。其实例就是诉诸合理的论证而把不同类型的有效性④ 统一起来，但是哈贝马斯自始至终就没有问一下，占统治地位的语言游戏是否允许它起作用。只要这个问题没有被澄清，个体通过内化以真理为基础（truth-dependent）的规范就会实现社会化的论证同样是成问题的。哪个真理（纵然纯粹地交往）？这种奇迹般的"内在化"的形式又是什么呢？

---

① Raulet, Gérard & Jochen Hörisch 1992, *Soziokulturelle Auswirkungen moderner Informations und Kommunitionstechnologien in der Bundesrepublik Deutschland und in Frankreich,* Frankfurt am Main:Campus, and Raulet, Gérard 1988, 'Die neue Utopie. Die soziologische und philosophische Bedeutung der neuen Kommunikationstechnologien', in *Die Frage nach dem Subjekt,* edited by Manfred Frank, Gérard Raulet, and Willem van Reijen, Frankfurt am Main: Suhrkamp.

② Habermas, Jürgen 1976 [1973], *Legitimation Crisis*, translated by Thomas McCarthy, London: Heinemann, p.113.

③ Lyotard, Jean-François 1984 [1979], *The Postmodern Condition: A Report on Knowledge,* translated by Geoff Bennington and Brian Massumi, Manchester: Manchester University Press, p.xxiv-v.

④ 陈述的命题性真理；它们规范的正确性；表达的真实性，即所说主题需要具有真实性和诚实性；象征性结构构造的正确性；陈述的形式正确性以及它们的可理解性。

这恰好就是哈贝马斯的法律概念所试图回答的问题。对于卢曼，哈贝马斯仅仅反对法律代表着这样一个领域，该领域拒绝子系统之间的功能差异。因为它是明见和合理激发的要求的场所，另外，它打开了为社会整合的目的而商谈和理解的空间：

> 在这些前提下，法律在系统和生活世界之间起着枢纽的作用，这种作用与这样的观念不相容：法律系统可以缩回自身的内壳，自我生成地（autopoietically）封闭于自身之中。①

法律是相互独立并遵守特殊规定的生活世界与社会系统之间极好的调节因素。它是能够抑制社会的和政治的分裂的传送带：

> 只有在法律语言中，规范的实质信息才能贯穿于社会。如果被没有转译成平等地面对生活世界和系统的复杂法律条文，这些信息在媒介驾驭的行为领域中无异于对牛弹琴。因此，法律首先起到转换器的作用，它保障遍布全社会的交往的社会整合网络作为一个整体结合在一起。②

但是正是在此处，程序化(这一术语被哈贝马斯定义为"平衡事实性与有效性")的关键问题也出现了。这个问题确实随之出现在实证法领域。因为如果要解决这个问题，司法规范的接受者必须能够同时将自己设想为这些准则的合理的创制者。这涉及了公民权问题。这个问题的必然推论是法律的道德化：当公民不再把自身认作法律的创制者，不但是程序的激增，而且他们也从法律／道德的分离中得到了鼓励。面对这种程序化，不能不注意到，哈贝马斯的发挥着魔杖作用的"D 原则"（合理商讨原则），再次把合理的交往提升到中介的位置，但只是瞎忙乎，因为他所提出的问题就是它的失灵！对哈贝马斯来说，法律已经成为他整个方法的支柱，但法律解决不了任何问题。

它背后的规范性基础现在似乎是非正式的"公共领域"——一个源于社会互动的社会学研究的缺失而产生的平庸的解围之举（a mediocre deus ex machina），但是它仍然宣称是由经验事实激发的。哈贝马斯提倡的基本权利图式化反映了这个矛盾，把第五种（情境和文化主义者）权利添加到保障平等参与观点和意志的形成过程的基本权利之上，代表了一种架构，在其中公民行使

---

① 陈述的命题性真理；它们规范的正确性；表达的真实性，即所说主题需要具有真实性和诚实性；象征性结构构造的正确性；陈述的形式正确性以及它们的可理解性。
② 同上。

他们的政治自律并以此建立合法的法律。

前四个基本权利的哈贝马斯式表述本身需要广泛的评论。我们将限于讨论第五个权利：

> 基本权利中关于生活条件的条款必须在社会上、技术上以及生态上予以保证。假如公民拥有平等的机会利用从（1）到（4）所提到的公民权利，这在目前情况下就是必须的。①

这种普遍的公民权与有差别的权利之间的"辩证法"好像可以还原为一种弱版本的表决权行动（affirmative action）。此外，哈贝马斯承认：

> 虽然基本权利原先由否定性和防御性权利构成，它们保障自由并阻止法律界限内的干预性行政部门，但是现在它则成为法律秩序的建构性（architectonic）原则，并因此以一种理论上尚未解释清楚的方式把个体的或主观的自由的内容转变成渗入和塑造着客观法的基本规范。②

> 为了身份与标准能够以真实的对话形式和最平等的方式被规定，承认的政治学必须以交往斗争的形式表现出来。作为魔杖的"D原则"！很明显，该是评价交往斗争由哪些部分所构成的时候了。

为了描述公共意见与政治之间关系的退化，在《事实与规范之间》中，哈贝马斯用锁的比喻代替了围困的比喻：为了影响政治权力、司法权力和作为系统核心的科层制，被降格到边缘地位的公民必须打开法治国家（Rechtsstaat）特有的民主和司法程序之"锁"。法律是最卓越的锁。③ 通过把价值还原为肯定它们的行为，由《在事实与规范之间》的书名所允诺的事实与价值之间的调停仍然依赖理解共同体的准－超验（quasi-transcendental）媒介，结果，这种调停就像后者一样是不可信的。④

---

① Habermas, Jürgen 1996 [1992], *Between Facts and Norms: Contributions to a Discursive Theory of Law and Democracy*, translated by William Rehg, Cambridge: Polity, p.123.

② 同上，pp. 247—248。

③ Habermas, Jürgen 1995, 'Faktizität und Geltung. Ein Gespräch über Fragen der politischen Theorie', in *Die Normalität einer Berliner Republik*, Frankfurt am Main:Suhrkamp, pp.138ff.

④ Raulet, Gérard 1999a, 'Demokratie zwischen Ornament und Dissens. Zur Architektonik des Global Village', 8th Internationales Bauhaus-Colloquium, Weimar, October, and Raulet, Gérard 1999b, *Apologie de la citoyenneté*, Paris: Cerf.

三、面对当前问题的第三代

现今，法兰克福学派的轮廓比以往更加易变。两位导师逝世之后[1]，批判理论的传统由哈贝马斯和阿尔弗雷德·施密特代表，他们两人都培育一批学生并产生了两股潮流，尽管他们有共同的兴趣，但也各行其道。先是阿多诺、霍克海默的学生，然后是哈贝马斯和施密特的学生，已分散到各地，他们各自为批判理论创造了新的方向：20世纪70年代汉诺威的奥斯卡·耐格特（学生运动曾提名他为阿多诺的继承人）[2]；比勒费尔德的克劳斯·奥菲[3]；20世纪80年代康斯坦茨的阿尔布雷希特·维尔默，在德国重新统一后去了柏林。

今天继第二代之后是第三代，由哈贝马斯（霍耐特），施密特（马蒂亚

---

[1] 阿多诺逝于1969年8月，霍克海默——1964年正式退休后仍活跃在研究所中——逝于1973年。第三代历史的见证者——波洛克——逝于1970。

[2] 耐格特曾是德国社会主义学生联盟（SDS）的首脑之一，在1960年的戈德斯贝格会议期间被驱逐出德国社会民主党（SPD），他们的宣传媒介就是《新批判》杂志。引人注目的是，我们发现在这个杂志中没有特别提及霍克海默和阿多诺，提及的是马克思本人、卢卡奇、巴兰（Baran）和斯维齐（Sweezy）、琼·罗宾逊和沃尔夫冈·阿本德洛特，哈贝马斯通过他摆脱了离开法兰克福（当霍克海默反对他的授课资格）后的困境。在他1962年博士论文《关于孔德和黑格尔》中，专家们计算了他关于批判理论的参考文献只占0.5%（Behrmann, Günter 1999, 'Zwei Monate Kulturrevolution', in *Die intellektuelle Gründung der Bundesrepublik. Eine Wirkungsgeschichte der Frankfurter Schule*, edited by Albrecht Clemens et al., Frankfurt am Main: Suhrkamp.p.35）。耐格特从事的职业总是在学院与工团主义之间保持着张力并且他特别热衷于保持德国工会联合会的固定构成。1969年，他创办一个非正规的政治组织——"社会主义社"（Sozialistisches Büro）。假如在他的理论产物和政治参与中有一个基本主线的话，它就是政治文化的概念，特别是工人政治意识的形成。谈到哈贝马斯的"公共领域"（öffenlichkeit）——从1962年4月的海德堡开始他是哈贝马斯的助手，当后者接替了霍克海默之后，他随从哈贝马斯在1964年到了法兰克福——他采取了更激进的立场：公共领域仅仅服务于统治阶级的自我表现（Negt, Oskar & Alexander Kluge, 1993 [1972], *Public Sphere and Experience: Towards an Analysis of the Bourgeois and Proletarian Public Sphere*, translated by Peter Labanyi, Jamie Owen Daniel and Miriam Hansen, Minneapolis: University of Minnesota Press.）。这种方法包括了在现今也值得考虑的方面：尤其是关于组织和自发性的辩证法，耐格特在论及卢莎·卢森堡时表述得非常清楚。这构成了"交往行为"一个障碍物，因为它必须或应该从相互交往的真实形式出发。在耐格特和克卢格1981年的《历史与任性》中（*Geschichte und Eigensinn*），耐格特试图实行，在本雅明模式的意义上，一种对经验表现形式的理解，它恰好被认为是对哈贝马斯模式的僵硬性的修正。

[3] Offe, Claus 1984 [1972], *Contradictions of the Welfare State*, London: Hutchinson.

斯·卢兹·巴赫曼和古泽林·施密特·诺尔）① 和维尔默（马丁·希尔）② 的
学生构成。伴随着 20 世纪 80 年代的争论，他们开始了学术生涯。例如，霍耐
特进入"公共视野"是以他在哈贝马斯 20 世纪 80 年代早期争论中对后结构
主义最终让步为形式的。他的第一本主要著作——《权力批判》（1985）——
提供的正是我们所描述的使批判理论当代化的形象、原型和策略。在其第一部
分，它承认，就社会分析而言批判理论存在着空白和悖论。它可以回溯到"霍
克海默的原初思想"（这首先是文献学的运动）；意识到它的"缺陷"，及其在
由《启蒙辩证法》所代表的"历史哲学转向"中寻找拯救的途径；然后，在第
三部分如人们所期盼，转向阿多诺。尽管如此，其命题不是批判理论缺少活
力；而是批判理论未能理解自身定义中的一个主要组成部分——社会性。在一
个引人注目的转向那里（第二部分）："社会性的重新发现"可以在福柯和哈贝
马斯那里找到。这个论证在细节方面并不特别：它的目的完全在于将任何可能
与批判理论相矛盾的事物重新融入到批判理论（如此做法在 20 世纪 60 年代初
期已成定规）的理智视域中：

> 福柯在历史研究中奠定的权力理论，哈贝马斯在交往行为理论
> 基础上发展出来的社会理论，二者可视为试图以一种新的方式阐释
> 霍克海默和阿多诺分析的启蒙辩证法过程。假如社会批判理论的历
> 史可以从这个视点上重构的话，那么，福柯的权力理论就是一种系
> 统－理论（systems-theoretic），哈贝马斯的社会理论就是对阿多诺和
> 霍克海默在他们对文明过程的哲学的－历史的分析中遇到的悖论的
> 一种交往理论的解答。③

虽然技巧不够娴熟，但是策略是聪明的。总而言之，不准备回到哈贝马斯与卢

① Lutz-Bachmann, Matthias（ed.）1991, *Kritischer Materialismus*, Munich: Hanser, and
   Lutz-Bachmann, Matthias 1997, *Kritische Theorie und Religion*, Würzburg: Echter; and
   Schmid-Noerr, Gunzelin 1988, *Metamorphosen der Aufklärung. Vernunftkritik heute*,
   Tübingen: Diskord.
② Seel, Martin 1996a, *Ethisch-ästhetische Studien*, Frankfurt am Main: Suhrkamp; Seel,
   Martin 1996b [1991], *Eine Ästhetik der Natur*, Frankfurt am Main: Suhrkamp; Seel, Martin
   1997 [1985], *Die Kunst der Entzweiung*, Frankfurt am Main: Suhrkamp.
③ Honneth, Axel 1991 [1985], *The Critique of Power: Reflective Stages in a Critical Social
   Theory*, translated by Kenneth Baynes, Cambridge, MA.: MIT Press, p. xi.

曼的争论。20 世纪 70 年代的这场大争论 ① 已成为次要的了，因为就像所有人看到的，这场决斗最终以和平收场。批判理论放弃徒劳无功之举，从那时起，已不难发现同时参考交往行为理论和系统理论两者，它们在研究中已结合起来了。但是系统理论还是间接地受到指责，因为法国的福柯就可以被视为其中的一个例子（一开始将他们定位为尼采主义者，但是毫无疑问，当务之急需要给他们贴上标签，并与他们保持距离）。在付出极大代价战胜系统理论之后，它必须至少对高卢人的权力理论取得同样重大的胜利，即证明它是一种社会的理论（the theory of the social）（毫无疑问它是社会理论而且它的主张事实上也是无可指责的），并使之为批判理论所"接受"。因此，问题虽然未被解决但是被取消了：让我们拥抱卢曼、福柯、哈贝马斯吧——联合起来并肩战斗！显然，除此之外，只需要证明，在批判理论中被忽视的社会性，最终已经在哈贝马斯的著作中被发现了。在这个战略 – 策略的夜晚中，所有的猫都是灰色的，只透出一点批判的光亮——反映出批判理论正远离哈贝马斯而趋向维尔默，甚至趋向利奥塔（当然，他自然不会被提及）：

> 如若……语言的理解代表了那种只能借助于相互解释完成的目标指向行为的特殊协调形式，人们也许就要问，存在于协调行为过程中主体与客体之间生理的或心理的、道德的或认知的因素之间的关系是如何的。诚然，在其著作中论言语行为理论的部分中，哈贝马斯试图离析出以理解为导向的策略行为形式，但是前者并没有像协调行为那样系统地出现在他的论证之中……哈贝马斯丧失了……他最初开启的交往—理论（communication-theoretic）方法是：提供对社会秩序理解的潜能，把它理解为文化融合的群体之间以制度为中介的交往关系，只要权力的行使是不对称分布的，就会通过社会斗争的中介而发生。只有能够对这一别样的洞见做出一个始终如一的阐述，我们才有可能理解阿多诺和福柯所说的社会组织，他们把社会组织误认为以集权方式运行的权力集合体，然而，它们仍然是

---

① Habermas, Jürgen & Niklas Luhmann 1974 [1971], *Theorie der Gesellschaft oder Sozialtechnologie. Neue Beiträge zur Habermas-Luhmann-Diskussion*, Frankfurt am Main: Suhrkamp.

依赖于所有参与者的道德共识的存在的脆弱的建筑。①

显然，我们必须赞同这个诊断。当今，由于共享的规范因素的衰弱和脱节的结果，一切事物都取决于社会行动者肯定其"观点差异"并由此影响"共识"的能力的层面。换而言之，表达的和规范的因素之间的结合方式需要重新思考。就此而言，按照霍耐特的看法：

　　　　与先前的研究方法相比，在哈贝马斯的社会理论基础建立的行
　　为的交往模式就发生了相当大的改变……哈贝马斯以前所区分的交
　　往的与工具的合理性维度，已由审美的－表达的合理性第三维度拓
　　展了，这应该在主体对内在感知和经验世界的本真性关系中提出。
　　从这里，哈贝马斯可以得出其美学观，试图连接艺术作品的合理性
　　与在其中包含的表达的真理性，尽管方法上还是有问题的。②

我们已经在上文指出了对此的看法。至少在1985年，这是个清晰的诊断。我们很高兴它已经纳入到社会研究所的计划之中，尽管是以哈贝马斯的方式——也就是说，即用市民社会来围困制度的隐喻。研究所当前对市民社会的思考事实上可以描述如下：

　　　　市民社会指涉的是公共领域，在其中歧视的受害者的个体们开
　　始以交往方式行动并要求权利。他们旨在包围、遏制和文明化国家
　　与市场的权力，而不是废除它们的权力。③

豪克·布鲁克霍斯特虽然全身心地投入思考政治和社会的新挑战，④ 已经选择一条看似艰难的路径，它们的坐标并非是史无前例的：一方面，照样保留了20

① Honneth, Axel 1991 [1985], *The Critique of Power: Reflective Stages in a Critical Social Theory,* translated by Kenneth Baynes, Cambridge, MA.: MIT Press.

② Honneth, Axel 1991 [1985], *The Critique of Power: Reflective Stages in a Critical Social Theory*, translated by Kenneth Baynes, Cambridge, MA.: MIT Press.

③ Institut für Sozialforschung an der J. W. Goethe-Universität Frankfurt am Main, *Mitteilungen,* no. 10, 1999, p. 117. 也可以参见霍耐特其他的作品：Honneth, Axel 1995 [1994], *Desintegration. Bruchstücke einer soziologischen Zeitdiagnose*, Frankfurt am Main: Suhrkamp；Honneth, Axel 1999 [1990], *Die zerrissene Welt des Sozialen*, Frankfurt am Main:Suhrkamp。

④ Brumlik, Micha & Hauke Brunkhorst (eds.) 1993, *Gemeinschaft und Gerechtigkeit,* Frankfurt am Main: Suhrkamp; Brunkhorst, Hauke 1994, *Demokratie und Differenz. Vom klassischen zum modernen Begriff des Politischen*, Frankfurt am Main: Suhrkamp; Brunkhorst, Hauke (ed.) 1998, *Einmischung erwünscht? Menschenrechte und bewaffnete Intervention,* Frankfurt am Main: Suhrkamp.

世纪 30 年代计划与哈贝马斯的修正之间的紧张弧度（strained arc）；另一方面，出于其自己的要求，叫停 70 年代哈贝马斯与卢曼的争论，同时又不怀成见地接受来自两个阵营的理论激励。他所努力解决的问题同样也非史无前例的，原因很简单，它涉及了当代政治哲学中的问题。他仅仅是以一种更彻底的方式表述了它。事实上很清楚，试图使批判理论当代化的愿望只能采取民主理论的形式。尽管霍耐特近来从美国的社群主义，包括"市民社会的方法"中汲取主要理论灵感，但是，在提及主权问题是（后）现代民主转型的问题核心时，布鲁克霍斯特的立场更为坚定。同时，这也构成他与哈贝马斯的区分，也提高了他的名声和活力——他赋予规范的构成的价值要低于对它们的有效操作。显而易见，在这里存在着作为"社会哲学"的批判理论的"缺陷"（用霍耐特的词）。如同该书 1999 年 9 月版的书讯中所说的，它彻底思考了这个问题。然而，十分明显，布鲁克霍斯特也没有克服这个缺陷。

（译者为复旦大学哲学学院博士生）

批判实在论的起源与发展

蒋天婵

【内容摘要】批判实在论是 20 世纪 70 年代兴起的理论，经过 30 多年的发展，它在理论界取得了很大的影响并在经验研究上取得了巨大的成就。本文介绍了批判实在论发展的三个阶段：第一阶段是从 1973 年到 1986 年；第二阶段从 1986 年到 1994 年前后；第三阶段从 90 年代中后期至今。批判实在论者认为批判实在论对马克思的理论做了发展和补充，因此研究他们的理论有助于我们更好的了解马克思的理论，并思考如何运用马克思分析社会的方法研究当下社会。

关键词：批判实在论　辩证实在论　元现实哲学　巴斯卡

批判实在论是在 20 世纪 70 年代兴起的一场思想运动，涉及哲学、社会科学以及实践领域，而这场运动是和罗伊·巴斯卡（Roy Bhaskar）的著作联系在一起的。① 经过 30 多年的发展，巴斯卡周围聚集了来自各个研究领域的学者，他们形成了一个学派并在经验研究上取得了丰硕的成果。在批判实在论的发展过程中，对马克思理论的吸收和反思是其理论构建的动力之一。巴斯卡认为，马克思是一个批判实在论者，因为他最早运用批判实在论所提出的方法

---

① Archer, M. et al. (eds) (1998), *Critical Realism: Essential Readings* (NY: Routlege), p.ix.

来分析资本主义社会。由此，批判实在论提供了一个平台，有助于我们探讨如何运用马克思的方法来分析社会。此外，由于批判实在论强调知识的对象是客观存在的因果律，因果律不仅存在于自然领域，也存在于社会之中。因此，它有助于反思当前马克思主义研究领域中存在的诠释主义倾向。

一

批判实在论发展的第一阶段是 1973 年到 1986 年。这一时期，批判实在论学派还没有出现，巴斯卡总的来说是处于单打独斗的状态。然而，他在这一时期提出的思想对于整个学派而言都是至关重要的。他日后的思想并没有抛弃此时提出的理论，而是将之囊括其中。巴斯卡这一时期的思想可以用三个词概括："先验的实在论"（transcendental realism），"批判的自然主义"（critical naturalism），"解释性批判"（explanatory critique），而批判实在论是前两个术语的缩写。

巴斯卡的《一种关于科学的实在论》在 1978 年出版。在这本书中，巴斯卡提出了自己的科学哲学，重申了本体论的重要性，并论证了自然科学的对象是客观存在的因果律，而因果律的基础是自然界中的机制而不是事件。他将这种理论称作"先验的实在论"。在这里，"先验的"这一形容词表明该理论与康德有一定的亲缘性，而"实在论"则显示了与他的差异。巴斯卡追问，"要使得科学实验成为可能世界必须是怎样的?"这个问题隐藏了一个预设，即世界本身的样貌决定了我们能获得什么样的知识。而由于知识是关于因果律的，因此，这个问题就变成因果律和世界之间的关系问题。通过采纳康德的先验论证的方法，巴斯卡表明因果律的基础是生成机制（generative mechanism）。这一机制是独立于人的存在，其自身蕴藏着潜能（power），潜能如果得到运用则会产生一种趋势（tendency）。趋势的现实化产出了连续的事件。[1] 因果律就是这些机制的运作模式。然而，世界是一个包含很多机制的开放体系，这些机制相互干涉。因此，在开放体系中，机制的潜能并不一定会实现，人也没有办法认知机制的运作模式。科学的对象是客观存在的机制和因果律，其特殊之处在于它可以构建封闭体系，从而排除干扰机制运作的因素，使得机制可以

---

① Bhaskar Roy (2008), *A Realist Theory of Science* (NY: Routledge), p. 78, p.88.

产出效果，呈现自身的运作模式。然而，科学知识是社会性的产物，受到社会文化及技术水平的影响，科学知识在历史过程中发生着变化，因此知识是相对的。对因果律和科学的论述使得巴斯卡得出了如下观点：首先，他区分了实在领域（Domain of Real, 囊括了机制、事件和经验），现实领域（Domain of Actual, 包含事件和经验）以及经验领域（Domain of Empirical, 只含有经验）；其次，他区分了不及物的层面（intransitive dimension）和及物的层面（transitive dimension）。① 在《一种关于科学的实在论》中，巴斯卡把不及物层面定义为不受人类实践影响的领域，认为这个领域是因果律的基础，后来他转而认为自己的这种区分"是基于认识论的立场，独立于人类知识的领域就是'不及物层面'"。② 巴斯卡在这个时期还提出了"分层"（stratification）和"浮现"（emergence）两个概念，用来它们解释高级层面的机制和低级层面的机制的关系。他认为高层机制虽然从低层机制中产出，但是却具有存在上的独立性，不能还原为低层机制。

在提出自己的科学哲学后，巴斯卡把目光转向了社会科学哲学。1979 年，《自然主义之可能》（The Possibility of Naturalism）问世。在这本书中，巴斯卡一方面论证了自然主义的立场，即和自然一样，社会中也存在因果律，因而我们可以对社会进行科学研究；另一方面，他试图调和自然主义和诠释主义，认为对行为的诠释对于社会研究而言是必要的。巴斯卡认为，以前的自然主义和诠释主义有一个共同的前提：他们都认为因果律的本体基础是恒定发生的连续事件，而自然科学是对这种连续性的探索和解释。他们的分歧在于自然主义者认为社会中存在这种因果律，而诠释主义者则持相反的观点。③ 巴斯卡认为，自己在《一种关于科学的实在论》一书中已经表明，这种对因果律的看法是错误的，因此需要重新讨论自然主义如何可能的问题。他认为，自然主义之所以可能主要是因为社会现象和人的行为背后都存在着相关的机制。

人的行为类似于事件，二者都可以被看作是机制运作的效果，标志着机制中潜能的实现。与人的行为有关的机制首先是社会机制，社会机制是先于

---

① Bhaskar Roy (2008), *A Realist Theory of Science* (NY: Routledge), p. 2.

② Bhaskar Roy (2008), *A Realist Theory of Science* (NY: Routledge), p. 11.
   Bhaskar Roy with Mervyn Hartwig (2010), *The Formation of Critical Realism* (NY: Routlege), p.61.

③ Bhaskar Roy (1998), *The Possibility of Naturalism* (NY: Routlege), p. 2.

个人的存在（pre-existence），它们不是个体行为的产物，因而对社会机制的研究不能化归为对个体行为的研究。虽然社会机制的运作和自然界一样是有规律的，但是，与自然界的机制不同，社会机制的持存有赖于人的行为。而就人的行为而言，一方面，个体的行为受到社会机制的影响，人需要按照社会规则办事；另一方面，人的行为再生产或改变社会机制，尽管这并不是人行为的目的。人的行为之所以可以改变社会机制是因为人们处在社会机制中，占据了其中一个位置，因而和该机制中其他人发生联系。所以，处在同一个机制中的人的行为有机地联系在一起，共同再生产或改变了这个机制。所以，人与人处在社会关系中。巴斯卡认为，社会关系除了涉及人与人之间的关系之外，还囊括了人与自然、人与其他社会产物以及所有社会产物之间的关系。[①]

就产出人的行为的主体条件而言，巴斯卡认为，人行为的原因是人做出该行为的理由。诠释主义者主张，人的行为不能被科学的研究，因为理由不是导致行为的原因，尽管它能帮助人们理解某个行为。巴斯卡认为，理由是观念的一种，是人具有的一种意识状态。这种观念的特殊之处在于它和行为的关系：行为者之所以想做出某个行为是因为他认为这个行为具有某种属性，而这种属性是他想要的。[②] 人是一个机制，这个机制具有某种能力使得人可以拥有包括理由在内的思想状态（mental state）。由此，理由可以被看作一种趋势，该趋势的运作意味着人意欲去做某件事。而这种需要在社会中的实现，或者说产出的效果就是人的行为。[③] 可是，由于社会是一个开放的系统，人的行为会受到许多因素的干扰。因此，一个人或许认为偷窃是得到钱的最佳手段，但是他却不会去偷，因为他知道社会中的司法机制会对偷窃的人做出惩罚。

然而，尽管我们可以确认理由是行动的原因，但却不能分析理由如何导致了人的行为。行动的必要条件是理由与人的欲望的结合，因此，如果我们要分析理由如何导致行动，就需要考察理由如何和欲望结合。可是，这种分析是不可能的。因为我们只能参照既定的行为反观导致行为的理由和欲望的关系，而这时理由和欲望已经结合在一起，行为也已经发生了。因此，我们不能单独讨论理由如何与欲望结合，也不能讨论理由和欲望的结合如何产出行为。

《自然主义之可能》中已经蕴涵了"解释性批判"的萌芽，而这一思想在

---

① Bhaskar Roy (1998), *The Possibility of Naturalism* (NY: Routlege), p. 26.

② Bhaskar Roy (1998), *The Possibility of Naturalism* (NY: Routlege), p. 93.

③ Bhaskar Roy（1998）, *The Possibility of Naturalism* (NY: Routlege), p. 104.

《科学实在论和人类解放》（Scientific Realism and Human Emancipation）得到了充分阐述。社会存在依赖于人的行为，行为依赖于人所具有的和该行为相关的观念，因此，我们对社会行为的研究会涉及对相关观念的讨论。社会科学对当下观念的批判是双重的。首先，社会科学可以揭示人们日常生活中所持的一些观念是错误的。其次，社会科学可以探索产生错误的观念所需的社会机制。由于社会机制的存在依赖于人的行为，由此，社会科学可以揭示出和错误观念有关的人的行为。因此，为了消除错误的观念，这些机制和行为必须被改变。这样，社会科学不仅批判了错误的理论，而且会引导人们对当下的社会机制进行批判，并引出价值判断，告诉人们什么是不该做的。由此，巴斯卡认为自己的理论克服了价值和事实之间的二元对立。

通过对社会机制、人的行为以及社会关系的论述，巴斯卡明确了社会研究领域各个学科的任务。社会学研究的对象是社会关系；心理学是研究个体和个体的行动，考察个体行动的理由、动机和无意识状态；历史学研究的是过去；而其他的学科是研究不同种类的社会行为所需的社会机制，它们可以从某个具体的行为出发，从而考察行为者并确定其在机制中的位置，进而考察机制。①

这一时期，巴斯卡通过本体论的建构，阐述了科学研究的可能性。通过强调本体论的重要性，他表明对社会的研究不能划归为对语言的研究和对意义的诠释，从而批判了社会研究领域中的诠释主义。其次，他表明科学的对象是客观存在的机制和因果律，这些东西是知识可靠性的基础，由此，批判了观念论。再次，他论证了因果律的基础是机制而不是事件，从而批判了对科学的经验主义看法。

二

批判实在论发展的第二阶段是从 1986 年到 1994 年前后。1993 年，巴斯卡所作的《辩证法：自由的脉搏》出版。这本书的问世标志着早期批判实在论向辩证批判实在论的转变。批判实在论内部认为，辩证批判实在论首先可以被看作是对整个西方哲学传统的反思和超越。巴斯卡认为，过去的哲学大多关

---

① Bhaskar Roy (1998), *The Possibility of Naturalism* (NY: Routlege), p. 31, pp. 37-38.

注肯定的在场的东西，而忽视了否定的不在场的（absent）东西，而他的辩证法是对这种传统的颠覆，因为它肯定了否定之于肯定的优先性，并表明否定是肯定的前提。其次，辩证批判实在论是对马克思理论的发展。尽管马克思对资本主义社会的论述蕴涵了辩证的分析社会的方法，但是他本人并没有对这种方法进行说明，而辩证批判实在论提炼并完善了马克思用来分析社会的方法。再次，辩证批判实在论为新的伦理学奠定了基础，并解决了理论和实践二元对立的问题。 ① 就整个学派的成型而言，这一时期巴斯卡周围已经出现了一些支持者。他们的著作不仅有助于了解巴斯卡的理论，而且为批判实在论在经验研究中的应用奠定了基础。

尽管《辩证法：自由的脉搏》在 1993 年才出版，但巴斯卡对辩证法的思考和构建可以追溯到 1986 年，而他对辩证法的重视则和他对马克思的理论研究息息相关。巴斯卡认为，马克思对资本主义社会的论述中暗含了其分析社会的方法和对辩证法的看法，然而，他并没有对这些因素进行澄清和总结。 ② 早先的批判实在论虽然可用来解释马克思分析社会的方法，但是却没有厘清其对辩证法的看法。 ③ 马克思对辩证法的理解是和他对黑格尔思想的评论联系在一起的：黑格尔的辩证法是倒立的，因此必须将其倒过来，以发现神秘外壳中的合理内核。巴斯卡认为，马克思所说的黑格尔辩证法的"合理内核"是指辩证法作为一种认识方法是科学的。这种认识方法把社会看作一个整体，并立足社会内部更为基础的层面了解社会矛盾，从而洞悉了矛盾的生成过程和解决过程。 ④ 此外，在巴斯卡看来，黑格尔辩证法的"神秘外壳"指向的是其本体论上的不足：黑格尔秉承了西方哲学的传统，认为存在（being）总是肯定性的在场，而没有发现不在场之于在场在存在上的优先性。

辩证批判实在论并不是对巴斯卡之前的理论的放弃。毋宁说，它是对其之前理论的深化和扩充。巴斯卡的辩证法告诉人们如何从否定的角度理解他之前提出的有关自然和社会的本体论以及对科学研究的看法。 ⑤ 因此，辩证批

---

① Archer, M. et al. (eds) (1998), *Critical Realism: Essential Readings* (NY: Routlege), p. 561.

② Roy with Mervyn Hartwig (2010), *The Formation of Critical Realism* (NY: Routlege), p. 117.

③ Roy with Mervyn Hartwig (2010), *The Formation of Critical Realism* (NY: Routlege), p.117.

④ Archer, M. et al. (eds) (1998), *Critical Realism: Essential Readings* (NY: Routlege), p. xxi.

⑤ Mervyn Hartwig ed (2007) , Dictionary of Critical Realism (NY: Routlege), p. 132.

判实在论囊括了他早期提出的主要观点。

在巴斯卡的理论中，"辩证法"更接近于一个形容词，因为几乎所有的东西，包括知识、理论、外部世界以及实践，都可以从辩证的角度去认识，用辩证的方法去对待。辩证批判实在论涉及对辩证法的多种处理方式："在认识论上，辩证法被视作一种论证逻辑和内在批判的方法；在本体论上，矛盾冲突的动力、变革的机制都可以被认为是辩证法；在规范 – 实践层面，辩证法则被当作自由价值论"。① 由此，辩证法不仅仅涉及考察对象的角度和态度，而且是基于人的认知、外部世界等的共同特性，它有本体论上的依据。巴斯卡用"不在场"（absence）来指涉这种特性。"不在场"可以指向一切否定的东西，包括人们没有意识到的，在时空上不存在的，病态的现实，甚至是理论上的错误。基于对不在场的讨论，巴斯卡把辩证法定义为对一种阻力的消除，这种阻力阻碍了人们对不在场的（否定性的）东西进行清除。② 辩证法就其本质而言，是一个消除不在场的过程。③ 这样的过程既可以涉及对理论的修正，也可以涉及社会的除旧布新。

巴斯卡把辩证法分为四个步骤（MELD）。第一时刻（first moment）是对既定的东西的肯定。以巴斯卡的早期理论为例，第一步是对早期理论中主要观点和概念的接收，承认外部世界是杂多的（non-identity）、结构性的。而这些东西在第二阶段将从不在场的（否定的）角度被重新定位。例如，巴斯卡之前认为：自然科学是认识外部世界的活动，它遵循无差别原理并对外界事物进行抽象认识。而在第二锋面（second edge）上，如果从不在场的（否定的）角度出发，科学被理解为一个过程，涉及新理论的诞生和对旧理论的更正。由此，仅仅了解科学做了什么是不够的，我们应该进一步的追问："怎样的科学才足以对时空和流变进行抽象，怎样的无差别原理才在最终的意义上足以用来理解社会和自然？"④ 第二阶段将迫使人们正视当下科学理论可能存在的不足，将科学实践看作一个过程。这种认知将引导人们通向辩证法的第三层面（third level）。第三阶段的核心概念不再是"不在场"，而是"整体"（totality）。整体，首先是由很多要素构成的，这些要素是整体存在的条件，但同时也受到整体的

① Archer, M. et al. (eds) (1998), *Critical Realism: Essential Readings* (NY: Routlege), p. 562.

② Bhaskar Roy (2008), *Dialectic: The Pulse of Freedom* (NY: Routledge), p. xxxiii.

③ Bhaskar Roy (2008), *Dialectic: The Pulse of Freedom* (NY: Routledge), p. 39.

④ Archer, M. et al. (eds) (1998), *Critical Realism: Essential Readings* (NY: Routlege), p. 563.

影响。其次，这些要素处在内在关系之中，这意味着这些要素被卷入了整体的内在活动（intra-activity）之中，并通过这些活动发生联系。[1] 再次，整体自身就是一个有层次的结构。参照巴斯卡之前提出的"分层"概念可以得出，整体内部的要素在存在上具有相对独立性，尽管其中一些要素源自另一些要素但却不能划归为另一些要素。[2] 以科学理论为例，某一理论自身就是一个体系，构成体系的各个部分处在一定的结构之中，彼此相互联系。其中的一些观点的提出有赖于其他的观点，但是却不能等同于这些观点。从过程的角度看，这一理论既是科学发展过程中的产物（product-in-process），需要之前的理论提供原料，同时又构成了产出的过程（process-in-product），成为下一个理论产出的前提。然而，这种理论上的更替，包括对理论缺陷的洞识都凸现了人的重要性，这将涉及巴斯卡提出的辩证法的第四维度（forth dimension）：理论和实践在人的实践过程中的统一。

巴斯卡提出的辩证法的四个阶段，不仅适用对科学的阐述，而且也适用于把握作为其前提的社会。在巴斯卡看来，社会是一个整体，它涉及四个层面：（1）与自然的物质交易；（2）人与人之间的互动；（3）社会关系；（4）主体内部。[3] 社会内部包含了两种力量：

> 第一种力量涉及了人所具有的因果力量，人会调查，会交流，会制订计划，会构建道德伦理体系，会感受照顾他人；人能够做出理性的判断，这种判断一方面使得人们之间能够达成协议，另一方面指导人去实践，从而改变人的生活环境。这种力量使人的解放成为可能。第二种力量涉及的是否定性特征，例如支配、镇压、剥削和控制。在社会结构中，第二种力量的表现方式和构成方式是多种多样的。相应的，人们可以通过不同的理论了解这种力量的表现和构成。[4]

第二种力量所涉及的方面是社会中存在的负面因素，对这些因素的认知是变革社会的前提。而随着社会的变革，社会四个层面的要素将在新的社会结构中得到统一。

---

[1] Mervyn Hartwig ed (2007), Dictionary of Critical Realism (NY: Routlege), p. 470.

[2] Mervyn Hartwig ed (2007), Dictionary of Critical Realism (NY: Routlege), p. 471.

[3] Bhaskar Roy (2008), *Dialectic: The Pulse of Freedom* (NY: Routledge), p. 142.

[4] Mervyn Hartwig ed (2007), Dictionary of Critical Realism (NY: Routlege), p. 372.

在巴斯卡的学术重心转向辩证法的时候，批判实在论也在学术领域获得了关注。1994 年，该学派的另一个重要人物安德鲁·柯利尔（Andrew Collier）出版了一本专门论述巴斯卡早期思想的著作——《批判实在论：对巴斯卡哲学的介绍》。相较于巴斯卡晦涩难懂的文字，柯利尔对巴斯卡的思想的阐释清晰明白。因此，他的这本著作对于了解巴斯卡的思想很有帮助。此外，值得一提的是柯利尔也是一名马克思主义者，他认为巴斯卡早期提出的方法可以帮助澄清马克思的社会理论，在其 2004 年出版的《马克思》中，柯利尔运用批判实在论的方法对马克思的资本主义理论作了阐释。[①] 在社会学和社会科学领域，批判实在论的代表人物玛格丽特·阿切尔于 1995 年出版了《生成的途径 —— 一种现实主义的看法》。这本书被看作是对巴斯卡早期思想，尤其是先验实在论的补充，为人们应用批判实在论解释社会的变化和维持奠定了方法论基础。

巴斯卡在《自然主义之可能》一书中坚持这样的观点：首先，社会结构和个人具有各自独立的地位，他们彼此依赖但却不能相互化归；其次，社会结构不能被看作是主体的客体化，不能被看作是由主体创造然而却因异化而限制人的结构；再次，人不能被看作既是由社会产出的又能生产和再生产社会的东西。如果说巴斯卡是在哲学本体论层面确立这种观点，那么阿切尔则展示了如何在分析社会的方法上贯彻它。而她解决这一问题的关键是在分析人和社会结构的时候突出时标（timescale）的重要性：伴随着对某一时刻（moment）确定，我们都可以发现社会结构其实在时间上是先于处在这个社会中的个人，因此，人先受到了社会结构以及文化的影响，然后才再生产或改变社会。阿切尔认为，社会和人之间确实存在相互影响，但是这种影响是有先后顺序的；正因为存在这种先后性，对人和社会之间因果关系的讨论才有可能。由此，她挑战了这样一种分析社会的模式：该模式预设人同时是作为产出者和被产出者生活在社会中的，并在此基础上考察人和社会之间的双向互动。

三

到 20 世纪 90 年代中期，批判实在论迎来了发展的高潮，来自不同研究领域的批判实在论者组织在一起，形成了批判实在论学派。按照罗夫·维格斯

---

① 这本书在 2008 年再版时更名为《马克思：初学者手册》。

豪斯对学派特征的归纳，批判实在论学派之所以存在是因为其具有以下特征：（1）它有研究机构，批判实在论研究中心已于 1996 年成立；（2）来自不同领域的学者加入了这个理论阵营，团结在巴斯卡的周围；（3）它拥有一个新的研究现实的范式，这个范式综合了社会科学理论和哲学理论；（4）它有自己的期刊，批判实在论者于 1997 年召开了第一届国际年会，成立了批判实在论国际协会并推出了该协会的通讯《真理》（Alethia），该通讯之后发展为《批判实在论期刊》（Journal of Critical Realism）并在 2002 年出版了第一期。这种组织化扩大了批判实在论在世界范围的影响。

2000 年，巴斯卡的《从东方到西方：漫长的灵魂之旅》出版，标志着巴斯卡本人思想的精神性转向。他最终把自己这一阶段的哲学命名为"元现实哲学"（philosophy of meta-Reality）。通过构建这一哲学，巴斯卡表明精神性（spirituality），即"一种对存在和生活的无限的不尽的爱"，不仅是宗教和人类解放的前提，而且是人生活的前提。[①]

巴斯卡对精神性的关注源自他对当下社会主义实践的反思。巴斯卡认为，现在的左派和社会主义实践强调对社会结构的改变，而忽视了对人内在的改变。人精神层面的变化是人类解放的必要条件：马克思强调每个个体的自由发展是所有人自由发展的条件，而每个个体都得到发展的前提是个体摒弃对自我（ego）的执著，从而把他人的自由和发展看得和自己的同等重要，对人如对己。这样一种对待他人的态度和东方思想，如佛教，有共通之处。[②]

为了论述精神性上解放的可能，巴斯卡对之前的哲学进行了反思，并开拓出了一个新的理论向度。在辩证批判实在论中，巴斯卡已经得出人的实践和反思对于认识不在场和产出整体有重要作用。然而，他那个时候仍然是立足于人和世界的二元性来讨论人之于世界的作用，而在这个时期他则转而考察人已然存在于其中并构成其一部分的世界（如果人不存在，那么世界整体就不存在），并以此为前提考察人和该整体的关系。如果说精神境界中同一性（identity/non-duality）的实现成就了人的解放，那么巴斯卡的元现实哲学则表

---

① Bhaskar Roy with Mervyn Hartwig (2002), 'The Philosophy of Meta-Reality, Part 2: Identity, Spirituality, System' (interview), *Journal of Critical Realism* 1(1), p. 93. Roy with Mervyn Hartwig (2010), *The Formation of Critical Realism* (NY: Routlege), p. 168.

② Roy with Mervyn Hartwig (2010), *The Formation of Critical Realism* (NY: Routlege), p. 153.

明该世界自身的状态是同一性的基础。

与"同一性"（identity/ non-duality）相关的两个概念是"基态"（ground-state）和"超越性"（transcendence）。借助于"基态"这个概念，巴斯卡将人和他物置于同一个平台，找到了他们之间的联系并表明他们处于同一个整体（unity）中。存在于世界中的任何东西都有自身的基态。基态是一个物体的根本状态，没有它，该物体的其他状态都不可能出现。[①] 由于世界是由这些东西构成的，而这些东西具有自身的基态，由此可以推出基态对于世界的构成是必要的和根本的，它们内在于世界，是世界整体的一部分。由此，我们也可以得出，第一，人的基态和其他东西的基态处于同一整体之中，它们相互联系；第二，对于整个世界来说重要的根本的东西内在于构成世界的物体之中。[②] 人的基态包括人所具有的潜能，人的创造性，人去爱的能力，人自觉做出正确行为的能力以及人能够以某种方式满足自己的需要、实现自身的潜能并于此同时感到一种审美式的愉悦。[③] 参照我们之前的论述，可以得出，由于人是世界的一部分，这些属于人的主体性的状态内在于世界，参与构成了世界整体；这些状态不仅对于人是根本的，而且对于世界也是根本的。基态在生活中的实现使得人可以洞悉其他东西的基态和统一这些基态的整体，从而成就人对他者无条件的爱和人的自由。然而，因为人的具体人格（embodied personality）的形成受到很多因素的影响，其中有很多因素压抑限制了基态的实现，所以在很多情况下基态无法主导人的行动。

"超越性"这个概念用来泛指超越性，可以表示新事物的产生，旧事物的改变；可以表示对差异和区分的克服；可以表示矛盾和对立的消除。当涉及人和他物的关系时，超越性是指"在意识之中的超越性认同"，这种认同是对物我／主客二元性的克服。它有两种方式：第一种是人退守到主体世界，和对象世界隔绝；第二种是进入对象世界，消除主体性。[④] 人在听音乐时陶醉其中，从而忘了自己在听这回事，人在凝视画作的时候仿佛身临其境，从而忘记了自

---

① Bhaskar Roy (2002), *Reflections on Meta-Reality: Transcendence, Emancipation and Everyday Life* (Sage Publications), p. 140.

② Bhaskar Roy (2002), *Reflections on Meta-Reality: Transcendence, Emancipation and Everyday Life* (Sage Publications), p. 207.

③ Mervyn Hartwig ed (2007), Dictionary of Critical Realism (NY: Routlege), pp. 11-12.

④ Bhaskar Roy (2002), *Reflections on Meta-Reality: Transcendence, Emancipation and Everyday Life* (Sage Publications), pp. 140-141.

己在看，人与人之间的交流和理解都证明我们在某种意识状态下可以消除主体性从而进入对象的世界。巴斯卡认为，这种对象并不局限于艺术作品和他人，而且可以是树木、花草甚至是山水。①

生活中出现的在意识中达到的超越性认同不仅表明在意识状态中实现物我的同一是可能的，而且表明人的意识中蕴藏了达到这种境界的可能性。如果我们的基态可以在生活中实现，那么就能达到这种境界。在这种状态下，人的意识可以囊括各种东西，而由于泯灭了物我的差异，万物自身就具有意识和意义。这样的一种境界类似于无我的境界，万物即我，我即万物。

至此，巴斯卡的思想经历了三个阶段：批判实在论，辩证批判实在论，元现实哲学。伴随着批判实在论的影响的扩大，越来越多的学者开始关注他的理论。正因为如此，自20世纪90年代中期起，批判实在论的发展出现了两个特征。第一，学派内部的争论加剧：该学派的内部人士对巴斯卡不同时期的思想有不同的评价。例如，将自己称为"批判实在论的马克思主义者"的肖恩·克里文（Sean Creaven）尽管对巴斯卡的辩证法加以褒奖，认为其在哲学层面论证了晚期资本主义现代性中蕴藏了解放的可能性，然而却对他思想的精神性转向表示反对：在《反对精神性转向：马克思主义，实在论和批判理论》一书中，他认为巴斯卡已经背离了其早期理论的初衷，他现在的哲学是非实在论的，不能为人类解放提供理论依据。

第二，批判实在论学者和其他学者的交流更加频繁。他们反思的对象包括现代性、后现代主义、女性主义等，专门论述该学派和这些思想关系的文章和著作相继出现。在涉及和马克思的理论的关系问题上，《批判实在论与马克思主义》（2002），《马克思》（2004）等相继出版。大多数马克思主义者对早期批判实在论的认同度较高，对巴斯卡的辩证法持保留态度，而对巴斯卡的元现实哲学则是加以批判。例如，阿利克斯·克林尼库斯认为，首先巴斯卡在构建自己的辩证法的时候滥用了先验论证的方法，然而他的论证缺乏康德式的精细，太过仓促。其次，巴斯卡用"否定"、"不在场"等概念来表征自由的同时又用其表示所有存在，包括物理存在的共性。这一做法包含了一种矛盾，因为自由是人的专属物，所以"否定"、"不在场"等概念既用来表示人的特殊性又

---

① Bhaskar Roy (2002), *Reflections on Meta-Reality: Transcendence, Emancipation and Everyday Life* (Sage Publications), p. 141.

用来表示人和自然的共性。^①而巴斯卡的元现实哲学更被克林尼库斯批判为一种唯心主义，因为这种哲学主张范畴构成了现实的一部分。

批判实在论和后现代主义是对 20 世纪发展出的两种重要哲学倾向的回应：对自然哲学的实证主义式理解，以及在理解社会现象上的"语言学转向"。^②然而，不同于后现代对知识可靠性的瓦解和在社会研究上对语言的倚重，批判实在论，一方面，坚持科学是可靠的，因为它的对象是客观存在的因果律，另一方面，反对社会研究中的诠释主义倾向，后者将意义诠释，语言结构看作是社会研究的主要内容。批判实在论的一些拥护者认为，该理论是对马克思的理论的发展，它不仅澄清总结了马克思用来分析社会的方法，而且提炼出了马克思本人所坚持的辩证法。由此，我们可以构建批判实在论和马克思的理论交流的平台。我们不应该忘记马克思的初衷是对资本主义社会进行科学研究，而这一立场与批判实在论的立场是相吻合的。在"文化研究"、"意识形态批判"、"霸权"、"解构"成为马克思主义研究领域的关键词的时候，批判实在论强调踏踏实实地进行经验研究无疑有助于反思当下的研究状况，同时，它也对如何更好地运用马克思的方法研究社会有启示作用。

参考文献

[1] Bhaskar Roy (1998), *The Possibility of Naturalism* (NY: Routlege).

[2] Bhaskar Roy (2008), *A Realist Theory of Science* (NY: Routledge).

[3] Bhaskar Roy (2008), *Dialectic: The Pulse of Freedom* (NY: Routledge).

[4] Bhaskar Roy (2002), *Reflections on Meta-Reality: Transcendence, Emancipation and Everyday Life* (Sage Publications).

[5] Bhaskar Roy with Mervyn Hartwig (2002), 'The Philosophy of Meta-Reality, Part 2. Identity, Spirituality, System' (interview), *Journal of Critical Realism* 1(1).

[6] Bhaskar Roy and Alex Callinicos (2003), 'Marxism and Critical Realism: A

---

① Bhaskar Roy and Alex Callinicos (2003), 'Marxism and Critical Realism: A Debate', *Journal of Critical Realism* 1 (2), p. 94.

② Garry Potter and Jose Lopez ed (2001)., *After Postmodernism: an Introduction to Critical Realism* (The Athlone Press), p. 6.

Debate', *Journal of Critical Realism* 1(2).

[7]Bhaskar Roy with Mervyn Hartwig (2010), *The Formation of Critical Realism* (NY: Routlege) .

[8] Archer, M. et al. (eds) (1998), *Critical Realism: Essential Readings* (NY: Routlege).

[9]Archer Scotford Margaret (1995), *Realist Social Theory: The Morphogenetic Approach* (Cambridge University Press).

[10] Collier Andrew (1994), *Critical Realism: An Introduction to Roy Bhaskar's Philosophy* (Verso Books).

[11] Collier Andrew (2004), *Marx* (Oneworld Publications).

[12] Creaven Sean (2003), 'Marx and Bhaskar on the Dialectics of Freedom', *Journal of Critical Realism* 2 (1).

[13] Creaven Sean (2009), *Against The Spiritual Turn: Marxism, Realism and Critical Theory* (NY: Routlege).

[14] Andrew Brown, Steve Fleetwood and John Michael Roberts (eds) (2002), *Critical Realism and Marxism* (NY: Routlege).

[15] Mervyn Hartwig ed (2007), *Dictionary of Critical Realism* (NY: Routlege).

[16] Garry Potter and Jose Lopez ed (2001)., *After Postmodernism: an Introduction to Critical Realism* (The Athlone Press).

（作者单位：伦敦大学国王学院）

事件中的真理与主体

——巴迪欧哲学思想概述

蓝　江

【内容提要】本文把巴迪欧的思想理解为拉康化的马克思主义的独特发展，在对巴迪欧一系列著作的解读基础上，本文指出，与拉康的实在界、象征界和想象界三元结构相类似，巴迪欧也创造了自己的三元结构，这就是真理—事件—主体的三元结构。这两种三元结构尽管在具体表达上存在着差别，但仍有共通之处。真理程序类似于拉康的象征秩序，是一种大写的一（Un），它构成了具体情势的规则；事件是对原有连贯性的象征秩序的断裂，事件在既定的情势状态上撕开了一道裂缝，产生了空，显然事件十分近似于拉康的真实界；最后，和拉康的主体类似，巴迪欧也是通过主体的创造来填补了事件撕开的情势的空，重新生产了真理程序。通过这三重结构，巴迪欧重构了一个新的服务于激进政治的主体理论。拉康式马克思主义是当代国外马克思主义的重要倾向，通过巴迪欧思想这一个案，我们既可以看到它的理论优势，同时也不难发现其局限性。

关键词：巴迪欧　拉康　拉康化马克思主义　真理　事件　主体

一、拉康化马克思主义背景下的巴迪欧

在西欧马克思主义的发展脉络中，拉康的出现导致了马克思主义和左翼思想的发展出现了一次重大的转向，而新近的一些欧美马克思主义的发展，都与这个转向有着密切的关联。如果说第二国际和苏联的主流马克思主义代表一种物质论的马克思主义，而以卢卡奇、法兰克福学派、萨特等人将存在论引入了马克思主义，并缔造了马克思主义中一种以此在的人为中心的理论流派，那么拉康的精神分析的出现，导致了马克思主义的新的转向，我们可以将这种转向理解为拉康化的马克思主义。实际上，与拉康同时代的柯奈留斯·卡斯特瑞阿迪斯（Cornelius Castoriadis）就曾经将拉康的理论部分地用于左翼的政治思考中。此外，巴迪欧的恩师阿尔都塞显然在其晚期也受到了拉康精神分析的影响，最具代表性的例子是他在著名的《意识形态与意识形态国家机器》这篇论文中，通过意识形态的询唤（interpellation）和镜像复制来谈主体的建构，这是典型的拉康式的用语，尽管与拉康的原生语境差别很大。阿尔都塞对拉康的挪用绝不能简单被看作是术语上的移植，而是阿尔都塞晚期思想的深刻的内在变革。

当然，阿尔都塞的这种思想变化也影响到了巴迪欧。在巴黎高师时，阿尔都塞对拉康的讲座就产生了兴趣，当时，他特意委派他的两名学生去到拉康的课堂上去听课，其中一位叫做让－雅克·米勒（Jean-Jacques Miller），后来他成为了拉康的女婿，并成为了拉康讲座（Séminaire）系列唯一合法的编辑出版者；而另一位学生正是阿兰·巴迪欧，也正是在这个时期，巴迪欧充分接触了拉康的精神分析理论，并对他自己的思想产生了深远的影响。

其实，更准确地说，是拉康晚年的讲座影响了巴迪欧。许多拉康的研究者指出，存在两个不同的拉康，一个是拉康自己出版的《选集》（Écrits）中的拉康，另一个是经由让－雅克·米勒整理了的拉康，也可以称之为"讲座"的拉康。事实上，后一个拉康的影响力比前一个更大，巴迪欧在他的《小万神殿》中就曾说过："可以这样认为，晚年的拉康自70年代以降再没有什么新的发展。我的看法与之完全相反。在收殓了屈从于意指规则的主体理论之后，拉康最终竭尽所能来研究主体与真实(réel)的关系。能指规则的理论是不充分的。这里需要的是某种无意识的几何学，一种表达三种媒质（象征界、想象界、真

实界）的方式，在这种方式中，主体的效果得以形成。在这个阶段的思考中，拉康求助于拓扑几何，这使得他产生了他自己的根本性的唯物主义。"① 由此，巴迪欧就指出，当今处于危机中的马克思主义不得不求助于拉康归纳的主体辩证法。

那么什么是"讲座"的拉康的主体辩证法？"讲座"的拉康归纳了三元结构，即象征—想象—真实的结构，而正是这个三元结构构成了拉康的主体辩证法。与阿尔都塞那种绝对空无的主体不同，拉康还是肯定了主体的存在，不过主体并不是始终都存在，主体只有在构成象征秩序的能指链发生断裂，产生真实的深渊处才能存在，而主体在这里是用来填补这个深渊的，也就是说，主体通过自己的想象，重新建构了自己，并将自己纳入到能指链的环节中，在这个过程中，主体是对自己的创造。这样，拉康的三元结构不再是那种纯粹作为大写他者能指链关系的镜像而存在的空无，相反，主体在能指链的断裂处涌现出来，并填补和缝合了这个裂缝。正是拉康的这个理论模式激发了巴迪欧在 80 年代的想象，他的《主体理论》基本上是依照拉康讲座的结构来进行构造的，与此同时，巴迪欧在很大程度上发挥了拉康主体辩证法中的主体的创造性成分，而这种通过自己的创造性行为来填补能指链空缺的主体构成了巴迪欧的理论模式的核心成分。

与拉康的三元结构相类似，巴迪欧也创造了自己的三元结构，这就是真理—事件—主体的三元结构。不难发现，巴迪欧的三元结构尽管在具体表达上与拉康的结构有所区别。但是我们仍然可以看到，其中与拉康的结构的共通成分。而且即便在 2009 年出版的《共产主义的假设》一书中，巴迪欧也不讳言自己的三元结构同拉康的近似性。例如，真理程序类似于拉康的象征秩序，是一种大写的一（Un），它构成了具体情势的规则；事件是对原有连贯性的象征秩序的断裂，事件在既定的情势状态上撕开了一道裂缝，产生了空，显然事件十分近似于拉康的真实；最后，和拉康的主体类似，巴迪欧也是通过主体的创造来填补了事件撕开的情势的空，重新生产了真理程序。不过与拉康不同的是，拉康的主体是通过想象来缝合真实与象征之间的裂缝，而巴迪欧的主体更多的是行动的主体，是在具体的行动中将自己实现为主体的。

当然，我们不能简单地将巴迪欧的理论看成对拉康的主体辩证法的简单

---

① Alain Badiou, *Pocket Pantheon*, tans. David Macey, London: Verso,2009, p3.

套用。实际上，从《存在与事件》开始，巴迪欧就对自己的理论进行了全新的创造，可以说，现在我们所看到的巴迪欧的哲学绝对是一种原创性的哲学理论。不过，拉康如同幽灵一般，将自己的理论铭刻在巴迪欧这一代思想的内部，而诸如齐泽克、朗西埃、阿甘本、拉克劳，甚至曾经跟随伯明翰学派做文化研究的伊格尔顿都纷纷将注意力转向了拉康。因此，在我们深入到巴迪欧的理论中的时候，拉康永远是作为一个幽灵出现的，他不在场，但他的理论目光已经渗入到巴迪欧理论体系的每一寸肌理之中。

二、巴迪欧的存在的三元结构：真理—事件—主体

巴迪欧非常清楚地认识到，要自打破海德格尔与维特根斯坦以降的诗性哲学、解释学和后现代主义的相对主义的话语霸权，就必须重建本体论。不过巴迪欧在重建本体论上遇到了一个巨大的难题，那就是，如何在不坠入先前本体论哲学的本质主义窠臼的同时来重建本体论。事实上，尽管巴迪欧应用了数学集合论来阐释他的新的本体论，但是在他的数学集合论的外表之下，隐藏得更深的是一种类拉康式的三元结构，这就是巴迪欧在创造性转嫁了拉康的想象—象征—真实的三元结构之后提出的真理—事件—主体的三元结构。

（一）真理

对于许多后现代思想家来说，真理的神话已经破灭，真实是本质主义的残渣。的确，在启蒙以来的人类思想史上，尤其是在上帝的神话逐渐褪色的时候，真理作为一种新的绝对填补上帝留下的空白。真理成为了自然留给人类真正的瑰宝，是人类航向的新的指南针。在启蒙时期，与真理相关的概念是知识，知识是人类对于真理的理解，培根那句著名的"知识就是力量"反映出来的就是一旦人类通过自己对真理的认识，就拥有了改变一切的力量。在启蒙时代，对知识和真理充满了乐观，对于他们来说，虽然人的存在是有限的，但是人对真理的认识却是无限的。真理是一种本质性的绝对，是一种不以人类意志为转移的客观性存在，而人类的任务仅仅是去认识它，去发现它。这就是本质主义的真理观，这种真理观与经验主义或实证主义的认识论有关。

后现代主义已经解构了这种本质主义的真理观，后现代主义中的激进派，如福柯坚持认为真理是由不同权力之间关系构造出来的"话语"，这样，真理的绝对客观性的地位就被打破，取而代之的是一种权力之间的结构体系。也正

是在这个基础上，新葛兰西主义将争夺话语的领导权作为社会主义的新策略，换句话说，后现代主义已经认同了这样一种局面，他们将柏拉图《理想国》中的色拉叙马霍斯的"正义就是强者的逻辑"的命题变成了一个后现代版本的权力－真理，对于他们来说，真理的内容是从属于权力的，对于那些被边缘化的群体而言，他们没有真理，这样，真理成为了一个否定性的内容，尤其对于那些非主流的生命力，真理简直就是一种对自由生命的摧残。在德勒兹和迦塔里的《反俄狄浦斯》中，真理就是对生命的迫害，真理将人变成了一种结晶化的模式，将一种特殊的标准作为新的普罗科鲁斯忒斯之床，作为戕害生命的血腥工具。这样，在后现代主义的解释模式下，真理丧失了其普遍主义的根基，只有相对的有效性，没有绝对的真理性。

与后现代主义不同，巴迪欧坚持真理的普遍性，强调对真理的忠诚是哲学的基本要求。不过，巴迪欧的真理并不是实证主义或经验主义那种认识论上的真理，他在吸收了拉康的精神分析理论之后，提出真理和知识并不像启蒙时期人们认为的那样，是在不同层面上同一样东西的不同侧面，即知识是对真理的认识。巴迪欧的真理打破了这种知识论的结构，在他看来，真实毋宁是知识结构上的一个裂缝，真理的存在与事件和主体有关，而不是与知识有关。正如后现代主义批评的那样，知识构成了我们的象征秩序，但是这个象征秩序并不是绝对，它并不是真实的表象，相反，知识是一种基于权力关系的构造。它并不是绝对的普遍性的存在，它必然有其局限。其局限性表现在，知识以自身的方式构筑了连续性，但是真实往往是凹凸不平，充满着断裂的，一旦在真实的断裂处，知识的连续性就会被活生生地撕裂。

不过在这个撕裂的裂缝处，我们迎来的不是末日，而是一种新的可能性。巴迪欧将这种新的可能性称作为"空"。"空"的出现必须要求我们来面对这个"空"，用一个命名或操作来填补或缝合这个"空"。巴迪欧认为，在这个"空"出现的地方，我们通过自己来缝合了"空"，也正是在这一刻，哲学出现了。在《哲学宣言》中，巴迪欧激情地说道："真理的哲学范畴就是自身的空，它操作着但不展现任何东西。哲学并不是真理的产品，而是源于真理的操作，这个操作揭示的是'那里有真理'。"①

---

① Alain Badiou, *Manifesto for Philosophy,* Tans. Norman Madarasz, New York: State Uniber-sity of New York Press, 1999, p.124.

从这里，我们可以理解巴迪欧意义上的真理究竟是什么。首先，真理是一种主观操作。这与经验主义或实证主义的客观真理观是截然不同的，真理不是直接在那里的。在巴迪欧这里，仅仅当我们去面对知识或象征被撕开的裂缝中的"空"时，并在主体的积极行动下予以操作，来缝合这个"空"，在那一刻，真理才诞生了。我们可以清晰地看到，巴迪欧坚持认为真理与主体的积极行动有关，真理是在主体的行为下产生的，或者说他是被主体创造的。这里的逻辑明显来源于拉康，拉康的主体也是在想象中来填补那个象征的能指链断裂的空缺的，在这个逻辑中，真理从一开始就是一个匮乏（manqué），在这个匮乏的深渊中，主体通过自己的行动形成了，也生产出真理。其次，主体的真理生产并不是像后现代主义认为的那样是随意的，或者与权力有关，相反，巴迪欧十分强调主体在生产真理的时候不是个体性的，而是一种共同可能性（com-possibilité），那么，这种被生产出来的真理是需要被共同认可的，而要被共同认可，就必须要忠实于那个让象征性或历史发生断裂的事件，只有建立在这种忠实性（fidelité）的基础上，真理才可能形成。共同可能性是集体性（collectif）的，它并非对其他个体的压制，比如在斯大林模式下那种对于异议人士的清洗态度，就不能代表着其作为集体主体对于作为事件的十月革命的忠实。也正因为如此，相对于十月革命，巴迪欧更重视巴黎公社的经验，因为在巴黎公社那里，体现出来的是公社社员对1871年3月18日所发生的事件的共同性的忠实。由此可见，巴迪欧正是用这种共同可能性来抵御相对主义的疯狂进攻，也正是借用对事件的忠实，巴迪欧重建了新的普遍主义。

（二）事件

一旦巴迪欧将真理定义为主体的操作时，必然面对另一个问题，这就是巴迪欧一直将自己的思想锚定在唯物主义辩证法之上，那么，如果他仅仅只是强调了主观的行动在对待事件上的价值，那么他怎么可以将自己称作为唯物主义呢？按照巴迪欧自己的理解，他的哲学最核心的部分并不是那个作为主观创造的真理，而是事件。事实上，正如我们前文所述，巴迪欧提出的主体的操作，并不是随意性的个体的操作，他在强调真理的主体性的时候，也强调了真理的另外两个要素，即共同性和忠实性。巴迪欧尤其对后者格外看重。因为，他所谓的主观的操作应该是忠实于事件的操作，也正因为如此，巴迪欧相信，出于对打破历史的连贯和沉寂的事件的忠实，足以让其摆脱唯心主义的嫌疑。此外，对事件本身的忠实，也说明了巴迪欧并不想做一个在纯粹抽象国度里玩赏数学概念和推理的思想家，而是想让他自己的概念体系通过事件的概念来降临在这个物质世界之上。我们明显可以看到巴迪欧在后期的一个转向，亦即在他的《世界的逻辑》和《第二哲学宣言》中，他反复提到了在这个世界中的真理的问题，也就是说，在《世界的逻辑》中，巴迪欧更关心的是对降临在这个实践上的作为真之痕迹的事件的忠实。

在巴迪欧眼中，事件是唯一的物质性。巴迪欧这种对物质性的理解也是源于拉康，在这一点上，齐泽克与巴迪欧基本上是一致的。对于拉康而言，历史和世界的连续性和整体性的样态是一种意识形态下的常态的构建，换句话说，世界和历史之所以被我们看成是连贯的和平滑的，正是因为我们的意识形态促使我们去那样认为，我们有意识地担当了这个承担者（agent）。对于拉康哲学来说，那个真实（réel）是永远缺席的，相反，真实偶然性的乍现也是被意识形态化为连贯和平滑的现实（réalité）。正如吴冠军在解读拉康哲学时正确地提出："那个前意识形态的、未经任何编码与扭曲的真实，即是语言符号化之前的事物的存在性状态。对于总是已经居住在一个符号性预先建构的'现实世界'中的人们而言，真实便成为了一个成了纯粹的'不可能'。"①那种作为真正物质性基地的真实正是我们的社会现实中的"不可能"，这样，从拉康的角度而言，现实是一种意识形态的母体（Matrix），是一种高度象征化的能指链，它构成了我们与真实之间一层无法祛除的帷幕。但是这绝不意味着，我们站在帷幕的这边，毫无作为。无论是拉康，还是巴迪欧都坚信，这层意识形态的帷幕会有裂缝，而一旦帷幕被真实所撕开，我们就可以从裂缝中看到帷幕背后的真实。或许，我们从这里可以理解，巴迪欧为什么会将拉康称作为一个真正的唯物主义。我们在这里已经看到了巴迪欧的唯物主义和马克思的唯物主义的一个重要区别，在马克思那里，所谓的唯物指的是回归社会现实，即让抽象的分析回归到这个此岸世界上来。在马克思那里，从地上上升到天国的唯物主义，正是从社会现实的层面上来建构的历史现象学，如马克思之所以热衷于对当时的资本主义社会条件下的政治经济学研究，正是因为他将经济学，尤其是构成生产关系的经济学看成是最大的社会现实。巴迪欧则与之相反，对于巴迪欧来说，他将唯物主义的"物"界定在真实而非现实基础上，那么唯物主义的

---

① 吴冠军，《爱与死的幽灵学——意识形态批判六论》，吉林出版集团，2008年版，第6页。

"物"变成了一个始终被社会现实所掩盖的缺席的真实，也正因为如此，巴迪欧坚信，只要忠实于从事件中乍现出来的真实，就一定能找到走向真正唯物主义的钥匙。可以说，巴迪欧的唯物主义已经彻底改变了马克思主义哲学中的唯心和唯物的关系，相反，我们在巴迪欧这里看到的是一个始终缺席的真实，这一真实长期以来被遮蔽在社会现实的帷幕之下。

巴迪欧认为，可以撕开那道帷幕的就是事件，事件是对常规性的打破，是绝对外在于连贯性状态下的空，是纯粹的偶然性和不可能性。不过，巴迪欧用了一个更为精致的体系来说明为什么事件代表纯粹的偶然性和不可能性。如果我们把事件发生之前的状态称作为一个情势状态，那么在这种情势状态之下，有一种被几乎所有的元素共同认可的规则，正是由于这个规则的存在，我们可以将事件之前的状态看成一个整体，这类似于集合论中的集合，我们之所以将一些东西看成是一个集合，正是因为我们有可以将它们看成为一个集合的尺度，而我们正是通过这个尺度将所有的元素计数为一（comme-pour-Un）。事件是一种纯偶然性的显现，这表现为事件出现了。但是，事件无法在原先的状态中被计数为一，而是那个处于情势状态之外的例外。事件的存在成为一个"空"，而这个"空"映射的是那个不出场的真实，也就是说，事件打破了情势状态的沉寂，产生了突变，而这个突变是一种空无的深渊。因此，主体的操作必须要忠实于那个事件，忠实于事件对于寂静天空的划破。对于巴迪欧来说，忠实于事件就是去忠实于真实，即一种真正走向唯物主义的道路。在这一点上，齐泽克并没有巴迪欧这样乐观，不过他认为巴迪欧内心中有一种对激烈断裂的信念，有一种对真实过度痴狂的激情 ①。

事件，作为真实之光，既是对既定的意识形态秩序的撕裂，同时还表现为其绝对的不可能性（impossibilité）。用巴迪欧的话来说，事件就是让"不可能"来到我们面前。这种不可能性也意味着不可预测性，简单来说，就是在先前的情势状态或意识形态结构中，事件是作为一个纯粹的例外和不可能发生的。在《存在与事件》中，巴迪欧说："一个事件就是一个纯粹的偶然，它不

---

① 巴迪欧自己也认为自己有一种对真实的激情，而且巴迪欧认为这种对真实的激情是唯物主义和革命的无产阶级必须的素质。在他的《世纪》中，他谈到了用真实的激情来划破意识形态的用于掩饰的想象的蒙太奇（montage imaginaire），可以参看 Alain Badiou, *Le Siècle,* Paris: Seuil, 2005, p.76。

可能从先前的情势中推导出来。"① 一个事件之所以成其为事件，正是因为它并非对原先情势的重复，而是一个绝对的例外。在另一部著作《圣保罗：普遍主义的基础》中，巴迪欧也归纳道："事件的本质就是它不会有任何事先的征兆，以它独有的方式让我们震惊，无论我们多么谨慎小心都会如此。"② 如果我们有一种认识的话，事件的发生应该是出乎我们认识之外的。正如巴迪欧经常列举的法国大革命，在先前的路易十六时代，几乎没有人敢想象（包括第三等级在内），在1789年的7月14日人们会攻打巴士底狱，掀起了一个前所未有的革命。由此可见，事件在原先状态的不可预测性也同时意味着他将不可能带到了我们中间，我们的平凡被事件带来的真实之光震荡得支离破碎，也正是在这种震荡的破碎中，我们看到了意识形态的裂缝，也看到了裂缝背后的真实。

尽管事件可以暂时性地将真实的光芒投射到我们面前，但是事件所带来的真实有一个天然的缺陷。事件转瞬即逝，它并非永恒，而是如同昙花一样，在瞬间展现了辉煌之后，又在那个瞬间悄然消逝。因此，对于那些试图在事件中抓住真实的人来说，必定会失望，因为当我们伸出手去抓住事件时，事件已经从一旁的隙缝中悄然消逝了。不过，尽管事件来无影去无踪，但是，它并不是无迹可寻。易言之，事件在这个世界上留下了它的痕迹，而这个痕迹向我们表明，它曾到来过（巴迪欧在这里用的过去式非常准确），但它现在不在了，它已经返回到那个永远不在场的真实之中，留给我们的是一道道它划过时留下的灰烬。不过，有灰烬总比什么都没有的要强，有些人对这些痕迹和灰烬视而不见，齐泽克有一个生动的讽刺，这种人是十足的犬儒主义，蜷缩在意识形态编码的架构中醉生梦死。对于巴迪欧而言，真正的战士，必须要直面事件留下的痕迹，忠实于这些痕迹，虽然事件已经悄然离去，但是，事件为我们留下的痕迹足以让我们相信它曾经到来，我们也必须相信它曾经到来。不过，尼克·休勒（Nick Hewlett）更愿意将巴迪欧的这种基于事件的真实的激情同另一位法国左翼思想家——戈德曼——联系起来，这个传统可以追溯到帕斯卡，因为他们都在"进行一场赌博，他赌的是事件的发生，并通过事件来转动真理的轴承。"③

---

① Alain Badiou, *L'être et l'événement*, Paris: Seuil, 1988, p.215.

② Alain Badiou, *Saint Paul et la fondation de l'universalisme,* Paris:PUF,1997, p.119.

③ Nick Hewlett, *Badiou, Rancière, Balibar:Rethinking Emancipation*, London: Continuum, 2007, p.36.

在这里，我们可以领略到巴迪欧哲学同马克思的历史唯物主义的另一个重要区别。因为巴迪欧始终强调事件的纯粹偶然性，那么它不可能在先前的情势中得到任何预示，这就意味着，巴迪欧更重视于一种社会和历史的偶然性断裂，而且这也是巴迪欧论证中最为精彩的部分。不过，巴迪欧的问题是，他不会去分析在事件之前的情势中事件是如何发生的，因为巴迪欧坚持认为，事件的线索在先前的情势中无迹可寻。这是一个纯粹的断裂，也是一个彻底的断裂，不仅是社会现实的断裂，也是人们在认识上的断裂。巴迪欧在这里有他恩师阿尔都塞的影子，对断裂的强调，也正说明巴迪欧反对将事件的前后的情势看成连续性的范畴，而是看成不同认识范式的断裂。不过，对于马克思而言，革命事件的发生并不是这样，而且马克思十分强调，矛盾的激进化并演化为革命事件必定是在原先的社会状态中奠定的，比如资本主义的灭亡必定是在资本主义社会矛盾严重激化的情形下发生的。马克思的历史逻辑肯定了原先社会与革命事件发生的内在逻辑关系，而不同的社会形态之间会形成一种具有严格的历史脉络的宏观连续性，这也正是马克思的广义上的历史唯物主义。巴迪欧则将作为不同社会形态之间衔接性的事件给予彻底取消了，取而代之的是他的作为非连贯性的历史。在巴迪欧这里，历史已经不再拥有一个一而贯之的逻辑，甚至没有一个清晰的整体性线索，取而代之的是事件的断裂和历史情势状态的堆砌。不过，对这一点更深入的理解，我们还需要进入到巴迪欧三元结构的最后一个要素——主体。

（三）主体

如果说真理代表一种具有普遍性的秩序，而事件代表着真实的裂缝和深渊，在两者之间，仍然有一道难以弥合的鸿沟，真理代表着抽象，而事件面对的是真实，对于巴迪欧来说，事件打开了我们走向真正的物质性的通道。但是，我们如何从那个抽象的原则走向巴迪欧意义上的物质性？因此，在真理和事件的彼此分立中，架构起桥梁的正是主体，也就是说，主体通过自己的积极的行为，将事件和真理缝合在一起。

主体问题是启蒙以来哲学上的一个饱受争议的问题，笛卡尔和康德都赋予了主体一种先验性的地位，尤其在康德那里，主体的先天综合能力具有某种对知识的驾驭能力。对于主体而言，真理是自明的。不过这种带有绝对性的大写主体，在尼采、克尔凯廓尔和海德格尔那里遭遇了最严重的挑战，他们面对的主体不再是康德式的无限的大写主体，而是一种被抛入此世的沦落的有限主体。这样的主体向死而生，他们在这个被连根拔起的冰冷的世界中，独自前行。不过，在尼采和海德格尔式的悲观论的存在主义之后，萨特重新拯救了那个主体。在萨特的法国版存在主义中，那个被断了根的主体被一个乐观的主体所取代，不过，即使在萨特那里，主体的自由仍然不会回到康德式的水平，因为对于萨特来说，人自己创造了自己的囚笼，一方面，人的自在自我或者说那个已经成为过去的自我限定了自为自我的存在，另一方面，萨特的自我不得不面对他者的存在，而他者的存在本身就意味着对自我的边界的设定。不过萨特以一种极为超脱的态度处理了这个主体问题，主体的存在本身就是一种超越，对自我的超越，这种超越是一种向着自我的欠缺，即自我所不是的超越，这种超越也意味着将自我的不可能性带领到我们面前。正是这一点上，萨特影响了巴迪欧。

除存在主义外，主体在法国还要面对另一种命运，这就是结构主义和后结构主义的哲学将主体的虚无化。阿尔都塞的主体纯粹是一个缺位的空无，它是一种结构式的召唤，也就是说，人作为主体是被嵌入到意识形态的结构之中的。这一点在阿尔都塞晚期的《意识形态和意识形态国家机器》一文中表现得最为明显。实际上，巴迪欧尽管从授业恩师那里受益良多，但是，在主体问题上，他坚决反对阿尔都塞的主张。阿尔都塞的那个无主体的历史过程是一个将所有人都虚无化的过程，而这一观点是站不住脚的。阿尔都塞面临着这样的问题：在人从历史中消失以后，历史又何以运动不息？显然，阿尔都塞无法解释这样的问题。巴迪欧不接受这样的观点，人，作为主体，在大写的历史面前毫无作为，他们只能作为无主体的主体性而存在。或许正是基于这个原因，阿尔都塞对 1968 年的五月风暴中那些在街头同军警的催泪瓦斯和水枪战斗的学生的行径无动于衷，而巴迪欧在这一问题上则坚决站到了他的恩师的反面。正如他在 1982 年出版的《主体理论》中所说，只有行动才是主体存在的方式，"我们必须指出，所有的诸如此类的存在都无一例外是实践……只有在那里，人们才能**成为主体**。"①

我们从巴迪欧的主体理论中可以理解出两层意思：一方面，主体并不是像结构主义和后结构主义那样认为是一个匮乏，一个空无的存在。巴迪欧明确肯定："存在主体"（il y a un sujet），不仅如此，在具体的事件中，主体也以自己

---

① Alain Badiou, *Théorie du sujet*, Paris: Seuil, 1982, p.38.

的行动证明了自己的存在。在法国大革命中，正是第三等级的群众攻打巴士底狱将第三等级第一次推到了历史的前台。在巴黎公社和十月革命中也是如此。在关键的历史转变时期，正是主体的行为衔接了不同的历史时代，历史并不是像阿尔都塞设想的那样，是一个无主体的过程。另一方面，并不是所有的个体都是主体，主体和事件一样都是稀缺的，或者说，只有在事件发生之后，主体积极介入了事件之中，人们才成为主体。正因为如此，在事件之中直接行动者价值要远远高于那些夸夸其谈的思想家。巴迪欧说过："正是通过圣茹斯特和罗伯斯庇尔，而不是通过康德和弗朗西瓦·傅雷，我们才能进入到法国革命的独特的进程中，而不是并从中得到对它的真理的认识。"[1] 只有在行动中，我们才能成为主体，主体的存在与积极介入到事件中有关，主体以自己的方式创造了真理，并让自己走上了历史舞台，也只有借助这种方式，主体才能**存在**。

我们在这里，可以清晰地看到巴迪欧的主体观，主体并非自始至终的存在，事件的偶然性发生，是成为主体的第一个条件，在事件中，真实之光透过意识形态的裂缝显露出来。但是，事件是转瞬即逝的，它在我们不经意间发生，也在我们不经意间溜走。真实的光芒毋宁是在事件一瞬间的乍现，之后，我们只能看到它从夜空中划过的痕迹。面对事件残留痕迹，必须存在主体，简言之，必须有人站出来，宣布事件的曾经存在，忠实于事件所留下的痕迹，将其自身纳入到真理的程序之中。这样，主体在事件中生成了，主体不仅以类性真理的方式表达了事件，同时，主体也生成了自己。在事件之前，主体不存在，在事件之后，主体以自己积极的行为介入到事件之中，并成为一个存在。或者说，主体在自己的行为中显现了自己。在巴迪欧新书《共产主义假设》中，他更清晰地阐述了这个主体逻辑。在事件之前，主体是非存在（inexistant），一旦他们通过自己的行为操作介入到事件中，他们便开始存在（l'existence），于是，事件就是"非存在的存在"[2]。尽管这个表达有些悖论，但是，巴迪欧的辩证法就是为了突出这样的效果，例如在巴黎公社中，工人在革命之前被认为是没有政治能力的。在以往的历次革命中，如1789年革命、1830年革命、1848年革命、1870年革命，在政治上，工人都是一个非存在，因而革命成果

---

① Alain Badiou, *Metapolitics,* Jason Baker trans. London: Verso, 2005, p.20.

② Alain Badiou, *L'Hypothèse communiste*, Paris:Lignes, 2009, p.173.

最后都转交到资产阶级共和派手里。不过1871年的巴黎公社彻底打破了这个观念，工人阶级第一次以自己的方式介入到事件中，也第一次显示了自己在政治上的存在。他们不仅仅是被资本家雇佣的一个零件，也不仅仅是共和派所利用的棋子，他们用自己的行动表明，自己**存在**，同时也以这样的方式宣告，自己**成为主体**。我们在这里很容易看到，巴迪欧承袭了马克思在《路易·波拿巴的雾月十八》中提出的逻辑："人们自己创造自己的历史，但是他们并不是随心所欲地创造，并不是在他们自己选定的条件下创造，而是在直接碰到的、既定的、从过去承继下来的条件下的创造。"[1]巴迪欧和马克思一样，坚信只有工人阶级用自己的行动，才能真正地创造历史。不过这种历史的创造，无论对于马克思还是对于巴迪欧，都不是随心所欲的，在巴迪欧那里，主体的创造必须是忠实于事件的创造，这与马克思的"直接碰到的条件"有一定的类似性。也正是在这里，巴迪欧向马克思的辩证唯物主义致敬，人在这里是辩证的主体，只有在具体的行动中，人才能让自己成为主体。

不过，绝不能将巴迪欧的思想等同于马克思的历史唯物主义，因为在巴迪欧那里，人的创造性仅仅限于事件之后，也就是说，在事件发生之前，主体是不存在的，或者说是惰性的。他们不仅不能行动，因为事件的发生是巴迪欧行动的前提，同时他们甚至无法等待事件的来临，因为巴迪欧已经设定，在先前的情势状态中，根本无法预测事件何时何地以何种方式发生，事件是纯粹的偶然性，它无法预计，也无法等待。在事件之前，人是一种消极的存在，他们只能在先前的情势下，按照既定的秩序进行行为，唯有在事件之后，主体介入到事件中，呈现了自己。在这里，巴迪欧的主体创造历史的概念仍然是一种偶然性的创造，而非马克思历史唯物主义意义上的必然性的创造，在事件的两个情势的衔接问题上，巴迪欧坚持认为没有历史逻辑可循，它是一个纯粹的断裂。

在巴迪欧看来，在事件之后，主体的类性真理秩序的创造也不是必然的，随着事件的不同，这种创造具有很大的偶然性。不过，唯一可以肯定的是，巴迪欧认为这个主体新生成的秩序与先前的秩序不会存在任何连贯性的关联。

---

[1]《马克思恩格斯选集》第一卷，人民出版社，1995年版，第585页。

三、类性真理程序与大写的一

在阐述了巴迪欧的真理—事件—主体的新的三元结构的各个要素之后，我们还需要理解，在具体的历史情境中，巴迪欧是如何来借助这种三元结构来解释历史中的重大转折的。在此之前，我们必须要理解巴迪欧哲学中的几个重要概念。

首先，对于一种具体历史的显现，巴迪欧称之为情势（situation）。不过，对于一个情势，都有一个显现（presenté）的结构，也就是说，在这里，所有情势下的诸多要素被显现在一个情势之中，我们可以将其中的所有东西看成一，他们构成了一个集合。用巴迪欧的话来说，它们**是一**（est-un），这里的"是"是一个直接的显现性关系，是在一个集合或者一个情势下的纯粹的多（pur multiple），或者说一之多（un-multiple）。不过，对于主体来说，他们需要对待这些多，因此在处理和操作这些多的时候，赋予它们一种规则或标准，让之具有了一种可以被计数归类的特质，那么，主体对纯多的操作，就是让它们可以被计数为一（compte-pour-un），在这个计数为一的操作下，所有的纯多被赋予了一种可计数性，也就是说，纯多被计数为一的规则所再现（répresenté），被再现的多，不再是纯多，是多元性（multiplicité）。于是，在情势中的纯多变成了一种多元性之后，情势开始具有了一种结构，这种结构是主体的计数为一的规则所赋予的，在这种规则下，情势具有了一种状态，巴迪欧将之称为情势状态（état de la situation）。按照巴迪欧的定义："情势状态——它可以将任何连贯的多的组成计数为一，包含在一个情势中的东西属于其状态。"[1] 在这里，要特别注意"状态"（état）一词，在法语中，这个词具有双关意义，一方面我们可以说它是状态，如果将其大写，在政治上，我们可以将之理解为国家（État）。其实，巴迪欧是有意识地利用这种法语中的双关意义，在绝大多数时候，在巴迪欧说情势状态的时候，也就是说，某个情势具有了一种国家式的结构。

情势状态也意味着在情势中子集（sous-ensemble）的产生，子集是一种亚多（sous-multiple），这意味着，在集合中元素，必须面对两种不同的结构，即显现的结构——这是情势直接显现出来的结构；和再现的结构——在情势状态中，子集的划分重新定义了多，使得多变成了多元性，即亚–多。为了进一

---

① Alain Badiou, *L'être et l'événement,* Paris: Seuil, 1988, p.112.

步理解这个概念，可以打个比方。假如我们吃一顿饭，饭桌上有许多美味的水果：如苹果、梨、草莓、李子等等。但是除此之外，桌子上还有其他一些东西，如一块石头、几根铁钉、几块干泥巴、几只死青蛙、几根棘刺等等。假如我们把桌子上的所有这些东西看成一个集合，我们可以对桌上的东西进行归类，比如说，把所有的苹果归为一类，也可以把所有的死青蛙归为一类。这个没有问题。我们还可以进行一些特殊的归类，如水果，那么苹果、梨、草莓和李子等就可以构成一个子集，同样我们也可以用这种方式来界定恶心的东西。对于这一类子集，我们可以说，它们拥有一些清晰的名称，或者说，它们可以清晰地定义。但是，还有一种情况，如果我们谈论一个组合，如两个苹果、一个死青蛙、一个草莓、几块干泥巴构成的组合，如何来界定，或者说我们能否为这样的集合提供一个清晰的名称，显然，我们不可能在现成的基础上给予其命名。这个时候问题就出来了，这个子集的名称是不可命名的，它是空（vide）。

这里我们已经触及了巴迪欧哲学的一个核心问题，对于一个集合来说，其是否具有连贯性的问题。在集合论的创始者康托尔那里，曾经有一个公理性的假设，即集合可以作为一个连贯性而存在，这种连贯性意味着，集合中的所有元素可以找到一些共同性的因素，而正是这个共同性的因素将所有的集合元素作为一个大写的一（Un）而显现出来。不过这个大写的一是一个无，它在那里显现，但其并没有被再现，我们用来再现的一些概念，如"水果"，"恶心的东西"，都是其中的子集，而不是那个大写的一本身。

不过，问题还不只如此。如果，对于集合 A，包含以下元素 {a, b, c, d, e, f, g}，如果子集 {a, b, c} 我们理解为水果，{e, f} 被理解恶心的东西，那么对于 {a, d, e} 的子集我们如何来命名？对于水果与恶心的东西的划分，显然无法理解 {a, d, e} 构成的子集，对于先前的情势状态来说，{a, d, e} 是一个不可能的集合，谁会将一个苹果、一个钉子、一个死青蛙放在一起归类呢？但是这个子集出现了，这就需要我们去命名（即一次主体操作），在命名中，{a, d, e} 的子集从非在变成了存在，而命名也使得命名者成为了事件中的主体。正如在巴黎公社之前，有谁会想到巴黎的贩夫走卒结合成了一个整体呢？这样在事件中呈现出来的 {a, d, e} 显现出来，并在主体的操作之下，获得了一个名称，并以这个名称而存在。集合 {a, d, e} 从非在变成了存在，从不可能变成了可能，它们不仅在事件中呈现，而且通过主体的命名操作，获得了自身的存在。在定义上，巴迪欧称之为获得了一个真理程序，这个真理程序即我们在前文所述的共同可能性，它涵括了子集中的每一个元素，这也是从空（无法命名的集合）到情势状态的转变。

不过，对于巴迪欧的理想来说，他想命名的不是一个情势中某一个元素组成的子集，从一开始，他就将目光盯着了那个最大的子集，即 {a, b, c, d, e, f, g} 的存在。这个最大的自己虽然显现了自身，但是和子集 {a, d, e} 一样，他无法再现自身，它在命名上是一个空。这个空最终会以事件的形式呈现（presentation）出来，但是，这个呈现仍然需要主体忠实于事件的命名性操作使之得到再现，这种再现才是彻底的再现，是一种将那个大写的一真正呈现出来的再现。一旦获得了这个命名，即那个最大子集的命名，那么整个集合便获得了一种结构。这种真正成为集合之中所有要素的共同可能性的结构，巴迪欧称之为类性（générique）结构，[1] 而主体在类性结构中揭示出来的真理，即类性真理程序（vérité générique procès）。类性真理程序是对集合中所有的元素的归纳，在这里，类性真理程序即我们找到了对应于集合原初显现的那个大写的一。

从上面的讨论可以看出，类性真理这一概念是非常难以理解的。巴迪欧在新近的著作中试图通过柏拉图的观念（idée）概念对它进行定义。类性真理程序是一个理想化的过程，其原因在于，每当我们找到一个集合的类性真理程序时，实际上那不过是一个不完全的子集的类性真理程序，在子集的类性真理程序之外，总存在例外的要素，即溢出（excès），一但出现对子集的类性真理的溢出，也就意味着事件的发生，那么必须要求主体为了让溢出的要素从属于一个更大的集合而重新定义类性真理程序。由此可见，类性真理程序是在忠实于事件的主体操作中不断进行定义的，它最终指向的目标就是那个大写的一，一个真正可以涵括所有元素的一（绝对观念）。

我们不难发现，类性真理程序的概念与费尔巴哈和青年马克思在《1844年经济学哲学手稿》中提出的人的类本质概念有着某种承袭关系。不过，两者在顺序上是完全相反。对于费尔巴哈和青年马克思来说，类本质是先验地存在的，

---

① 必须强调的是，这里的类性（générique），在国内关于巴迪欧的某些译作中，将其简单地翻译为一般性，这个翻译是不准确的。类性概念是巴迪欧哲学中的至为重要的概念之一，它直接对应于大写的一（Un）的概念，正如我们在下文即将提到的，在渊源上，类性概念可以追溯到费尔巴哈以及青年马克思在《1844年经济学哲学手稿》中的人的类本质的说法，因此，只有翻译成类性，才能进一步来理解巴迪欧的思想同马克思主义之间的渊源性关系。

在人类进入到社会的过程中，尤其在资本主义社会的条件下，这种类本质被异化了，人类本身为自己的生存而进行的劳动变成了异化劳动，成为蜷缩了大写的资本与商品逻辑下的一个注脚。正如后来成熟时期的马克思所认为的那样，这种事先存在的类本质是可疑的，这种所谓的应然状态是一个乌托邦式的幻想，也正是如此，马克思从抽象的人道主义转向了具体的历史唯物主义。问题是，巴迪欧在这里提出的类性真理是和其他西方马克思主义一样，是在向青年马克思主义的人道主义致敬吗？答案是否定的，巴迪欧的类性真理不是一个先在的状态，而毋宁是一种人为的操作。在更多时候，它是一个空无，这就是为什么巴迪欧反复在他的哲学中提到柏拉图在《巴门尼德篇》中的那句著名的——"一即是无"的原因。对巴迪欧来说，那个大写的一才是最终的目标，是人们作为主体不断向其前进的指南。可以说，在巴迪欧的大写的一的类性真理程序的逻辑中，大写的一永远不是回返的运动，即回到那个没有被现代性所污染的纯粹的一，而是在人类主体在其积极的创造活动中**生产出来的一**。一不会是上帝的赠送，也不是人的原生性的自然本质，相反，它就是人自己的产品，是我们作为主体的创造，而我们的目标就是去实现那个最大子集再现的大写的一。巴迪欧以自己的方式重新诠释了马克思主义的前进方向，对于马克思主义来说，最终的目标就是实现共产主义，那么，在巴迪欧这里，他所阐释共产主义也就是意味着去实现那个最大子集的类性真理程序，那个真正涵括所有元素的大写的一。

虽然巴迪欧同马克思的思路存在着很大的区别，但是，我们还是可以在《1844年经济学哲学手稿》中的共产主义概念同巴迪欧的共产主义概念之间找到共同因素：这两个共产主义都是一种观念的完成，一种在纯理想的维度中抽象出来的共产主义观念。在这里，我们涉及巴迪欧哲学的最重要的方面，哲学是一种被政治所限定了的哲学 [①]，而哲学本身就是为了那个大写的一去战斗，即去实现马克思在《共产党宣言》末尾所说的那句著名的"全世界无产者，联合起来！"。

（作者单位：武汉理工大学马克思主义学院）

[①] 准确地说，在巴迪欧看来，限定哲学的前提有四个：科学、政治、爱、艺术。政治只是限定哲学的前提之一。在这里，作为对国外马克思主义的脉络中的哲学谱系的描述，更多的知识从政治的前提出发来理解巴迪欧的哲学，对于巴迪欧所提出的其他三个方面的前提，在本书中将不再赘述。可以参看 Alain Badiou, *Manifeste pour la philosophie*, Paris: Seuil,1989, pp13-20。

新书介绍

《活在末世》导论："天空属灵气的恶魔"*

——【斯洛文尼亚】齐泽克／文　王金林／译

　　柏林墙倒塌二十周年本当是一个反思的时刻。强调柏林墙倒塌的"神奇"性——它就像梦想成真——已经成为一种陈词滥调。随着共产主义政权如纸牌房子般土崩瓦解，某种不可思议的事情发生了，此事人们甚至在早前几个月都难以设想。波兰人谁能想象得到自由选举的到来，或列赫·瓦文萨成为总统。然而，我们应当注意，仅仅几年之后一件更大的"奇迹"就将发生，即前共产主义者通过自由民主选举而重掌政权，和瓦文萨的完全边缘化——他变得比那位早前十五年曾经试图以军事政变摧毁团结工会的人即沃依切赫·雅鲁泽尔斯基将军更不受欢迎。

　　对后来这种逆转的标准解释再现了多数人"不成熟的"乌托邦期待，他们的欲望被认为是矛盾的，或更准确地说，是不一致的。人们想要既拥有蛋糕又吃掉它：他们想要资本主义–民主制的自由和物质丰裕，而不支付"风险社

---

* Slavoj Žižek, *Living in the End Times*. New York: Verso, 2010。齐泽克这本新鲜出炉的
　著作可译为颇有几分天启论意蕴的《活在末世》。此书旨在对当下正在经受全球化洗
　礼的人类世界进行万花筒般的政治分析与文化批判，试图在解构自由主义意识形态
　的基础上构建解放政治的激进理论。然而，其论题虽简单明了，论述却极其庞杂，
　令人眼花缭乱，可谓是洞见频出之际枝蔓横生，信马由缰之余另辟蹊径。为使读者
　对此有所领略，特选译此书之导论。——译者注。以下注释除另加说明外均为原注。

会"中全部生活代价，即不丢失共产主义政权曾经（或多或少）保证的安全与稳定。正如辛辣的西方评论家所恰当注意到的那样，争取自由与正义的崇高斗争结果却变成无异于对香蕉与色情的渴求。

当不可避免的失望感到来之际，产生了三种（时而对立时而重叠的）反应：(1)对"过去美好的"共产主义时代的乡愁；①(2)右翼民族主义的民粹主义；(3)一种复兴的、"迟来的"反共产主义偏执狂。理解前两种反应轻而易举。对共产主义乡愁不应当太过当真：它远非表达一种想要回到以前政权的灰色现实中去的真切希望，而是更接近于一种哀悼形式，一个缓缓放弃过去的过程。右翼民粹主义的兴起，就它而言，并不是一种东欧的特殊性，而是一切被卷入全球化旋涡的国家共同的特点。于是更有趣的便是第三种反应，即最近二十年以来反共产主义偏执狂的奇怪复苏。这种偏执狂对"若资本主义真的比社会主义好得多，为何我们的生活仍然糟糕?"这个问题的回答简单明了：这是因为我们尚未真的处于资本主义，因为共产主义者仍在统治，只是现在戴着新所有者和管理者的面具罢了……

现在这是一个明显的事实：在抗议东欧共产主义政权的人民当中，大多数人并未曾要求一种资本主义社会。他们想要社会保障、团结、某种正义；他们想要在国家控制范围之外过自己生活的自由、如己所愿地聚会与交谈的自由；他们想要一种从原始的意识形态灌输和流行的玩世不恭虚伪中摆脱出来的生活。正如许多明眼的分析家所观察到的，激发抗议者的那些理念很大程度上取自占统治地位的社会主义意识形态本身——他们追求那种可以被恰如其分称为"有着人的面孔的社会主义"（Socialism with a human face）的东西。

关键问题在于我们如何去解读这些希望的失落。标准的答案，如我们所

---

① 20世纪政党－国家的衰竭显而易见。在2009年8月一场主要的公开演讲中，劳尔·卡斯特罗改击了那些只是高喊"美帝国主义去死吧! 革命万岁!"而不投身艰苦而持续的工作的人。依据卡斯特罗，对古巴状况（一块进口百分之八十粮食的肥沃土地）的一切责难都可以归之于美国的禁运：一方面有空闲的人民，另一方面有闲置的广阔土地。确实解决方案就是直接着手开发这些田地? 虽然这一切明显正确，但卡斯特罗忘记了他自己在他所描绘的这幅图景中的位置：如果人民没有开发这些土地，这显然不是因为他们懒惰，而是因为国家控制的经济不能为他们提供工作。所以，与其严厉斥责普通人民，他本当应用那条老的斯大林主义座右铭——根据这条座右铭，社会主义的进步动力是自我批评——，并对他和菲德尔所人格化的体系本身进行激进批判。这里，再一次，邪恶居于那种到处发觉邪恶的批判性凝视之中……

见，诉诸资本主义现实或这一现实的缺乏：人民简直没有掌握资本主义的一种现实景象；他们充满不成熟的乌托邦期待。令人欢醉的胜利日热情过后的早晨，人民不得不清醒过来并面对学习新现实规则的痛苦过程，接受为政治与经济自由非付不可的代价。

事实上，欧洲左派仿佛不得不死亡两遍：首先作为"极权主义的"共产主义左派，然后作为温和的民主左派——它最近几年以来在意大利、在法国、在德国都在逐步衰弱。就一点而言，这个过程可以用这样的事实来解释：现在处于上升状态的中间派或甚至保守派已经如此整合了许多传统上属于左翼的视角（支持某种形式的福利国家、宽容少数派等等），以至于倘若某个像安吉拉·默克尔那样的人在美国提出其方案，她会被排斥为激进左派。但是这仅仅就一点而言才确实是真的。在当今的后–政治民主制中，社会–民主党的中间左派和保守的中间右派之间的那种传统两极正在逐渐被政治与后–政治之间一种新的两极所取代：专家治国–自由主义的、多元文化主义–宽容的、从事后–政治管理的政党，和其右翼–民粹主义的、进行激烈政治斗争的对方——难怪那些老的中间派对手（保守派或基督教民主派和社会民主派或自由派）经常被迫联合起来反对共同的敌人。① （弗洛伊德写过 *Unbehagen in der Kultur*, 即文化中的不满／不安；今天，柏林墙倒塌之后二十年，我们在自由资本主义中经验到一种不满。关键的问题在于：谁来表达这种不满？它将被留给民族主义的民粹主义者利用吗？左派的重任正在于此。）

那么，我们应当把那种激发反共产主义抗议的乌托邦冲动当作不成熟的标志而放弃呢，还是我们应当继续忠诚于它？在这一点上，非常值得注意的是，对东欧共产主义的抵制事实上采取了三种相继的形式：(1) 对实际存在的社会主义所作的"修正主义的"马克思主义批判（"这不是真正的社会主义，我们要返回本真的作为自由社会的社会主义景象"）——这里人们可以狡猾地

---

① 2008 年 5 月发生了两场激烈的爆发。在意大利，一群暴徒焚烧了罗马郊区的罗马贫民窟（带着对新的右翼民粹主义政府的悄然支持）；这一丑闻不禁迫使我们回忆起后期胡塞尔的话：虽然吉普赛人在欧洲生活了若干世纪，但他们实际上并不是欧洲精神空间的一部分——此话更不会显得奇怪，倘若人们记起胡塞尔写下此话时，纳粹已经掌权并且他正是由于相同理由而被驱离大学——罗马实际上是一种替代的犹太人区。另一场爆发发生在南非，当时人群攻击来自其他国家（尤其是赞比亚）的难民，声称这些难民正在窃取他们的工作与房屋——欧洲民粹主义的种族主义在黑色非洲人自己中间自我再生产之一例。

说，相同的过程在欧洲早期现代时期发生过，在那里，对宗教霸权角色的世俗反对首先自我表达在宗教异端的伪装之中；（2）争取一个摆脱政党－国家控制束缚的市民社会自主空间的要求（这是团结工会起初几年存在期间的正式立场——它向共产党传递的消息是："我们只想要一个外在于你的控制的自由空间，在那里，我们能够参与批判性反思社会上正在发生的事情"）；（3）最后，夺取权力的公开斗争："我们确实想要完全的民主合法化的权力；这意味着现在是你走人的时候了。"前两种形式真的只是幻想（或更准确地说，战略妥协），从而应当被抛弃吗？

本书潜在的前提是一条简单的前提：全球资本主义体系正在接近一个天启式灾变零点（apocalyptic zero-point）。它的"天启四骑手"是由生态危机、生物遗传革命后果、体系本身内部不平衡（知识财产问题；即将来临的争夺原材料、食物和水的斗争）和社会分裂与排斥的暴增构成的。

只拿最后一点来谈，新的隔离形式在富裕的中东石油国家——科威特、沙特阿拉伯、迪拜——中比在任何地方都更加显著。成千上万"看不见的"移民工人，同他们的家庭相分离并被拒绝一切基本公民权利，隐藏在城市郊区，经常真的处于围墙背后，正在从事一切肮脏的工作，从维修到建筑。[①] 这样一种状况清楚地体现了一种爆炸性潜力——它虽然现在为宗教原教旨主义者所用，却本应当被左派在反对剥削与腐败的斗争中加以引导。像沙特阿拉伯这样的国家已经名副其实地"超越腐败"了：没有任何腐败的必要，因为统治团伙（皇家）已经占有了全部财富——它可以如其所意地自由分配这些财富。在这类国家，原教旨主义反应的唯一替代者将是一种社会－民主制的福利国家。如果这种状况继续下去，当（不是如果，而就是当）某个"无赖国家"或集团获得一件核设施，或威力强大的生物或化学武器，并宣布它有甘冒一切风险使

---

① See Johann Hari, "A morally bankrupt dictatorship built by slave labour," *Independent,* November 27, 2009, p.6. 移民工人被环形分布在没有空调的污秽郊区，那些参观迪拜消费主义高尚社会天堂的炫目浮华的人看不见他们。他们为高工资承诺所诱，被从孟加拉国或菲律宾带到迪拜；一旦身处迪拜，他们的护照便被拿走，他们便被告知工资将比所承诺的要低得多，然后就不得不在极端危险条件下工作数年，结果却只是还清他们起初的债务（产生于把他们带至迪拜的花费）；如果他们抗议或罢工，就会被警察打得服服帖帖。这是像布拉德·皮特——他在迪拜有大量投资——一样的伟大"人道主义者"所支持的现实。

用这件武器的"非理性"愿望之际，我们甚至能够想象一下西方"集体心理"的变化吗？我们意识的最基本坐标将不得不改变，只要今天我们生活在一种集体拜物教式否定的状态之中：我们非常明白这将在某个点上发生，但却不能使自己真正相信它将发生。美国通过持续的先发制人活动来防止这样一种事件的努力是一场未战先败的战斗：它有可能成功，这一观点本身依赖于一种幻想的景象。

"包容性排斥"的一种更标准形式是贫民窟——处于国家治理之外的大片区域。虽然贫民窟一般被视为团伙与宗教派别争夺控制权的空间，它们也为激进政治组织提供空间，像印度的情况那样，在那里，纳萨尔派分子的毛主义运动正在组织一个广阔的替代性社会空间。引用一位印度政府官员的话说："问题是如果你不管理一个地方，那它就不属于你。除了在地图上，它并不是印度的组成部分。至少半个印度今天没有得到管理。它并不受你的控制……你必须创造一个完整的社会，在这个社会中，当地人民有非常重要的利害关系。我们没有这样做……这给了毛主义者周旋的空间。"①

虽然"天下大乱"的类似迹象比比皆是，但是真理逆耳，并且我们竭力试图回避它。要解释如何回避，我们可转向一位预料之外的向导。瑞士出生的心理学家伊丽莎白·库布勒－罗斯（Elisabeth Kübler-Ross）提出了著名的不幸五阶段框架——这五个阶段随着譬如得知自己患上绝症而产生：否认（人们简直拒绝接受这个事实："这不可能发生，不可能落到我头上"；愤怒（它勃然而发，当我们不再能够否认这个事实时："这怎么能发生在我身上呢？"）；讨价还价（希望我们能设法推迟或消除这个事实："就让我活着看到我孩子毕业吧"）；沮丧（生命本能的收缩："我都要死了，为何还要烦？"）和接受（"我打败不了它，所以我最好为此作好准备"）。后来，库布勒－罗斯把相同框架应用于任何形式的灾难性个人损伤（失业、亲人去世、离婚、吸毒成瘾），强调这五个阶段并不必然以相同顺序而来，也不是每个病人对此都有经验。②

在我们的社会意识对付即将来临的天启式灾变的各种尝试中，人们可以辨识出相同的五种形象。第一种反应是意识形态否认的反应：不存在任何基本的失序；第二种反应例示于对新世界秩序的不正义大为愤怒；第三种反应涉及

---

① Sudep Chakravarti, *Red Sun*, New Delhi: Penguin Books 2009, p.112.

② See Elisabeth Kübler-Ross, *On Death and Dying*, New York: Simon and Schuster 1969.

讨价还价的尝试（"倘若我们这里改一改、那里变一变，生活也许能像从前一样继续"）；讨价还价不灵时，便产生沮丧与隐退；最后，在度过这个零点之后，主体便不再把这种状况视为威胁，而是作为一个新开端的契机——或如毛泽东所言："天下大乱，形势大好。"

下列五章涉及这五种态度。第一章——否认——分析意识形态困惑的主导方式，从最近的好莱坞巨片到虚假的（被误置的）天启主义（新时代蒙昧主义，等等）。第二章——愤怒——观察反对全球体系的激烈抗议，尤其是宗教原教旨主义的兴起。第三章——讨价还价——关注政治经济学批判，带着复兴这个马克思主义理论核心组成部分的主张。第四章——沮丧——思考即使来临的崩溃在其更不为人所知方面的影响，例如新形式主体病理学（"后－创伤"主体）的兴起。最后，第五章——接受——辨识一种正在出现的解放主体性的符号，从各种不同形式的共产主义文化中分离出其萌芽，包括文学乌托邦和其他乌托邦中的萌芽（从卡夫卡的老鼠共同体到电视连续剧《英雄》中怪异流浪汉的集体）。本书的这种基本构架以四个间奏（interludes）作为补充，每个间奏都提供了对前一章论题的一种变奏。

只有当创伤性真理不仅被人们以超然方式接受而且被充分经受时，才会发生向解放激情（enthusiasm）的转向。"真理必须被经受，而不是被教导。准备战斗！"像里尔克的著名诗句一样，下面这段取自赫尔曼·黑塞《玻璃球游戏》（*The Glass Bead Game*）的话——"由于不存在任何没有看见你的地方。你必须改变你的生活"——必然显得像是一个奇怪的不合逻辑的推论：如果事物（Thing）处处回视着我，为什么这要求我改变我的生活？为什么不是一种非个人化的神秘经验，在其中，我"走出我自己"并认同于他人的凝视？为什么不是一种沉思的内在经验？理由在于，我们日常生活的"自发"状态是一个活生生谎言的状态，要打破这种状态需要一种连续的斗争。这一过程的出发点是要自我恐吓。当马克思在其早期《〈黑格尔法哲学批判〉导言》中分析德国的落后时，他对羞耻（shame）、恐惧（terror）和勇气（courage）之间的联系作了一个几乎不为人留意却至关重要的观察。

"应当让受现实压迫的人意识到压迫，从而使现实的压迫更加沉重；应当公开耻辱，从而使耻辱更加耻辱。应当把德国社会的每个领域作为德国社会的羞耻部分 [*partie honteuse*] 加以描述，应当对这些僵化了的关系唱一唱它们自己的曲调，迫使它们跳起舞来！为了

421

激起人民的勇气，必须使他们对自己大吃一惊。"①

这才是今天我们的任务，在面对现存全球秩序的无耻犬儒主义之际。

在追求这项任务中，人们不要害怕向自己的敌人学习。在会见尼克松与基辛格之后，毛说道："我喜欢同右派打交道。他们怎么想就怎么说——不像左派，他们说一套想另一套。"这个观察中有着深刻的真理。毛泽东的经验教训今天甚至比他自己的时代更有效：人们能够从明智的批判保守派（不是反动派）比从自由主义进步派那里学到更多的东西。后者倾向于消除内在于现存秩序中的"矛盾"，——而前者则乐于承认这些矛盾不可解决。丹尼尔·贝尔称为"资本主义文化矛盾"的东西处于当今意识形态麻痹的本源处：资本主义的进步，它使一种消费主义意识形态成为必需，正逐渐损害着使资本主义成为可能的（新教伦理）态度本身——今天的资本主义正日益作为"妒忌的制度化"而发挥作用。

我们在此处理的真理不是"客观的"真理，而是有关一个人自己主观立场的自我相关的真理；因此，它是一种投入的真理（an engaged truth），对它的衡量不是根据其事实的准确性而是根据其影响主观阐述立场的方式。在拉康第18篇讨论班论"一种不具有外表的话语"（a discourse which would not be of a semblance）中，他为精神分析学中的阐释（interpretation）真理提供了一个简要定义："阐释并不被一种以是或否来决定的真理所检验，它释放真理本身，只要它被真正遵守，它就是真的。"在这个精确的公式当中没有任何"神学的"东西，有的只是对（不仅仅）精神分析阐释中理论与实践完全辩证的统一的洞见：对精神分析师的阐释的"检验"存在于它在病人身上所释放的真理效果。这也涉及人们应当如何（重新）解读马克思的第十一条《提纲》：对马克思主义理论的"检验"是它在其接受者（无产者）身上，在把他们改造为革命主体中，所释放的真理效果。

"你必须见而后信！"这句常言应当总是同其颠倒形式"你必须信而后见！"一起来读：虽然人们可能被诱导去反对这些立场——盲目信仰的教条主义向未曾预料者的敞开——然而人们应当坚持第二个版本中包含的真理：真理，对立于知识，像巴迪欧式事件一样，是这样一种东西——只有一种投入的凝视（an

---

① Karl Marx, "A Contribution to the Critique of Hegel's *Philosophy of Right*. Introduction," in *Early Writings*, introduced by L. Colleti, Harmondsworth: Penguin 1975, p.247.（译者注：中译文引自《马克思恩格斯全集》中文第2版第3卷，第203页。）

engaged gaze），即一位"坚信它"的主体的凝视，才能看见这种东西。以爱情为例：在爱情中，只有恋爱者才能在恋爱对象中看见作为其爱原因的那个 X，那个视差 – 对象（the parallax-object）；在这个意义上，爱的结构相同于巴迪欧式事件的结构——它也只为那些在此结构中认识到他们自己的人而存在：对于一个非投入的客观观察者，不可能存在任何事件。若缺乏这种投入的立场，只对事物状态进行单纯描述，那么，这些描述，不管多么准确，都不能产生解放的效果——最终，这些描述只会使谎言的负担变得更具压迫性，或再次引用毛泽东的说法："搬起石头砸自己的脚。"

当萨特 1948 年看到他可能被冷战双方诽谤中伤之际，他写道："若发生此事，那就只证明一点：要么我愚不可及，要么我身处正道。"[1] 碰巧，我经常也这么感觉：我被攻击是反犹主义和传播犹太复国主义的谎言，是一个隐蔽的斯洛文尼亚民族主义者和一个不爱国的民族叛徒，[2] 是一个为恐怖辩护的隐秘斯大林主义者和传播资产阶级有关共产主义的谎言……所以也许，仅仅是也许，我身处正道，忠于自由的道路。[3] 在斯坦利·库布里克的《斯巴达克思》那段实在太感伤 – 人道主义的对话中，斯巴达克思和一名提议组织运输奴隶越过亚得里亚海的海盗之间有过一番交谈。海盗坦率地问斯巴达克思，他是否明白奴隶起义注定要失败，起义者迟早要被罗马军队镇压；即使面对不可避免的失败，他也将继续战斗到底吗？斯巴达克思的回答当然是肯定性的：奴隶的斗争不单纯是一种改善他们处境的实际努力，它是为自由的原则性起义，所以即使他们失败并全部被杀，他们的战斗也不会徒劳无益，因为他们将坚持他们对自由的无条件承诺——换言之，他们的起义行动本身，无论结果如何，已经算是成功了，只要它体现了不朽的自由观念（人们应当把充分柏拉图式分量赋予此处的"观念"）。

眼前的这本书因而是一部斗争之书，遵循着保罗惊人中肯的规定："因我

---

[1] Quoted in Ian H. Birchall, *Sartre Against Stalinism*, New York: Berghahn Books 2004, p.3.

[2] 戈尔达·梅厄（Golda Meir）曾经说过："我们能宽恕阿拉伯人杀害我们的孩子。我们不能宽恕他们迫使我们杀害他们的孩子。"以一种类似方式，我忍不住要说：我能宽恕那些攻击我是一个坏斯洛文尼亚人的人对我的所作所为，但是我不能宽恕他们迫使我作为斯洛文尼亚利益的代表而行动，从而反击他们的原始种族主义。

[3] 忠诚（fidelity）应当严格对立于狂热行为（zealotry）：一位狂热者对其事业的盲目投身只不过是对他的不确定性与怀疑、对他对事业缺乏信仰的一种绝望表达。一位真正献身于其事业的主体则通过不断的背叛来调节其永恒的忠诚。

们并不是与属血气的争战，乃是与那些执政的、掌权的、管辖这幽暗世界的，以及天空属灵气的恶魔争战。"（以弗所书6：12）或者译成当下的语言："我们的斗争不是对抗实际的腐败个人，而是对抗一般的当权者，对抗他们的权威，对抗全球秩序和支撑这一秩序的意识形态神秘化。"要参加这场斗争，意味着赞同巴迪欧的公式 *mieux vaut un désastre qu'un désêtre*（灾难比不存在更好）：冒险投入对真理 – 事件的忠诚，即使以灾难而告终，也好过苟活在尼采所谓"末人"的无事件的功利主义 – 幸福主义的幸存状态中。巴迪欧所排斥的东西因而是有关牺牲的自由主义意识形态，以及这种意识形态把政治还原为一种避免最坏状况的方案，还原到抛弃一切积极计划和追求最不坏选项。根本不是最不坏，因为，正如亚瑟·费尔德曼（Arthur Feldmann），一位维也纳犹太作家，所辛酸地注意到的：我们通常为幸存状态所付之代价乃是我们的生命。

（译者单位：复旦大学哲学学院）

评西蒙·乔特的《马克思穿越后结构主义》①

【英】乔森·里德／文 汪行福／译

对任何 20 世纪 80、90 年代在英美学术界受教育的人来说，西蒙·乔特的《马克思穿越后结构主义》似乎提供了另一种历史，就像一部描述轴心国赢得第二次世界大战，或约翰·布朗成功地袭击了哈珀渡口的小说一样。在学院界，至少是对"理论"感兴趣的人来说，近几十年是以马克思主义与后结构主义之间争吵为标志的，双方相互敌视，争夺着思想的霸权。双方的指控如下：马克思主义被指责为过于执著于整体、目的论和经济决定论，而后结构主义则被指责为遗忘历史、能动性和以语言游戏取代政治。这场冲突由于新的理论视野的出现，或理论高峰期的退却，已经消散了。然而，乔特还是想通过对后结构主义核心人物——利奥塔、德里达、福柯、德勒兹——的重新考察，重写这一历史。他的目的不是要使后结构主义成为隐微的马克思主义（crypto-Marxists），或主张马克思是一个后结构主义的先锋（*avant la lettre*），而是要证明后结构主义是在与马克思的对话中构成的，虽然是批判的对话，但仍然是对话。

---

① Simon Choat, *Marx through Post-Structuralism: Lyotard, Derrida, Foucault, Deleuze*, Continuum, 2010。作者任职于伦敦金斯顿大学。评论人乔森·里德（Jason Read），南缅因大学。译自 Notre Dame Philosophical Reviews, 见 http://ndpr.nd.edu/review.cfm?id=21849。

每一章都是一段特殊的线路图,循着每一个思想家与马克思之间对话、批评和(有时)规避的特定关系。这些线路图都有非常不同的路径:就利奥塔来说,他开始作为一个批判的马克思主义知识分子,只是为了摆脱马克思,他才写下元叙述终结之类著名的句子;对德里达来说,他在动荡的 60 年代和 70 年代一直回避着马克思,只是到了相当晚的时候,即在柏林墙倒塌后,才在《马克思的幽灵》中公开宣布自己对马克思的忠诚,并把解构思想视为对马克思的继承。对这些思想家的不同路径的描述存在着风险,容易使该书变成一部处理后结构主义与马克思关系主题的各种变体的松散系列文章。

在研究的特定组织上,乔特以特定的方式避免了这一点。阿尔都塞作为引论和结尾,框定了本书。就前者来说,阿尔都塞起着某种起源的作用,他是福柯和德里达的老师,偶然也与德勒兹有通信往来。然而,乔特感兴趣的不是在思想史上把阿尔都塞作为后结构主义的源头,而是要证明他是规定马克思与后结构主义之间遭遇的问题式框架的先驱者。其问题可以归纳为对人道主义、历史主义和黑格尔的批判。20 世纪 60 年代阿尔都塞的作品着眼于清除马克思思想中的上述因素的残余,证明青年马克思和老年马克思之间的断裂,以及真正的马克思是把"历史理解为没有主体或目的的过程",并把这一公式视为几乎涵括了所有三大批判。① 后来的后结构主义者分享了这一批判,但是,它从青年马克思和老年马克思的区分转向对马克思所有思想的批判。阿尔都塞也构成这本书的结尾,在最后一章中,阿尔都塞死后出版的"偶遇的"唯物主义表明,他从后结构主义那里学到的东西与他对后结构主义基本取向的开启所做的贡献一样多。阿尔都塞的出场表明,问题不是马克思主义或后结构主义之间的选择,而是唯物主义哲学的发展。

事实上,本书所涉及的所有思想家都继续着黑格尔、历史主义、人道主义的批判主题,但是,这并不意味着这里有一个基本统一性的规划。以历史主义作为我们的核心篇章,并不意味着其他就不是乔特重读(黑格尔或多或少处在边缘,从而有可能把重点放在马克思和人道主义身上,正如我们所看到的,它仍主要是作为与历史主义相交织的东西被考察的)的重心。看到不同哲学家阐述不同的主题,甚至对历史主义矛盾的批评是可能的。乔特的书并没有按编

---

① Louis Althusser, *Essays in Self-Criticism*, translated by Graham Lock (London: New Left Books, 1976) p. 94.

年史顺序组织。德里达无疑是其中最后一个写马克思的人，他在其他思想家完成其关于马克思的书很久后才完成自己的著作，但是，他却在先于福柯和德勒兹的章节中被考察。这本书也不是根据某些简单的辩论，即支持方或是反对方来组织的。书中的章节是根据思想家介入马克思思想的不同层次来组织的。利奥塔、德里达批判历史主义的普遍本体论，即历史是起源的失落和回归，而福柯、德勒兹则被理解为更多地关注权力和政治方面，因而与马克思的对话是在资本批判的层面上，而不是在主导一切的本体论层面进行的。正是在对这些批判的组织中，它们开始成为不仅仅是系列的介入，而是对乔特所称的新唯物主义思想的阐发。

利奥塔也许是目的论的最知名的批评家，虽然在当代讨论和辩论中，很大程度上他的影响式微了，但他的主张的"对元叙述的不信任"仍然滞留在对包括马克思在内的历史哲学的普遍拒斥之中。① 乔特提醒我们，出版于 20 世纪 70 年代末的《后现代状态》所提出的这一主张，不过是他与马克思对话并最终脱离马克思的过程的顶点。在《后现代状态》之前的批判对话开始于《利比多经济学》中。尽管这一早期的批判是以高度的原创性和个人特有的方式阐述的，以浪漫的叙事形式（一个"命名为马克思的欲望"）呈现的，在其中，马克思在为无产者寻求适当的求婚者，但它仍然提供了对马克思的后结构式拒绝的一般条件：即对丢失的起源和承诺的目的的批判。"利奥塔对马克思的本体论和目的论，对马克思所依赖的自然的给予和终有一天会恢复的观念，采取联合的攻击。"② 乔特正确地指出，这种批评并不正确；马克思的前资本主义、无机的身体和使用价值等概念并非是某种失落的起源。马克思从来没有怀念过去，他总是专注于对现在，专注于对资本主义的批判。乔特不仅仅纠正了利奥塔，而且看到了利奥塔的批判是对一个真正的哲学问题的误导。似乎批判现在，批判资本，怎么可能没有某种对过去的怀念，或更好的日子会到来的信念呢（173）？除了利奥塔对马克思的误读，还有一个重要问题：资本也许并没有一个外部（an outside）、失落的起源或承诺的目的，并没有一个立场，我们可以从那里对它进行批判。对于利奥塔来说，资本主义不是反对我们天性的破坏

① Jean-Francois Lyotard, *The Postmodern Condition: A Report on Knowledge*, translated by Geoff Bennington and Brian Massumi (Minneapolis: Minnesota, 1984) p. xxiv.

② Simon Choat, *Marx through Post-Structuralism: Lyotard, Derrida, Foucault, Deleuze*, Continuum, 2010, p.48. 下引本书，在文中插入页码。

力量：它彻底引诱我们，捕捉我们的欲望。利奥塔对失落的起源或目的的批判伴随着这样的困难：在现在之中，并不能发现用于批判资本主义的视野。

　　乔特没有提到詹姆逊在《后现代状态》前言中经常被引述的评论，后现代主义是自然和无意识的殖民化，"它为批判的有效性提供了一种领域之外的阿基米德点，"这是一种与利奥塔对宏大叙述的评论同样著名的对它的回应，虽然詹姆逊并没有介入到利奥塔立场的历史条件之中。① 这是因为他想把后结构主义与后现代主义、一种哲学批判与历史时代分离开，与那种视后结构主义为后现代性和晚期资本主义的意识形态的恶意批评相疏远，在这一阶段中，差异、非中心化和欲望构成市场营销和制造的原料（31）。乔特是正确的，他试图区分后结构主义哲学立场与后现代主义大杂烩，后者既是一种艺术运动，一个历史时期，或一种政治立场——而且经常是三者的某种结合。然而，与此有关的问题是，把马克思主义与后结构主义放在观念的领域，不仅会模糊从经济向语言、主体性和欲望转向的背景，更重要的是，它破坏了作为新唯物主义基础的马克思主义哲学和后结构主义，对唯物主义哲学来说，观念的相互作用从属于力量的转变。

　　正如我们在上面所说的，乔特的强项在于，把不同的后结构主义者对马克思的解读放在一起，让它们相互对抗，以揭示出所谓的后结构主义统一实体与马克思哲学复合体中的差别。这一点明显体现在利奥塔和德里达之间的差异上。乍一看他们的大部分批评针对的是同一个一般对象（马克思的本体论），特别是关于起源和自然条件的想法。在德里达的个案中，它指使用价值被当作是原初和未受玷污的用法的理念，对德里达来说，马克思的本体论重复一切本体论的问题：它试图摆脱幽灵，摆脱超出形而上学在场的东西，在这里，在场就是被直接生产和作用的。乔特表明，这种批评从根本上误解了马克思的战略，与其说这里是使用（价值——译者加）的自然化，不如说是对交换、拜物教的非自然化（82）。乔特着眼的不是利奥塔和德里达批判的相似性，即他们对马克思所迷恋的起源的批判，而是去暴露他们的区别。德里达是马克思的目的论的批评者，但他本人又疏远任何从马克思中清洗掉对希望的眷恋的人（最直接是阿尔都塞）。它是一种目的论的批判，但也是批判之批判。德里达希望

① Fredric Jameson, "Introduction," to *The Postmodern Condition: A Report on Knowledge,* (Minneapolis: Minnesota, 1984) p. xiv.

保留某种弥赛亚的元素，一个没有救世主的弥赛亚，一种开放意义上的未来性。因此，在德里达那里，马克思的东西在很大程度上不是在场，政治经济学的批判和阶级斗争，而是一个鬼魂，一个幽灵。资本的幽灵、交换的幽灵困扰着每一种使用价值，困扰着每一个在场的未来幽灵。

尽管利奥塔与德里达两人撰写的马克思著作相差了很多年，乔特对他们方案的"非时间性"（untimely）的呈现，让一个直接接着另一个，目的是为了描述出某些广泛的哲学相似性。虽然利奥塔和德里达在对历史主义的批判上存在着些许差别，利奥塔清除任何对元叙事的参照，德里达则保留了弥赛亚形式的历史，即使是以抹去（erasure）形式呈现的。然而，就其对马克思的一般态度上，他们之间存在着相似之处。批判的焦点是马克思的本体论，关于起源和历史的观念。但是，尽管批判这种本体论，利奥塔和德里达两人都想保留马克思对资本的某些批判。在利奥塔的后期著作中，这项工作采取的形式是把对工人和资本家之间劳动契约的自由主义意识形态的对抗翻译为"differend"，没有共同语言尺度的冲突（58）。在《马克思幽灵》中，德里达对马克思的本体论批判是与对新自由秩序的趾高气扬欣快症，对伴随着柏林墙的倒塌而来的历史终结论，对历历在目的新秩序的挥之不去的混乱的某种空洞批判联系在一起的。在这里，很难理解除了把马克思作为左派的良心，还需要保留马克思什么东西。更关键的是，在这种对本体论的批判和政治经济学的保留中，马克思被视为了坏的哲学，却是好的政治（虽然是空洞的），这与福柯和德勒兹的观点正好形成鲜明的对比。福柯和德勒兹涉及的不是哲学家的马克思，他的本体论，而是他的政治经济学批判，他对政治、权力和历史的理解。

就与马克思的关系来说，事实上，福柯与德勒兹可以放在同一论域，也就是说，他们有同样的关切，都以这样或那样方式，涉及到政治经济学的批判，然而，就其对马克思文本的介入来说，他们之间存在着深刻的差别。福柯的文本公开批判马克思，把他贬谪到 19 世纪，虽然在对规训权力和生命权力的分析中，他"不加引号"地引用了马克思（101）。德勒兹和瓜塔里常常提到，虽然以偏执的方式，马克思塑造了他们对资本主义理解的结构，围绕着马克思的阅读形成的分裂分析（schizoanalysis）绝不是教条。文本介入上的差别反映他们哲学策略上的差别，但掩饰了他们对马克思态度的基本相似性。正如乔特所指出的，这种相似性大致可以概括为反辩证法的唯物论（anti-dialectical but materialist），或曰唯物主义的扩展。辩证法由于其二元论很大程度上被回避了，因为它把所有冲突都还原为两个阶级，即工人阶级和资本阶级的冲突——它的必然性观念，以及它的目的论。同时，唯物主义，或物质性，被扩展到超出经济之外，包括了其他关系，其他的权力。这里，生产率概念超出了劳动力的生产率范围，包括了权力的生产率（在福柯那里）和欲望的生产率（在德勒兹那里）。

生产率、物质性的这一扩张和从阶级二元论中获得的解放，是有其积极的理论效应的。在福柯那里，它扩展了分析的范围，从剩余价值生产的劳动力的剥削扩展到知识、健康和顺从性的生产（120）。在德勒兹那里，它引向把要素（法律的，利比多的，和政治的）复多性作为资本主义的构成条件，从而把它理解为相遇的偶然效应，而不是必然的进步过程的结果。然而，它的局限性在于如何在生产和物质性的扩展领域中理解冲突的方式。正如乔特对利奥塔和德里达的解释一样，把福柯和德勒兹并置描绘了某种不甚清楚的相似性，即以权力和抵抗的非历史遭遇作为把握冲突的框架这样的倾向。强调身体和欲望为抵抗点可称为活力论（vitalism）。然而，乔特并不特别介意这一指责的特殊分量，而是对突出他们的共同限制感兴趣。福柯和德勒兹因为突出的二元逻辑而拒绝了辩证法，但是，他们运用的概念却在重复同样的错误。关于德勒兹，乔特写到：

> 解域（*Deterritorialization*）和再辖域化（*reterritorialization*）对分析当今资本主义是非常有益的概念——但是，如果这个基本的二元性在某些形式也适用于任何现象，那么，它们如何又能告诉我们资本主义的特殊性？（153）

因此，按照乔特的看法，在福柯与德勒兹的方案中，一个基本的悖论是：他们的概念（生物权力，纪律，解域和欲望生产）对分析资本、增强马克思的批判方式来说具有难以置信的用处，即使概念逻辑是以控制它的生命和权力之间静态的、甚至非历史的对抗形式呈现的。因此，福柯和德勒兹的情况正与德里达和利奥塔的情况相反。

那么，这把我们带到哪里？从后结构主义与马克思主义的相遇中可以得出什么样的最终结论呢？对乔特来说，这不是一个马克思或后结构主义之间谁胜谁负的问题，而是一个如何定义新唯物主义的问题。乔特把这一唯物主义定义为"不是对物的哲学思辨，而是清醒地意识到自身的物质条件和潜在结果的政治介入。"（172）这一唯物主义是通过马克思与后结构主义交叉产生的，对本体论和目的论的批判与着眼于特定情境的、力量的冲突和欲望的具体分析结合起来。乔特提供的是对既有的历史的卓越修订，比起马克思主义与后结构主义之间旧的辩论和分裂来说，他证明它们之间的遭遇是多么的积极。然而，把思想史与权力和冲突的历史分离，不仅会背叛这一新唯物主义，也封闭了理解这一遭遇的某些重要方式，封闭了把语言和主体性的转向放在更大的资本转变之中的理解方式。无论如何，乔特清扫了旧的辩论的尘土，让"死人埋葬死者"，写作一部现在（history of the present）的思想史，既希望使超越思想史成为可能，又能根据权力和冲突条件把握当今的现实。

（译者单位：复旦大学当代国外马克思主义研究中心　复旦大学哲学学院）

《葛兰西时刻：哲学、霸权与马克思主义》序言 ①

〔英〕彼得·D.托马斯/文 蓝 江/译 吴 言/校

安东尼奥·葛兰西的《狱中札记》今天已被视为 20 世纪社会理论的经典之作。在 20 世纪 20 年代末到 30 年代初，葛兰西在法西斯单人牢房的艰苦卓绝的环境下写下了这些作品，在二战后，只出版了按主题编排的版本。在 20世纪 50、60 年代的意大利，葛兰西思想被广泛接受由意大利共产党的推动，接着是葛兰西思想在世界的广为传播。1975 年出版了瓦尔德蒂·格拉塔纳（Valentino Gerratana）编辑的《狱中札记》的评笺本，这个版本的问世对于葛兰西的学术研究来说是一个里程碑。它让我们第一次可以对葛兰西的狱中计划的"必然的不完整"发展做细致的文本学研究。葛兰西的著作在许多学科领域，如历史学、社会学、人类学、文学研究、国际关系以及政治理论，都构成了一个重要的参照点。与他同时代的马克思主义者被忽视相比，葛兰西的著作被大众接受并广泛传播是显而易见的。正如埃里克·霍布斯鲍姆（Eric Hobsbawm）指出，葛兰西在今天已经成为不仅是马克思主义，而且也是广泛意义上的人文和社会科学的"经典"②。

---

① Peter Thomas' book: *The Gramscian Moment. Philosophy, Hegemony and Marxism*（Historical Materialism Book Series, vol. 24, Brill, Leiden/Boston, 2009）pp.xviii-xxv.

② Hobsbawm, Eric J. 1995, *Gramsci in Europa e in America*, edited by Antonio Santucci, Rome-Bari: Laterza.

然而，正如奥斯卡·威尔德（Oscar Wilde）指出，名气并不必然保证被承认。可以说，求助葛兰西的名头及他的关键概念——首当其冲就是霸权概念——更甚于对其思想的细致的文本分析和评价。虽然格拉塔纳评笺本的出现提供了大量的机会，直到 20 世纪 70、80 年代对《狱中札记》的语文学解读才缓缓开始。在这个时期，政治工具化的遗产，变动的政治格局，以及作为一种学术研究范式的马克思主义理论遗产的衰落，阻碍了在马克思主义历史背景下对葛兰西思想完整形象的重建。不过，最近新一代研究者开始探索之前未被注意的路径，试图在葛兰西时代的思潮中将他的研究加以情境化。不过或许更有意义的是，最近一段时期的葛兰西学术研究试图按其原有的不辞辛劳地探索、迟疑不决并因而必然是不完全的形式去追踪葛兰西狱中计划的发展，为这一马克思主义传统的当代重新思考提供它的动态的丰富性。

　　我的研究试图从马克思主义当代复兴的视角，为葛兰西遗产的语文学研究做出贡献。以下两个因素，即这一研究的"内容"和"视域"，一开始就应该受到强调。一方面，我试图介入到葛兰西研究的最新发现之中，并相信只有在葛兰西文本的历史情景之中，才能理解葛兰西狱中著作的意义，唯有如此，我们才能理解这些文本对于我们时代可能的意义；确实，正如我主张的，只有让葛兰西的思想与今天"主流"疏远，才能使介入他为我们提供的批判性视角变得更紧迫。另一方面，我的研究有意识地在关于马克思主义的未来以及葛兰西与它的关系的当代争论之中采取一种"党派"（partisan）立场。葛兰西的思想是通过与前马克思主义传统的不断地批判对话中丰富发展的，他试图以一种更充分地适应其时代政治任务的形式更新它。在我看来，在今天对葛兰西的生产性的解读，也必须按照与这种遗产相类似的精神来进行，把马克思主义作为一种与建立新的"文明"的下层阶级努力相结合的"世界概念"来复兴和改造。

　　本研究的立足点是由路易·阿尔都塞在《阅读〈读资本论〉》中对葛兰西的著名批评，以及佩里·安德森在 20 世纪六七十年代发表的《安东尼奥·葛兰西的二律背反》构成的。尽管已经有些年月 ，我认为这些阅读在马克思主义及更广泛的知识文化传统中，仍然是更一般的"葛兰西形象"的代表。同样，尽管这些批评似乎涉及葛兰西思想的不同方面——分别来说，即马克思主义哲学的地位，马克思主义的国家理论——我认为，这些解释在许多方面是可以互补的，它们是对葛兰西在狱中研究计划中试图统一起来的主题的分散处理。就它们的同一性来说，对阿尔都塞和安德森的解释的前提的批判性分析，可以把我们带入到葛兰西的"实践哲学"主张的心脏，这种实践哲学，一方面可以看作是对迄今为止的哲学和现代国家形式之间关系的批判，另一方面，可以看成是根据现代工人阶级运动的实践和制度，对哲学传统的潜在更新。

书的标题——"葛兰西时刻"——指的不仅是1932年前后的"奇迹年"（*annus mirabilis*），在那个时期，葛兰西——推进和加强了他的跨学科的和多维度的综合性研究计划——以绝对的"历史主义"、绝对内在性和绝对人本主义概念勾勒了"实践哲学"的"三个组成部分"。而且指他在这些研究的岁月，一方面对现代国家本质的研究，另一方面对哲学的社会和政治多元决定的研究。这样，"葛兰西时刻"标志着从作为"哲学事件"的国家概念转向为把霸权作为"哲学事实"的概念的转变。我认为，这一立场的意义等于一种思考哲学的政治地位和马克思主义哲学地位的新的方式。今天，新一代的活动家和研究者发现了构成最广义意义上的马克思主义传统的丰富性，以及恢复马克思主义的"葛兰西因素"（Gramscian moment）① 成了最紧迫的理论和政治任务。

第一章，《〈阅读《资本论》〉的时刻》为这一研究提供了原则。它概括了阿尔都塞的《阅读〈资本论〉》对葛兰西著名的、颇富影响的批判的概念。与安德烈·托塞（Andre Tosel）一样，我认为，这代表了"马克思主义的最后一次伟大辩论"，因为它提出了有关马克思主义哲学在既作为世界观（*Weltanschauung*）又是学术研究纲领的马克思主义中的地位问题。在分析阿尔都塞和葛兰西思想发展不同阶段的文本中有关马克思主义哲学地位的不同理解前，我评估了阿尔都塞主义和葛兰西主义的不同理由。我提议将它们称为马克思主义的阿尔都塞因素和葛兰西因素，并认为，相对于葛兰西式范式在当前所处的"弱势"理论霸权地位，阿尔都塞式命题在马克思主义哲学研究的决定性领域更占支配地位。

尽管阿尔都塞的批判影响广泛和深远（甚至且特别是我们没有意识到它们），但至少有三个理由使它在今天有重新思考的必要。首先，阿尔都塞没有看到《狱中札记》的评笺本，这让他误解了葛兰西的"有机"（organic）的概念；而今天对葛兰西的语文学研究让给我们能够更准确地分析《狱中札记》中这个

---

① "Moment"一词兼有时刻和因素两种含义，在本书中，在moment可指1936年前后葛兰西对实践哲学的创立，正如1666年牛顿发现"万有引力定理"或爱因斯坦1905年发现狭义相对论一样。同时，这一概念也可以指影响一个事物的重要因素。在中文中无法用一个概念同时表达这两重含义，只能根据相对重要的含义来翻译。——校者注

核心概念的产生、发展和意义，而阿尔都塞却把《狱中札记》视为对马克思主义哲学的不充分证明而拒绝之。其次，尽管阿尔都塞不断地使自己与葛兰西早期著作的批判前提保持一定的距离，虽然他不断地介入到葛兰西遗产的政治意义的讨论，但他并没有回过来据其晚期视角重新思考葛兰西方案的哲学维度。阿尔都塞晚期的"偶遇哲学"提供了一个额外的视角，从这一视角出发，可以重新评价葛兰西对哲学、政治和历史之间辩证关系的观念。第三，马克思主义理论的当代复苏，尤其明显地可以在对有关国家、帝国主义、全球化和资本主义危机的性质的讨论中见到，为重新思考马克思主义哲学研究纲领的地位提供了机遇。我认为，《狱中札记》的发展节律包含了马克思主义哲学的视野，它完全不同于以前各代和当今对马克思主义的概括，这或许可以让新一代马克思主义者以新的哲学形式开启对马克思遗产的阐述。

第二章，"安东尼奥·葛兰西的二律背反？"，批判性地考察了佩里·安德森在 1976 年撰写的有影响文章《安东尼奥·葛兰西的二律背反》。尽管安德森的批判赢得了广泛的好评，但我认为，当同《狱中札记》的评笺本的文本论据对比时，他提供的是对葛兰西思想的一种有问题的评价。安德森认为，葛兰西的狱中研究的特色包含在一系列的模棱两可之中，这产生了对其命题的不断改造甚至是扭曲，尤其是他的国家概念和他的核心概念霸权。在呈现安德森的思想主线的同时，我提出，有足够的文本依据可以用来质疑他的前设和结论，这样，就十分有必要对葛兰西的某些最著名公式的意义和发展进行新的解读。

第三章，"一个缠绕在奥秘之中的神秘性的谜团？"立足于《狱中札记》的文学形式，我考察了安德森批判的形式上的和文学批评上的前提，此批评已经成为人们对《狱中札记》一般的既有印象的代表。我认为这种解释依赖于四个断定，而这些论断都是无法从评笺本的语文学证据中找到支持的：第一，他断定葛兰西用继承来的语言来表达他的全新的概念时，会"强调过度或扭曲"它们的独特含义；第二，他假定葛兰西试图通过使用隐晦的语言来"逃避狱监"的监控，这降低了他的研究的理论清晰度；第三，他设定了一个"隐蔽秩序"，即一个葛兰西思想的真正的原始文本；第四，他主张对葛兰西"碎片化"表述进行重建。而我提出了另一种选择的原初方案是同时承认《狱中札记》的形式和实质的特殊性，因而我的解读是建立在语文学的更加可靠基础上的。

第四章、第五章和第六章，勾画了对葛兰西思想的理论和历史背景的另一种解读的轮廓。这些章节考察了主流的葛兰西形象，并对它们的有效性进行了语文学的历史比较的分析。

第四章，"反对消极革命"，描绘了葛兰西对现代性批判的发展历程。与安德森断定葛兰西缓慢地滑向"考茨基主义"和修正主义国家概念不同，我认为"整体国家"（integral state）和"消极革命"概念在《狱中札记》中的提出，连同葛兰西对马克思的《论费尔巴哈的提纲》中实践的核心地位的坚持，开始了对西方资本主义形态中革命战略复杂性的更深刻理解形式。这一章强调的是政治在葛兰西对"漫长的19世纪"的分析中的中心地位。

第五和第六章着重分析了《狱中札记》的政治理论的核心概念，并特别集中于霸权、同意（consent）、强制（coercion）、市民社会与国家、东方与西方以及内在区分的政治权力概念。第五章"市民与政治霸权"，反对这样的观点：葛兰西视霸权"定位"（location）于市民社会的共识领域，一个与国家和强制场所（locus）相对的领域。其实，成双的概念不是对立的和排他性的关系，我认为，葛兰西发展了一种市民社会与国家之间的赞同和强制的多元决定状况的辩证概念。这可以视为对黑格尔的现代国家理论的批判继承，追随马克思批判的决定性因素，"政治社会"以及"市民社会"展现为整体国家的"属性"。我认为，葛兰西的霸权理论产生了对"政治的构成"（the constitution of the political）或社会力量转变为与不同的政治方案相适应的政治权力的马克思主义理论。

第六章"霸权的现实化"，思考了葛兰西思想中的地缘政治坐标和《狱中札记》中分析的霸权的不同形式。在这里，我力图批判地质疑那种通过对"东方"与"西方"的比喻的重构——特别是在涉及对俄国革命的辩论中——强调它们是葛兰西政治理论的核心的解读。我主张，统一战线（united front）概念在葛兰西思想中比人们经常认为的要拥有更大的核心地位。接着我分析这样的主张：葛兰西的霸权概念源自一个关于社会权力的一般理论，它可无分辨地应用于不同性质的阶级规划。对《狱中札记》中"霸权工具"概念的发展的强调，把我引到这样的主张：葛兰西把政治权力理论表述为一种内在于阶级权力的理论。虽然许多批评者将葛兰西的霸权概念与俄国革命前社会民主党内部的争论联系起来，我主张，对葛兰西论述的仔细考察表明，他参考的基本观点不是列宁所强调的，霸权是后革命格局中无产阶级专政的完成和霸权是文化革命的过程。我通过对新经济政策的另行分析和对《狱中札记》中有关统一战线政治学的考察，使这个命题得以实质化。

第七章、第八章和第九章借助他的"三个构成部分"：绝对的"历史主义"、绝对的内在性和绝对的人本主义，详尽地重建了"实践哲学"的结构。这些章节意在描绘出这些核心概念在葛兰西哲学研究中的发展，并展现出这些概念同葛兰西的完整的国家和无产阶级霸权理论之间的辩证统一关系。

第七章，"实践哲学是绝对的'历史主义'"，回溯了"绝对历史主义"概念在葛兰西概念术语中的出现。与阿尔都塞认为这个词表明了葛兰西总是受制于克罗齐和黑格尔的观点不同，我的目的在于表明，事实上《狱中札记》已经将克罗齐的"绝对的历史主义"及对黑格尔主义的"改革"置于不断的彻底的批判之中了。与此同时，我强调葛兰西对马克思主义哲学的把握与同时期布哈林的版本有着天壤之别，后者借"辩证唯物主义"（diamat）形式发展。这一章尤其关注葛兰西对意识形态与哲学关系的理解，它提供了对克罗齐和早期阿尔都塞两人的马克思主义哲学观的内在性批判。《狱中札记》对意识形态与哲学关系的不断重新定义至少否决了《阅读〈资本论〉》的批评的四个决定性因素：即现今的非当代性（the non-contemporaneity of the present），其主要部分的不可能性（the impossibility of an essential section）；哲学、历史和政治之间的转译关系；以及作为对特定实践生活的"净化"（catharsis）的实践哲学。我进一步主张，葛兰西对"历史唯物主义"中"历史的"这个形容词的强调，使之可以彻底地批判马克思主义的客观主义传统，并重述实践概念的中心地位。

第八章，"绝对的世俗化与思想的尘世性（earthliness）"，考察了葛兰西对马克思思想中此岸性（Diesseitigkeit）概念的解读和发展。虽然阿尔都塞断定，葛兰西对科学没有兴趣，我证明《狱中札记》大量介入到现代科学的发展，并坚持它对实践哲学的贡献。然后我考察了葛兰西把历史语言学、经济思想史领域的研究整合进他的作为理论的内在性的概念之中。内在性概念同西方哲学传统的关系，尤其是在与先验概念相对立的新近的解释意义上，得到了考察。我主张，内在性与理论预设的、阐述的"一致性"（coherence）概念是等同的，它指一种能够提高大众社会阶级的行为能力的历史方向。根据葛兰西对常识和哲学之间关系的重新界定的背景，这里也讨论了历史进程中理论和实践同一性的生产这一关键概念。

第九章，"历史的绝对人本主义"，试图证明葛兰西哲学研究的辩证具体化的总结性因素，它们是与他的完整国家，以及它在扩展的工人阶级霸权关系中的潜在克服的理论结合在一起的。尽管阿尔都塞宣称葛兰西属于"革命人本主义"传统，我认为《狱中札记》对客观主义的批判也包括了对主体哲学的拒绝。

相反，我主张葛兰西对历史地决定的社会关系总体的强调是与基于"人"（person）概念的另一种传统有关。接着我分析了葛兰西对人本主义传统的理解，尤其是他对不同类型的知识分子的地位的分析。"有机的"知识分子和"传统的"知识分子范畴关系到"民主哲学家"的形象。这个形象让我们可以重新思考葛兰西"现代君主论"和作为拓展民主的社会关系组织的无产阶级霸权工具的当代意义。进一步说，我在结论中主张对人类知识的霸权关系的组织，提供了一种承袭并塑造了西方哲学传统的新的潜在形式。因此，实践哲学显现为马克思主义基础的再建，它同时是"对哲学本身的整个思考方式的从头到脚"的更新。①

结论部分"今天的马克思主义和哲学"，回过来考虑哲学研究纲领在马克思主义的复兴中作为有机因素的无能。葛兰西根据"世界概念"重新界定了哲学，在这里，"世界的概念"被作为理解马克思所开创的"历史时代"的完整意义的必要前提。在这里，关键的问题不仅仅是为了马克思主义的哲学（a philosophy for Marxism），而且涉及在工人阶级运动中马克思主义传统的发展问题，只有它才能使得哲学本身的变革成为可能。正如葛兰西所主张的，政治实践的自主形式的发展是社会阶级从隶属状态中脱颖而出的必要因素，因而哲学的变革和独立的世界概念的阐述可以看作塑造工人阶级的团结及其行动能力的不可回避因素。通过绝对历史主义、绝对内在性和绝对人本主义的观念，就马克思主义的独立研究方案是对当代哲学的战场（*Kampfplatz*）的介入来说，《狱中札记》为我们提供了有价值的渊源和视角。最终，今天葛兰西因素的复兴，无论如何，而作为一种有能力恢复新的、"总体的文明"的"世界概念"的形成过程中的一个自我反思和动态的因素，② 必须作为对马克思主义本身的复活的批判性介入，作为一种有能力恢复新的、"一体化文明"的"世界概念"的形成过程中的一个自我反思和动态的因素。③

（译者单位：武汉理工大学马克思主义学院）

---

① Q 11, § 27; *Selections from the Prison Notebooks*, edited and translated by Quintin Hoare and Geoffrey Nowell-Smith, New York: International Publishers. p. 464.

② Q 11, § 27; *Selections from the Prison Notebooks*, edited and translated by Quintin Hoare and Geoffrey Nowell-Smith, New York: International Publishers. p. 464.

③ Q 11, § 27; *Selections from the Prison Notebooks*, edited and translated by Quintin Hoare and Geoffrey Nowell-Smith, New York: International Publishers. p. 464.

评彼得·托马斯《葛兰西时刻》[①]

【意】安东尼奥·奈格里/文 蓝江/译 吴言/校

彼得·托马斯的这本书为什么这么重要？首先是因为他让葛兰西的思想不再囿于意大利一隅，而是让全球的听众都得以倾听葛兰西的声音，尤其是让英语世界的听众听到这个声音。托马斯的著作在盎格鲁－撒克逊的马克思主义学界中清晰地开启了讨论葛兰西的大门，在今天，这对于马克思主义哲学的阐述来说，是一个关键的场域。毋庸多言，他发展出来的对葛兰西的阅读不仅仅受益于 20 世纪 70 年代中期《狱中札记》的完整版和葛兰西信札的发现所引起的学术复兴，也由同那些伟大作者的对抗（阿尔都塞和安德森）而丰富——这些作者代表着把葛兰西引入大西洋世界的最初经验（experientia crucis）。

我谈谈几点对托马斯的葛兰西解读的看法：我首先想说的是，我并不完全同意他决定从阿尔都塞来研究葛兰西。在一个认识论的框架之下，他不仅在阿尔都塞《读资本论》的框架中一开始就对葛兰西进行了清算，而且也在阿尔都塞最后阶段的思想（即所谓的"相遇的哲学"）中重构了两人含混不清的关系，这个认识论的框架是一个典型的法国式的框架，这个框架与康吉莱姆学派的科学语言批判有关；这个框架与葛兰西的马克思主义是不同的。也就是说，托马

---

① Negri's review of Peter Thomas' book: The Gramscian Moment. Philosophy, Hegemony and Marxism（Historical Materialism Book Series, vol. 24, Brill, Leiden/Boston, 2009），译自：*antonionegriinenglish.wordpress.com*/ 2011/04/28.

斯并没有太多地去关心葛兰西与阿尔都塞的相似性，相反，他彻底地否定了这种相似性。但是，为何从根本上要比较他们两人呢？因为———一些阿尔都塞主义者告诉我们———这个（阿尔都塞和葛兰西的碰撞）的场景构成了马克思那里关于"哲学"的界定的"最后的伟大争论"。但这个争论真的那么重要吗？

我更赞同的是彼得·托马斯借助安德森来阅读葛兰西，同时，我也同意托马斯对安德森的批评。在他 1976 年的《安东尼奥·葛兰西的自我矛盾》一文中，安德森提出："葛兰西狱中研究的一大特征就是含糊不清，这让很多人有了进一步发挥的余地，也让他的原初问题，尤其是对他的国家以及他的核心概念霸权的理解，发生了变形"。那么，按照安德森的理解，从根本上来看，葛兰西的方法遭到了玷污，这也说明了他的思想被用在多种多样不清楚的用途上。尤其是他的"消极革命"概念，在这种解读中，代表了一种葛兰西越来越靠近考茨基的立场的方式。而霸权的概念则被用来夸张地表达一种与国家权力相对立的市民社会的权力（这也是博比奥赞同的用黑格尔的方式所提出的假设）。对于托马斯来说，去避开这些解读方式并不困难(尽管有些费力)，不过，这些解读方式在盎格鲁－撒克逊思想界中已经根深蒂固并广为传播。

现在，托马斯反对安德森从根本上对葛兰西的哲学的（主要是参考了吉安尼·弗朗西翁尼（Gianni Francioni）的精彩的著作）和政治的解读，将葛兰西的概念重新链接到一种在实质上全新的有力的模式之中。他做得非常出色。（值得指出的是，借助强有力且严谨的论述，这本书逐步再现了伟大的德国和俄罗斯的马克思学（Marxological）的传统———这也认可了其科学价值）。那么，让我从这本书中挑选出一些精彩的主题吧。于我而言，托马斯对"消极革命"概念的讨论相当出彩，这让我们不仅仅囿于对这个概念进行重构，同时也将我们带到一个适当的"生命政治"的国度之中。换句话说，资产阶级的"消极革命"体现在分子式的变迁（molecular transitions）中，它是在时间之上的巩固和重构———这个变迁也（相互地，亦即，辩证地）塑造了历史进程中的结构和主体性。我发现这一对"消极革命"的定义特别有刺激性———在我试图描述从笛卡尔到斯宾诺莎，从资本的原始积累、绝对国家的构建到共和体制的兴起之间的资产阶级意识形态系谱时，这个概念也是我或多或少有意识地使用的。

托马斯对"霸权"概念的分析同样是十分有力而全面的，在某种程度上，他通过对俄罗斯革命之前的历史和在初创阶段上的布尔什维克的经历，直到新经济政策时代的对比来建构了这个概念的开创性意义。这个开创性意义坚决拒绝了将霸权看成是一种社会权力的一般性理论，相反，他将之与一种随着在西方世界及其革命的发展的"国家形式"的定义连接起来。霸权概念在无产阶级专政之中得到了重生，霸权是在社会主义建立之后的不断斗争中需要掌握和运用的武器。在这里，葛兰西的分析再次表现出极大的预测能力，亦即，无产阶级的霸权被运用到牢不可破的生命政治的情境中（这个情境源于工人阶级的革命经验），或者相反，作为一种资产阶级的、法西斯主义的专政的表达，霸权开创了始于国家的社会，这样一种社会被描绘为"生命权力"。但是，只有第一种霸权概念，即阶级概念，才包含一种建构性权力，这种权力赋予社会在本体上的布局。似乎对于我而言，只有这样来运用福柯的范畴，我才不会粗暴地对待葛兰西的范畴。相反，我相信只有参照福柯，才可以为托马斯的解读上的创新带来一个更恢宏的主题（对于一些学者而言，从福柯的角度来研究葛兰西的时代来临了）。

现在，一旦他完成了对葛兰西概念的重构工作，他的工作已经超越了建构性的解释传统，托马斯试图描绘出一幅准确的葛兰西思想的肖像。让我在这里引述一段托马斯总结他努力的成就的话：

绝对的历史主义，绝对的内在性和绝对的人本主义。这些概念应该被看成是作为一种实践哲学的马克思主义发展的未完成的建设规划的三个"属性"。这三个属性彼此间有着丰富而强劲的相关关系，它们可以看成是在今天，马克思主义哲学的研究项目的成果的复兴，也可以看成是为了继承和复兴马克思原初批判和创新姿态而参与到当代哲学战场（Kampfplatz）之上。

这样，在将概念完全还原到历史之中时，对社会关系的霸权形式来说，一种开放的、可转译的语法的可能性出现了。正是在内在性的国度之中，或拒绝了所有的先验形式之后，一种既定的社会实践才能将自己建构为理论，才能让理论与实践之间相互的生产性关联的体制得以稳定。最后，只有通过绝对的人本主义，才能为霸权的辩证的–教育计划建立基础——"一言以蔽之，这是一种作为在无产阶级民主替代性选择的霸权工具的发展中的要素而出现的新的哲学形式的观念。"

我们可以在结论中这样来评论：为什么这样重构起来的葛兰西的思想仍然需要看成是一种"哲学思想"？或者更准确地说，在历史主义、内在性和人本主义的三维坐标系中描绘出来的实践和思想能够仍然界定为一种"哲学"吗？一旦这些标准——历史主义，内在性和人本主义——被当作在实践中的反思的范畴，难道哲学不会变成一种遥不可及的幻象，一种毫无用处的器具吗？一旦哲学被当作是业已被摧毁的神学 – 政治的超越性以及世俗化残余下来的问题，那么哲学还剩下些什么？在我看来，像托马斯这样的葛兰西主义者所认可的哲学，不论有益还是有害，在今天已成为了一个遗骸，或多或少会是资产阶级尝试去理解其自身的命运的反动的变种。如果是这样，一旦思想被置于托马斯把它置于的情境，为什么我们仍然得出结论说葛兰西是一个哲学家呢？葛兰西会在意被这样概括吗？实践的对象不是哲学的，而是历史的、内在的和人类的，因而也是革命性的。在《美国主义与福特主义》一文中，葛兰西强调，"在美国，理性化已经决定了去塑造一种适应于新的工作和生产类型的新型人的需求。"这就是实践指导我们对人的不断的革命化。

（译者单位：武汉理工大学马克思主义学院）

当马克思眺望欧洲之外 [①]

────────【美】纳哥希·劳／文　汪行福／译────────

凯文·安德森在《马克思在边缘》[②] 的结论中总结他的主要论证思路："马克思……创造了一个多线性和非还原论的历史理论……分析了非西方社会的复杂性和差异，并拒绝……把自己同单一模式的发展或革命模式绑在一起。"

对那些熟悉文化和批判理论，特别是处于后殖民研究的人，将会看到安德森的主张与学术界流行的对马克思主义的许多看法是针锋相对的。我们被告之，马克思主义是 19 世纪欧洲的独有现象；因而这些观念不仅已经过时，而且它们在内部也是不一致和矛盾的，如果不是反动的话，因为它们是建立在决定论和历史变迁的欧洲中心论之上的。

这些指责典型地体现在对马克思早年论印度著作的断章取义地引用上。在那里，马克思断言，在印度的英国殖民主义既有破坏性，也起着新生的作用。爱德华·萨义德点燃了对马克思的著名围剿，即马克思仅仅是 19 世纪东方主义的左翼表现，其背后的支撑是后结构主义和后现代主义对马克思所谓的

① Nagesh Rao, When Marx looked outside Europe.http://www.isreview.org/issues/73/rev-Marxatmargins.shtml. 作者是美国新泽西学院英语系教授，主要研究领域有：后殖民文学、文学和批评理论、马克思主义的帝国主义理论、民族解放运动等。

② Kevin B. Anderson, *Marx at the Margins: On Nationalism, Ethnicity, and Non-Western Societies*, University of Chicago Press, 2010.

"目的论"和进步主义历史观的批判，这个版本的马克思代代相传，已成为权威。在这种以少数引文为基础的常常游离于原始材料的研究中，马克思主义则不断地被扫入历史的垃圾桶。

然而，宣称马克思主义是欧洲中心主义、东方主义者、决定论和目的论等等观点并未畅行无阻，也并非没有学者致力于从他的批评者那里恢复马克思的元气。即使在后殖民研究中，拒斥马克思主义成了多数派，仍有勇敢的少数派以对马克思的方法和见解的辩护来维护自己。左翼学者，如苏密德·萨卡（Sumit Sarkar）、伊尔芬·哈比（Irfan Habib）、艾雅兹·阿哈穆德（Aijaz Ahmad）、尼尔·拉扎鲁斯（Neil Lazarus）、奥古斯特·尼姆兹（August Nimtz）和其他人，对这一日益增长的批评文献做了有用的贡献。

虽然《马克思在边缘》不是第一个担此重任者，未来数年，如果它不被视为马克思的确定无疑辩护，无疑还是会被视为这一论题的扛鼎之作。在明晰和有节奏的文体中，安德森耐心引导我们徜徉于该研究的令人难以置信的财富之中，所有这些也恰当地引向本评论开始时引述的结论。对新手来说，该书充满着风趣，对专家来说也大开眼界，安德森一丝不苟的研究给我们提供一种马克思主义，其国际主义（如果你愿意，也可称为全球主义）绝非偶然的事后诸葛亮。在安德森的解读中，马克思和恩格斯不仅是他们时代最进步的思想家，而且对于正在持续的全球和星球危机的我们时代来说，也是最具先见之明和贴近性的理论家。

略论对马克思的反对

在 1969 年出版《马克思论殖民主义和现代化》后的几年，什洛莫·阿维内里（Shlomo Avineri）有意识地选择马克思、恩格斯论殖民主义的著作，为评论马克思主义对欧洲殖民主义、殖民地本身的文化和政治经济以及对民族主义和民族解放的态度确立了基调。但是，正是著名学者爱德华·萨义德在他的拓荒之作《东方主义》中，几乎一手使这样的观念普及化：马克思主义（曾经）是死不改悔的欧洲中心主义。

众所周知，萨义德的论证立足于几个脱离上下文的引文基础上的，特别是来自马克思写于 1853 年的早期文章《论英国在印度的统治》中的引文。安德森写道：这篇文章，是"马克思就非西方社会所写的第一个实质性的出版物"。虽然它鞭挞了英国殖民主义给印度人民带来的"以前未曾遭受的"的"无尽的深切苦难",但正是在这篇文章中,马克思开始勾画了"东方专制主义"(Oriental despotism)概念,并用它来描述非西欧社会的政治经济。

"东方专制主义",连同与此相关的"亚细亚生产方式"概念,似乎要把东方呈现为西方的"他者";不仅如此,相对于西方,它还被锁定在静态的、停滞的和落后状态,虽然不乏矛盾心理,它还是完全应该被欧洲的"进步"势力清扫掉。对萨义德来说,这种欧洲中心主义历史观在马克思那里不是偶然的;相反,它是马克思所依赖的东方主义学术传统的一部分。

毕竟,不同于黑格尔臭名昭著的观点:印度是一个在整个历史中都"处在停滞和固定状态"的民族,它的人民"缺少自我意识",因而使他们"没有能力书写历史"。因此,印度人(和非洲人)对黑格尔来说是这样的人民,他们不仅没有历史,而且注定屈服于欧洲人。

正如安德森指出的,按照萨义德的观点,尽管马克思的"人道感"和"他对人民的同情……最终仍然是占主流的浪漫的东方主义观点。在这一观点中,大英殖民主义虽然初看起来是毁灭性的,但在最终的分析中,对印度来说起到再生作用。在学术圈中,特别是在萨义德的影响甚大的著作影响最大的领域中,这一对马克思主义的看法已变成了主导。

实际的记录

追随阿哈穆德、普拉纳夫·雅尼(Pranav Jani)、尼姆兹和其他人,安德森认为,上述对马克思的看法是虚假的。在边缘的马克思向我们表明,这一调制的马克思版本只能靠无视马克思、恩格斯对非西方社会的著述的实际记载来维持,这一记录大大超出他的批评者知道的范围。安德森告诉我们,比如,仅在 1853 年,即马克思开始其一下轮对印度和印度尼西亚的研究时,他就做了笔记,"这些笔记从未以任何形式出版,它有将近 100 印张。"

而这仅仅是开始。正如安德森表明的,在 19 世纪 60 和 70 年代,马克思就英国在印度的统治问题如饥似渴地广泛阅读和写作;他自学俄语以便阅读人类学家马克西姆·科瓦列夫斯基的论印度公社土地所有权的著作;对约翰·巴德·费尔(John Budd Phear)的《印度和锡兰的雅利安村庄》,马克思写了大量的笔记(据安德森,长达 16000 字)。

安德森对这一庞大档案的阅读首先是要向我们表明，非西方社会在马克思、恩格斯对资本主义的扩张与为工人阶级自我解放而斗争的辩证法中日益发挥核心作用。因此，他们不断修正对世界上这些地区的早期观点，只要新的事件被披露，新的研究成果面世。比如，安德森引用了雅尼的说法，在1857年，即该区域爆发了第一次大规模反抗英国统治的起义时，在马克思论印度的著作中可以看到明显的转变。安德森正确地指出，在1857年前，"非传统主义的、进步的民族主义运动的缺场"，意味着马克思在1853年无法提供可行的政治选择。因此，他把印度的殖民解放建立在英国推翻资本主义的前提上；因为成功的反殖民革命的前景还没有进入画面。

然而，马克思在1853年预计到1857年后撤销东印度公司的统治，建立直接的王室统治，这些是与"国内制造业阶级的新兴统治"相联系的。即使在1853年，马克思已开始指出"印度民族解放运动的可能性"，安德森写道：

> 到1853年，马克思已经开始克服了在《共产党宣言》中对待非西方社会的片面性。虽然中国（和印度）的高墙需要依靠马克思所说的世界贸易，甚至殖民征服的进步效果去摧毁，但是，非西方社会中的人民已经被赋予了"共同推翻英国之轭"和自我开启他们社会和文化的"重生"的潜能。这一重生将……保留资本主义现代性的成就。

在1857年起义的浪潮中，马克思开始写道，印度人是"我们最好的盟友"，他的作品越来越偏向揭露英国的暴行，而不是悲叹印度人所谓的麻木和停滞。在回应英国通过印度士兵（sepoys）来实施暴行的报导时，马克思不是给它们贴上印度野蛮主义的标签，而是把它们与从凯撒到拿破仑及以后的欧洲人所犯的类似暴行的历史联系起来。不仅如此，在士兵起义的形式中，安德森写道：

> 马克思在殖民地的印度发现某种类似于资本主义对工人阶级的锻造的某物。因此，殖民主义每一步发展都将产生出它人的掘墓人。这种与亚洲相关的辩证法在《共产党宣言》和1853年的论印度的文章中是缺失的。

动态的方法

以类似的方式，安德森分析了马克思、恩格斯对波兰和俄罗斯、美国奴隶制和内战、爱尔兰和阿尔及利亚的分析的著作，再次证明了他们方法的动态性、敏感性和他们对非西方社会分析的细微差别。因此，他回顾了从恩格斯早年提出的著名的奴隶（和其他人）是"没有历史的人"到马克思 19 世纪 80 年代的著作，在那里，他"正在考虑这样的可能性：俄罗斯的共产主义革命可以作为更为广泛的欧洲社会主义变革的出发点。"作为一个寻求改变主宰世界的社会关系的理论家，马克思、恩格斯日益同情民族解放斗争，在他们的革命视野中，给予反殖民主义和反种族主义以核心地位，而这些正是那些贬低者试图不想让我们看到的。

《马克思在边缘》对把马克思主义从它诸多学术曲解中恢复出来这一挑战性工作做了有价值的贡献。虽然安德森有时克制自己不从他的分析中得出强烈的结论，而情愿让证据自己说话，但《马克思在边缘》对任何试图探索马克思、恩格斯在种族、民族主义、族性和非西方社会历史方面的研究的人来说，是必不可少的读物。

(译者单位：复旦大学当代国外马克思主义研究中心)

国内外研究索引

国外索引

英　文

1.《卡尔·马克思》*Karl Marx*/ Wolfgang Rössig. Greensboro, N.C.: Morgan Reynolds Pub., 2010.

2.《马克思：关键思想》*Marx: The Key Ideas*/ Gill Hands. London: Teach Yourself, 2010.

3.《边缘地带的马克思：论民族主义、族群和非西方社会》*Marx at the Margins: on Nationalism, Ethnicity, and Non-western Societies*/ Kevin Anderson. Chicago: University of Chicago Press, 2010.

4.《马克思》*Marx*/ Peter Singer. New York: Sterling, 2010.

5.《马克思：迷途指津》*Marx: A Guide for the Perplexed*/ John Seed. London; New York: Continuum, 2010.

6.《马克思的政治著作选》*Marx's Political Writings*/ ed. David Fernbach. London: Verso, 2010.

7.《卡尔·马克思主要著作选:〈经济学和哲学手稿〉、〈共产党宣言〉、〈雇佣劳动与资本〉、〈哥达纲批判〉》*Essential writings of Karl Marx: Economic and philosophic manuscripts, Communist manifesto, Wage labor and capital, Critique of the Gotha Program*/ Karl Marx. St Petersburg, Fla.: Red and Black Publishers, 2010.

8.《每一个人的马克思》*Everyman's Marx*/ Roger Gathman and Jake Davis. West New York, N.J.: Mark Batty; 2010.

9.《危机背后：马克思的价值和知识的辩证法》*Behind the Crisis: Marx's Dialectics of Value and Knowledge* / Guglielmo Carchedi Brill, 2010.

10.《爱因斯坦、弗洛伊德和马克思对达尔文：耶稣和玛利亚眼中的进化》*Einstein, Freud and Marx vs. Darwin: Evolution through Jesus' and Mary's Eyes*/

ed. Thomas J. Kuna. Jerseyville, IL.: Peace Works Press, 2010.

11．《卡尔·马克思的诱惑》*The Seductions of Karl Marx*/ Jal Murzban. Delhi: Aakar Books, 2010.

12．《作为历史的理论：论生产方式和剥削》*Theory as History Essays on Modes of Production and Exploitation* / Jairus Banaji. Leiden; Boston: Brill, 2010.

13．《亚里士多德、亚当·斯密与卡尔·马克思：论 21 世纪政治经济学的若干根本问题》*Aristotle, Adam Smith and Karl Marx: On Some Fundamental Issues in 21st Century Political Economy* / Spencer J. Pack. Cheltenham: Edward Elgar, 2010.

14．《马克思〈资本论〉指南》*A Companion to Marx's Capital* / David Harvey. London: Verso, 2010.

15．《资本之迹：和资本主义危机》*The Enigma of Capital: and the Crisis of Capitalism*/ David Harvey, Profile Books, 2010.

16．《马克思的〈资本论〉》第五版 *Marx's 'Capital', fifth edition*/ Ben Fine and Alfredo Saad Filho. London: Pluto Press, 2010.

17．《卡尔·马克思〈资本论〉》要理问答：资本主义的社会主义分析入门》*Catechism of Karl Marx's Capital: A Beginner's Introduction to the Socialist Analysis of Capitalism*/ Lewis Cass Fry. St. Petersburg, Fla.: Red and Black Publishers, 2010.

18．《马克思的〈资本论〉导读》*Introduction to Marx's Capital*/ David Harvey. London: Verso, 2010.

19．《马克思剩余价值理论的谬误》*Fallacy of Marx's Theory of Surplus-Value*/ Henry Seymour. General Books, 2010.

20．《马克思与资本形成的动力学》*Marx and the Dynamic of the Capital Formation*/ Beverley Best. New York, NY.: Palgrave Macmillan, 2010.

21．《马克思、货币与现代世界：金融资本与今天的帝国主义》*Marx, Money and the Modern World: Finance Capital and Imperialism Today*/ Marcus Lehner, Keith Spencer and Luke Cooper. London: League for the Fifth International, 2010.

22．《陷入危机的全球资本主义：马克思主义与利润体系的衰败》*Global Capitalism in Crisis: Karl Marx & the Decay of the Profit System*/ Murray E. G. Smith Black Point, N.S.: Fernwood Pub., 2010.

23．《1776—1848 年革命时代的政治思想：从柏克到马克思》*Political Thought in the Age of Revolution 1776-1848: Burke to Marx*/ Michael Levin. Basingstoke: Palgrave Macmillan, 2010.

24．《后结构主义中的马克思：利奥塔、德里达、福柯和德勒兹》*Marx through Post-structuralism: Lyotard, Derrida, Foucault, Deleuze*/ Simon Choat. London; New York: Continuum, 2010.

25．《马克思主义、自由主义与女权主义》*Marxism, liberalism and feminism*/ Eric Engle. New Delhi: Serials Publications, 2010.

26．《布莱希特 / 马克思主义 / 伦理学》*Brecht/Marxism/Ethics*/ Friedemann J. Weidauer. Madison, Wis.: University of Wisconsin Press, 2010.

27．《神学批判：论马克思主义与神学第三卷》*Criticism of Theology: On Marxism and Theology III* / Roland Boer. Leiden; Boston: Brill, 2010.

28．《反对精神转向：马克思主义、实在论与批判理论》*Against the Spiritual Turn: Marxism, Realism and Critical Theory* / Sean Creaven. London: Routledge, 2010.

29．《意识形态的冲突：马克思主义、解放神学与〈新约〉研究中的天启论》*A Clash of Ideologies: Marxism, Liberation Theology, and Apocalypticism in New Testament Studies* / Randall W. Reed. Eugene, Or.: Pickwick Publications, 2010.

30．《马克思主义与超越认同的教育：性与教育》*Marxism and Education beyond Identity: Sexuality and Schooling* / Faith Agostinone-Wilson. New York: Palgrave Macmillan, 2010.

31．《罗莎·卢森堡文选：社会主义还是野蛮?》*Rosa Luxemburg: Socialism or Barbarism Selected Writings* / Rosa Luxemburg. London: Pluto Press, 2010.

32．《意识形式与社会结构》（第一卷）*Social Structure and Forms of Consciousness I: The Social Determination of Method*/ Istvan Meszaros, Monthly Review Press, 2010.

33．《资本的结构性危机》*Structural Crisis of Capital*/ István Mészáros. New York: Monthly Review Press, 2010.

34．《博克理论；在欲望的循环中反馈和捕捉》*Blog Theory, Feedback and Capture in the Circuits of Drive*/Jodi Dean, Polity Press, 2010.

35．《政治经济学的新批判》*For a New Critique of Political Economy*/Bernard Stiegler, Polity Press, 2010.

36．《资本主义的结构危机》*The Structural Crisis of Capital*/ Istvan Meszaros, Monthly Review Press, 2010.

37．《幻想的篝火：自由世界的双重危机》*Bonfire of Illusions: The Twin Crises of the Liberal World*/ Alex Callinicos, Polity Press, Cambridge, 2010.

38．《全球紧缩：危机抵抗的经济学和政治学》*Global Slump: The Economics and Politics of Crisis and Resistance* /David McNally, PM Press, 2010.

39．《列昂·托洛茨基对马克思主义的辩护》*Leon Trotsky's In Defence of Marxism* / introduction by Rob Sewell. London: Wellred Books, 2010.

40．《工作与斗争：劳工激进主义的声音》*Work and Struggle: Voices of U.S. Labor Radicalism*/ Paul LeBlanc, New York/London: Routledge, 2010.

41．《世界工人：全球劳工史》*Workers of the World*: *Essays toward a Global Labor History*/ Marcel van der Linden, Brill Academic Publishers, 2010.

42．《农业变迁的阶级动力》*Class Dynamics of Agrarian Change*/ Henry Bernstein, Publisher: Kumarian Press, 2010.

43．《在马克思的阴影下：东欧和俄罗斯的知识、权力和知识分子》*In Marx's Shadow: Knowledge, Power, and Intellectuals in Eastern Europe and Russia*/ Ed. Costica Bradatan and Serguei Oushakine. Lanham: Lexington Books, 2010.

44．《巴枯宁传》*Bakunin: A Biography*/ James Mark Leier. New York: Seven Stories Press, 2010.

45．《对抗妥思妥耶夫斯基的恶魔：无政府主义与20世纪俄罗斯的巴枯宁幽灵》*Confronting Dostoevsky's Demons: Anarchism and the Specter of Bakunin in Twentieth-century Russia*/ James Goodwin. New York: Peter Lang, 2010.

46．《列宁的哥哥：十月革命的起源》*Lenin's Brother: The Origins of the October Revolution*/ Philip Pomper. New York: W.W Norton & Co., 2010.

47．《列宁的犹太人问题》*Lenin's Jewish Question*/ Iŏkhanan Petrovskiĭ-Shtern. New Haven Conn.: Yale University Press, 2010.

48．《列宁和他的同志们：1917—1924年布尔什维克对俄罗斯的接管》*Lenin and His Comrades: The Bolsheviks Take over Russia 1917-1924*/ IUriĭ Fel′shtinskiĭ. New York: Enigma Books, 2010.

49．《列宁：1893—1914的党建》*Lenin: Building the Party, 1893-1914*/ Tony

Cliff. London: Bookmarks, 2010.

50.《葛兰西、语言与翻译》*Gramsci, Language, and Translation*/ Peter Ives and Rocco Lacorte. Lanham, Md.: Lexington Books, 2010.

51.《安东尼奥·葛兰西》*Antonio Gramsci*/ Antonio A. Santucci, Graziella Di Mauro, Salvatore Engel-Di Mauro, E. J. Hobsbawm, Joseph A. Buttigieg. New York: Monthly Review Press, 2010.

52.《后殖民的葛兰西》*The postcolonial Gramsci*/ Neelam Francesca Rashmi Srivastava and Baidik Bhattacharya. London: Routledge, 2010.

53.《没有土壤的语言：阿多诺与晚期哲学现代性》*Language without Soil: Adorno and Late Philosophical Modernity*/ Gerhard Richter. New York: Fordham University Press, 2010.

54.《阿多诺与神学》*Adorno and Theology*/ Christopher Craig Brittain. London; New York: T & T Clark, 2010.

55.《阿多诺之后的艺术与美学》*Art and Aesthetics after Adorno*/ ed. J M Bernstein, et al Berkeley: Townsend Center for the Humanities, University of California, 2010.

56.《审美与现代性：阿格尼丝·赫勒文集》*Aesthetics and Modernity: Essays by Agnes Heller*/ ed. John Rundell. Lexington Books, 2010.

57.《哈贝马斯：介绍与分析》*Habermas: Introduction and Analysis*/ David Ingram. Ithaca: Cornell University Press, 2010.

58.《哈贝马斯 II》四卷本 *Habermas II. Vol. 4*/ David Rasmussen. London: Sage, 2010.

59.《哈贝马斯与文学合理性》*Habermas and Literary Rationality*/ David L. Colclasure. New York: Routledge, 2010.

60.《哈贝马斯思想传记》*Habermas: An Intellectual Biography*/ Matthew G. Specter. Cambridge; New York: Cambridge University Press, 2010.

61.《哈贝马斯、批判理论与教育》*Habermas, Critical Theory and Education*/ ed. Mark Murphy and Ted Fleming. New York: Routledge, 2010.

62.《罗尔斯与哈贝马斯：理性、多元主义与政治哲学的主张》*Rawls and Habermas: Reason, Pluralism, and the Claims of Political Philosophy*/ Todd Hedrick. Stanford, Calif.: Stanford University Press, 2010.

63．《哈贝马斯：迷途指津》*Habermas: A Guide for the Perplexed*/ Lasse Thomassen. London; New York, NY: Continuum, 2010.

64．《从韦伯到哈贝马斯的工具理性批判》*The Critique of Instrumental Reason from Weber to Habermas*/ Darrow Schecter. New York: Continuum, 2010.

65．《哈贝马斯与罗尔斯：关于政治的辩论》*Habermas and Rawls: Disputing the Political*/ ed. James Gordon Finlayson and Fabian Freyenhagen. London: Routledge, 2010.

66．《于尔根·哈贝马斯传：著作与研究（1952—2010 年）》*Jürgen Habermas, A Bibliography: Works and Studies*（*1952-2010*）/ Luca Corchia Pisa. Edizioni Il Campano: Arnus University Books, 2010.

67．《德里达与古代》*Derrida and Antiquity*/ Miriam Leonard. Oxford, UK; New York: Oxford University Press, 2010.

68．《德里达与好客性：理论与实践》*Derrida and Hospitality: Theory and Practice*/ Judith Still. Edinburgh: Edinburgh University Press, 2010.

69．《德里达词典》*The Derrida Dictionary*/ Simon Wortham. London; New York: Continuum, 2010.

70．《德里达：渎神》*Derrida: Profanations*/ Patrick O'Connor. London; New York: Continuum, 2010.

71．《德里达与身体书写》*Derrida and the Writing of the body*/ Jones Irwin. Burlington, VT: Ashgate, 2010.

72．《野兽与主权者》*The Beast and the Sovereign*/ Jacques Derrida, Tr. Geoffrey Bennington. Chicago: University Of Chicago Press, 2010.

73．《语言的真理（和谬误）：海德格尔、利科与德里达论话语与错位》*The Truth*（*and Untruth*）*of Language: Heidegger, Ricoeur, and Derrida on Disclosure and Displacement*/ Gerrit Jan van der Heiden. Pittsburgh, Pa.: Duquesne University Press, 2010.

74．《重读德里达与利科：解构与解释学之间不可能的相遇》*Reading Derrida and Ricoeur: Improbable Encounters between Deconstruction and Hermeneutics*/ Eftichis Pirovolakis. Albany: State University of New York Press, 2010.

75．《让－弗朗西斯·利奥塔和雅克·德里达的政治伦理学》*The Political Ethics of Jean-François Lyotard and Jacques Derrida*/ Georges de Schrijver. Leuven; Walpole, MA: Peeters, 2010.

76．《跟随：雅克·德里达之后》*To Follow: The Wake of Jacques Derrida*/ Peggy Kamuf. Edinburgh: Edinburgh University Press, 2010.

77．《不半途而废：德里达纪念文集》*Not Half No End: Militantly Melancholic Essays in Memory of Jacques Derrida*/ ed. Geoffrey Bennington. Edinburgh: Edinburgh University Press, 2010.

78．《永久的反抗：德里达之后的文化理论》*Enduring Resistance: Cultural Theory after Derrida*/ ed. Sjef Houppermans, Rico Sneller and Peter van Zilfhou. Amsterdam; New York: Rodopi, 2010.

79．《自我解构的上帝：在弗洛伊德、巴塔耶和德里达之间的主权和主体性》*The God Who Deconstructs Himself: Sovereignty and Subjectivity between Freud, Bataille, and Derrida*/ Nick Mansfield. New York: Fordham University Press, 2010.

80．《从尼采到德里达的强力》*Force from Nietzsche to Derrida*/ Clare Connors. London: Legenda, 2010.

81．《激进的犹豫：巴特、布朗肖、德里达与批判的未来》*Radical Indecision: Barthes, Blanchot, Derrida, and the Future of Criticism*/ Leslie Hill. Notre Dame, Ind: University of Notre Dame Press, 2010.

82．《批判的过剩：德里达、德勒兹、列维纳斯、齐泽克和卡维尔的过度解读》*Critical Excess: Overreading in Derrida, Deleuze, Levinas, Zizek and Cavell*/ Colin Davis. Stanford, Calif.: Stanford University Press, 2010.

83．《生在末世》*Living in the End Times*/ Slavoj Zizek. London; New York: Verso, 2010.

84．《共产主义的思想》*The Idea of Communism*/ Costas Douzinas and Slavoj Zizek. London; New York: Verso, 2010.

85．《齐泽克与政治：批判性的导论》*Zizek and Politics: A Critical Introduction*/ Matthew Sharpe and Geoff Boucher. Edinburgh: Edinburgh University Press, 2010.

86．《从阿甘本到齐泽克：当代批判理论家》*From Agamben to Zizek: Contemporary Critical Theorists*/ Jon Simons. Edinburgh: Edinburgh University Press, 2010.

87．《保罗、哲学与神学政治观：与阿甘本、巴迪欧、齐泽克等人的批判性对话》*Paul, Philosophy, and the Theopolitical Vision: Critical Engagements with Agamben, Badiou, Zizek, and Others*/ Douglas Karel Harink. Eugene, Oregon: Cascade Books, 2010.

88．《后现代主义之后的新媒介、文化研究和批判理论：从齐泽克到拉康的自主现代性》*New Media, Cultural Studies, and Critical Theory after Postmodernism: Automodernity from Zizek to Laclau*/ Robert Samuels. New York: Palgrave Macmillan, 2010.

89．《论齐泽克的辩证法：剩余、减去、升华》*On Zizek's Dialectics: Surplus, Subtraction, Sublimation*/ Fabio Vighi. London; New York: Continuum, 2010.

90．《五论瓦格纳》*Five lessons on Wagner*/ Alain Badiou. London; New York: Verso, 2010.

91．《共产主义的假设》*The Communist Hypothesis*/ Alain Badiou. London: Verso, 2010.

92．《阿兰•巴迪欧》*Alain Badiou*/ Justin Clemens and A J Bartlett. Durham: Acumen, 2010.

93．《巴迪欧与电影》*Badiou and Cinema*/ Alex Ling. Edinburgh: Edinburgh University press, 2010.

94．《巴迪欧和德勒兹解读文学》*Badiou and Deleuze Read Literature*/ Jean-Jacques Lecercle. Edinburgh: Edinburgh University press, 2010.

95．《巴迪欧：新哲学》*Badiou: A Philosophy of the New*/ Ed Pluth.. Cambridge, UK; Malden, MA: Polity, 2010.

96．《通过阿兰•巴迪欧思考教育》*Thinking Education Through Alain Badiou*/ Kent den Heyer. Malden, MA.: Wiley-Blackwell, 2010.

97．《德里达之后的异化》*Alienation after Derrida*/ Simon Skempton. London; New York: Continuum, 2010.

98．《敲打资本主义》*Crack Capitalism*/ John Holloway, Pluto Press, London, 2010.

99．《事件与决定：巴迪欧、德勒兹和怀特海的存在论和政治学》*Event and Decision: Ontology and Politics in Badiou, Deleuze, and Whitehead*/ ed. Roland Faber, Henry Krips, and Daniel Pettus. Newcastle: Cambridge Scholars, 2010.

100.《共产主义附录》*The Communist Postscript*/ Boris Grois. London: Verso, 2010.

101.《社会主义的替代：真正的人类发展》The Socialist Alternative: Real Human Development/ Michael A. Lebowitz. New York: Monthly Review Press, 2010.

102.《社会结构与意识形式第一卷：方法的社会规定性》*Social Structure and Forms of Consciousness, Volume I: The Social Determination of Method*/ István Mészáros. New York: Monthly Review Press, 2010.

103.《帝国主义、危机与阶级斗争：资本主义的持久真相和当地面孔》*Imperialism, Crisis and Class Struggle: The Enduring Verities and Contemporary Face of Capitalism*/ Henry Veltmeyer. Leiden; Boston: Brill, 2010.

德　文

1.《马克思主义创新杂志》*Zeitschrift marxistische Erneuerung* Nr.81–84, 2010. Herausgegeben von Forum Marxistische Erneuerung e.V.（Frankfurt/M.）und dem IMSF e.V.

2.《马克思主义杂志》*Marxistische BlaetterHeft* 1–6, 2010.Neue Impuls Verlag GmbH.

3.《社会主义》杂志 *Zeitschrift „Sozialismus"*, 2010.VSA-Verlag Hamburg.

4.《西方的终结：社会研究新杂志》*WestEnd. Neue Zeitschrift fuer Sozialforschung*, Stroemfeld Verlag, Frankfurt/M. 2010.

5.《马克思主义历史批评辞典》Wolfgang Fritz Haug (Hg.), *Historisch-kritisches Wörterbuch des Marxismus*, ARGUMENT.

6.《批判理论杂志》*Zeitschrift für kritische Theorie*, 2010. Prolit Verlagsauslieferung GmbH.

7.《德国哲学杂志》*Deutsche Zeitschrift für Philosophie,* Akademie Verlag 2010.

8.《马克思恩格斯全集》（MEGA²）第 32 卷 Karl Marx/Friedrich Engels, *Gesamtausgabe(MEGA²)*, Band 32. Berlin 2010.

9.《"人，如果不是乌托邦主义者，那就不是马克思主义者"》Fritz Brhrens, „Man kann nicht Marxist sein, ohne Utopist zu sein…", Hamburg 2010.

10．《〈资本论〉：为民请命》Reinhard Marx, *Das Kapital: ein Plädoyer für den Menschen*, München: Pattloch Verlag, 2010.

11．《逝去的阶级—德国工人阶级状况》Hans Guenter Thien, *Die verlorene Klasse-ArbeiterInnen in Deutschland*, Münster 2010.

12．《后福特主义中的阶级》Hans Guenter Thien (Hg.), *Klassen in Postfordismus*, Münster 2010.

13．《下层市民的生活：关于哲学与哲学家》Robert Steigerwald, *Unten, wo das bürgerliche Leben: über Philosophie und Philosophen*, Berlin 2010.

14．《关于哈雷年鉴、德国年鉴、德法年鉴的编辑部通信》Martin Hunt, Der Redaktionsbriefwechsel der Hallischen, Deutschen und Deutsch-Franzoesischen Jahrbueher (1837—1844), Berlin 2010.

15．《国家财政改革：替代性财政政策介绍》Jürgen Leibiger, *Staatsfinanzen reformieren. Einführung in eine alterative Finanzpolitik*, Koeln 2010.

16．《资本主义》Georg Fülberth, *Kapitalismus*, Koeln 2010.

17．《社会主义》Georg Fülberth, *Sozialismus*, Koeln 2010.

18．《西方的终结：作为"资本主义家长"的现代性失败与替代性选择逻辑》Claudia von Werlhof, *West-End. Das Scheitern der Monderne als „Kapitalistisches Patriarchat" und die Logik der Alternativen*, Koeln 2010.

19．《卢森堡之死：文献与注释》*Rosa Luxemburgs Tod. Dokumente und Kommentare*. Rosa-Luxemburg-Stiftung Sachsen 2010.

20．《莱比锡—德国工人运动发祥地：1848/49—1878/81 工人教育协会的根源与形成》Wolfgang Schroeder, *Leipzig-die Wiege der deutschen Arbeiterbewegung, Wurzeln und werden des Arbeiterbildungsverens 1848/49–1878/81*, Berlin 2010.

21．《紧急状态下的尼采：1989 年前后的讨论》Jürgen Grosse, *Ernstfall Nietzsche. Debaten vor und nach 1989*, Bielefeld 2010.

22．《批判理论：导论》Michael Schwandt, *Kritische Theorie. Eine Einführung*. Stuttgart 2009.

23．《今日辩证法的难题》Stefan Müller (Hg.), *Probleme der Dialektik heute*, Wiesbaden 2009.

24．《工人阶级在城区有自己的家？社会空间环境中的阶级意识与阶级团结》Günter Bell, „*Ein Stadtteil, in dem die Arbeiterklasse zu Hause ist*?, *Klassenbewusstsein und klassensolidaritaet in sozial-raeumlichen Millieus*, Hamburg 2009.

25．《全球危机》Karl Heinz Roth/Winfried Wolf/Rainer Roth, *Die golable Krise*, 2009.

26．《帝国主义与现代性：论当代艺术生产的条件》Thomas Metscher, *Imperialismus und Moderne. Zu den Bedingungen gegenwaertiger Kunstproduktion*, Essen 2009.

27．《"我们不是狗"》Hans Hautmann, „*Wir sind keine Hunde*", Wien 2009.

28．《介于梦想与实际之间的叛逆者：恩斯特·曼德尔（1923—1995）》Jan Willem Stutje, *Rebell zwischen Traum und Tat. Ernest Mandel*（1923—1995）, Hamburg 2009.

29．《未来马克思主义轮廓》Marx-Engels Stiftung (Hg.), *Konturen eines zukunftsfaehigen* Marxismus, Koeln 2008.

法　文

1．《卡尔·马克思的思想》Pensée de Karl Marx/ Frederic P. Miller, Agnes F. Vandome, John McBrewster . Alphascript Publishing (décembre 2010).

2．《今日马克思》（第 48 期）Actuel Marx 2010 - N° 48 – Communisme ?/ Presses Universitaires de France-PUF (27 octobre 2010).

3．《卡尔·马克思的幽灵》Le fantôme de Karl Marx/ Ronan de Calan . Les petits Platons (18 octobre 2010).

4．《卡尔·马克思：介于浪漫和革命之间的一生》Karl Marx: Une vie entre romantisme et révolution /Bernard Cottret. Librairie Académique Perrin (7 octobre 2010).

5．《接受经验检验的马克思》Marx vérifié par l'expérience/ Georges Bublex. L'Harmattan (5 octobre 2010).

6．《社会主义与实证科学》Socialisme Et Science Positive: Darwin, Spencer, Marx/Ferri Enrico . Nabu Press (octobre 2010).

7．《马克思，哦，马克思你为何要抛弃我》Marx, ô Marx, pourquoi m'as-tu

abandonné ? / Bernard Maris. Editions Les Echappés (16 septembre 2010).

8．《重农主义者的净收益和马克思的剩余价值》Le Produit Net Des Physiocrates Et La Plus Value de Karl Marx（1908）/Pierre Moride . Kessinger Publishing (septembre 2010).

9．《卡尔·马克思：回程》Karl Marx, le retour: Pièce historique en un acte / Howard Zinn . Agone (28 août 2010).

10．《马克思主义著作家或理论家》Essayiste Ou Théoricien Marxiste: Paul Lafargue, Karl Marx, Roger Garaudy, Antonio Gramsci, Che Guevara, Cornelius Castoriadis, Guy Debord/ Livres Groupe (Sous la direction de). Books LLC (septembre 2010).

11．《马克思，历史与革命》Marx, l'histoire et les revolutions/ Jean-Numa Ducange, Mohamed Fayçal Touati .Editions la ville brûle (23 août 2010).

12．《政治哲学家》Philosophe Politique: Jean-Jacques Rousseau, Luc Ferry, John Rawls, Karl Popper, Hannah Arendt, Karl Marx, Platon, Raymond Aron/ Books LLC (10 août 2010).

13．《德国社会学家》Sociologue Allemand: Karl Marx, Jrgen Habermas, Max Weber, Erich Fromm, Theodor W. Adorno, Georg Simmel, Alfred Schtz, Rudi Dutschke/Books LLC (7 août 2010 .

14．《无神论哲学家》Philosophe Athe: Marquis de Sade, Denis Diderot, Karl Marx, Georges Bataille, Mile Littr, Bruce Lee, Emil Cioran, Giacomo Leopardi/ Books LLC (6 août 2010).

15．《19 世纪哲学家》Philosophe Du Xixe siècle: Marquis de Sade, Karl Marx, Friedrich Nietzsche, Mile Littr, S Ren Kierkegaard, Henri Bergson, George Boole /Books LLC (6 août 2010).

16．《德国哲学家》Philosophe Allemand: Martin Heidegger, Hannah Arendt, Karl Marx, Gottfried Wilhelm Leibniz, Friedrich Nietzsche, Wilhelm Ostwald, Gottlob F/ Books LLC (6 août 2010).

17．《19 世纪德国名人》Personnalité Allemande Du Xixe siècle: Karl Marx, Max Planck, Friedrich W Hler, Heinrich Rudolf Hertz, Justus Von Liebig/ Books LLC (5 août 2010).

18．《马克思主义》Marxisme: Socialisme, Karl Marx, Communisme, Pense de

Karl Marx, Association Internationale Des Travailleurs, Anti-Dhring, Matri / Books LLC (3 août 2010).

19．《国际工人协会成员》Membre de L'Association Internationale Des Travailleurs: Paul Lafargue, Karl Marx, Eugne Pottier, Mikhal Aleksandrovitch Bakounine / Books LLC (3 août 2010).

20．《政治经济学》Economie Politique: Libertarianisme, Pense de Karl Marx, William Petty, Harmonie Industrielle, Franois Perroux / Books LLC (1 août 2010).

21．《宗教批判》Critique Des Religions: Karl Marx, Bertrand Russell, Chronologie de La Controverse Des Caricatures de Mahomet, Voltaire, Critique de L'Islam/ Books LLC (1 août 2010).

22．《德国经济学家》Economiste Allemand: Karl Marx, Max Weber, Rosa Luxemburg, Silvio Gesell, Bernd Senf, Werner Sombart, Friedrich Engels/Books LLC (1 août 2010).

23．《马克思的资本论》Le Capital de Karl Marx; Resume Et Accompagne D'Un Apercu Sur Le Socialisme Scientifique/Gabriel Pierre Deville .Nabu Press (août 2010).

24．《古典学派》Ecole Classique: Karl Marx, Adam Smith, Recherches Sur La Nature Et Les Causes de La Richesse Des Nations, Jean-Baptiste Say, Thomas Ma/ Books LLC (29 juillet 2010).

25．《政治经济学》Economie Politique: Libertarianisme, Pensee de Karl Marx, William Petty, Harmonie Industrielle, Franois Perroux/ Books LLC (29 juillet 2010).

26．《德国记者》Journaliste Allemand: Karl Marx, Daniel Cohn-Bendit, Klaus Mann, Rosa Luxemburg, Guido Knopp, Wilhelm Hausenstein, Gustave Oelsner-Monmerqu / Books LLC (29 juillet 2010).

27．《德国经济学家》Economiste Allemand: Karl Marx, Max Weber, Rosa Luxemburg, Silvio Gesell, Bernd Senf, Werner Sombart, Friedrich Engels / Books LLC（29 juillet 2010）.

28．《无国籍者》Apatride: Oussama Ben Laden, Albert Einstein, Karl Marx, Friedrich Nietzsche, Viktor Kortchno, Anne Frank, Sergiu Celibidache/ Books LLC (27 juillet 2010).

29．《德国共产主义者》Communiste Allemand: Karl Marx, Erich Honecker,

Rosa Luxemburg, Rudi Dutschke, Bertolt Brecht, Walter Ulbricht, Herbert Marcuse, Willi Stop/ Books LLC (27 juillet 2010).

30．《卡尔·马克思》Karl Marx/Frederic P. Miller, Agnes F. Vandome, John McBrewster.Alphascript Publishing (26 juillet 2010).

31．《与黑格尔相伴的马克思》Marx avec Hegel/Hervé Touboul .Presses Universitaires du Mirail (1 juillet 2010).

32．《社会学的奠基者》Fondateur de La Sociologie: Emile Durkheim, Karl Marx, Max Weber, Georg Simmel, Ferdinand Tonnies, Vilfredo Pareto, Rene Worms/ Books LLC (juillet 2010).

33．《马克思，资本主义和危机》Marx, le capitalisme, et les crises/Nicolas Béniès . Editions la ville brûle (21 juin 2010).

34．《马克思思想中的赫拉克利特思想》La dialectique d'Héraclite à Marx/ René Mouriaux. Editions Syllepse (17 juin 2010).

35．《马克思与阿伦特的对话》Lecture croisée de Marx et Arendt/Annie Coll. MLD Editions (1 juin 2010).

36．《给世界打上烙印》Imprimer le monde: Suivi de Monmousseau, Mallarmé, Marx/Bernard Chambaz.Le Tigre Editions (22 mai 2010).

37．《今日马克思》（第 47 期）Actuel Marx 2010 - N° 47 /Presses Universitaires de France - PUF; Édition: 1 (28 avril 2010).

38．《马克思的方法》Chemins de Marx/Hervé Touboul . Les Presses du réel (2 avril 201).

39．《价值理论》Thorie de La Valeur: Rfutation Des Thories de Rodbertus, Karl Marx, Stanley Jevons & Boehm-Bawerk /Christiaan Cornelissen. Nabu Press (22 mars 2010).

40．《民主，公民权与解放》Démocratie, citoyenneté, émancipation: Marx, Lefort, Balibar, Rancière, Rosanvallon, Negri... /Antoine Artous . Editions Syllepse (18 mars 2010).

41．《马克思与自由人的联合》Marx, l'association et la liberté: La communauté en question, tome 2/Paul Sereni / L'Harmattan (17 mars 2010).

42．《马克思思想中的公共的东西与共同的东西：论共同体》（第一卷） Chose publique et bien commun chez Marx: La communauté en question, tome 1 /

Paul Sereni . L'Harmattan (17 mars 2010).

43．《拉康：马克思的摆渡者》Lacan, passeur de Marx: L'invention du symptôme /Pierre Bruno .Erès (25 février 2010).

44．《马克思导论》Introduction à Marx/Pascal Combemale. Editions La Découverte; Édition: 2e édition (18 février 2010).

45．《赞成马克思与反对马克思》Pour et contre Marx/Edgar Morin .Editions du Temps Présent (18 février 2010).

46．《马克思与历史》Marx et l'histoire/Eric Hobsbawm (Auteur), Christophe Magny (Traduction). Hachette Littératures (10 février 2010).

47．《马克思思想中的人的概念》La conception de l'homme chez Marx/Erich Fromm B000APK2LW (Auteur), Marie Matignon (Traduction). Payot（3 février 2010).

48．《马克思与凯恩斯：混合经济的界限》Marx et Keynes: Les limites de l'économie mixte/Paul Mattick B004MWH2AI (Auteur), Serge Bricianer (Traduction). Editions Gallimard (28 janvier 2010).

49．《如果马克思有道理呢?》（第一卷）Et si Marx avait raison ?: Tome 1/ Marco Wolf B004MSZ524 (Auteur). L'Harmattan (14 janvier 2010).

50．《如果马克思有道理呢?》（第二卷）Et si Marx avait raison ?: Tome 2 / Marco Wolf . L'Harmattan (14 janvier 2010).

51．《米歇尔·昂利国际杂志（2010 年第 1 期）：米歇尔·昂利对于马克思的解读》Revue internationale Michel Henry, N°1/2010: Lectures du Marx de Michel Henry /Jean Leclercq. Presses Universitaires de Louvain - UCL (1 janvier 2010).

52．《马克思主义与无神论：马克思主义的无神论是马克思的吗?》Marxisme et athéisme. L'athéisme Marxiste est-il de Marx? / Lecompte Denis. Pu de Valenciennes（2010）.

53．《空间问题》Le problème de l'espace: Sophus Lie, Friedrich Engel et le problème de Riemann-Helmholtz/Joël Merker B004N2JF2A (Auteur), Jean-Jacques Szczeciniarz (Préface). Hermann (28 août 2010).

54．《列宁在巴黎》Lénine à Paris /Jean Freville.Sociales (10 novembre 2010).

55．《早期布尔什维克》Ancien Bolchevik: Joseph Staline, Lénine, Leon

Trotski, Karl Radek, Anatoli Lounatcharski, Felix Dzerjinski, Nikolai Boukharine /
Books LLC (octobre 2010).

56.《列宁与托洛茨基》Chez Lénine Et Trotski, Moscou, 1921/Morizet Andre.
Nabu Press (octobre 2010).

57.《列宁，斯大林与音乐：1917—1953》Lénine, Staline et la musique:
1917—1953/Collectif .Fayard (22 septembre 2010).

58.《列宁》Lénine/Mark Aleksandrovich. Nabu Press (septembre 2010).

59.《列宁：列宁在巴黎》Lénine: Lénine à Paris/Nadejda Kroupskaia . Books
LLC (30 juillet 2010).

60.《列宁、农民、泰勒》Lénine, les paysans, Taylor /Robert Linhart.Seuil (14
mai 2010).

61.《列宁的政治理论》La théorie de la politique de Lénine /Lénine B004M-
NMHKM (Auteur), Arrigo Cervetto B004MRAZHU (Auteur) . Science Marxiste (1
mars 2010).

62.《危机及其挑战：论列宁的哲学立场》Crise et son enjeu. Essai sur la po-
sition de Lénine en philosophie / Lecourt Dominique. Maspero (2010).

63.《马克思主义》Marxisme/ Guichard Jean.Chronique Sociale (29 décembre
2010).

64.《马克思主义的解体》La décomposition du marxisme /Georges Sorel.
L'Harmattan; Édition: 3e édition (2 novembre 2010).

65.《马克思主义与性革命》Marxisme et revolution sexuelle/Kollontai Alex-
andra.Maspero (11 ctobre 2010).

66.《心理分析、马克思主义与德国唯心主义》Psychanalyse, marxisme, idé-
alisme allemand, autour de Slavoj Zizek /Raoul Moati (sous la direction de). Presses
Universitaires de France - PUF; Édition: 1 (15 septembre 2010).

67.《异端经济思想流派》Ecole de Pensée Economique Heterodoxe: Ville En
Transition, Ecole Autrichienne D'Economie, Marxisme Economique, Apres-Devel-
oppement/ Books LLC (30 juillet 2010).

68.《共产主义与社会主义史》第一卷 Histoire Du Communisme Et Du So-
cialisme, Volume 1/J-G Bouctot.Nabu Press (12 janvier 2010).

69.《经济思想流派》Ecole de Pensee Economique: Mercantilisme, Histoire de La Pensee Economique, Liberalisme Economique, Keynesianisme, Utilitarisme, Marxisme/ Books LLC (29 juillet 2010).

70．《马克思主义—列宁主义》Marxisme-Lninisme/Frederic P. Miller (Sous la direction de), Agnes F. Vandome (Sous la direction de), John McBrewster (Sous la direction de). Alphascript Publishing (5 juillet 2010).

71．《雷奥普尔·赛达尔·桑国尔、玛耶姆·迪奥普与马克思主义》 Léopold Sédar Senghor, Majhemout Diop et le marxisme/Thierno Diop.L'Harmattan (28 mai 2010).

72．《马克思主义与法权哲学》Marxisme et philosophie du droit /Bjarne Melkevik B004N7YQJM. Buenos Books International (15 mai 2010).

73．《马克思主义与民主的和解》Réconcilier marxisme et démocratie/David Muhlmann . Seuil (14 mai 2010).

74．《马克思主义的贫困与贫困的马克思主义》La misère du marxisme & le marxisme de la misère /Freddy Téllez B004N6YJ2W. OVADIA（EDITIONS）(5 mai 2010).

75．《共产主义何以成为共产主义》De quoi le communisme est-il le nom？/ Daniel Bensaïd .Editions Syllepse (14 janvier 2010).

76．《理性主义与马克思主义》Rationalisme, marxisme: Textes a l'appui / Jacques Milhau. L'Harmattan (30 mars 2010).

77．《马克思主义视野中的资本主义剥削》Exploitation capitaliste initiation au Marxisme/Jalee Pierre. Maspero (8 mars 2010).

俄　文

1．《1844 年经济学哲学手稿》K.Маркс:《Экономическо-философские рукописи 1844 года》, Москва: Академический Проект, 2010.

2．《伊壁鸠鲁哲学》K.Маркс :《Труды по эпикурейской философии》, Москва: URSS: ЛИБРОКОМ, 2010.

3．《资本论普及本》Ю. Борхардта:《Капитал: в общедоступной обработке》, Москва: URSS, 2010.

4．《资本论精粹合编本》K. Маркс:《Капитал: квинтэссенция всех томов

"Капитала" в одной книге 》, Москва: URSS, 2010.

5．《马克思恩格斯与俄罗斯政治活动家通信集》К. Маркс:《Переписка К. Маркса и Ф. Энгельса с русскими политическими деятелями》, Москва: URSS, 2010.

6．《家庭的起源：私有制和国家》Ф. Энгельс:《Происхождение семьи, частной собственности и государства: (в связи с исследованиями Льюиса Г. Моргана)》, Москва: URSS, 2010.

7．《爱尔兰史：文化史概述》Ф. Энгельс:《Ирландия. Культурно-исторический очерк》, Москва: Изд-во ЛКИ, 2010.

8．《法兰西时期古代日耳曼人的历史》Ф. Энгельс:《К истории древних германцев; Франкский период》, Москва: URSS, 2010.

9．《马克思资本论第一卷的摘要》Ф. Энгельс:《Конспект первого тома "Капитала"》, Москва: URSS, 2010.

10．《暴力在历史中的作用》Ф. Энгельс:《Роль насилия в истории》, Москва: URSS: Либроком, сор. 2010.

11．《国家与革命：马克思主义国家学说及无产阶级的革命任务》В. И. Ленин:《Государство и революция: учение марксизма о государстве и задачи пролетариата в революции》, Москва: URSS, 2010.

12．《共产主义中的左派幼稚病》В. И. Ленин:《Детская болезнь "левизны" в коммунизме》, Москва: URSS, 2010.

13．《支持还是反对：历史文化论文集》В. И. Ленин:《"за" и "против": [сборник историко-литературных произведений》, Москва: Дрофа, 2010.

14．《巨人的民族自豪感》В. И. Ленин:《О национальной гордости великоросов》, Санкт-Петербург: Азбука-классика, 2010.

15．《怎么办：我们在运动中迫切需要解决的问题》В. И. Ленин:《Что делать?: наболевшие вопросы нашего движения》, Москва: Изд-во ЛКИ, 2010.

16．《进一步退两步：我们党的危机》В. И. Ленин:《Шаг вперед, два назад:кризис в нашей партии》, Москва: URSS, 2010.

17．《在民主革命中社会民主党人的两种策略》В. И. Ленин:《Две тактики социал-демократии в демократической революции》, Москва: Изд-во ЛКИ, 2010.

18.《帝国主义是资本主义的最高阶段》В. И. Ленин :《Империализм, как высшая стадия капитализма》, Москва: URSS, 2010.

19.《唯物主义和经验批判主义》В. И. Ленин :《Материализм и эмпириокритицизм》, Москва: Изд-во ЛКИ, 2010.

20.《马克思主义和科学》Дж. Д. Бернал :《Марксизм и наука》, Москва: URSS, 2010.

21.《哲学概述：历史唯物主义哲学批判的应答》Л. И. Аксельрод :《Философские очерки. Ответ философским критикам исторического материализма》, Москва: URSS, 2010.

22.《资产阶级社会管理原理批判与唯物史观》Л. И. Аксельрод :《Критика основ буржуазного обществоведения и материалистическое понимание истории》, Москва: URSS, 2010.

23.《西方马克思学的历史进程理论：社会和国家》Г.Кунов :《Марксова теория исторического процесса, общества и государства》, Москва: URSS, 2010.

24.《政治外衣》В. Н. Черкезов:《Предтечи интернационала》, Москва: URSS: КомКнига, 2010.

25.《假想马克思主义》Арон, Раймон :《Воображаемые марксизмы》, Москва: сор. 2010.

26.《关于逻辑的信　特指民主无产阶级的逻辑》И. Дицген :《Письма о логике специально демократически-пролетарская логика》, Москва: ЛИБРОКОМ, 2010.

27.《历史唯物主义　唯物史观概述》А. Лабриола :《Исторический материализм: очерки материалистического понимания истории》, Москва: Изд-во ЛКИ, 2010.

28.《马克思和恩格斯"共产党宣言"的历史引言和注释》, Ш. Андлер:《Историческое введение и комментарий к Коммунистическому манифесту К. Маркса и Ф. Энгельса》, Москва: URSS, 2010.

29.《对暴力的反思》Ж. Сорель:《Размышления о насилии》, Москва: URSS, 2010.

30.《马克思在资本论中抽象和具体的辩证法》Э. В. Ильенков:《Диалектика

абстрактного и конкретного в "Капитале" Маркса》, Москва: URSS, 2010.

31．《资本论的辩证法》М. М. Розенталь :《Диалектика "Капитала" К. Маркса 》, Москва: URSS, 2010.

32．《资本与劳动》И. Мост:《Капитал и труд》Москва: Едиториал УРСС, cop. 2010.

33．《弗拉基米尔·伊里奇·列宁——人类向社会主义冲击的俄罗斯天才》, А. И. Субетто:《Владимир Ильич Ленин: гений русского прорыва человечества к социализму》, Санкт-Петербург: Астерион, 2010.

34．《历史唯物主义》А. Н. Горлина:《Исторический материализм》, Москва: Изд-во ЛКИ, 2010.

35．《马克思与维贝尔社会认知方法论比较分析》А. Ф. Поломошнов: 《Сравнительный анализ методологии социального познания К. Маркса и М. Вебера》, Персиановский, Ростовская обл.: [б. и.], 2010.

36．《非人道的历史现象学》Любутин К. Н.:《Историческая феноменология бесчеловечности: монография》, Екатеринбург: УрО РАН, 2010.

37．《当代共产主义理论的出发点》А В Акимович и др:《Исходные положения современной коммунистической теории》, Москва: Петит, 2010.

38．《理论无知——共产主义运动的背叛形态》И. С. Лукьянов: 《Теоретическое невежество - форма предательства коммунистического движения》, Владивосток: Дальнаука, 2010.

39．《列宁主义——这是由资本主义向社会主义过渡的革命时代的马克思主义》В Трушков:《Ленинизм - это марксизм революционной эпохи перехода от капитализма к социализму》, Москва: URSS, 2010.

40．《列宁在当代世界》Ист.-культурный музейный комплекс в Разливе, Российская газ. "Нар. правда", ОАО "Третий парк":《В. И. Ленин в современном мире》, Санкт-Петербург: Фонд рабочей акад., 2010.

41．《俄罗斯与21世纪的社会主义　纪念马克思恩格斯"共产党宣言"发表160周年》, Нижегородское региональное отд-ние Коммунистической партии Российской Федерации, Нижегородское региональное отд-ние ООО "Российские ученые социалистической ориентации"（РУСО）《Россия и социализм XXI века》, Нижний Новгород: Гладкова, 2010.

42．《社会主义：理论，历史和展望》Общероссийская Общественная Организация "Российские ученые социалистической ориентации" (РУСО), Общероссийская акад. Человековедения, Науч.-образовательный центр "Новация": 《Социализм: теория, история, перспективы》, Нижний Новгород: Издатель Гладкова, 2010.

43．《唯物史观评述》А Черветто: 《Политическая оболочка》, Санкт-Петербург: Центр междунар. исслед. "Новый Прометей", 2010.

44．《19—20 世纪交替时期社会思想在西欧的发展》В.Арушанов: 《Развитие социологической мысли в Западной Европе в последней четверти XIX-XX вв.》, Москва: Московский гос. ун-т путей сообщ. (МИИТ), 2010.

45．《斯大林和列宁》Р. И. Косолапов: 《Сталин и Ленин》, Москва: Едиториал УРСС, 2010.

46．《马克思的〈法兰西内战〉与当代》В. В. Павловский: 《"Гражданская война во Франции" К. Маркса и современность》, Москва: URSS: КомКнига, 2010.

47．埃瓦尔德的《马克思资本论中的具体》, М. М. Розенталь: 《Диалектика "Капитала" К. Маркса 》, Москва: URSS, 2010.

48．《厨娘和马克思对话》Кухарка Е.В.А.: 《Разговор кухарки с Марксом》, Москва: [б. и.], 2010.

49．《未来的人类群体》Тугарёв А. В.: 《Перспективное сообщество людей》, Москва: МАКС Пресс, 2010.

50．《列宁》Каррер д'Анкосс, Элен: 《Ленин》, Москва: РОССПЭН, 2010.

51．《马克思学说 21 世纪》Д. В. Джохадзе: 《Учение Маркса. XXI век》, Москва: URSS, 2010.

52．《马克思的居民就业租赁企业的实证分析》Е. И. Козлова: 《Концепция занятости населения К. Маркса. Позитивный анализ》, Воронеж: Научная книга, 2010.

国内索引

论文类

A．国内学者论文

1．《西方马克思主义意识形态理论嬗变的文化向度》，姜华，《北方论丛》，2010.1。

2．《论伊格尔顿对后现代主义的解读》，方珏，《山东社会科学》，2010.1。

3．《20世纪60年代初至80年代初英国马克思主义的发展历程》，张亮，《文史哲》，2010.1。

4．《俄罗斯学者布罗夫谈俄罗斯马克思主义研究现状》，康晏如，《中国社会科学报》，2010.1。

5．《哈贝马斯对历史唯物主义的一个批判》，夏巍，《河南师范大学学报(哲学社会科学版)》，2010.1。

6．《后马克思主义话语理论的哲学基础剖析》，付文忠，《西南大学学报(社会科学版)》，2010.1。

7．《解构之雨：阿尔都塞最后的思想哭泣》，张一兵，《社会科学报》，2010.1。

8．《对阿尔都塞的马克思理论反人道主义思想的质疑》，杨金洲，《伦理学研究》，2010.1。

9．《大卫·哈维的新马克思主义空间理论探析》，章仁彪、李春敏，《福建论坛（人文社会科学版)》，2010.1。

10．《论东欧新马克思主义的理论定位》，衣俊卿，《求是学刊》，2010.1。

11．《论马尔库什的意识形态批判理论》，孙建茵，《求是学刊》，2010.1。

12．《科西克〈现代性的危机〉初探》，李宝文，《求是学刊》，2010.1。

13．《伦敦共产主义大会述评》，王金林，《国外马克思主义研究报告

2010》，2010.12。

14．《阿尔都塞意识形态理论探析》，仰海峰，《理论探讨》，2010.1。

15．《论安德鲁·芬伯格的后马克思主义思想》，殷华成，《理论探讨》，2010.1。

16．《葛兰西与马克思的实践哲学》，胡爱玲，《理论探讨》，2010.1。

17．《第四届广松涉与马克思主义哲学国际学术研讨会综述》，孙乐强，《马克思主义研究》，2010.1。

18．《早期西方马克思主义实践观探析》，曾祥耿，《浙江师范大学学报（社会科学版）》，2010.1。

19．《空间生产与资本逻辑》，庄友刚，《学习与探索》，2010.1。

20．《从晚年列斐伏尔到大卫·哈维》，尤作欣，《学习与探索》，2010.1。

21．《工业资本主义时代的空间拜物教批判》，孙江，《学习与探索》，2010.1。

22．《德里达对传统时间观念的解构》，杨淑静，《学习与探索》，2010.1。

23．《西方马克思主义现代性批判的双重维度》，韩秋红、史巍，《江苏社会科学》，2010.1。

24．《评阿尔都塞的科学观与意识形态观》，郑忆石，《河北师范大学学报（哲学社会科学版）》，2010.1。

25．《西方马克思主义意识形态理论嬗变的文化向度》，姜华，《北方论丛》，2010.1。

26．《恩斯特·布洛赫报告：〈马克思，直路，具体的乌托邦〉解读》，金寿铁，《学海》，2010.1。

27．《哈贝马斯话语理论的乌托邦之维》，刘晗，《哈尔滨工业大学学报（社会科学版）》，2010.1。

28．《卢卡奇社会存在本体论思想的美学意义》，黄力之，《文艺理论与批评》，2010.1。

29．《评生态马克思主义者J.B.福斯特对马克思主义的解释》，陈学明，《上海师范大学学报（哲学社会科学版）》，2010.1。

30．《论普兰查斯对阿尔都塞思想的继承与批判》，金瑶梅、夏巍，《晋阳学刊》，2010.1。

31．《现代性与后现代性辩证法的重建》，汪行福，《现代哲学》，2010.2。

32．《试论恩斯特·布洛赫〈希望的原理〉一书的结构方式》，陈岸瑛，《马克思主义与现实》，2010.1。

33．《卡斯托里亚迪斯：从批判理论到后马克思主义》，周凡，《马克思主义与现实》，2010.1。

34．《鲍德里亚〈论诱惑〉的构境论解读》，张一兵，《南京大学学报（哲学·人文科学·社会科学版）》，2010.1。

35．《从马尔库塞的绝望和海德格尔的纳粹事件看应对技术统治之困境》，赵卫国，《自然辩证法通讯》，2010.2。

36．《马尔库塞：用美学的批判救治西方文明弊病》，沈大明，《社会科学报》，2010.2。

37．《法兰克福学派总体异化理论之探析》，李淑娟，《社科纵横》，2010.2。

38．《生态学马克思主义的生态政治哲学构架》，陈培永、刘怀玉，《南京社会科学》，2010.2。

39．《概述西方马克思主义的实践哲学思想》，杨卜海，《西安社会科学》，2010.2。

40．《哈贝马斯科学技术生产力观的现代审视》，汤德森、江丽，《马克思主义研究》，2010.2。

41．《从马克思主义到后马克思主义?》，汪行福，《国外马克思主义研究报告 2010》，2010.12。

42．《读霍克海默〈传统理论与批判理论〉一文的思考》，黄小寒，《教学与研究》，2010.2。

43．《卢卡奇总体性范畴的历史唯物主义实质》，焦佩锋，《福建论坛（社科教育版）》，2010.2。

44．《驳柯亨对马克思自我所有原则观的误读》，袁聚录，《上海交通大学学报（哲学社会科学版）》，2010.2。

45．《究竟如何理解并翻译葛兰西的重要术语：organic intellectual?》，俞吾金，《哲学动态》，2010.2。

46．《西方学者对第二国际马克思主义哲学研究的三个阶段》，陈爱萍，《哲学动态》，2010.2。

47．《卢卡奇的物化理论》，高茹，《理论月刊》，2010.3。

48．《以实践的观点理解科学——从马克思到劳斯、伊德》，曹志平、陈建安，《社会科学》，2010.3。

49．《论哈贝马斯的交往理性观》，胡军良，《内蒙古社会科学（汉文版）》，2010.3。

50．《试析海德格尔对于马克思主义之人道主义的评论》，李兆勇，《河南师范大学学报（哲学社会科学版）》，2010.3。

51．《后马克思主义的主体概念》，莫雷，《学习与探索》，2010.3。

52．《阿多诺〈否定的辩证法〉解读》，仰海峰，《学习与探索》，2010.3。

53．《齐泽克意识形态理论评析》，杨生平、刘世衡，《学习与探索》，2010.3。

54．《融入交往范式的意向主义意义理论——从胡塞尔到哈贝马斯》，于林龙，《学习与探索》，2010.3。

55．《生态学马克思主义的乌托邦社会主义理想》，曾文婷，《南京社会科学》，2010.3。

56．《阿尔都塞后期自我反思的三个阶段及其主要内容》，金瑶梅、陈祥勤，《南京社会科学》，2010.3。

57．《STS视阈下马尔库塞社会批判理论解读》，朱春艳、陈凡，《东北大学学报（社会科学版）》，2010.3。

58．《论马尔库塞的技术审美化思想》，陈俊，《自然辩证法研究》，2010.3。

59．《从福柯到后马克思主义》，朱彦明，《云南大学学报（社会科学版）》，2010.3。

60．《生态学马克思主义：科学技术观辩证视域论析》，郑忆石，《教学与研究》，2010.3。

61．《大众文化的政治功能——费斯克与法兰克福学派等的分野》，陈立旭，《学术研究》，2010.3。

62．《大卫·哈维对后现代的历史地理唯物主义解读与建构》，董慧，《苏州大学学报（哲学社会科学版）》，2010.3。

63．《"后马克思主义"是一种什么主义》，王平，《学术月刊》，2010.3。

64．《法兰克福学派的社会批判理论及其意义》，汝绪华、汪怀君，《山西师大学报（社会科学版）》，2010.3。

64．《论韦尔默对哈贝马斯现代性理论的内在批判》，汪行福，《现代哲学》，2010.3。

65．《诺曼·莱文解读马克思哲学的理论定向》，李佃来，《武汉大学学报（人文科学版）》，2010.3。

66．《论马尔库塞对历史唯物主义理论人本主义化的理解》，王雨辰，《武汉大学学报（人文科学版）》，2010.3。

67．《西方马克思主义政治哲学的历史逻辑》，王浩斌，《马克思主义与现实》，2010.3。

68．《论拉布里奥拉对历史唯物主义的诠释及其当代启示》，陈爱萍，《马克思主义与现实》，2010.3。

69．《关于深化西方马克思主义研究的几点看法》，黄继锋，《马克思主义与现实》，2010.3。

70．《西班牙马克思主义理论前沿追踪》，贺钦，《马克思主义与现实》，2010.3。

71．《加文·科琴分析马克思主义整体实践观的内涵》，管晓刚，《马克思主义与现实》，2010.3。

72．《后苏联时期的马克思主义与启示》，车玉玲，《哲学动态》，2010.3。

73．《宗教与革命的主体性问题》，张双利，《国外马克思主义研究报告2010》，2010.12。

74．《奥康纳的"生态学马克思主义"及其启示》，丁东红，《理论视野》，2010.4。

75．《评当代英美学界的几种马克思主义自由观》，张霄，《江汉论坛》，2010.4。

76．《论沃勒斯坦重估现代性价值的意义与方法》，罗秋立，《自然辩证法研究》，2010.4。

77．《美国马克思主义的流派及其理论进展》，李佃来，《学术月刊》，2010.4、5。

78．《后马克思主义"激进民主"的价值诉求与理论困境》，文兵，《哲学研究》，2010.4。

79．《伊格尔顿意识形态观探析》，朱彦振，《哲学动态》，2010.4。

80．《读雅克·德里达的〈马克思的幽灵〉》，郭嘤蔚，《社会科学战线》，

2010.5。

81.《"交往实践辩证法"：辩证法的又一个向度》，王素萍，《重庆邮电大学学报（社会科学版）》，2010.5。

82.《黑格尔历史哲学的扬弃与历史唯物主义的深化》，王晓升，《中山大学学报（社会科学版）》，2010.5。

83.《唯物史观视阈中的齐泽克"共产主义假设"》，王金林，《学习与探索》，2010.5。

84.《一种思辨的理论：阿多诺的社会观》，陈燕，《浙江学刊》，2010.5。

85.《阿多诺的辩证文化观念》，谢永康，《求是学刊》，2010.5。

86.《阿尔都塞与马克思哲学研究方法的再思考》，仰海峰，《社会科学辑刊》，2010.5。

87.《马克思自然唯心主义时期的现象学态度》，李鹏、杨利平，《人文杂志》，2010.5。

88.《重构唯物史观的两种学统及其张力——以哈贝马斯和埃尔斯特为例》，马俊领、刘卓红，《社会科学辑刊》，2010.5。

89.《"西方马克思主义"与经济学》，郑吉伟，《教学与研究》，2010.5。

90.《埃尔斯特对马克思革命理论的方法论个体主义重构》，马俊领，《学术研究》，2010.5。

91.《以阿尔都塞的自我批评为视角》，王时中，《天津社会科学》，2010.5。

92.《"西方马克思主义"论域的历史构形与逻辑边界》，夏凡，《现代哲学》，2010.5。

93.《布兹加林及其"后苏联的马克思主义"学派》，林艳梅，《现代哲学》，2010.5。

94.《卢卡奇哲学视阈中的历史概念分析》，曹峰，《江西社会科学》，2010.5。

95.《虚无主义与马克思：一个再思考》，刘森林，《马克思主义与现实》，2010.5。

96.《作为马哲史研究对象的西方马克思主义哲学研究何以可能》，王雨辰，《马克思主义与现实》，2010.5。

97.《凯·尼尔森对马克思历史唯物主义的研究及其当代启示》，余京华，

《哲学动态》，2010.5。

98．《葛兰西的意识形态批判理论》，孔国保、彭冰冰，《社会科学战线》，2010.6。

99．《西方学界关于巴迪乌思想研究综述》，吕清平、蔡大平，《国外理论动态》，2010.6。

100．《科尔施后期思想中的马克思主义观》，王雨辰，《南京社会科学》，2010.6。

101．《德拉－沃尔佩对马克思哲学方法论的诠释及其评价》，孙乐强，《南京社会科学》，2010.6。

102．《萨特的〈辩证理性批判〉的实践哲学取向》，朱彦明，《江苏社会科学》，2010.6。

103．《论马尔库塞的艺术政治观》，丁国旗，《黑龙江社会科学》，2010.6。

104．《阿尔都塞：意识形态特性的双重解读及其悖论》，郑忆石、张小红，《广州大学学报（社会科学版）》，2010.6。

105．《理性的自祭——〈启蒙辩证法〉在康德和黑格尔概念框架中的根源》，赵千帆，《同济大学学报（社会科学版）》，2010.6。

106．《哈贝马斯对语言哲学道德理论的批判》，胡军良，《同济大学学报（社会科学版）》，2010.6。

107．《浅析阿多诺与总体性通向奥斯维辛》，程婧，《福建论坛（社科教育版）》，2010.6。

108．《曼海姆意识形态理论评析》，杨生平，《东岳论丛》，2010.6。

109．《齐泽克意识形态理论解读》，莫秀凤，《中南大学学报（社会科学版）》，2010.6。

110．《空间辩证法、空间正义与集体行动的逻辑》，陈忠，《哲学动态》，2010.6。

111．《论〈启蒙辩证法〉对现代性的规范与批判》，邱根江，《山东社会科学》，2010.7。

112．《从苏联解体看苏联马克思主义哲学发展中的一个重要教训》，安启念，《理论视野》，2010.7。

113．《论施密特对"自然辩证法"的批判及其缺陷》，罗骞，《中共天津市委党校学报》，2010.7。

114.《罗蒂棱镜中的福柯与哈贝马斯之争》，董山民，《人文杂志》，2010.7。

115.《法兰克福学派文化救赎理论的现代意义》，李建群、姚明今，《人文杂志》，2010.7。

116.《从阿尔诺循环看审美在理性主义哲学中的命运》，徐燕杭，《浙江学刊》，2010.7。

117.《布洛赫历史哲学的价值诉求与人类解放》，石德金、刘卓红，《广东社会科学》，2010.7。

118.《论西方马克思主义哲学研究方法论的三重转换》，王雨辰，《社会科学辑刊》，2010.7。

119.《国外马克思主义研究的"向前做"与"向回做"》，李佃来，《社会科学辑刊》，2010.7。

120.《循环、永恒与期望：从时间维度看乌托邦》，陈庆超，《社会科学辑刊》，2010.7。

121.《评西方学者对马克思社会历史观的诘难》，卞绍斌，《学习与探索》，2010.7。

122.《阿多诺现代性批判路径探析》，胡绪明，《兰州学刊》，2010.7。

123.《马尔库塞批判理论的文化哲学诠释》，许勇为，《兰州学刊》，2010.7。

124.《葛兰西"市民社会"的三重意指与"霸权"的丰富内涵》，周兴杰，《马克思主义研究》，2010.7。

125.《马尔库塞技术批判理论的现代性诠释》，张成岗，《自然辩证法研究》，2010.7。

126.《后形而上学现代性语境中的主体理性批判》，王凤才，《哲学动态》，2010.8。

127.《美国实用主义对霍耐特的影响》，王凤才，《云南大学学报（社会科学版）》，2010.7。

128.《形而上学批判视域下的启蒙辩证法》，谢永康、侯振武，《云南大学学报（社会科学版）》，2010.7。

129.《马克思意识形态理论的逻辑结构与认识论基础——以 B. 帕雷克的解读为例》，张秀琴，《云南大学学报（社会科学版）》，2010.7。

130．《试析奥伊泽尔曼的新马克思主义观》，林艳梅，《云南大学学报（社会科学版）》，2010.7。

131．《评德拉－沃尔佩对马克思辩证法的解释及困境》，白刚、吴友军，《长白学刊》，2010.7。

132．《肖恩·塞耶斯〈马克思主义与人性〉对"分析的马克思主义"的批判》，王为全、周耕，《长白学刊》，2010.7。

133．《当代俄罗斯的马克思主义研究》，林艳梅，《哲学研究》，2010.7。

134．《后现代语境下对马克思历史进步观的再思考》，孟凡杰，《山西师大学报（社会科学版）》，2010.7。

135．《从劳动逻辑到实践逻辑》，龙霞，《现代哲学》，2010.7。

136．《论阿格妮丝·赫勒后马克思主义的内在逻辑》，赵司空，《马克思主义与现实》，2010.7。

137．《重述西方马克思主义知识史的视角和战略》，胡大平，《南京大学学报（哲学·人文科学·社会科学版）》，2010.7。

138．《伊格尔顿的后现代主义批判及其启示》，朱彦振，《南京政治学院学报》，2010.7。

139．《马克思主义对后殖民理论的批评：以德里克为例》，章辉，《马克思主义美学研究》，2010.7。

140．《俄罗斯马克思主义研究的当代走向——布兹加林思想评析》，林艳梅，《中共中央党校学报》，2010.8。

141．《法兰克福学派与英国文化研究大众文化理论的比较研究》，姜华，《社会科学战线》，2010.8。

142．《当代俄罗斯马克思主义研究的四大流派》，张静，《俄罗斯中亚东欧研究》，2010.8。

143．《伽达默尔与哈贝马斯之争的一个角度》，鲁路，《山东社会科学》，2010 8。

144．《论哈贝马斯对实证主义的批判》，夏巍，《山东社会科学》，2010.8。

145．《世纪以来的俄罗斯马克思主义研究》，林艳梅，《国外马克思主义研究报告2010》，2010.12。

146．《论葛兰西的马克思主义观》，江秀乐、张红霞，《高校理论战线》，2010.8。

147.《"正义之争"与马克思的"非道德论"问题》，刘鹏、陈玉照，《社会主义研究》，2010.8。

148.《关于"经典西方马克思主义"的研究》，梁树发、于乐军，《理论视野》，2010.8。

149.《哈贝马斯、阿佩尔和巴赫金对话思想的比较与思考》，邱戈，《浙江大学学报（人文社会科学版)》，2010.8。

150.《俄国形式主义之后：西方马克思主义的反思与批判》，杨向荣，《江苏社会科学》，2010.8。

151.《论哈贝马斯公共性理论的局限》，孙磊，《南京社会科学》，2010.8。

152.《卢卡奇的"总体性"范畴探讨》，潘宜协，《河南科技大学学报（社会科学版)》，2010.8。

153.《埃蒂安·巴利巴尔的马克思主义哲学观解析》，门瑞雪，《理论学刊》，2010.8。

154.《西方马克思主义关于唯物史观的论争辨析》，糜海波，《学术探索》，2010.8。

155.《后现代视角下的哈贝马斯的交往行为理论》，李春建，《福建论坛(社科教育版)》，2010.8。

156.《卢卡奇对德国古典哲学的沉思及其向马克思的"回归"》，吴建良，《上海交通大学学报（哲学社会科学版)》，2010.8。

157.《评阿伦特对马克思政治观的解读》，李晓勇、王庆丰，《社会科学战线》，2010.9。

158.《启蒙的界限——兼及霍克海默、阿多诺〈启蒙辩证法〉》，李慧娟，《社会科学战线》，2010.9。

159.《哈贝马斯对社会批判理论规范基础的系谱学考察》，马金杰，《理论月刊》，2010.9。

160.《西方马克思主义的理论性质与中国意义》，刘同舫，《中国社会科学》，2010.9。

161.《西方马克思主义语境中工具理性与现代性的关系探析》，杨乐强，《国外社会科学》，2010.9。

162.《本顿的"生态历史唯物主义"是否可能？》，张剑，《国外社会科学》，2010.9。

163．《"普兰查斯和密里本德之争"的历史真相及其价值》，刘力永，《社会科学辑刊》，2010.9。

164．《分析马克思主义方法论的意义及其局限》，王新生、齐艳红，《社会科学辑刊》，2010.9。

165．《鲍曼流动现代性理论的哲学透视》，任东景，《社会科学辑刊》，2010.9。

166．《理解与创造：通过伽达默尔看马克思主义中国化》，孙红，《南京社会科学》，2010.9。

167．《革命与救赎的结合：布洛赫的〈乌托邦精神〉》，孙玉良、朱彦明，《学术界》，2010.9。

168．《布达佩斯学派对历史哲学范式的批判》，傅其林，《求是学刊》，2010.9。

169．《论阿格妮丝·赫勒的后马克思主义》，赵司空，《求是学刊》，2010.9。

170．《西方马克思主义大众文化研究的转向——评陈立旭〈重估大众的文化创造力〉》，汪俊昌，《浙江学刊》，2010.9。

171．《交道与实践：青年海德格尔与马克思的相遇》，张一兵，《马克思主义研究》，2010.9。

172．《葛兰西文化领导权理论的当代解读》，张缨，《南京航空航天大学学报（社会科学版）》，2010.9。

173．《詹姆逊的断定与批判》，刘梅，《学术研究》，2010.9。

174．《评阿多诺的"文化工业理论"》，欧阳谦，《东岳论丛》，2010.9。

175．《葛兰西的霸权概念辨析》，殷旭辉，《东岳论丛》，2010.9。

176．《阿多诺星丛概念的解释学内涵》，鲁路，《晋阳学刊》，2010.9。

177．《辩证法与社会变革理论：从马克思到罗蒂》，张志平，《复旦学报（社会科学版）》，2010.9。

178．《哈贝马斯与许茨生活世界理论的比较研究》，何林，《甘肃社会科学》，2010.9。

179．《约翰·贝拉米·福斯特的生态自然观》，李世书，《中国矿业大学学报（社会科学版）》，2010.9。

180．《葛兰西文化领导权理论的当代意蕴》，李金勇，《社会科学家》，

2010.9。

181.《论卢卡奇早年的本体论思想》，黄秋生，《武汉科技大学学报（社会科学版）》，2010.10。

182.《"后危机"时代的西方马克思主义复兴运动：趋向与未来》，李元，《当代世界与社会主义》，2010.10。

183.《政治与哲学——关于葛兰西与福柯思想的一个比较》，张羽佳，《教学与研究》，2010.10。

184.《哈贝马斯基于交往的话语理论及其规范问题》，刘晗，《上海交通大学学报（哲学社会科学版）》，2010.10。

185.《齐格蒙特·鲍曼的现代性反思理论及其实践意蕴》，任东景，《河南社会科学》，2010.11。

186.《苏联推进马克思主义大众化的经验与教训》，杨谦、李萍，《河北学刊》，2010.11。

187.《美国新学院大学的法兰克福学派批判理论传统》，周穗明，《世界哲学》，2010.11。

188.《论哈贝马斯和福柯的共同理论旨趣》，杨礼银，《陕西师范大学学报（哲学社会科学版）》，2010.11。

189.《韦伯和哈贝马斯的现代性思考》，杨淑静，《江海学刊》，2010.11。

190.《整合论视野下的马克思意识形态观重构——以乔治·拉瑞恩的解读为例》，张秀琴，《社会科学辑刊》，2010.11。

191.《论巴迪欧对阿尔都塞的社会变革理论的批判性继承》，蓝江，《社会科学辑刊》，2010.11。

192.《肖恩·塞耶斯对马克思人性观的解读》，金艳芬、张士清，《社会科学辑刊》，2010.11。

193.《读齐泽克的〈意识形态的崇高客体〉》，王茜，《国外社会科学》，2010.11。

194.《实证主义与哈贝马斯知识原则的存在论初始定向》，夏巍，《四川大学学报（哲学社会科学版）》，2010.11。

195.《解析"光晕"：本雅明经验建构的原理》，田明，《学术研究》，2010.11。

196.《试论伊格尔顿意识形态理论》，杨生平，《教学与研究》，2010.11。

197．《评罗德·比勒的分析马克思主义理论》，沈亚生，《吉林大学社会科学学报》，2010.11。

198．《语言与真理：试论罗蒂对哈贝马斯启蒙计划的批判》，郑维伟，《华中科技大学学报（社会科学版）》，2010.11。

199．《试析阿尔都塞哲学中的虚空概念》，林青，《现代哲学》，2010.11。

200．《后马克思主义语境下新社会运动的本质及困境》，卢春雷，《南昌大学学报（人文社会科学版）》，2010.11。

201．《哈贝马斯对技术化生存的批判》，孙秀云，《社会科学战线》，2010.12。

202．《苏联解体后俄罗斯学界对马克思主义的研究》，段丽娟，《当代世界》，2010.12。

203．《霍克海默工具理性批判思想探究》，张春艳、郭岩峰，《理论月刊》，2010.12。

204．《哈贝马斯与罗尔斯"家族内部之争"的三重迷雾》，胡军良、薛冰，《理论导刊》，2010.12。

205．《近三年来"国外马克思主义研究"的主要进展》，林艳梅，《理论视野》，2010.12。

206．《新实证主义马克思主义的兴起、问题域及其历史定位》，孙乐强，《理论视野》，2010.12。

207．《西方马克思主义的政治理论取向》，卢春雷，《山东师范大学学报（人文社会科学版）》，2010.12。

208．《对安德森知识划分理论的解构与再划分》，焦秋生、徐志梅，《山东师范大学学报（人文社会科学版）》，2010.12。

209．《论霍克海默尔和阿多诺对启蒙道德的批判》，王雨辰，《江汉论坛》，2010.12。

210．《哈贝马斯的商谈共识论及其理论形式》，郑敬高、顾豪，《东方论坛》，2010.12。

211．《关于"分析马克思主义"思潮的几个问题》，张建军、曾庆福，《学术月刊》，2010.12。

212：《青年卢卡奇阶级意识理论及其评价》，周荣，《河海大学学报（哲学社会科学版）》，2010.12。

213．《物化批判：卢卡奇对马克思拜物教批判的解读》，李怀涛，《广西社会科学》，2010.12。

214．《恩斯特·布洛赫的精神遗产与当代意义》，战洋、张芳，《中国社会科学报》，2010.6。

215．《拉克劳、墨菲后马克思主义领导权理论剖视》，陈炳辉，《中国社会科学报》，2010.7。

216．《哈贝马斯调节价值冲突的规范视角》，李薇薇，《中国社会科学报》，2010.7。

217．《分析的马克思主义的起手，社会主义平等主义的斗士——纪念 G.A. 库恩》，段忠桥，《国外马克思主义研究报告 2010》，2010.12。

218．《解读乔万尼·阿瑞吉的〈亚当·斯密在北京〉》，吴苑华，《国外马克思主义研究报告 2010》，2010.12。

219．《宗教与革命的伦理——兼论卢卡奇与布洛赫的思想共生关系》，张双利，《马克思主义与现实》，2010.1。

220．《伦敦"共产主义观念"大会的透视与反思》，汪行福，《中国社会科学报》，2010.3。

221．《马克思依然不可取代》，汪行福，《中国社会科学报》，2010.12。

222．《"为承认而斗争"：霍耐特对黑格尔承认学说的重构》，王凤才，《马克思主义与现实》，2010.5。

223．《后形而上学现代性语境中的主体理性批判》，王凤才，《哲学动态》，2010.8。

224．《"社会病理学"：霍耐特视阈中的社会哲学》，王凤才，《中国社会科学》，2010.9。

225．《〈马克思主义创新杂志〉——德国左派马克思主义的声音》，王凤才，《中国社会科学报》，2010.11。

226．《唯物史观与经典社会理论》，邹诗鹏，《学术研究》，2010.1。

227．《何以要回到历史唯物主义研究范式？》，邹诗鹏，《哲学研究》，2010.1。

228．《对"马克思热"的冷思考》，俞吾金，《探索与争鸣》，2010.10。

229．《自然辩证法，还是（理性）本性的辩证法？》，俞吾金，《中国社会科学报》，2010.3。

230.《历史唯物主义：哲学？实证科学？历史唯物主义是哲学而不是实证科学》，俞吾金，《中国哲学年鉴》，2010.1。

231.《马克思主义哲学应当承担自己的历史责任》，陈学明，《教学与研究》，2010.12。

232.《评威廉·赖希对"性革命"意义的论述》，陈学明，《晋阳学刊》，2010.7。

233.《生态马克思主义者 J.B.福斯特给予的启示》，陈学明，《复旦学报（社会科学版）》，2010.9。

234.《不触动资本主义制度能摆脱生态危机吗？》，陈学明，《国外社会科学》，2010.1。

235.《我国西方马克思主义研究的新路径》，陈学明，《人民日报》，2010.7。

236.《马克思主义哲学与当代生态思想》，吴晓明，《马克思主义与现实》，2010.11。

237.《〈精神现象学〉的劳动主题与马克思的哲学奠基》，吴晓明，《北京大学学报（哲学社会科学版）》，2010.9。

238.《全面开启国外马克思主义研究的一个新领域》，衣俊卿，《当代国外马克思主义评论》第 8 辑，2010.12。

239.《马克思使用过中性意义上的 Ideology 概念吗?》，俞吾金，《当代国外马克思主义评论》第 8 辑，2010.12。

240.《维护性权利，反对性混乱》，陈学明，《当代国外马克思主义评论》第 8 辑，2010.12。

241.《马克思主义起源新阐释》，王凤才、谢静，《当代国外马克思主义评论》第 8 辑，2010.12。

242.《重思马克思在〈1844 年经济学哲学手稿〉中对黑格尔哲学的批判》，张大卫，《当代国外马克思主义评论》第 8 辑，2010.12。

243.《佩里·安德森：历史的终结与马克思主义的使命》，鲁绍臣，《当代国外马克思主义评论》第 8 辑，2010.12。

244.《本雅明历史哲学的神性基础》，陈祥勤，《当代国外马克思主义评论》第 8 辑，2010.12。

245.《再论卢卡奇对资本主义社会的双重批判》，张双利，《当代国外马克思主义评论》第 8 辑，2010.12。

246.《埃尔斯特的机制学说》，林晖，《当代国外马克思主义评论》第 8 辑，2010.12。

247.《伊曼纽尔·沃勒斯坦的中国观》，吴苑华，《当代国外马克思主义评论》第 8 辑，2010.12。

B. 译文

1.《作为马克思主义先驱的黑格尔》，诺曼·莱文著，臧峰宇译，《江海学刊》，2010.1、3。

2.《生态女性主义哲学与深层生态学》，K. 沃伦著，张秀芹译，《世界哲学》，2010.5。

3.《恩斯特·布洛赫：乌托邦与意识形态批判》，凯尔纳著，王峰译，《马克思主义美学研究》，2010.7。

4.《拉丁美洲哲学：一种放弃终极辩护的批判理论？》，马里奥·罗雅斯·埃尔南德斯著，牛文君译，《哲学分析》，2010.8。

5.《从技术批判理论到合理性的理性批判》，安德鲁·芬伯格著，高海青、李建华译，《哲学分析》，2010.8。

6.《论卢卡奇对文化及经济优先性的理解》，约瑟夫·宾著，林建成译，《洛阳师范学院学报》，2010.8。

7.《哈贝马斯后期著作中的"合法化危机"》，约瑟夫·希斯著，张太星译，《上海行政学院学报》，2010.9。

8.《德勒兹、马克思与革命：如何理解"仍是马克思主义者"的内涵》，伊莎贝拉·伽霍尔著，夏莹译，《江海学刊》，2010.9。

9.《文化问题：回顾朱利奥·普雷蒂 1972 年与米歇尔·福柯的论争》，伊恩·哈金著，萧俊明译，《第欧根尼》，2010.12。

10.《共产主义假设》，阿兰·巴迪乌著，罗久译，《当代国外马克思主义评论》第 8 辑，2010.12。

11.《如何从头开始？》，斯拉沃热·齐泽克著，汪行福译，《当代国外马克思主义评论》第 8 辑，2010.12。

12.《共产主义：概念与实践之思》，安东里奥·奈格里著，申林译，《当代国外马克思主义评论》第 8 辑，2010.12。

13.《共产主义之共者》，麦克·哈特著，陆心宇译，《当代国外马克思主义评论》第 8 辑，2010.12。

14．《共产主义，词语》，让－吕克·南希著，张志芳译，《当代国外马克思主义评论》第 8 辑，2010.12。

15．论马克思与弗洛伊德（1977），路易·阿尔都塞著，赵文译，《当代国外马克思主义评论》第 8 辑，2010.12。

16．梅洛－庞蒂对马克思主义中科学主义的批判，约翰·奥尼尔著，牟春译，《当代国外马克思主义评论》第 8 辑，2010.12。

17．世界公民体制与民主，西拉·本哈比著，许映宁译，邓安庆校，《当代国外马克思主义评论》第 8 辑，2010.12。

18．甜蜜的暴力：悲剧的理念，特里·伊格尔顿著，袁新译，《当代国外马克思主义评论》第 8 辑，2010.12。

19．《当前危机的马克思主义解读》，约瑟夫·库纳拉著，汪行福、张煜译，《国外马克思主义研究报告 2010》，2010.12。

20．《布尔迪厄与历史唯物主义》，雅克·比岱著，林青译，《国外马克思主义研究报告 2010》，2010.12。

21．《革命潜力与本雅明：战后接受史》，爱瑟·莱斯利著，徐志跃译，汪行福校，《国外马克思主义研究报告 2010》，2010.12。

22．《1968 年以后马克思－列宁主义的终结以及多元马克思主义的诞生》，安德·罗托塞著，夏莹编译，《国外马克思主义研究报告 2010》，2010.12。

23．《马克思 1844 年巴黎期间手稿、摘要与笔记的文献学探要》，马塞洛·穆斯托著，邹诗鹏译，《国外马克思主义研究报告 2010》，2010.12。

24．《从未产生的〈德意志意识形态〉》，特瑞尔·卡弗著，林晖、陈旭东译，《国外马克思主义研究报告 2010》，2010.12。

25．《〈马克思恩格斯全集〉（MEGA）中马克思的原始手稿》，罗吉娜·诺特著，汪行福译，《国外马克思主义研究报告 2010》，2010.12。

26．《历史时间的挑战与责任——21 世纪的社会主义序言》，约翰·福斯特著，陈旭东译，《国外马克思主义研究报告 2010》，2010.12。

27．《改变世界？马克思主义与哲学宗旨》，米歇尔·麦克劳根著，张大卫译，汪行福校，《国外马克思主义研究报告 2010》，2010.12。

28．《〈拯救正义与平等〉"导言"》G.A.科恩著，段忠桥编译，《国外马克思主义研究报告 2010》，2010.12。

29.《资本的漫画师——乔万尼·阿瑞吉：1937—2009》，汤姆里弗尔著，吴苑华、吴启芳译，《国外马克思主义研究报告 2010》，2010.12。

30.《马克思主义与文化理论》，G.马尔库什著，孙建茵译，《世界哲学》，2010.3。

31.《正义：社会正义和全球正义》，I.库苏拉蒂著，赵剑译，《世界哲学》，2010.3。

32.《生态女性主义哲学与深层生态学》，K.沃伦著，张秀芹译，《世界哲学》，2010.5。

33.《另一种普遍主义：范例的力量》，A.费拉雷著，刘文旋译，《世界哲学》，2010.7。

34.《社会主义与宽容》，D.米勒著，刘曙辉译，《世界哲学》，2010.11。

35.《马克思与黑格尔的关系：一种新阐释》，罗伯特·法恩著，山小琪译，《马克思主义与现实》，2010.1。

36.《马克思的黑格尔国家哲学批判及其民主理论》，乔治斯·戴尔玛斯著，鲁绍臣译，《马克思主义与现实》，2010.1。

37.《"神秘主义之大成"：马克思对黑格尔的理解》，约瑟夫·麦卡尼著，陈高华译，《马克思主义与现实》，2010.1。

38.《为列宁主义的不宽容辩护》，斯拉沃热·齐泽克著，周嘉昕译，《马克思主义与现实》，2010.3。

39.《回到列宁，却脱离马克思恩格斯？》，奥古斯特·H.尼姆兹著，李百玲译，《马克思主义与现实》，2010.3。

40.《伦敦大学"论共产主义观念"国际研讨会评述》，斯蒂芬·塞维罗著，于琦译，《马克思主义与现实》，2010.3。

41.《二十一世纪的马克思生态学》，布雷特·克拉克、约翰·贝拉米·福斯特著，孙要良译，《马克思主义与现实》，2010.5。

42.《马克思是一个费希特主义者吗？》，汤姆·洛克莫尔著，张梅译，《马克思主义与现实》，2010.7。

43.《"新辩证法"与价值形式理论的谬误》，古利莫·卡歇迪著，熊敏译，《马克思主义与现实》，2010.9。

44.《从阿尔都塞的视角反思马克思的价值形式分析》，约翰·米利奥斯著，金瑶梅译，《马克思主义与现实》，2010.9。

45．《生态女性主义经济学：从生态适量到全球正义》，艾瑞尔·萨勒著，郇庆治译，《马克思主义与现实》，2010.9。

46．《恩格斯：在斯宾诺莎与黑格尔之间》，维托里奥·莫尔芬诺著，孟丹译，《马克思主义与现实》，2010.11。

47．《"为承认而斗争"：从黑格尔到霍耐特》，路德维希·希普著，罗亚玲译，《马克思主义与现实》，2010.11。

48．《马克思对正义的批判》，艾伦·伍德著，林进平译，《马克思主义与现实》，2010.11。

49．《恩格斯与德国修正主义的起源：另一种视角》，曼弗雷德·斯德戈著，王时中译，《马克思主义与现实》，2010.11。

50．《卡斯托里亚迪斯自治理论中的规范与批判》，安德烈亚斯·卡尔瓦斯著，贺翠香译，《马克思主义与现实》，2010.1。

51．《卡斯托里亚迪斯：激进想象与后拉康的无意识》，费尔南多·乌里巴著，邢立军、仰海峰译，《马克思主义与现实》，2010.1。

52．《柏拉图和卡斯托里亚迪斯：对民主的掩盖和揭示》，约尔格·欧可诺牟著，陈喜贵译，《马克思主义与现实》，2010.1。

53．《历史视角下的拉美21世纪社会主义》，詹姆斯·彼得拉斯著，官进胜译，《国外理论动态》，2010.1。

54．《我们现在争论的方式：全球化世界中的分裂诉求》，南希·弗雷泽著，高静宇译，《国外理论动态》，2010.1。

55．《正义的主体：国家公民、全球人类或跨国风险共同体？》，南希·弗雷著，古青译，《国外理论动态》，2010.1。

56．《拉美新民族资本主义神话》，阿蒂略·波隆著，贺钦译，《国外理论动态》，2010.1。

57．《垄断金融资本、积累悖论与新自由主义本质》，约翰·B．福斯特、罗伯特·麦克切斯尼著，武锡申译，《国外理论动态》，2010.1。

58．《新自由主义与美国霸权的危机》，热拉尔·杜梅尼尔、多米尼克·莱维著，刘耀辉译，《国外理论动态》，2010.2。

59．《资本主义危机与共产党的任务》，吉厄戈斯·马瑞诺斯著，戈铭、陈人江译，《国外理论动态》，2010.2。

60．《理解世界金融危机的本质》，萨米尔·阿明著，希桐、李楠译，《国外理论动态》，2010.2。

61．《极权主义还是生命政治？——关于 20 世纪的哲学阐释》，罗伯托·埃斯波西托著，刘耀辉译，《国外理论动态》，2010.3。

62．《在 21 世纪重新阅读法农》，伊曼纽尔·沃勒斯坦著，郑英莉译，《国外理论动态》，2010.4。

63．《马克思主义辨析》，弗雷德里克·詹姆逊著，杨慧译，《国外理论动态》，2010.4。

64．《马克思、全球化与异化：被接受和被低估的智慧》，W．彼得·阿奇博尔德著，林艳、宁琼译，《国外理论动态》，2010.4、5。

65．《衰退中的全球化——金融危机对地缘政治的进一步影响》，罗杰·阿尔特曼著，李磊、李红专译，《国外理论动态》，2010.5。

66．《国际金融体系的历史演进与当前国际金融危机——基于马克思货币理论的分析》，让玛·瓦苏德万著，贺钦译，《国外理论动态》，2010.6。

67．《马克思和恩格斯关于计划与市场的基本观点及其现实意义》，阿尔·坎普贝尔著，武锡申译，《国外理论动态》，2010.7。

68．《转轨中的失落——后社会主义国家中的社会主义怀旧现象》，米迪亚·维利科尼亚著，张文成译，《国外理论动态》，2010.7。

69．《马克思主义的政党理论》，米歇尔·罗伊著，赵超译，《国外理论动态》，2010.8。

70．《资本主义还是现代性？——马克思主义能够解释大屠杀吗？》，尼克·比姆斯著，申建林译，《国外理论动态》，2010.9。

71．《从马克思到高盛：虚拟资本的幻想和产业的金融化》，迈克尔·赫德森著，曹浩瀚译，《国外理论动态》，2010.9、10。

72．《马克思恩格斯生平遗著流传史》，罗尔夫·黑克尔著，张红山译，《国外理论动态》，2010.10。

73．《经济危机：一种马克思主义的解读》，斯蒂芬·雷斯尼克、理查德·沃尔夫著，孙来斌、申海龙译，《国外理论动态》，2010.10。

74．《今日的危机与资本主义制度》，希勒尔·蒂克廷著，裴白莲、刘仁营译，《国外理论动态》，2010.11。

75．《没有马克思经济学的西方马克思主义》，阿兰·弗里曼著，孙寿涛译，《国外理论动态》，2010.11。

76．《马克思主义危机理论视野中的美国经济利润率》，乔治·艾克诺马卡斯著，王向东译，《国外理论动态》，2010.11。

77．《〈马恩全集〉历史考证版（MEGA）第一版在列宁时期的兴盛和斯大林时期的衰败》，罗尔夫·黑克尔著，李莉娜译，《国外理论动态》，2010.12。

78．《向"新"社会民主主义的转型：一种新的解释》，戴维·J.贝利著，朱世龙译，《国外理论动态》，2010.12。

79．《资本主义、危机和重建：概念挖掘》，大卫·莱伯曼著，陈雪娟译，《国外理论动态》，2010.12。

80．《马克思危机论与当前经济危机：经济衰退或严重积累结构型危机？》，大卫·科茨著，童珊译，《国外理论动态》，2010.12。

81．《为什么西方没有向左走》，拉法兰·西蒙著，张春颖译，《当代世界与社会主义》，2010.8。

82．《切·格瓦拉对新社会主义的探索》，迈克尔·洛伊著，冯浩译，《当代世界与社会主义》，2010.2。

83．《论欧盟向社会主义的过渡》，保罗·科克肖特、阿林·科特尔、海因茨·迪特里奇著，童珊译，《马克思主义研究》，2010.6。

84．《关于社会主义的八点思考》，萨姆·韦伯著，晓舟译，《马克思主义研究》，2010.8。

85．《马克思回来了吗？——访美国约克大学政治学系教授利奥·帕尼奇》，伊恩·莫里森著，葛晶晶译，《马克思主义研究》，2010.10。

著述类

A．国内学者著述

1．《国外马克思主义研究报告2010》，复旦大学国外马克思主义与国外思潮研究国家创新基地等编，人民出版社，2010年12月。

2．《当代国外马克思主义评论（8）》，复旦大学当代国外马克思主义研究中心编，人民出版社，2010年12月。

3．《国外马克思主义研究论丛（第2辑）》，复旦大学当代国外马克思主义研究中心编，人民出版社，2010年12月。

4．《马克思主义研究论丛(第十一辑)马克思国际价值理论研究》，俞可平、李慎明、王伟光等主编，中央编译出版社，2010 年 1 月。

5．《西方马克思主义的逻辑》，仰海峰著，北京大学出版社，2010 年 3 月。

6．《探求马克思——〈德意志意识形态〉原文文本的解读与分析》，魏小萍著，人民出版社，2010 年 5 月。

7．《后马克思主义导论》，周凡著，中央编译出版社，2010 年 6 月。

8．《分析马克思主义的正义论研究》，曹玉涛著，人民出版社，2010 年 9 月。

9．《马克思恩格斯伦理思想研究》，安启念著，武汉大学出版社，2010 年 9 月。

10．《哲学之思与社会现实——马克思主义哲学的当代意义》，吴晓明著，武汉大学出版社，2010 年 10 月。

11．《恩格斯晚年社会发展理论研究》，常艳著，中央编译出版社，2010 年 11 月。

12．《中国语境中的西方马克思主义哲学研究》，王雨辰著，湖北人民出版社，2010 年 11 月。

13．《中介与日常生活批判——卢卡奇文化哲学研究》，赵司空著，上海社会科学院出版社有限公司，2010 年 8 月。

14．《阿尔都塞及其学派研究》，金瑶梅著。重庆出版社，2010 年 8 月。

15．《弗罗姆与马克思的批判理论》，薛蓉著，人民出版社，2010 年 12 月。

16．《法兰克福学派批判理论的历史演进》，陈士部著，安徽大学出版社，2010 年 12 月。

17．《探索、沟通和超越：现代西方哲学与马克思主义哲学比较研究》，刘放桐著，北京师范大学出版社，2010 年 4 月。

18．《西方马克思主义哲学原著选读》，张亮等编著，北京师范大学出版社，2010 年 9 月。

19．《西方马克思主义哲学概论》，胡大平编著，北京师范大学出版社，2010 年 9 月。

B．国外学者译著

1．《马克思主义经济学》，(美) 乌恩特曼著，吕博译，中国轻工业出版社，2010 年 1 月。

2．《〈德意志意识形态〉与 MEGA 文献研究》，（韩）郑文吉著，赵莉、尹海燕、彭曦译，南京大学出版社，2010 年 9 月。

3．《激进哲学：阿兰·巴丢读本》，陈永国主编，北京大学出版社，2010年1月。

4．《哈贝马斯》，（德）霍斯特著，鲁路译，中国人民大学出版社，2010年3月。

5．《日常生活》，（匈）赫勒著，衣俊卿译，黑龙江大学出版社有限责任公司，2010年4月。

6．《海德格尔和马尔库塞：历史的灾难与救赎》，（加）苏博格著，文成伟译，上海社会科学院出版社有限公司，2010年5月。

7．《理论与实践》，（德）哈贝马斯著，郭官义、李黎译，社会科学文献出版社，2010年7月。

8．《实践——南斯拉夫哲学和社会科学方法论文》，（南）马尔科维奇、彼得洛维奇编，卷一明、曲跃厚译，黑龙江大学出版社有限责任公司，2010年9月。

9．《思想的谱系：西方思潮左与右》，（英）安德森著，袁银传等译，社会科学文献出版社，2010年10月。

10．《法兰克福学派史》，（德）罗尔夫·魏格豪斯著，孟登迎、赵文、刘凯译，上海人民出版社，2010年11月。

11．《保卫马克思》,（法)阿尔都塞著，顾良译，商务印书馆,2010年10月。

12．《后现代性下的生命与多重时间》，（英）基思·特斯特著，李康译，北京大学出版社，2010年3月。

13．《现代性的教训》，（美）查尔斯·拉莫尔著，刘擎、应奇译，东方出版社，2010年6月。

14．《女性主义哲学指南》，（英）米兰达·弗里克、詹妮弗·霍恩斯比编，肖巍等译，北京大学出版社，2010年07月。

责任编辑：郇中建
装帧设计：曹　春

图书在版编目（CIP）数据

国外马克思主义研究报告2011／ 复旦大学国外马克思主义与国外思潮研究
　　国家创新基地、复旦大学当代国外马克思主义研究中心、复旦大学哲学学
　　院编
－北京：人民出版社,2011.12
ISBN 978-7-01-010470-6

Ⅰ．国…　Ⅱ．①复…　②复…　③复…　Ⅲ．①马克思主义－研究报告－外国
　－2011　Ⅳ．①A81

中国版本图书馆CIP数据核字（2011）第254095号

书　　　名　国外马克思主义研究报告2011
　　　　　　GUOWAI MAKESIZHUYI YANJIU BAOGAO 2011
　　　　　　复旦大学国外马克思主义与国外思潮研究国家创新基地、复
　　　　　　旦大学当代国外马克思主义研究中心、复旦大学哲学学院
出版发行　人 民 出 版 社
　　　　　　（北京朝阳门内大街166号　邮编　100706）
邮购地址　100706 北京朝阳门内大街166号人民东方图书销售中心
邮购电话　(010)65132886　65250042　65289539
印　　刷　北京中科印刷有限公司印刷　新华书店经销
版　　次　2011年12月第1版　2011年12月北京第1次印刷
开　　本　710毫米×1000毫米1/16　印张　31.75
字　　数　629千字
印　　数　0,001—3,500册
书　　号　ISBN 978-7-01-010470-6
定　　价　68.00元